U0606753

民國思潮讀本

● 第一卷 ●

主　编　田晓青

策　划　徐晓

主编助理　纪彭

作家出版社

出 版 说 明

　　《民国思潮读本》是一部思想文化方面的史料文集，它将民国时期的一些文章集在一起，以便人们查阅。

　　"继往开来"是个好说法，然而"继往"，首先要"知往"，这部文集就是用来帮助人们"知往"的。

　　文集篇章的时间选择范围是从辛亥革命到解放战争。中国的这个历史时期，是战争不断、社会动荡的时期；是激烈变革和不断转折的时期；是社会矛盾复杂又尖锐的时期；是中西文化空前交流碰撞的时期；也必然是思想异常活跃、文章非常庞杂的时期。从某种角度讲，这个时期是中国继春秋战国后的又一个"百家争鸣"的时期。今天看来，这一时期的思想观点和言论不管是对还是错，它们无疑都是中华民族思想历程中的重要留痕，是宝贵的文化遗产，我们没有理由不珍视之，不研究之，不利用之。若谈中华民族的发展复兴，我们是不能割断历史而只看眼下、只想未来的。无本之木不但无法壮大，而且很难活下去。甚至可以说，中国现存的问题中，有很多与我们不能正视历史有关。正视历史，就离不开史料，本书就是这样的史料。

　　早在改革开放伊始的 1979 年，李洪林先生就在《读书》杂志上发表了文章《读书无禁区》。这无疑是中国改革开放、解放思想之初了不起的思想文化强音，同时也证明了中国共产党在拨乱反正历史节点上的出色表现。作为中国共产党新时期思想和政治的硕果之一，"读书无禁区"的精神，我们理当发扬光大下去。《民国思潮读本》就是秉承这样的精神而出版的一部具有多重价值的史料选编。

　　为了比较客观真实地反映民国时期各种思潮的真相，本书选入篇章的第一标准是"当时影响力较大人物的较著名的文章"，而不计较人的"好坏"

和观点的"对错"。这方面的判断不是编辑本书的目的，读者要依靠自己的思考得出结论。我们相信，以读者的智慧和现代信息传媒的发达，获得相关结论的难度并不大。

由于都是些几十年前的旧文，所以在编辑成书的过程中我们遇到了一些困难，比如那个时期的语言习惯、文字用法与今天有着一定的差异，就此我们只能进行适度的编辑加工。今昔都是错的，我们就按照今天的标准统一；今错昔对的，我们则适度保持原貌，以不尽失民国文章之味道。

作家出版社出版这套书，主要考虑的是社会责任，而不是经济利益。如果我们按照严格的法律程序先联系所收录文章的所有的版权继承人，这显然是无法做到的，如果因此而不作为，那么这些历史名篇就会继续散落、尘封不知要多少年。就此，出书后我们将继续版权方面的工作，并期望相关人士主动与我们取得联系。

最后我们还要感谢田晓青、徐晓、纪彭三位同道，没有他们的辛勤劳动，就不可能有这部书的出版，而当下的中国文人，能够这样去除浮躁、埋头苦干的人已经很少了，就此我们向他们致以敬意。

——作家出版社

目　　录

改良与革命

新　思　想

宪政与共和

孔教与帝制

国粹主义

一战与中国

新文化与五四运动

科学的精神与方法

西方哲学

问题与主义

改良与革命

论保全中国非赖皇帝不可

《清议报》1899 年 3 月 22 日

梁启超

自甲午以前，吾国民不自知国之危也，不知国危则方且岸然自大，偃然高卧，故于时无所谓保全之说。自甲午以后，情见势绌，东三省之铁路继之，广西之土司继之，胶州湾继之，旅顺、大连湾、威海卫、广州湾、九龙继之，各省铁路、矿务继之，长江左右不让与他国，山东、云贵、两广、福建不让与他国之约纷纷继之，于是瓜分之形遂成，而保全中国之议亦不得不起。丙申、丁酉间，忧国之士，汗且喘走天下，议论其事而讲求其法者，杂遝然矣；然未得其下手之方，疾呼狂号，东西驰步，而莫知所凑泊。当时，四万万人未有知皇上之圣者也。自戊戌四月二十三日，而保全中国之事，始有所著，海内喁喁，想望维新矣。仅及三月，大变遽起，圣君被幽，新政悉废，于是保全之望几绝。识微之士，扼腕而嗟；虎狼之邻，眈目而视，佥曰：是固不可复保全矣。哀时客曰，吁！有是言哉？有是言哉？

哀时客曰，吾闻之议论家之言，为今日之中国谋保全者，盖有三说：

甲说曰，望西后、荣禄、刚毅等他日或能变法，则中国可保全也。

乙说曰，望各省督抚有能变法之人，或此辈入政府，则中国可保全也。

丙说曰，望民间有革命之军起，效美、法之国体以独立，则中国可保全也。

然而吾谓为此谈者，皆暗于中国之内情者也，今得一一取而辨之。

甲说之意，谓西后与荣禄等今虽守旧，而他日受友邦之忠告，或更值艰难，必当翻然变计也。辨之曰：夫龟之不能有毛，兔之不能生角，雄鸡之不能育子，枯树之不能生花，以无其本性也。故必有忧国之心，然后可以言变法；必知国之危亡，然后可以言变法；必知国之弱由于守旧，然后可以言变法；必深信变法之可以致强，然后可以言变法。今西后之所知者，娱乐耳，荣禄等之所知者，权势耳，岂尝一毫以国事为念哉？语以国之将危亡，彼则曰，此危言耸听也，此莠言乱政也。虽外受外侮，内生内乱，而彼等曾不以为守旧之所致，反归咎于维新之人，谓其长敌人之志气，散内国之民心。闻友邦忠告之言，则疑为新党所嗾使而已。彼其愚迷，至死不悟，虽土地尽割，宗社立陨，岂复有变计之时哉？故欲以变法自强望之于今政府，譬犹望法之路易十四以兴民权，望日本幕府诸臣以成维新也。且彼方倚强俄以自固，得为小朝廷以终其身，于愿已足，遑顾其他。此其心人人共知之。然则为甲说者，殆非本心之论，否则至愚之人耳，殆不足辨。

乙说之意，谓政府诸臣虽不足道，而各省督抚中如某某、某某者，号称通时务，素主变法，他日保全之机，或赖于此。

辨之曰：此耳食之言也。如某某者，任封疆已数十年，其所办之事，岂尝有一成效？彼其于各国政体，毫无所知，于富强本原，瞪乎未察，胸中全是八股家习气，而又不欲失新党之声誉，于是摭拾皮毛，补苴罅漏，而自号于众曰，吾通西学。夫变法不变本原而变枝叶，不变全体而变一端，非徒无效，只增弊耳，彼某某者，何足以知之？即使知之，而又恐失旧党之声誉，岂肯任之？夫人必真有爱国心，然后可任大事，如某某者，吾非敢谓其不爱国也，然爱国之心究不如其爱名之心，爱名之心又不如其爱爵之心，故苟其事于国与名与爵俱利者，则某某必为之。必不得已而去，于斯三者何先？曰，去国。必不得已而去，于斯二者何先？曰，去名。今夫任国事者，众谤所归，众怨所集，名爵俱损，智者不为也。冯道大圣，胡广中庸，明哲之才，间世一出，太平润色，正赖此辈。惜哉，生非其时，遭此危局，欲望其补救，宁束手待亡耳。此外余子碌碌，更不足道。凡国民之有识者皆知之，亦不待辨。

丙说之意，以为政府腐败，不复可救，唯当从民间倡自主独立之说，更造新国，庶几有瘳。辨之曰：此殷忧愤激者之言，此事虽屡行于欧美，而不切于我中国今日之事势也。西国之所以能立民政者，以民智既开，民力既厚也。人人有自主之权，虽属公义，然当孩提之时，则不能不借父母之保护。

今中国尚孩提也，孩提而强使自主，时曰助长，非徒无益，将又害之。故今日倡民政于中国，徒取乱耳。民皆蚩蚩，伏莽遍地，一方有事，家揭竿而户窃号，莫能统一，徒鱼肉吾民；

而外国借戡乱为名，因以掠地，是促瓜分之局也，是欲保全之而反以灭裂之也。

故今日议保全中国，唯有一策，曰尊皇而已。今日之变，为数千年之所未有；皇上之圣，亦为数千年之所未有（圣德之记，具详别篇）。天生圣人，以拯诸夏，凡我同胞，获此慈父，（易）曰："内文明而外柔顺，以蒙大难，文王以之。"今虽幽废，犹幸生存，天之未绝中国欤！凡我同胞，各厉乃志，各竭乃力，急君父之难，待他日之用，扶国家之敝，杜强敌之谋。勿谓一篑小，积之将成丘陵；勿谓涓滴微，合之将成江海。人人心此心，日日事此事，中国将赖之，四万万同胞将赖之。

致康有为书（节录）

1900 年 4 月 29 日

梁启超

一、来示于自由之义，深恶而痛绝之，而弟子始终不欲弃此义。窃以为于天地之公理与中国之时势，皆非发明此义不为功也。

弟子之言自由者，非对于压力而言之，对于奴隶性而言之。压力属于施者（施者不足责，亦不屑教诲，唯责教受者耳），奴隶性属于受者。中国数千年之腐败，其祸极于今日，推其大原，皆必自奴隶性来；不除此性，中国万不能立于世界万国之间。而自由云者，正使人自知其本性，而不受钳制于他人，今日非施此药，万不能愈此病。而先生屡引法国大革命为鉴。法国革命之惨，弟子深知之，日本人忌之恶之尤甚。（先生谓弟子染日本风气而言自由，非也。日本书中无一不谈法国革命而色变者，其政治书中无不痛诋路梭【今译卢梭，下同】者。盖日本近日盛行法国主义，弟子实深恶之厌之。而至今之独尊法国主义者，实弟子排各论而倡之者也。）虽然，此不足援以律中国也。中国与法国民情最相反，法国之民最好动，无一时而能静；中国之民最好静，经千年而不动。故路梭诸贤之论，施之于法国，诚为取乱之具；而施之于中国，适为兴治之机。如参桂之药，投之病热者，则增其剧；而投之体虚者，则正起其衰也。而先生日虑及此，弟子窃以为过矣。且法国之惨祸，由于革命诸人，借自由之名以生祸，而非自由之为祸。虽国学派不满于路梭者，亦未尝以此祸蔽累于路梭也。执此之说，是以李斯而罪荀卿，以吴起而罪曾子也。且中国数千年来，无"自由"二字，而历代鼎革之惨祸，亦岂下于法国哉！然则祸天下者，全在其人，而不能以归罪于所托之名。且以自由而生惨祸者，经此惨祸之后，而尚可有进于文明之一日；不以自由而生惨祸者，其惨祸日出而不知所穷，中国数千年是也。

苟有爱天下之心者，于此二者，宜何择焉！

至欧人文明与法无关之说，弟子甚所不解，不必据他书，即《泰西新史揽要》，亦可见其概。英国为宪政发达最久最完之国，流血最少，而收效最多者也。而其安危强弱之最大关键，实在一千八百三十二年之议院改革案。而此案之起，乃由法人影响所及（英民闻法人争权之事而兴起）；此案之得成，亦由执政者惮于法之惨祸，而降心迁许之。此《新史揽要》所明言也（他书言之尤详）。欧洲中原日耳曼、奥斯曼、意大利、瑞士诸国，皆因并吞于拿破仑。时拿氏大改其政治，而自予人民以自由，人民既得尝自由之滋味，此后更不能受治于专制民贼之下，故历千辛万苦而争得之，以至有今日。观于拿破仑第一次被放，而维也纳会议起；拿破仑第二次被放，而俄、普、奥三帝神圣同盟兴。维也纳会议，神圣同盟，皆为压制民权而设也。但观于此，而知法国革命影响于全欧者多矣。弟子谓法人自受苦难，以易全欧国民之安荣，法人诚可怜亦可敬也。泰西史学家无不以法国革命为新旧两世界之关键，而纯甫难是说，然则此十九世纪之母何在也？（弟子以为法国革命即其母，路得改教其祖母也。）

若夫"自由"二字，夫子谓其翻译不妥或尚可，至诋其意则万万不可也。自由之界说，有最要者一语，曰"人人自由，而以不侵人之自由为界"是矣。而省文言之，则"人人自由"四字，意义亦已具足。盖若有一人侵人之自由者，则必有一人之自由被侵者，是则不可谓之人人自由。以此言自由，乃真自由，毫无流弊。要之，言自由者无他，不过使之得全其为人之资格而已。质而论之，即不受三纲之压制而已，不受古人之束缚而已。夫子谓今日"但当言开民智，不当言兴民权"，弟子见此二语，不禁讶其与张之洞之言甚相类也。

夫不兴民权，则民智乌可得开哉？其脑质之思想，受数千年古学所束缚，曾不敢有一线之走开，虽尽授以外国学问，一切普通学皆充入其记性之中，终不过如机器砌成之人形，毫无发生气象。试观现时世界之奉耶稣新教之国民，皆智而富；奉天主旧教之国民，皆愚而弱。（法国如路梭之辈，皆不为旧教所囿者。法人喜动，其国人之性质使然也。）无他，亦自由与不自由之分而已。

（法国今虽民主，然绝不能自由。）故今日而知民智之为急，则舍自由无他道矣。中国于教学之界则守一先生之言，不敢稍有异想；于政治之界则服一王之制，不敢稍有异言。此实为滋愚滋弱之最大病源。此病不去，百药无效，必以万钧之力，激厉奋迅，决破罗网，热其已凉之血管，而使增热至沸度；搅其久伏之脑筋，而使大动至发狂。经此一度之沸，一度之狂，庶几可以受新益而底中和矣。然弟子敢断中国之必不能沸，必不能狂也。虽使天下有如复生（复生《仁学》下篇……荡决甚矣，惜少近今西哲之真理耳）及弟子者数十百人，亦不必能使之沸、使之狂也。弟子即尽全力以鼓吹之，而何至有法国之事乎？

至"自由"二字，字面上似稍有语病，弟子欲易之以"自主"，然自主又有自主之义，又欲易之以"自治"。"自治"二字，似颇善矣。自治含有二义：一者不受治于他人之义，二者真能治自己之义。既真能治自己，而何有侵人自由之事乎？而何有法国托名肆虐之事乎？故有自治似颇善矣。而所谓不受治于他人者，非谓不受治于法律也。英人常自夸谓全国皆治人者，全国皆治于人者，盖公定法律而公守之，即自定法律而自守之也，实则仍受治于己而已。盖法律者，所以保护各人之自由，而不使互侵也。此自由之极则，即法律之精意也。抑以法国革命而谤自由，尤有不可者。盖"自由"二字，非法国之土产也。英之弥儿【今译穆勒】，德之康得【今译康德】，皆近世大儒，全球所仰，其言自由，真可谓博深切明矣。而夫子引隋炀、武后以比之，似未免涉于漫骂矣。弟子欲辩论此二字，真乃罄南山之竹，不能尽其词；非有他心，实觉其为今日救时之良药，不二之法门耳。现时所见如此，或他日有进，翻然弃之，亦未可定。但今日心中所蕴，不敢自欺，故不觉其言之长。其谓涉于不敬，非对长者之体者多多，唯因文曲折，随笔应赴，不自检点，深知其罪。

又自由与服从二者相反而相成，凡真自由未有不服从者。

英人所谓人人皆治人，人人皆治于人是也。但使有丝毫不服从法律，则必侵人自由。盖法律者，除保护人自由权之外，无他掌也。而侵人自由者，自由界说中所大戒也。故真自由者，必服从。

据乱之制度与太平之制度，多有相类者，然其渊源来历，全然不同，似不可以彼病此。

光绪二十六年四月一日《致南海夫子大人书》

立宪法议

1901 年 6 月 7 日

梁启超

有土地、人民立于大地者谓之国。世界之国有二种：一曰君主之国，二曰民主之国。设制度、施号令以治其土地、人民谓之政。世界之政有二种：一曰有宪法之政（亦名立宪之政），二曰无宪法之政（亦名专制之政）。采一定之政治以治国民谓之政体。世界之政体有三种：一曰君主专制政体，二曰君主立宪政体，三曰民主立宪政体。今日全地球号称强国者十数，除俄罗斯为君主专制政体，美利坚、法兰西为民主立宪政体外，其余各国则皆君主立宪政体也。君主立宪者，政体之最良者也。民主立宪政体，其施政之方略，变易太数，选举总统时，竞争太烈，于国家幸福，未尝不间有阻力。君主专制政体，朝廷之视民如草芥，而其防之如盗贼；民之畏朝廷如狱吏，而其嫉之如仇雠。故其民极苦，而其君与大臣亦极危，如彼俄罗斯者，虽有虎狼之威于一时，而其国中实杌陧而不可终日也。是故君主立宪者，政体之最良者也。地球各国既行之而有效，而按之中国历古之风俗与今日之时势，又采之而无弊者也。（三种政体，旧译为君主、民主、君民共主。名义不合，故更定今名。）

宪法者何物也？立万世不易之宪典，而一国之人，无论为君主、为官吏、为人民，皆共守之者也，为国家一切法度之根源。此后无论出何令，更何法，百变而不许离其宗者也。

西语原字为 The Constitution，译意犹言元气也。盖谓宪法者，一国之元气也。

立宪政体，亦名为有限权之政体；专制政体，亦名为无限权之政体。有限权云者，君有君之权，权有限；官有官之权，权有限；民有民之权，权有限。故各国宪法，皆首言君主统治之大权及皇位继袭之典例，明君之权限也；次言政府及地方政治之职分，明官之权限也；次言议会职分及人民自由之事件，明民之权限也。我中国学者，骤闻君权有限之义，多有色然而惊者，其意若曰，君也者，一国之尊无二上者也，臣民皆其隶属者也；只闻君能限臣民，岂闻臣民能限君？臣民而限君，不几于叛逆乎？不知君权有限云者，非臣民限之，而宪法限之也。且中国固亦有此义矣。王者之立也，郊天而荐之；其崩也，称天而谥之；非以天为限乎？言必称先王，行必法祖宗，非以祖为限乎？然则古来之圣师、哲王，未有不以君权有限，为至当不易之理者；即历代君主，苟非残悍如秦政、隋炀，亦断无敢以君权无限自居者。乃数千年来，虽有其意而未举其实者何也？则以无宪法故也。以天为限，而天不言；以祖宗为限，而祖宗之法不过因袭前代旧规，未尝采天下之公理，因国民之所欲，而勒为至善无弊之大典。是故中国之君权，非无限也，欲有限而不知所以为限之道也。今也内有爱民如子、励精图治之圣君，外有文明先导、可师可法之友国，于以定百世可知之成宪，立万年不拔之远猷，其在斯时乎！其在斯时乎！

各国宪法，既明君与官之权限，而又必明民之权限者何也？民权者，所以拥护宪法而不使败坏者也。使天下古今之君主，其仁慈睿智，皆如我今上皇帝，则求助于民可也，不求助于民亦可也。虽然，以禹、汤之圣，而不能保子孙无桀、纣，以高、光之明，而不能保子孙无桓、灵。此实千古之通轨，不足为讳者矣。使不幸而有如桀、纣者出，滥用大权，恣其暴戾，以蹂躏宪法，将何以待之？使不幸而有如桓、灵者出，旁落大权，奸雄窃取，以蹂躏宪法，又将何以待之？故苟无民权，则虽有至良极美之宪法，亦不过一纸空文，毫无补济，其事至易明也。不特此也，即使代代之君主，圣皆如汤、禹，明皆如高、光，然一国之大，非能一人独治之也，必假手于官吏。官吏又非区区少数之人已也，乃至千万焉、亿兆焉。天下上圣少而中材多，是故勉善难而从恶易，其所以不敢为非者，有法以限之而已；其所以不敢不守法者，有人以监之而已。乃中国未尝无法以限官吏，亦未尝不设人以监官吏之守法，而卒无效者何也？则所以监之者非其道也。惧州、县之不守法也，而设道、府以监之；道、府不守法，又将若何？惧道、府之不守法也，而设督、抚以监之；督、抚不守法，又将若何？所谓法者，既不尽可行，而监之之人，又未必贤于其所监者，掣肘则有万能，救弊则无一效，监者愈多，而治体愈乱，有法如无法，法乃穷。是故监督官吏之事，其势不得不责成于人民，盖由利害关切于己身，必不肯有所徇庇；耳目皆属于众论，更无所容其舞文也。是故欲君权之有限也，不可不用民权；欲官权之有限也，更不可不用民权。

宪法与民权，二者不可相离，此实不易之理，而万国所经验而得之也。

孟子曰："天下之生久矣,一治一乱。"此为专制之国言之耳。若夫立宪之国,则一治而不能复乱。专制之国,遇令辟则治,遇中主则衰,遇暴君即乱;即不遇暴君,而中主与中主相续,因循废弛之既久,而亦足以致乱;是故治日常少,而乱日常多。历观中国数千年致乱之道,有乱之自君者,如嫡庶争立、母后擅权、暴君无道等是也;有乱之自臣者,如权相篡弑、藩镇跋扈等是也;有乱之自民者,或为暴政所迫,或为饥馑所驱。要之,皆朝廷先乱然后民乱也。若立宪之国,则无虑是。君位之承袭,主权之所属,皆有一定,而岂有全壬得乘隙以为奸者乎?大臣之进退,一由议院赞助之多寡,君主察民心之所向,然后授之,岂有操、莽、安、史之徒,能坐大于其间者乎?且君主之发一政、施一令,必谋及庶人,因国民之所欲,经议院之协赞,其有民所未喻者,则由大臣反复宣布于议院,必求多数之共赞而后行。民间有疾苦之事,皆得提诉于议院,更张而利便之,而岂有民之怨其上者乎?故立宪政体者,永绝乱萌之政体也。馆阁颂扬通语,动曰"国家亿万年有道之长"。若立宪政体,真可谓国家亿万年有道之长矣!即如今日英、美、德、日诸国,吾敢保其自今以往,直至天荒地老,而国中必无内乱之忧也!然则谋国者亦何惮而不采此政体乎?

吾侪之昌言民权,十年于兹矣;当道者忧之、嫉之、畏之,如洪水猛兽然。此无怪其然也,盖由不知民权与民主之别,而谓言民权者必与彼所戴之君主为仇,则其忧之、嫉之、畏之也固宜。不知有君主之立宪,有民主之立宪,两者同为民权而所以驯致之途,亦有由焉。凡国之变民主也,必有迫之使不得已者也。使英人非虐待美属,则今日之美国,犹澳洲、加拿大也;使法王非压制其民,则今日之法国,犹波旁氏之朝廷也。故欲翊戴君主者,莫如兴民权。不观英国乎?

英国者世界中民权最盛之国也,而民之爱其皇若父母焉,使英廷以畴昔之待美属者待其民,则英之为美续久矣。不观日本乎?日本者亚洲民权滥觞之国也,而民之敬其皇若帝天焉,使日皇如法国路易第十四之待其民,则日本之为法续久矣。一得一失,一荣一瘁,为君者宜何择焉?爱其君者宜何择焉?

抑今日之世界,实专制、立宪两政体新陈嬗代之时也。按之公理,凡两种反比例之事物相嬗代必有争,争则旧者必败而新者必胜。故地球各国,必一切同归于立宪而后已,此理势所必至也。以人力而欲与理势为敌,譬犹以卵投石,以蜉撼树,徒见其不知量耳。昔距今百年以前,欧洲各国,除英国外,皆专制也。压之既极,法国大革命忽焉爆裂,声震天地,怒涛遂波及全欧。民间求立宪者,各国皆然。俄、普、奥三国之帝,结同盟以制其民,有内乱则互相援助,而奥相梅特涅，以阴鸷狡悍之才，执欧洲大陆牛耳四十年，日以压民权为事，卒不能敌，身败名裂。距今五十年顷，而全欧皆立宪矣。尚余一土耳其，则各国目之为病夫，日思豆剖而瓜分之者也；尚余一俄罗斯，虽国威赫赫于外，然其帝王之遇刺者三世矣，至今犹钼麖满地，寝息不安。为君之难，一至于此，容何乐耶？故百年以来，地球各国之转变，凡有四别：其一，君主顺时势而立宪法者，则其君安荣，其国宁息，如普、奥、日本等国是也。其二，君主不肯立宪，民迫而自立，遂变为民主立宪者，如法国及南美洲诸国是也。其三，民思立宪，君主不许，而民间又无力革命，乃日以谋刺君相为事者，如俄罗斯是也。其四，则君民皆不知立宪之美，举国昏蒙，百政废弛，遂为他族夷而灭之者，如印度、安南诸国是也。四者之中，孰吉孰凶，何去何从，不待智者而决矣。如彼普、奥之君相，初以为立宪之有大害于己也，故出死力以争之；及既立宪之后，始知非唯无害，又大利焉，应爽然失笑，悔前者之自寻烦恼矣，然犹胜于法国之路易第十六，欲悔而无及也。今西方之嬗代，既已定矣，其风潮遂环卷而及于东土。日本得风气之先，趋善若渴，元气一立，遂以称强。中国彼昏日醉，陵夷衰微，情见势绌，至今而极矣。日本之役一棒之，胶旅之警一喝之，团匪之祸一捞之，识者已知国家元气为须臾不可缓。盖今日实中国立宪之时机已到矣！当局者虽欲阻之，乌从而阻之？顷当局者既知兴学育才之为务矣，学校中多一少年，即国民中多一立宪党，何也？彼其人苟有爱国心而略知西人富强所由来者，未有不以此事为第一义也。故中国究竟必与地球文明国同归于立宪，无可疑也。特今日而立之，则国民之蒙福更早，而诸先辈尸其功；今日而沮之，则国家之进步稍迟，而后起者为其难。如斯而已！苟真有爱君爱国心者，不可不熟察鄙言也。

问者曰：然则中国今日遂可行立宪政体乎？曰：是不能。

立宪政体者，必民智稍开而后能行之。日本维新在明治初元，而宪法实施在二十年后，此其证也。中国最速亦须十年或十五年，始可以语于此。问者曰：今日既不可遽行，而子汲汲然论之何也？曰：行之在十年以后，则定之当在十年以前。夫一国犹一身也，人之初就学也，必先定吾将来欲执何业，然后一切学识，一切材料，皆储之为此业之用。故医士必于未行医之前数年而自定为医，商人必于未经商之前数年而自定为商，此事之至浅者也。唯国亦然，必先定吾国将来采用何种政体，然后凡百之布置，凡百之预备，皆从此而生焉。苟不尔尔，则如航海而无南针，缝衣而无量尺，乱流而渡，不知所向，弥缝补首，不成片段，未有能济者也。故采定政体，决行立宪，实维析开宗明义第一事，而不容稍缓者也!

既定立宪矣,则其立之之次第当如何?曰:宪法者,万世不易者也,一切法度之根源也,故当其初立之也,不可不精详审慎,而务止于至善。日本之实行宪法也,在明治二十三年;其颁布宪法也,在明治十三年;而其草创宪法也,在明治五年。当其草创之始,特派大臣五人,游历欧洲,考察各国宪法之同异,斟酌其得失;既归而后,开局以制作之。盖其慎之又慎、豫之又豫也如此。今中国而欲行之,则吾以为其办理次第当如左:

一、首请皇上涣降明诏,普告臣民,定中国为君主立宪之帝国,万世不替。

次二、宜派重臣三人,游历欧洲各国及美国、日本,考其宪法之同异得失,何者宜于中国,何者当增,何者当弃。带领通晓英、法、德、日语言文字之随员十余人同往,其人必须有学识,不徒解方言者,并许随时向各国聘请通人以为参赞,以一年差满回国。(又此次所派考察宪法之重臣随员,宜并各种法律如行政法、民法、商法、刑法之类皆悉心考究。)

次三、所派之员既归,即当开一立法局于宫中,草定宪法,随时进呈御览。

次四、各国宪法原文及解释宪法之名著,当由立法局译出,颁布天下,使国民咸知其来由,亦得增长学识,以为献替之助。

次五、草稿既成,未即以为定本,先颁之于官报局,令全国士民皆得辨难讨论,或著书,或登新闻纸,或演说,或上书于立法局,逐条析辩,如是者五年或十年,然后损益制定之。定本既颁,则以后非经全国人投票,不得擅行更改宪法。

次六、自下诏定政体之日始,以二十年为实行宪法之期。

本篇乃论宪法之当速立其如何办法,至各国宪法之异同得失及中国宪法之当如何,余亦略有管见。但今兹论之,尚非其时,愿以异日。

论政府与人民之权限

1902 年 3 月 10 日

梁启超

天下未有无人民而可称之为国家者，亦未有无政府而可称之为国家者，政府与人民，皆构造国家之要具也。故谓政府为人民所有也不可，谓人民为政府所有也尤不可，盖政府、人民之上，别有所谓人格（人格之义屡见别篇）之国家者，以团之统之。国家握独一最高之主权，而政府、人民皆生息于其下者也。重视人民者，谓国家不过人民之结集体，国家之主权即在个人（谓一个人也）。其说之极端，使人民之权无限，其弊也，陷于无政府党，率国民而复归于野蛮。重视政府者，谓政府者国家之代表也，活用国家之意志而使现诸实者也，故国家之主权，即在政府。其说之极端，使政府之权无限，其弊也，陷于专制主义，困国民永不得进于文明。故构成一完全至善之国家，必以明政府与人民之权限为第一义。

因人民之权无限以害及国家者，泰西近世，间或有之，如十八世纪末德国革命之初期是也。虽然，此其事甚罕见，而纵观数千年之史乘，大率由政府滥用权限，侵越其民，以致衰致乱者，殆十而八九焉。若中国又其尤其者也。故本论之宗旨，以政府对人民之权限为主眼，以人民对政府之权限为附庸。

政府之所以成立，其原理何在乎？曰：在民约。（民约之义，法国硕儒卢梭倡之，近儒每驳其误，但谓此义为反于国家起源之历史则可，谓其谬于国家成立之原理则不可。虽憎卢梭者，亦无以难也。）人非群则不能使内界发达，人非群则不能与外界竞争，故一面为独立自营之个人，一面为通力合作之群体。（或言由独立自营进为通力合作，此语于论理上有缺点。盖人者能群之动物，自最初即有群性，非待国群成立之后而始通合也。既通合之后，仍常有独立自营者存，其独性不消灭也。故随独随群，即群即独，人之所以贵于万物也。）此天演之公例，不得不然者也。既为群矣，则一群之务不可不共任其责固也。虽然，人人皆费其时与力于群务，则其自营之道，必有所不及。民乃相语曰：吾方为农，吾方为工，吾方为商，吾方为学，无暇日无余力以治群事也，吾无宁于吾群中选若干人而一以托之焉，斯则政府之义也。政府者，代民以任群治者也，故欲求政府所当尽之义务，与其所应得之权利，皆不可不以此原理为断。

然则政府之正鹄何在乎？曰：在公益。公益之道不一，要以能发达于内界而竞争于外界为归。故事有一人之力所不能为者，则政府任之；有一人之举动妨及他人者，则政府弹压之。政府之义务虽千端万绪，要可括以两言：一曰助人民自营力所不逮，二曰防人民自由权之被侵而已。率由是而纲维是，此政府之所以可贵也。苟不尔尔，则有政府如无政府，又其甚者，非唯不能助民自营力而反窒之，非唯不能保民自由权而又自侵之，则有政府或不如其无政府。数千年来，民生之所以多艰，而政府所以不能与天地长久者，皆此之由。

政府之正鹄不变者也，至其权限则随民族文野之差而变，变而务适合于其时之正鹄。譬诸父兄之于子弟，以导之使成完人为正鹄。当其孩幼也，父兄之权限极大，一言一动，一饮一食，皆干涉之，盖非是则不能使之成长也。子弟之智德才力，随年而加，则父兄之干涉范围，随年而减。使在弱冠强仕之年，而父母犹待以乳哺孩抱时之资格，一一干涉之，则于其子弟成立之前途，必有大害。夫人而知矣，国民亦然。当人群幼稚时代，其民之力未能自营，非有以督之，则散漫无纪，而利用厚生之道不兴也；其民之德未能自治，非有以钳之，则互相侵越，而欺凌杀夺之祸无穷也。当其时也，政府之权限不可不强且大。及其由拨乱而晋升平也，民既能自营矣，自治矣，而犹欲以野蛮时代政府之权以待之，则其俗强武者，必将愤激思乱，使政府岌岌不可终日；其俗柔懦者，必将消缩萎败，毫无生气，而他群且乘之而权其权、地其地、奴其民，而政府亦随以成灰烬。故政府之权限，与人民之进化成反比例，此日张则彼日缩，而其缩之，乃正所以张之也。何也？政府依人民之富以为富，依人民之强以为强，依人民之利以为利，依人民之权以为权，彼文明国政府，对于其本国人民之权，虽日有让步，然与野蛮国之政府比较，其尊严荣光，则过之万万也。

今地球中除棕、黑、红三蛮种外，大率皆开化之民矣。然则其政府之权限当如何？曰：凡人民之行事，有侵他人之自由权者，则政府干涉之，苟非尔者，则一任民之自由，政府宜勿过问也。所谓侵人自由者有两种：一曰侵一人之自由者，二曰侵公众之自由者。侵一人自由者，以私法制裁之；侵公众自由者，以公法制裁之。私法、公法，皆以一国之主权而制定者也（主权或在君，或在民，或君民皆同有，以其国体之所属而生差别）。

而率行之者，则政府也。最文明之国民，能自立法而自守之，其侵人自由者益希，故政府制裁之事，用力更少。史称尧舜无为而治，若今日立宪国之政府，真所谓无为而治也。不然者，政府方日禁人民之互侵自由，而政府先自侵人民之自由，是政府自己蹈天下第一大罪恶。（西哲常言：天下罪恶之大，未有过于侵人自由权者。）而欲以令于民，何可得也！且人民之互相侵也，有裁制之者；而政府之侵民也，无裁制之者；是人民之罪恶可望日减，而政府之罪恶且将日增。故定政府之权限，非徒为人民之利益，而实为政府之利益也。

英儒约翰·弥儿所著《自由原理》（John Stuart Mills On Liberty）有云：

纵观往古希腊、罗马、英国之史册，人民常与政府争权。

其君主或由世袭，或由征服，据政府之权势，其所施行，不特不从人民所好而已，且压抑之蹂躏之。民不堪命，于是爱国之义士出，以谓人民之不宁，由于君权之无限，然后自由之义乃昌。人民所以保其自由者，不出二法：一曰限定宰治之权，与君约，而得其承诺，此后君主若背弃之，则为违约失职，人民出其力以相抵抗，不得目为叛逆是也；二曰人民得各出己意，表之于言论，著之于律令，以保障全体之利益是也。此第一法，欧洲各国久已行之；第二法，则近今始发达，亦渐有披靡全地之势矣。

或者曰：在昔专制政行，君主知有己不知有民，则限制其权，诚非得已。今者民政渐昌，一国之元首（元首者，兼君主国之君主、民主国之大统领而言）。殆皆由人民公选而推戴之者，可以使之欲民所欲而利民所利，暴虐之事，当可不起。然则虽不为限制亦可乎？曰：是不然，虽民政之国，苟其政权限不定，则人民终不得自由。何也？民政之国，虽云人皆自治而非治于人，其实决不然。一国之中，非能人人皆有行政权，必有治者与被治者之分。其所施政令，虽云从民所欲，然所谓民欲者，非能全国人之所同欲也，实则其多数者之所欲而已。

（按：民政国必有政党，其党能在议院占多数者，即握政府之权，故政治者，实从国民多数之所欲也。往昔政学家谓政治当以求国民全体之幸福为正鹄，至硕儒边沁，始改称以最大多数之最大幸福为正鹄，盖其事势之究者，仅能如是也。）苟无限制，则多数之一半，必压抑少数之一半，彼少数势弱之人民，行将失其自由，而此多数之专制，比于君主之专制，其害时有更甚者。故政府与人民之权限，无论何种政体之国，皆不可不明辨者也。

由此观之，虽在民权极盛之国，而权限之不容已，犹且若是，况于民治未开者耶？记不云乎："天生民而立之君，使司牧之，岂其使一人肆于民上也？"

故文明之国家，无一人可以肆焉者，民也如是，君也如是，少数也如是，多数也如是。

何也？人各有权，权各有限也。权限云者，所以限人不使滥用其自由也。滥用其自由，必侵人自由，是谓野蛮之自由；无一人能滥用其自由，则人人皆得全其自由，是谓文明之自由。

非得文明之自由，则国家未有能成立者也。

中国先哲言仁政，泰西近儒倡自由，此两者其形质同而精神迥异，其精神异而正鹄仍同。何也？仁政必言保民，必言牧民。牧之保之云者，其权无限也，故言仁政者，只能论其当如是，而无术以使之必如是。虽以孔孟之至圣大贤，晓音瘏口以道之，而不能禁二千年来暴君贼臣之继出踵起，鱼肉我民，何也？治人者有权，而治于人者无权，其施仁也，常有鞭长莫及、有名无实之忧，且不移时而熄焉；其行暴也，则穷凶极恶，无从限制，流毒及全国，亘百年而未有艾也。圣君贤相，既已千载不一遇，故治日常少而乱日常多。若夫贵自由定权限者，一国之事，其责任不专在一二人，分功而事易举，其有善政，莫不遍及，欲行暴者，随时随事，皆有所牵制，非唯不敢，抑亦不能，以故一治而不复乱也。是故言政府与人民之权限者，谓政府与人民立于平等之地位，相约而定其界也，非谓政府界民以权也。（凡人必自有此物，然后可以界人，民权者非政府所自有也，何从界之？孟子曰："天子不能以天下与人。"亦以天下非天子所能有故也。）赵孟之所贵，赵孟能贱之，政府若能界民权，则亦能夺民权，吾所谓形质同而精神迥异者此也。然则吾先圣昔贤所垂训，竟不及泰西之唾余乎？是又不然，彼其时不同也。吾固言政府之权限，因其人民文野之程度以为比例差。

当二千年前，正人群进化第一期，如扶床之童，事事皆须借父兄之顾复，故孔孟以仁政为独一无二之大义，彼其时政府所应有之权，与其所应尽之责任，固当如是也。政治之正鹄，在公益而已。今以自由为公益之本，昔以仁政为公益之门，所谓精神异而正鹄仍同者此也。但我辈既生于今日，经二千年之涵濡进步，俨然弃童心而为成人，脱蛮俗以进文界矣，岂可不求自养自治之道，而犹学呱呱小儿，仰哺于保姆耶？抑有政府之权者，又岂可终以我民为弄儿也？权限乎？建国之本，太平之原，舍是曷由哉！

答南北美洲诸华商论中国只可行立宪不可行革命书（节录）

《新民丛报》1902 年 9 月 16 日

康有为

顷得书，以回銮半年，皇上不得复辟，西后、荣禄仍柄大权，内地纷纷加税，民不聊生，以赔荣禄通拳匪围使馆之款，广西变起，众情积愤，怒不可遏，恐皇上长为荣禄所挟，永卖中国。且吾会备极忠义以保皇，而政府反以为逆党，反以为匪会，捕逮家属，死者数人，监者累年，以竭忠为逆，以保皇为匪，今虽再竭忠义，亦恐徒然耳。事势如此，不如以铁血行之，效华盛顿革命自立，或可以保国民。览书惶骇，何乃至此！想诸君热心太盛，以为回銮之后，西后必归政，荣禄必逐故也。一旦失望，愤怒交并，忧国诚切，迫而出此。近者天下纷纷怨怒，皆在此事，岂独诸君哉！

夫以荣禄为通拳匪围使馆之罪魁，而能欺弄八国，不独不杀，且柄政如故，此由各国公使因其曾馈瓜果所致。荣禄巧营两面，一面命董福祥围使馆，一面馈使馆瓜果，于事成则受其功，若事败时则不受其过，今竟得售其奸，脱然事外，挟权加税，以虐吾同胞，伪为变法，以欺各外国。今则并不变法，逍遥高卧而执政权，诸君之愤之怒之宜也。然愤激之余，遽欲为革命自立，独不念舍身救民之圣主乎？不独与保皇会宗旨相悖，且考时度势，则仆窃以为不可，盖有数说焉。唯仁人志士察之！

今欧、美各国，所以致富强，人民所以得自主，穷其治法，不过行立宪法、定君民之权而止，为治法之极则矣。……统计欧洲十六国，除法国一国为革命，实与俄之一国为专制者同，皆欧洲特别之情。其余十余国，无非定宪法者，无有行革命者。然法倡革命，大乱八十年，流血数百万，而所言革命民权之人，旋即借以自为君主而行其压制，如拿破仑者，凡两世矣。然使法国之制独善，法国之力独强，法民之乐更甚，由之可也。今各国之宪法，以法国为最不善，国既民主，亦不能强，能革其君，而不能革其世爵之官，其官之贪酷压民甚至，民之乐利，反不能如欧洲各国。此则近百年来欧洲言革命不革命之明效大验矣。然各国民党之起，皆在其京师，故能迫其君相，而成大事，其间有自边省起者，亦皆去京师不远，然不过少为势援，大要不在是也。若不在京师起者，则调大兵立平之，未见一国民权党能在边省成功者，此不可不取以为鉴也。

若夫民主大国，唯美与法，美为新造之邦，当时人民仅四百万，与欧洲隔绝，风气皆新，无一切旧制旧俗之拘牵。其后渡海赴之者，皆厌故国，乐自由，故大更大变，事皆极易，故法革命而无效，美自立而见功。若我中国万里地方之大，四万万人民之众，五千年国俗之旧，不独与美迥绝不同，即较于法亦过之绝远。以中国之政俗人心，一旦乃欲超跃而直入民主之世界，如台高三丈，不假梯级而欲登之；河广十寻，不假舟筏而欲跳渡之，其必不成而堕溺，乃必然也。夫孔子删《书》，称尧、舜以立民主；删《诗》，首文王以立君主；系《易》，称见群龙无首，天下治也，则平等无主。其为《春秋》，分据乱、升平、太平三世。据乱则内其国，君主专制世也；升平则立宪法，定君民之权之世也；太平则民主，平等大同之世。孔子岂不欲直至太平大同哉，时未可则乱反甚也。今日为据乱之世，内其国则不能一超直至世界之大同也；为君主专制之旧风，亦不能一超至民主之世也。不然，国者，为民之所积者也；国者，民之公产也。孔子言天下为公，选贤与能，固公理也。欧洲十余国，万战流血力争而得民权者，何不皆如法之革命，而必皆仍立君主乎？必听君主之世守乎？甚且无君主则迎之异国乎？此非其力之不能也，有不得已之势存焉。故此时为大，势为大，时势之所在，即理之所在，公理常与时势相济，而后可行，若必即行公理，则必即日至大同，无国界、无家界而后可，必妇女尽为官吏而后可，禽兽之肉皆不食而后可，而今必不能行。仆在中国实首创言公理，首创言民权者，然民权则志在必行，公理则今日万不能尽行也。盖今日由小康而大同，由君主而至民主，正当过渡之世，孔子所谓升平之世也，万无一跃超飞之理。凡君主专制、立宪、民主三法，必当一一循序行之，若紊其序，则必大乱，法国其已然者矣。既当过渡之时，只得行过渡之事，虽有仁人志士欲速之心而徒生祸乱，必无成功，则亦可不必矣。不然，以欧洲十余国之志士才人万亿千计，累更百年，何以皆至君主立宪法而即止，不复更进至民主大革命哉！乃者英君后之丧，民戴之如此，英新皇之加冕，民尊之如彼，凡有礼会，必免冠起立，同颂祝其君，彼欧人之明智，岂伪为如是哉？诚以审时势而度义理，不可不如是也。若使百年来欧洲十余国之亿兆志士才人，皆愚冥也，则是不足称也；如使积百年欧洲十余国之亿兆志士才人，稍有知也，然而彼十余国不为革命而国日强，但求立宪而民乐，则是岂可不深长思也。故百年来欧洲十余强国，亿兆才人志士但求立宪法，定君民之权耳！虽别称君主之国，其为立宪民权无异，但得自由自主之乐，斯已矣。君主民主皆虚位耳，民之实权不可失，故必求之：君主民主之虚位，无关要事，则可听之。实考欧、美治强之故，人民之权利若此，若未尝深思其故，反复其势，绎按其时，徒见美国独立之盛，但闻法国革命之风而慕之行之，妄言轻举，徒致败乱，此仆之愚所未敢从也。

……

夫革命非一国之吉祥善事也，就使革命而获成矣，为李自成之入燕京矣，为黄巢之破长安矣，且为刘、项之入关中矣。然以中国土地之大，人民之众，各省各府，语言不相通，各省各府，私会不相通，各怀私心，各私乡土，其未大成也，必州县各起，省府各立，莫肯相下，互相攻击，各自统领，各相并吞，各相屠城，流血成河，死人如麻，秦、隋、唐、元之末季，必复见于今日。加以枪炮之烈，非如古者刀矛也，是使四万万之同胞，死其半也。……夫欧、美一切之美政美学美术，皆承平暇豫，而后能为之，岂有国内乱剧仓皇，民不聊生，工商俱废，奔走不暇，而能兴内治乎？法国之地与民，不得中国十分之一，而革命一倡，乱八十年。第一次乱，巴黎城死者百廿九万，中国什倍其地，什倍其民，万倍于巴黎，而又语言不通，山川隔绝，以二十余省之大，二百余府之多，二千余县之众，必不能合一矣。若有大乱，以法乱之例推之，必将数百年而后定，否亦须过百年而后定。方当列强竞争，虎视逐逐，今方一统，犹危殆岌岌，若吾同胞相残毁，其能待我数百年平定而后兴起内治乎？鹬蚌相持，渔人得利，必先为外人有矣，若印度是也。谁生厉阶，演此惨剧。夫今志士仁人之发愤舍身命而倡大变者，其初岂非为救国民哉？乃必自杀数万万人，去中国人类之半而救之，孟子言杀一不辜，而得天下不为，况于屠戮同种数万万人哉！……夫始为变法自强而来，终为内乱自亡而去，始为救国保种而来，终为鬻民灭国而去，在妄发者，亦岂料其末祸至是！然放火之人，无能知火之所止者，彼放小火耳！风之所来，谁能定之？测火风犹若是，而况倡革命者？放大火燎炸药以烧中国，又当四邻窥伺之时，彼虽号为智者，能料其所终乎？即智者妄谓能料之，其可信乎？方印度诸自立国，倡言背蒙古朝时，岂料不数十年国种全灭而隶英哉？言革命者，必谓非经大杀戮，不能得大安乐，故杀人数万万，乃其本怀，原不足动其心，然使杀之而必能救中国犹可也，然自相屠杀，剪其种族数万万，而必至鹬蚌相持，渔人得利也。志士人人，何忍出此！

……

且倡革命者，必以民权自立为说，公举民主官吏为言，近引法美，切乎时势，合乎人心，当水深火热之余，莫不信之望之。夫民权自由之与革命，分而为二者也。欧洲十余国，皆有民权，皆能自由者，除法国革命外，余皆有君主；然则必欲予民权自由，何必定出于革命乎？革命未成，而国大涂炭，则民权自由，且不可得也。是故真有救国之心，爱民之诚，但言民权自由可矣，不必谈革命也。然则革命者之言民权自立，不过因人心之所乐而因以饵之，以鼓动大众，树立徒党耳！假令革命果成，则其魁长且自为君主，而改行压制之术矣。不见法之拿破仑乎？始则专倡民权，每破一国，辄令民背其主，既为民主，事事皆俯顺民情，而挟其兵力以行之，于是复自为君主矣。又不见拿破仑第三乎？始为议员，则事事必言利民，新为民主，则誓守旧章，三年之先，凡卫民厚民保民利民之事，无不力行，且补旧章之不及，以买人心。已而夜宴，一夕伏兵擒议员百数，民党头目及知名士千数，尽置于狱，流于而美嵌监绝地中，拥兵五十万而称帝矣。盖能以革命成大事之人，其智术必绝伦，又必久拥兵权者。中国枭雄积于心脑者，人人有汉高、明太之心，吾见亦多矣。古今天下安得遇尧、舜、华盛顿。法国累更革命，积化百年，定章极严，而拿破仑第三犹如此，况中国向来本无此议论，更无立宪定章，彼枭雄能指挥十八省者，其拥兵权何止五十万，如此则何为不可！夫华盛顿之时，美国人仅四百万，中国乃百倍之，其人之才能控制十八省四万万人，破万里之全国者，非有秦政、刘邦、曹操、刘裕、朱元璋之枭雄术略，好杀自私，必不能也。夫秦政、刘邦、曹操、刘裕、朱元璋再出，方出新法，以大肆屠戮拟行其压制，而立其君权，其先言民权者，亦不过为拿破仑第三之买民心耳。今所见革命之人，挟权任术，争锱铢小利而决裂者，不可胜数，如此之人，使其有天下，而望其行尧、舜、华盛顿之事，是望盗跖之让国也。故即有华盛顿之仁，盖其人亦只能抚四百万人，而必不能定四万万人。盖以人心未化之国，非极枭雄术略之人，肆其杀戮专制之权，必不能定之也。故今日中国，必无骤出华盛顿之理，不必为此妄想也。……故尧、舜之为民主大同之公天下，孔子倡之，而不能即行之。今民主之法，大同之道，乃公理之至义，亦将来必行者也。而今中国，实未能行民主也，世界实未能行大同也。……

……

善乎满人瓜尔佳之言也。瓜尔佳曰：民主者，天下公理也，能爱民变法，天下莫如皇上，若举民主，莫如皇上也。吾以为今之言革命民主者，糜烂四万万之人，大战数十百年，而必不能成革命，必不能保中国。假而有成，而得一秦政、刘邦、曹操、朱元璋、拿破仑为民主，则益水深火热矣。即不可谓薄待天下人，或冀幸于万一，而有华盛顿者出，然与其望之空虚必无有未可信未出现未著效之华盛顿，何如望之已有已现已效之皇上乎？……以皇上之仁圣英武，通于外事，足以变法而强中国；以皇上之久历艰难，能公天下，足以立宪而兴民权。天生皇上之圣仁，令其阅历变难，正所以救中国生民者也。夫使众议纷纭，革命大乱而后能变法，则待之数百年而后成。夫中国为黄种之独国，与法、美迥异，方今外人侵压之力，岂能从容以百年之乱待之乎。若欲速变，非君主之权不能也。……皇上既早欲开议院、与民权矣，先以专制之君权变法，徐以公议之民权守成，不待革命糜烂之争，而可安享民权自由、变法自强之乐。吾为中国计，为四万万之同胞计，妄谓莫善于此！

……

谈革命者，又谓中国积弊既深，习俗既久，静性既甚，守旧实深，虽皇上复辟，亦难大变之。非大震雷霆，大鼓风雨，以洗荡扫除其旧人旧性，如法之大举革命然，必不能真变也，故不望其成，但欲其大动大变以警醒之，甘为水火，甘为炸药，甘为大疫，宁杀三分有二之人，以望将来之大乐。若其筑室以庇之，行医以药之，则将来自有其人，今不暇计也。远引法、美之效，近法欧洲之风，谓变法自强，必无安然可致之理，一统大同，不如鼎峙竞争之各出智力，各出议论。此其决裂破坏，无所顾虑，但求欲速以成功名，可谓勇锐残忍以图事者矣。仆以为易动而难静者，民之性也，岂中国人独不然哉！……

近观数年之变，自甲午败后，变法议倡，积极而有戊戌维新之事，其反潮则翻新政、废君上、诛党人，而积极成庚子拳匪之祸。及都邑破、乘舆出、巨款赔，积极而复有近者勉强变法之诏。然而学堂既开，报馆既出，译书既盛，游学既众，民智日开，新说日出，即如戊戌之春，湖南已发自立易种之论，幸而皇上赫然维新，故异说稍释。及己、庚之间，溥儁立，京城失，人心骚动，革命之说复起。及去年旧党渐诛，回銮日闻，天下人人侧望，咸以为皇上立即复辟，异说渐静。及回銮后，不闻复辟，至今半年，天下复嚣然愤然而谈革命自立矣，广西之乱又起矣。顷闻撤帘有信，而贼臣阻之。呜呼！此皆李莲英、荣禄二人并力以亡国也。各宗室大臣、各疆臣环视而不动，是助荣禄、李莲英以亡之也。夫人心之变，岂有极哉！民主之制，出自公举，可谓公之至矣，美国之治效，可谓盛矣，麦坚尼之总统，东定古巴，西收菲律宾，可谓殊勋矣，而尚有无君党以刺之。近年工党之变日起，均产之论日多。夫论转石流川之势，则千数百年后，必至太平大同之世，群龙无首之时，公产平均之日。若在今日，则无君均产之事，中国固未萌芽，而欧、美亦岂能行哉！夫美之不能遽行无君均产，犹中国之未可行革命民主也。欧洲须由立宪君主，乃可渐致立宪民主；中国则由君主专制，必须历立宪君主，乃可至革命民主也。……

且既动之后，不能复静，变乱滋生，不可复止。不观于法国乎？法之初革命也，废尊称，更新历，起尊崇道理之教，举旧政旧俗扫弃而尽改之，举国若狂，言愈发而愈激，愈激而愈偏。限行政之权，至于事不能举，行空想之论，使人皆无产，献工金之半于政府，既无名分以统一之，于是诸党争权而相杀，各省称兵而反斗，其革命裁判所，自王后以下，乃至杀戮名士贵爵数千人。遍派侦探，疑似辄杀，人人疑惧，此则秦始之坑儒、桓灵之钩党、魏忠贤之诛东林，就帝国专制之酷政，无此惨矣。已而异党复起，展转相攻，党魁数百，皆被诛戮，凡各党之争，甚类晋八王故事，死者百廿九万人。名为公议，而其专制过于无道之帝政，欲求治安，而其毒乱过于列国之互攻。盖革命之余，必至如此。诸党大乱之后，惩艾其乱，则厌民主之说，于是拿破仑复立为君。拿破仑既逐，布尔奔继立，法议员则公议严刑，以罚民主之说。既而有七月二日两大革命，连逐两君，复思拿破仑而立其后。及拿破仑第三见擒于德，乱民争位之时，前后三次，巴黎扰乱，死亡载道，贸易皆无，工贾俱绝，谋食无所。其幸生者，或贫穷而无归，或积郁而致乱。于是相与为乱，劫掠官民，盘踞宫殿，流血成渠，积骸成山。故民党之意，虽曰但自主平等同胞，终无济而益乱矣。英国鉴之，故宁迟迟变法，而力戒革命民主之说，果得渐进之益。

夫以区区之法，区区之巴黎，一唱革命，变乱无厌已如此，况于十倍法国、万倍巴黎之中国者哉！其惨状变态，益难思议矣。且谓中国安然变法亦非也，戊戌篡废之举，庚子拳匪之祸，皆始自京师，已从流血百万而来矣。各国皆变自京师，岂必边省并变哉！若暹逻以君权变法，则未闻有一人流血之事，又岂必引法事为变法铁案乎？吾则恐大动之后，湍流直奔，大火延烧，不知几百年而无以善其后也，况敢作俑乎？

谈革命者，开口必攻满洲，此为大怪不可解之事。夫以开辟蒙古、新疆、西藏、东三省之大中国，二百年一体相安之政府，无端妄引法、美以生内讧，发攘夷别种之论以创大难，是岂不可已乎？……然则满洲、蒙古，皆吾同种，何从别而异之，其辫发衣服之不同，犹泰伯断发文身耳。且中国昔经晋时，氐、羌、鲜卑入主中夏，及魏文帝改九十六大姓，其子孙遍布中土，多以千亿，……又大江以南，五溪蛮及骆越、闽、广，皆中夏之人，与诸蛮相杂，今无可辨。当时中国民数，仅二三千万，计今四万万人中，各种几半，姓同中土，孰能辨其真为夷裔夏裔乎？

……夫夷夏之别，出于春秋。然孔子《春秋》之义，中国为夷狄则夷之，夷而有礼义则中国之。……春秋当此之时，唯德是亲。然则孔子之谓中国、夷狄之别，犹今所谓文明，野蛮耳。故中国、夷狄无常辞，从变而移。当其有德，则夷狄谓之中国；当其无道，则中国亦谓之夷。狄将为进化计，非为人种计也。楚先称荆而后称楚。定、哀之世，吴子爵而不殊。盖据乱之世，内其国而外诸夏；升平之世，内诸夏而外夷狄；至于太平之世，内外大小若一，故王者爱及四夷，又曰王者无外，又曰远方之夷，内而不外也。……若夫政治专制之不善，则全由汉、唐、宋、明之旧，而非满洲特制也。然且举明世廷杖镇盗大户加税矿政之酷政而尽除之。圣祖仁皇帝定一条鞭法，纳丁于地，使举国四万万人数百年子子孙孙，永复差徭，无复有车辚马萧，弓箭在腰，爷娘妻子走送，哭声直上千霄之苦，此则唐虞至明之所无，大地各国所未有也。亦可谓古今至仁之政矣……若国朝之制，满、汉平等，汉人有才者，匹夫可以为宰相，自同治年来，沈文定、李文正、翁常熟迭相柄政，曾文正、左文襄、李文忠则为外相，倚界极重。而若孙毓汶之奸邪，独当国十余年，满人侧目，无可如何。除近年荣禄以预废君之谋，独专大政外，举国四十年政权，皆在汉人之手。恭、醇二邸，位虽最高，但拱手待成耳！即今除荣禄、庆邸外，何一非汉人为政乎？军机除荣禄外，王文韶、鹿传霖、瞿鸿禨三相，皆汉人也。若袁世凯、刘坤一、张之洞三督之权，至于朝廷不敢去之。若将兵之权，尤国所倚，则袁世凯、马玉昆、宋庆、苏元春、张春发，何一书汉人乎？满人无一统大兵者，即为总督者，仅一崧蕃耳。其极边将军大臣之用满人，则以用满蒙文字，为汉人不识之故，而将来亦必改之，观新疆改省可见。即今步军警察改用汉人，东三省亦拟改行省矣。故除京官满、汉并设，满籍人少，迁移较易，似为占优，然当时分设满、汉者，已自有故。乾隆时，舒赫德曾请删除满、汉，谓开国时圣祖本欲删除，后恐满大臣权大，至使汉人无官，有若元时，故特分满、汉之缺。然则所以分之之故，盖专为汉人计也。……今革命者，日言文明，何至并一国而坐罪株连之；革命者，日言公理，何至并现成之国种而分别之，是岂不大悖谬哉！……

夫今日中国积弱，众强环视，苟汉之与满，割而为台湾，亡而为印度、波兰，则必不得政权平等自由之利，是则可忧也。然既非其比矣，则国人今日之所当忧者，不在内讧，而在抗外也。欲抗外而自保，则必当举国人之全力，聚精会神而注于是，或可免也。方当同舟共济之日，若为内讧，则兄弟阋墙，外御其侮，恐为阿坤鸦度之能脱于西班牙，而适利美国之渔人，至时则永为奴隶，永无自立，求如今者，不可得也。乃国之志士，不能审此，而颠倒误用之，善恐若印度真奴之不远矣。

昔戊戌在京时，有问政体者，吾辄以八字言之，曰"满、汉不分，君民同体"。皇上甚韪之。因言魏文改姓迁都事，皇上决将满、汉二字删除，凡官之分满、汉缺者亦删去。其任官唯才，不问何籍，各地驻防，皆附其地，听其谋四民之业。其满渊旧姓，皆取一字而行之，如魏故事。故只有所谓中国，无所谓满洲。帝统宗室，不过如汉刘、唐李、宋赵、明朱，不过一家而已。不筑堤防，何有水涨？虽欲攻满洲，何从攻之？……君而无道，不能保民，欲革命则革命耳，何必攻满，自生内乱乎？实推其意，不过为起兵动众借口耳！然则革命自立皆不可，而西后、荣禄常柄政，则吾同胞当安坐以待灭亡鬻卖乎？是又不然。试观数年以来，推翻新政，禁报馆，捕党人，停学堂，止译书，其暴横之举，与前百年欧洲诸国之压制其民相等。今不二三年，已废八股、弓刀、漕运，开学堂，译西书，派游学，满汉通婚矣。风潮所卷，正反相承，其后不能复止。皇上而复辟，固能维新自强，以兴民权；皇上而有变，必有变乱相随，焉有伪朝篡乱而可久者乎？况西后、荣禄，皆已老矣。……

　　……

来书频谓开保皇会，累电救上，可谓忠矣，而举朝咸目为逆党，指为匪会，逮捕相仍、谁能白之，虽忠无益。……今皇上挟于西后、荣禄之手，虽回銮而无权如故，荣禄自挟天子而令天下，于今五年矣。若如汉献故事，是中国永割，而吾黄帝四万万神明之胄终亡，则是不行革命所致也。夫君与国孰重？一人与四万万人孰重？孟子曰："民为贵，君为轻。"岂可徇小谅而忘大事哉！是其说甚辩，而亦不然也。当献帝时，群雄割据已成，大势瓦解已定，献帝必无复权之理；即使复权，而献帝既非英主，群雄既皆立定，亦无恢复之望，故先主不得不取荆、益以图存汉祚。若今者各省有已割据者乎？大势有已瓦解者乎？不过六十老翁之西后、荣禄二人擅朝耳。举国大小臣工，下及民庶，外及友邦，莫不归心皇上。一旦归政，天子当阳，焕然维新，以上定立宪之良法，下与民权之自由，在反掌耳！皇上既非献帝之比，今亦岂汉末之比哉！时事迥殊，亦不能附会古义。愿诸君审度时势，力终其忠义，厚蓄其实力，姑少待之，无误于异论，无鼓动于浮言，无惑乱于少变，坚守保皇会义，圣主必复，中国必全，幸福必至。刻心写腹，幸察鄙言，不胜惓惓翗翗之至！

干涉与放任

1902 年 10 月 2 日

梁启超

　　古今言治术者，不外两大主义：一曰干涉，二曰放任。干涉主义者，谓当集权于中央，凡百皆以政府之力监督之，助长之，其所重者在秩序；放任主义者，谓当散权于个人，凡百皆听民间自择焉，自治焉，自进焉，其所重者在自由。此两派之学者，各是其所是，非其所非，皆有颠扑不破之学理，以自神明其说。泰西数千年历史，实不过此两主义之迭为胜负而已，于政治界有然，于生计界亦有然。大抵中世史纯为干涉主义之时代；十六七世纪，为放任主义与干涉主义竞争时代；十八世纪及十九世纪之上半，为放任主义全胜时代；十九世纪之下半，为干涉主义与放任主义竞争时代；二十世纪，又将为干涉主义全胜时代。

　　请言政治界。中世史之时，无所谓政治上之自由也。及南欧市府勃兴，独立自治之风略起，尔后霍布斯、陆克【今译洛克】诸哲，渐倡民约之论，然霍氏犹主张君权。及卢梭兴，而所以掊击干涉主义者，不遗余力，全世界靡然应之，演成十九世纪之局。近儒如约翰·弥勒【今译约翰·穆勒】，如斯宾塞，犹以干涉主义为进化之敌焉。而伯伦知理之国家全权论，亦起于放任主义极盛之际，不数十年已有取而代之之势。畴昔谓国家恃人民而存立，宁牺牲凡百之利益以为人民者，今则谓人民恃国家而存立，宁牺牲凡百之利益以为国家矣。自今以往，帝国主义益大行，有断然也。帝国主义者，干涉主义之别名也。

　　请言生计界。十六七世纪，重商学派盛行，所谓哥巴【今译柯尔培尔】政略者，披靡全欧，各国相率仿效之，此为干涉主义之极点。及十八世纪重农学派兴，其立论根据地，与卢梭等天赋人权说同出一源；斯密亚丹【今译亚当·斯密】出，更取自由政策，发挥而光大之；此后有门治斯达派者，益为放任论之本营矣；而自由竞争之趋势，乃至兼并盛行。富者益富，贫者益贫，于是近世所谓社会主义者出而代之。社会主义者，其外形若纯主放任，其内质则实主干涉者也，将合人群使如一机器然，有总机以纽结而旋掣之，而于不平等中求平等。社会主义，其必将磅礴于二十世纪也明矣。故曰：二十世纪为干涉主义全胜时代也。

　　然则此两主义者，果孰是而孰非耶？孰优而孰劣耶？曰，皆是也，各随其地，各随其时，而异其用；用之而适于其时与其地者则为优，反是则为劣。曰：今日之中国，于此两主义者，当何择乎？曰：今日中国之弊，在宜干涉者而放任，宜放任者而干涉。窃计治今日之中国，其当操干涉主义者十之七，当操放任主义者十之三，至其部分条理，则非片言所能尽也。

释 革

《新民丛报》1902 年 12 月 14 日

梁启超

"革"也者，含有英语之 Reform 与 Revolution 之二义。

Reform 者，因其所固有而损益之以迁于善，如英国国会一千八百三十二年之 Revolution 是也。日本人译之曰改革、曰革新。Revolution 者，若转轮然，从根柢处掀翻之，而别造一新世界，如法国一千七百八十九年之 Revolution 是也，日本人译之曰革命。"革命"二字，非确译也。"革命"之名词，始见于中国者，其在（易）曰："汤武革命，顺乎天而应乎人。"其在（书）曰："革殷受命。"皆指王朝易姓而言，是不足以当 Revo（省文，下仿此）之意也。人群中一切有形无形之事物，无不有其，Ref，亦无不有其 Revo，不独政治上为然也。即以政治论，则有不必易姓而不得不谓之 Revo 者，亦有屡经易姓而仍不得谓之 Revo 者。今以革命译 Revo，遂使天下士君子拘墟于字面，以为谈及此义，则必与现在王朝一人一姓为敌，因避之若将浼己。而彼凭权借势者，亦将曰是不利于我也，相与窒遏之、摧锄之，使一国不能顺应于世界大势以自存。若是者皆名不正言不顺之为害也。故吾今欲与海内识者纵论革义。

Ref 主渐，Revo 主顿；Ref 主部分，Revo 主全体；Ref 为累进之比例，Revo 为反对之比例。其事物本善，则体未完法未备，或行之久而失其本真，或经验少而未甚发达，若此者，利用 Ref。其事物本不善，有害于群，有窒于化，非芟夷蕴崇之，则不足以绝其患，非改弦更张之，则不足以致其理，若是者，利用 Revo。此二者皆大《易》所谓革之时义也。其前者吾欲字之曰"改革"，其后者吾欲字之曰"变革"。

中国数年以前，仁人志士之所奔走所呼号，则曰改革而已。比年外患日益剧，内腐日益甚，民智程度亦渐增进，浸润于达哲之理想，逼迫于世界之大势，于是咸知非变革不足以救中国。其所谓变革云者，即英语 Revolution 之义也。而倡此论者多习于日本，以日人之译此语为革命也，因相沿而顺呼之曰"革命革命"。又见乎千七百八十九年法国之大变革，尝戮其王，刈其贵族，流血遍国内也，益以为所谓 Revo 者必当如是。于是近今泰西文明思想上所谓以仁易暴之 Revolution，与中国前古野蛮争阎界所谓以暴易暴之革命，遂变为同一之名词，深入人人之脑中而不可拔。然则朝贵之忌之，流俗之骇之，仁人君子之忧之也亦宜。

新民子曰：革命者，天演界中不可逃避之公例也。凡物适于外境界者存，不适于外境界者灭，一存一灭之间，学者谓之淘汰。淘汰复有二种：曰"天然淘汰"，曰"人事淘汰"。

天然淘汰者，以始终不适之故，为外风潮所旋击，自澌自毙而莫能救者也。人事淘汰者，深察我之有不适焉者，从而易之使底于适，而因以自存者也。人事淘汰，即革之义也。外境界无时而不变，故人事淘汰无时而可停。其能早窥破于此风潮者，今日淘汰一部分焉，明日淘汰一部分焉，其进步能随时与外境界相应，如是则不必变革，但改革焉可矣。而不然者，蛰处于一小天地之中，不与大局相关系，时势既奔轶绝尘，而我犹瞠乎其后，于此而甘自澌灭则亦已耳，若不甘者，则诚不可不急起直追，务使一化今日之地位，而求可以与他人之适于天演者并立。夫我既受数千年之积痼，一切事物，无大无小，无上无下，而无不与时势相反，于此而欲易其不适者以底于适，非从根柢处掀翻之，廓清而辞辟之，呜呼可哉！呜呼可哉！此所以 Revolution 之事业（即日人所谓革命，今我所谓变革）为今日救中国独一无二之法门。不由此道而欲以图存，欲以图强，是磨砖作镜，炊沙为饭之类也。

夫淘汰也，变革也，岂唯政治上为然耳，凡群治中一切万事万物莫不有焉。以日人之译名言之，则宗教有宗教之革命，道德有道德之革命，学术有学术之革命，文学有文学之革命，风俗有风俗之革命，产业有产业之革命。即今日中国新学小生之恒言，固有所谓经学革命、史学革命、文界革命、诗界革命、曲界革命、小说界革命、音乐界革命、文字革命等种种名词矣。若此者，岂尝与朝廷政府有毫发之关系，而皆不得不谓之革命。闻"革命"二字则骇，而不知其本义实变革而已。革命可骇，则变革其亦可骇耶？呜呼，其亦不思而已！

朝贵之忌革也，流俗之骇革也，仁人君子之忧革也，以为是盖放巢流彘，悬首太白，系组东门之谓也。不知此何足以当革义。革之云者，必一变其群治之情状，而使幡然有以异于昔日。今如彼而可谓之革也，则中国数千年来，革者不啻百数十姓。而问两汉群治有以异于秦，六朝群治有以异于汉，三唐群治有以异于六朝，宋明群治有以异于唐，本朝群治有以异于宋明否也？若此者，只能谓之数十盗贼之争夺，不能谓之一国国民之变革，昭昭然矣！故泰西数千年来，各国王统变易者以百数，而史家未尝一予之以 Revolution 之名。

其得此名者，实自千六百八十八年英国之役始，千七百七十五年美国之役次之，千七百八十九年法国之役又次之。而十九世纪，则史家乃称之为 Revolution 时代。盖今日立于世界上之各国，其经过此时代者，皆仅各一次而已，而岂如吾中国前此所谓革命者，一二竖子授受于上，百十狐兔冲突于下，而遂足以冒此文明崇贵高尚之美名也。故妄以革命译此义，而使天下读者认仁为暴，认群为独，认公为私，则其言非徒误中国，而污辱此名词亦甚矣。

易姓者固不足为 Revolution，而 Revolution 又不必易姓。

若十九世纪者，史家通称为 Revo 时代者也，而除法国主权屡变外，自余欧洲诸国，王统依然。自皮相者观之，岂不以为是改革非变革乎？而询之稍明时务者，其谁谓然也。何也？变革云者，一国之民，举其前此之现象而尽变尽革之，所谓"从前种种，譬犹昨日死；从后种种，譬犹今日生"（袁了凡语），其所关系者非在一事一物一姓一人。若仅以此为旧君与新君之交涉而已，则彼君主者何物？其在一国中所占之位置，不过亿万分中之一，其荣也于国何与？其枯也于国何与？一尧去而一桀来，一纣废而一武兴，皆所谓"此朕家事，卿勿与知"，上下古今以观之，不过四大海水中之一微生物耳，其谁有此闲日月以挂诸齿牙余论也。故近百年来世界所谓变革者，其事业实与君主渺不相属，不过君主有顺此风潮者，则优而容之，有逆此风潮者，则锄而去之云尔。夫顺焉而优容，逆焉而锄去者，岂唯君主，凡一国之人，皆以此道遇之焉矣。若是乎，国民变革与王朝革命，其事固各不相蒙，较较然也。

闻者犹疑吾言乎？请更征诸日本。日本以皇统绵绵万世一系自夸耀，稍读东史者之所能知也；其天皇今安富尊荣神圣不可侵犯，又曾游东土者之所共闻也。曾亦知其所以有今日者，实食一度 Revolution 之赐乎？日人今语及庆应、明治之交，无不指为革命时代；语及尊王讨幕、为藩置县诸举动，无不指为革命事业；语及藤田、东湖、吉田松阴、西乡南洲诸先辈，无不指为革命人物。此非吾之澜言也，旅其邦、读其书、接其人者，所皆能征也。

如必以中国之汤武，泰西之克林威尔、华盛顿者，而始谓之革命，则日本何以称焉？而乌知其明治以前为一天地，明治以后为一天地，彼其现象之前后相反，与十七世纪末之英、十八世纪末之法无以异。此乃真能举 Revolution 之实者，而岂视乎万夫以上之一人也！

由此言之，彼忌革骇革忧革者，其亦可以释然矣。今日之中国，必非补苴掇拾一二小节，模拟欧、美、日本现时所谓改革者，而遂可以善其后也。彼等皆曾经一度之大变革，举其前此最腐败之一大部分，忍苦痛而拔除之，其大体固已完善矣，而因以精益求精，备益求备。我则何有焉？以云改革也，如废八股为策论，可谓改革矣，而策论与八股何择焉？更进焉，他日或废科举为学堂，益可谓改革矣，而学堂与科举又何择焉？一事如此，他事可知。改革云，改革云，更阅十年，更阅百年，亦若是则已耳。毒蛇在手而惮断腕，豺狼当道而问狐狸，彼尸居余气者又何责焉？所最难堪者，我国将被天然淘汰之祸，永沉沦于天演大圈之下，而万劫不复耳！夫国民沉沦，则于君主与当道官吏又何利焉？国民尊荣，则于君主与当道官吏又何损焉？吾故曰：国民如欲自存，必自力倡大变革、实行大变革始；君主官吏而欲附于国民以自存，必自勿畏大变革且赞成大变革始。

呜呼，中国之当大变革者岂唯政治，然政治上尚不得变不得革，又遑论其余哉！呜呼！

革命军（节录）

《苏报》1903 年 6 月 10 日

邹　容

第一章　绪论

扫除数千年种种之专制政体，脱去数千年种种之奴隶性质，诛绝五百万有奇被毛戴角之满洲种，洗尽二百六十年残惨虐酷之大耻辱，使中国大陆成干净土，黄帝子孙皆华盛顿，则有起死回生，还命返魄，出十八层地狱，升三十三天堂，郁郁勃勃，莽莽苍苍，至尊极高，独一无二，伟大绝伦之一目的，曰"革命"。巍巍哉！革命也！皇皇哉！革命也！

吾于是沿万里长城，登昆仑，游扬子江上下，溯黄河，竖独立之旗，撞自由之钟，呼天吁地，破颡裂喉，以鸣于我同胞前曰：呜呼！我中国今日不可不革命，我中国今日欲脱满洲人之羁缚，不可不革命；我中国欲独立，不可不革命；我中国欲与世界列强并雄，不可不革命；我中国欲长存于二十世纪新世界上，不可不革命；我中国欲为地球上名国、地球上主人翁，不可不革命。革命哉！革命哉！我同胞中，老年、中年、壮年、少年、幼年，无量男女，其有言革命而实行革命者乎？我同胞其欲相存相养相生活于革命也。吾今大声疾呼，以宣布革命之旨于天下。

革命者，天演之公例也；革命者，世界之公理也；革命者，争存争亡过渡时代之要义也；革命者，顺乎天而应乎人者也；革命者，去腐败而存良善者也；革命者，由野蛮而进文明者也；革命者，除奴隶而为主人者也。是故一人一思想也，十人十思想也，百千万人，百千万思想也，亿兆京垓人，亿兆京垓思想也。人人虽各有思想也，即人人无不同此思想也。居处也，饮食也，衣服也，器具也，若善也，若不善也，若美也，若不美也，皆莫不深潜默运，盘旋于胸中，角触于脑中；而辨别其孰善也，孰不善也，孰美也，孰不美也，善而存之，不善而去之，美而存之，不美而去之，而此去存之一微识，即革命之旨所出也。夫此犹指事物而言之也。试放眼纵观，上下古今，宗教道德，政治学术，一视一课之微物，皆莫不数经革命之掏揽过昨日，今日，以于此也。夫加是也，革命固如是平常者也。虽然，亦有非常者在焉。闻之一千六百八十八年英国之革命，一千七百七十五年美国之革命，一千八百七十年法国之革命，为世界应乎天而顺乎人之革命，去腐败而存良善之革命，由野蛮而进文明之革命，除奴隶而为主人之革命。牺牲个人，以利天下，牺牲贵族，以利平民，使人人享其平等自由之幸福。甚至风潮所播及，亦相与附流会汇，以同归于大洋。大怪物哉！革命也。大宝物哉！革命也。吾今日闻之，犹口流涎而心件件。吾是以于我祖国中，搜索五千余年之历史，指点二千余万万里之地图，间人省已，欲求一革命之事，以比例乎英、法、美者，呜呼！何不一遇也？吾亦尝执此不一遇之故而熟思之，重思之，否因之而有感矣，否因之而有慨于历代民贼独夫之流毒也。

自秦始统一宇宙，悍然尊大，鞭笞宇内，私其国，奴其民，为专制政体，多援符瑞不经之说，愚弄黔首，矫诬天命，揽国人所有而独有之，以保其子孙帝王万世之业。不知明示天下以可欲可羡可歆之极，则天下之思篡取而夺之者愈众。此自秦以来，所以狐鸣篝中，王在掌上，卯金伏诛，魏氏当涂，黠盗奸雄。觊觎神器者、史不绝书。于是石勒、成吉思汗等，类以游牧腥膻胡儿，亦得乘机窃命，君临我禹域，臣妾我神种。呜呼！革命！杀人放火者，出于是也！呜呼革命！自由平等者，亦出于是也！

吾悲夫吾同胞之经此无量野蛮革命，而不一伸头于天下也。吾悲夫吾同胞之成事齐事楚，任人掬抛之无性也。吾幸夫吾同胞之得与今世界列强遇也；吾幸夫吾同胞之得闻文明之政体、文明之革命也；吾幸夫吾同胞之得卢梭《民约论》、孟德斯鸠《万法精理》、约翰·穆勒《自由之理》、《法国革命史》、美国《独立檄文》等书译而读之也。是非吾同胞之大幸也夫！是非吾同胞之大幸也夫！

夫卢梭诸大哲之微言大义，为起死回生之灵药，返魄还魂之主方，金丹换骨，刀圭奏效，法、美文明之胚胎，皆基于是。我祖国今日病矣，死矣，岂不欲食灵药、投宝方而生乎？若其欲之，则吾请执卢梭诸大哲之宝旛，以招展于我神州上。不宁唯是，而况又有大儿华盛顿于前，小儿拿破仑于后，为寻同胞革命独立之表本。嗟呼！嗟乎！革命！革命！

得之则生，不得则死。毋退步，毋中立，毋徘徊，此其时也，此其时也。此吾所以倡言革命，以相与同胞共勉共勖，而实行此革命主义也。苟不欲之，则请待数十年百年后，必有倡平权释黑奴之耶女起，以再倡平权释数重奴隶之支那奴。

第二章　革命之原因

革命！革命！我四万万同胞，今日为何而革命？吾先叫绝曰：不平哉！不平哉！中国最不平、伤心惨目之事，莫过于戴狼子野心、游牧贱族、贼满洲人而为君，而我方求富求贵，摇尾乞怜，三跪九叩首，酣嬉浓浸于其下，不知自耻，不知自悟。哀哉！我同胞无主性！哀哉！

我同胞无国性！哀哉！我同胞无种性！无自立之性！近世革新家、热心家常号于众曰：中国不急急改革，则将蹈印度后尘、波兰后尘、埃及后尘，于是印度、波兰之活剧，将再演于神州等词，腾跃纸上。邹容曰：是何言欤？是何言欤？何厚颜盲目而为是言欤？何忽染病而为是言欤？不知吾已为波兰、印度于满洲人之胯下三百年来也，而犹曰"将为也"。何故？请与我同胞一解之。将谓吾已为波兰、印度于贼满人，贼满人又为波兰、印度于英、法、俄、美等国乎？苟如是也，则吾宁为此直接亡国之民，而不愿为此间接亡国之民。何也？彼英、法等国之能亡吾国也，实其文明程度高于吾也。吾不解吾同胞不为文明人之奴隶，而偏爱为此野蛮人奴隶之奴隶，呜呼！明崇祯皇帝殉国，"任贼碎戮朕尸毋伤我百姓"之一日，满洲人率八旗精锐之兵，入山海关定鼎北京之一日，此固我皇汉人种亡国之一大纪念日也！

......

中国士人，又有一种岸然道貌，根器特异，别树一帜，以号于众者，曰汉学，曰宋学，曰词章，曰名士。汉学者流，寻章摘句，笺注训诂，为六级之奴婢，而不敢出其范围。宋学者流，日守其五子、《近思录》等书，高谈其太极、无极、性功之理，以束身成名，立于东西庑一瞰冷猪头。词章者流，立其桐城、阳湖之门户流派，大唱其姹紫嫣红之滥调排腔。名上者流，用其一团和气，二等才情，三斤酒量，四季衣服，五声音律，六品官阶，七言诗句，八面张罗，九流通透，十分应酬之大本领，钻营奔竞，无所不至。此四种人，日演其种种之活剧，奔走不遑，而满洲人又恐其顿起异心也，乃特设博学鸿词一科，以一网打尽焉。近世又有所谓通达时务者，拓（拓一作摭）腐败报纸之一二语，袭皮毛西政之二三事，求附骥尾于经济特科中，以进为满洲人之奴隶，欲求不得。又有所谓激昂慷慨之士，日日言民族主义，言破坏目的，其言非不痛哭流涕也，然奈痛哭流涕何？悲夫！悲夫！吾揭吾同胞腐败之现象如此，而究其所以至此之原因，吾敢曰：半自为之，半满洲人造之。呜呼！呜呼！刀加吾颈，枪指吾胸，吾敢曰：半自为之，半满洲人造之。呜呼！

呜呼！刀加吾颈，枪指吾胸，吾敢曰：贼满人压制汉人之好手段！

不见乎古巴诱贩之猪仔、海外被虐之华工，是又非吾同胞之所谓工者乎？初则见拒于美，继又见拒于檀香山、新金山【今译墨尔本】等处，饥寒交迫，葬身无地。以堂堂中国之民，意欲比茸发重唇之族而不得。谁实为之，至此极哉？然吾闻之，外国工人，有干涉国政、倡言自由之说，以设立民主为宗旨者，有合全国工人立一大会，定法律以保护工业者，有立会演说，开报馆，倡社会之说者，今一一转询中国有之乎？曰：无有也。

又不见乎杀一教士而割地偿款，骂一外人而劳上谕动问？而我同胞置身海外，受外人不忍施之禽兽者之奇辱，则满洲政府殆盲于目聋于耳者焉。夫头同是圆，足同是方，而一则尊贵如此，一则卑贱如此。呜呼！呜呼！刀加吾颈，枪指吾胸，吾敢曰：满洲人之虐待我！

抑吾又闻之，外国之富商大贾，皆为议员，执政权，而中国则贬之曰末务，卑之曰市井，贱之曰市侩，不得与士大夫伍。乃一旦偿兵费，赔教案，甚至供玩好、养国蠹者，皆莫不取之于商人，若者有捐，若者有税，若者加以洋关而又抽以厘金，若者抽以厘金而又加以洋关，震之以报效国家之名，诱之以虚衔封典之荣，公其词则曰派，美其名则曰劝，实则敲吾同胞之肤，吸吾同胞之髓，以供其养家奴之费，修颐和园之用而已。吾见夫吾同胞之不与之计较也自若。呜呼！呜呼！刀加吾颈，枪指吾胸，吾敢曰：满洲人之敲吾肤，吸吾髓！

以言夫中国之兵，则又有不可忍言者也。每月三金之粮饷，加以九钱七之扣折，与以朽腐之兵器，位置其一人之身命，驱而使之战，不聚歼其兵而馈饷于敌，夫将焉往？及其死伤也，则委之而去，视为罪所应尔，旌恤之典，尽属虚文；妻子哀望，莫之或问。即或幸而不死，则遣以归农，扶伤裹创，生计乏绝，流落数千里外，沦为乞丐，欲归不得，而杀游勇之令，又特立严酷。似此残酷之事，从未闻有施之于八旗驻防者。嗟夫！嗟夫！吾民何辜，受此惨毒！始也欲杀之，终也欲杀之，上薄苍天，下彻黄泉，不杀不尽，不尽不快，不快不止。呜呼！呜呼！刀加吾颈，枪指吾胸，吾敢曰：满洲人之残杀我汉人！

……

吾同胞今日之所谓朝廷，所谓政府，所谓皇帝者，即吾畴昔之所谓曰夷、曰蛮、曰戎、曰狄、曰匈奴、曰鞑靼；其部落居于山海关之外，本与我黄帝神明之子孙不同种族者也。其土则秽壤，其人则贱种，其心则兽心，其俗则毳俗，其文字不与我同，其语言不与我同，其衣服不与我同，逞其凶残淫杀之威，乘我中国流寇之乱。闯入中原，盘据上方，驱策汉人。以坐食其福。故祸至则汉人受之，福至则满人享之。太平天国之立也，以汉攻汉，山尸海血，所保者满人。甲午战争之起也，以汉攻倭，偿款二百兆，割地一行省，所保者满人。"团匪"之乱也，以汉攻洋，流血京、津，所保者满人。故今日强也，亦满人强耳，于我汉人无与焉；故今日富也，亦满人富耳，于我汉人无与焉。同胞！

同胞！毋引为己类！贼满人刚毅之言曰："汉人强，满人亡"，彼族之明此理久矣，愿我同胞当蹈其言，毋食其言。

……

第五章　革命必先去奴隶之根性

曰国民，曰奴隶，国民强，奴隶亡。国民独立，奴隶服从。中国黄龙旗之下，有一种若国民，非国民，若奴隶，非奴隶，杂糅不一，以组织成一大种。谓其为国民乎？吾敢谓群四万万人而居者，即具有完全之奴颜姿面。国民乎何有！尊之以国民，其污秽此优美之名词也孰甚！若然，则以奴隶界之，吾敢拍手叫绝曰："奴隶者，为中国人不雷同，不普通，独一无二之徽号。"

印度之奴隶于英也，非英人欲奴隶之，印人自乐为奴隶也。安南之奴隶于法也，非法奴隶之，安南人自乐为奴隶也。我中国人之奴隶于满洲、欧美人也，非满洲、欧美欲奴隶之，中国人自乐为奴隶耳。乐为奴隶，则请释奴隶之例。

奴隶者，与国民相对待，而不耻于人类之贱称也。国民者，有自治之才力，有独立之性质，有参政之公权，有自由之幸福，无论所执何业，而皆得为完全无缺之人。曰奴隶也，则既无自治之力，亦无独立之心，举凡饮食、男女、衣服、居处，莫不待命于主人，而天赋之人权，应享之幸福，亦莫不奉之主人之手。衣主人之衣，食主人之食，言主人之言，事主人之事，倚赖之外无思想，服从之外无性质，谄媚之外无笑语，奔走之外无事业，伺候之外无精神，呼之不敢不来，麾之不敢不去，命之生不敢不生，命之死不敢不死。得主人之一盼，博主人之一笑，如获异宝，登天堂，夸耀于侪辈以为荣；及撄主人之怒，则俯首屈膝，气下股栗，至极其鞭扑践踏，不敢有分毫抵忤之色，不敢生分毫愤奋之心，他人视为大耻辱，不能一刻忍受，而彼无怒色，无忤容，怡然安其本分，乃几不复自知为人。而其人亦为国人所贱耻，别为异类，视为贱种，妻耻以为夫，父耻以为子，弟耻以为兄，严而逐之于平民之外，此固天下奴隶之公同性质，而天下之视奴隶者，即无不同此贱视者也。我中国人固擅奴隶之所长，父以教子，兄以勉弟，妻以谏夫，日日演其惯为奴隶之手段。呜呼！人何幸而为奴隶哉！亦何不幸而为奴隶哉！

且夫我中国人之乐为奴隶，不自今日始也。或谓秦汉以前有国民，秦汉以后无国民。吾谓晏息于专制政体之下者，无所往而非奴隶。数千年来，名公巨卿，老师大儒，所以垂教万世之二大义，曰忠，曰孝，更释之曰："忠于君，孝于亲。"吾不解忠君之谓何。

吾见夫法、美诸国之无君可忠也，而斯民遂不得等伦于人类耶？吾见夫法、美等国之无君可忠，而其国人尽瘁国事之义务，殆一日不可缺焉。夫忠也，孝也，是固人生重大之美德也。以言夫忠于国也则可，以言夫忠于君也则不可。何也？人非父母无以自生，非国无以自存，故对于父母国家，自有应尽之义务焉，而非为一姓一家之家奴走狗者，所得冒其名以相传习也。

中国人无历史，中国之所谓二十四朝之史，实一部大奴隶史也。自汉末以迄今日，凡一千七百余年，中国全土，为奴隶于异种者，三百五十八年；黄河以北，为奴隶于异种者，七百五十九年。呜呼！黄帝之子孙，忍令率其嫡亲之同胞，举其世袭之土地，为他族所奴隶者，何屡见而不一。"箪食壶浆，以迎王师"，"纡青拖紫，臣妾骄人"，"二圣青衣行酒会，九哥白马渡江来"，忠君忠君，此张弘范、洪承畴之所以前后辉映也，此中国人之所以为奴隶也。

曾国藩也，左宗棠也，李鸿章也，此大清朝皇帝所谥为文正、文襄、文忠者也，此当道名人所推尊为中兴三杰，此庸夫俗子所羡为封侯拜相，此科举后生所悬拟崇拜不置者。然吾闻德相俾斯麦呵李鸿章曰："我欧洲人以平异种为功，未闻以残戮同胞为功。"嗟夫！吾安得起曾、左而闻是言！吾安得起曾、左以前之曾、左而共闻是言！吾安得起曾、左以后之曾、左，上自独当一面之官府，下至不足轻重之官吏，而亦共闻是言！夫曾、左、李三人者，亦自谓为读书有得，比肩贤哲之人也，而犹忍心害理，屠戮同胞，为满洲人忠顺之奴隶也，如是，其他何足论。吾无以比之，比之以李自成、张献忠，吾犹嫌其不肖，李、张之所以屠戮同胞，而使满洲人入主中国也。李、张因无常识，不读书，又为明之敝政所迫，而使之不得不然，吾犹为之恕。曾、左、李三人者，明明白白知为汉种也，为封妻荫子，屠戮同胞以请满洲人再主中国也，吾百解而不能为之恕。某氏谓英人助满洲平太平天国。亡汉种之罪，英人与有力焉。呜呼！是又因乌及屋之微意也。

曾、左、李者，中国人为奴隶之代表也。曾、左、李去，曾、左、李来，柔顺也，安分也，韬晦也，跟从也，做官也，发财也，中国人造奴隶之教科书也。举一国之人，无一不为奴隶，举一国之人，无一不为奴隶之奴隶，二千年以前皆奴隶，二千年以后亦必为奴隶。同胞乎！同胞乎！法国议院中，无安南人足迹，英国议院中，无印度人足迹，日本议院中，无台湾人足迹。印度人之为奴隶也，犹得绕红布头巾为巡捕立于上海、香港之十字街头上，驱策中国人以为乐。然吾试问我同胞，曾召于地球面积上，择一为巡捕之地，驱策异种人以为乐？面包一块，山芋一碟，此因非洲黑奴之旧生活也，同胞！同胞！其重思之！

吾先以一言叫起我同胞曰：国民，吾愿我同胞，万众一心，肢体努力，以砥以砺，拔去奴隶之根性，以进为中国之国民。法人革命前之奴隶，卒收革命之成功。美洲独立前之奴隶，卒脱英人之制缚。此无他，能自认为国民耳。吾故曰：革命必先去奴隶之根性。非然者，天演如是，物竞如是，有国民之国，群起染指于我中土，我同胞其将由今日之奴隶，以进为数重奴隶，由数重奴隶，而猿猴，而野豕，而蚌介，而荒荒大陆，绝无人烟之沙漠也。

……

第六章　革命独立之大义

与贵族重大之权利，害人民营业之生活，擅加租赋，胁征公债，重抽航税，此英国议院所以不服查理王而倡革命之原因也。滥用名器，致贵贱贫富之格，大相悬殊，既失保民之道，而又赋敛无度，此法国志士仁人所以不辞暴举逆乱之名，而出于革命之原因也。重征茶课，横加印税，不待立法院之承允，而驻兵民间，此美人所以抗论于英人之前。遂以亚美利加之义旗，飘扬于般发剌山【今译碉堡山】，而大倡革命至成独立之原因也。

吾不惜再三重申详言曰："内为满洲人之奴隶，受满洲人之暴虐，外受列国人之刺击，为数重之奴隶，将有亡种殄种之难者，此吾黄帝神明之汉种，今日倡革命独立之原因也。"

自格致学日明，而天予神授为皇帝之邪说可灭。自世界文明日开，而专制政体一人奄有天下之制可倒。自人智日聪明，而人人皆得有天赋之权利可享。今日，今日，我皇汉人民，永脱满洲之羁绊，尽复所失之权利，而介于地球强国之间，盖欲全我天赋平等自由之位置，不得不革命而保我独立之权。嗟予小子无学，顽陋不足以言革命独立之大义。兢兢业业，谨模拟美国革命独立之义，约为数事，再拜顿首，献于我最敬最亲爱之皇汉人种四万万同胞前，以备采行焉如下：

一、中国为中国人之中国。我同胞皆须自认自己的汉种中国人之中国。

一、不许异种人沾染我中国丝毫权利。

一、所有服从满洲人之义务一律取消。

一、先推倒满洲人所立之北京野蛮政府。

一、驱逐住居中国中之满洲人，或杀以报仇。

一、诛杀满洲人所立之皇帝，以做万世不复有专制之君主。

一、对敌干预我中国革命独立之外国及本国人。

一、建立中国政府，为全国办事之总机关。

一、区分省份，于各省中投票公举一总议员，由各省总议员中投票公举一人为暂行大总统，为全国之代表人，又举一人为副总统，各府州县，又举议员若干。

一、全国无论男女，皆为国民。

一、全国男子有军国民之义务。

一、人人有承担国税之义务。

一、全国当致忠于此所新建国家之义务。

一、凡为国人，男女一律平等，无上下贵贱之分。

一、各人不可夺之权利，皆由天授。

一、生命，自由，及一切利益之事，皆属天赋之权利。

一、不得侵人自由，如言论、思想、出版等事。

一、各人权利必要保护。须经人民公许，建设政府，而各假以权，专掌保护人民权利之事。

一、无论何时，政府所为，有干犯人民权利之事，人民即可革命，推倒旧日政府，而求遂其安全康乐之心。迨其既得安全康乐之后，经承公认，整顿权利，更立新政府，亦为人民应有之权利。

若建立政府之后，少有不洽众望，即欲群起革命，朝更夕改，如弈棋之不定，因非新建国家之道。天下事不能无弊，要能以平和为贵，使其弊不致大害人民，则与其颠覆昔日之政府，而求伸其权利，毋宁平和之为愈。然政府之中，日持其弊端暴政相继放行，举一国人民，悉措诸专制政体之下，则人民起而颠覆之，更立新政，以求遂其保全权利之心，岂非人民至大之权利，且为人民自重之义务哉？我中国人之忍苦受困，已至是而极矣。今既革命独立，而犹为专制政体所苦，则万万不得甘心者矣，此所以不得不变昔日之政体也。

一、定名中华共和国（清为一朝名号，支那为外人呼我之词）。

一、中华共和国，为自由独立之国。

一、自由独立国中，所有宣战、议和、订盟、通商，及独立国一切应为之事，俱有十分权利与各大国平等。

一、立宪法，悉照美国宪法，参照中国性质立定。

一、自治之法律，悉照美国自治法律。

一、凡关全体个人之事，及交涉之事，及设官分职，国家上之事，悉准美国办理。皇天后土，实共鉴之。

第七章　结论

我皇汉民族四万万男女同胞，老年、晚年、中年、壮年、少年、幼年，其革命，其以此革命为人人应有之义务，其以此革命为日日不可缺之饮食。尔毋自暴！尔毋自弃！尔之土地，占亚洲三分之二，尔之同胞，有地球五分之一，尔之茶供世界亿万众之饮料而有余，尔之煤供全世界二千年之燃料亦无不足。尔有黄祸之先兆，尔有神族之势力。尔有政治，尔自司之；尔有法律，尔自守之；尔有实业，尔自理之；尔有军备，尔自整之；尔有土地，尔自保之；尔有无穷无尽之富源，尔须自用之。

尔实具有完全不缺的革命独立之资格，尔其率四万万同胞之国民，为同胞请命，为祖国请命。掷尔头颅，暴尔肝脑，与尔之世仇满洲人，与尔之公敌爱新觉罗氏，相驰骋于枪林弹雨中；然后再扫荡于涉尔主权之外来恶魔，尔国历史之污点可洗，尔祖国之名誉飞扬，尔之独立旗已高标于云霄，尔之自由钟已哄哄于禹城，尔之独立厅已雄镇于中央，尔之纪念碑已高耸于高风，尔之自由神已左手指天，右手指地，为尔而出现。

嗟夫！天清地白，霹雳一声，惊数千年之睡狮而起舞，是在革命，是在独立。

皇汉人种革命独立万岁！

中华共和国万岁！

中华共和国四万万同胞的自由万岁！

驳康有为论革命书

章太炎

长素足下：读与南北美洲诸华商书，谓中国只可立宪，不能革命，援引今古，洒洒万言。呜呼长素，何乐而为是耶？热中于复辟以后之赐环，而先为是龃龉不了之语，以耸东胡群兽之听，冀万一可以解免。非致书商人，致书于满人也！夫以一时之富贵，冒万亿不韪而不辞，舞词弄札，眩惑天下，使贱儒元恶为之则已矣；尊称圣人，自谓教主，而犹为是妄言，在己则脂韦突梯以佞满人已耳，而天下之受其蛊惑者，乃较诸出于贱儒元恶之口为尤甚！吾可无一言以是正之乎？谨案长素大旨，不论种族异同，唯计情伪得失以立说。虽然，民族主义，自太古原人之世，其根性固已潜在，远至今日，乃始发达，此生民之良知本能也。长素亦知种族之必不可破，于是依违迁就以成其说，援引《匈奴列传》，以为上系淳维，出自禹后。夫满洲种族，是曰东胡，西方谓之通古斯种，固与匈奴殊类。虽以匈奴言之，彼既大去华夏，永滞不毛，言语、政教、饮食、居处，一切自异于域内，犹得谓之同种也邪？智果自别为辅氏，管氏变族为阴家，名号不同，谱牒自异。况于戕虐祖国，职为寇仇，而犹傅以兄弟急难之义，示以周亲土付之恩，巨缪极戾，莫此为甚！近世种族之辨，以历史民族为界，不以天然民族为界。借言天然，则谛祫海藻，享桃蝘蜓，六洲之氓，五色之种，谁非出于一本，而何必为是聒聒者邪？长素又曰："氐、羌、鲜卑等族，以至元魏所改九十六姓，大江以南，骆越、闽、广，今皆与中夏相杂，恐无从检阅姓谱而攘除之。"不知骆、越、闽、广，皆归化汉人，而非陵制汉人者也。五胡、代北，始尝宰制中华，逮乎隋、唐统一，汉族自主，则亦著土傅籍，同为编氓，未尝自别一族，以与汉人相抗，是则同于醇化而已。日本定法，夙有蕃别；欧、美近制，亦许归化。此皆以己族为主人，而使彼受吾统治，故一切可无异视。今彼满洲者，其为归化汉人乎？其为陵制汉人乎？堂子妖神，非郊北之教；辫发璎珞，非弁冕之服；清书国语，非斯邈之文。徒以尊事孔子，奉行儒术，崇饰观听，斯乃不得已而为之，而即以便其南面之术，愚民之计。若言同种，则非使满人为汉种，乃适使汉人为满种也。长素固言大同公理，非今日即可全行，然则今日固为民族主义之时代，而可混淆满汉以同薰莸于一器哉！时方据乱，而言太平，何自悖其三世之说也？长素二说，自知非持之有故，言之成理，不得已复援引《春秋》，谓其始外吴楚，终则等视。不悟荆、扬二域，《禹贡》既列于九州，国土种类，素非异实。徒以王化陵夷，自守千里，远方隔阂，沦为要荒。而文化语言，无大殊绝，世本谱系，犹在史官，一日自通于上国，则自复其故名，岂满洲之可与共论者乎？至谓衣服辫发，汉人已化而同之，虽复改为宋、明之服，反觉不安。抑不知此辫发胡服者，将强迫以成之邪？将安之若性也？禹入裸国，被发文身；墨子入楚，锦衣吹笙。非乐而为此也。强迫既久，习与性成，斯固不足以定是非者。吾闻洪、杨之世，人皆蓄发，不及十年，而曾、左之师摧陷洪氏，复从髡薙。是时朋侪相对，但觉纤首锐颠，形状瞠异。然则蓄发之久，则以蓄发为安；辫发之久，则以辫发为安。向使满洲制服，涅齿以黛，穿鼻以金，刺体以龙，涂面以垩，恢诡殊形，有若魑魅，行之二百有六十年，而人亦安之无所怪矣！不问其是非然否，而唯问其所安，则所谓祖宗成法不可轻变者，长素亦何以驳之乎？野蛮人有自去其板齿，而反讥有齿类，长素之说，得无近于是邪？种种缪戾，由其高官厚禄之性，素已养成，由是引犬羊为同种，奉虾尾为鸿宝。向之崇拜《公羊》，诵法《繁露》，以为一字一句，皆神圣不可侵犯者，今则并其所谓复九世之仇而亦议之。其言曰："扬州十日之事，与白起坑赵，项羽坑秦无异。"岂不曰秦、赵之裔，未有报白、项之裔者，则满洲亦当同例也！岂知秦、赵、白、项，本非殊种，一旦战胜而击坑之者，出于白、项二人之指麾，非出于士卒全部之合意。若满洲者，固人人欲尽汉种而屠戮之，其非为豫酋一人之志可知也，是故秦、赵之仇白、项，不过仇其一人；汉族之仇满洲，则当仇其全部。且今之握图籍，操政柄者，岂犹是白、项之胤胄乎？三后之姓，降为舆台，宗支荒忽，莫可究诘，虽欲报复，乌从而报复之？至于满洲，则不必问其宗支，而全部自在也；不必稽其姓名，而政府自在也。此则枕戈割刃之事，秦、赵已不能施于白、项，而汉族犹可施于满洲，章章明矣。明知其可报复，犹复饰为喑聋，甘与同壤，受其豢养，供其驱使，宁使汉族无自立之日，而必为满洲谋其帝王万世、祈天永命之计，何长素之无人心，一至于是也！长素又曰："所谓奴隶者，若波兰之属于俄，印度之属于英，南洋之属于荷，吕宋之属于西班牙，人民但供租税，绝无政权，是则不能不愤求自立耳。若国朝之制，满、汉平等，汉人有才者，匹夫可以为宰相。自同治年来，沈、李、翁、孙，迭相柄政，曾、左及李，倚为外相，恭、醇二邸，但拱手待成耳。即今除荣禄、庆邸外，何一非汉人为政？若夫政治不善，则全由汉、唐、宋、明之旧，而非满洲特制也。然且举明世廷杖镇盗，大户加税、开矿之酷政而尽除之。圣祖立一条鞭法，纳丁于地，不复差徭，此唐、虞至明之所无，大地万国所未有。他日移变，吾四万万人必有政权自由，可不待革命而得之也。"夫所谓奴隶者，岂徒以形式言邪？曾、左诸将，倚畀虽重，位在藩镇，蕞尔弹丸，未参内政。且福康安一破台湾，而遂有贝子、郡王之赏；曾、左反噬洪氏，挈大圭九鼎以付满洲，爵不过通侯，位不过虚名之内阁。曾氏在日，犹必谄事官文，始得保全首领。较其轻重，计其利害，岂可同日而道？近世军机首领，必在宗藩。夫大君无为，而百度自治，为首领者，亦以众员供其策使，彼恭、醇二邸之仰成，而沈、李、翁、孙之有事，乃适见此为奴隶，而彼为主人也。阶位虽高，犹之阉宦仆竖，而赐爵仪同者，彼固仰承风旨云尔，曷能独行其意哉！一条鞭法，名为永不加赋，而耗羡平余，犹在正供之外。徭役既免，民无恶声，而舟车工匠，遇事未尝获免。彼既以南米供给驻防，亦知民志不怡，而不得不借美名以媚悦之。玄烨、弘历数次南巡，强勒报效，数若恒沙。己居尧、舜、汤、文之美名，而使佞幸小人间接以行其聚敛，其酷有甚于加税开矿者。观唐甄之《潜书》与袁枚之《致黄廷桂书》则可知矣。庄生有云："狙公赋芧，朝三暮四，众狙皆怒，朝四暮三，众狙皆悦，名实未亏，而喜怒为用。"此正满洲行政之实相也。况于廷杖虽除，诗案、史祸，较诸廷杖，毒螫百倍。康熙以来，名世之狱，嗣庭之狱，景祺之狱，周华之狱，中藻之狱，锡侯之狱，务以摧折汉人，使之嗫不发语。虽李绂、孙嘉淦之无过，犹一切被赭贯木，以挫辱之。至于近世，戊戌之变，长素所身受，而犹谓满洲政治为大地万国所未有，呜呼！斯诚大地万国所未有矣！李陵有言："子为汉臣，安得不云尔乎？"夫长素所以不认奴隶，力主立宪以摧革命之萌芽者，彼固终日屈心忍志以处奴隶之地者尔。欲言立宪，不得不以皇帝为圣明，举其诏旨有云："一夫失职，自以为罪"者，而谓"呕呕欲开议院，使国民咸操选举之权，以公天下，其仁如天，至公如地，视天位如敝屣，然后可以言皇帝复辟，而宪政必无不行之虑"。则吾向者为《正仇满论》既驳之矣。盖自乙未以后，彼圣主所长虑却顾，坐席不暖者，独太后之废置我耳。殷忧内结，智计外发，知非变法，无以交通外人，得其欢心；非交通外人，得其欢心，无以挟持重势而排沮太后之权力。载湉小丑，未辨菽麦，铤而走险，固不为满洲全部计。长素乘之，投间抵隙，其言获用，故戊戌百日之政，足以书于盘盂，勒于钟鼎，其迹则公，而其心则只以保吾权位也。曩令制度未定，太后夭姐，南面听治，知天下之莫予毒，则所谓新政者，亦任其迁延堕坏而已。非直堕坏，长素所谓拿破仑第三新为民主，力行利民，已而夜宴伏兵，擒议员百数及知名士千数尽置于狱者，又将见诸今日。何也？满、汉两族，固莫能两大也！满洲五百万人，临制汉族四万万人而有余者，独以腐败之成弄之，锢塞之耳。使汉人一日开通，则满人固不能晏处于域内，如奥之抚匈牙利，土之御东罗马也。人情谁不爱其种类而怀其利禄，夫所谓圣明之主者，亦非远于人情者也。果能敝屣其黄屋，而弃捐所有以利汉人邪？藉曰其出于至公，非有满、汉畛域，然而新法犹不能行也。何者？满人虽顽钝无计，而其怵惕于汉人，知不可以重器假之，亦人人有是心矣。顽钝愈甚，团体愈结，五百万人同德戮力，如生番之有社寮。是故汉人无民权，而满洲有民权，且有贵族之权者也。虽无太后，而掣肘者什佰于太后；虽无荣禄，而掣肘者什佰于荣禄。今夫建立一政，登用一人，而肺腑昵近之地，群相谮哓，朋疑众难，杂沓而至，自非雄杰独断如俄之大彼得者，固弗能胜是也！其䲭四子，于尧皆葭莩姻娅也，靖言庸回，而尧亦不得不任用之。今其所谓圣明之主者，其聪明文思，果有以愈于尧耶？其雄杰独断，果有以侪于俄之大彼得者耶？往者戊戌变政，去五寺、三巡抚如拉枯，独驻防则不敢撤，彼圣主之力，与满洲全部之力，果孰优孰绌也？由是言之，彼其为私，则不欲变法矣；彼其为公，则亦不能变法矣。长素徒以诏旨美谈视为实事，以此诳耀天下，独不读刘知几《载文》之篇乎？谓魏、晋以后，诏敕皆责成群下，藻饰既工，事无不可。故"观其政令，则辛、癸不如；读其诏诰，则勋、华再出"。此足以知戊戌行事之虚实矣。且所谓立宪者，固将有上下两院，而下院议定之案，上院犹得以可否之。今上院之法定议员，谁为之耶？其曰皇族，则亲王贝子是已；其曰贵族，则八家与内外蒙古是已；其曰高僧，则卫藏之达赖、班禅是已。是数者，皆汉族之所无，而异种之所特有，是议权仍不在汉人也。所谓满、汉平等者，必如奥、匈二国并建政府，而统治于一皇，为双立君主制而后可。使东三省尚在，而满洲大长得以兼统汉人，吾民犹勉自抑制以事之。今者满洲故土，既攘夺于俄人，失地当诛，并不认为满洲君主，而何双立君主之有？夫戴此失地之天囚，以为汉族之元首，是何异取罪人于囹圄，而奉之为大君也？乃曰："朋友之交犹贵久要不忘，安有君臣之际，受人之知遇，因人之危难，中道变弃乃反戈倒攻者！"诚如是，则载湉者，固长素之私友，而汉族之公仇也。况满洲全部之蠢如鹿豕者，而可以不革者哉？虽然，如右所言，大抵关于种类，而于情伪得失未暇论也，则将复陈斯旨，为吾汉族筹之可乎？长素以为"革命之惨，流血成河，死人如麻，而其事卒不可就"。然则立宪可不以兵刃得之邪？既知英、奥、德、意诸国，数经民变，始得自由议政之权。民变者，其徒以口舌变乎？抑将以长戟劲弩，飞丸发膛变也？近观日本，立宪之始，虽徒以口舌成之，而攘夷覆幕之师在其前矣。使前日无此血战，则后之立宪亦不能成。故知流血成河，死人如麻，为立宪所无可幸免者。长素亦知其无可幸免，于是迁就其说以自文，谓"以君权变法，则欧、美之政术器艺，可数年而尽举之"。夫如是，则固君权专制也，非立宪也。阔普通武之请立宪，天下尽笑其愚，岂有立宪而可上书奏请者？立宪可请，则革命亦可请乎？以一人之诏旨立宪，宪其所宪，非大地万国所谓宪也！长素虽与载湉久处，然而人心之不相知，犹挋一体而他体不知其痛也。载湉亟言立宪，而长素信其必能立宪，然则今有一人执长素而告之曰：我当酿四大海水以为酒。长素亦信其必能酿四大海水以为酒乎？夫事之成否，不独视其志愿，亦视其才略何如。长素之皇帝圣仁英武如彼，而何以刚毅能挟后力以尼新法，荣禄能造谣诼以耸人心，各督抚累经严旨，皆观望而不办，甚至章京受戮，己亦幽废于瀛台也？君人者，善恶自专，其威大矣。虽以文母之抑制，佞人之谗嗾，而秦始皇之在位，能取太后、嫪毐、不韦而踣覆之，今载湉何以不能也？幽废之时，犹曰爪牙不具。乃至庚子西幸，日在道涂，已脱幽居之轭，尚不能转移俄顷，以一身逃窜于南方，与太后分地而处。其孱弱少用如此，是则仁柔寡断之主，汉献、唐昭之俦耳！太史公曰："为人君父而不知《春秋》之义者，必蒙首恶之名。"是故志士之任天下者，本无实权，不得以成败论之，而皇帝则不得不以成败论之。何者？有实权而不能用，则不得窃皇帝之虚名也。夫一身之不能保，而欲其与天下共忧，督抚之不能制，而欲其使万姓守法，庸有几乎？事既无可奈何矣，其明效大验已众著于天下矣，长素则为之解曰："幽居而不失位，西幸而不被弑，是有天命存焉。王者不死，可以为他日必能立宪之征。"呜呼！王莽渐台之语曰："天生德于予，汉兵其如予何！"今之载湉，何幸有长素以代为王莽也。必若图录有征，符命可信，则吾亦尝略读纬书矣。纬书尚繁，《中庸》一篇，固为赞圣之颂，往时魏源、宋翔凤辈，皆尝附之三统三世，谓可以前知未来，虽长素亦或笃信者也。然而《中庸》以"天命"始，以"上天之载，无声无臭"终。天命者，满洲建元之始也；上天之载者，载湉为满洲末造之亡君也。此则建夷之运，终于光绪，奴儿哈赤之祚，尽于二百八十八年，语虽无稽，其彰明较著，不犹愈于长素之谈天命者乎？要之，拨乱反正，不在天命之有无，而在人力之难易。今以革命比之立宪，革命犹易，立宪犹难。何者？立宪之举，自上言之，则不独专恃一人之才略，而兼恃万姓之合意；自下言之，则不独专恃万姓之合意，而兼恃一人之才略；人我相待，所倚赖者为多。而革命则既有其合意矣，所不敢证明者，其才略耳。然则立宪有二难，而革命独有一难，均之难也，难易相较，则无宁取其少难而差易者矣。虽然，载湉一人之才略，则天下信其最绌矣。而谓革命党中必无有才略如华盛顿、拿破仑者，吾所不敢必也。虽华盛顿、拿破仑之微时，天下亦岂知有华盛顿、拿破仑者？而长素徒以阿坤亚度【今译阿奎纳多，菲律宾共和国首任总统】一蹶不振相较。今天下四万万人之材性，长素岂尝为其九品中正，而一切检察差第之乎？借曰此魁梧绝特之彦，非中国今日所能有。尧、舜固中国人矣，中国亦望有尧、舜之主出而革命，使本种不亡已耳。何必望其极点如华盛顿、拿破仑者乎？长素以为中国今日之人心，公理未明，旧俗俱在，革命以后，必将日寻干戈，偷生不暇，何能变法救民，整顿内治？夫公理未明，旧俗俱在之民，不可革命，而独可立宪，此又何也？岂有立宪之世，一人独圣于上，而天下皆生番野蛮者哉？虽然，以此讥长素，则为反唇相稽，校轸无已。吾曰不可立宪，长素犹曰不可革命也。则应之曰："人心之智慧，自竞争而后发生，今日之民智，不必恃他事以开之，而但恃革命以开之。"且勿举华、拿二圣，而举明末之李自成。李自成者，迫于饥寒，揭竿而起，固无革命观念，尚非今日广西会党之侪也。然自声势稍增，而革命之念起；革命之念起，而剿兵救民、赈饥济困之事兴。岂李自成生而有是志哉？竞争既久，知此事之不可已也。虽然，在李自成之世，则赈饥济困为不可已，在今之世，则合众共和为不可已。是故以赈饥济困结人心者，事成之后，或为枭雄；以合众共和结人心者，事成之后，必为民主。民主之兴，实由时势迫之，而亦由竞争以生此智慧者也。征之今日，义和团初起时，唯言扶清灭洋，而景廷宾之师，则知扫清灭洋矣。今日广西会党，则知不必开衅于西人，而先以扑灭满洲、剿除官吏为能事矣。唐才常初起时，深信英人，密约漏情，乃卒为其所卖。今日广西会党，则知己为主体，而西人为客体矣。人心进化，孟晋不已。以名号言，以方略言，经一竞争，必有胜于前者。今之广西会党，其成败虽不可知，要之，继此而起者，必视广西会党为尤胜，可预言也。然则公理之未明，即以革命明之；旧俗之俱在，即以革命去之。革命非天雄、大黄之猛剂，而实补泻兼备之良药矣！长素以为今之言革命者，或托外人运械，请外国练军，或与外国立约，或向外国乞师，卒之，堂堂大国，谁肯与乱党结盟，可取则取之耳。吾以为今日革命，不能不与外国委蛇，虽极委蛇，犹不能不使外人干涉，此固革命党所已知，而非革命党所未知也。日本之覆幕也，法人尝通情于大将军，欲为代平内乱。大将军之从之与否，此固非覆幕党所能预知。然以人情自利言之，则从之为多数，而不从为少数；幸而不从，是亦覆幕党所不料也。而当其歃血举义之时，固未尝以其必从而少沮。今者人知恢复略有萌芽，而长素何忍以逆料未中之言，沮其方新之气乎？呜呼！生二十世纪难，知种界难，新学发见难，直人心奋厉时难。前世圣哲，或不遇时，今我国民，幸睹精色，哀哀汉种，系此刹那，谁无父母，谁无心肝，何其夭阏之不遗余力，幸同种之为奴隶，以必信其言之中也！且运械之事，势不可无，而乞师之举，不必果有。今者西方数省，外稍负海，而内有险阻之形势，可以利用外人而不为外人所干涉者，亦未尝无其地也。略得数道，为之建立政府，百度维新，庶政具举，彼外人者，亦视势利所趋耳。未成则欲取之，小成则未有不认为与国者，而何必沾沾多虑为乎？世有谈革命者，知大事之难举，而言割据自立，此固局于一隅，所谓井底之蛙不知东海者，而长素以印度成事戒之。虽然，吾固不主割据，犹有辩护割据之说在，则以割据犹贤于立宪也。夫印度背蒙古之莫卧尔朝，以成各省分立之势，卒为英人蚕食，此长素所引为成鉴者。然使莫卧尔朝不亡，遂能止英人之蚕食耶？当莫卧尔一统时，印度已归于异种矣，为蒙古所有，与为英人所有，二者何异？使非各省分立，则前者为蒙古时代，后者为英吉利时代，而印度本种并无此数十年之国权。夫终古不能得国权，与暂得国权而复失之，其利害相越，岂不远哉！语曰："不自由，无宁死！"然则暂有自由之一日，而明日自刎其喉，犹所愿也，况绵延至于三四十年乎？且以印度情状比之中国，则固有绝异者。长素《论印度亡国书》，谓其文学工艺，远过中国，历举书籍见闻以为证。不知热带之地，不忧冻饿，故人多懒惰，物易坏烂，故薄于所有观念。是故婆罗、释迦之教，必见于印度，而不见于异地。唯其无所有观念，而视万物为无常，不可执著故。此社会学家所证明，势无可遁者也。夫薄于所有观念，则国土之得丧，种族之盛衰，固未尝概然于胸中。当释迦出世时，印度诸国已为波斯属州，今观内典，徒举比邻诸王而未见波斯皇帝，若并不知己国之属于波斯者。厥有愤发其所能自树立者，独阿育王一家耳。近世各省分立之举，亦其出于偶尔，而非出于本怀，志既不坚，是故迁延数世，国以沦没。夫欲自强其国种者，不恃文学工艺，而唯视所有之精神。中国之地势人情，少流散而多执著，其贤于印度远矣！自甲申沦陷，以至今日，愤愤于腥膻贱种者，何地蔑有！其志坚于印度，其成事亦必胜于印度，此宁待蓍蔡而知乎？若夫今之汉人，判涣无群，人自为私，独甚于汉、唐、宋、明之季，是则然矣。抑谁致之而谁迫之邪？吾以为今人虽不尽以逐满为职志，或有其志而不敢讼言于畴人，然其轻视鞑靼以为异种贱族者，此其种性根于二百年之遗传，是固至今未去者也。往者陈名夏、钱谦益辈，以北面降虏，贵至阁部，而未尝建白一言，有所补助，如魏征之于太宗，范质之于艺祖者。彼固曰旧异种贱族，非吾中夏神明之胄，所为立于其朝者，特曰冠貂蝉、袭青紫而已。其存听之，其亡听之，若曰为之驰驱效而有所补助于其一姓之永存者，非吾之志也。理学诸儒，如熊赐履、魏象枢、陆陇其、朱轼辈，时有献替，而其所因革，未有关于至计者。虽曾、左、胡、李之所为，亦曰建殊勋、博高爵耳。功成而后，于其政治之盛衰，宗稷之安危，未尝有所筹划焉。是并拥护一姓而亦非其志也。其他朝士，入则弹劾权贵，出则搏击豪强，为难能可贵矣。次即束身自好，优游卒岁，以自处于朝隐。而下之贪墨无艺、怯懦忘耻者，所在皆是。三者虽殊科，要其大者不知会计之盈绌，小者不知断狱之多寡，苟得禀禄以全吾室家妻子，是其普通之术矣。无他，本陈名夏、钱谦益之心以为心者，固二百年而不变也。明之末世，五遭倾覆，一命之士，文学之儒，无不建义旗以抗仇敌者，下至贩夫，儿童走卒，执志不屈，而仰药割刃以死者，不可胜计。今者北京之破，民则愿为外国之顺民，官则愿为外国之总食其俸禄，资其保护，尽顾天城之中，无不牵羊把茅，甘为贰臣者。若其不事异姓，躬自引决，缙绅之士，殆无一人焉，无他，亦曰异种贱族，非吾中夏神明之胄，所为立于其朝者，特曰冠貂蝉、袭青紫而已，其为满洲之主则听之，其为欧、美之主则听之，本陈名夏、钱谦益之心以为心者，亦二百年而不变也。然则满洲弗逐，而欲士之争自濯磨，民之敌忾效死，至乎独立不羁之域，此必不可得之数也。浸微浸衰，亦终为欧，美之奴隶而已矣！非种不锄，良种不滋，败群不除，善群不殖，自非躬执大彗，以扫除其故家裁滃污俗，而望禹域之自完岂可得乎？（以上录旧著《正仇满论》）。夫以种族异同明白如此，情伪得失彰较如彼，而长素犹偷言立宪而力排革命者，宁智不足，识不逮耶？吾观长素二十年中，变易多矣。始孙文倡义于广州，长素尝遣陈千秋、林奎往，密与通情。及建设保国会，亦言"保中国不保大清"，斯固志在革命者。未几，瞑瞒于富贵利禄，而欲与素志调和，于是戊戌柄政，始有变法之议。事败亡命，作衣带诏，立保皇会，以结人心。然庚子汉口之役，犹以借遵皇权，密约唐才常等，卒为张之洞所发。当是时，素志尚在，未尽澌灭也。唐氏既亡，保皇会亦渐溃散，长素自知革命之不成，则又瞑瞒于富贵利禄，而今之得此，非若畴昔之易，于是宣布是书。其志岂果在保皇立宪耶？亦使满人闻之，而曰"长素固忠贞不贰，竭力致死以保我满洲者，而向之所传，借遵皇权、保中国不保大清诸语，是皆人之所以诬长素者，而非长素故有是言也"。荣禄既死，那拉亦毙，载滃春秋方壮，他日复辟必有其期，而满洲之新起柄政者，其势力权藉或不如荣禄诸奸，则工部主事可以起复，虽内阁军机之位，亦可以觊觎矣。长素固云："穷达一节，不变塞焉。"盖有之矣，我未之见也！抑吾有为长素忧者，向日革命之议，哗传于人间，至今未艾。陈千秋虽死，孙文、林奎尚在；唐才常虽死，张之洞尚在；保国会之微言不著竹帛，而人会诸公尚在；其足以证明长素之有志革命者，不可件举，虽满人之愚蒙，亦未必遽为长素欺也。呜呼，哀哉！南海圣人，多方善疗，而梧鼠之技，不过于五，亦有时而穷矣。满人既不可欺，富贵既不可复，而反使炎、黄遗胄，受其蒙蔽，而缓于自立之图。惜乎！己既自迷，又使他人沦陷，岂直二缶钟惑而已乎？此吾所以不得不为之辨也。若长素能跃然祗悔，奋厉朝气，内量资望，外审时势，以长素魁垒耆硕之誉闻于禹域，而弟子亦多言革命者，少一转移，不失为素王玄圣。后王有作，宣昭国光，则长素之像，屹立于星雾；长素之书，尊藏于石室；长素之迹，葆复于金塔；长素之器，配崇于铜柱；抑亦可以尉荐矣。藉曰：死权之念，过于殉名，少安无躁，以待新皇，虽长素已槁项黄馘，卓茂之尊荣，许靖之优养，犹可无操左契而获之。以视名实俱丧，为天下笑者，何如哉！书此，敬问起居不具。章炳麟白。

新大陆游记（节录）

1904 年 2 月

梁启超

……

综观以上所列，则吾中国人之缺点，可得而论次矣。

一曰有族民资格而无市民资格。吾中国社会之组织，以家族为单位，不以个人为单位，所谓家齐而后国治是也。周代宗法之制，在今日其形式虽废，其精神犹存也。窃尝论之，西方雅利安人种之自治力，其发达固最早，即吾中国人之地方自治，宜亦不弱于彼。顾彼何以能组成一国家而我不能？则彼之所发达者，市制之自治；而我所发达者，族制之自治也。

试游我国之乡落，其自治规模，确有不可掩者。即如吾乡，不过区区二三千人耳，而其立法、行政之机关，秩然不相混。他族亦称是。若此者，宜其为建国之第一基础也。乃一游都会之地，则其状态之凌乱，不可思议矣。凡此皆能为族民不能为市民之明证也，吾游美洲而益信。彼既已脱离其乡井，以个人之资格，来往于最自由之大市，顾其所赍来、所建设者，仍舍家族制度外无他物，且其所以维持社会秩序之一部分者，仅赖此焉。此亦可见数千年之遗传，植根深厚，而为国民向导者，不可不于此三致意也。

二曰有村落思想而无国家思想。吾闻罗斯福之演说，谓今日之美国民最急者，宜脱去村落思想，其意盖指各省、各市人之爱省心、爱市心而言也。然以历史上之发达观之，则美国所以能行完全之共和政者，实全恃此村落思想为之原。村落思想，固未可尽非也。虽然，其发达太过度，又为建国一大阻力。此中之度量分界，非最精确之权量，不足以衡之。而我中国则正发达过度者也。岂唯金山人为然耳，即内地亦莫不皆然，虽贤智之士，亦所不免。廉颇用赵，子房思韩，殆固有所不得已者耶！然此界不破，则欲则一巩固之帝国，盖亦难矣。

三曰只能受专制不能享自由。此实刍狗万物之言也，虽然，其奈实情如此，即欲掩讳，其可得耶？吾观全地球之社会，未有凌乱旧金山之华人者。此何以故？曰自由耳。夫内地华人性质，未必有以优于金山，然在内地，犹长官所及治，父兄所及约束也。南洋华人，与内地异矣，然英、荷、法诸国，待我甚酷，十数人以上之集会，辄命解散，一切自由，悉被剥夺，其严刻更过于内地，故亦戢戢焉。其真能与西人享法律上同等之自由者，则旅居美洲、澳洲之人是也。然在人少之市，其势不能成，故其弊亦不甚著。群最多之人，以同居于一自由市者，则旧金山其称首也，而其现象乃若彼。

有乡人为余言，旧金山华人，唯前此左庚氏任领事时，最为安谧，人无敢挟刃寻仇者，无敢聚众滋事者，无敢游手闲行者，各秘密结社皆敛迹屏息，夜户无惊，民孜孜务就职业。

盖左氏授意彼市警吏，严缉之而重罚之也。及左氏去后，而故态依然。此实专制安而自由危，专制利而自由害之明证也。

吾见其各会馆之规条，大率皆仿西人党会之例，甚文明，甚缜密，及观其所行，则无一不与规条相反悖。即如中华会馆者，其犹全市之总政府也，而每次议事，其所谓各会馆之主席及董事，到者不及十之一，百事废弛，莫之或问。或以小小意见，而各会馆抗不纳中华会馆之经费，中华无如何也。至其议事，则更有可笑者。吾尝见海外中华会馆之议事者数十处，其现象不外两端：（其一）则一二上流社会之有力者，言莫予违，众人唯诺而已，名为会议，实则布告也，命令也。若是者，名之为寡人专制政体。（其二）则所谓上流社会之人，无一有力者，遇事曾不敢有所决断，各无赖少年，环立于其旁，一议出则群起而噪之，而事终不得决。若是者，名之为暴民专制政体。若其因议事而相攘臂、相操戈者，又数见不鲜矣。

此不徒海外之会馆为然也，即内地所称公局公所之类，何一非如是？即近年来号称新党志士者所组织之团体，所称某协会、某学社者，亦何一非如是。此固万不能责诸一二人，盖一国之程度，实如是也。即李般所谓国民心理，无所往而不发现也。夫以若此之国民，而欲与之行合议制度，能耶否耶？

更观其选举，益有令人失惊者。各会馆之有主席也，以为全会馆之代表也。而其选任之也，此县与彼县争；一县之中，此姓与彼姓争；一姓之中，此乡与彼乡争；一乡之中，此房与彼房争。每当选举时，往往杀人流血者，不可胜数也。夫不过区区一会馆耳，所争者岁千余金之权利耳，其区域不过限于一两县耳，而弊端乃若此；扩而大之，其惨象宁堪设想？恐不仅如南美诸国之四年一革命而已。以若此之国民，而欲与之行选举制度，能耶否耶？

难者将曰，此不过旧金山一市之现象而已，以汝粤山谷犷顽之民俗，律我全国，恶乎可？虽然，吾平心论之，吾未见内地人之性质，有以优于旧金山人也；吾反见其文明程度，尚远出旧金山人下也。问全国中有能以二三万人之市，容六家报馆者乎？无有也。问全国中之团体，有能草定如八大会馆章程之美备者乎？无有也。以旧金山犹如此，内地更可知矣。且即使内地人果有以优于金山人，而其所优者亦不过百步之于五十步，其无当于享受自由之资格，则一而已。夫岂无一二聪伟之士，其理想，其行谊，不让欧美之上流社会者？

然仅恃此千万人中之一二人，遂可以立国乎？恃千万人中之一二人，以实行干涉主义以强其国，则可也；以千万人中之一二人为例，而遂曰全国人可以自由，不可也。

夫自由云，立宪云，共和云，是多数政体之总称也。而中国之多数、大多数、最大多数，如是如是，故吾今若采多数政体，是无异于自杀其国也。自由云，立宪云，共和云，如冬之葛，如夏之裘，美非不美，其如于我不适何！吾今其毋眩空华，吾今其勿圆好梦。一言以蔽之，则今日中国国民，只可以受专制，不可以享自由。吾祝吾祷，吾讴吾思，吾唯祝祷讴思我国得如管子、商君、来喀瓦士、克伦威尔其人者生于今日，雷厉风行，以铁以火，陶冶锻炼吾国民二十年、三十年乃至五十年，夫然后与之读卢梭之书，夫然后与之谈华盛顿之事。（以上三条，皆说明无政治能力之事。其保守心太重一端，人人共知，无俟再陈。）

四曰无高尚之目的。此实吾中国人根本之缺点也。均是国民也，或为大国民、强国民，或为小国民、弱国民，何也？

凡人处于空间，必于一身衣食住之外，而有更大之目的；其在时间，必于现在安富尊荣之外，而有更大之目的。夫如是，乃能日有进步，缉熙于光明，否则凝滞而已，堕落而已。个人之么匿体如是，积个人以为国民，其拓都体亦复如是。欧美人高尚之目的不一端，以吾测之，其最重要者，则好美心其一也，（希腊人言德性者，以真、善、美三者为究竟。吾中国多言善而少言美，唯孔子谓韶尽美又尽善，孟子言可欲之谓善，充实之谓美，皆两者对举，此外言者甚希。以比较的论之，虽谓中国为不好美之国民可也。）社会之名誉心其二也，宗教之未来观念其三也。泰西精神的文明之发达，殆以此三者为根本，而吾中国皆最缺焉。故其所营营者只在一身，其所孳孳者只在现在，凝滞堕落之原因，实在于是。此不徒海外人为然也，全国皆然，但吾至海外而深有所感，故论及之。此其理颇长，非今日所能毕其词也。

此外，中国人性质不及西人者多端，余偶有所触辄记之，或过而忘之。今将所记者数条，丛录于下，不复伦次也：

西人每日只操作八点钟，每来复日则休息。中国商店每日晨七点开门，十一二点始歇，终日危坐店中，且来复日亦无休，而不能富于西人也，且其所操作之工，亦不能如西人之多。何也？凡人做事，最不可有倦气，终日终岁而操作焉，则必厌，厌则必倦，倦则万事堕落矣。休息者，实人生之一要件也。中国人所以不能有高尚之目的者，亦无休息实尸其咎。

美国学校，每岁平均只读百四十日书，每日平均只读五六点钟书，而西人学业优尚于华人，亦同此理。

华人一小小商店，动辄用数人乃至十数人，西人寻常商店，唯一二人耳。大约彼一人总做我三人之工，华人非不勤，实不敏也。

来复日休息，洵美矣。每经六日之后，则有一种方新之气，人之神气清明实以此。中国人昏浊甚矣，即不用彼之礼拜，而十日休沐之制，殆不可不行。

试集百数十以上之华人于一会场，虽极肃穆毋哗，而必有四种声音：最多者为咳嗽声，为欠伸声，次为嚏声，次为拭鼻涕声。吾尝于演说时默听之，此四声者如连珠然，未尝断绝。又于西人演说场、剧场静听之，虽数千人不闻一声。东洋汽车、电车必设唾壶，唾者狼藉不绝；美国车中设唾壶者甚希，即有亦几不用。东洋汽车途间在两三点钟以上者，车中人假寐过半；美国车中虽行终日，从无一人作隐几卧。东西人种之强弱优劣可见。

旧金山西人常有迁华埠之议，盖以华埠在全市中心最得地利，故彼涎之，抑亦借口于吾人之不洁也。使馆参赞某君尝语余曰，宜发论使华人自迁之。今夫华埠之商业，非能与西人争利也，所招徕者皆华人耳，自迁他处，其招徕如故也。

迁后而大加整顿之，使耳目一新，风气或可稍变。且毋使附近彼族，日日为其眼中钉，不亦可乎？不然，我不自迁，彼必有迁我之一日，及其迁而华埠散矣，云云。此亦一说也。虽然，试问能办得到否？不过一空言耳。

旧金山凡街之两旁人行处（中央行车），不许吐唾，不许抛弃腐纸杂物等，犯者罚银五元；纽约电车不许吐唾，犯者罚银五百元，其贵洁如是，其厉行干涉不许自由也如是。而华人以如彼凌乱秽浊之国民，毋怪为彼等所厌。

西人行路，身无不直者，头无不昂者。吾中国则一命而伛，再命而偻，三命而俯。相对之下，真自惭形秽。

西人行路，脚步无不急者，一望而知为满市皆有业之民也，若不胜其繁忙者然。中国人则雅步雍容，鸣琚佩玉，真乃可厌。在街上远望数十丈外有中国人迎面来者，即能辨认之，不徒以其躯之短而颜之黄也。

西人数人同行者如雁群，中国人数人同行者如散鸭。

西人讲话，与一人讲，则使一人能闻之；与二人讲，则使二人能闻之；与十人讲，则使十人能闻之；与百人、千人、数千人讲，则使百人、千人、数千人能闻之。其发声之高下，皆应其度。中国则群数人坐谈于室，声或如雷；聚数千演说于堂，声或如蚊。西人坐谈，甲语未毕，乙无傻言；中国人则一堂之中，声浪稀乱，京师名士，或以抢讲为方家，真可谓无秩序之极。孔子曰："不学诗，无以言；不学礼，无以立。"

吾友徐君勉亦云：中国人未曾会行路，未曾会讲话。真非过言。斯事虽小，可以喻大也。

论激烈的好处

激烈派第一人（刘师培）

现在有一种的人，天天说平和，天天说待时，说天下的事情，都要慢慢地一步一步做起来，断不可不顾事情的成败，只晓得乱闹。唉呀！这话便说错了。现在说这话的人，他心里有几种想头：一种是看见康有为变法，唐才常勤王，都是因做事忽促失败大事的，所以遇见这激烈的人，就引起康有为、唐才常的几桩旧事来，说你们断断乱闹不得，就是乱闹断断是无济于事的。一种是看见现在平和党的人，有的开学堂，有的兴实业，倒也觉得有几分效验；说他们宗旨虽不好，还能办两件实实在在的事情，你们除乱闹以外，就没有一桩事情能办了，可不是和平的好处么！这两种人由我看起来，都说他是趋利避害。因什么缘故呢？天下唯这种平和党的人，又获名，又获利，又能保全身家妻子。这维新的人既说他开通，那守旧的人又不说他悖逆。他既能在守旧的面前讨好，又要在维新的面前做名，所以他所做的事业都是平稳不过的。人看见他做事情平稳，就大家都要学他的法子，所以从前激烈不过的人，到现在都变成平和一派，再过两年，我恐怕这一种激烈的人，一个都没有了。可不是平和党的危害，也共洪水猛兽夷狄一样的吗？你们既晓得平和的坏处，我就把激烈的好处，一桩一桩地讲出来。

第一桩是无所顾忌。中国的人做事，是最迟缓不过的，这种人有三种心：一种是恐怖心，一种是罣碍心，一种是希恋心。所以一桩事情到面前，先想他能做不能做，又想他成功不成功，瞻前顾后，把心里乱得了不得，到了做事情的时候，便没有一桩能做了。这激烈党的一派人便共他不同，遇着一桩事情，不问他能做不能做，也不问他成功不成功，就不顾性命去做了。他就是不成功，也是于世上有影响的，所以外国人说道，"失败者成功之母"，没有失败的事情，哪里有成功的事情呢？你看中国古时候的英雄，如陈涉、项羽一般人，大抵都是亡命之徒，到了没有法子想的时候，出来闹一闹，遇着机会，他就可以成功了。大约天下的人，最难的是不怕死，到了不怕死，无论什么事件，都可以出来做。所以古时候的大刺客、大游侠、大盗、大奸，都是出来拼命做事情的，但是这一种人，都是激烈派，不是平和派。你们说这康有为、唐才常做事太骤，由我看起来，他们两个人的宗旨，固然是看不起他的，但是他们敢作敢为，勇往直前的气概，也是你们比不上他的。他们做事虽不成功，还能做两件不成功的事，若依这种平和的宗旨，恐怕再等几十年，这种变法、勤王的事情还没有呢！大凡机会两个字，都是我们做出来的，只要无所顾忌，自然天下没有难事了。以上是激烈派的好处第一桩。

第二桩是实行破坏。天下的事情，没有破坏，就没有建设。这平和党的人各事都要保全，这激烈派的人各事都要破坏。我明晓得这破坏的人断断不能建设；但是中国到了现在，国里头的政府既坏得不堪，十八省的山河都被异族人占了去，中国的人民不实行革命，断断不能立国，就是破坏两字，也是断断不能免的了。你看日本的吉田松阴，意国的马志尼，岂不是破坏的人？法国的巴黎革命，奥国的马加分立，哪一个不是破坏的事？况且中国的事情，没有一桩不该破坏的，家族上的压抑，政体上的专制，风俗、社会上的束缚，没有人出来破坏，是永远变不好的。虽破坏的时候，各事扰乱，中国的百姓都要吃亏，但不吃这种小亏，是断断不能享福的。所以由我看起来，无论什么暴动的事情都可以出来做，就是把天下闹得落花流水，也不失为好汉。但是这一种没用的人，虽天天嘴里说破坏，都不能实行。到了他们激烈派的人，就能实实在在地做去了。所以中国秦末的时候，有项羽、汉高祖的一班破坏家，隋末的时候，有李密、杨玄感的一班破坏家，元末的时候，有刘福通、陈友谅的一班破坏家。由这样看起来，中国实行破坏的英雄，可不是共欧洲一样的吗？没有这种激烈派的人，就不能做空前绝后惊天动地的大事业。以上是激烈派的好处第二桩。

第三桩是鼓动人民。由前两桩比起来，说空话的人是比不上做实事的，但这一种的人，于现在的中国也很有益。从前法国有两个文豪，一个叫做卢梭，一个叫做孟德斯鸠，他们说的话都是激烈不过的，那巴黎的革命，就是被他们鼓动起来的。又日本有两个志士，一个叫做高山正之，一个叫做蒲生秀实，他们说的话也是激烈不过的，那日本的"尊王攘夷"，也是被他们鼓动起来的。所以这一种著书、出报、演说的人，宗旨也要激烈。你看爱国学社创办的时候，上海创《苏报》，东京创义勇队，这几种事情的宗旨，都是激烈不过的，虽说内地没有大影响，但东南各省的人，被他们感动的也很不少，就是现在倡排满革命的人，也大半是受他们影响的，就是激烈派的效验了。他们政府里头，看见这一种激烈的人，不说他是妖言惑众，就说他是丧心病狂，极力地要共他们为难，可不是政府也很恐怕激烈的么！况且现在的人，宗旨既然激烈，就是做一部书，说一句话也都是达于极点的议论，共那一种平和人不同。我看见新书上说过，要著书莫要怕杀头，这种激烈派的人，就都是不怕杀头的了。以上是激烈派的好处第三桩。

以上三桩，都是激烈派的好处，那种平和的人，是断断没有的。大约中国亡国的原因，都误在"平和"两字；这平和原因，又误在"待时"两字。哪晓得现在还有一种治新学的人，看了几部《群学肄言》等书，便满嘴地说平和的好处，看见这激烈的人，不论他不晓得进化的层次，就说他不晓得办事的条理。现在的人惑于这等议论的，也很不少。我恐怕再过几年，连一个做事情的人都没有了，可不是把中国弄得灭亡么！所以我把几桩的好处，一层一层地说出来，教中国的人民都快快地出来办事，不要更有迟疑，中国的事情，就可以一天一天地好起来了。

《中国白话报》第六期，三月一日出版

《民报》发刊词

1905 年 10 月 20 日

孙中山

　　近时杂志之作者亦夥矣。姱词以为美，嚣听而无所终，摘埴索涂不获，则反复其词而自感。求其斟时弊以立言，如古人所谓对症发药者，已不可见，而况夫孤怀宏识、远瞩将来者乎？夫缮群之道，与群俱进，而择别取舍，唯其最宜。此群之历史既与彼群殊，则所以掖而进之之阶级，不无后先进止之别。由之不贰，此所以为舆论之母也。

　　余维欧美之进化，凡以三大主义：曰民族，曰民权，曰民生。罗马之亡，民族主义兴，而欧洲各国以独立。洎自帝其国，威行专制，在下者不堪其苦，则民权主义起。十八世纪之末，十九世纪之初，专制仆而立宪政体殖焉。世界开化，人智益蒸，物质发舒，百年锐于千载，经济问题继政治问题之后，则民生主义跃跃然动，二十世纪不得不为民生主义之擅场时代也。是三大主义皆基本于民，递嬗变易，而欧美之人种胥冶化焉。其他旋维于小己大群之间而成为故说者，皆此三者之充满发挥而旁及者耳。

　　今者中国以千年专制之毒而不解，异种残之，外邦逼之，民族主义、民权主义殆不可以须臾缓。而民生主义，欧美所虑积重难返者，中国独受病未深，而去之易。是故或于人为既往之陈迹，或于我为方来之大患，要为缮吾群所有事，则不可不并时而弛张之。嗟夫！所陟卑者其所视不远，游五都之市，见美服而求之，忘其身之未称也，又但以当前者为至美。近时志士舌敝唇枯，唯企强中国以比欧美。然而欧美强矣，其民实困，观大同盟罢工与无政府党、社会党之日炽，社会革命其将不远。吾国纵能媲迹于欧美，犹不能免于第二次之革命，而况追逐于人已然之末轨者之终无成耶！夫欧美社会之祸，伏之数十年，及今而后发见之，又不能使之遽去。吾国治民生主义者，发达最先，睹其祸害于未萌，诚可举政治革命、社会革命毕其功于一役。还视欧美，彼且瞠乎后也。

嗟我祖国，以最大之民族，聪明强力，超绝等伦，而沉梦不起，万事堕坏；幸为风潮所激，醒其渴睡，旦夕之间，奋发振强，励精不已，则半事倍功，良非夸嫚。唯夫一群之中，有少数最良在心理能策其群而进之，使最宜之治法适应于吾群，吾群之进步适应于世界，此先知先觉之天职，而吾《民报》所为作也。抑非常革新之学说，其理想输灌于人心而化为常识，则其去实行也近。吾于《民报》之出世觇之。

民族的国民（节录）

精 卫（汪兆铭）

（一）

呜呼，满洲入寇中国二百余年，与我民族界限分明，未少淆也。近者同化问题日益发生，此真我民族祸福所关，不容默尔。……

……

大抵民族不同，而同为国民者，其所争者，莫大于政治上之势力。政治上之势力优，则其民族之势力亦独优。满洲自入关以来，一切程度悉劣于我万倍而能久荣者，以独占政治上之势力故也。今者欲巩固其民族，仍不外乎巩固其政治上之势力，由是而有立宪之说。

夫立宪，一般志士所鼓吹者也，一般国民所希望者也。使吾遽状其丑恶，则必有怫然不欲闻者。吾今先想象一至美尽善之宪法，而语其效果曰，此之宪法，于民族上之运动有二效果：一曰使满汉平等。曩者虽同为国民，而权利义务，各不平等，今则自由之分配已均。二曰使满汉相睦。曩者阴实相仇，怨莫能释，今则同栖息于一国法之下，可以耦俱无猜，如是当亦一般志士、一般国民所喜出望外而心满意足者也。虽然，吾敢下一断语曰，从此满族遂永立于征服者之地位，我民族遂永立于被征服者之地位，而同化之第三例乃为我民族特设之位置也。请不复语深远，为设浅近之喻以明之。今有大盗入主人家，据其室庐，其人口，而尽夺其所有，既乃自居户主，释所絷俘，稍予恩赐，使同德壹衷，以奉事己，如是则故主人者，遂欣然愿事之乎？抑引为不共天日之仇雠乎？我民族之愿奉满洲政府以立宪也，胡不思此？况乎宪法者，国民之公意也，绝非政府所能代定。盖宪法之本质，在伸张国民之权利，以监督政府之行为，彼政府乌有立法以自缚者？即在立宪君主图其宪法或由政府所规定，然实际仍受国民之指挥。今国民已有指挥政府之权力乎？而敢腼然言立宪乎？况今之政府，异族之政府也，非我族类，其心必异，彼惧其族之孤，而虞吾之逼，乃为是以牢笼我，乃遽信之乎！希腊之受制于土耳其也，知求独立而已，不知求土耳其政府之立宪也；比利时之受制于荷兰也，知求独立而已，不知求荷兰政府之立宪也；匈牙利之受制于奥地利也，知求独立而已，而奥地利卒与之立宪为双立君主国，匈虽绌于力，暂屈从之，然至于今日犹谋反动。盖民族不同，而因征服之关系，同为国民者，征服者则恒居于优势之地位，而牵制被征服者，俾不得脱其羁绊，而被征服者即甚无耻，亦未有乞其沾溉者，非唯势所不能为，亦义所不当为也，则知满洲政府之立宪说，乃使我民族诚心归化之一妙用，而勿堕其术中也。

深观乎国民之所以欢迎立宪说者，其原因甚繁，而其最大者，则国民主义与民族主义皆幼稚而交相错也。夫国民主义从政治上之观念而发生，民族主义从种族上之观念而发生，二者固相密接，而绝非同物。设如今之政府，为同族之政府而行专制政体，则对之只有唯一之国民主义，踣厥政体，而目的达矣。然今之政府为异族政府而行专制政体，则驱除异族，民族主义之目的也，颠覆专制，国民主义之目的也，民族主义之目的达，则国民主义之目的亦必达，否则终无能达。乃国民梦不之觉，日言排满，一闻满政府欲立宪，则辗然喜，是以政治思想克灭种族思想也。岂知其究竟政治之希望，亦不可得偿，而徒以种族供人鱼肉耶？呜呼！种此祸者谁乎？吾不能不痛恨康有为、梁启超之妖言惑众也。

康有为之辩革命书，一生抱负在满汉不分、君民同体，以为政权自由，必可不待革命而得之，而种族之别则尤无须乎尔。此其巨谬极矣。余杭章君炳麟已辞而辟之，公理显然，无待赘矣。然康之所说，其根据全在雍正关于曾静、吕留良之狱所著之《大义觉迷录》，不为揭而出之，恐天下犹有不知其心，而误信其言者。兹刺取《大义觉迷录》中，康氏原书抄袭之语，比较互列于下。《大义觉迷录》有云："本朝之为满洲，尤中国之有籍贯。舜为东夷之人，文王为西夷之人，曾何损于圣德乎？"康氏原书亦云："舜为东夷之人，文王为西夷之人，入主中国，古今称之。"又云："所谓满汉，不过如土籍客籍，籍贯之异耳。"此其抄袭者一。《大义觉迷录》有云："韩愈有言，中国而夷狄也，则夷狄之；夷狄而中国也，则中国之。"康氏原书有云："孔子春秋之义，中国而为夷狄则夷之，夷而有礼义则中国之。"其抄袭者二。康氏平日治春秋，主公羊，斥《左传》为伪传，今为辩护满洲计，则并引其语矣。《大义觉迷录》有云："中国一统之世，幅员不能广远，其中有不向化者，则斥之为夷狄，如三代以上之有苗荆楚狂狁，即今湖南湖北山西之地也，在今而目为夷狄可乎？至于汉唐宋全盛之时，北狄西戎，世为边患，从未能臣服而有其地。自我朝入主中土，并蒙古极边诸部，俱归版图，是中国之疆土，开拓广远，乃中国臣民之大幸，何得尚有华夷之分论乎？"康氏原著亦云："中国昔经晋时，氐羌鲜卑入主中夏，及魏文帝改九十六大姓，其子孙遍布中土，多以千亿。又大江以南，五溪蛮及骆越闽广，皆中夏之人与诸蛮相杂，今无可辨。"又云："国朝之开满洲、蒙古、回疆、青海、藏卫万里之地，乃中国扩大之图，以逾汉唐，而轶宋明。"其抄袭三。呜呼，彼其心岂不以为此我世宗宪皇帝之圣著，为小臣者所宜称述弗衰者耶？尤其甚者，彼雍正仅云："我朝既为中外臣民之主，不当以华夷而有殊视"而已，未尝自认与吾同种族也。康氏原书，乃引《史记》，称匈奴为禹后，遂倡言曰："满洲种族出于夏夷。"呜呼，非有脑病，谁为斯言！夫匈奴即与我同所自出，然民族要素，非第血系而已，无社会的共同生活，即不能自附同族。至于满洲，则更与匈奴不同族类。匈奴为北狄，而彼为东胡，彼之蒙古源流已详言之，大抵华人蒙古人满洲人皆无不能知之而能言之者。今康有为竟以无端之牵合，而造出"满洲种族出于夏夷"一语，非有脑病，谁能为此言！至于称颂满政府圣德，谓为"唐虞至明之所无，大地万国所未有"，此虽在满洲人犹将愧骇流汗掩耳走避，而彼公然笔之于书以告天下。呜呼！彼真人妖。愿我民族共被除之，毋为戾气所染。

梁启超更不足道矣。彼其著《中国魂》也，中有句云："张之洞非汉人耶？吾恨之若仇旧也。今上非满人耶？吾尊之若帝天也。"其头脑可想而知。本此思想以为伯伦知理之学说，于民族主义极力排斥。其第一疑问谓："汉人果已有新立国之资格否？"夫梁氏之意，岂不以我民族历史上未尝有民权之习惯，故必无实行之能力乎？其所译伯氏波氏最得意之辞即在此也。然历史者进步的也，改良的也，国民于一方保历史之旧习惯，于一方受世界之新思潮，两相冲突必相调和，故其进也以渐而不以骤。乌有专恃历史以为国基者？至于所云"爱国志士之所志，果以排满为究竟之目的耶？抑以立国为究竟目的？毋亦曰目的在彼，直借此为过渡之一手段云耳。"噫，此真我所谓种族思想与政治思想混而为一者也。则请语之曰：以排满为达民族主义之目的，以立国为达国民主义之目的，此两目的誓以死达，无所谓以此为目的，而以彼为手段也。其第二问曰："排满者以其为满人而排之乎？抑以其为恶政府而排之乎？"则请语之曰：以其为满人而排之，由民族主义故；以其为恶政府而排之，由国民主义故，两者俱达者也。夫使为国民者，对于政府，但有政治观念而无种族观念，而有异种侵入，略施仁政，便可戴以为君，此真贱种之所为也。满洲未入关以前，与我国不同，种不同，犹今日之邻国也。乘乱入寇二百余年，使我民族忘心事仇，而犹不以为非，则联军入京，比户皆树顺民旗，亦将推为达时势之君子乎？其第三问曰："必离满族，然后可以建国乎？抑融满洲民族乃至蒙、苗、回、藏诸民族，而亦可以建国乎？"则请语之曰：若云同化，必以我民族居主人之位而吸收之，若明以前之于他族可也。不辨地位，而但云并包兼容则必非我民族所当出也。彼之言曰："中国言民族者，当于小民族主义之外，更提倡大民族主义。小民族主义者何？汉族对国内他族是也。大民族主义者何？合国内本部属部以对于国外之诸族是也。"此其言有类梦呓。夫国内他族，同化于我久矣，尚何本部属部之与有？今当执民族主义以对满洲，满洲既夷，蒙古随而倾服，以同化力吸收之，至易易也。若如梁氏所云，"谓满人已化成于汉民俗"，而不悟满之对我其阴谋诡计为何如，容可谓之知言乎？故吾之言排满也，非"狭隘的民族复仇主义"也，劝我民族自审民族同化公例上之位置，以求自处。梁氏而无以难也，则请塞尔口，无取乎取民族主义，而诋毁之也。尤也笑者，不敢言民族主义，乃至不敢言共和，鼠目寸光，一读波伦哈克之《国家论》，即颤声长号曰："共和，共和，吾与汝长别矣。"嘻，郑人相惊以伯有，曰伯有至矣，则皆走不知所往。梁氏其有此景象乎？请语之曰：子毋恐，子欲知国法学宜先知家数。日本有贺长雄氏言：英国宪法学者，采求王权割让之事实；法国宪法学者，讲求国家新造之理论；德国宪法学者，用力于成文宪法之解释，皆非偶然。诚通论也。故德国学者什九诽斥共和政体，而美国学者巴尔斯且斥曰：欧洲公法学者，无知国家与政府之别者。梁氏见之又当震惊如何。学不知家数，而但震于一二人之私说，以自惊自怪徒自苦耳。

呜呼！吾愿我民族实行民族主义，以一民族为一国民。

呜呼！吾愿我民族自审民族同化公例上之位置，以求自处。

（二）

吾前著论"民族的国民"，其所言者，种族之方面为多，于政治之这方面，未及详也。今兹就于政治方面，而欲一言。

考之吾国之历史，六千年来之政治，可名曰君权专制政治；二百六十年来之政治，可名曰贵族政治。

请先言二百六十年来之贵族政治。

......

　　夫贵族政治，不平等之政治也。自来学者，有辩护专制政治者，而决无辩护贵族政治者。盖人类当一切平等，乃于其中横生阶级，贵者不得降跻，贱者不得仰跂，权利义务，相去悬绝，此其逆天理，悖人道，而不容有于人间世，凡有血气，畴不同认。故国法学者，论次国家，于贵族国体多鄙不欲道，以为是已绝迹于十九世纪之天壤也。乃不谓二十世纪中，四万万之民族，二百万方里之领土，巍然为东亚一大国者，其政治犹为贵族之政治。

......

　　……今欲破此贵族政治，别无他道，唯恃民族主义而已。夫民族主义，由种族观念而生者也。设有他族，来盗吾国，而残吾种，则必达驱除之目的而后已，即使其屈意交骧，博施仁政，亦决不恕，必如是然后不为子义煦仁所浸淫，而摇惑失志。是故我民族在今日，当困心横虑，以求民族主义之能达。民族主义充达之日，即贵族政治颠覆之日。盖民族主义之目的，不仅在于颠覆贵族政治，然本实既拔，枝叶必尽。我民族而能实行此主义乎，可以决胡运之终穷也。

　　若夫六千年来之君权专制政治，则我民族之自演，而非由外铄者，虽二百六十年来，专制政治益以进化，此由演而愈进，非满人之专咎也。故建民族主义，可以颠覆贵族政治，而决不能颠覆君权专制政治。使我民族而仅知民族主义也，即目的既达，而君权专制政治，曾不足损其毫末，亦犹明之取元而代之，于种族界生变动，而未于政治界生变动也。盖二百六十年来之政治，实承六千年君权专制政治之旧，而于其中，更加以贵族政治。譬如因人之平地，而建楼台于其上，以峻崇其阶级。民族主义，平此阶级者也，若夫基址，则非民族主义所能动摇。是故欲颠覆二百六十年来之贵族政治，当建民族主义；欲颠覆六千年来之君权专制政治，当建国民主义。国民者何？构成国家之分子也。以自由平等博爱相结合，本此精神，以为国法。法者，国民之总意也。政府者，国法所委任者也。故曰"法治国"，故曰"立宪政体"。由之而政治根本与专制大异。自国家机关观之，专制则以一机关用事，而无他之机关与之分权；立宪则其机关为统一的分科，立于分功之地位，而非立于越俎之地位者也，立于关系之地位，而非立于钤制之地位者也。宜个人权利观之，专制必不认人民之自由，故国家对于个人，只有权利，而无义务，个人对于国家，只有义务，而无权利；若立宪，则国家与个人，皆有其权利，有其义务者也。此其相去，何啻径庭。而立宪政体，有君权立宪、民权立宪二种。语君权立宪之由来，大抵其政体本为君权专制，迨国民主义日发达，政府人民互相反抗，而求相调和，乃立宪法，是故立君权国之宪法，其中根据事实而不合法理之污点，皆国民所未尝以血而去之者也。我民族而持民族主义与国民主义以向于吾国之前途也，则其结果，必为民权立宪政体，可预决也。

……

……夫国民所恃以为国者有二：一曰历史，二曰爱情。因历史而生爱情，复以爱情而造历史。盖国民固有历史的遗传性，然必其所际遇，与古人同，然后乐于因循。若其遭值者，世局人心，均开前古所未有，而外缘之感触，有以浚发其爱情，则因比较心而生取舍心，因取舍心而生模仿心，其变至繁，其进必烈。中国与西洋相交际，视日本为先，而其革新，后于日本，坐地广人众，未易普及耳。循是以往，危亡则已，否则必变，无可疑也。是唯当浚国民之爱情，以新国民之历史。求所以浚其爱情者，自心理以言，则为教育，自事实以言，则为革命。顾教育为众所咸喤，而革命则有迟疑不敢额者。以谓革命之际，国民心理，自由触发，不成则为恐怖时代，即成矣，而其结果，奚啻不如所祈，且有与所祈相违者，求共和而复归专制，何乐而为此耶？此其言诚当于理势，下流者有见于此，则姑求一日之富贵，有志者有见于此，则旁皇忧虑，而无复之，民气之不振，此说为之也。顾以余所闻诸孙逸仙先生者，则足以破此疑问。请以转语我族。先生今去东京，文成不获往质，有误会否，不敢知也。先生之言曰：革命以民权为目的，而其结果，不逮所祈者非必本愿，势使然也。革命之志，在获民权，而革命之际，必重兵权，二者常相抵触者也。使其抑兵权欤，则脆弱而不足以集事；使其抑民权欤，则正军政府所优为者，宰制一切，无所掣肘，于军事甚便，而民权为所掩抑，不可复伸，天下大定，欲军政府解兵权以让民权，不可能之事也。是故华盛顿与拿破仑，易地则皆然。美之独立，华盛顿被命专征，而民政府辄持短长，不能行其志，其后民政府为英军所扫荡，华盛顿乃得发舒，及乎功成，一军皆思拥戴，华盛顿持不可，盖民权之国，必不容有帝制，非唯心所不欲，而亦势所不许也。拿破仑生大革命之后，宁不知民权之大义？然不掌兵权，不能秉政权，不秉政权，不能伸民权。彼既借兵权之力，取政府之权力以为己有矣，则其不能解之于民者，骑虎之势也。而当其将即位也，下令国中，民主与帝制唯所择，主张帝制者十人而九。是故使华盛顿处法兰西，则不能不为拿破仑；使拿破仑处美利坚，则不能不为华盛顿。君权政权之消长，非一朝一夕之故，亦非一二人所能为也。中国革命成功之英雄，若汉高祖、唐太宗、宋艺祖、明太祖之流，一丘之貉，不寻其所以致此之由，而徒斥一二人之专制，后之革命者，虽有高尚之目的，而其结果将不免仍蹈前辙，此宜早为计者也。……如是则革命之始，根本未定，寇氛至强，虽至愚者不内自戕也。洎乎功成，则十八省之议会，盾乎其后，军政府即欲专擅，其道无繇。而发难以来，国民瘁力于地方自治，其缮性操心之日已久，有以陶冶其成共和国民之资格，一旦根本约法，以为宪法，民权立宪政体，有磐石之安，无飘摇之虑矣。先生之言，大略如是。嗟夫！自今以往，无其正之革命军则已，苟其有之，其必由斯道，以达国民主义之目的。我国民当沉毅用壮以向于将来，毋自馁也。

呜呼！吾愿我民族，实行民族主义以颠覆二百六十年来之贵族政治。

论支那立宪必先以革命

汪　东

方今不欲革命而主立宪论者，其苦心有二大端：曰，怵杀人流血之惨也，曰，惧列强之干预也。其第一义，仁人之言也，天下之善，孰有过于心此念而口此言者。虽然，譬之于医之治疾病，势有缓急，则疗之之汤药，亦因之而少异焉，而迥别焉。若夫诊急病而缓治之，此庸医之所以杀人也。中国之现象，毋乃类是。甲午（光绪二十年，1894 年）一创，庚子（光绪二十六年，1900年）再仆，病非缓矣。命悬诸旦夕，而委之于命，自非至愚，谁其是此！则必思有以救之之道焉。其道维何？将舍革命无由。而革命与立宪，要非绝对的名词也。夫立宪为专制改良的政体，而革命者即所以求此政体之具也。求共和立宪以革命，求君主立宪亦以革命。（按立宪政体中，分别为君主立宪、共和立宪。今之后其立宪者，其目的果何如？为要求君主立宪乎，抑共和立宪乎？其界说甚不分明。此属于理论上之研究，而本论必专切时势而立言，此不多费。）问各国立宪政体，然孰非成之于革命者。彼夫英吉利之三岛与蕞尔弹丸之日本，世人艳之，谓为无血之革命。乃试一翻两国之立宪史，其杀人流血之数，殆不减于中国列朝一姓之鼎革，犹皆斑斑可考也。特其恐怖时期，为稍短促已耳。德相俾士麦【今译俾斯麦】之言曰："所持以争存于世者，果何物欤？唯黑铁而已，赤血而已。"今也此一语几已成为世界之公言，苟非是，则将无以争权利、捍生命也。国之于敌为战争，而下之对上即为革命，要其于争权利、捍生命之通则一而已，岂有他哉！

主立宪论者曰："今之改革，权操诸下，而上竭其残暴之手段以压抑之，下复出其相当之能力以反抗之，则杀人流血之暴祸于以成，革命是也。反而言之，改革之权操之于上，而下尽输其资产生命以为之陛楯，上复慨与以高爵厚禄以施之报酬，则杀人流血之暴祸于以消灭，立宪是已。中国而欲求更杀人流血之惨，则毋宁以其改革之权奉之于上；而所以持极端的革命论，谓必并满人而斥之者，为卜其必非真爱国者之论也。"呜呼！以若所言，何其陋也。种族之戚，在昔已然，而人类之学，至今日而益著，此不必为译者也。置二物而冶于一炉，其能熔合无间者几希矣。今乃必欲以种类不同，血系不属，文化殊绝之二族，而强混淆之，使之为一同等之事业，其声气之隔膜，已不待言。而况乎此种类不同，血系不属，文化殊绝之二族者，其阶级悬殊，又复若云泥之迥判，相猜相忌，已非一日于兹，于此而欲求一推诚布公之改革，岂可得乎？美之于英，为其母国，然而血战八载，必脱其羁绊而后已者，何也？诚以为奴而生，不若从容赴死。而鬼犹雄也。且与其暂息忿于一朝，而久归分崩，则曷昔及今鸣自由之钟、建独立之帜，传革命之檄，为吐气扬眉之举哉。或者其有以满人之同为黄种，遂以为不妨引而置之于同类之中乎？则白色人种，其相排相竞，以各卫其民族，而不能大和者，其文明将不我逮也。设可以区区之黄色，遂不见摈于异族之外，而若英美、若德法、若他之诸国，又安不可加以同为人类之名，终托言夫牺牲一国，以为世界大同之滥觞也哉！仲尼夷狄中国之言，固为种族界而发也。唯独不解夫今之志士之于其国人，既勃焉告之以敌此，又翻焉教之以毋敌彼，为诚何心耳！

今既由种种方面而观察之，若是乎满人者，必投之于荒服之外，而否则亦必以彼之处我者处彼，决毋容其拱手垂裳，高踞于吾人之上也。亦且非若是，而推诚公之改革，既已不可得也。推诚公之改革既已不可得，则其改革之权，势不得不操之于在下者之手也。改操上之权操诸在下，则上必极其残暴之手段以压抑之，而下必复出其相当之能力以反抗之者也。又时机相追，非行疾雷不及掩耳之革命，而势殆有所不及也。准是以谈，而犹断断于杀人流血之惨，怵焉不敢为，是何异见将溃之疽，而戒毋施刀圭；遇拂衣之火，而嘱毋毁墙壁也。语云："小不忍，则乱大谋。"二者安择，是亦视其人之智愚贤不肖而已矣。

论者或曰："斯固然矣，然眈眈狼虎，环伺于旁，一隙可乘，且将入室，则奈何？"曰：蚌鹬相争，渔父坐而获其利；两虎相搏，猎者一举收其成；甲乙之交涉起，常惧惹起第三者之干涉，是诚中国前途之隐忧，而足使倡言革命者灰心短气者也。然窃当默察列强之均势，似犹毋伤焉。今之建国号于天下者百数十，识其强者亦六七已耳。彼哥萨克之骑兵，岂非以猛鸷闻于世者哉！而今也坚甲利兵，摧于方张之日本。夫俄之何以背前约，冒不韪，而不惮与东亚新兴之三岛，致乞灵于干戈？日之何以犯险艰，捐血肉，而不惮与世界莫匹之强俄，斗孤注之一掷？使非有大欲存于其间，则微二国者之愚，必不出此，其理实至彰矣。投骨于地，众犬猎猎然争之，其究必至于相嗥相扑，而反置所争之骨于不顾，非不顾也，势相敌也。一起而攫之，一必起而挠之，毋宁两坐守之，而尚可以少息也。列强之于中国，何以异是！今兹之役，日之所以挠俄也，俄被创矣；虽然，犹未足以为俄病。俄人者，具有坚忍之特质，其举止常宏远而出于寻常人之意表。当法帝拿破仑第一全盛时代，纵横全欧，莫敢当其冲，蹂躏于铁骑之下者，不知凡几，虽森林产族之日耳曼，犹且辟易；乃大举伐俄。俄火其首都圣彼得堡而潜遁，拿破仑如获石田，饥寒交迫，精锐殆尽，复遭逆击，遂如项羽之垓下，一蹶不可复振。彼其决谋划策，真非有喁喁然具径寸之目光者可想见也。今也受兹大挫，必亟亟谋恢复其国力。海师歼矣，而新舰队已成（见日本各报）；陆军败矣，而巨款不难坐集。使他日者，他人苟欲稍逞其野心，俄必挠之，如今日日人之挠俄，理固然也。若是则互相牵掣，而莫或敢先发焉耳。将德法乎，德法固夙抱侵略之策者，而英美又早窥瞯得之，以阴行其阻遏。例若此次日本以保障东方平和为辞，提议各国，首先得英美之赞助，而法德莫如之何，遂表同情也。夫英美岂有所爱于我哉，毋亦自为计而已。易地而处，亦若是已耳。征诸庚子之变，当其时八国相并，以石压卵，岂畏不糜；顾乃计不及此，反兵而出者，何哉？我已言之矣，一起而攫之，一必起而挠之，毋宁两坐守之，而尚可以少息也。抑吾以为及今之世，而欲求免瓜分之祸，舍革命其未由。何以言之？曰：彼列强之所以磨牙砺齿环瞰吾旁者，吾之不动如死，气息微细，有以启之也。一旦张耳目，振手足，虽不必其行动若壮夫，而彼觊觎之心，则固已少息矣。欧族虽恃其威力，横行天下，然未有不挠折于如荼如潮之民气者。故神圣同盟之会，遇民气则颠；专制世界之魔，遇民气而窜。英之于脱兰斯哇【今译德兰士瓦】，美之于菲律宾，大小相衡，悬若天地，犹必掷无量数之头颅，费经年之岁月，仅乃获之。爱尔兰之隶于英有年矣。英前皇维多利亚之诞，举国若狂，倾其热诚，以相欢庆；爱尔兰之民，服国丧，揭吊旗于国门，以志不忘覆国之惨。顾英人屏息而视，莫敢谁何，则以民气为之已。况乎疆域之广如中国，人民之秀如中国，虽奄然不振，而黄祸之论，犹日腾于彼族之口，使民气稍张，则骇而却耳。观于已往之海州事件，方今之排斥美货，可以知矣。大隈伯之言曰："今日之清国不亡者几希，而上自皇帝疆抚，下逮新学少年，均不思永远之大计，唯以畏葸偷安为事。我苟不以威力逼压之，必不足以维持其独立。"呜呼，呜呼！外人苟不利于吾之有所改革耶，革命之与立宪均也。毋已，则寂焉不动如今日，可以幸免矣。而如大隈所言，寂焉不动如今日者，乃反所以召威力之逼压，何哉？若既云改革，是革命之与立宪犹均也。而必曰："立宪！"必曰："毋革命！革命即将速瓜分之祸！"谁则信之！

且亦知中国之削弱所以至于此者，其故何也？则以陈陈相因，积弊不扫，而会无一度之廓清也。日本户水宽人尝评吾国曰："清人之治国如居室然，不于其未雨而绸缪之，及其敝坏已达极点，又不毁屋而重构，而维弥缝补漏，踏踏以处，疾风骤雨之来，则漂矣。"噫嘻！他人言之固如此其亲切而有味也哉。夫今日之中国，其敝坏固已达于极点，而毁屋，而重构，轮奂一新，未尝无及焉，则革命之谓也。弥缝补漏，踏踏以处，立宪之谓也。今世各国，其号称立宪，而未尽泯乎专制之性质者有之。自今以往，世界之程度愈高，则其政体之于民必愈便，百年千载，终不尽易立宪为共和不止。一度革命之后，而复有再度，非所愿也。况中国之立宪，又异于是。如吾向之所言，异族执政，求一开诚公之改革而终不可得者耶。是故不革命则其弊若是，而惴惴于革命将召瓜分之祸者，又与现势适相反。是其第一义既已万不可逃，而其第二义亦若是乎杞人之忧也。

虽然吾言革命，吾于今之革命者，犹不能无疑焉。则其革命之宗旨、之手段，果何若也。吾尝见某氏著论，至崇拜张献忠，以为是我往者革命之堆。呜呼，悖矣！夫张献忠者，残忍酷害，几于非人，云烟高蠹，手书七杀之碑，川谷成丹，野流万家之血，盖直以杀人为其毕生之事业者也，以杀人博其暂时之欢笑者也，世界之蟊贼而人道之公敌也。崇拜革命之英雄，而至于张献忠，则是崔苻剧盗，剒他人之腹而不挠目者，举从而崇拜之可也耶？历朝鼎革之例，一夫倡议，百夫揭竿，挟篝火狐鸣之技，托真主王气之言，所谓抱帝王之思想而革命者，则始无拯民水火之心，中更扰攘，思因时势以就功名。其不久败亡，民之福也：其大欲遂偿，人乃益困。是则无赖之横行耳，乌可以辱庄严宝贵之"革命"二字哉！夫革命云者，将以举凡从前之陋俗弊政，悉掀翻而摧拉之，非仅以杀人流血为能事也。抑革命云者，虽属于破坏的名词，而一方破坏，一方必相继以建设。使仅有破坏而无建设，则言王侯将相，骈首就戮之后，犹不得为革命也。他日革命之结果若何，一视于今之仁人志士之造因若何。庄周曰："作始也简，其将毕也必巨，可胜惧哉。"是以斗之流俗，闻革命而骇者，不知革命者也。而一二狂悖躁进之士，谈革命而色舞者，亦不知革命者也。不知革命而骇革命，犹属夫人之情，乃若不知革命而言革命，罪其容于诛乎。

天下事无中立也，不进则退。退者，非必却步之谓。竞走于一场，捷足者为胜，彼不胜者，即谓之退步已。而况乎逗留中路，观望徘徊，以自召劣败之讥者耶！求其进步，唯动力而已。动力速者，其进也随之而速，动力弛者，其进也亦随之而少弛，理使然也。然而因循也者，为物质之公性，如机器然，压之则动，否即永静以终世。人类之压动力何？革命是已。虽然，革命者，静与动相递遭之时代也，假之以为过渡者也。既动之后，即不欲其复静，是在伺其机者首得其人矣！法国之革命，迫动力也，至于今未尝稍静，故不闻有再度之革命。美国之独立，迫动力也，至于今未尝稍静，故不闻有第二之独立。英国之骚乱，日本之维新，迫动力也，至于今未尝稍静，故不闻有续起之骚乱与重唱之维新。盖一物之动，必需压力，则必其静之已久者矣。一度以压力动之而复静，而复以压力动之，故器劳而易敝。返观中国之革命，何其烦也。上溯汤武，下迄洪杨，或已成，或未成，如水泡之前灭后兴，续续无已，几以革命为日夕餐饭事，民气不已凋乎！而至于今犹必有革命之倡言，何以故？则以所谓伺其机者，不得其人故。今也革命之役，未役也，必求其已动而不复静，一度压力之后，而毋需有第二次之压力也。猗欤休哉！进步复进步，吾安知其极。

开明专制论（节录）

饮　冰（梁启超）

……

第八章论开明专制适用于今日之中国。

本章论纲凡三：一曰中国今日万不能行共和立宪制之理由；二曰中国今日尚未能行君主立宪制之理由；三曰中国今日当以开明专制为立宪制之预备。前二排妄，后一显真。

一、中国今日万不能行共和立宪制之理由。

中国今日，固号称专制君主国也，于此而欲易以共和立宪制，则必先以革命，然革命绝非能得共和而反以得专制。此其理，德人波伦哈克之说，最能为确实的证明。吾昔译之，今不避骈枝，再一述焉。

波氏曰：共和国者，于人民之上别无独立之国权者也。故调和各种利害之责任，不得不还求之于人民自己之中，必无使甲之利害，能强压乙之利害，而诸种之关系，常克相互平等，而自保其权衡。若此者唯彼盎格鲁撒逊人种，富于自治性质，常肯裁抑党见以伸公益，以故能行之而绰绰有余。若夫数百年卵翼于专制政体之人民，既乏自治之习惯，又不识团体之公益，唯知持个人主义以各营其私，其在此等之国，破此权衡也最易，既破之后而欲人民以自力调和平复之，必不可得之数也。其究极也，社会险象，层见迭出，民无宁岁，终不得不举其政治上之自由，更委诸一人之手，而自帖耳复为其奴隶，此则民主专制政体之所由生也。

凡因习惯而得共和政体者常安，因革命而得共和政体者常危。请言其理。夫既以革命之力，一扫古来相传之国宪，取国家最高之目的，而置诸人民之仔肩矣。而承此大暴动之后，以激烈之党争，四分五裂之人民，而欲使之保持社会势力之平衡，此又必不可得之数也。于斯时也，其势力最猖獗者，即彼鼓吹革命率先破坏之一团也。而此党派，大率属于无资产之下等社会，其所举措，往往不利于上流。作始犹简，将毕乃巨，其力既无所限制，自必日走于极端，而遂取灭亡，彼曷为而致灭亡？夫既已自紊历史上之权利，自伤政权之神圣，一旦得志，而欲以我新获之权利，造成历史之根柢，虽百般拥护，未有能济者也。于是乎社会阶级之争夺，遂相互迭起而靡有穷。

争夺之极，其得最后之胜利者，则彼从梦中惊起之富豪阶级也。然彼等虽胜利而已厌政权。何也？当彼之时，其握政权者常危殆也。彼等欲得政治上之权利，不过以保其生命财产之安全云尔。其既得之也，则必孳孳然复自营其生计，不惜出无量之代价以购求平和。而社会梦乱疲敝之已极，非更有独立强大之主权，则终不能以奠定，故君权思想之复活，实剥复之道所必至也。然历史上之国家，既已覆灭，今欲使一姓再兴，重复其旧，则其结果更酿百弊；欲别拥新主，而无一人可认其固有之权利，即勉戴之以行君主议院制度，终觉其主权微弱，不足以拯沉痼疮痍之社会也。于是乎民主专制政体，应运生焉。若此者，于古代之罗马见之，于近世之法兰西见之。

民主专制政体之所由起，必其始焉有一非常之豪杰，先假军队之力，以揽收一国实权。然此际之新主治者，必非以此单纯之实力而能为功也。而自顾己所有之权利，以比诸他国神圣不可侵犯之君主，而觉其浅薄无根柢也，于是不得不求法律上之名义，即国民普通投票之选举是也。彼篡夺者，既已于实际掌握国权，必尽全力以求得选。而当此全社会渴望救济之顷，万众之视线，咸集于彼之一身，故常以可惊之大多数，欢迎此篡夺者。而芸芸亿众，不惜举其血泪所易得之自由，一旦而委诸其手，又事所必至理所固然也。何也？彼时之国民，固已厌自由如腐鼠，畏自由如蛇蝎也。

此篡夺者之名，无论为大统领、为帝王，而其实必出于专制。彼世之民，亦或强自虚饰，谓我并非以本身之权利，尽让于此一人，而所定宪法，亦常置所谓国民代议院，谓以此相限制也。而实则此等议院，其权能远在立宪君主国议院之下。何也？君主国议院，代表民意者也，君而拂议院，是拂民也。此等议院，则与彼新主权者，同受权于民，而一则受之于各小部分，一则受之于最大多数，故彼新主权者，常得行长官之强权。不宁唯是，议院所恃以与彼对抗者，宪法明文之保障耳，而彼自以国民骄子之资格，可以随时提出宪法改正案，不经议会，而直求协赞于国民，权利之伸缩，悉听其自由。故民主专制政体之议院，伴食之议院也；其议院之自由，则猫口之鼠之自由也。

君主专制国，其诸臣对于国民无责任，唯对于君主有责任；君主立宪国，君主无责任，唯政府大臣对于国民而代负责任；民主专制国不然，唯新主权之民主，对于国民而负责任，他皆无之。虽然，所谓责任者，亦宪法上一空文耳。夫既已以永续世袭之最高权，委托之于彼，此后而欲纠问其责任，则亦唯视其力所能及，更破坏此宪法而移置其主权耳。质而言之，则合再革命外，无他途也。要之此专制民主犹在，而欲与彼立宪君主政体之国民与纯粹共和政体之国民，享同等自由之幸福，势固不能。

波氏之说，就论理的方面观之，其壁垒之森严也如此，就历史的方面观之，其左证之确凿也如彼，虽有苏张之舌，吾信其决不能难也。故持革命论者，如其毋假共和立宪之美名以为护符，简易直捷以号于众曰，吾欲为刘邦，吾欲为朱元璋，则吾犹壮其志服其胆而嘉其主义之可以一贯；而必曰共和焉共和焉，苟非欺人，必其未尝学问者也。夫即欲为刘邦、朱元璋，则又何足讳者，亦视其力能致焉否耳！（能致与否，一在自力，一在他力。他力者，则当还问诸社会，审中国今后社会，能许容刘邦、朱元璋出现与否。）苟能致焉，则或能缘此而得纯良之开明专制，宁非中国之福，而必曰共和焉共和焉，吾信其持之不能成理也！无已，则其为曹操、刘裕乎，揖攘于中央，而社会全体之秩序不破，则无有如波氏所云者，如其欲共和，则或可以达于共和。顾吾信今之未必有其人也。即有其人焉，则与其共和，不如君主立宪，与其君主立宪，又不如开明专制。

……

……吾颇闻论者所戴之首领尝扬言于众曰："中国可以一蹴而至共和，不必由君主立宪以进于共和，如铁路之汽车始极粗恶，继渐改良，中国而修铁路也，将用其最初粗恶之汽车乎，抑用其最近改良之汽车乎？"嘻，何来此异言也！夫谓国家非由君主立宪以进于共和立宪，可也，两者原不相蒙也，若乃铁路汽车之喻，则真闻所未闻也。夫所谓良也，恶也，本属抽象的观念，非具体的观念。语政体之良恶，而离夫"人"与"地"与"时"三者，而漫然曰孰为良，孰为恶，此梦呓之言也。故达尔文言优胜劣败，而斯宾塞易以适者生存，诚以主观的良恶无定形，而必丽之于客观的适不适以为断也。故彼以君主立宪为粗恶，以共和为改良，其前提已极不正确。今让一步，如彼言，共和果良于君主立宪矣，然果如彼言，我欲改良即改良之，如改恶汽车为良汽车之易易乎？国家有机体也，信如彼言，则何不曰，他树已缀实，此树可以毋绽花而获果也！何不曰，人子已有室，我子可以未髫龀而为之娶也！如曰有机体说，太蔑人演，不足以例国家，则国家者人类心理的集合体也，宜无以为难也。信如彼言，则何不曰，世界既有诗、古文辞，吾可以毋学识字造句而能为李太白、韩昌黎也！

则何不曰，世界既有此例开方，吾可以毋学加减乘除，而能为梅宣城、李壬叔也？夫十七、十八世纪学者，迷于空华，醉于噩梦，谓国家如一器械焉，吾欲制则制之，欲改则改之，吾凭吾心之规矩，以正其方圆，斯足矣。近今数十年，好学深思之士，远鉴历史，近征事实，然后知其事非若是之易易，祈拾级而升焉，"国家器械说"之销匿声迹，盖亦久矣。而岂图彼人乃摭弃置之唾余，复赘以不伦之取譬（彼演说语尚有云："各国发明机器者，皆积数十百年，始能成一物，仿而造之者，岁月之功已足。"此正是最肤浅之"国家器械说"，不知物质现象与心理现象之差别者也）。敢公然演说于号称文明社会之学界，而学界中以之为虾而自为之水母者，且若干焉！在彼人固目无余子，欺人太甚，而我文明社会之程度，抑一何可哀也！夫彼人则吾何必与为难，但其说既足以愚弄一部分之人，其所说者又如促人登楼而不以梯也，吾恐其陨而坠者纷纷也，夫安得不一辩也。吾今絮絮千言，皆驳"发难以来陶冶成共和国民资格"一语，论者其可以心折乎?！而论者或将曰：所谓共和国民资格者，不必程度若彼其高也，但成一雏形焉，遂以建一共和政府，使民躬其事，有锦而学制焉，夫亦愈知治矣。吾今则为最后之让步，姑以雏形而建共和政府矣，但所建设者为何种类之共和政府，论者及其所戴之首领亦曾计及否耶？世界共和立宪国数十，其性质决非同一，且有绝相反者，中美、南美可无论，其最有名而可供模范者，宜无若美、法、瑞士三国。三国政体，其相同之点固多，其相异之点抑亦不少。……

综美、法、瑞三国，其异点虽多端，而有一大同者焉，曰议院政治（政权全在议院谓之议院政治）是也。瑞在宪法上事实上皆为议院政治无论矣。美则宪法上不许为议院政治，法则宪法上可以不为议院政治，而事实上固皆已为议院政治，共和之性质使然也。君主立宪国，其宪法上皆可以不为议院政治，而事实上有为议院政治者（如英国），有不为议院政治者（如德国、日本）。共和国则无论其宪法如何，则必出于此一途，性质上根本之差异使然也。共和立宪国既终必归于议院政治，吾于是得一前提焉，曰：凡国民有可以行议院政治之能力者，即其有可以为共和国民之资格者也。夫议院政治之美，其谁不艳羡焉？然如德国，如日本，其间非无卓拔之政治家与明达之学者，而不肯主张此最美之政治者何也？内自审其民，而知时有所未可也。凡议院政治，恒以议院之多助寡助黜陟政府，故议院大多数人，有批判政治得失之常识，此第一要件也。夫使普国而为议院政治，则当普、奥将宣战时，俾斯麦已不得不辞职，而后此德意志帝国，何从涌现也！语曰："非常之原，黎民惧焉。"又曰："凡民可与乐成，难与虑始。"故大经世家万里之志，百年之计，常未必为流俗之所喻。反是，而野心薄幸者流，常能投合一般浅识者之感情，以煽动而弋一时非常之广誉，苟其借多数而即可以篡政柄焉。此罗拔士比【今译罗伯斯庇尔】、马拉所以涸巴黎之血，而奇亚尼所以以一无赖子而复加罅宽尼之宪法也。以吾今日之中国而欲行议院政治乎，吾固言之矣，非顽固之老辈，则一知半解之新进也，此非吾敢为轻薄之言，实则平心论之，其程度不过如是也。苟老辈者多数焉，则复八股之议案，可以通过也；苟新进多数焉，则尽坑满洲人之议案，可以通过也。而政府若否认其议案，则顷刻不能安其位，而彼之首领，且将代之而实行之也。夫今之北京政府，以群氂当艰巨，人人谓中国前途危险不可思议，而不知今易以议院政治，其险亦犹是，而或乃更甚也。谓余不信，试观去年东京罢学事件与上海罢市事件何如矣。又议院政治，既恒以议院之多助寡助黜陟政府，而多寡之数，与党派有密切关系，故有发达完备之政党，其第二要件也。日本小野冢博士论政党发达之条件有七：（一）政治上之大原动力，舍政党以外，他无所存；（二）仅有二大政党；（三）二大政党，由历史上发达而来，基础巩固；（四）政治才悉网罗于二大政党中；（五）二大政党之意见皆极稳和，且二党略有共通之基础；（六）二大政党皆有训练，富于责任观念；（七）二大政党所认为内阁交迭问题以相争者，必属于重要事件。今请略诠其义。夫使政党以外，尚有他种之政治上大原动力，则虽非被敌党所攻，而自党常或不足以拥护自党之政府。夫此种原动力，非必其出于议院也（如日本之藩阀是），于是议院政治之基础不固。若乃必贵乎二大政党者何也？夫弈者举棋不定，不胜其耦，况乃政治上计划为国家前途大计者，举一事也，或期其效于数年，或期其效于数十年，必久任而后尽其才，而五日京兆，必无良绩，此中外之通义矣。政治交迭频数，其非国家之福也明甚。然在大权政治之国，则得君专者可以行政久；而议院政治，其权既在多数，故唯能常保多数者为久任，又事理之易明者也。欲常保多数，其道何由？曰当常恃自力而无恃他力。何谓他力？如一院中有若干党，地丑德齐，无论何党皆不足以制多数，吾于此而欲得政权也，则与就中二三党密相提携焉，或借一问题以刺激余党之感情，使忽表同情于我，则吾本不得多数者，有此外助，而骤成多数矣，于是吾党遂入而受政。虽然，此策也，我能用之，人亦能用之，我所密相提携之党，其分子之结合本不巩固，一旦可以崩溃而别与他党提携，而我能借一问题以刺激余党使为我援者，人亦能借一问题以刺激余党使为我敌，不转瞬复成少数，而政柄不能不解矣。故在小党派林立之国，其议院所谓多数少数者，一岁之间，恒三盈而三虚，而政府亦变置如弈棋。故执政者不得不伺人色笑，乃至枉其政策以求容，其黠者则嗾群党相阋，而自收渔人利已耳。法之现象，殆若是已，故其民厌议院政治，如鲠在喉也。英则不然，国中唯有两大政党，势力恒足以相颉颃，自余小党一二，其细已甚，举足左右，不足为轻重，故常能以自力制确实之多数，而基础不至动摇。而甲党既得政，其乙党之在野者，唯立于监督之地位，苟非过极重要之事件，则不起党心而争交迭，故政府党既不敢自恣，而亦不至常自危，得以实行其所怀抱以福国家也。然此唯英、美两国能有之，而他国皆不能。何也？则小野冢氏所举第三、四、五、六项，实益格鲁撒克逊人种之特长，而所以有此特长者，则第三项尤要焉，盖历史上发达使然也。彼其浴立宪之泽者已数百年，而自余诸国学其步者乃不过一世纪内，或且不满半世纪也。由此观之，此资格之养成，其难也如此。使如论者所戴首领之言曰，既有良汽车，吾不必用粗恶之汽车也；则知有良汽车者，岂唯足下，而德国、日本必以粗恶者自安，共愚何可及也！而法国之乘良汽车何如矣，而中美、南美诸国之乘良汽车者又何如矣！夫非议院政治者，又非政府对于议会而不负责任之谓也。议会为监督机关，立于补助地位，而非为指挥机关，立于主动地位，则既已得人而任政府，其人固不敢自恣，而亦不至常自危。苟国民程度，未能诞育完美之政党如英国者，则唯此乃适，唯此乃能生存也。而还视我中国则何如矣？人亦有言，今之中国无三人以上之团体，无能支一年之党派，虽今后或者少进乎，然亦仅矣！宪法既布，则无论为君主，为共和，而政党必句出萌达，于彼时也，试想我议院党派之情状何如矣？今世界号称政党最多者，莫如奥大利【今译奥地利】，其占席于议院者凡十八党，议员总数四百二十五人中，其最大党不过占六十人，其最小党乃至占四人，天下称奇焉。若我国而开议院也，议院而有五百人也，吾敢信其党数必过百，而最大党所占无过二三十，而一党得一人者乃最多也。（经开明专制训练后十年，乃开议院，可不至有此，若今即革命，革命后召集议院，此现象必不能免。）于此而用为监督补助机关，使其习而渐进焉，犹利多而弊少。若用为指挥主动机关以左右政府，苟其采法国制，则浃旬之间，内阁可以更迭十次；苟其采美国制，则将今日出一政策焉命大统领执行，明日出一正反对之政策焉，又命大统领执行，否则相持而一事不能办、一律不能颁也。信如是也，吾不知政府复成何政府，而国家复成何国家也！吾于是复得一前提曰：今日中国国民未有可以行议院政治之能力者也。吾于是敢毅然下一断案曰：故今日中国国民，非有可以为共和国民之资格者也；今日中国政治，非可采用共和立宪制者也。

论者谓：事定功成，即解兵柄，而建共和政府。夫诚欲建共和政府，则非事定功成而即解兵柄，固不可也，不然，则为克伦威尔也。既解兵柄颁宪法，则虽旧军政府之首领复被举为行政首长，而亦必须行动于新宪法权限之内，不然，则违宪也，大逆不道也。而此新宪法者，无论采美国、采法国、采瑞士，而其议院政治，皆足以苦行政首长。行政首长引身而退耶，高则高矣，而坐视国民涂炭，将酿第二次革命，功不足以偿其罪也；从而干涉之耶，则又违宪也，大逆不道也。然则其所定宪法，广行政部之权限，认议会为补助机关耶，则大反共和之精神，用之一时，虽或有利，然宪法者，比较的有固定之性质者也，非可以轻为变置者也，既号共和国，而以反于共和精神之宪法予之，使根本动摇，贻患无穷，功又不足以偿其罪也。故吾为革命后建设共和政府者计，百转回肠，而终不得所以处之之道，论者其何以教我耶？吾之此论，谨守论理，严据历史，未敢有一言凭臆见任意气也。论者所戴首领，其不知此理而为此言耶，则吾劝其学成乃语天下事；其明知此理而为此言耶，则是欺四万万人皆无目也。抑吾今兹对于论者之说，固已连让十余步，乃达此最后之结论矣。使前所让者，有一非如论者言，则不必达于最后一问题，而论者之说，固既可以拉杂摧烧之；即使前所让者皆如论者言，苟不能解此最后一问题，则论者之说犹当拉杂摧烧之。

......

吾今请更以一言忠告于论者及其所戴首领乃至其党派之人士。曰：公等言革命耶，其勿并张种族革命、政治革命、社会革命之三帜。公等欲言社会革命也，则姑言之以自娱，能更发明新学理，补麦喀【今译马克思，下同】所不逮，以待数百年后文明社会之采择，亦一奇功也。若乃欲以野蛮之力杀四万万人之半，夺其田而有之，则糜特人道不应有此豺性，即社会主义之先辈，亦不闻有此学说！麦喀谓田主及资本家皆盗也，今以此手段取之，则国家其毋乃先盗矣乎?！人之言土地国有者，谓渐以收之，仍有所以为偿，而识者犹笑为乌托邦之论，顾未闻有谓宜尽纱之臂而夺之者也。此自别问题，非本论所宜及。唯公等欲以之与普通之革命论并提，利用此以博一般下等社会之同情，冀赌徒、光棍、大盗、小偷、乞丐、流氓、狱囚之悉为我用，俱赤眉、黄巾之不滋蔓而复从而煽之，其必无成而徒荼毒一方，固无论也。即充公等之所望，成矣，取中央政府而代之矣，而其结果则正如波伦哈克之说，谓最初握权者为无资产之下等社会，而此后反动复反动，皆当循波氏所述之轨道而行。其最后能出一伟大之专制君主耶，则人民虽不得自由，而秩序犹可以恢复，国尤可以不亡，若无其人耶，则国遂永坠九渊矣！即有其人焉，或出现稍迟，而外力已侵入而蟠其中央，无复容其出现之余地，则国亦亿劫不可复矣！故虽以匕首揕吾胸，吾犹必大声疾呼曰：敢有言以社会革命（即土地国有制），与他种革命同时并行者，其人即黄帝之逆子，中国之罪人也，虽与四万万人共诛之可也。复次，公等欲言种族革命也，则请倡言之，且实力预备之。公等既持复仇主义，而曰国可亡，仇不可不复，吾哀其志而壮其气也，虽然，公等切勿更言政治革命。夫政治革命者，革专制而为立宪云尔。君主立宪耶？则俟公等破秦灭项、絷彭醢韩、归丰沛、歌大风之时，言之未晚。共和立宪耶？则请先将波伦哈克学说及此数纸中狂夫之言，一一遵论理、据历史、推现象以赐答辩。（答辩本章，固所欢迎，若欲驳开明专制论者，则请俟全文出版，乃赐教言，否则恐枉笔墨也。）若不能答辩，或答辩不自完其说，或摭拾一二字句典故之间以相诋言，其及支出题外遁词逃难而不能解结要害者，则请自今以往，还倡公等之复仇主义，无为更牵入政治问题作茧自缚也。复次，公等欲言政治革命也，则今日之中国，望公等如望岁也。如欲为政治革命也，则暂勿问今之高踞中央者为谁何，翼其左右者为谁何，吾友也不加亲，吾仇也不加怒，吾唯悬一政治之鹄焉，得此则止，不得勿休。有时对于彼几谏焉，如子之于其父母；有时对于彼督责焉，如父母之于其子。然此犹言而已，若其实行，则对于彼而要索焉，如债权者之于债务者，不得，则尽吾力所能及，加相当之惩罚以使之警。此各国为政治革命者之成例也。然要索必当量彼所能以予我者，夫然后所要索为不虚；惩罚必当告以我索汝某事，夫既先语汝而汝不我应，故惩汝以警汝及汝之侪辈，使今后毋复尔尔，夫然后所惩罚为有效。如诲孩童焉，授以业，量其脑力所能受者而责以答案，一度不答，再度不答，而威以夏楚焉。若其必不能作答者，责之至死，犹之无益也。若突然扑之，而不示以所犯何事，甚者以击蒙为出气或快心之具，则彼虽日受百鞭，而亦不知改，盖不知何改而可也。夫语满洲人曰，尔其还我河山，此责彼以所必不能应者也。并未尝提出条件以告之曰，我所欲者如此如此，汝当行者如此如此，而徒日日唾骂，不共戴天而已，时或沮一二渺不相属之人，则就令彼欲释我怒，亦不知何涂之从而可也。不宁唯是，我徒持单独主义，谓必去彼而已，其目前失政，吾不暇与言，亦不屑与言，待吾去彼，而失政随之去矣，甚或谓彼之失政，吾之利也，吾何为而匡正彼。乃吾之去彼，渺未可期，而彼先以吾不暇言、不屑言之故，反得卸其责任，而我将来之幸福，已不知断送几许矣。不宁唯是，彼知我之所欲得于彼者，必非其所能应也，而舍此以外，又无足以餍吾欲也，则困兽犹斗而况于人，我排彼以言，彼排我以实，胜负未决，而渔人笑于其旁矣。凡此皆欲为政治革命而不以其道，是以及此。自今以往，其果有真爱国者乎，相率而为正当的政治革命焉，则中国其或有瘳也！夫此固又别问题，非本论所宜及也，吾下笔不能自休，而遂逸其轨也。吾更为二语以结本段曰：

欲为种族革命者，宜主专制而勿主共和；欲为政治革命者，宜以要求而勿以暴动。

……

奏请宣布立宪密折

约光绪 32 年（1906 年）6 月末或 7 月初

载 泽

窃奴才前次回京，曾具一折，吁恳改行立宪政体，以定人心而维国势。仰蒙两次召见，垂询本末，并谕以朝廷原无成见，至诚择善，大知用中，奴才不胜欣感。旬日以来，夙夜筹虑，以为宪法之行，利于国，利于民，而最不利于官。若非公忠谋国之臣，化私心，破成见，则必有多为之说以荧惑圣听者。盖宪法既立，在外各督抚，在内诸大臣，其权必不如往日之重，其利必不如往日之优，于是设为疑似之词，故作异同之论，以阻挠于无形。彼其心非有所爱于朝廷也，保一己之私权而已，设一己之私利而已。顾其立言，则必曰防损主权。不知君主立宪，大意在于尊崇国体，巩固君权，并无损之可言。以日本宪法考之，证以伊藤侯爵之所指陈，穗积博士之所讲说，君主统治大权，凡十七条：

一曰，裁可法律、公布法律、执行法律由君主。

一曰，召集议会、开会、闭会、停会及解散议会由君主。

一曰，以紧急勒令代法律由君主。

一曰，发布命令由君主。

一曰，任官免官由君主。

一曰，统帅海陆军由君主。

一曰，编制海陆军常备兵额由君主。

一曰，宣战、讲和、缔约由君主。

一曰，宣告戒严由君主。

一曰，授与爵位勋章及其他荣典由君主。

一曰，大赦、特赦、减刑及复权由君主。

一曰，战时及国家事变非常施行由君主。

一曰，贵族院组织由君主。

一曰，议会展期由君主。

一曰，议会临时召集由君主。

一曰，财政上必要紧急处分由君主。

一曰，宪法改正发议由君主。

以此言之，凡国之内政外交，军备财政，赏罚黜陟，生杀予夺，以及操纵议会，君主皆有权以统治之。论其君权之完全严密，而无有丝毫下移，盖有过于中国者矣。

以今日之时势言之，立宪之利有最重要者三端：

一曰，皇位永固。立宪之国，君主神圣不可侵犯，故于行政不负责任，由大臣代负之；即偶有行政失宜，或议会与之反对，或经议院弹劾，不过政府各大臣辞职，别立一新政府而已。故相位旦夕可迁，君位万世不改，大利一。

一曰，外患渐轻。今日外人之侮我，虽由我国势之弱，亦由我政体之殊，故谓为专制，谓为半开化，而不以同等之国相待。一旦改行宪政，则鄙我者转而敬我，将变其侵略之政策，为平和之邦交，大利二。

一曰，内乱可弭。海滨洋界，会党纵横，甚者倡为革命之说。顾其所以煽惑人心者，则曰政体专务压制，官皆民贼，吏尽贪人，民为鱼肉，无以聊生，故从之者众。今改行宪政，则世界所称公平之正理，文明之极轨，彼虽欲造言而无词可藉，欲倡乱而人不肯从，无事缉捕搜拿，自然冰消瓦解，大利三。

立宪之利如此，及时行之，何嫌何疑？而或有谓程度不足者。不知今日宣布立宪，不过明示宗旨为立宪之预备。至于实行之期，原可宽立年限。日本于明治十四年（光绪七年，1881 年）宣布宪政，二十二年（光绪十五年，1889年）始开国会，已然之效，可信而行也。且中国必待有完全之程度，而后颁布立宪明诏。窃恐于预备期内，其知识未完者固待陶熔，其知识已启者先生觖望，至激成异端邪说，紊乱法纪。盖人民之进于高尚，其涨率不能同时一致，唯先宣布立宪明文，树之风声，庶心思可以定一，耳目无或他歧，既有以维系望治之人心，即所以养成受治之人格。是今日宣布立宪明诏，不可以程度不到为之阻挠也。

又或有为满汉之说者，以为宪政既行，于满人利益有损耳。奴才至愚，以为今日之情形，与国初入关时有异。当时官缺分立满汉，各省设置驻防者，以中原时有反侧，故驾驭亦用微权。今寰宇涵濡圣泽近三百年，从前粤捻回之乱，戡定之功，将帅兵卒皆汉人居多，更无界限之可言。近年以来，皇太后、皇上迭布纶音，谕满汉联姻，裁海关，裁织造，副都统并用汉人，普天之下，歌颂同声，在圣德如地如天，安有私覆私载？方今列强逼迫，合中国全体之力，尚不足以御之，岂有四海一家，自分畛域之理？至于计较满汉之差缺，竞争权力之多寡，则所见甚卑，不知大体者也。夫择贤而任，择能而使，古今中外，此理大同。使满人果贤，何患推选之不至，登进之无门？如其不肖，则亦宜在屏弃之列。且官无幸进，正可激励人才，使之向上，获益更多。此举为盛衰兴废所关，若守一隅之见，为拘挛之语，不为国家建万年久长之祚，而为满人谋一身一家之私，则亦不权轻重，不审大小之甚矣。在忠于谋国者，决不出此。

奴才谊属宗支，休戚之事与国共之，使茫无所见，万不敢于重大之事鲁莽陈言。诚以遍观各国，激刺在心，若不竭尽其愚，实属辜负天恩，无以对皇太后、皇上。伏乞圣明独断，决于岁先，不为众论所移，不为浮言所动，实宗社无疆之休，天下生民之幸。事关大计，可否一由宸衷，乞无露奴才此奏，奴才不胜忧懑迫切。谨奏。

宪政初纲，奏议，四—七页。

论满洲虽欲立宪而不能

蛰　伸（朱执信）

今之非革命者，则曰：立宪易，革命难。呜呼，是乌知立宪，是乌知革命。夫欧美孰有不革命而能立宪者？况中国之立宪不可同于欧美也。

吾今正告天下曰：中国立宪难。能立宪者唯我汉人，汉人欲立宪，则必革命。彼满洲即欲立宪，亦非其所能也。

今之为争者，斤斤于满洲之欲立宪否以为立宪之难易，此所以一闻贱种二三转移之言，而遽信立宪之易，前之辩者不能折，则又从而是之也，是皆坐不知立宪之过也。夫先于欲立宪否之问题，有能立宪否之问题。今之满洲不能立宪者也，不能立宪，则无问其欲否也。求鱼于樵，求木于渔，彼虽欲，如无以应吾求何。

今之为论者，意若唯不欲之患，而无不能之患，此未尝更事变而姑以其所欲者为能耳。夫诚欲实施，未有不先察于其可能否而问其欲不欲也。夫满洲纵欲而不能行之者，民族实为之也。夫立宪者，非其条文是尚也，其民协同而能自治，然后宪法生，故能宪治者，唯民族之同。今之满洲与我汉族其相视为何如乎？而谓其能同立于一宪法之下乎？其不能，宪从何以立焉？

夫中国自流寇之糜烂，乱臣外附，率鞑虏以蹂躏中华，国胜祈屋，黔首大半屠戮，遂使虏尸此君位。自尔以来，台湾之割据，三藩之兴起，川楚之纵横，以民族倡义者，未尝十年间绝。而最近者，洪氏扶义而起，东南响应，屠胡虏以万计，既以胡运未终，功遂不奏，而其余力每普愈道，茹蘗蹈刃，志在必克，下之妇稚懦夫无荷戈踵后之勇，而犹戟指愤詈不置。是故两族之间，有相屠之史，而无相友之迹也，则其协同之不可望明矣。

间里为讼，不胜者衔之终身，况国仇乎？吾汉族之愤彼如此，则彼满洲之吾愤亦可知矣。假令彼中之一黠者，欲假立宪之制，以救亡种之祸，犹将不能得于彼族，无论于汉族也。夫民族之相仇，愈合之而其怒愈深者也，锢之甚则其发愈大而已矣。彼满洲之驻防于各省者，画地而居，入其境则其侵侮无所不至，彼出而至于境外，则恭顺无敢专横。此其恭顺，非真能协于我族，势不敌而不敢发也。然其不敢发，必不遂己也，蓄怒愈久，即为祸弥深也，故伺间而一发。彼其画地不相涉而若是，则其于同一宪法之下使齐等营业，其将若何？

夫今日满人之政权，百倍汉族，束发为吏，无大过失，则黑首卿相可坐致也。以是误天下而肥己，无所能则以谄为工，其所志无过金玉侈靡，则不惮以贪婪为业，天下之荼毒一切由之。夫立宪则此为必革之制明也。生而仰给于政府，以逮其死，竭天下之力以供之，号曰为兵而不可以一用，坐病黔首，莫之恤也，而旗民生事，以为朝廷之大计。夫立宪则不容有此，又易知者也。今立宪而使满洲之民与我汉齐等，毋特任以官，特廪以禄，使自以其才能进，则彼必无从得政权；使彼自为生，则必无从得营业，坐至于奴隶饿馁。彼固不知自咎，则唯汉人怨而已，此满洲之自离可必者也。

而我汉族抑必不得以与满洲俱立而遂己也，国仇之念，每降愈深，此耻不雪，则他胡为者？夫使我汉族而统治于一王之下，苦其暴政而欲革之，则暴政去而吾事毕矣。今之革命，复仇其首，而暴政其次也。盖满洲之以虐政苦我者，犹其余事，而吾祖先所衔恨以没，不得一伸者，将于此一泄焉。立宪者，其第二目的达否未可知，而第一目的之不得达则甚明也。然则虽既立宪，吾汉族之不能安然与满人同处自若也。夫立宪之治，必非满人所能与，其司缮群治法之事，必独赖于汉人，而汉人者，大辱未雪，大欲未偿，亦复何心以与此事？然则纵有条文而立宪之治不可举，至易知者也。

今之民族异而不可强沟合者，不独中国也。奥匈之双立君主国也，几四十年，而国中轧轹日甚一日，近顷益甚，不久其分离可见。夫匈牙利之于奥，初未尝有屠戮之惨，如我之受于满洲者也，以王死绝嗣之故，而迎立奥君，亦既三百五十有余年矣，然其民族之间不能调和如是。故近代学者谓民族之不同，大不利于国家之组织。微特匈牙利然，彼欧西之荷兰、比利时，其宪法亦至自由，而终不能合一。故米（美）人彼则斯曰：民族统一为于近世立宪最强之势力，若数国之民，种性各异，其中有政治能力优者，则并服其劣者，于政治上为最良。故今日中国而欲立宪也，必汉族之驱并满洲而后能为之。何者？政治能力汉族之优于满洲百十，而满洲固不可扶植者，与之合同适以自累也。姑无论仇雠，以求政治上进步之顺序言，亦当如是，况吾汉族，非排满则其政治能力亦固无所伸张也耶。

论者谓中国苟立宪，则满汉之界自破，而汉族得同化满洲至不复别，前此诸患一不足虑。此其倡者一二无赖，而和者乃遍中国，相与鼓吹张皇之，使深入于士民之心，是其为心与吴三桂之引犍虏以夷戮中原，相去亦复几何也。夫谓满汉之界可破，即无异谓汉族能低首下心以与其仇雠为党类也，其污蔑我汉族亦已甚矣。抑满汉之界，非由不立宪而兴者也，又恶从以立宪而消灭乎？为我汉族者，可以蹈白刃就水火，可使老岩壑长鄙塞，而不可以与满洲人长此侪处，无论以立宪饵之也，即有共和极制，非与满洲为群无从得之者，亦有舍置之而已。长此忍辱含垢，所不屑为也。

夫汉族之夷于满洲，非常之痛也，痛而无所复则不消。欲令满汉之界感情不严，非有以复之不可也。其复之之手段，则仅革命而已。革命以往，满汉之界不待人消之而自消者也。苟不革命，即虽尽其力以图消之，吾知其无一效者也。故消灭种界一问题也，立宪一问题也，种界消灭然后能立宪，即前所云云是也，种族未消灭而欲以立宪消灭之，则不可能之事也。唐李泌谓代宗："陛下与李怀光，譬如破叶不可复合。"今汉族之与满洲亦若是矣。宁独不可复合，抑不两立者也。满洲既失其生所根据，而寄于各省之土，不能自营生而仰给于俸糈，则其不奴汉人以自奉不可。汉族际极强之逼蹙，非急自湔洗振拔，无以自存，非去满洲，则国耻未除，无由更自湔洗。以生存竞争，使必若是，有彼则必无我，有我亦无从曲容于彼也。谓其界可消灭者，其所据何也？

彼谓汉族能同化他民族，使更无辨别是也。然为所同化之民族，必当具特别之资格，无此资格者，则不能同化，此于历史上至显易见者，彼未尝察也，于是而欲持以论满洲，是乃所谓大谬者也。夫中国往昔所吞而化之者，有吴越之民，有荆蛮之民，有闽粤之民，有滇黔之民，而当日九真日南诸郡，今属安南省，皆尝合而无余迹。然是诸种者，皆未尝有侮于汉族，抑虽尝加侮，而其所为侵害者微。故如匈奴、鲜卑、吐蕃、契丹、金源、蒙古、俺答，则终不可化也。非汉族之同化力有所不逮，实彼于同化之资格失也。彼匈奴、鲜卑之为患于汉晋，吐蕃之为唐患，契丹、金源之为宋患，皆非可以一二言尽。而蒙古日蹂躏上国，窃其政柄近百年也，其所以苦汉族者愈深，即其不能同化愈甚也。宁独不能同化其大群而已，东汉之羌，马援徙之二百年而犹为梗，魏武徙胡于三辅，近百年而卒召五胡之乱，彼其数不过数万，降虏之余，经百年而一不变，无他，汉族之怨毒甚，彼之自危惧日滋，则其葆持旧惯，不肯放任于同化，为必然之事。满洲之在中国，其视此有甚焉矣。若第举一二以蔽其余，则休屠之王，列为贵族，唐初蕃将，十九为世家，宁能谓无一效忠汉族顾其千万之一耳，而余自不能，则岂今兹之所事乎？汉族之同化他族，于征服后犹不得行如是，则满洲今兹之未尝被征服者，如何也？彼言汉族同化之力，辄引金世宗教其部族沾染汉风之言以为证，是尤不思之甚者矣。彼之师汉人之习惯也，未尝自同于汉人，彼以奴隶汉族为心，而虑其师中国文化为自弱，羯胡之种，庸知根本之义乎？苟但师其文物，遂谓无异我族，则英当取印度之民而纳之国会，俄、德当取波兰之种而一视以齐民，吾不知其何所据而为是谬说也。

夫民族尝相暌而终得合者亦有之，若英往者北人之合于盎格鲁撒克逊，法往者法兰克族之合于拉丁是也。盖唯处专制下久而相忘，然后有之。二民族既先合而后有宪治，非有宪治而后合者也。吾中国不可与英、法比也。汉人之不能忘国仇，二百余年犹一日也，于立宪之前而不可合也，于立宪之后愈非矣。

抑且民族之合也，必无无所持以合者，其能力足以相辅而后有合可言，否则直攘除之而已。满洲于我果何所益于我乎，而损者则不可胜计。然则满汉之界固不能破，亦无取于破之者也，知其二者不能并立，则直去其一耳。附疽不可不溃，害马不可不除。以为吾能鞭其后以就其前者，必且束缚其前以殉其后也，害莫甚焉。

夫民族之思想，其说明也以理论，不如其感情也。虽极主满汉合一之说者，苟其抚心而自思，其嫌恶满洲之心终未尝无也。欲解之者，必一新夫全国之感情，此固非人力之所能及也，即其可及亦非数纪间得之之老也。彼以昌言民族主义者谓纯根据于感情，不依于学理，是诚然，抑知其以感情言而举国风动者，其故何者乎？实以其感情为举国之所同，而以一二人者，乃代表之以发言者也。夫感情为一国之所同者，其发为行为必不可抗，此固于学理亦不能谓非者也，况革命之说实有学理之根据也。

故民族之界线，满洲不能立宪之本也，虽欲之固无从耳。而彼之欲否，固非今所论矣。由是更有两种病焉：曰对外之难，曰对内之难。对外之难奈何？满洲之治不足以信外人久矣，彼日声言望满洲之改革，而实则意其无能为也。而改革固取其实而不必务其声，顾其能博外人之信，则其着手自易。使中国而有革命，新为组织，则其感足及于外，于时而立宪法，则众之所瞩目而料其良者也。使出自满洲，则正无异于土耳其屡败之后，为无聊之颁布以自文饰。彼以土耳其之改革视中国，则唯己便利是图，固当然者，如是则为其立宪阻碍虽微，而其见轻不得同情，视前属望倾耳者，国际上之地位，相去益远矣。

由是更有对内之难。对内之难者，施治之人之危也，非不得于君之为患也。使不平等，则无以谢汉族；使平等，则无以解于满洲也。夫事专制者，得君而唯所欲为，虽然于民族之间，盖不可以此为例也。崔浩之仕拓跋与崔暹之仕高氏，亦不可以不谓知遇也，然终至于残死。彼二人者，亦固未尝有忠于汉族之心，其所行意不出整齐其部落，以便专制耳，其难犹若此，则今日之难之倍蓰，亦可以测而知矣。夫宪法非可使君主与其二三嬖佞定者也，彼詹詹然望治于满洲之一人，微论其不足为治，即有魏明高澄之风，能任人以治，亦复如其不能为治何！

凡此诸难，一以民族不同之故而起，则欲救其难，舍革命更无他术。革命者，以去满人为第一目的，以去暴政为第二目的，而是二者固相连属，第一目的既达，第二目的自达。何则？其难既已去也。

要之论立宪之难易，当先其能不能，而后其欲不欲。能立宪者唯我汉人，而汉人能革命始能为立宪，则欲以立宪对抗于革命者，可以废而返矣。

《民报》第一期，十月出版

杂答某报（节录）

1906 年 9 月 3 日

梁启超

此问题含义甚复杂，非短篇单词所能尽也，此略述其所怀，若其详则异日商榷之。

中国今日若从事于立法事业，其应参用今世学者所倡社会主义之精神与否，别为一问题；中国今日之社会经济的组织，应为根本的革命与否，又别为一问题，此不可混也。今先解决第二问题，次乃附论第一问题。

吾以为中国今日有不必行社会革命之理由，有不可行社会革命之理由，有不能行社会革命之理由。

于本论之前，不可不先示革命之概念。凡事物之变迁有二种，一缓一急。其变化之程度缓慢，缘周遭之情状，而生活方向，渐趋于一新生面，其变迁时代，无太甚之损害及苦痛，如植物然，观乎其外，始终若一，而内部实时时变化，若此者谓之发达，亦谓之进化（Development of Evolution）。反之，其变化性极急剧，不与周遭之情状相应，旧制度秩序，忽被破坏，社会之混乱苦痛缘之，若此者谓之革命（Revolution）。吾以为欧美今日之经济社会，殆陷于不能不革命之穷境；而中国之经济社会，则唯当稍加补苴之力，使循轨道以发达进化，而危险之革命手段，非所适用也。请言其理。

所谓中国不必行社会革命者何也？彼欧人之经济社会，所以积成今日之状态者，全由革命来也。而今之社会革命论，则前度革命之反动也。中国可以避前度之革命，是故不必为再度之革命。……

所谓中国不可行社会革命者何也？社会革命论，以分配之趋均为期，质言之，则抑资本家之专横，谋劳动者之利益也。此在欧美，诚医群之圣药，而施诸今日之中国，恐利不足以偿其病也。吾以为策中国今日经济界之前途，当以奖励资本家为第一义，而以保护劳动者为第二义。请言其理：夫今日东西列强，所以以支那问题为全世界第一大问题者何也？凡以国际的经济竞争之所攸决云尔。经济学公例，租与庸厚则其赢薄，租与庸薄则其赢厚。（土地所得曰租，劳力所得曰庸，资本所得曰赢。此严译《原富》所命名也。日人译之曰地代，曰劳银，曰利润。）故拥资本者常以懋迁于租庸两薄之地为利，不得则亦求其一薄者。欧人自工业革命以来，日以过富为患，母财岁进，而业场不增。其在欧土，土地之租与劳力之庸，皆日涨日甚，资本家不能用以求赢，乃一转而趋于美洲、澳洲诸部新地。此新地者，其土地率未经利用，租可以薄，而人口甚希，庸不能轻，于是招募华工以充之，则租庸两薄而赢倍蓰矣。乃不数十年，而美澳诸地昔为旧陆尾闾者，今其自身且以资本过剩为患。一方面堵截旧陆之资本，使不得侵入新陆以求赢，而旧陆之资本家病；一方面其自身过剩之资本，不能求赢于本土，而新陆之资本家亦病。日本以后起锐进，十年之间，资本八九倍于其前，国中租庸，日涨月腾。而日本之资本家亦病，于是相与旁皇却顾，临睨全球。现今租庸两薄之地，无如中国，故挟资本以求赢，其最良之市场亦莫如中国。世界各国，咸以支那问题为唯一之大问题者，皆此之由。我国民于斯时也，苟能结合资本，假泰西文明利器（机器），利用我固有之薄租薄庸以求赢，则国富可以骤进，十年以往，天下莫御矣。而不然者，以现在资本之微微不振，星星不团，不能从事于大事业，而东西各国，为经济公例所驱迫，挟其过剩之资本以临我，如洪水之滔天，如猛兽之出柙，其将何以御之？夫空言之不能敌实事也久矣，两年以来，利权回收之论，洋溢于国中，争路争矿，言多于鲫，然曾未见一路之能自筑，一矿之能自开。而日人南满洲铁道会社，已以百兆之雄资，伏东省而酖其脑，而各处支路，尚往往假资于外人，而各国制造品之滔滔汨汨以输入，尽夺吾民之旧业者，又庸耳俗目所未尝察也。夫自生产方法革新以后，唯资本家为能食文明之利，而非资本家则反蒙文明之害，此当世侈谈民生主义者所能知也。曾亦思自今以往，我中国若无大资本家出现，则将有他国之大资本家入而代之，而彼大资本家既占势力以后，则凡无资本者或有资本而不大者，只能宛转瘐死于其脚下，而永无复苏生之一日。彼欧美今日之劳动者，其欲见天日，犹如此其艰也，但使他国资本势力充满于我国中之时，即我四万万同胞为马牛以终古之日。其时，举国中谁复为贫，谁复为富，唯有于中国经济界分两大阶级焉：一曰食文明之利者，其人为外国人；一曰蒙文明之害者，其人为中国人而已。于彼时也，则真不可不合全国以倡社会革命矣。虽然，晚矣，无及矣，此非吾故为危言以悚听也！夫宁不见今日全国经济界稍带活气者，唯有洋场，而洋场之中国人，则皆馂外商之余也。月晕知风，础润知雨，而况乎风雨之已来袭者耶！我中国今日欲解决此至危极险之问题，唯有奖励资本家，使举其所贮蓄者，结合焉，而采百余年来西人所发明之新生产方法以从事于生产，国家则珍惜而保护之，使其事业可以发达以与外抗，使他之资本家闻其风，羡其利，而相率以图结集，从各方面以抵挡外竞之潮流，庶或有济。虽作始数年间，稍牺牲他部分人之利益，然为国家计，所不辞也。今乃无故自惊，睡魇梦呓，倡此与国家全体利害相反之社会革命论，以排斥资本家为务。寝假而国民信从其教，日煽惑劳动者以要求减少时间，要求增加庸率，不则同盟罢工以挟之；资本家蒙此损失，不复能与他国之同业竞，而因以倒毙；他之资本家，益复惩羹吹齑，裹足不前，坐听外国资本势力，骎骎然淹没我全国之市场，欲抵抗已失其时，而无复扎寨之余地；全国人民，乃不得不帖服于异族鞭箠之下以糊其口。则今之持社会革命论者，其亡国之罪，真上通于天矣。此非吾故苟其词，实则居今日而倡此不适于国家生存之社会革命论，其结果必至如是也。要之，吾对于经济问题之意见，可以简单数语宣示之，曰：今日中国所急当研究者，乃生产问题，非分配问题也。何则？生产问题者，国际竞争问题也；分配问题者，国内竞争问题也。生产问题能解决与否，则国家之存亡系焉。生产问题不解决，则后此将无复分配问题容我解决也。由此言之，则虽目前以解决生产问题故，致使全国富量落于少数人之手，贻分配问题之隐祸于将来，而急则治标，犹将舍彼而趋此，而况乎其可毋虑是也。孔子与门人立，拱而尚右，二三子亦皆尚右；孔子曰："二三子之嗜学也，我则有姊之丧故也。"夫欧美人之倡社会革命，乃应于时势不得不然，是姊丧尚右之类也。今吾国情形与彼立于正反对之地位，闻其一二学说，乃吠影吠声以随逐之，虽崇拜欧风，亦何必至于此极耶！夫无丧而学人尚右，不过为笑，固非害于实事；若病异症而妄尝人药，则自厌其寿耳。今之倡社会革命论者，盖此类也，所谓不可行社会革命者，此也。

所谓中国不能行社会革命者何也？欲为社会革命，非体段圆满，则不能收其功；而圆满之社会革命，虽以欧美现在之程度，更历百年后，犹未必能行之，而现在之中国更无论也。今排满家之言社会革命者，以土地国有为唯一之楬橥。不知土地国有者，社会革命中之一条件，而非其全体也。各国社会主义者流，屡提出土地国有之议案，不过以此为进行之著手，而非谓舍此无余事也。如今排满家所倡社会革命者之言，谓欧美所以不能解决社会问题者，因为未能解决土地问题，一若但解决土地问题，则社会问题即全部问题解决者然，是由未识社会主义之为何物也（其详别于下方驳之）。近世最圆满之社会革命论，其最大宗旨不外举生产机关而归诸国有。土地之所以必须为国有者，以其为重要生产机关之一也。然土地之外，尚有其重要之生产机关焉，即资本是也。而推原欧美现社会分配不均之根由，两者相衡，则资本又为其主动。盖自生产方法一变以后，无资本者万不能与有资本者竞，小资本者万不能与大资本者竞，此资本直接之势力，无待言矣。若语其间接之势力，则地价、地租之所以腾涨者何自乎？亦都会发达之结果而已。都会之所以发达者何自乎？亦资本膨胀之结果而已。彼欧洲当工业革命以前，土地为少数人所占有者已久，然社会问题不发生于彼时而发生于今日者，土地之利用不广，虽拥之犹石田也。及资本之所殖益进，则土地之价值随而益腾，地主所以能占势力于生产界者，食资本之赐也。（如某氏演说称："英国大地主威斯敏士打公爵有封地在伦敦西偏，后来因扩张伦敦城，把那地统圈进去，他一家的地租占伦敦地租四分之一，富与国家相等。"须知伦敦城何以扩张，由资本膨胀故；伦敦地租何以腾涨，由资本膨胀故。若无工业革命后之资本膨胀，则今日之威斯敏士打，亦无从有敌国之富也。其他同类之现象，皆可以此说明之。）又况彼资本家常能以贱价买收未发达之土地，而自以资本之力发达之以两收其利，是又以资本之力支配土地也。（美国人占士比儿【今译詹姆斯·希尔】于二十年前，买收汶天拿【今译明尼苏达】省、华盛顿省诸土地，而自筑大北铁路以贯之。彼时此等土地，皆印度红夷出没之所，殆不值一钱；今则其最闹之市，地价骎骎追纽约、芝加高矣。近太西资本家，率无不用此术。）要之欲解决社会问题者，当以解决资本问题为第一义，以解决土地问题为第二义。且土地问题，虽谓为资本问题之附属焉可也。若工场，若道具（机器），其性质亦与土地近，皆资本之附属也。质而言之，则必举一切之生产机关而悉为国有，然后可称为圆满之社会革命；若其一部分为国有，而他之大部分仍为私有，则社会革命之目的终不能达也。然则圆满之社会革命论，其新社会之经济组织何如？以简单之语说明之，亦曰：国家自为地主自为资本家，而国民皆为劳动者而已，即一切生产事业，皆由国家独占，而国民不得以此为竞也。夫同为劳动者也，何以于现在则苦之，于革命后则甘之？诚以如现在经济社会之组织，彼劳动所得之结果，地主攫其若干焉，资本家攫其若干焉，而劳动者所得，乃不及什一。若革命以后，劳动之结果，虽割其一部分以与国家，而所自得之一部分，其分量必有以逾于今日。且国家所割取我之一部分，亦还为社会用，实则还为我用而已。如此则分配极均，而世界将底于大同。此社会革命论之真精神，而吾昔所谓认此主义为将来世界最高尚美妙之主义者（见本年本报第四号），良以此也。而试问今日之中国，能行此焉否也？此在欧美之难此主义者，有自由竞争绝而进化将滞之问题，有因技能而异报酬或平均报酬孰为适当之问题，有报酬平等遏绝劳动动机之问题，有分配职业应由强制抑由自择之问题，其他此类之问题尚夥，不缕述。凡此诸问题，皆欧美学者所未尽解决，而即此主义难实行之一原因也。今中国且勿语此，唯有一最浅易最简单之问题，曰：既行社会革命建设社会的国家，则必以国家为一公司，且为独一无二之公司，此公司之性质，则取全国人之衣食住，乃至所执职业，一切干涉之而负其责任。

就令如彼报所言，我国人民程度已十分发达，而此等政府，果适于存在否乎？足以任此之人才有之乎？有之，能保其无滥用职权专制以为民病乎？能之，而可以持久而无弊乎？此问题，绝无待高尚之学理以为证，虽五尺之童能辨之。论者如必谓中国今日能建设此等政府也，则强词夺理，吾安从复与之言。若知其不能，则社会革命论，直自今取消焉可也。夫论者固明知社会革命之不能实行也，于是卤莽灭裂，盗取其主义之一节以为旗帜，冀以欺天下之无识者。庸讵知凡一学说之立，必有其一贯之精神，盗取一节，未或能于其精神有当也。彼排满家之社会革命论，自孙文倡也，某报第十号，载有孙文演说，殆可为其论据之中心，今得痛驳之以为中国不能行社会革命之左证。

《新民丛报》，第八十六号，一九〇六年九月三日

在东京《民报》创刊周年庆祝大会的演说

《民报》1906 年 12 月 2 日

孙中山

诸君：

今天诸君踊跃来此，兄弟想来，不是徒为高兴，定然有一番大用意。今天这会，是祝《民报》的纪元节。《民报》所讲的是中国民族前途的问题，诸君今天到来，一定是人人把中国民族前途的问题横在心上，要趁这会子大家研究的。兄弟想《民报》发刊以来已经一年，所讲的是三大主义：第一是民族主义，第二是民权主义，第三是民生主义。

那民族主义，却不必要什么研究才会晓得的。譬如一个人，见着父母总是认得，绝不会把他当做路人，也绝不会把路人当做父母；民族主义也是这样，这是从种性发出来，人人都是一样的。满洲入关，到如今已有二百六十多年，我们汉人就是小孩子，见着满人也是认得，总不会把来当做汉人。这就是民族主义的根本。

但是有最要紧一层不可不知：民族主义，并非是遇着不同族的人便要排斥他，是不许那不同族的人来夺我民族的政权。因为我汉人有政权才是有国，假如政权被不同族的人所把持，那就虽是有国，却已经不是我汉人的国了。我们想一想，现在国在哪里？政权在哪里？我们已经成了亡国之民了！地球上人数不过一千几百兆，我们汉人有四百兆，占了四分之一，算得地球上最大的民族，且是地球上最老最文明的民族；到了今天，却成为亡国之民，这不是大可怪的吗？那非洲杜国【杜兰斯哇，今译德兰士瓦】不过二十多万人，英国去灭它，尚且相争至三年之久；菲律宾岛不过数百万人，美国去灭它，尚且相持数岁；难道我们汉人，就甘心于亡国！想起我汉族亡国时代，我们祖宗是不肯服从满洲的。闭眼想想历史上我们祖宗流血成河、伏尸蔽野的光景，我们祖宗很对得住子孙，所难过的，就是我们做子孙的人。再想想亡国以后满洲政府愚民时代，我们汉人面子上从他，心里还是不愿的，所以有几回的起义。到了今日，我们汉人民族革命的风潮，一日千丈。那满洲人也倡排汉主义，他们的口头话是说他的祖宗有团结力、有武力，故此制服汉人；他们要长保这力量，以便永居人上。他们这几句话本是不错，然而还有一个最大的原因，是汉人无团体。我们汉人有了团体，这力量定比他大几千万倍，民族革命的事不怕不成功。

唯是兄弟曾听见人说，民族革命是要尽灭满洲民族，这话大错。民族革命的原故，是不甘心满洲人灭我们的国，主我们的政，定要扑灭他的政府，光复我们民族的国家。这样看来，我们并不是恨满洲人，是恨害汉人的满洲人。假如我们实行革命的时候，那满洲人不来阻害我们，决无寻仇之理。他当初灭汉族的时候，攻城破了，还要大杀十日才肯封刀，这不是人类所为，我们决不如此。唯有他来阻害我们，那就尽力惩治，不能与他并立。照现在看起来，满洲政府要实行排汉主义，谋中央集权，拿宪法做愚民的器具。他的心事，真是一天毒一天。然而他所以死命把持政权的原故，未必不是怕我汉人要剿绝他，故此骑虎难下。所以我们总要把民族革命的目的认得清楚，如果满人始终执迷，仍然要把持政权，制驭汉族，那就汉族一日不死，一日不能坐视的！想来诸君亦同此意。

民族革命的大要如此。

至于民权主义，就是政治革命的根本。将来民族革命实行以后，现在的恶劣政治固然可以一扫而尽，却是还有那恶劣政治的根本，不可不去。中国数千年来都是君主专制政体，这种政体，不是平等自由的国民所堪受的。要去这政体，不是专靠民族革命可以成功。试想明太祖驱除蒙古，恢复中国，民族革命已经做成，他的政治却不过依然同汉、唐、宋相近。故此三百年后，复被外人侵入，这由政体不好的原故，不是（做）政治革命是断断不行的。研究政治革命的工夫，煞费经营。至于着手的时候，却是同民族革命并行。我们推倒满洲政府，从驱除满人那一面说是民族革命，从颠覆君主政体那一面说是政治革命，并不是把来分作两次去做。讲到那政治革命的结果，是建立民主立宪政体。照现在这样的政治论起来，就算汉人为君主，也不能不革命。佛兰西【今译法兰西】大革命及俄罗斯革命，本没有种族问题，却纯是政治问题；佛兰西民主政治（体），已经成立，俄罗斯虚无党也终要达这目的。中国革命之后，这种政体最为相宜，这也是人人晓得的。

唯尚有一层最要紧的话，因为凡是革命的人，如果存有一些皇帝思想，就会弄到亡国。因为中国从来当国家做私人的财产，所以凡有草昧英雄崛起，一定彼此相争，争不到手，宁可各据一方，定不相下，往往弄到分裂一二百年，还没有定局。今日中国，正是万国眈眈虎视的时候，如果革命家自己相争，四分五裂，岂不是自亡其国？近来志士都怕外人瓜分中国，兄弟的见解却是两样。外人断不能瓜分我中国，只怕中国人自己瓜分起来，那就不可救了！所以我们定要由平民革命，建国民政府。这不止是我们革命之目的，并且是我们革命的时候所万不可少的。

说到民生主义，因这里头千条万绪，成为一种科学，不是十分研究不得清楚。并且社会问题隐患在将来，不像民族、民权两问题是燃眉之急，所以少人去理会它。虽然如此，人的眼光要看得远。凡是大灾大祸没有发生的时候，要防止它是容易的；到了发生之后，要扑灭它却是极难。社会问题在欧美是积重难返，在中国却还在幼稚时代，但是将来总会发生的。到那时候收拾不来，又要弄成大革命了。革命的事情是万不得已才用，不可频频伤国民的元气。我们实行民族革命、政治革命的时候，须同时想法子改良社会经济组织，防止后来的社会革命，这真是最大的责任。

于今先说民生主义所以要发生的缘故。这民生主义，是到十九世纪之下半期才盛行的，以前所以没有盛行民生主义的原因，总由于文明没有发达。文明越发达，社会问题越着紧。这个道理，很觉费解，却可以拿浅近的事情来做譬喻。大凡文明进步，个人用体力的时候少，用天然力的时候多，那电力、汽力比起人的体力要快千倍。举一例来说，古代一人耕田，劳身焦思，所得谷米至多不过供数人之食。近世农学发达，一人所耕，千人食之不尽，因为它不是专用手足，是借机械的力去帮助人功，自然事半功倍。故此古代重农工，因它的生产刚够人的用度，故它不得不专注重生产。近代却是两样。农工所生产的物品，不愁不足，只愁有余，故此更重商业，要将货物输出别国，好谋利益，这是欧美各国大概一样的。照这样说来，似乎欧美各国应该家给人足，乐享幸福，古代所万不能及的。然而试看各国的现象，与刚才所说正是反比例。统计上，英国财富多于前代不止数千倍，人民的贫穷甚于前代也不止数千倍，并且富者极少，贫者极多。这是人力不能与资本力相抗的缘故。古代农工诸业都是靠人力去做成，现时天然力发达，人力万万不能追及，因此农工诸业都在资本家手里。资本越大，利用天然力越厚，贫民怎能同他相争，自然弄到无立足地了。社会党所以倡民生主义，就是因贫富不均，想要设法挽救；这种人日兴月盛，遂变为一种很繁博的科学。其中流派极多，有主张废资本家归诸国有的，有主张均分于贫民的，有主张归诸公有的，议论纷纷。凡有识见的人，皆知道社会革命，欧美是绝不能免的。

这真是前车可鉴，将来中国要到这步田地，才去讲民生主义，已经迟了。这种现象，中国现在虽还没有，但我们虽或者看不见，我们子孙总看得见的。与其将来弄到无可如何，才去想大破坏，不如今日预筹个防止的法子。况且中国今日如果实行民生主义，总较欧美易得许多。因为社会问题是文明进步所致，文明程度不高，那社会问题也就不大。举一例来说，今日中国贫民，还有砍柴割禾去谋生活的，欧美却早已绝迹。因一切谋生利益尽被资本家吸收，贫民虽有力量，却无权利去做，就算得些蝇头微利，也绝不能生存。故此社会党常言，文明不利于贫民，不如复古。这也是矫枉过正的话。况且文明进步是自然所致，不能逃避的。文明有善果，也有恶果，须要取那善果，避那恶果。欧美各国，善果被富人享尽，贫民反食恶果，总由少数人把持文明幸福，故成此不平等的世界。我们这回革命，不但要做国民的国家，而且要做社会的国家，这绝不是欧美所不能及的。

欧美为甚不能解决社会问题？因为没有解决土地问题。大凡文明进步，地价日涨。譬如英国一百年前，人数已有一千余万，本地之粮供给有余；到了今日，人数不过加三倍，粮米已不够二月之用，民食专靠外国之粟。故英国要注重海军，保护海权，防粮运不继。因英国富人把耕地改做牧地，或变猎场，所获较丰，且征收容易，故农业渐废，并非土地不足。贫民无田可耕，都靠做工糊口，工业却全归资本家所握，工厂偶然停歇，贫民立时饥饿。只就伦敦一城算计，每年冬间工人失业的常有六七十万人，全国更可知。英国大地主威斯敏士打公爵有封地在伦敦西偏，后来因扩张伦敦城，把那地统圈进去，他一家的地租占伦敦地租四分之一，富与国家相等。贫富不均竟到这地步，"平等"二字已成口头空话了！

大凡社会现象，总不能全听其自然，好像树木由它自然生长，定然枝蔓，社会问题也是如此。中国现在资本家还没有出世，所以几千年地价从来没有加增，这是与各国不同的。但是革命之后，却不能照前一样。比方现在香港、上海地价比内地高至数百倍，因为文明发达，交通便利，故此涨到这样。假如他日全国改良，那地价一定是跟着文明日日涨高的。到那时候，以前值一万银子的地，必涨至数十万、数百万。上海五十年前，黄浦滩边的地本无甚价值，近来竟加至每亩百数十万元，这就是最显明的证据了。就这样看来，将来富者日富，贫者日贫，十年之后，社会问题便一天紧似一天了。这种流弊，想也是人人知道的，不过眼前还没有这现象，所以容易忽略过去。然而眼前忽略，到日后却不可收拾。故此，今日要筹个解决的法子，这是我们同志应该留意的。

闻得有人说，民生主义是要杀四万万人之半，夺富人之田为己有；这是他未知其中道理，随口说去，那不必去管他。解决的法子，社会学者所见不一，兄弟所最信的是定地价的法。比方地主有地价值一千元，可定价为一千，或多至二千；就算那地将来因交通发家，价涨至一万，地主应得二千，已属有益无损；赢利八千，当归国有，这于国计民生，皆有大益。少数富人把持垄断的弊窦自然永绝，这是最简便易行之法。欧美各国地价已涨至极点，就算要定地价，苦于没有标准，故此难行。至于地价未涨的地方，恰好急行此法，所以德国在胶州湾、荷兰在爪哇已有实效。中国内地文明没有进步，地价没有增长，倘若仿行起来，一定容易。兄弟刚才所说社会革命，在外国难，在中国易，就是为此。行了这法之后，文明越进，国家越富，一切财政问题断不至难办。现今苛捐尽数蠲除，物价也渐便宜了，人民也渐富足了。把几千年捐输的弊政永远断绝，漫说中国从前所没有，就欧美日本虽说富强，究竟人民负担租税未免太重。中国行了社会革命之后，私人永远不用纳税，但收地租一项，已成地球上最富的国。这社会的国家，绝非他国所能及的。我们做事，要在人前，不要落人后，这社会革命的事业，定为文明各国将来所取法的了。

总之，我们革命的目的，是为众生谋幸福，因不愿少数满洲人专利，故要民族革命；不愿君主一人专利，故要政治革命；不愿少数富人专利，故要社会革命。这三样有一样做不到，也不是我们的本意。达到这三样目的之后，我们中国当成为至完美的国家。

尚有一问题，我们应要研究的，就是将来中华民国的宪法。"宪法"二字，近时人人乐道，便是满洲政府也晓得派些奴才出洋考察政治，弄些预备立宪的上谕，自惊自扰。那中华民国的宪法，更是要讲求的，不用说了。兄弟历观各国的宪法，有文宪法是美国最好，无文宪法是英国最好。英是不能学的，美是不必学的。英的宪法所谓三权分立，行政权、立法权、裁判权各不相统，这是从六七百年前由渐而生，成了习惯，但界限还没有清楚。后来法国孟德斯鸠将英国制度作为根本，参合自己的理想，成为一家之学。美国宪法又将孟氏学说作为根本，把那三权界限更分得清楚，在一百年前算是最完美的了。一百二十年以来，虽数次修改，那大体仍然是未变的。但是这百余年间，美国文明日日进步，土地财产也是增加不已，当时的宪法现在已经是不适用的了。兄弟的意思，将来中华民国的宪法是要创一种新主义，叫做"五权分立"。

那五权除刚才所说三权之外，尚有两权。一是考选权。平等自由原是国民的权利，但官吏却是国民公仆。美国官吏有由选举得来的，有由委任得来的。从前本无考试的制度，所以无论是选举、是委任，皆有很大的流弊。就选举上说，那些略有口才的人，便去巴结国民，运动选举；那些学问思想高尚的人，反都因讷于口才，没有人去物色他。所以美国代表院中，往往有愚蠢无知的人夹杂在内，那历史实在可笑。就委任上说，凡是委任官都是跟着大统领进退。美国共和党、民主党向来是选相兴废，遇着换了大统领，由内阁至邮政局长不下六七万人，同时俱换。所以美国政治腐败散漫，是各国所没有的。这样看来，都是考选制度不发达的缘故。考选本是中国始创的，可惜那制度不好，却被外国学去，改良之后成了美制。英国首先仿行考选制度，美国也渐取法，大凡下级官吏，必要考试合格，方得委任。自从行了此制，美国政治方有起色。但是他只能用于下级官吏，并且考选之权仍然在行政部之下，虽少有补救，也是不完全的。所以将来中华民国宪法，必要设独立机关，专掌考选权。大小官吏必须考试，定了他的资格，无论那官吏是由选举的抑或由委任的，必须合格之人，方得有效。这法可以除却盲从滥举及任用私人的流弊。中国向来铨选，最重资格，这本是美意，但是在君主专制国中，黜陟人才悉凭君主一人的喜怒，所以更讲资格，也是虚文。至于社会共和的政体，这资格的法子正是合用。因为那官吏不是君主的私人，是国民的公仆，必须十分称职，方可任用。但是这考选权如果属于行政部，那权限未免太广，流弊反多，所以必须成了独立机关才得妥当。

一为纠察权，专管监督弹劾的事。这机关是无论何国皆必有的，其理为人所易晓。但是中华民国宪法，这机关定要独立。中国从古以来，本有御史台主持风宪，然亦不过君主的奴仆，没有中用的道理。就是现在立宪各国，没有不是立法机关兼有监督的权限，那权限虽然有强有弱，总是不能独立，因此生出无数弊病。比方美国纠察权归议院掌握，往往擅用此权，挟制行政机关，使他不得不顽首总命，因此常常成为议院专制；除非有雄才大略的大总统，如林肯、麦坚尼【今译麦金莱】、罗斯威【今译罗斯福】等，才能达行政独立之目的。况且照正理上说，裁判人民的机关已经独立，裁判官吏的机关却仍在别的机关之下，这也是论理上说不去的，故此这机关也要独立。

合上四权，共成为五权分立。这不但是各国制度上所未有，便是学说上也不多见，可谓破天荒的政体。兄弟如今发明这基础，至于那详细的条理，完全的结构，要望大众同志尽力研究，匡所不逮，以成将来中华民国的宪法。这便是民族的国家，国民的国家，社会的国家皆得完全无缺的治理。这是我汉族四万万人最大的幸福了。想诸君必肯担任，共成此举，是兄弟所最希望的。

一九〇六年十二月二日

革　命

《新世纪》1907 年 5 月

真　民（李石曾）

（一）政治革命为权舆，社会革命为究竟。革命之名词来自西文，其字作 Revolution。Re，犹言更也，重也。Volution，犹言进化也。故革命犹重进化也。地球行满一周而复始谓之为 Revolution，引申之义，则凡事更新皆为 Revolution。

今之释革命，曰诛不肖政府，亦更新之意耳。今中国政府谁耶？满洲人也。故人恒以排满与革命为一事。排满诚革命之一端，而不足以尽革命。

更思吾辈之革命，因其为满而排之耶？抑因其为皇而排之耶？若因其为满而排之，设皇帝非满人即不排之耶？若因其为皇而排之，则凡皇皆排之也。故与其言排满，不若言排皇。

然则排皇遂足以尽革命耶？排皇不过政治革命，犹不足以尽革命。至社会革命始为完全之革命，即平尊卑也，均贫富也，一言以蔽之，使大众享平等幸福，去一切不公之事。然社会革命必自倾覆强权始，倾覆强权必自倾覆皇帝始。故曰：政治革命为权舆，社会革命为究竟。

（二）非难者谓中人无革命之资格。难者曰："中人无民主国民之资格，虽革命无益，徒召乱耳！"

中人无此资格，诚是也。然此资格如何而致之耶？抑以专制之教育而养成之耶？抑以自由之教育而养成之耶？专制与自由为强敌。欲以专制政府造成自由之民，何异以方形之范制圆形之物哉！难者之意，其欲以此说以缓革命之风潮耶？抑怀革命热心，真畏人格之不及耶？如前之意，则吾劝其直反对革命，犹觉爽直。如后之意，则吾推诚而告之曰：养成自由国民之资格，必自革命始。

（三）非难者畏革命致瓜分。难者又曰："今强邻窥视，合国人之力尚不足以支持，若再行革命，是授列强以瓜分之机会，此中国之祸也。"

革命之事何为耶？是否（一）为社会除害，为众生求平等之幸福？抑置此不问，所望者唯（二）欲为大国之国民，大朝廷之官吏哉？若为（一）公益计，则必革命。即使果有瓜分之事，亦必革命。因今政府之害民，尤甚于瓜分之祸故也。吾何畏瓜分乎？畏失吾自由与平等而已！请观他国与吾政府之专制孰为甚耶？若因（二）欲为大国国民而革命，设今之政府有英杰之手段，内足以制其民，外足以拒其敌，则吾即甘俯首下心而为政府之奴隶乎？倘如是，则革命乃因我政府之无能而为，而非因其不合公理而为，此岂革命之大义哉！倘非如是，则吾只求倾覆政府以伸公理而已，何畏丁瓜分乎？且使中人果有革命之精神能力，列强又焉得以属地主义施之于我！若我无此精神能力，此时即是奴隶，又何待瓜分之后乎！畏瓜分而阻革命者，犹语于受煤气将死者曰，"勿透空气，恐汝受寒"，岂不愚哉！

（四）社会革命为二十世纪之革命，为全世界之革命。社会主义与国家主义不能并立者也。国家主义主自利，社会主义主至公。盖国家主义其极性来自帝王，而社会主义来自平民。帝王与国家主义尚专制，尚自私；平民与社会主义尚自由，尚平等。故帝王之言曰保国，国家主义亦曰保国。由是而知此二者之性质同。辩者曰，帝王名曰保国，其实自保；国家主义实保全国。研究其实，帝王独据大权，吸众人之膏血以利己，名之曰对于国之义务（税）；亿兆生民斗死以卫己，亦名之曰对于国之义务（兵）。此帝王之狡计，众人所知者也。至国家虽非帝王，而犹少数之人独据大权，名之曰政府，吸众人之膏血以利少数之人，名之曰对于国之义务；亿兆生民斗死以卫少数之人，名之曰对于国之义务。此国家主义之狡计，众人尚未全知者也。故帝王主义与国家主义二者名异而实同。至社会主义，一言以蔽之曰自由、平等、博爱、大同。欲致此，必去强权无政府，必去国界去兵，此之谓社会革命。此二十世纪之革命，此全世界之革命。质言之，国家主义保少数人之利益，社会主义保众人之幸福。革命者此二宗旨不可不择。吾其为少数人之利益而革命乎？吾其为众人之幸福而革命乎？

（五）非难者谓中国无行社会主义之资格。难者曰："事不可躐等，如登楼以梯。社会主义虽美，吾民程度不及，不得行也。"

观已往历史，先有王，后有立宪，又后有共和。若以此成式为法，则未有如立宪合于吾国之程度者矣。然今立宪之腐谈，已为知道者所摈弃，不待辩矣。若言者于立宪关尚未打破，则吾不复与言。否则必为吾之同志，即主张革命者是也。焉有革命者而以阶级为念者哉！

顾有脊生物实由微小生物累世更化而成，赖其演成与遗传二性致之，此生物进化之公例。拉马克、达尔文学说工艺之改良即人智之进化。由石器世界进至金器世界社会进化与生物及人智进化同理，斯宾塞谓社会进化如生物进化无非二性致之。于生物界由微小生物累世更变为有脊生物，犹于光烛制造中，由松香进而为油蜡、煤油、煤气、电灯、日精，犹于社会中由专制而自由，由自私而大同，微累世之演成性，乌得有此！然则今之人生而为人，不必由他物变乘，灯直可用电，不必复试用松香，故社会亦可由专制立进于自由，不必历经各种阶级，此赖遗传性而然也。今之谓社会进化不可躐等者，是知有演成性，而忽于遗传性也。

（六）非难者恐社会主义有不利于本国。难者曰："社会主义兴，则不讲国际；不讲国际，则无复仇雪耻之心，则吾国永无强盛之日矣。"

国之强盛与平民之幸福无关，其效果为君长之荣，富者之利而已。如有两国交战，胜者得赔款、土地，而败者失之，军人之死，两国均有。请思赔款出自何人？出自小民。死伤者何人？小民！表面观之，某国胜，某国败，其实则不过君胜民败。由是而知国家主义无他，即助君长富者贼杀小民而已。世界不公之事，孰甚于斯！欲破此，唯有合世界众人之力，推倒一切强权，人人立于平等之地，同作同食，无主无奴，无仇无怨。是时也，战争息，国界无，此之谓大同世界，岂不远胜于今之强国哉！

难者又云："此理虽善，无奈人心不同。若我无国际心，而他人有之，则我受其害矣。"

答者曰：吾辈唯认定以上之宗旨是否可也，不必问他人之如何。今之论排皇者亦云："革命诚要举，无奈众心不同，固不足以成事。"其知道者如甲，则不虑事之成败，不问己身之安危，毅然从事于革命，求伸公理而已，其自私者如乙，则畏难苟安，因循观望，甚至与革命为敌，以为图私利之计。若人人皆甲，则革命立成；若乙愈多，则革命愈缓。然今革命者，皆欲变乙之良心未死者而为甲，或将良心已死者革杀之，然未有因有乙在而反不作甲者也。一国之革命且如是，何社会之革命反不然？至若彼辈，致力国际外交狡计强权政府，尚武主义，属地主义等等，主义，用之以害公道者，无论何国之人，皆在除杀之列。当由各国之革命党尽力行之。此仍一世界革命之问题，而非一国际问题也。由此，"社会主义有不利于本国"之疑难，当可解决。若言者非主张革命者则已，否则伊终必为万国革命党无疑矣。

二十世纪之革命，实万国之革命也。同声相应，同气相求，此非一理论而已，请以实事征之。近年社会主义无政府主义方兴，革命风潮普及，于是万国联结之举，不一而足。如每年阳历五月一号各国工党皆罢工示威，一也；万国社会党、无政府党结会之组织，二也；社会党之运动，无政府党之暗杀，各地皆有，三也。由此类推，世界革命之风潮可见一斑矣。

（七）革命之大义。总之革命之意何为耶？一时之愤乎？非也。复仇乎？非也。夺他人之特权特利而己代之乎？更非也。革命之大义所在，曰自由，故去强权；曰平等，故共利益；曰博爱，故爱众人；曰大同，故无国界；曰公道，故不求己利；曰真理，故不畏人言；曰改良，故不拘成式；曰进化，故更革无穷。

此乃正当的革命，其义理之光明，当为知道者所同认。

（八）革命之作用。然则何法以革命耶？

曰书说书报、演说以感人；曰抵抗抗税、抗役、罢工、罢市以警诫；曰结会以合群施画；曰暗杀炸丸、手枪去暴以伸公理；曰众人起事革命以图大改革。

此乃现在革命之作用，可由同志随事、随时、随地、随势研求之，取用之。

《新世纪》丛书第一集

息争篇

蛤 笑

呜呼！满汉分争之祸，自今日而遂爆发矣。语曰：革命之状态，如转巨石于危崖，不达于地不止。今日之局，祸机之方始耳。继自今以往，相持相劫，再接再厉，杀人流血之惨剧，其百倍于今兹者，殆已成不可逃之公例。以记者之人微言轻，而欲以一席之说，息争机而消祸乱，徒见其不知量矣。虽然，大鲠在喉，不吐不快。窃愿以今日暴动之失策，与后来祸败之所必至，为吾国人流涕而陈之。

吾国革命之暗潮，自国初而已然，二百年来，殆未尝绝，而维新之说，则肇始于十数年之前。革命之与维新，其宗旨不同，其操术不同，其流别更不同，两家盖迥不相谋也。士大夫之言维新者，第主变法自强而已，尚未尝注意于民权，微论种族之问题也。迨戊戌变法蹉跌之后，有创为汉瘠满肥之说以罗织党人者，而三五不逞之徒，始自附于新党，以张其军。而革命变法，二者乃相缪轕而不可解。其一二顽旧之仇新者，又不问其宗旨若何，操术若何，流别若何，而几欲以革命二字，合一炉而冶之。于是为丛驱雀，为渊驱鱼，而革命之潮流，始一盛而不可遏。

虽然，政府之处置党人，固失策矣，而党人之不审时势，醉心法乱，盲进仿效，又乌能辞其咎也耶！夫革命之问题，其种别亦至不一矣，有贵贱之革命，有政治之革命，有宗教之革命，三者各有其原因效果，不得比而同之。兼有是三者，如法兰西之大革命是也；兼第二第三两事者，如俄国今日之乱是也。居吾国而言革命，殆专属于政治问题，而第一第三两事，皆毫不相涉。何则？欧洲革命原因，以拂特制衰，拥土奠爵之家，据其权利，用以鱼肉小民。缘亩之民，终岁勤劬，不足以周事畜，而旧家豪室之横征力役，教会之责输，甚厉且重，逾于国赋。以法国版籍之庶，而有地主之资格者，仅四万人，是通国之人，咸无恒产矣，是以丰年乐岁，而民无所于食。至于掘古墓之尸而剔其残骴者，若吾国则胡有此。自封建之制早废，贵族缘之并尽，而土地全为私有，民之享自繇也，实倍蓰于欧洲数稘以前。而宗教压力，至为绵薄，民之何所信仰，在上者不汝责也。乃无病而呻，妄援彼族至惨至烈之毒剂，欲以施之宗国，舍政治本题于不顾，而他生枝叶，是亦不可以已也乎！

寻其所以糅什之由，一言以蔽之，曰种族之问题而已。吾族最富于同化外族之能力，而未尝终为外族所胜。本朝龙兴辽沈，提兵入关，二百年来风俗习惯，几已同化。虽满汉两族之等差，未尽平等，然影响所及，亦已微矣，以视元代，其孰暴孰仁，必有能辨之者。夫彼党所借口者，亦唯以扬州十日，嘉定三屠，为其持论之根据焉尔。不知此固吾国易姓时普通之现象，彼汉高、明太开创之初，何尝不杀人盈城、杀人盈野也乎！且试问今之言革命者，将以复民权乎？抑唯争君位乎？如第曰争君位也，则何必张大其词，以欺天下。如曰复民权也，则唯求其民气大昌，宪政实行而已。为之主者，汉人可也，满人可也，彼泰西承统之法，何尝不求君子外国乎。且当宪政大定之日，岂犹有满汉之名辞也。进退无所据，而悍然行之，以戕其身而及其族，是亦不可以已也乎！

本报之所以发此论者，非左袒政府，而进其侧媚之辞也。诚以今日时局，专当力于政治问题，而不当更及种族之界，况满汉二族，固同为黄种也耶。外患之乘，迫于眉睫，尚安有闲暇之时，容吾操同室之戈，以滋宫府之疑忌，而阻改革之进步者。是用苦口言之，知我罪我，所弗计矣。呜呼！一军虫鹤，犹争傀首之雌雄；两戒河山，知是谁家之门户。天之降殃也耶，抑人谋之不臧也耶？噫！

《东方杂志》第四年第六期，八月出版

论地方自治之氶

蛤 笑

　　于亿兆京垓仆缘大地之黔首，独取其秀而灵者，宠之曰国民，何谓也哉？谓其以私人小己之力，而能以成立国家，使其群日竞争于优胜劣败之场，而不为天行所淘汰耳。能如是者，是之谓民，是之谓国。不能如是者，不足谓之民，即不得复名为国。

　　吾读甄克思氏《社会通诠》，而知合群自治之性质，自初民而已然，盖非是则无以生存蕃息。以至今日，不啻为吾人第二之天性矣。今之醉心欧化，主张国者流，辄谓吾国民族无政治思想，无自治能力，不知其身为国家之分子，而以其国之治乱存亡，悉委之于朝廷，而于己无与焉，蠢蠢冥冥，直无数之倮虫，蜿蜒于大地而已。守旧专己之徒，得其说而喜之。喜其足引以为己助也，则益主持专制，谓民间资格，尚未足跂及于立宪，而愈施其朝四暮三之术，以延缓实行宪政之时期。呜呼，为是说者，是真与于不仁之甚者矣！

　　吾国素为宗法之社会，而非市制之社会，故族制自治极发达，而市邑自治甚微弱。论者遂谓宗法为初民集合之原体，而大有障碍于人群之进化。此其说，证以欧西之历史，则固然矣。然亦盍思夫吾族自治之能力，绵绵延延，经二千余年专制政体之摧残剥蚀，而犹遗一线者，固重赖此宗法之制也乎？乡约之制，一市府议会之规模也；郡县之公局，一都邑议会之形势也；善堂公所，一医院卫生局之筚路蓝缕也；市镇之团练，一民兵义勇之缩本影相也；墟庙之赛会，一祆祠教堂之仪制也。礼失而求诸野。里乘流传，固无一不具地方自治之性质者。不过其组织未进于精严，进化乃形其濡滞耳。以是之故，而遽谓吾民无与外族竞存之资，不亦诬乎？

　　居今日而谋自治，其必以教育为第一义乎？今之有司，亦知普及教育为考绩殿最之要举，而尽力提倡之矣。特其所祈向者，在形式而不在精神。民间沿科举之余风，只知以识字读书为仕进之阶梯，而不知以转弱为强为竞存之要术。

此其所以失也。欲矫其弊，则在轻占毕而重讲肄，先治事而后通经，使夫三尺之童稚，负贩之小夫，皆晓然于守朝廷之法制以御外侮而图自强，薪进于有选举之通识，克膺代议士之责任而已。吾民族能力之所最阙者，一则治生之术未周，故农工商业之初级，所当急为讲授，以期于野无闲民也。一则尚武之风未振，故技击战陈之浅术，所当亟使练习，以期于能御寇贼也。能是二者，则自治之要素已完。然后制丁税以充经费，开议会以明权限，举公民以黜游惰，定法制以适土宜（此法制谓因地制宜，便于行事之规律，非谓国家之大经大法也）。而自治之基础大定矣。至于易田畴，平道路，修火政，讲卫生，兴实业，诘奸暴，禁烟赌，定婚丧，皆必俟地方自治确已成立，然后挈领提纲，有条而不紊。苟其靳民间之与闻政事，而欲新政之克行，是犹适燕而南其辕，虽跋涉穷年，有愈趋愈远已耳。

今之议者，徒见于一乡一邑之间，不肖绅衿武断闾里，吐刚茹柔，遂谓地方自治之必不可行。是则惩羹吹齑之甚者矣。今豪强之所以能为暴于乡里，正以法律之疏阔与民权之微弱已耳。苟其内参朱子、吕氏乡约之遗规，外取列国市府议会之新制，合之以吾国之内情，酌之以今日之现势，定为成宪，俾天下相与遵守，有背此法令者，与众弃之，剥其权利，俾不得与于公民，人人皆有自立之资，斯不至以孤弱见凌强御矣。纠地方之民财，以办地方之民事。竭吾民所有之能力，以为自卫身家之计。以兴学校，则人才不可胜用也；以严警备，则盗贼可以潜踪也；以恢实业，则贫寡不足为患也；以讲卫生，则疾疫弗能为厉也。吏治以之而清，讼狱以之而省。至是而其朝廷不尊，其国家不富且强者，未之有也。使必鳃鳃畏葸，持资格未及之说，以自误而误人，则亦末如之何也矣！

《东方杂志》第五年第三期，四月出版

国会与地方自治

熊范舆

今日中国救亡之道，首在改革政体。斯说也，固已成为今日舆论之势力，而为吾一般国民所引为己责者矣。顾欲谋政体之改革也，不可不从根本上着手。根本解决，则枝节问题，即迎刃而解。不然，国家行政，百度万机，徒唯是补苴罅漏，不将治丝而棼之也乎？夫所谓根本上之着手者，何也？亦曰使政府之负责任焉耳。而责任政府之所以能产生者，实由有民选议院之故。故吾人所宜奔走号呼，与吾国民相将致力者，唯在开设国会而已。是固本报近来所为反复详尽，以敬告吾国民而不惮其烦者也。乃者，吾国民舆论之倾向，盖骎骎乎以谋开国会为亟矣。乘此动机，进而为国民之活动，愤吾民气，积极与政府相接触，前仆后继，赌生命以易之，民选议院之发生，为期其或将不远乎？虽然，吾近日闻有一种似是而非之论，最足以阻挠吾国民谋开国会之气，而使吾国民之活动，不免有先其所缓而后其所急者，则所谓欲开国会，不可不先谋地方自治之说是也。夫吾亦非谓谋地方自治者之非也，以吾中国之大，一旦政体改革后，苟非亟图地方自治，则中央行政必无由统一全国而控驭之。（吾别有论文一首，题曰《中央集权与地方自治之关系》，略谓地方自治不发达，则中央集权为不可能之事，他日当登诸本报，与留心时政者商之。）虽然，今之时何时耶？人人谋地方自治，而所谓责任政府者，其能因此发生否乎？夫政府之所以负责任者，非必其自欲负之也，不有以使之不能不负责任者在，而彼乃不得已而负之耳！欲使政府之不能不负责任，非有以国民组织之监督机关不为效。地方自治者，受政府所监督之机关，而非得监督政府者也。既不得监督政府，吾国民乃亟亟图之，微论政府之不吾许也，即其许之矣，而政府之不负责任如故，政体之不能改革如故，徒足代此专制之政府，分担一部行政之义务，以受其指挥命令而从事焉已矣。至于国家全局之行政，凡所为赖以巩固吾国权，发达吾民生者，则地方自治团体，莫由得而参预之，仍不得不一任政府之所为。彼其于国权也，不唯不能使之巩固，而又丧失之焉。彼其于民生也，不唯不能使之发达，而又摧残之焉。当此之时，地方自治，虽已遍行，固终无如政府何。所以然者，则皆由于无国会之所致也。难者曰：所谓欲开国会，不可不先谋地方自治者，非欲专借地方自治，以为起政府责任之具也。所赖以起政府之责任者，仍为国会，不过借地方自治，以为谋开国会之基础耳。虽然，地方自治，其所以足为谋开国会之基础者，果何在耶？难者又曰：中国自有史以来，从无以国民代议国政之事也，唯其无是事，故国民之参政思想至为薄弱，因而国民之参政能力，尤极幼稚，今一旦遽开国会，以参政能力幼稚之国民，代议今日存亡所关之国事，吾恐为国民者，不能健全进行，尽议员之能事，以运用其参政权于国会之中也。故不若先谋地方自治，借地方议会，以为我国民养成参政能力之地，全国之中，自治普及，斯全国国民，能力胥备，由此而开设国会，自无虞议员之不充厥用矣。虽然，是说也，若自理论上以言之，吾亦未尝不以为是也。顾吾人今日所为亟亟欲开国会者，盖有一重要之前提焉。则以吾今日之中国，非有责任政府即无以图生存，国会开而责任政府斯起矣。准难者所持之理论，必俟全国遍行地方自治后，始开国会，自必俟全国遍行地方自治后，始有责任政府之可言。然则地方自治，须待至何日而始能遍行于全国也耶？以吾中国今日国势之不振，列强交逼，咸合谋而经营之，苟数年以后，政体之专制，仍如今日，责任政府，无得而发生焉，则吾中国，必不足以图存于此竞争剧烈之世界，可决然者。然则此数年以内，全国之中，其果能遍行地方自治焉否乎？吾有以决其不能也。不能则数年之后，仍无国会，无国会，则仍无责任政府，无责任政府，则仍为专制政体，至于彼时而专制犹保留焉，国家不堪设想矣。且征之东亚各国之历史，凡为既有国会之国家，即莫不行地方自治，固也，然其国会之开设也，不必皆以地方自治为基础。而地方自治发达于国会未开以前者，则唯有一英吉利。英国当纪元四百年后，北方蛮族侵入英伦三岛，本其固有之自治制度，移入其地而用之，相推相衍，其自由权之区域，延及重大之国事，而国会遂从此萌芽。是英国之地方自治，固发达于国会未开以前者，勿容疑也。然除英国以外，其他各国，皆不能与英国同。所以然者，前此者，国家间之竞争尚未剧烈，英国人因得以天然之演进，由地方自治发达而演成国会。且当其时，世界尚不知有所谓国会者，而自治制度，又为北方蛮族所固有，然则英国之所以致此者，实为自然之势耳。十八世纪之末，美利坚独立，法兰西革命，首先模仿英国之代议制度，开设国会，彼其不循英国国会进化之轨道，俟地方自治发达后而始为之者，何故也耶？十八、十九世纪之交，国家间之竞争，已非复前日可比，故当时趋势之所迫，有不暇待地方自治之发达，而听其自然演进者。且英国前此唯不知有所谓代议政治，故其国会由自然演进而来。自英国演出此种政治而为世所必需矣，则后此者，以人为之力，仿而效之，其自然演进之轨道，亦自有不必要者也。而吾中国今日国势之可危，不能待地方自治之自然发达也如此，各国之开国会，除英吉利以外，其未尝以地方自治为之基础也又如彼，然则谓谋开国会，不能不以地方自治为基础者，直为仅适于理论之说，而不适于实际之事情者矣。极其弊，地方自治之发达，渺不可期，而国家将随此专制之末运以俱尽。至于彼时，又安所得而图地方自治也乎？此以知难吾者之说之不足以为训矣。今更由其说以推之。彼之意，固甚望地方自治遽能遍行全国者也，且又甚忧今日国民之能力不足以尽国会议员之能事者也。然吾为难吾者再进一解焉，中国之地方自治，非先开国会无由普及，国民之议员能力，非既开国会莫由充分。难吾者其将有疑吾言也乎？吾请为分别说明之：

一中国之地方自治，非先开国会无由普及。地方自治者，必经国家之认许而后得以行之者也。今吾国民欲遍行地方自治，政府其认许之否乎？无政府之认许，则吾国民谋地方自治之目的，即无由达。虽有热心之士，结合团体，以着手于调查研究之事，终莫得而见诸事实也。微特由人民所自结合之团体为然也，即以现在天津、奉天之自治局而论，彼固为疆吏之所提倡而组织者，然该局现今之所有事，仍不过调查研究而已，一旦欲实行，则政府之认许与否，固犹在未可必得之数耳。或曰：中国政府固无一定之方针者也，其认许地方自治之实行与否，亦视其事实如何而已，故如天津也，奉天也，今日虽不过为调查为研究，一旦调查研究既有结果，以该省官绅之合力，奏请实施，吾决政府之有不能不认许者矣。虽然，现政府之对于地方自治也，方借口于人民程度之不足，今即如论者之所说，假设为津、奉二省之自治，可得政府之认许，然其所许，亦必限于该两处而止，非悉全国而遍许之，可决然也。此外各省，虽间有地方人民，自为提倡于其下，而地方大吏，方且百端抑制之，欲求如今日津、奉自治局之能为调查研究二事而犹不可得，更何有于实行也乎？前者，新官制编制局，当其协议地方官制时，闻有除云、贵、陕、甘、山西五省外，许行地方自治之说。夫是五省之何以不能行地方自治，已属至为可怪矣，乃不料是五省以外之疆吏，且有公然反对而深以为地方程度之不足以语此者。今者，地方官制之改革，事实上殆已为自然之消灭，其所以致此之原因，虽有种种，然由此亦可以知地方自治之行政，为现政府所不以为然者也。或又曰：政府虽不许，地方人民果能结合团体，提出抗议，必欲强而行之，政府其如我何？所患者，人民之畏缩耳。虽然，是说也，直为胁迫政府而已，使其胁迫而成功也，仍不过能行自治于该地方而止耳。以外者未必皆能如此也。不能，则地方自治之普及，仍不可期。故无论如何，皆无从而得使地方自治普及之方法也。然则如之何而后可耶？吾敬为吾国民正告曰：欲普及地方自治，须速谋开设国会。与其用胁迫政府之手段，仅赢得一地方之自治，而自治行政终不能普及，不若用胁迫政府之手段，谋设国会，国会开而地方自治普及之目的，自然可以达矣。奚以言其然耶？国会者，所以监督政府者也。国会既开，则政府一切之所为，吾国民皆得借国会之地位而过问之。彼其时吾国民而欲地方自治之行政普及于全国也，则提议于国会之中，国会议决，政府即有不能不施行之义务。使政府而无视国会之议决焉，则第二期之国会，即将生责任问题，纠弹纷来，政府莫得辞其咎，必有不能安子其位者矣。政府迭更，国会之议决，效力如故，新政府仍不能不有施行之责，苟其不施行之，或且施行不力焉，其必受纠弹，仍与前政府无以异。然则谋开国会，实普及地方自治之唯一方法。国会既开之后，吾知地方自治之行政，其风行于全国也，殆不过一二年间事而已。吾国民而果热心于地方自治也乎？其何勿求其所可至，相与从事于根本上之解决也。

二国民之议员能力，非既开国会莫由充分。夫谓吾国民不能尽议员之能事，盖以为吾国民今日以前，未曾参预政事，故莫由有行使参政权之经验故耳。虽然，若准此以言之，则今日吾国民之程度，岂唯不能尽国会议员之能事而已，即地方议会之议员，吾国民又安能有胜任愉快之经验也乎？呜呼！是乃近来枢臣疆吏之所借以为口实而抑制吾民权者，何吾国民亦入其彀中而莫之自觉也。且吾国民唯因吾国无国会，故莫由有行使参政权之经验耳。然虽无此经验，岂必其即无此能力。今并未开设国会，使吾国民一入其中，以试其参政能力之如何，竟悍然称之曰不足以尽议员之能事，亦未免过于武断矣。况东西各立宪国，当其最初开国会时，彼其人民之参政能力，岂遂如今日之游刃有余也乎？以吾观之，吾国民今日之能力，比于各国初开国会时，除英吉利以外，殆皆有过之无不及者。何也？东西各国，当其初开国会，盖去封建制度时代甚近也。凡行封建制度者，其国中必有种种之阶级，平民无被任官吏之资格，政治生活为大多数人所绝望者。吾中国自秦以来，封建制度之被破坏者，已二千余年，今日白屋，明日公卿，全国人民，皆有可以活动于政界之希望。故自髫龄受书，即服习古圣先王之道，所谓齐家治国平天下者，已塞溢其脑筋之中，虽不免有食古不化之讥，然较之封建时代之平民，自有尺寻之别，是实为东西各国之所不及者。特因政体不良，除官吏以外，即无所为政治生活之地，因以演成今日之腐败专制耳。一旦决定开设国会，以吾国民政治之天性，必将亟亟研究演习为一切行使参政权之准备，吾知初期之议会，定有为当日东西各国所不及者。远者且不论，即以日本言之，日本当明治二十三年，初开国会，彼其所谓国会议员者，以区区选举议长之事，纷扰终日，议场喧嚣，莫可形状，种种笑柄，类此者多。若吾中国今日开设国会，吾知其不至于此，可断然决也。然而日本国民，因既开国会之故，至第二期议会以后，遂乃步伍秩然，以举其监督政府之实，愈演愈进，仅阅五年，而遂有甲午之战胜矣。日人且若此，而况于吾国民之以政治为天性者乎？而论者之主张先谋地方自治，一若吾国民之程度，只宜于地方议会，而不宜于国会者然。抑知吾国民今日之所谓不足者，乃经验问题，而非能力问题。以言经验，则无论国会与地方议会，皆为前此所未有，又奚为有余于此而不足于彼者？若就能力而言，则地方议会，反不足以增进吾国民之能力，其能使吾国民能力之增进者，尤在国会。奚以言其然耶？夫国家既决定开设国会矣，则全国之中，政党政社相踵而起，国会所举之议员，不属于此，必属于彼，其无所属者，盖寥寥也。而政党政社皆必有一定政纲，以为其党员进行之标准，为议员者，准本党之政纲，以列席于国会之内，见解既有一定，斯其参政之能力，自愈演而愈增。若夫地方会议则不然。彼其区域甚小，不能促政党政社之发生，为之议员者，唯凭一己之所见，而又无他党以砥砺之，欲其能力有若何之进步，盖甚不易易也。吾故曰：欲吾国民有充分之议员能力，非亟开国会不可；而吾国民今日之能力，则又足以胜任国会议员而有余也。吾国民其跃然而起乎！

抑吾尤有虑者，今日亟亟谋地方自治，不唯足以阻谋开国会者之气，而又将有危乎吾国家者在也。夫以中国之大，非遍行地方自治，则中央行政莫由统一，吾前者已言之矣。然今日国会未开，人民莫由参预国中全局之行政，唯是就各地方之利益，各各自谋而自治之，吾恐地方之见愈深，而全国内部，且将有分裂之隐患也。何也？地方自治在图谋本地方之利益耳。唯其然也，故其所计划，恐不免有与他地方之利益互相冲突，且不免有与国家行政之方针互相冲突者。必有国会以统一于其上，然后人民之所以筹划全局者，庶足与地方观念同时并进而有以调和之也。迩者，吾国省界之竞争，盖已时有所闻矣。川汉铁路，鄂蜀两省，利害相同者也，而四川路股，不能在鄂界招募。粤汉铁路，湘鄂粤三省，首尾联络者也，而粤商路旗，鄂省且禁其通行。今日地方自治尚未施行，省界纷争，已复如此，一旦自治团体成立矣，则全国十八省，省自为谋，一省十数府，府自为谋，一府十数县，县自为谋，彼其于国家全局利害之关系，微特非其力之所能兼，且亦非其虑之所能及者也。不能，则国家全部之行政，无由统一而调和之，地方行政，虽极发达，其能以各各独立之自治团体与今世列强争竞否乎？呜呼！吾言至此，而愈觉论者之说之不敢赞同矣。吾国民其以为何如也欤？

《中国新报》第五期，五月出版

亲贵内阁论

严 山

古未有以亲贵为宰相者（周公之于成王乃摄政而非宰相）。东西列国亦无亲贵内阁之史，我朝沿明制度，无独任之宰臣。军机者，本非相位。亲贵之入军机，同光后始有之，绝非乾嘉故事，乃以近日朝局论，几有以亲贵军机之余波，演成亲贵内阁之现象者，心所谓危不获终默敢以愚虑所及缕陈之。

夫立宪政体之下，何以必有内阁，亦曰宪法以君主不负责任为原则，故以内阁负国务之责任，则质之曰：宪法何以君主不负责任，必以内阁代之？亦曰宪法以国会监督政府为原则，君主不可以受监督于人，故解除君主责任，增加内阁之责任以当国会之。则又质之曰：宪法何为国会监督政府君主？何为不受监督于人？亦曰有国会之监督，则政府不敢肆。庶几，朝无失政，国以久安，君主不适于国会之监督者，以监督之义尚实而不尚名。国会可以倾覆恶政府，改造良政府。若君主之神圣，则孰敢然？故曰立宪者，保君主之尊严，谋人民之乐利，致国家于健全者也。故曰：立宪者，其国君统可以万世一系，而臣民永戴其德矢无背叛者也。审若是，则亲贵内阁之适于立宪政体与否，概可知者。

君主明明不负责任也，明明以解免责任保其尊严也。以亲贵为阁臣则分属懿亲，数有朝请天子，或且下谋宰相之事。弊一，亲贵之于君主，属有尊卑承旨则不职独断，则多连抗命则有罪。弊二，亲贵事事属于宫禁，则内阁为虚设，更无责任之可言，贤者必不安于其位。弊三，亲贵或不称职，事必请命，君主徇其私请，为之决庶政理万几，则号为至尊，兼众职解除责任之谓何。弊四，亲贵不由外吏起家，不习民隐，一旦当国，政见不洽舆情，则政府之受国会攻击，必易致朝野冲突。弊五，亲贵自庇于君主威福之下，以皇族积重之势，人莫之忤，易致陨越。弊六，亲贵与国会、国会竟不能要求退职或推翻政府，则立宪之真相全失。弊七，亲贵不胜国会之攻击，以去，而人民或以推翻政府之能力认为斥逐亲贵之能力，以藐视此一二亲贵，故因之藐视一般皇族，驯至君主威信必有坠落之一日。弊八，国会以攻击亲贵内阁不胜至于解散，则人民始不过积憾于亲贵内阁，继必至府怨于立宪君主，驯至小民爱戴皇室之诚意将不复存。弊九，政治之体一进而不可退，一发而不可收，人民始以专制之酷而亟求立宪，继必以立宪之伪而复倡革命。路易十四失败之故可为寒心。弊十，故夫古之善为国者，匹夫执政、王子奉法、大臣立朝、亲弟就国。今以疏逖小臣为不可用，则何解于高宗之梦，傅说太公之望吕尚以亲支；宗子为不可舍，则何解于鲁三家之僭窃，晋八王之分携，若以满汉同朝难于独任，则汉武顾命兼有日符，秦求贤独重王猛，我朝建国垂三百年，岂犹致疑于汉大臣，藉曰疑之，亦当择贤于满蒙诸臣，人望所归，即以当国何必亲贵。昔东平王苍不仕，汉朝名益尊显，日本皇族多致身海陆军者建功树绩，自有其所，何必内阁汉二千石内迁，便为公辅唐贤牧伯征入可司陶钧（李商隐诗况自贞观后，命官多儒臣。一例以贤牧伯征入司陶钧）。以中外大臣论阁臣一职。唯求才于名督抚中或有其人，京曹达官伴食坐啸，痼疾已深，举国以从未见其可，况亲贵哉！

法国革命史论

明　夷〔康有为〕

　　法之召大乱也，以初开议院之制未善也。当时民党领袖，人望最高者莫如伯爵米拉、名士伯利、名将侯爵拉飞咽【今译拉法夷特，下同】，其宗旨不过欲改专制而行立宪耳，乃心王室而拥护之，忠忱固甚盛。拉飞咽以助美自立，仗剑成功。吾游美华盛顿故宅，睹其遗像，英姿飒爽，未尝不起敬其高义也。然能成大功于助美，而反贻大祸于祖国之法，则以诊病未审，方药误发也。其方药之误何也？则拉飞咽以美国政治之平等致治有效，欲以美国之政，施之法国，而不审国势地形之迥异。于是在美行之而治，在法行之而乱也。是犹医者治病，不审表里虚实，而以验方施之。其病在实在表者而效，则病在里在虚者必反而不效矣。夫苟但执验方而可以治病，不待审夫病者之老幼强弱，表里虚实，则天下执一验方新编，人人可以为名医矣。有是理乎？医一身既无是理，况诊一国之病，得其表里虚实，其理尤难，而谓可妄执他国之验方，以望疗己国之痼疾，其可行哉？悲夫！以拉飞咽之忠勇，下爱同胞，上忠君国，一误发身亲经验之美国药方，遂以大毒法国，且自毒其身也。以拉飞咽之忠勇至诚，立功经验，天下士也，少有不慎，祸毒若是，况无拉飞咽之经验，而忠诚不及拉飞咽者乎？且夫拉飞咽所持美国之验方，实天下公理之至也，其要旨曰：人权平等也，主权在民也，普通选举也。此至公至平之理，圣者无以易之，实大同世之极则也。然孔子早明太平世之法，而必先以据乱世升平世，乃能致之。苟未至其时，实难躐等。拉飞咽不审先后缓急之宜，见义勇为，遽发权利案，乃以暴毙焉。吁！其可伤也。以普通选举故，当时法二十五岁男子仅五百万，而选举人已四百二十九万余人。凡乡市之吏，任参议参政之职者，多不能读法令。以此愚氓任官，安得不乱。昔者地方各有自治权，与巴黎不相属，乃改州县分全国为八十三州，三百七十四县，而市乡官衙置四万七千余。虽百千人小乡，亦设理事官五人治之。故全国之民三十人必有一官吏。而官吏多不识字，岂独不知治，犷悍横行无所不至，议员与官吏如此，故酿成大乱也。夫立法之学，至深且远，以今日美国之久安长治，而法吏刑官，皆举于民，多议其不能称职，不若英国，况于法国初变之时，人才尤乏乎。以其举于民党，故悍鸷之人，若罗伯卑尔马喇段敦埃卑尔易伯尔诸人，皆以屠伯之性充法吏，故妄行杀戮，惨无天日。始以除王党，继以除异己。不择善类，不论民党，互相争权，流血遍地，断头台上，无能免者。首创变法、倡始革命诸功人，莫不戮屠无遗种，以是酿成恐怖之世也。夫议院之有上下，以互相制也。田间少年勇悍之人，与贵位老成谨重之识，相剂而调之，乃底中和，而得中适宜。今以主权在民，只有众议院而无上议院，民权既盛，慓悍持权，动辄屠诛，人皆不保。故贤士大夫不逃则戮，即在民献之夫，良善皆诛。而唯悍敢狡鸷之人，可以在位。故挟其犷悍之党，日以流血为事，无复义理之可言，其凶横有过于无道之秦政隋炀万万倍者。以是诸因，民权之害，遂如洪水决堤，浩浩荡荡，怀山襄陵，大浸稽天，无所不溺，亦若猛兽出柙，无所不噬。此则拉飞咽误师美国之毒也。夫万法之对于人群，无得失是非，唯其适宜；譬犹药之补泻，亦无得失是非，唯其对病。苟不对病，则服人葠一斤者，亦可发热而死。且药必加制炼乃可用也，不制之药反可生病。民权固为公理，然不知制之，乃以不教之民妄用之，此则误服人参十数斤，误饮补酒百石，只自速其死而已。况于服砒霜，饮乌头，而又无分两之度限乎？死矣死矣！无可救矣！法人既入于恐怖，而拉飞咽部下皆入嫌疑刑之戮。痛哉！自作孽不可活之忠勇拉飞咽也。

法未革命之始，先已毁教杀僧。民无教义礼法以服从其心，纲纪荡然如猛兽，假于自由，以恣凶横，无君无师，无教无学，无礼无义。贼民兴，丧无日，与之天下，岂能一朝居乎？观法大革命七年中而恍然也。自巴士底狱破，卫军撤，王以一身为民拥迁于巴黎，自是白龙鱼服，喘息需沙，蝼蚁噬之矣。至是巴黎市会，拥盗国权，以法衙刀锯，驱除异己。米拉伯虽欲解散民会，仍拥王室，路易十六君后，亦肯降心相从。后则约会于公园，以释嫌言好；君则订予俸还债，以简在爱立。然新旧两相之党交挤之，米拉卒不能执政，以行其君主立宪之策而赍恨以死。拉飞咽以督护国之大军，稍资拥护，苟延旦夕。然始则失意于后妃，应得巴黎市长而失之于革党伯书；终则民党涨大，诛戮犷悍，人心全变，反以拉飞咽拥护王室为非。大功宿望，因此顿失。乃反军而讨之，力已不逮，进退失据，卒为降虏，流离英伦而死。嗟夫！以二子之才望忠诚，志在立宪以安君国，岂有此哉。然行之无序，遂以毒乱法国，中欲转移，则能发而不能收。夫破坏犹纵火也，不戢将自焚也。纵火之始，所焚者仅欲在此，而大风忽乘之，则将倒焚，无能自主，且以自毙焉。此岂米拉、拉飞咽所预料哉。嗟夫！忠义人望若二子者，亦可鉴也夫。

西千七百九十一年四月，米拉死。王孤立乱民中，无所恃。六月乃走依布意尔侯，为乱民截还，出走凡五日。民党决废之，幸拉飞咽以护国军弹压之，封雅各伯社，王室少安。君主立宪之机，赖此一线。然捕乱民而法院畏不敢问，乃释之，乱民无所惮，于是复炽。当王出奔时搜得王之私书，多非难民会之语。用是借口，至十月再开议院，不许用旧员，于是被举者，民党悍猛之人充斥其间，而贵族王党鲜敢举者。其有一二中立之人，皆畏懦不敢与民党争。于是平野党山岳党出，而大革命大恐怖之期至矣。拉飞咽以一木支大厦，欲以君主立宪定国，以中流人士执政，如捧土以塞孟津，无所济矣。大罪滔天，无可逭也。

且法国大革命之不亡其国也，抑幸赖罗伯卑尔、马喇诸屠伯悍贼之酷毒、绝无人理耳。当联军之入讨也，苟非忍心尽诛勤王立宪党，不论贤智忠仁而皆杀之，则联军功成而法可亡。当大乱农工之皆绝，财政之困匮，乱民之叫嚣也，苟非忍心酷毒，尽夺诸寺领僧产，尽夺诸贵族富室大商之物业，则必不足以支国用，而给民食，则食货绝，而法可亡。当勤王军与全欧各国联军入法，全法八十郡县及拉枉德郡农民义军之环攻革命军也，苟非忍酷毒，驱十八岁至三十五岁之公民三十万，人人出战，不从者杀，则法可亡。尽诛豪富，下及农工，令举国人皆无所措，唯投足军队，可救生命，于是英猛之士，咸乐从军，既有英猛壮士，故可以靖内乱而抗外敌。故法之不亡，赖罗伯卑尔之妄杀以迫成强兵队也。乘联军之不和，勤王军与义民军之不睦，乃以极酷虐无道，行其极酷虐无道之策，四面完成，故能自立。此其间，若稍存人理，有一线不忍之心，则无以清内之异己，无以充内之兵食，无以聚内之猛士，即无以拒外之强敌，而法国必亡。罗伯卑尔诸贼，行其酷毒之极点，故反得扬其革命除君主之讨檄于全欧，此如秦政隋炀之必有所成，张献忠李自成之必有所立。彼固不杂不芜，故能坚成一体。但飘风暴雨，必不能久；沸汤烈火，旋即熄灭；既背人道，岂能有成。破坏既尽，一切空虚，真如佛所谓大劫焉。少即灭亡，徒为他人作驱除难耳，是其究竟者也。而生际其时，居于其国者，人民何罪，蒙此惨剧，耗矣哀哉！则及伦之党【今译吉伦特党，下同】与米拉、拉飞咽、杜马利耶诸贤贻之祸也！然则谓诸贤操刀以杀此才智无辜之百二十九万人，当亦诸贤所为法受过也。吾国久废封建，自由平等，已二千年，与法之十万贵族，压制平民，事既不类，倡革命言压制者，已类于无病而学呻矣。好名之人，一唱百和，无赖之徒，因势谋利，非有深知得失，出于不忍而救民水火者也。当平世群居，争锱铢之利，相怨相攻，甚且造谣相杀，盖无所不至矣。上海相传至有无三人之党，五十日之交。盖仅空唱革命之谈，全未有分毫之事实，而恶薄已如是之甚也。罗伯卑尔、马喇、段敦，已触目接踵矣，奚待革命之成，而恐怖之期必至矣。但法国革命之时，全欧机汽未行，故革命之徒，得驱市民以当列国。今则兵舰炮队，皆经百练，迥异法时。我又为黄种之独国，白人纷纷，虎视逐逐，莫妙于假定乱之名，以行其瓜分之实。恐吾国革命之徒，虽酷毒至于极点，人理可以绝无，此罗伯马拉而倍蓰之，然必不能驱市民，而当诸白之强敌也。然则岂止流血百二十九万哉，不尽杀四万万人不止。即幸能存者，亦留为白人之奴隶马牛而已。无论其不应革命及革命不成；即使果成，此则吾国革命后之效果矣。然则呶呶言革何为哉！论者或调革命可也，惜无人才，假得真人，义热实心，以救国救民为事者，则可矣，惜吾国民智未开，人格未至也。以吾谓无真人而假托革命，谬谈自由，其为不可，不待言也。假令吾国民智大开，人格皆至，才哲如林，义热实心救国之人无数，以言革命，则其祸酷必更烈，而亡中国愈速焉。吾国所谓民智人格义热实心救国救民者，能得及伦的党诸贤，于愿不已足乎。及伦的党诸贤，皆大哲福禄特尔【今译伏尔泰】之徒，一国之才秀，人望归之。故其败也，八十六州，皆为兴义师，以为复仇讨罪。然益以增流血百二十九万人之数，助成鱼烂鼎沸，而岌岌几亡而已。若果如此类之仁贤愈多，则其爱心未除，而必不能尽行无道之事，优柔不断，驱策不前。夫经革命之后，全国散漫，控御无方，内乱并起，而外侮乘之，中国之亡益速耳。盖行歧道者不至，踏两船者必溺，反不如罗伯卑尔等，无道已极，尚能专制保国也。今伪慕革命者，心仪自由，畏称专制，浮慕共和，谬事开议，虽操一舟不可行，治一家不可举，而欲革一国之命，不其远乎？手摇复屋之大机，从容退让以鸣和，而授群贼以大柄，群贼乃纵火燎原，同归于尽。是谁之过欤？不深观数着之棋而妄弈，犹不可也；无知小儿，弄兵戏火，自杀自焚，已而已而。吾观今谈革命之人，非无至诚义热救国为心者，亦颇有文学之士，不察知中外，从其煽动者，皆因目击国弱，积愤牝朝，无所发纾，郁极生变。盖中国甫当开关，未经阅历，盲者试步，非有真知，人云亦云。盖忧国至极，以为舍此无由，故不得已而出此也，其爱国之心亦可原矣。然诸至诚义热之人，其才贤义愤，能比及伦的党诸彦乎？吾国事势，其比于法乎？才贤果能此于及伦的党，吾国果类于法国，其事效亦如法而止，然已流血百二十九万人，贻祸八十余年矣。况以吾国此于法之不伦不类，而诸白强国之环伺眈眈乎？果能为及伦的党之贤而爱国也，其恶中国之寿而促之云尔。

及伦的党既歼尽,议院权亦失。于是凶悍之山岳党,握法国全权,无敢少睨视者。而以争权势来者,外争既尽,内讧即起矣。

山岳党魁罗伯卑尔、马拉、段敦,于是裂而为三党,又相竞焉。马拉者,市民党,先为及伦的党侠女哥尔底所刺,而其党人埃卑尔旭墨及易伯尔代为之魁,仍拥乱民,而据巴黎市厅为枢要,于山岳党中最残暴者也。凡破坏一切,皆其党所为也。

段敦者,哥尔德尔社之主盟,稍平和,尝恶同党之暴,而与及伦的党结,为司法卿,有内阁之权。

罗伯卑尔,久据雅各伯党为魁,尤枭鸷。自马拉死后,负其资望,欲专制全法,而徐图为王。而与己并名者唯有段敦,则尤忌之。既有安利呵八万护国兵为爪牙,乃立国安委员会,掌全国权。在议会之上,使其幕僚十二人桑非古敦总委员会,掌政权,兼收海陆军。又令哥罗得波亚入市厅以分马拉党之权,以都马掌革命法院。又收地方自治权。乃造诽构段敦与埃卑尔交恶,而助段敦以杀市厅党。三月二十日,自埃卑尔旭墨诸渠及无政府党魁十五人皆戮之。四月五日,遂诬段敦通王党,而阻革命,以兵胁议员,皆畏之而画诺,市民皆哗,然终执而杀之,并戮其党人,散其哥尔德尔社。罗伯卑尔既剪除异己之政敌,又虑同党人之图己也,以自保之故,猜疑愈深,既立嫌疑之刑,谋除向之同事,自山岳党议员及警保委员、国安委员、民政议会委员,皆尽去焉。且扬言于议院而不著其名,于是同事人人疑惧于将为段敦也,密谋之。七月二十七日,于议院反执罗伯卑尔而诛之,并执其心腹护国兵帅安利呵,革命法官都马二十人,与其亲党七十三人并诛焉。此则所谓恶毒既尽将自毙,必无幸逃者。无得而议焉。

渠魁既除,又分为二党。杀罗伯卑尔者,为其亲党哥罗得波亚、比罗巴勒内等,专以悍杀为事,又甚于罗伯卑尔者也,是为恐怖之残党,拥国安警保两会之权者也。段敦之旧党收合议院众党,名为焦月党。平野党久恶山岳,亦归附焉。人数遂多,气势渐振,乃逐哥罗得波亚而废市厅,设警察财政二司,以代总巴黎市政。于是数年跳梁之酷毒之市民党,乃得扫除焉。人心厌乱,于时有良家子编少年军队,与护兵队结合,以助议院党,随所在以锄乱民。既击败雅各伯党,乃禁闭革命法院与革命委员会。杀酷吏之革命法院长甫几坦比尔及难得斯郡守加利尔,下恐怖党魁哥罗得波亚十余人于狱。乱民两起救之,聚众至三万余人,围议院,尽逐议员,欲复恐怖之政。至夜,少年军队救至,大败乱民,杀山岳恐怖残党四十余人,囚六十余人,窜六十五人。于是七年凶残革命之山岳党，诛锄乃尽矣。其后王政党再结雅各伯余党争权，拥护国兵三万而起，为拿破仑所破，是为西一千七百九十五年八月。自革命之事起七年，革命之党派无数，不论穷凶极恶之山岳党，平和义热之及伦的党，附和中立之平野党，皆辗转相杀，同归于尽，乱党乱民，无一免者。其始同托名于覆王政，其中覆君主立宪，其后则革命之中互相屠戮，或同志而以异党相杀，或同党而以争权相诛。于一党之中，又分数党，丁小党之内，又分亲疏，异党屠尽，则同党相屠，疏者屠尽，则亲者相屠。人人互相猜忌，人人自图保卫，究则无同无异，无亲无疏，不保不卫，一无所得，只有尽上断头台，以为结果而已。其究也，合数十百万革命军之流血，以成就一罗伯卑尔之专制民主；合数千万良人之流血，以复归于一拿破仑之专制君主。然则所以大流血残忍无道者，果何为哉！且夫彼革命者之政论甚高，揭博爱以为名；彼革命党之政策无他，以上断头台为实。彼革命党之言志甚侠，皆以舍身流血救国救民为词，而必日杀同志同党左右至亲，以为自保。夫彼革命党能舍身流血以救国民，则不思自保可也；而无如革命党之徒，思自保以杀人，且至立嫌疑之狱，捅至立杀也。夫革命者果思自保，则勿妄杀人，或可保也；既妄杀人，而犹思自保，必不能也。汝忘杀人，人亦将杀汝，安能保也？夫以革命者之必作乱也，作乱者之必无秩序无理义而争权也，其必至同志同党至亲左右辗转相杀者势必不可已也。董卓之乱也，卓既诛矣，而李催郭汜樊稠张济争而相杀矣。洪秀全之乱也，杨秀清思篡之，于是其东南西北王杀杨秀清而又互相杀也。岂唯乱人，其诸学道者犹难之。凡人谈学则易，共事最难，虽有道义至交，刎颈相与，一至于共事则不能相容矣。盖名誉利害之切于身，人人相反也。人既相反，不能不出于自为，则必相失矣。十年道义之磨砺，不及一事利害之反攻。远观于陈余张耳之交，近观于曾文正、左文襄、沈文肃之事，则瞿然矣。当曾左之互劾也，曾文正曰不意同里起乎戈矛，石交化为豺虎。幸而诸公非为革命者耳，否则诸公必相杀矣。拨乱之举，事势至难，名分正而力足，犹未易定乱，况于革命之举，必假借于暴民乱人之力。天下岂有与暴人乱民共事，而能完成者乎，终亦必亡，不过举身家国而同毙耳。不能剖割之学，见小病而动操刀，其有济乎？谬意纵火，岂能定大风之从何方来耶。夫当革命党之举事，而语之曰：救国而国将毙，救民而民殆屠尽，凡倡革命者身必死，彼必不信。则何不观法之往事乎。夫既必死而不能救国，则不如早自刭，而勿害多人之少为愈也。

清帝退位旨

(一)

朕钦奉隆裕皇太后懿旨：前因民军起事，各省响应，九夏沸腾，生灵涂炭，特命袁世凯遣员与民军代表，讨论大局，议开国会，共决政体。两月以来，尚无确当办法，南北睽隔，彼此相持，商辍于途，士露于野，徒以国体一日不决，故民生一日不安。今全国人民心理，多倾向共和。南中各省，既倡议于前；北方诸将，亦主张于后。人心所向，天命可知。予亦何忍以一姓之尊荣，拂兆人之好恶；是用外观大势，内审舆情，特率皇帝，将统治权公诸全国，定为共和立宪国体；近慰海内厌乱望治之心，远协古圣天下为公之义。袁世凯前经资政院选举为总理大臣，当兹新旧代谢之际，宜有南北统一之方，即由袁世凯以全权组织临时共和政府，与民军协商统一办法。总期人民安堵，海宇又安，仍合汉满蒙回藏五族，完全领土，为一大中华民国。予与皇帝，得以退处宽闲，优游岁月，长受国民之优礼、亲见郅治之告成，岂不懿欤。钦此。

(二)

奉旨朕钦举隆裕皇太后懿旨：前以大局阽危，兆民困苦，特饬内阁与民军商酌优待皇室各条件，以期和平解决。兹据覆奏：民军所开优礼条件，于宗庙陵寝，永远奉祀，先皇陵制，如旧妥修各节，均已一律担承。皇帝但卸权不废尊号。并护定优待皇室八条，待遇皇族四条，待遇满蒙回藏七条，览奏，尚为周至，特行宣示皇族暨满蒙回藏人等，此后务当化除畛域，共保治安，重世界之升平，胥享共和之幸福，予实有厚望焉！钦此。

（三）

奉隆裕太后懿旨：古之君天下者，重在保全民命，不忍以养人者害人。现在新定国体，无非欲先弭大乱，期保又安，若拂逆多数之民心，重启无穷之战祸，则大局决裂，残杀相诛，势必演成种族之惨痛，将至九庙震惊，兆民荼毒，后祸何忍复详！两害相形，唯取其轻，此正朝廷审时观变，恫瘝吾民之苦衷。凡尔京外臣民，务当善体此意，为全局熟权利害，勿得挟虚矫之意气，逞偏激之空言，致国与民，两受其祸。著民政部步军统领姜桂题、冯国璋等，严密防范，剀切开导，俾皆晓然于朝廷应天顺人，大公无私之意。至国家设官分职，以为民极，内列阁府部院，外建督抚司道，所以康保群黎，非为一人一家而设。尔京外大小各官，均宜慨念时艰，慎供职守，应即责成各长官，敦切诚劝，毋旷厥官，用副予凤昔爱抚庶民之至意！钦此。

关于大清皇帝辞位后优待之条件

（辛亥十二月二十六日政府公报）

一款大清皇帝辞位之后，尊号仍存不废，中华民国以待各外国君主之礼相待。

二款大清皇帝辞位之后，岁用四百万两，俟改铸新币后，改为四百万元，此款由中华民国拨用。

三款大清皇帝辞位之后，暂居宫禁，日后移居颐和园，侍卫人等照常留用。

四款大清皇帝辞位之后，其宗庙陵寝，永远奉祀，由中华民国酌设卫兵妥为保护。

五款德宗崇陵未完工程，如制妥修，其奉安典礼，仍如旧制，所有实用经费，均用中华民国支出。

六款以前宫内所用各项执事人员，可照常留用，唯以后不得再招阉人。

七款大清皇帝辞位之后，其原有之私产，由中华民国特别保护。

八款原有之禁卫军，归中华民国陆军部编制，额数俸饷，仍如其旧。

修正清室优待条件中华民国十三年十一月五日

第一条　大清宣统帝从即日起永远废除皇帝尊号，与中华民国国民在法律上享有同等一切之权利。

第二条　自本条件修正后，民国政府每年补助清室家用五十万元，并特支出二百万元开办北京贫民工厂，尽先收容旗籍贫民。

第三条　清室应按照原优待条件第三条即日移出宫禁，以后得自由选择住居，但民国政府仍负保护责任。

第四条　清室之宗庙陵寝永远奉祀，由民国酌设卫兵妥为保护。

第五条　清室私产归清室完全享有，民国政府当为特别保护，其一切公产应归民国政府所有。

新　思　想

少年中国说

1900 年 2 月 10 日

梁启超

日本人之称我中国也，一则曰老大帝国，再则曰老大帝国。是语也，盖袭译欧西人之言也。呜呼！我中国其果老大矣乎？梁启超曰：恶，是何言！是何言！吾心目中有一少年中国在。

欲言国之老少，请先言人之老少：老年人常思既往，少年人常思将来。唯思既往也，故生留恋心；唯思将来也，故生希望心。唯留恋也，故保守；唯希望也，故进取。唯保守也，故永旧；唯进取也，故日新。唯思既往也，事事皆其所已经者，故唯知照例；唯思将来也，事事皆其所未经者，故常敢破格。老年人常多忧虑，少年人常好行乐。唯多忧也，故灰心，唯行乐也，故盛气。唯灰心也，故怯懦；唯盛气也，故豪壮。唯怯懦也，故苟且；唯豪壮也，故冒险。唯苟且也，故能灭世界；唯冒险也，故能造世界。老年人常厌事，少年人常喜事。唯厌事也，故常觉一切事无可为者；唯好事也，故常觉一切事无不可为者。老年人如夕照，少年人如朝阳；老年人如瘠牛，少年人如乳虎；老年人如僧，少年人如侠；老年人如字典，少年人如戏文；老年人如鸦片烟，少年人如泼兰地酒；老年人如别行星之陨石，少年人如大洋海之珊瑚岛；老年人如埃及沙漠之金字塔，少年人如西伯利亚之铁路；老年人如秋后之柳，少年人如春前之草；老年人如死海之潴为泽，少年人如长江之初发源：此老年与少年性格不同之大略也。梁启超曰：人固有之，国亦宜然。

梁启超曰：伤哉，老大也！浔阳江头琵琶妇，当明月绕船，枫叶瑟瑟，衾寒于铁，似梦非梦之时，追想洛阳尘中春花秋月之佳趣；西宫南内，白发宫娥，一灯如穗，三五对坐，谈开元、天宝间遗事，谱霓裳羽衣曲；青门种瓜人，左对孺人，顾弄孺子，忆侯门似海珠履杂遝之盛事；拿破仑之流于厄蔑，阿刺飞之幽于锡兰，与三两监守吏或过访之好事者，道当年短刀匹马，驰骋中原，席卷欧洲，血战海楼，一声叱咤，万国震恐之丰功伟烈，初而拍案，继而抚髀，终而揽镜。呜呼！面皴齿尽，白发盈把，颓然老矣。若是者舍幽郁之外无心事，舍悲惨之外无天地，舍颓唐之外无日月，舍叹息之外无音声，舍待死之外无事业，美人豪杰且然，而况于寻常碌碌者耶？生平亲友，皆在墟墓，起居饮食，待命于人，今日且过，遑知他日，今年且过，遑恤明年，普天下灰心短气之事，未有甚于老大者。于此人也，而欲望以拿云之手段，回天之事功，挟山超海之意气，能乎不能？

呜呼！我中国其果老大矣乎？立乎今日，以指畴昔，唐虞三代，若何之郅治；秦皇汉武，若何之雄杰，汉唐来之文学，若何之隆盛；康乾间之武功，若何之烜赫；历史家所铺叙，词章家所讴歌，何一非我国民少年时代良辰美景赏心乐事之陈迹哉。而今颓然老矣，昨日割五城，明日割十城，处处雀鼠尽，夜夜鸡犬惊，十八省之土地财产，已为人怀中之肉，西百兆之父兄子弟，已为人注籍之奴，岂所谓"老大嫁作商人妇"者耶？呜呼！凭君莫话当年事，憔悴韶光不忍看，楚囚相对，岌岌顾影，人命危浅，朝不虑夕，国为待死之国，一国之民为待死之民，万事付之奈何，一切凭人作弄，亦何足怪。

梁启超曰：我中国其果老大矣乎？是今日全地球之一大问题也。如其老大也，则是中国为过去之国，即地球上昔本有此国，而今渐渐灭，他日之命运殆将尽也；如其非老大也，则是中国为未来之国，即地球上昔未现此国，而今渐发达，他日之前程且方长也。欲断今日之中国为老大耶？为少年耶？则不可不先明国字之意义。夫国也者何物也？有土地；有人民；以居于其土地之人民而治其所居之土地之事；自制法律而自守之，有主权，有服从，人人皆主权者，人人皆服从者。夫如是斯谓之完全成立之国。地球上之有完全成立之国也，自百年以来也。完全成立者，壮年之事也；未能完全成立而渐进于完全成立者，少年之事也。故吾得一言以断之曰：欧洲列邦在今日为壮年国，而我中国在今日为少年国。

夫古昔之中国者，虽有国之名，而未成国之形也。或为家族之国，或为酋长之国，或为诸侯封建之国，或为一王专制之国，虽种类不一，要之其于国家之体质也，有其一部而缺其一部。正如婴儿自胚胎以迄成童，其身体之一二官支，先行长成，此外则全体虽粗具，然未能得其用也。故唐虞以前为胚胎时代，殷周之际为乳哺时代，由孔子而来至于今为童子时代，逐渐发达，而今乃始将入成童以上少年之界焉。其长成所以若是之迟者，则历代之民贼有窒其生机者也。譬犹童年多病，转类老态，或且疑其死期之将至焉，而不知皆由未完全未成立也。非过去之谓，而未来之谓也。

且我中国畴昔，岂尝有国家哉，不过有朝廷耳。我黄帝子孙，聚族而居，立于此地球之上者既数千年，而问其国之为何名，则无有也。夫所谓唐、虞、夏、商、周、秦、汉、魏、晋、宋、齐、梁、陈、隋、唐、宋、元、明、清者，则皆朝名耳。朝也者，一家之私产也；国也者，人民之公产也。朝有朝之老少，国有国之老少，朝与国既异物，则不能以朝之老少而指为国之老少明矣。文、武、成、康，周朝之少年时代也；幽、厉、桓、赧，则其老年时代也。高、文、景、武，汉朝之少年时代也；元、平、桓、灵，则其老年时代也。自余历朝，莫不有之，凡此者，谓为一朝廷之老也则可，谓为一国之老也则不可。一朝廷之老且死，犹一人之老且死也，于吾所谓中国者何与焉。然则，吾中国者，前此尚未出现于世界，而今乃始萌芽云尔。天地大矣，前途辽矣，美哉，我少年中国乎！

马志尼者，意大利三杰之魁也。以国事被罪，逃窜异邦，乃创立一会，名曰少年意大利。举国志士，云涌雾集以应之，卒乃光复旧物，使意大利为欧洲之一雄邦。夫意大利者，欧洲第一之老大国也，自罗马亡后，土地隶于教皇，政权归于奥国，殆所谓老而濒于死者矣，而得一马志尼，且能举全国而少年之，况我中国之实为少年时代者耶？堂堂四百余州之国土，凛凛四百余兆之国民，岂遂无一马志尼其人者。

龚自珍氏之集有诗一章，题曰《能令公少年行》，吾尝爱读之，而有味乎其用意之所存。我国民而自谓其国之老大也，斯果老大矣；我国民而自知其国之少年也，斯乃少年矣。西谚有之曰："有三岁之翁，有百岁之童。"然则国之老少，又无定形，而实随国民之心力以为消长者也。吾见乎马志尼之能令国少年也，吾又见乎我国之官吏士民能令国老大也，吾为此惧！夫以如此壮丽浓郁翩翩绝世之少年中国，而使欧西、日本人谓我为老大者何也？则以握国权者皆老朽之人也。非哦几十年八股，非写几十年白摺，非当几十年差，非挨几十年俸，非递几十年手本，非唱几十年诺，非磕几十年头，非请几十年安，则必不能得一官，进一职。其内任卿贰以上，外任监司以上者，百人之中，其五官不备者，殆九十六七人也，非眼盲，则耳聋，非手颤，则足跛，否则半身不遂也。彼其一身饮食步履视听言语，尚且不能自了，须三四人在左右扶之捉之，乃能度日，于此而乃欲责之以国事，是何异立无数木偶而使之治天下也。且彼辈者，自其少壮之时，既已不知亚细、欧罗为何处地方，汉祖、唐宗是哪朝皇帝；犹嫌其顽钝腐败之未臻其极，又必搓磨之，陶冶之，待其脑髓已涸，血管已塞，气息奄奄，与鬼为邻之时，然后将我二万里山河，四万万人命，一举而畀于其手。

呜呼！老大帝国，诚哉其老大也。而彼辈者，积其数十年之八股、白摺、当差、挨俸、手本、唱诺、磕头、请安，千辛万苦，千苦万辛，乃始得此红顶花翎之服色，中堂大人之名号，乃出其全副精神，竭其毕生力量，以保持之。如彼乞儿，拾金一锭，虽轰雷盘旋其顶上，而两手犹紧抱其荷包，他事非所顾也，非所知也，非所闻也。于此而告之以亡国也，瓜分也，彼乌从而听之，乌从而信之。即使果亡矣，果分矣，而吾今年既七十矣八十矣，但求其一两年内，洋人不来，强盗不起，我已快活过了一世矣。

若不得已，则割三头两省之土地，奉申贺敬，以换我几个衙门；卖三几百万之人民作仆为奴，以赎我一条老命，有何不可，有何难办。呜呼！今之所谓老后、老臣、老将、老吏者，其修身、齐家、治国、平天下之手段，皆具于是矣。"西风一夜催人老，凋尽朱颜白尽头。"使走无常当医生，携催命符以祝寿，嗟乎痛哉！以此为国，是安得不老且死，且吾恐其未及岁而殇也。

梁启超曰：造成今日之老大中国者，则中国老朽之冤业也；制出将来之少年中国者，则中国少年之责任也。彼老朽者何足道，彼与此世界作别之日不远矣，而我少年乃新来而与世界为缘。如僦屋者然，彼明日将迁居地方，而我今日始入此室处。将迁居者，不爱护其窗棂，不洁治其庭庑，俗人恒情，亦何足怪。若我少年者，前程浩浩，后顾茫茫，中国而为牛、为马、为奴、为隶，则烹脔鞭棰之惨酷，唯我少年当之；中国如称霸宇内，主盟地球，则指挥顾盼之尊荣，唯我少年享之，于彼气息奄奄，与鬼为邻者，何与焉？彼而漠然置之，犹可言也；我而漠然置之，不可言也。使举国之少年而果为少年也，则吾中国为未来之国，其进步未可量也；使举国之少年而亦为老大也，则吾中国为过去之国，其渐亡可跷足而待也。故今日之责任，不在他人，而全在我少年。少年智则国智，少年富则国富，少年强则国强，少年独立则国独立，少年自由则国自由，少年进步则国进步，少年胜于欧洲则国胜于欧洲，少年雄于地球则国雄于地球。红日初升，其道大光；河出伏流，一泻汪洋。潜龙腾渊，鳞爪飞扬；乳虎啸谷，百兽震惶。鹰隼试翼，风尘吸张；奇花初胎，矞矞皇皇。干将发硎，有作其芒。天戴其苍，地履其黄。纵有千古，横有八荒。前途似海，来日方长。美哉我少年中国，与天不老；壮哉我中国少年，与国无疆！

"三十功名尘与土，八千里路云和月。莫等闲白了少年头，空悲切。"此岳武穆《满江红》词句也，作者自六岁时即口受记忆，至今喜诵之不衰。自今以往，弃哀时客之名，更自名曰少年中国之少年。

作者附识。

论学术之势力左右世界

1902 年 2 月 8 日

梁启超

亘万古,衮九垓,自天地初辟以迄今日,凡我人类所栖息之世界,于其中而求一势力之最广被而最经久者,何物乎?

将以威力乎?亚历山大之狮吼于西方,成吉思汗之龙腾于东土,吾未见其流风余烈,至今有存焉者也。将以权术乎?梅特涅执牛耳于奥地利,拿破仑第三弄政柄于法兰西,当其盛也,炙手可势,威震环瀛,一败之后,其政策亦随身名而灭矣。然则天地间独一无二之大势力,何在乎?曰智慧而已矣,学术而已矣。

今且勿论远者,请以近世史中文明进化之迹,略举而证明之。凡稍治史学者,度无不知近世文明先导之两原因,即十字军之东征与希腊古学复兴是也。夫十字军之东征也,前后凡七役,亘二百年(起一千○九十六年,迄一千二百七十年),卒无成功。乃其所获者不在此而在彼。以此役之故,而欧人得与他种民族相接近,传习其学艺,增长其智识,盖数学、天文学、理化学、动物学、医学、地理学等,皆至是而始成立焉;而拉丁文学、宗教裁判等,亦因之而起。此其远因也。中世末叶,罗马教皇之权日盛,哲学区域,为安士林(Anselm,罗马教之神甫也)派所垄断,及十字军罢役以后,西欧与希腊、阿拉伯诸邦,来往日便,乃大从事于希腊语言文字之学,不用翻译,而能读亚里士多德诸贤之书,思想大开,一时学者不复为宗教迷信所束缚,卒有路德新教之起,全欧精神,为之一变。此其近因也。其间因求得印书之法,而文明普遍之途开。

求得航海之法,而世界环游之业成。凡我等今日所衣所食、所用所乘、所闻所见,一切利用前民之事物,安有不自学术来者耶?此犹曰其普通者,请举一二人之力左右世界者,而条论之。

一曰哥白尼(Copernicus,生于一四七三年,卒于一五四三年)之天文学。

泰西上古天文家言，亦如中国古代，谓天圆地方，天动地静。罗马教会，主持是论，有倡异说者，辄以非圣无法罪之。当时哥仑布虽寻得美洲，然不知其为西半球，谓不过亚细亚东岸之一海岛而已。及哥白尼地圆之学说出，然后麦哲伦（Magellan，以一五一九年始航太平洋一周）始寻得太平洋航海线，而新世界始开。今日之有亚美利加合众国，灿然为世界文明第一，而骎骎握全地球之霸权者，哥白尼之为之也。不宁唯是，天文学之既兴也，从前宗教家种种凭空构造之谬论，不复足以欺天下，而种种格致实学从此而生。虽谓天文学为宗教改革之强援，为诸种格致学之鼻祖，非过言也。哥白尼之关系于世界何如也！

二曰培根、笛卡儿之哲学。中世以前之学者，唯尚空论，呶呶然争宗派，争名目，口崇希腊古贤，实则重诬之，其心思为种种旧习所缚，而曾不克自拔。及培根出，专倡格物之说，谓言理必当验事物而有征者，乃始信之。及笛卡儿出，又倡穷理之说，谓论学必当反诸吾心而自信者，乃始从之。此二派行，将数千年来学界之奴性，犁庭扫穴，靡有孑遗，全欧思想之自由，骤以发达，日光日大，而遂有今日之盛。故哲学家恒言，二贤者，近世史之母也。培根、笛卡儿之关系于世界何如也！

三曰孟德斯鸠（Montesquien，法国人，生于一六八九年，卒于一七五五年）之著《万法精理》。十八世纪以前，政法学之基础甚薄，一任之于君相之手，听其自腐败自发达。及孟德斯鸠出，始分别三种政体，论其得失，使人知所趋问。又发明立法、行法、司法三权鼎立之说，后此各国，靡然从之，政界一新，渐进以迄今日。又极论听讼之制，谓当废拷讯，设陪审，欧美法庭，遂为一变。又谓贩卖奴隶之业，大悖人道，攻之不遗余力，实为后世美、英、俄诸国放奴善政之嚆矢。其他所发之论，为法兰西及欧洲诸国所采用，遂进文明者，不一而足。孟德斯鸠实政法学天使也。其关系于世界何如也！

四曰卢梭（Rousseau，法国人，生于一七一二年，卒于一七七八年）之倡天赋人权。欧洲古来，有阶级制度之习，一切政权、教权，皆为贵族所握，平民则视若奴隶焉。及卢梭出，以为人也者生而有平等之权，即生而当享自由之福，此天之所以与我，无贵贱一也，于是著《民约论》（Social Contact）大倡此义。谓国家之所以成立，乃由人民合群结约，以众力而自保其生命财产者也，各从其意之自由，自定约而自守之，自立法而自遵之，故一切平等。若政府之首领及各种官吏，不过众人之奴仆，而受托以治事者耳。自此说一行，欧洲学界，如旱地起一霹雳，如暗界放一光明，风驰云卷，仅十余年，遂有法国大革命之事。自兹以往，欧洲列国之革命，纷纷继起，卒成今日之民权世界。《民约论》者，法国大革命之原动之也。法国大革命，十九世纪全世界之原动力也。卢梭之关系于世界何如也！

五曰富兰克林（Franklin，美国人，生于一七〇六年，卒于一七九〇年）之电学，瓦特（Watt，英人，生于一七三六年，卒于一八一九年）之汽机学。十九世纪所以异于前世纪者何也？十九世纪有缩地之方，前人以马力行，每日不能达百英里者，今则四千英里之程，行于海者十三日而可达，行于陆者三日而可达矣，则轮船铁路之为之也。昔日制帽、制靴、纺纱、织布等之工，以若干时而能制成一枚者，今则同此时刻，能制至万枚以上矣。伦敦一报馆一年所用之纸，视十五世纪至十八世纪四百年间所用者，有加多焉，则制造机器之为之也。美国大统领下一敕书，仅一时许，而可以传达于支那，上午在印度买货，下午可以在伦敦银行支银，则电报之为之也。凡此数者，能使全世界之政治、商务、军事，乃至学问、道德，全然一新其面目。而造此世界者，乃在一煮沸水之瓦特（瓦特因沸水而悟汽机之理）与一放纸鸢之富兰克林（富氏尝放纸鸢以验电学之理）。二贤之关系于世界何如也！

六曰亚当·斯密（AdamSmith，英国人，生于一七二三年，卒于一七九〇年）之理财学。泰西论者，每谓理财学之诞生日何日乎？即一千五百七十六年是也。何以故？盖以亚当·斯密氏之《原富》（Inquiry into the Nature and Causes of the Wealth of Nations，此书侯官严氏译），出版于是年也。此书之出，不徒学问界为之变动而已，其及于人群之交际，及于国家之政治者，不一而足。而一八四六年以后，英国决行自由贸易政策（Free Trade），尽免关税，以致今日商务之繁盛者，斯密氏《原富》之论为之也。近世所谓人群主义（Socialism），专务保护劳力者，使同享乐利，其方策渐为自今以后之第一大问题。亦自斯密氏发其端，而其徒马尔萨斯大倡之，亚当·斯密之关系于世界何如也！

七曰伯伦知理（Bluntschili，德国人，生于一八〇八年，卒于一八八一年）之国家学。伯伦知理之学说，与卢梭正相反对者也。虽然，卢氏立于十八世纪，而为十九世纪之母；伯氏立于十九世纪，而为二十世纪之母。自伯氏出，然后定国家之界说，知国家之性质、精神、作用为何物，于是国家主义乃大兴于世。前之所谓国家为人民而生者，今则转而云人民为国家而生焉，使国民皆以爱国为第一之义务，而盛强之国乃立，十九世纪末世界之政治则是也。而自今以往，此义愈益为各国之原力，无可疑也。伯伦知理之关系于世界何如也！

八曰达尔文（Darwin Charles，英国人，生于一八〇九年，卒于一八八二年）之进化论。前人以为黄金世界在于昔时，而末世日以堕落，自达尔文出，然后知地球人类，乃至一切事物，皆循进化之公理，日赴于文明。前人以为天赋人权，人生而皆有自然应得之权利，及达尔文出，然后知物竞天择，优胜劣败，非图自强，则绝不足以自立。达尔文者，实举十九世纪以后之思想，彻底而一新之者也。是故凡人类智识所能见之现象，无一不可以进化之大理贯通之。政治法制之变迁，进化也；宗教道德之发达，进化也；风俗习惯之移易，进化也。数千年之历史，进化之历史，数万里之世界，进化之世界也。故进化论出，而前者宗门迷信之论，尽失所据。教会中人，恶达氏滋甚，谓有一魔鬼住于其脑云，非无因也。此义一明，于是人人不敢不自勉为强者、为优者，然后可以立于此物竞天择之界。无论为一人，为一国家，皆向此鹄以进，此近世民族帝国主义（National Imperialism，民族自增植其势力于国外，谓之民族帝国主义）所由起也。此主义今始萌芽，他日且将磅礴充塞于本世纪而未有已也。虽谓达尔文以前为一天地，达尔文以后为一天地可也。其关系于世界何如也。

以上所列十贤，不过举其荦荦大者。至牛顿（Newton，英人，生于一六四一年，卒于一七二七年）之创重学，嘉列（Guericke，德国人，生于一六〇二年，卒于一六八六年）、怀黎（Boyle，英人，生于一六二六年，卒于一六九一年）之制排气器，连挪士（Linneus，瑞典人，生于一七〇七年，卒于一七七八年）之开植物学，康德（Kant，德国人，生于一七二四年，卒于一八〇四年）之纯全哲学，皮里士利（Priestley，英人，生于一七三三年，卒于一八〇四年）之化学，边沁（Bentham，英人，生于一七四七年，卒于一八三二年）之功利主义，黑拔（Herbart，生于一七七六年，卒于一八四一年）之教育学，仙士门（St. Simon，法人）、喀谟德（Comte，法人，生于一七九五年，卒于一八五七年）之倡人群主义及群学，约翰·弥勒（John Stusrt Mill，英人，生于一八〇六年，卒于一八七三年）之论理学、政治学、女权论，斯宾塞（Spencer，英人，生于一八二〇年，今犹生存）之群学等，皆出其博学深思之所独得，审诸今后时势之应用，非如前代学者，以学术为世界外遁迹之事业，如程子所云"玩物丧志"也。以故其说一出，类能耸动一世，饷遗后人。呜呼，今日光明灿烂、如荼如锦之世界何自来乎？实则诸贤之脑髓、之心血、之口沫、之笔锋，所组织之而庄严之者也。

亦有不必自出新说，而以其诚恳之气，清高之思，美妙之文，能运他国文明新思想，移植于本国，以造福于其同胞，此其势力，亦复有伟大而不可思议者。如法国之伏尔泰（Voltaire，生于一六九四年，卒于一七七八年），日本之福泽谕吉（去年卒），俄国之托尔斯泰（Tolstoi，今尚生存）诸贤是也。伏尔泰当路易第十四全盛之时，怒然忧法国前途，乃以其极流丽之笔，写极伟大之思，寓诸诗歌院本小说等，引英国之政治，以讥讽时政，被锢被逐，几濒于死者屡焉，卒乃为法国革新之先锋，与孟德斯鸠、卢梭齐名。盖其有造于法国民者，功不在两人下也。福泽谕吉当明治维新以前，无所师授，自学英文，尝手抄《华英字典》一过，又以独力创一学校，名曰庆应义塾，创一报馆，名曰《时事新报》，至今为日本私立学校、报馆之巨擘焉，著书数十种，专以输入泰西文明思想为主义。

日本人之知有西学，自福泽始也；其维新改革之事业，亦顾问于福泽者十而六七也。托尔斯泰，生于地球第一专制之国，而大倡人类同胞兼爱平等主义，其所论盖别有心得，非尽凭借东欧诸贤之说者焉。其所著书，大率皆小说，思想高彻，文笔豪宕，故俄国全国之学界，为之一变。近年以来，各地学生咸不满于专制之政，屡屡结集，有所要求，政府捕之、锢之、放之、逐之，而不能禁，皆托尔斯泰之精神所鼓铸者也。

由此观之，伏尔泰之在法兰西，福泽谕吉之在日本，托尔斯泰之在俄罗斯，皆必不可少之人也。苟无此人，则其国或不得进步，即进步亦未必如是其骤也。然则如此等人者，其于世界之关系何如也！

吾欲敬告我国学者曰：公等皆有左右世界之力，而不用之何也？公等即不能为培根、笛卡儿、达尔文，岂不能为伏尔泰、福泽谕吉、托尔斯泰？即不能左右世界，岂不能左右一国？苟能左右我国者，是所以使我国左右世界也。吁嗟山兮，穆如高兮；吁嗟水兮，浩如长兮。吾闻足音之跫然兮，吾欲溯洄而从之兮，吾欲馨香而祝之兮！

新民说（节录）

梁启超

......

第二节　论新民为今日中国第一急务

吾今欲极言新民为当务之急，其立论之根柢有二：一曰关于内治者，二曰关于外交者。所谓关于内治者何也？天下之论政术者多矣，动曰某甲误国，某乙殃民；某之事件，政府之失机；某之制度，官吏之溺职。若是者，吾固不敢谓为非然也。虽然，政府何自成？官吏何自出？斯岂非来自民间者耶？某甲某乙者，非国民之一体耶？久矣夫聚群盲不能成一离娄，聚群聋不能成一师旷，聚群怯不能成一乌获。以若是之民，得若是之政府官吏，正所谓种瓜得瓜，种豆得豆。其又奚尤？西哲常言："政府之与人民，犹寒暑表之与空气也。"室中之气候，与针里之水银，其度必相均，而丝毫不容假借。国民之文明程度低者，虽得明主贤相以代治之，及其人亡，则其政息焉。譬犹严冬之际，置表于沸水中，虽其度骤升，水一冷而坠如故矣。国民之文明程度高者，虽偶有暴君污吏，虐刘一时，而其民力自能补救之而整顿之。譬犹溽暑之时，置表于冰块上，虽其度忽落，不俄顷则冰消而涨如故矣。然则苟有新民，何患无新制度，无新政府，无新国家？非尔者，则虽今日变一法，明日易一人，东涂西抹，学步效颦，吾未见其能济也。夫吾国言新法数十年而效不睹者何也？则于新民之道，未有留意焉者也。

......

所谓关于外交者何也？自十六世纪以来约三百年前，欧洲所以发达，世界所以进步，皆由民族主义（Nationalism）所磅礴冲激而成。民族主义者何？各地同种族，同言语，同宗教，同习俗之人，相视如同胞，务独立自治，组织完备之政府，以谋公益而御他族是也。此主义发达既极，驯至十九世纪之末（近二三十年），乃更进而为民族帝国主义（National Imperialism），民族帝国主义者何？其国民之实力，充于内而不得不溢于外，于是汲汲焉求扩张权力于他地，以为我尾闾。其下手也，或以兵力，或以商务，或以工业，或以教会；而一用政策以指挥调护之是也。近者如俄国之经略西伯利亚、土耳其；德国之经略小亚细亚、阿非利加；英国之用兵于波亚；美国之县夏威、掠古巴、攘菲律宾，皆此新主义之潮流，迫之不得不然也。而今也于东方大陆，有最大之国，最腴之壤，最腐败之政府，最散弱之国民。彼族一旦窥破内情，于是移其所谓民族帝国主义者，如群蚁之附膻，如万矢之向的，离然而集注于此一隅。彼俄人之于满洲，德人之于山东，英人之于扬子江流域，法人之于两广，日人之于福建，亦皆此新主义之潮流，迫之不得不然也。

夫所谓民族帝国主义者，与古代之帝国主义迥异。昔者有若亚历山大，有若查理曼，有若成吉思汗，有若拿破仑，皆尝抱雄图，务远略，欲蹂躏大地，吞并弱国。虽然，彼则由于一人之雄心，此则由于民族之涨力；彼则为权威之所役，此则为时势之所趋。故彼之侵略，不过一时，所谓暴风疾雨，不崇朝而息矣。此之进取，则在久远，日扩而日大，日入而日深。吾中国不幸而适当此盘涡之中心点，其将何以待之？曰：彼为一二人之功名心而来者，吾可以恃一二之英雄以相敌。彼以民族不得已之势而来者，非合吾民族全体之能力，必无从抵制也。彼以一时之气焰骤进者，吾可以鼓一时之血勇以相防。彼以久远之政策渐进者，非立百年宏毅之远猷，必无从幸存也。不见乎瓶水乎？水仅半器，他水即从而入之。若内力能自充塞本器，而无一隙之可乘，他水未有能入者也。故今日欲抵挡列强之民族帝国主义，以挽浩劫而拯生灵，唯有我行我民族主义之一策；而欲实行民族主义于中国，舍新民末由。

……

第三节　释新民之义

新民云者，非欲吾民尽弃其旧以从人也。新之义有二：一曰，淬厉其所本有而新之；二曰，采补其所本无而新之。二者缺一，时乃无功。先哲之立教也，不外因材而笃与变化气质之两途。斯即吾淬厉所固有、采补所本无之说也。一人如是，众民亦然。

凡一国之能立于世界，必有其国民独具之特质。上自道德、法律，下至风俗、习惯、文学、美术，皆有一种独立之精神。祖父传之，子孙继之，然后群乃结，国乃成，斯实民族主义之根柢源泉也。我同胞能数千年立国于亚洲大陆，必其所具特质，有宏大高尚完美，厘然异于群族者。吾人所当保存之而勿失坠也。虽然，保之云者，非任其自生自长，而漫曰："我保之，我保之"云尔！譬诸木然，非岁岁有新芽之苗，则其枯可立待。譬诸井然，非息息有新泉之涌，则其涸不移时。夫新芽、新泉，岂自外来者耶？旧也而不得不谓之新，唯其日新，正所以全其旧也。濯之拭之，发其光晶；锻之炼之，成其体段；培之浚之，厚其本原，继长增高，日征月迈。国民之精神，于是乎保存，于是乎发达。世或以"守旧"二字，为一极可厌之名词。其然岂其然哉！吾所患不在守旧，而患无真能守旧者。真能守旧者何？即吾所谓淬厉其固有而已。

仅淬厉固有而遂足乎？曰：不然！今之世非昔之世，今之人非昔之人。昔者吾中国有部民而无国民，非不能为国民也，势使然也。吾国夙巍然屹立于大东，环列皆小蛮夷。与他方大国，未一交通，故我民常视其国为天下。耳目所接触，脑筋所濡染，圣哲所训示，祖宗所遗传，皆使之有可以为一个人之资格，有可以为一家人之资格，有可以为一乡一族人之资格，有可以为天下人之资格，而独无可以为一国国民之资格。夫国民之资格，虽未必有以远优于此数者，而以今日列国并立，弱肉强食，优胜劣败之时代，苟缺此资格，则决无以自立于天壤。故今日不欲强吾国则已，欲强吾国，则不可不博考各国民族所以自立之道，汇择其长者而取之，以补我之所未及。今论者于政治、学术、技艺，皆莫不知取长以补我短矣；而不知民德、民智、民力，实为政治、学术、技艺之大原。不取于此而取于彼，弃其本而袭其末，是何异见他树之蓊郁，而欲移其枝以接我槁干？见他井之汩涌，而欲汲其流以实我智源也？故采补所本无以新我民之道，不可不深长思也。

世界上万事之现象，不外两大主义：一曰保守，二曰进取。人之运用此两主义者，或偏取甲，或偏取乙；或两者并起而相冲突，或两者并存而相调和。偏取其一，未有能立者也。有冲突则必有调和，冲突者，调和之先驱也。善调和者，斯为伟大国民，盎格鲁撒克逊人种是也。譬之跬步，以一足立，以一足行，譬之拾物，以一手握，以一手取。故吾所谓新民者，必非如心醉西风者流，蔑弃吾数千年之道德、学术、风俗，以求伍于他人；亦非如墨守故纸者流，谓仅抱此数千年之道德、学术、风俗，遂足以立于大地也。

第六节　论国家思想

人群之初级也，有部民而无国民。由部民而进为国民，此文野所由分也。部民与国民之异安在？曰：群族而居，自成风俗者，谓之部民。有国家思想，能自布政治者，谓之国民。天下未有无国民而可以成国者也。

国家思想者何？一曰对于一身而知有国家，二曰对于朝廷而知有国家，三曰对于外族而知有国家，四曰对于世界而知有国家。

……

呜呼！以黄帝神明华胄所世袭之公产业，而为人矧而夺之者，屡见不一见。而所谓黄帝子孙者，迎壶浆若崩厥角。纡青紫臣妾骄人，其自啮同类以为之尽力者，又不知几何人也！陈白沙《崖山吊古诗》有云："镌功奇石张宏范，不是胡儿是汉儿。"嗟夫！嗟夫！晋宋以来之汉儿，其丰功伟烈与张宏范后先辉映者，何啻千百？白沙先生，无乃所见不广乎？国家思想之销亡，至是而极。以言乎第四义，则中国儒者，动曰平天下、治天下。其尤高尚者，如江都《繁露》之篇，横渠《西铭》之作，视国家为渺小之一物，而不屑厝意。究其极也，所谓国家以上之一大团体，岂尝因此等微妙之空言而有所补益？而国家则滋益衰矣。若是乎吾中国人之果无国家思想也。危乎痛哉！吾中国人之无国家思想，竟如是其甚也！

吾推其所以然之故，厥有二端：一曰知有天下而不知有国家，二曰知有一己而不知有国家。

其误认国家为天下也，复有二因：第一由于地理者。欧洲地形，山河绮错，华离破碎，其势自趋于分立。中国地形，平原磅礴，厄塞交通，其势自趋于统一。自秦以后，二千余年，中间唯三国、南北朝三百年间，稍为分裂，自余则皆四海一家。即偶有割据，亦不旋踵而合并也。环其外者，虽有无数蛮族，然其幅员，其户口，其文物，无一足及中国。若葱岭以外，虽有波斯、印度、希腊、罗马诸文明国，然彼此不相接不相知。故中国之视其国如天下，非妄自尊大也，地理使然也。夫国也者，以对待而成。中国人国家思想发达，所以较难于欧洲者，势也。第二由于学说者。战国以前，地理之势未合，群雄角立，而国家主义亦最盛。顾其敝也，争地争城，杀人盈野，涂炭之祸，未知所极！有道之士，怵然忧之！矫枉过正，以救末流。孔子作《春秋》，务破国界，归于一王，以文致太平。孟子谓："天下恶乎定？定于一。"其余先秦诸子，如墨翟、宋轻、老聃、关尹之流，虽其哲理各自不同，至言及政术，则莫不以统一诸国为第一要义。盖救当时之弊，不得不如是也。人心之厌分争已甚，遂有嬴政、刘邦诸枭雄，接踵而起。前此书生之坐论，忽变为帝者之实行中央集权之势，遂以大定。帝者犹虑其未固也，乃更燔百家之言，锢方术之士。而务刺取前哲绪论之有利于己者，特表章之，以陶冶一世。于是国家主义遂绝。其绝也，未始不由孔、墨诸哲消息于其间也。虽然，是固不可以为先哲咎。彼其时固当然，而扶东倒西，又人类之弱点而不能避者也。佛以说法度众生，而法执者谓执泥于法也，即由法生惑焉。后人狃一统而忘爱国，又岂先圣之志也？且人与人相处，而不能无彼我之界者，天性然矣。国界既破，而乡族界、身家界反日益甚。是去十数之大国，而复生出百数、千数、无量数之小国。驯至四万万人为四万万国焉。此实吾中国二千年来之性状也。唯不知有国也，故其视朝廷，不以为国民之代表，而以为天帝之代表。彼朝廷之屡易而不动其心也，非恝也，苍天死而黄天立，白帝杀而赤帝来，于我下界凡民有何与也？禀受于地理者既若彼，熏习于学说者又若此，我国人之无国家思想也，又何怪焉！又何怪焉！

虽然，知有天下而不知有国家，此不过一时之谬见。其时变，则其谬亦可自去。彼谬之由地理而起者，今则全球交通，列强比邻，闭关一统之势破，而安知殷忧之不足以相启也。谬之由学说而起者，今则新学输入，古义调和，通变宜民之论昌，而安知王霸之不可以一途也？所最难变者，则知有一己而不知有国家之弊，深中于人心也。夫独善其身、乡党自好者，畏国事之为己累而逃之也；家奴走狗于一姓而自诩为忠者，为一己之爵禄也。势利所在，趋之若蚁。而更自造一种道德以饰其丑而美其名也。不然，则二千年来与中国交通者，虽无文明大国，而四面野蛮，亦何尝非国耶？谓其尽不知有对待之国，又乌可也？然试观刘渊、石勒以来，各种人之入主中夏，曾有一焉无汉人以为之佐命元勋者乎？昔嵇绍生于魏，晋人篡其君而戮其父，绍靦颜事两重不共戴天之仇敌，且为之死而自以为忠。后世盲史家亦或以忠许之焉。吾甚惜乎至完美至高尚之忠德，将为此辈污蔑以尽也！无他，知有己而已。有能富我者，吾愿为之疚痛；有能贵我者，吾愿为之叩头。其来历何如，岂必问也？若此者，其所以受病，全非由地理学说之影响。地理学说虽万变，而奴隶根性终不可得变。呜呼！吾独奈之何哉？吾独奈之何哉？不见乎联军入北京，而顺民之旗，户户高悬；德政之伞，署衔千百。呜呼痛哉！吾语及此，无眦可裂，无发可竖，吾唯胆战，吾唯肉麻。忠云忠云，忠于势云尔！忠于利云尔！不知来，视诸往。他日全地球势利中心点之所在，是即四万万忠臣中心点之所在也。而特不知国于此焉者之谁与立也？

　　呜呼！吾不欲多言矣。吾非敢望我同胞将所怀抱之利己主义铲除净尽，吾唯望其扩充此主义，巩固此主义，求如何而后能真利己，如何而后能保己之利使永不失。则非养成国家思想，不能为功也。同胞乎！同胞乎！勿谓广土之足恃，罗马帝国全盛时，其幅员不让我今日也。勿谓民众之足恃，印度之土人，固二百余兆也。勿谓文明之足恃，昔希腊之雅典，当其为独立国也，声明文物甲天下。及其服从他族，萎靡不振以至于澌亡。而吾国当胡元时代，士大夫皆习蒙古文（《廿二史劄记》言之甚详），而文学几于中绝也。唯兹国家，吾侪父母兮！无父何怙，无母何恃兮！茕茕凄凄，谁怜取兮！时运一去，吾其已兮！思之思之兮，及今其犹未沫兮！

　　……

第八节　论权利思想

　　人人对于人而有当尽之责任，人人对于我而有当尽之责任。对人而不尽责任者，谓之间接以害群；对我而不尽责任者，谓之直接以害群。何也？对人而不尽责任，譬之则杀人也；对我而不尽责任，譬之则自杀也。一人自杀，则群中少一人，举一群之人而皆自杀，则不啻其群之自杀也。

　　我对我之责任奈何？天生物而赋之以自捍自保之良能，此有血气者之公例也。而人之所以贵于万物者，则以其不徒有"形而下"之生存，而更有"形而上"之生存。形而上之生存，其条件不一端，而权利其最要也。故禽兽以保生命为对我独一无二之责任。而号称人类者，则以保生命保权利两者相倚。然后此责任乃完。苟不尔者，则忽丧其所以为人之资格，而与禽兽立于同等之地位。故罗马法视奴隶与禽兽等，于论理上诚得其当也。（以论理学三段法演之其式如下：无权利者禽兽也。奴隶者，无权利者也。故奴隶即禽兽也。）故形而下之自杀，所杀者不过一人；形而上之自杀，则举全社会而禽兽之。且禽兽其苗裔，以至于无穷。吾故曰：直接以害群也。呜呼！吾一不解吾中国人之甘于自杀者何其多也！

　　权利何自生？曰：生于强。彼狮虎之对于群兽也，酋长国王之对百姓也，贵族之对平民也，男子之对女子也，大群之对于小群也，雄国之对于孱国也，皆常占优等绝对之权利。非狮、虎、酋长等之暴恶也，人人欲伸张己之权利而无所厌，天性然也。是故权利之为物，必有甲焉先放弃之，然后有乙焉能侵入之。人人务自强以自保吾权，此实固其群、善其群之不二法门也。古代希腊有供养正义之神者，其造像也，左手握衡，右手提剑。衡所以权权利之轻重，剑所以护权利之实行。有剑无衡，是豺狼也；有衡无剑，则权利者亦空言而卒归于无效。德儒伊耶陵（Jhering）所著《权利竞争论》，原名为 Der Kampfums Recht，英译为 Battle Right。

伊氏为私法学大儒，生于一八一八年，卒于一八九二年。此书乃其被聘于奥国维也纳大学为教授时所著也。在本国重版九回，他国文翻译者二十一种，其书之价值可知矣。去年译书汇编同人，曾以我国文翻译之。仅成第一章，而其下阙如。余亟欲续成之，以此书药治中国人尤为对病也。本论要领，大率取材伊氏之作，故述其崖略如此。云："权利之目的在平和，而达此目的之方法，则不离战斗。有相侵者，则必相拒；侵者无已时，故拒者亦无尽期。质而言之，则权利之生涯竞争而已。"又曰："权利者，不断之勤劳也。勤劳一弛，而权利即归于灭亡。"若是乎权利之为物，其所以得之与所以保之者，如此其不易也。

借欲得之，借欲保之，则权利思想，实为之原。夫人之有四肢五脏也，是形而下生存之要件也。使内而或肝或肺，外而或指或趾，其有一不适者，孰不感苦痛而急思疗治之？夫肢脏之苦痛，是即其身内机关失和之征也，是即其机关有被侵焉之征也。而疗治者，即所以防御此侵害以自保也。形而上者之侵害亦有然，有权利思想者，一遇侵压，则其苦痛之感情，直刺焉激焉，动机一拨而不能自制，亟亟焉谋抵抗之以复其本来。夫肢脏受侵害而不觉苦痛者，必其麻木不仁者也。权利受侵害而不觉苦痛，则又奚择焉？故无权利思想者，虽谓之麻木不仁可也。

权利思想之强弱，实为其人品格之所关。彼夫为臧获者，虽以穷卑极耻之事廷辱之，其受也泰然。若在高尚之武士，则虽掷头颅以抗雪其名誉，所不辞矣；为穿窬者，虽以至丑极垢之名过毁之，其居也恬然；若在纯洁之商人，则虽倾万金以表白其信用，所不辞矣，何也？当其受侵受压受诬也，其精神上无形之苦痛，直感觉而不能自已。彼误解权利之真相者，以为是不过于形骸上、物质上之利益，斤斤计较焉。嘻！鄙哉！其为浅丈夫之言也。譬诸我有是物而横夺于人，被夺者奋然抗争于法庭，彼其所争之目的，非在此物也，在此物之主权也。故常有诉讼之先，声言他日讼直所得之利益，悉以充慈善事业之用者。苟其志而在利也，则此胡为者；故此等之诉讼，可谓之道德上问题，而不可谓算学上之问题。苟为算学上之问题，则必先持筹而计之曰："吾诉讼费之所损，可以偿讼直之所得乎？"能偿则为之，不能已之，此鄙夫之行也。夫此等计算者，对于无意识之损害，可以用之。譬如坠物于渊，欲佣人而索之，因预算其物值与佣值之相偿，是理之当然也。其目的在得物之利益也。争权利则不然，其目的非在得物之利益也。故权利与利益，其性质正相反对。贪目前之苟安，计锱铢之小费者，其势必至视权利如弁髦，此正人格高下垢净所由分也。

……

大抵中国善言仁，而泰西善言义。仁者，人也。我利人，人亦利我，是所重者常在人也。义者，我也。我不害人，而亦不许人之害我，是所重者常在我也。此二德果孰为至乎？在千万年后大同太平之世界，吾不敢言，若在今日，则义也者，诚救时之至德要道哉！夫出吾仁以仁人者，虽非侵人自由，而待仁于人者，则是放弃自由也。仁焉者多，则待仁于人者亦必多，其弊可以使人格日趋于卑下。欧西百年前，以施济贫民为政府之责任，而贫民日以多。后悟此理，厘而裁之，而民反殷富焉。君子爱人以德，不闻以姑息。故使人各能自立而不倚赖他人者，上也。若曰吾举天下人而仁之，毋乃降斯人使下己一等乎？若是乎仁政者，非政体之至焉者也。吾中国人唯日望仁政于其君上也。故遇仁焉者，则为之婴儿；遇不仁焉者，则为之鱼肉。古今仁君少而暴君多，故吾民自数千年来祖宗之遗传，即以受人鱼肉为天经地义，而权利二字之识想，断绝于吾人脑质中者，固已久矣。

杨朱曰："人人不损一毫，人人不利天下，天下治矣。"吾畴昔最深恶痛恨其言，由今思之，盖亦有所见焉矣。其所谓人人不利天下，固公德之蟊贼；其所谓人人不损一毫，抑亦权利之保障也。……夫人虽至鄙吝，至不肖，亦何至爱及一毫而顾斤斤焉争之者，非争此一毫，争夫人之损我一毫所有权也。所有权即主权是推权利思想充类至义之尽者也。一部分之权利，合之即为全体之权利。一私人之权利思想，积之即为一国家之权利思想。故欲养成此思想，必自个人始。人人皆不肯损一毫，则亦谁复敢撄他人之锋而损其一毫者？故曰：天下治矣。非虚言也。（西哲名言曰："人人自由，而以他人之自由为界。"实即人人不损一毫之义也。不过其语有完有不完者耳。）虽然，杨朱非能解权利之真相者也。彼知权利当保守而勿失，而不知权利以进取而始生。放逸也，偷乐也，任运也，厌世也，皆杀权利之刽子手也，而杨朱日昌言之。以是求权利，则何异饮鸩以祈永年也！此吾中国所以虽盛行杨学，而唯熏染其人人不利天下之流毒，而不能实行其人人不损一毫之理想也，权利思想薄弱使然也。

权利思想者。非徒我对于我应尽之义务而已，实亦一私人对于一公群应尽之义务也。譬之两阵交绥，同队之人，皆赌生命以当公敌，而一人独贪安逸，避竞争，曳兵而走焉。此人之牺牲其名誉，不待言矣。而试思此人何以能幸保首领，且其祸仍未延及于全群者，毋亦恃同队之人，有代己而抗敌者耳。使全军将卒，皆与此怯夫同流，望风争逃，则此怯夫与其群，非悉为敌所屠而同归于尽不止也。彼一私人自抛弃其权利者，与此逃亡之弱卒何择也？不宁唯是，权利者，常受外界之侵害而无已时者也，故亦必常出内力之抵抗而无已时，然后权利始成立。抵抗力厚薄，即为权利强弱比例差。试更以前喻明之：夫以千人之队，则其间一卒之去就，微末亦甚矣。然使百人乃至数百人，脱队而逃，则其结果如何？其所余不逃之卒，必不可不加数倍之苦战，代此逃者而荷其负担，虽复忠勇义烈，而其力亦有所不逮矣。是何异逃者亲揿不逃者之胸而剚以刃也！夫权利之竞争，亦若是则已耳。为国民者协力各尽其分内竞争之责任，则侵压自不得行，设有苟免幸脱而避其冲者，是不啻对于国民全体而为叛逆也。何也？是使公敌增其力，而跳梁暴肆之所由行也。彼浅见者，以为一私人之放弃权利，不过其本身之受亏被害，而影响不及于他人，何其慎也！

权利竞争之不已，而确立之保障之者，厥恃法律。故有权利思想者，必以争立法权为第一要义。凡一群之有法律，无论为良为恶，而皆由操立法权之人制定之以自护其权利者也。强于权利思想之国民，其法律必屡屡变更，而日进于善。盖其始由少数之人，出其强权以自利；其后由多数之人，复出其强权相抵制，而亦以自利。（余所著《饮冰室自由书》论强权一条参观。）权利思想愈发达，则人人务为强者。强与强相遇，权与权相衡，于是平和善美之新法律乃成。虽然，当新法律与旧法律相嬗之际，常为最剧最惨之竞争。盖一新法律出，则前此之凭借旧法律以享特别之权利者，必受异常之侵害，故倡议制新法律者，不啻对于旧有权力之人而下宣战书也。夫是以动力与反动力相搏，而大争起焉，此实生物天演之公例也。当此时也，新权利新法律之能成就与否，全视乎抗战者之力之强弱以为断，而道理之优劣不与焉。而此过渡时代，则倚旧者与倡新者，皆不可不受大损害。试一读欧美诸国法律发达史，如立宪政，废奴隶，释佣农，劳力自由，信教自由等诸大法律，何一不自血风肉雨中薰浴而来？使倡之者有所愉、有所惮、有所姑息，而稍稍迁就于其间乎。则此退一步，彼进一步，而所谓新权利者，亦必终归于灭亡而已。吾中国人数千年来不识权利之为何状，亦未始不由迂儒煦煦之说阶之厉也。质而言之，则权利之诞生，与人类之诞生略同。分娩拆副之苦痛，势所不免，唯其得之也艰，故其护之也力，遂使国民与权利之间，其爱情一如母子之关系。母之生子也，实自以其性命为孤注，故其爱有非他人他事所能易者也。权利之不经艰苦而得者，如飞鸿之遗雏，猛鹯狡狐，时或得而攫之。若慈母怀中之爱儿，虽千百狐鹯，岂能褫也？故权利之薰浴于血风肉雨而来者，既得之后，而永不可复失焉。谓余不信，请观日本人民拥护宪法之能力，与英、美人民之能力相比较，其强弱之率何如矣？若是乎专言仁政者，果不足以语于立国之道。而人民之望仁政以得一支半节之权利者，实含有亡国民之根性明矣。

夫专言仁政犹且不可，而虐政更何论焉！大抵人生之有权利思想也，天赋之良知良能也。而其或强或弱，或隐伏或渐亡，至不齐者何也？则常缘其国家之历史政治之浸润以为差。孟子牛山之喻，先我言之矣。非无萌蘖，牛羊又从而牧之，是以若彼濯濯也。历览东西古今亡国之史乘，其始非无一二抵抗暴制以求自由者，一锄之，三四锄之，渐萎靡，渐衰颓，渐销铄，久之而猛烈沉浓之权利思想，愈制而愈驯，愈冲而愈淡，乃至回复之望绝，而受羁受轭，以为固然。积之数十年、数百年，每下愈况，而常至渐亡。此固由其人民能力之薄弱，而政府之罪，又乌可逭也？夫此等政府，岂尝有一焉能嗣续其命脉以存于今日者？即有一二，亦不过风烛残年，旦夕待死而已。政府以此道杀人，毋乃适为自杀之利刃乎！政府之自杀，己作之而己受之，其又奚尤？顾所最痛者，其祸乃延及于国家全体而不能救也。国民者一私人之所结集也，国权者，一私人之权利所团成也。故欲求国民之思想、之感觉、之行为，舍其分子之各私人之思想、感觉、行为，而终不可得见。其民强者谓之强国；其民弱者谓之弱国。其民富者谓之富国；其民贫者谓之贫国。其民有权者谓之有权国；其民无耻者谓之无耻国。夫至以无耻国三字成一名词，而犹欲其国之立于天地，有是理耶？其能受阉宦差役之婪索一钱而安之者，必其能受外国之割一省而亦安之者也；其能现奴颜婢膝，昏暮乞怜于权贵之间者，必其能悬顺民之旗，箪食壶浆以迎他族之师者也。譬之器然，其完固者，无论何物，不能渗也；苟有穴焉，有罅焉，我能渗之，他人亦能渗之，夫安知乎虐政所从入之门，乃即外寇所从入之门也？挑邻妇而利其从我，及为我妇，则欲其为我詈人，安可得也？平昔之待其民也，鞭之挞之，敲之削之，戮之辱之，积千数百年霸者之余威，以震荡摧锄天下之廉耻，既殄、既狝、既夷。一旦敌国之艨艟麇集于海疆，寇仇之貔貅迫临于城下，而后欲借人民之力以捍卫是而纲维是，是何异不胎而求子，蒸沙而求饭也。嗟夫！嗟夫！前车之覆者，不知几何矣，而独不解丁兹阳九者，曾一自审焉否也？

重为言曰：国家譬犹树也，权利思想，譬犹根也。其根既拨，虽复干植崔嵬，华叶蓊郁，而必归于槁亡。遇疾风横雨，则摧落更速焉。即不尔，而旱暵之所暴炙，其萎黄雕敝，亦须时耳。国民无权利思想者以之当外患，则槁木遇风雨之类也。即外患不来，亦遇旱暵之类。吾见夫全地球千五兆生灵中，除印度、非洲、南洋之黑蛮外，其权利思想之薄弱，未有吾国人若者也。孟子有言："逸居而无教，则近于禽兽。"若取罗马法之法理，而以论理解释之，则岂唯近法而已？一国之大，而仅有四万万禽兽居焉，天下之可耻，孰过是也？我同胞其耻之乎？为政治家者，以勿摧压权利思想为第一义。为教育家者，以养成权利思想为第一义；为一私人者，无论士焉、农焉、工焉、商焉、男焉、女焉，各以自坚持权利思想为第一义；国民不能得权利于政府也，则争之。政府见国民之争权利也，则让之。欲使吾国之国权与他国之国权平等，必先使吾国中人人固有之权皆平等，必先使吾国民在我国所享之权利与他国民在彼国所享之权利相平等。若是者国庶有瘳，若是者国庶有瘳！

第九节　论自由

"不自由，毋宁死。"斯语也，实十八、十九两世纪中，欧美诸国民所以立国之本原也。自由之义，适用于今日之中国乎？曰：自由者，天下之公理，人生之要具，无往而不适用者也。虽然，有真自由，有伪自由；有全自由，有偏自由；有文明之自由，有野蛮之自由。今日自由云自由云之语，已渐成青年辈之口头禅矣。新民子曰："我国民如欲永享完全文明真自由之福也，不可不先知自由之为物果何如矣。请论自由。"

自由者，奴隶之对待也。综观欧美自由发达史，其所争者不出四端：一曰政治上之自由，二曰宗教上之自由，三曰民族上之自由，四曰生计上之自由（即日本所谓经济上自由）。政治上之自由者，人民对于政府而保其自由也。宗教上之自由者，教徒对于教会而保其自由也。民族上之自由者，本国对于外国而保其自由也。生计上之自由者，资本家与劳力者相互而保其自由也。而政治上之自由，复分为三：一曰平民对于贵族而保其自由，二曰国民全体对于政府而保其自由，三曰殖民地对于母国而保其自由是也。自由之征诸实行者，不外是矣。

以此精神，其所造出之结果，厥有六端：（一）四民平等问题：凡一国之中，无论何人，不许有特权（特别之权利与齐民异者），是平民对于贵族所争得之自由也。（二）参政权问题：凡生息于一国中者，苟及岁而即有公民之资格，可以参与一国政事，是国民全体对于政府所争得之自由也。（三）属地自治问题：凡人民自殖于他土者，得任意自建政府，与其在本国时所享之权利相等；是殖民地对于母国所争得之自由也。（四）信仰问题：人民欲信何教，悉由自择，政府不得以国教束缚干涉之；是教徒对于教会所争得之自由也。（五）民族建国问题：一国之人，聚族而居，自立自治，不许他国若他族握其主权，并不许干涉其毫末之内治，侵夺其尺寸之土地；是本国人对于外国所争得之自由也。（六）工群问题：日本谓之劳动问题，或社会问题。凡劳力者，自食其力，地主与资本家，不得以奴隶畜之；是贫民对于素封者所争得之自由也。试通览近世三四百年之史记，其智者敝口舌于庙堂，其勇者涂肝脑于原野，前者仆，后者兴，屡败而不悔，弗获而不措者，其所涂岂不以此数端耶？其所得岂不在此数端耶？试一述其崖略。

昔在希腊罗马之初政，凡百设施，谋及庶人。共和自治之制，发达盖古。然希腊纯然贵族政体，所谓公民者，不过国民中一小部分，而其余农工商及奴隶，非能一视也。罗马所谓公民，不过其都会中之拉丁民族，而其攻取所得之属地，非能一视也。故政治上之自由，虽远滥觞于希腊，然贵族之对平民也，母国之对属地也，本国人之对外国也，地主之对劳力者也，其种种侵夺自由之弊，亦自古然矣。及耶稣教兴，罗马帝国立，而宗教专制政治专制乃大起。中世之始，蛮族猖披，文化蹂躏，不待言矣。及其末也，则罗马皇帝与罗马教皇，分司全欧人民之躯壳、灵魂两界，生息于肘下而不能自拔。故中世史者，实泰西之黑暗时代也。及十四、十五世纪以来，马丁路得【今译马丁路德】兴，一抉旧教樊篱，思想自由之门开，而新天地始出现矣。尔后二三百年中，列国或内争，或外伐，原野餍肉，溪谷填血，天日惨淡，神鬼苍黄，皆为此一事而已。此为争宗教自由时代。及十七世纪，格林威尔起于英，十八世纪，华盛顿兴于美，未几而法国大革命起，狂风怒潮，震撼全欧。列国继之，云瀚水湧，遂使地中海以西，互于太平洋东岸，无一不为立宪之国。加拿大、澳洲诸殖民地，无一不为自治之政。直至今日，而其机未止。此为争政治自由时代。自十六世纪，荷兰人求脱西班牙之轭，奋战四十余年，其后诸国踵兴，至十九世纪，而民族主义磅礴于大地。意大利、匈牙利之于奥地利；爱尔兰之于英伦；波兰之于俄、普、奥三国；巴干半岛诸国之于土耳其，以至现今波亚之于英，菲律宾之于美，所以死亡相踵而不悔者，皆曰非我种族，不得有我主权而已。虽其所向之目的，或达或不达，而其精神一也。此为争民族自由时代（民族自由与否，大半原于政治，故此二者其界限常相混）。前世纪十九以来，美国布禁奴之令，俄国废农佣之制，生计界大受影响。而二三十年来，同盟罢工之事，所在纷起，工厂条例，陆续发布。自今以往，此问题遂将为全地球第一大案。此为争生计自由时代。凡此诸端，皆泰西四百年来改革进步之大端，而其所欲以去者，亦十之八九矣。噫嘻！是遵何道哉？皆"不自由毋宁死"之一语，耸动之，鼓舞之，出诸壤而升诸霄，生其死而肉其骨也。于戏！璀璨哉！自由之花。于戏！庄严哉！自由之神。

......

由此观之，数百年来世界之大事，何一非以"自由"二字为之原动力者耶？彼民之求此自由也，其时不同，其国不同，其所需之种类不同，故其所来者亦往往不同，要其用诸实事而非虚谈，施诸公敌而非私利一也。试以前所列之六大问题，复按诸中国，其第一条四民平等问题，中国无有也，以吾自战国以来，即废世卿之制，而阶级陋习，早已消灭也。其第三条属地自治问题，中国无有也，以其无殖民地于境外也。其第四条信仰问题，中国更无有也，以吾国非宗教国，数千年无教争也。其第六条工群问题，他日或有之，而今则尚无有也，以其生计界尚沉滞，而竞争不剧烈也。然则今日吾中国所最急者，唯第二之参政问题，与第四之民族建国问题而已。此二者事本同源，苟得其乙，则甲不求而自来；苟得其甲，则乙虽弗获，犹无害也。若是夫吾侪之所谓自由，与其所以求自由之道，可以见矣。

自由之界说曰："人人自由，而以不侵人之自由为界。"夫既不许侵人自由，则其不自由亦甚矣。而顾谓此为自由之极则者何也？自由云者，团体之自由，非个人之自由也。野蛮时代个人之自由胜，而团体之自由亡；文明时代团体之自由强，而个人之自由灭。斯二者盖有一定之比例，而分毫不容忒者焉。使其以个人之自由为自由也，则天下享自由之福者，宜莫今日之中国人若也。绅士武断于乡曲，受鱼肉者莫能抗；驵商通债而不偿，受欺骗者莫能责也。夫人人皆可以为绅士，人人皆可以为驵商，则人人之自由亦甚矣；不宁唯是，首善之区，而男妇以官道为圊渝，何其自由也。市邑之间，而老稚以鸦片为菽粟，何其自由也。若在文明国，轻则罚锾，重则输城旦矣。诸类此者，若悉数之，则更十仆而不能尽。由是言之，中国人自由乎，他国人自由乎？顾识者揭橥自由之国，不于此而于彼者何也？野蛮自由，正文明自由之蟊贼也。文明自由者，自由于法律之下。其一举一动，如机器之节腠；其一进一退，如军队之步武。自野蛮人视之，则以为天下之不自由，莫此甚也。夫其所以必若是者何也？天下未有内不自整，而能与外为竞者。外界之竞争无已时，则内界之所以团其竞争之具者，亦无已时。使滥用其自由，而侵他人之自由焉，而侵团体之自由焉。

则其群固已不克自立，而将为他群之奴隶，夫复何自由之能几也？故真自由者必能服从。服从者何？服法律也。法律者，我所制定之，以保护我自由，而亦以钳束我自由者也。彼英人是已。天下民族中，最富于服从性质者，莫如英人。其最享自由幸福者，亦莫如英人。夫安知乎服从之即为自由母也？嗟夫！今世少年，莫不嚣嚣言自由矣。其言之者固自谓有文明思想矣，曾不审夫泰西之所谓自由者，在前此之诸大问题，无一役非为团体公益计，而决非一私人之放恣桀骜者所可托以藏身也。今不用之向上以求宪法，不用之排外以伸国权，而徒耳食一二学说之半面，取便私图，破坏公德，自返于野蛮之野蛮。有规语之者，犹敢腼然抗说曰："吾自由！吾自由！"吾甚惧乎"自由"二字，不徒为专制党之口实，而实为中国前途之公敌也。

"爱"主义者，天下之良主义也。有人于此汲汲务爱己，而曰我实行爱主义可乎？"利"主义者，天下之良主义也。有人于此，孳孳务利己，而曰我实行利主义可乎？"乐"主义者，亦天下之良主义也。有人于此，媞媞务乐己，而曰我实行乐主义，可乎？故凡古贤今哲之标一宗旨以易天下者，皆非为一私人计也。身与群校，群大身小，屈身伸群，人治之大经也。当其二者不兼之际，往往不爱己、不利己、不乐己，以达其爱群利群乐群之实者有焉矣。佛言："我不入地狱，谁入地狱。"佛之说法，岂非欲使众生脱离地狱者耶？而其下手，必自亲入地狱始。若是乎有志之士，其必悴其形焉，困衡其心焉，终身自棲息于不自由之天地，然后能举其所爱之群与国而自由之也，明矣。今世之言自由者，不务所以进其群其国于自由之道，而唯于薄物细故日用饮食，斤斤然主张一己之自由。是何异箪豆见色，而曰我通功利派之哲学，饮博无赖，而曰我循快乐派之伦理也。《战国策》言："有学儒三年，归而名其母者。"吾见夫误解自由之义者，有类于是焉矣。

然则自由之义，竟不可行以个人乎？曰：恶，是何言！团体自由者，个人自由之积也。人不能离团体而自生存，团体不保其自由，则将有他团焉自外而侵之、压之、夺之，则个人之自由更何有也？譬之一身，任口之自由也，不择物而食焉，大病浸起，而口所固有之自由亦失矣。任手之自由也，持挺而杀人焉，大罚浸至，而手所固有之自由亦失矣；故夫一饮一食，一举一动，而皆若节制之师者，正百体所以各永保其自由之道也。此犹其与他人他体相交涉者，吾请更言一身自由之事。

一身自由云者，我之自由也。虽然，人莫不有两我焉：其一与众生对待之我，昂昂七尺，立于人间者是也。其二则与七尺对待之我，莹莹一点存于灵台者是也。（孟子曰："物交物，则引之而已矣。"物者，我之对待也。上物指众生，下物指七尺，即耳目之官要之，皆物而非我也。我者何？心之官是已。先立乎其大者，则其小者不能夺也。唯我为大，而两界之物皆小也。小不夺大，则自由之极轨焉矣。）是故人之奴隶我，不足畏也，而莫痛于自奴隶于人；自奴隶于人犹不足畏也，而莫惨于我奴隶于我。庄子曰："哀莫大于心死，而身死次之。"吾亦曰："辱莫大于心奴，而身奴斯为末矣。"大人强迫我以为奴隶者，吾不乐焉，可以一旦起而脱其绊也，十九世纪各国之民变是也。以身奴隶于人者，他人或触于慈祥焉，或迫于正义焉，犹可以出我水火而苏之也；美国之放黑奴是也。独至心中之奴隶，其成立也，非由他力之所得加；其解脱也，亦非由他力之所得助。如蚕在茧，著著自缚；如膏在釜，日日自煎。若有欲求真自由者乎，其必自除心中之奴隶始。

……

第十一节　论进步

泰西某说部，载有西人初航中国者，闻罗盘针之术之传自中国也。又闻中国二千年前即有之也。默忖此物入泰西，不过数纪，而改良如彼其屡，效用如彼其广。则夫母国数千年之所增长，更当何若？登岸后不遑他事，先入市购一具。乃问其所谓最新式者，则与历史读本中所载十二世纪时亚剌伯人传来之罗盘图，无累黍之异，其人乃废然而返云。此虽讽刺之寓言，实则描写中国群治濡滞之状，谈言微中矣。

吾昔读黄公度《日本国志》，好之，以为据此可以尽知东瀛新国之情状矣。入都见日使矢野龙溪，偶论及之。龙溪曰："是无异据《明史》以言今日中国之时局也。"余怫然，叩其说。龙溪曰："黄书成于明治十四年，我国自维新以来，每十年间之进步，虽前此百年不如。然则二十年前之书，非《明史》之类如何？"吾当时犹疑其言。东游以来，证以所见，良信。斯密亚丹《原富》称："元代时，有意地利人玛可波罗游支那，归而著书，述其国情，以较今人游记，殆无少异。"吾以为岂唯玛氏之作，即《史记》、《汉书》二千年旧籍，其所记载，与今日相去能几何哉？夫同在东亚之地，同为黄族之民，而何以一进一不进，霄壤若此？

中国人动言郅治之世在古昔，而近世则为浇末，为叔季，此其义与泰西哲学家进化之论最相反。虽然，非谰言也，中国之现状实然也。试观战国时代，学术蜂起，或明哲理，或阐技术，而后此则无有也。两汉时代，治具粲然。宰相有责任，地方有乡官，而后此则无有也。自余百端，类此者不可枚举。夫进化者天地之公例也。譬之流水，性必就下；譬之抛物，势必向心。苟非有他人焉从而搏之，有他物焉从而吸之，则未有易其故常者。然则吾中国之反于彼进化之大例，而演出此凝滞之现象者，殆必有故。求得其故而讨论焉发明焉，则知病而药于是乎在矣。

论者必曰："由于保守性质之太强也。"是固然也。虽然，吾国中人保守性质，何以独强？是亦一未解决之问题也。且英国人以善保守闻于天下，而万国进步之速，殆莫英若，又安见夫保守之必为群害也。吾思之，吾重思之，其原因之由于天然者有二，由于人事者有三。一曰：大一统而竞争绝也。竞争为进化之母，此义殆既成铁案矣。泰西当希腊列国之时，政学皆称极盛，洎罗马分裂，散为诸国，复成近世之治，以迄于今，皆竞争之明效也。夫列国并立，不竞争则无以自存。其所竞者，非徒在国家也，而兼在个人。非徒在强力也，而尤在德智。分途并趋，人自为战，而进化遂沛然莫之能御。故夫一国有新式枪炮出，则他国弃其旧者恐后焉。非是不足以操胜于疆场也。一厂有新式机器出，则他厂亦弃其旧者恐后焉。非是不足以求赢于圜阓也。唯其然也，故不徒耻下人，而常求上人。昨日乙优于甲，今日丙驾于乙，明日甲还胜丙。互相傲，互相妒，互相师，如赛马然，如斗走然，如竞漕然。有横于前，则后焉者自不敢不勉；有蹑于后，则前焉者亦不敢即安，此实进步之原动力所由生也。中国唯春秋、战国数百年间，分立之运最久，而群治之进，实以彼时为极点。自秦之后，一统局成，而为退化之状者，千余年于今矣，岂有他哉？竞争力销乏使然也。

二曰：环蛮族而交通难也。凡一社会与他社会相接触，则必产出新现象，而文明遂进一步。上古之希腊殖民，近世之十字军东征，皆其成例也。然则统一非必为进步之障也，使统一之于内，而交通之于外，则其飞跃或有更速者也。中国环列皆小蛮夷，其文明程度，无一不下我数等。一与相遇，如汤沃雪，纵横四顾，常觉有上天下地唯我独尊之概，始而自信，继而自大，终而自画。至于自画，而进步之途绝矣。不宁唯是，所谓诸蛮族者，常以其牛羊之力，水草之性，来破坏我文明，于是所以抵抗之者，莫急于保守我所固有。中原文献，汉官威仪，实我黄族数千年来战胜群裔之精神也。夫外之既无可师法，以为损益之资；内之复不可不兢兢保持，以为自守之具，则其长此终古也亦宜！

以上由于天然者。

三曰：言文分而人智局也。文字为发明道器第一要件，其繁简难易，常与民族文明程度之高下为此例差。列国文字，皆起于衍形。及其进也，则变而衍声。夫人类之语言，递相差异，经千数百年后，而必大远于其朔者，势使然也。故衍声之国，言文常可以相合；衍形之国，言文必日以相离。社会之变迁日繁，其新现象、新名词必日出，或从积累而得，或从交换而来，故数千年前一乡、一国之文字，必不能举数千年后万流汇沓群族纷挐、时代之名物、意境而尽载之、尽描之，此无可如何者也。言文合，则言增而文与之俱增，一新名物、新意境出，而即有一新文字以应之，新新相引，而日进焉。言文分，则言日增而文不增，或受其新者而不能解，或解矣而不能达，故虽有方新之机，亦不得不窒，其为害一也。言文合，则但能通今文者，已可得普通之智识，其古文之学（如泰西之希腊、罗马文字），待诸专门名家者之讨求而已。故能操语言者即能读书，而人生必需之常识，可以普及。言文分，则非多读古书通古义，不足以语于学问。故近数百年来学者，往往瘁毕生精力于《说文》、《尔雅》之学，无余裕以从事于实用，夫亦有不得不然者也，其为害二也。且言文合而主衍声者，识其二三十之字母，通其连缀之法，则望文而可得其音，闻音而可解其义。言文分而主衍形者，则苍颉篇三千字，斯为字母者三千。说文九千字，斯为字母者九千，康熙字典四万字，斯为字母者四万。夫学二三十之字母，与学三千、九千、四万之字母，其难易相去何如？故泰西、日本，妇孺可以操笔札，车夫可以读新闻，而吾中国或有就学十年，而冬烘之头脑如故也，其为害三也。夫群治之进，非一人所能为也。相摩而迁善，相引而弥长，得一二之特识者，不如得百千万亿之常识者，其力逾大，而效逾彰也。我国民既不得不疲精力以学难学之文字，学成者固不及什一，即成矣，而犹于当世应用之新事物、新学理多所隔阂，此性灵之浚发所以不锐，而思想之传播所以独迟也。

四曰：专制久而民性漓也。天生人而赋之以权利，且赋之以扩充此权利之智识，保护此权利之能力，故听民之自由焉，自治焉，则群治必蒸蒸日上。有桎梏之、戕贼之者、始焉窒其生机，继焉失其本性，而人道乃几乎息矣。故当野蛮时代，团体未固，人智未完，有一二豪杰起而代其责，任其劳，群之利也。过是以往，久假不归，则利岂足以偿其弊哉！譬之一家一廛之中，家长之待其子弟，廛主之待其伴佣，皆各还其权利而不相侵，自能各勉其义务而不相伕。如是而不浡焉以兴，吾未之闻也！不然者，役之如奴隶，防之如盗贼，则彼亦以奴隶盗贼自居。有可以自逸，可以自利者，虽牺牲其家其廛之公益以为之，所不辞也。如是而不萎焉以衰，吾未之闻也。故夫中国群治不进，由人民不顾公益使然也。人民不顾公益，由自居于奴隶盗贼使然也。其自居于奴隶盗贼，由霸者私天下为一姓之产而奴隶盗贼吾民使然也。善夫立宪国之政党政治也，彼其党人，固非必皆秉公心、禀公德也。固未尝不自为私名私利计也。虽然，专制国之求势利者，则媚于一人；立宪国之求势利者，则媚于庶人。媚一也，而民益之进不进，于此判焉。政党之治，凡国必有两党以上，其一在朝，其他在野。在野党欲倾在朝党而代之也，于是自布其政策，以搘击在朝党之政策，曰使吾党得政，则吾所施设者如是如是。某事为民除公害，某事为民增公益。民悦之也，而得占多数于议院。而果与前此之在朝党易位，则不得不实行其所布之政策，以副民望而保大权，而群治进一级焉矣。前此之在朝党，既幡而在野，欲恢复其已失之权力也，又不得不勤察民隐，悉心布画，求更新更美之政策而布之曰，彼党之所谓除公害增公益者，犹未尽也。使吾党而再为之，则将如是如是，然后国家之前途愈益向上。民悦之也，而复占多数于议院，复与代兴之在朝党易位。而亦不得不实行其所布之政策，以副民望而保大权，而群治又进一级焉矣。如是相竞相轧，相增相长，以至无穷。其竞愈烈者，则其进愈速。欧美各国政治迁移之大势，大率由此也。是故无论其为公也，即为私焉，而其有造于国民固已大矣。若夫专制之国，虽有一二圣君贤相，徇公废私，为国民全体谋利益，而一国之大，鞭长难及，其泽之真能遍逮者，固已希矣。就令能之，而所谓圣君贤相者，旷百世不一遇，而恒、灵、京、桧，项背相望于历史。故中国常语称“一治一乱”，又曰：“治日少而乱日多。”岂无萌蘖？其奈此连番之狂风横雨何哉！进也以寸，而退也以尺；进也以一，而退也以十，所以历千百年而每下愈况也。

五曰：学说隘而思想窒也。凡一国之进步，必以学术思想为之母，而风俗、政治皆其子孙也。中国唯战国时代，九流杂兴，道术最广。自有史以来，黄族之名誉，未有盛于彼时者也。秦、汉而还，孔教统一。夫孔教之良，固也。虽然，必强一国人之思想使出于一途，其害于进化也莫大。自汉武表章六艺，罢黜百家，凡非在六艺之科者绝勿进，尔后束缚驰骤，日甚一日，虎皮羊质，霸者假之以为护符；社鼠城狐，贱儒缘之以谋口腹，变本加厉，而全国之思想界销沉极矣！叙欧洲史者，莫不以中世史为黑暗时代。夫中世史则罗马教权最盛之时也，举全欧人民，其躯壳界则糜烂于专制君主之暴威，其灵魂界则匍伏于专制教主之缚轭；故非唯不进，而以较希腊罗马之盛时，已一落千丈强矣。今试读吾中国秦、汉以后之历史，其视欧州中世史何如？吾不敢怨孔教，而不得不深恶痛绝夫缘饰孔教、利用孔教、诬罔孔教者之自贼而贼国民也。

以上由于人事者。

夫天然之障，非人力所能为也，而世界风潮之所簸荡、所冲激，已能使吾国一变其数千年来之旧状。进步乎！进步乎！当在今日矣。虽然，所变者外界也，非内界也。内界不变，虽日烘动之鞭策之于外，其进无由。天下事无无果之因，亦无无因之果。我辈积数千年之恶因，以受恶果于今日。有志世道者，其勿遽责后此之果，而先改良今日之因而已。

新民子曰：吾不欲复作门面语，吾请以古今万国求进步者，独一无二不可逃避之公例，正告我国民。其例维何？曰：破坏而已。

不祥哉！破坏之事也；不仁哉！破坏之言也。古今万国之仁人志士，苟非有所万不得已，岂其好为侥诡凉薄，愤世嫉俗，快一时之意气，以事此事而言此言哉？盖当夫破坏之运之相迫也，破坏亦破坏，不破坏亦破坏。破坏既终不可免，早一日则受一日之福，迟一日则重一日之害。早破坏者，其所破坏可以较少，而所保全者自多；迟破坏者，其所破坏不得不益甚，而所保全者弥寡。用人力以破坏者，为有意识之破坏，则随破坏随建设，一度破坏，而可以永绝第二次破坏之根。故将来之乐利，可以偿目前之苦痛而有余。听自然而破坏者，为无意识之破坏，则有破坏，无建设。一度破坏之不已而至于再，再度不已而至于三，如是者可以历数百年、千年，而国与民交受其病，至于鱼烂而自亡。呜呼！痛矣哉破坏。呜呼！难矣哉不破坏。

……

闻者疑吾言乎？吾请与读中外之历史。中古以前之世界，一脓血世界也。英国号称近世文明先进国，自一千六百六十年以后，至今二百余年无破坏。其所以然者，实自长期国会之一度大破坏来也。使其惮破坏，则安知乎后此之英国，不为十八世纪末之法兰西也？美国自一千八百六十五年以后，至今五十余年无破坏。其所以然者，实自抗英独立放奴战争之两度大破坏来也。使其惮破坏，则安知乎后此之美国，不为今日之秘鲁、智利、委内瑞拉、阿根廷也。欧洲大陆列国，自一千八百七十年以后，至今三十余年无破坏。其所以然者，实自法国大革命以来绵亘七八十年，空前绝后之大破坏来也。使其惮破坏，则安知乎今日之日耳曼、意大利不为波兰，今日之匈牙利及巴干半岛诸国不为印度，今日之奥地利不为埃及，今日之法兰西不为畴昔之罗马也。日本自明治元年以后，至今三十余年无破坏。其所以然者，实自勤王讨幕，废藩置县之一度大破坏来也。使其惮破坏，则安知乎今日之日本不为朝鲜也。夫吾所谓二百年来、五十年来、三十年来无破坏云者，不过断自今日言之耳，其实则此诸国者，自今以往，虽数百年千年无破坏，吾所敢断言也。何也？凡破坏必有破坏之根原。孟德斯鸠曰："专制之国，其君相动曰辑和万民，实则国中常隐然含有扰乱之种子，是苟安也，非辑和也。"故扰乱之种子不除，则蝉联往复之破坏，终不可得免。而此诸国者，实以人力之一度大破坏，取此种子芟夷蕴崇之，绝其本根而勿使能殖也。故夫诸国者，自今以往，苟其有金革流血之事，则亦唯以国权之故，构兵于域外，容或有之耳。若夫国内相阋靡烂鼎沸之惨剧，吾敢决其永绝而与天地长久也。今我国所号称识时俊杰，莫不艳羡乎彼诸国者。其群治之光华美满也如彼，其人民之和亲康乐也如彼，其政府之安富尊荣也如彼。而乌知乎皆由前此之仁人志士，挥破坏之泪，绞破坏之脑，敝破坏之舌，秃破坏之笔，沥破坏之血，填破坏之尸，以易之者也。呜呼！快矣哉破坏。呜呼！仁矣哉破坏。

……

虽然，破坏亦岂易言哉？玛志尼曰："破坏也者，为建设而破坏，非为破坏而破坏。使为破坏而破坏者，则何取乎破坏？且亦将并破坏之业而不能就也。"吾请更下一解曰："非有不忍破坏之仁贤者，不可以言破坏之言。非有能回破坏之手段者，不可以事破坏之事。"而不然者，率其牢骚不平之气，小有才而未闻道，取天下之事事物物，不论精粗美恶，欲一举而碎之灭之，以供其快心一笑之具。寻至自起楼而自烧弃，自莳花而自斩刈，嚣嚣然号于众曰："吾能割舍也。吾能决断也。"若是者，直人妖耳！故夫破坏者，仁人君子不得已之所为也。孔明挥泪于街亭，子胥泣血于关塞，彼岂忍死其友而遗其父哉！

第十三节　论合群

自地球初有生物以迄今日，其间孳乳蕃殖，蠕者、泳者、飞者、走者、有觉者、无觉者、有情者、无情者、有魂者、无魂者，其种类、其数量，何啻京垓亿兆。问今存者几何矣？自地球初有人类以迄今日，其间孳乳蕃殖，黄者、白者、黑者、红者、有族者、无族者、有部者、无部者、有国者、无国者，其种类、其数量，何啻京垓亿兆。问今存者几何矣？等是躯壳也，等是血气也，等是品汇结集也，而存焉者不过万亿中之一。余则皆萎然落、渐然灭矣。岂有他哉？自然淘汰之结果，劣者不得不败，而让优者以独胜云尔。优劣之道不一端，而能群与不能群，实为其总原。

合群之义，今举国中稍有知识者，皆能言之矣。问有能举合群之实者乎？

无有也。非唯国民全体之大群不能，即一部分之小群亦不能也。非唯顽固愚陋者不能，即号称贤达有志者亦不能也。呜呼！苟此不群之恶性而终不可以变也，则此蠕蠕芸芸之四百兆人，遂不能逃劣败之数，遂必与前此之萎然落、渐然灭者同一命运。夫安得不痛？夫安得不惧？吾推原不群之故，有四因焉。

一曰：公共观念之缺乏。凡人之所以不得不群者，以一身之所需求所欲望，非独力所能给也；以一身之所苦痛所急难，非独力所能捍也。于是乎必相引相倚，然后可以自存。若此者，谓之公共观念。公共观念者，不学而知，不虑而能者也，而天演界之优劣，即视此观念之强弱以为差。夫既曰不学而知，不虑而能矣，然其间又有强弱者，何也？则以公观念与私观念，常不能无矛盾。而私益之小者近者，往往为公益之大者远者之蟊贼也。故真有公共观念者，常不惜牺牲其私益之一部分，以拥护公益。其甚者或乃牺牲其现在私益之全部分，以拥护未来公益。非拂性也，盖深知夫处此物竞天择界，欲以人治胜天行，舍此术末由也。昧者不察，反其道以行之。知私利之可歆，而不知公害之可惧。此杨朱哲学所以横流于天壤，而边沁之名理所以为时诟病也！此为不能合群之第一病。

二曰：对外之界说不分明。凡群之成，必以对待。苟对于外而无竞争，则群之精神与形式皆无所著，此人类之常情，无所容讳者也。故群也者，实以为我兼爱之两异性，相和合而结构之。有我见而自私焉，非必群之害也。虽然，一人与一人交涉，则内吾身而外他人，是之谓一身之我。此群与彼群交涉，则内吾群而外他群，是之谓一群之我。同是我也，而有大我小我之别焉。有我则必有我之友与我之敌。既曰群矣，则群中皆吾友也。故善为群者，既认有一群内之公敌，则必不认有一群内之私敌。昔希腊列邦，干戈相寻，一遇波斯之来袭，则忽释甲而相与歃血焉，对外之我见使然也。昔英国保守、自由两党，倾轧冲突，曾无宁岁。及克里米亚战争起，虽反对党，亦以全力助政府焉。对外之我见使然也。昔日本自由、进步两党，政纲各异，角立对峙。遇藩阀内阁之解散议会，则忽相提携，结为一宪政党以抗之，对外之我见使然也。故凡结集一群者，必当先明其对外之界说，即与吾群竞争之公敌何在是也。今志士汲汲言合群者，非以爱国乎？非以利民乎？既以爱国也，则其环伺我而凭陵我者，国仇也！吾公敌也！舍是则无所为敌也。既以利民也，则其钳压我而朘削我者，民贼也！吾公敌也！舍是则无所为敌也。苟其内相敌焉，则其群未有不为外敌所摧陷而夷灭者也。而志士顾昧此焉，往往舍公敌大敌于不问，而唯斤斤焉争小意见于本团。无他，知小我而不知大我，用对外之手段以对内，所以鹬蚌相持，而使渔人窃笑其后也。此为不能合群之第二病。

三曰：无规则。凡一群之立也，少至二三人，多至千百兆，莫不赖有法律以维持之。其法律或起于命令，或生于契约。以学理言：则由契约出者，谓之正，谓之善；由命令出者，谓之不正，谓之不善。以事势言：则能有正且善之法律尚也。若其不能，则不正不善之法律，犹胜于无法律。此群学家政学家所同认也。今志士之倡合群者，岂不以不正不善之法律之病民弱国，而思所以易之耶？乃夷考其实，或反自陷于无法律之域，几何不为彼辈所借口以相锄也！不宁唯是，而使本群中亦无所可恃以相团结，已集者望望然去，未来者裹足不前，旁观者引为大戒。则群力安得扩张？而目的何日能达也？吾观文明国人之善为群者，小而一地一事之法团，大而一国之议会，莫不行少数服从多数之律，而百事资以取决。乃今之为群者，或以一二人之意见武断焉、梗议焉。其无规则者一也。善为群者，必委立一首长，使之代表全群，执行事务，授以全权，听其指挥。乃今之为群者，只知有自由，不知有制裁。其无规则者二也。叩其故，则曰："以少数服从于多数，是为多数之奴隶也；以党员服从于代表人，是为代表人之奴隶也。"嘻！是岂奴隶之云乎？人不可以奴隶于人，顾不可以不奴隶于群。不奴隶于本群，势必至奴隶于他群。服从多数，服从职权（即代表人），正所以保护其群而勿使坠也。而不然者，人人对抗，不肯相下，人人孤立，无所统一。其势必相率为野蛮之自由，与未为群之前相等。虽无公敌，犹不足以自立，而况夫日有反对者之乘其后也。此为不能合群之第三病。

……

此其大略也。若详语之，则如傲慢，如执拗，如放荡，如迂愚，如嗜利，如寡情。皆足为合群之大蠹，有一于此，群终不成。吾闻孟德斯鸠之论政也，曰："专制之国，其元气在威力；立宪之国，其元气在名誉；共和之国，其元气在道德。"夫道德者，无所往而可以弁髦者也。然在前此之中国，一人为刚，万夫为柔；其所以为群者，在强制而不在公意。则虽稍腐败，稍涣散，而犹足以存其以迄今日，若今之君子，既明知此等现象，不足以战胜于天择，而别思所以易之；则非有完全之道德，其奚可哉？其奚可哉？吾闻彼顽固者流，既耻有辞矣。曰："今日之中国，必不可以言共和，必不可以言议院，必不可以言自治。以是界之，徒使混杂纷扰，倾轧残杀，以戕太我中华。不如因仍数千年专制之治，长此束缚焉，驰骤焉，犹可以免滔天之祸。"吾恶其言！虽然，吾且悲其言，吾且惭其言。呜呼！吾党其犹不自省，不自戒乎？彼辈不幸言中，犹小焉者也。而坐是之故，以致自由、平等、权利、独立、进取等最美善高尚之主义，将永为天下万世所诟病。天下万世相与谈虎色变曰："当二十世纪之初，中国所谓有新思想、新知识、新学术之人，如是如是，亡中国之罪，皆在彼辈焉！"呜呼！呜呼！则吾侪虽万死，其何能赎也！

......

近时二大学说之评论（节录）

飞 生

发 端

于近学界土有二说焉，为一般学子所闻，而于一切思想界上有影响焉，则新民氏之新民说，与夫东游者所称道之立宪说是也。

立一主义焉，将欲国民闻吾之言而有所警惕焉，有所动作焉，有所改革而进步焉。则不可不于其国民之性质，与夫传来之历史，而最要者，尤莫如其群治根本的组织上，下深沉之观察，而得其根本之所在，夫然后可以下药石也。苟不尔者，理非弗精焉，义非弗通焉，而其言不适于其国，不适于其时。或差一级焉，或差一线焉，则无论其言之不行于时，其甚也且将谬以千里而流为祸。故理弗论是非，唯求当于时。今新民氏之言曰：国也者积民而成，未有其民恶陋、怯弱、涣散、混浊，而国犹能立者，故中国之亡国民之自亡之也。兹说也，吾无以难之也。为立宪者之说者，民权弱者其国危，民权昌者共国强。民权何在？曰议院，曰宪法。夫国未有政纲不立而补苴罅漏能有济者也。兹说也，亦无以难之也。虽然，理则当，义则通矣，然兹说也，甚果适于中国之时势与事实与否，其果能于中国群治组织上，下适当之观察，而得甚根本与否，使我中国国民闻兹说，其果能有所改革进步与否，则吾今日所欲言研究之问题也。嗟乎，此数千年之古国乎，大风忽来，摇摇欲坠。当时之人，非尽冥顽不灵也，则亦号者、叫者、呼者、哭者、辩论者，卒无所补救而底于灭亡。此区区亦不过于历史上添一段余悲而已。读四客政论，吾又不知其涕之何从也。

虽然，吾更有说于此。吾今之作是篇，非与新民氏及主张立宪者言也，吾为吾国民之读新民说、读立宪说者告焉。人之见解，各随其历史境过而异，不可以相强也。且言者之责任与听者之责任又有异：言者但使其言之足以成理其责任已完；听言者则非徒理而已，不可因其理而误解焉，尤不可不自有一主见，立其理之上，而因而读之也，解之也。

第一节　二说之总评

新民也，立宪也，理非弗是焉，义非此通焉；顾我以为救今日之中国，尚差一间，尚差一间。

使中国之历史，能如日本之成一完全民族国，而戊戌变法能如彼之所谓大政维新，则今日之新民说与夫立宪说，诚可谓根本之理论，切要之政策矣。惜也，理论有进步而事实无进步，故理论与事实愈去愈远也。且论者亦知今日中国之亡其原因果何在？而今日救亡之法其道当何由乎？吾请举其根言之，而二说之价值，乃可得见其真而下评判也。

弱国与病国有分别。今日之中国，病国也，非弱国也。以治弱国之手段治病国，其亡必矣。夫觇一国之成败兴亡之大原，则视其智愚贤不肖之位置而已。贤智在上，愚不肖者在下，群治组织之公例也。由其贤智之程度之高下，人数之多寡，而国之强弱以判焉。虽然，即弱也，但使其组织之顺序，果能合乎群治之公例，则未有不可为治，未有不可渐致于强者也。譬之于树，树虽小，而枝叶根本各得其所，未有不生长者也。若今日之中国，则枝叶入乎泥土之下，而根乃曝于空气之中，其位置既全乎倒置，此其所以根本腐败，而非有空前绝后之手段不能救也（中国贤智之位置倒置原因，则观云氏之"民习论"言之最切，附录一节以备考）。

"当其河山已非，宗社方墟之时，一二秉英雄豪杰之性者，未尝不并志壹气焦虑困心，欲出万死不顾一生之计，绗之于他人之手，而光复我祖宗之旧物。而被捕缚，遭杀戮，徒党屠醢而家祖复灭者踵相接，此皆一一摧伤民族之志气者也。（中略）方是时，其能俯仰新朝，而灾祸不及其身者，必其怵于势慑于力，改志易虑蠖屈无声气，以求苟全其性命者也。不然，必其入山之深，入林之密，为耕佣野老以藏身，而不愿闻利害治乱当世之事者。不然，必其阍阍汶汶塞聪堕明，受时势之大震动，而曾不激刺于其脑性，但能行尸走肉饮食男女，以延祀姓者也。不然，必其或有大不得已者，而遂受其衣冠，拜其禄食，行其朝廷，以示无他，而不欲为之设一谋，划一策，行与心违，旅进旅退，以终其身者也。不若是者，则必熏心于富贵利禄，蝇营狗苟，为虎作伥，挟其小知小能，一技一长，与其媚悦迎合之技，以博取功名势力，而不复知天地间有廉耻气节之事者也。夫以一种之人所谓有豪杰英雄之气骨者，既已销亡，不得延其种类而传其性质，而得意当世子孙蔓延者，非黠巧之夫即庸懦之辈，则其人种之不能立于世界竞争之场盖可知也。"

是故治今日之中国，更正其贵贱贤愚为第一阶级；其次，而后进不肖者使贤、进愚者使智之事可得言也；而后立宪议院之制可得行也。今第一级未破，而欲第二层之事治中国，更望共迁回而转至第一级，药非弗善也，其如不能下喉何！此二说之病之同者也。

总而言之，则新民说不免有倒果为因之弊，而立宪说则直所谓隔靴搔痒者也。今将二说分论之，而聊贡其一得之愚如下方。

第二节　新民说之评论

新民氏之言曰：苟有新民，何患无新制度、新政府、新国家。而问其若何而可得新民，则曰：新民云者，非新者一人，而新之者又一人也，则在吾民之各自新而已。兹言也，则吾之所最不敢赞同者也。夫论民族兴亡之原，而归乎其性质。则性质云者，有秉之自天然者，有受之于地理、历史之遗传影响者，远者且在不可穷诘之种性，近者亦积自千年百年之前亦既习之成性矣。一旦而欲改革之，固非一议论之所能奏功，亦断非十年、数十年之所能见效。独不见夫欧洲之改革乎？夫社会者国家之母也，则社会改良，国家自能变易面目。何以百年来政治之改革，痕迹显然，而社会改良则至今仍百口沸腾而莫得其端倪也。故自理论上言，则有新民固何患无新政府；而自事实上言，则必有新政府而后可得新民也。何者？政府者民之代表也，代表其群者必其贤智之过于其群者也。贤者教不肖，智者教愚，则政府者固有新民之天职在也。夫使政府而果贤且智焉，则政府之教民也，固当如新民氏之言矣。若曰，尔其自助，尔其自新，今政府既不能担任其天职，而乃不思易而置之，而仍教之以自新，不教之以变少数短年易变之政府，而教之以新多数积重之民俗，吾知其事之万不可期，而又不得代此蚩蚩者向新民氏一诉冤也。夫治治国则当用繁赜之法，治乱国则当用单简之法；教文明强悍之国民则当平心静气以立其远大之基，教野蛮柔弱之国民则当单易直捷以鼓其前进之气。反其道而用之，未有能济于事者也。

新民氏曰：今之动辄责政府者抑何不智。又曰：责人不责己，此中国所以不能维新之大原。又曰：各委弃其责任，而以望诸家长。吾以谓，国民者对于国家而负其监督政府之责任者也，舍此之外，吾未见有责任之更大于此者矣。吾正患其不能责政府耳，苟其能也，则中国何至于今日也。且夫吾中国之政府，则又与外国异。

……

嗟乎，吾今勿言理论矣，请以事实论之。十年以来，吾国民智识之进步奚若？而政府者，割地也、赔款也、矿约也、商约也、路约也，凡兹数端，无一事不可以使我世世子孙永失其立国之资格，而长为奴隶永永沉沦万劫不复者也。而其罪恶尤大者，尤莫如失信用于国民，使之自生亡国之感。夫以前之种种原因以至今日，则新民氏之言至矣，然循是比例以往，智识自然进步之速率，其能胜异族经营事业之进步与否，吾恐即有新民，终不能自存于天地间也，而况乎其必不可得耶！

要之新民说者，史论也，非政论也；教育家之言，非新闻记者之言也。勿以政论视新民说，则新民说固近今有数之文字也。新民氏闻我言，其以为何如？

是固新民说者，揆之理论而通，合诸事实而违者也。中国之亡其罪万不能不归之于政府，国民之不责政府国民之罪也。归亡国之罪于国民，而又劝其不责政府，则又何说焉！……且吾恐不肖者，且将引此言以为卸过之地，以为中国之存亡非吾一人之责。而一二贤者，习闻此说，则睹此蚩蚩攘攘者，冥焉若游梦，教之而无术，呼之而不醒，夫以愚蠢如我民，而教之无术，呼之不醒，则焉有不伤神短气，而为之心灰焉哉。呜呼，立说一不慎，而层层误解，且即从此而生，后有作者，其亦闻此言而三思焉。

第三节　立宪说之评论

怪哉，今日之所立宪说也。夫立宪则立宪耳，而又不敢打破局面，必曰和平而后可济事则何也！和平则和平耳，而又不敢爽快直捷，必欲运动政府而后可得者又何也！并此奇奇怪怪不可思议之数思想，而总戴一旗帜曰立宪，于是詈之者则曰，是辈实欲作官而已矣，驳之者则曰，以变法让权之大典责诸不同感历史之异族，是实梦呓耳。夫兹数说者，皆所为反对立宪说者也，其持之亦有故，其言之则成理。虽然，吾则以为是说也，皆未足以服其心者也。何则？非立宪者据空理以言。若曰：中国者中国人之中国也，果为中国人之中国，立宪可，专制亦未尝不可，如今日之中国而立宪乎，则我亦犹是奴也，于我乎何有。立宪者据势以立言。若曰：今日之所患者白种也，彼白种之势力既日膨胀，一旦内乱起，是以速外人之来耳，故不如不打破局面，而使政府变法之为愈也。夫据理与据势，则两者各有壁垒，各有矛戈以相抗也，待此议论，争辩至极点，则我中国已不知何处去了。若夫做官之说，则吾今日又不敢横执是说以詈人。吾今日者，平其心，静其气，就实事不就空论，就势不就理，以与诸君论立宪。则分共节为三：曰中国之存亡其果立宪不立宪乎？曰今日之政府其果能立宪乎？曰立宪即可以求和平乎？夫原立宪说者万不得已之苦衷，则亦曰求和平而不打破局面已耳。则论事至和平一点，其亦可以为终结点。

环地球上，宪法成立之国无不强，固也。虽然，问其何至而得之，则曰有自破坏而得之者，有自和平而得之者。破坏者既勿言矣，其自和平而得之者，曰英，曰日。夫英之不能学也，亦既知之矣，则宜莫如日。说者见日人宪法成立之历史，与夫成立后国势之强盛也，则亦从而揈羡之，而欲移之于今日之中国。呜呼，此立宪说者，根本的谬误也。独不思宪法未成以前之日本，亦犹是今日之中国，昏昏在睡梦中乎？当夫庆应之末，明治之初，一二志士，前仆后起，相与建革政之功者，此其人为何如人，此其事为何如事乎！岂以庚子以后之数道上谕，遂可冒之以大政维新乎？先辈未见有西乡隆盛，而今日之志士乃欲做伊藤博文乎？改革之绪，有先后，有次序，勿可越尺寸也。故必先造新政府，然后可以行新制度，断未有求旧政府而可以立新制度者也。夫一国存亡之源，则视其自觉心而已。有自觉心者，则其心向上，有希望，有进取；不然者，其心向下，主因循，主退缩。以数千年因循之古国，而欲振起自觉心，则宜莫如使之耳目一新。譬之是犹人也，宪法参苓也，今日之中国睡儿也，儿未醒，孰从而饮食之，明治初年之日本醒儿也，故能食。今日之中国睡儿也，夫未有酣睡之国，而能立于大地者也，则亦醒之而已矣。不此之务，吾未见其能济也。

……

假而曰：政府必能立宪，政府而不能则我运动国民以要求之。噫，休矣！若是言立宪则立宪耳，又何必借和平之旗帜以为幨也！而独不见夫法兰西乎，大革命以前，何尝无议会，而议会适以为大革命之媒。故论和平不和平，亦视其国之内容何如耳。以今日小民生计之困难，政府财政之紊乱，而又种族之戚深入人心，不许人以言论自由则已耳，苟许之又何能止之，如是而一而二而三，未有不酿大乱者也。是故立宪者，大革命之媒也。世之求和平而又反酿乱者，未有不如是者也。夫日本昔日为争权也，故诏敕一下而即平，盖亦历史之故，而时机之得也。今日中国历史又不同，而其民既争权尤须争命，予其权而不救其命，此大革命之所由来也。且即言日本，公等亦闻江藤新平之事乎？和平何有焉？和平何有焉？

立宪说者乎，岂能解此三问题也，则吾亦降心而随诸公之后。如其不然，则请有以语我来。

抑吾尤有进者，凡英雄之能成大事也，其走路必直线不走圈线，必走一条必不走第二条，光明其宗旨，愿者来，不愿者去。事成乎，则万人拜之，馨香祝之；不成乎，则墓木绕之，秋虫鸣之。其为事也，如博然一掷则中，不中则已者也，是故其精神则快乐也，其心肠则铁石也，其成功则久远也。而不然者，屈曲其言论，暧昧其宗旨，汲汲乎欲自用其才其学，以望人之信我，则所谓屈心以运动人，未有不为人所运动者也。夫我不敢訾人，吾以为诸君者，皆有心于国事者也，特不知今日政府之为何如真相，而又慑于外力不敢打破局面以图将来耳。若曰将以求利禄也，则吾敢决曰。三年以后，必无立宪之声矣，而吾又何为哓哓哉。

第四节 结论

吾作是，吾未竟也，吾之友汗且喘以走告我曰：俄人占领奉天，而英、而德、而日、而法乃据俄人之故策以为请，瓜分之局定矣，而子犹以文字争，其可已矣夫，其可已矣夫！余闻之神色虽不动，而其心犹上下颤动其未已也。呜呼，此数千年之古国乎，尔终往矣，吾复何言，吾亦将随尔以往耳。夫事虽不实，权苟操诸人，今日明日吾又何能料也。呜呼，蚩蚩之氓，既不知亡国之惨；而所谓有志者，又迁缓寡断，不肯出万死不顾一生之计，而必待事之临头而始喟然悟。呜呼，此中国所以终亡也夫！此中国所以终亡也夫！

《浙江潮》第八、九期，十月、十一月出版

宪政与共和

新中国建设问题（节录）

1911 年 10 月 – 11 月

梁启超

叙　言

十年来之中国，若支破屋于淖泽之上，非大乱后不能大治，此五尺之童所能知也。武汉事起，举国云集响应，此实应于时势之要求，冥契乎全国民心理之所同然。是故声气所感，不期而至乎中外也。今者破坏之功，已逾半矣。自今以往，时势所要求者，乃在新中国建设之大业。而斯业之艰巨，乃什百于畴曩，此非一二人之智力所能取决，实全国人所当殚精竭虑以求止于至善者也。启超学谫才绵，岂足以语于此，顾亦尝积十年之研索，加以一月来苦思极虑，于多数人心目所悬之诸大问题，穷极其利害，有敢决言者，亦有未敢决言者。姑就所得条举之，以质诸国民。他日更有见，当续布也。

辛亥九月著者识

……

下篇　虚君共和政体与民主共和政体之问题

今后新中国之当采用共和政体，殆已成为多数之舆论。顾等是共和政体也，其种类复千差万别，我国将保所适从，是当胪察其利害，而慎所择也。

第一种，人民公举大统领而大统领掌行政实权之共和政体。此共和政体之最显著者，美国是也。中美、南美诸共和国皆属此种。

第二种，国会公举大统领而大统领无责任之共和政体。法国是也。法国大统领，由上下两议院公举，与美国之由人民选举者殊。而其地位亦与美统领绝异，乃略同英之君主，不负政治上之责任，政权悉在内阁。故美国选举大统领，竞争极剧；法国易一大统领，远不如内阁更迭之耸人耳目也。

第三种，人民选举终身大统领之共和政体。罗马奥古斯都时代、法国两拿破仑时代曾行之。此皆僭帝之阶梯，非共和之正轨，现世已无其例。然墨西哥迪亚士时代，连任二十余年，亦几于终身矣。凡行此制者，名虽共和，实则最剧之专制也。

第四种，不置首长之共和政体。如瑞士联邦是。瑞士之元首，乃合议机关，非独裁机关也。瑞士之最高机关为参议院，议员七人，互选一人为议长，对外则以议长之名行之，然议长与其他六人职权实平等也。

第五种，虚戴君主之共和政体。英国是也。英人恒自称为大不列颠合众王国（Great British United Kingdom），或自称为共和王国（Public Kingdom）。其名称与美无异，浅人骤闻之，或且讶为不词。不知英之有王，不过以为装饰品，无丝毫实权，号为神圣，等于偶像。故论政体者，恒以英编入共和之一种。其后比利时本此意编为成文宪法，欧洲各小邦多效之。故今日欧洲各国，什九皆属虚戴君主之共和政体也，今省名曰虚君共和制。

第六种，虚戴名誉长官之共和政体。英属之自治殖民地，如加拿大，如澳洲，如南非洲，皆是也。此等名虽藩属，实自为一国，而英廷所置总督，地位正同英王。故国法学者统目为共和政体也。

右六种共和政体中，我国人所最熟知者，则美法两国之式；其尤想望者，则美国式也。实则六者各有所长，而后进国择所仿效，要当以适于己国情形为断。就中第六种，不行于完全之独立国，我国除非采联邦制，以施诸各邦（即今之各省），容有商榷之余地耳，今勿论之。请得取前五种比较其利病：

第一，人民选举终身大统领之共和政体何如？

此共和政体之最可厌恶者也。何以故？以他种皆为共和立宪政体，独此种为共和专制政体故。谓此种政体可采，度国民必唾吾面。虽然，西哲有恒言："政治无绝对之美，不能谓立宪之必为美，而专制之必为恶也。"凡行此种政体之国，其被举为终身大统领者，必为雄才大略之怪杰，内之则实行开明专制以整齐其民，外之则扬国威于四海。苟中国今日而有其人，则正最适应于时势之要求者也。虽然，此其人固可遇而不可求。苟其有之，则彼自能取之，无劳我辈之商榷，故可置勿论也。又此种政体最后之结果，必变为君主专制政体。

果复为因，因复生果，必酿第二次革命。墨之迪亚斯，其近证之最切著者也。故吾国若有此人，固足以救时；竟无此人，亦国家之福也。或曰：欲防选举大统领纷争之弊，任举一中材为终身大统领，使之如法国制不负责任，似亦一法。答之曰：此殆不可行。一国元首，恒情所同歆也。世袭君主，视为固然，故虽童呆，或不为怪；既属公举，而使庸才终身在人上，势所不克致也。

第二，不置首长之共和政体何如？

此唯极小国若瑞士者，乃能行之而无弊。瑞士一切中央机关，权力皆甚微弱，稍重大之法案，国会辄不敢擅决，以付诸国民投票，不独执行机关为然也。彼为永世中立国，绝无外患，内之则地狭民寡，而自治之习甚完，无取夫有强大之政府也。我国今日，非得一极强有力之中央政府，何以为国？而以合议机关充一国元首，则于强有力之道，最相反者也，其不足采，盖无俟辩。

第三，人民公举大统领而大统领掌行政实权之共和政体何如？

此北美合众国排英独立后，根据孟德斯鸠三权鼎立说所创之新政体，我国民所最艳羡也。而常人所知之共和政体，大都亦仅在此一种。虽然，此可谓诸种共和政体中之最拙劣者，只可以行诸联邦国，而万不能行诸单一国；唯美国人能运用之，而他国人绝不能运用。我国而贸然欲效之，非唯不能致治，而必至于酿乱。请言其理：

其一，凡立宪国，于元首之下，必别置行政府，对于立法府而负责任，两府相节相济，而治以康。独美国不然。彼固有行政府之国务大臣也，然唯对于大统领负僚属之责任，未尝对于议会而负责任，盖其系统各不相蒙也。然则为行政首长之大统领，亦对于议会负责任乎？曰：否否。议会由人民选举，大统领由人民选举，所自受者同，不得而相凌也。故美国政府，实无责任之政府，而与欧洲立宪国所谓责任内阁之大义正相反对者也。然则彼曷为而不流于专制耶？美国政府联邦之国也，政权之大部分，为各州政府所保留，其割爱以献诸中央政府者，实至微末耳。而即此微末之政权，其立法权之全部在两议院，行政府并提案权与不裁可权而两皆无之也。所余行政权之重要部分，上院犹得掣肘之。故美国行政府实权限至狭、权力至脆之行政府也。我国而欲效彼耶？则亦必如彼之广赋政权于联邦，严画界限于两院，使政府无多地足供回旋，庶几可以寡弊。而试问此种政府，果适于今之中国否耶？今罗斯福辈日日号呼于众者，即欲革此制度，而别建一强有力之政府，盖深知非是无以竞于外也。我熟睹其覆辙，宁容蹈之？

其二，然则即用此制，而赋予大统领以广大之权限何如？

曰：固可也，然势则必返于专制，此征诸中美、南美诸国而最可见也。彼诸国皆袭取美国之成文宪法以建国者也，顾名则民主共和，而民之憔悴虐政，乃甚于君主专制。其最为我国人所新能记忆者，宜莫如数月前墨西哥被革之统领狄亚斯矣。彼专制墨国垂三十年，路易十四、拿破仑未能仿佛其十一也。其他中南美诸邦，皆类是耳。夫彼诸邦之宪法，与美同系，而所演之结果乃若是相反，何也？美国政治之大部分，出于联邦各州；而彼诸国则全集于中央，大权所集，而他机关未由问其责任，欲其不专制焉，安可得也。今我新共和国之宪法，将纯效北美合众国耶？则政府权限太狭，不适于时势；将效中美、南美耶？则政府权力太横，必返于专制。故以美洲之法系施诸我国，实无一而可也。

其三，吾既屡言冀得强有力之政府，然若采用美洲法系，则强有力之政府，适以为继续革命之媒介已矣。彼中美、南美诸国，革命惨剧，几于无岁无之，此稍治国闻者所能知也。

即如墨西哥，彼马德罗之革迪亚斯而代为大统领，距今三月前事耳；今巴拉拉又起而革马德罗，掠地得半国，迫墨京而要求逊位矣。谓拉丁民族程度劣下，不能运用宪政，斯固然矣；然欧洲拉丁民族之宪政国固不少，何以剧急不如彼其甚？

此其源亦半由于立法不善，不可不察也。欧洲诸国，有元首超然于政府之上，政府则对国会负责任，人民不慊于政府，则政府辞职已耳。政府更迭太频繁，虽已非国家之福，然犹不至破坏秩序，危及国本。美洲诸国，大统领即为行政府之首长，而任期有定，不以议会之从违为进退；人民不慊于政府，舍革命何以哉？夫国家元首与行政部首长，以一人之身兼之，此实天下最险之事。专制君主国所以易酿革命者以此，美洲诸共和民主国所以易酿革命者，亦以此也。是故欧系之宪法其体圆，美系之宪法其体方；欧系之宪法其用活，美系之宪法其用死。而其相异之机括，全在此著。吾愿世之心醉美宪者，一味吾言；吾愿将来有编纂宪法之责者，务慎所择，毋贸贸然效颦，而贻国家以无穷之戚也。

其四，法国之举大统领，民夷然视之，其郑重仅视举议员稍加一等耳。美国举大统领，则两党肉搏，全国骚然，几类戒严，贿赂苞苴，动逾亿兆。若中美、南美，则每届改选，未或不杀人盈野，非拥重兵，不能得之。等是民主共和也，而相去悬绝若彼，其故可思也。法之大统领，全模仿欧洲各国君主，不躬亲政治以负责任，美其名，则曰神圣不可侵犯也。

质言之，则无用之装饰品也，不能直接用一人，不能直接行一政，政权所出，全在内阁总理，故野心家不乐争此以为重。

美洲诸国不然。美国行政府之权，虽云狭矣，然其权限内所属之官吏，悉由大统领进退，虽宪法上规定必须得元老院同意，然事实上皆大统领专行。故每一次改选大统领，苟继任者非其同党，则上自阁僚公使，下逮邮政脚夫、税关验丁，尽行易人，此曾游美国者所能熟知也。彼候选大统领之人，虽或廓然大公，其奈攀鳞附翼之徒太多，挟之使出于激烈卑劣之一途。彼美国幸而为清教徒所建设，道德较优美，自治之习甚完，全国仅两大党，故虽剧争而不至召乱耳。不然，其有以异于中南美者几何也？若中南美，则大统领之权愈崇，人之欲得之也愈甚，而其人民又乏自治之素养，缺政党之训练，争之不已，唯力是视，卒成为军人政治，前后相屠，国家永沉九渊，累劫不能自拔。呜呼！我国民而妄欲效颦美国也，吾惧此祸水行滔没吾神州也。彼诸国大率仅比我一郡，其元首比我古代一小侯耳，而惨争犹若彼。今若以四万万人之投票决此一席，再益以各省联邦首长，亦用此法决之，则其惨剧之比例，又当若何？言念及此，可为寒心。

吾知闻吾言者，必按剑疾视曰：汝何人？乃敢侮国民。汝何由知吾民程度必不如北美，而猥以比诸中美、南美？夫吾固非敢侮国民也，然又安敢面谀国民。彼条顿民族所演之英美两国，最富于自治力，最善训练政党，最能为秩序之政争，举全球各国，莫或能及之者。此天下公言也。谓我民程度能与彼抗颜行，徒自欺耳。自欺将焉取之？侧闻比者武汉首事诸君子，颇能相下，有赵之廉蔺之风，此诚极可喜之现象也。

然闻之议道自已而制法以民，凡立法当为百年之计，使常人皆可以率循。方今大敌在前，同袍敌忾，内讧固可冀不起，而后此变迁，亦安可以不预防？昔法国大革命伊始，狄郎的士党【今译吉伦特党】实为首义，未几乃见屠于山岳党；山岳党中，罗拔士比尔、马拉、丹顿辈，又辗转互屠。夫自始曷尝非戮力共事之人哉？

而后乃若彼者，势则然耳。吾固祝吾国永无此等不祥之事，然吾尤愿缔造之始，勿以立法之不臧，助长其势也。

且尤有一义为吾国民不可不深念者，吾屡言吾国今日所最渴望者，在得一强有力之中央政府，盖非是则不能整齐划一其民以图竞胜于外。此义当为全国稍有识者所同许也。然既已如此，则无异于共和政体之下而行开明专制，质言之，则迪亚斯之莫安墨西哥，即操兹术也。然似此实最易酿成第二次革命，此我国民所最不可不留意也。（迪亚斯前此所以能久于其位者，以其承百余年大乱之后，人心思治已极，不惜牺牲一切以求得一专制之元首。盖与法国经大革命恐怖时代后，拿破仑应运而兴者，无异矣。及今年马德罗革迪亚斯后不数月，而第二次革命起，则时势不同也。）

是故北美合众国所以能久安长治，而中美、南美则频年战乱者，北美人民程度优于中美、南美，固其一端也，然亦由国家组织法之根本差异有以致之。差异云何？则联邦分权与中央集权是也。使中美、南美各国中央权限之狭之一如北美，或未始不可以小康；使北美合众国中央权限之广一如中美、南美，亦安见其必无争乱也。故专以人民程度问题为北、中、南美政治现象差别之根源，所谓知其一未知其二也。而中南美诸国所以不能行联邦分权制者，实历史上之根柢使然，虽强欲效颦北美而不可得也。吾愿贤士夫之心仪美制者，且勿问吾民程度视美何如，尤当问吾国国势视美何如耳。

综而论之，吾国若欲采用美制，则有种种先决问题必须研究者：（第一）美国之中央共和政府，实建设于联邦共和政府之上；而彼之联邦，乃积数百年习惯而成。我国能以此至短之日月，产出彼巩固之联邦乎？（第二）美国政权之大部分，皆在联邦各州，其所割出以赋与中央者，不过一小部分。我国效之，能适于今日之时势乎？（第三）美国行绝对的三权分立主义，中央立法之权，行政部不能过问，此制果可称为善良之制乎？我国用之，能致国家于盛强乎？（第四）美国由英之清教徒移植，养成两大政党之风，故政争之秩序井然。我国人能视彼无逊色乎？（第五）美国初建国时，地仅十三州，民仅三百万，其选举机关，夙已完备。我国今日情形，与彼同乎异乎？吾愿心仪美制者，于此诸问题一加之意也。

第四，国会公举大统领而大统领无责任之共和政体何如？

此法国之制也，其优于美制者四：一、选举大统领，不用全国投票，纷争之范围较狭。二、其大统领与君主立宪国之君主等，缘无责任故无权力，人不乐争之，故纷扰之程度减。三、大统领既超然政府之外，政治有不慊于民心者，其极至政府辞职而止；非如美洲法系之将大统领与政府合为一体，施政不平，动酿革命。四、政府由国会多数党组织，立法部与行政部常保联络，非如美国极端三权分立之拙滞。此其所长也。盖法人所以创为此制者：（其一）法之共和制，成立在美后，鉴于中美、南美之流弊，且亦积八十年间屡次内乱之经验，不得已而出于此也。（其二）地在欧洲，蒙诸君主立宪国之影响，故晦其名而用其实也。若我国而必采用民主共和制，则师法其优于师美矣。然法制之劣于美制者亦有一焉：美之政府，与大统领同体，而大统领任期一定，对于国会不负责任，故常能继续实行其政见，不致屡屡摇动，以久任而见效。法则大统领虽端拱不迁，而政府更迭频繁。法之不竞，颇由于此。虽然，法制行之而不善，其极则足以致弱耳；美制行之而不善，则足以取乱亡。何也？凡用美国法系之国，苟政府不为多数人民所信任，则非革命不能易之也。此无他故焉，欧洲法系，以国会监督政府，国会与政府之联络甚密；美洲法系，政府与国会同受权于选民，离立而不相摄也。

法制与美制比较，其优劣既如彼；若以与英制比较，其劣于英者复有二焉：一、英王与法大统领，其超然立于政府与国会之外也虽同，然英王不加入政党，法大统领则借政党之力以得选。使大统领与总理大臣常为同党，则固无甚窒碍，然此实绝无仅有之事耳。法内阁每数月必更迭一次，安所得常与大统领同党者？苟非同党，则大统领常能用其法定之权，或明或暗，以牵制总理大臣。彼麦马韩（第三共和时代之第二大统领）之阴谋不轨，遵是道也，而后此且数见不鲜。法国政界，常有杌陧之象，此亦其一原因也。二、英王名虽为王，实则土偶。此种位置，唯以绔绔世胄处之最宜。法大统领既由选举，其人非一国之才望，不能中选。既为一国之才望，乃投闲置散，使充数年间之装饰品，未免为国家惜。昔拿破仑一世初被选为执政官时，愤然语人曰："吾不愿为受豢之肥豚。"即此意也。

准此以谈，则法制之视美制，虽有一日之长，以云尽善，则犹未也。最近葡萄牙之共和宪法，最称后起，欲并取美法之长而去其短。然其大体实同于美，不过美大统领由人民选举，葡则采法制，由两议院选举耳。美制固有之诸弊，葡终不能免也。

第五，虚戴君主之共和政体何如？

此虽未敢称为最良之政体，而就现行诸种政体比较之，则圆妙无出其右者矣。此制滥觞英国，全由习惯积渐而成，其后比利时著之成文宪法，遂为全欧列邦之模范。其为制也，有一世袭君主称尊号于兆民之上，与专制君主国无异也；而政无大小皆自内阁出，内阁则必得国会多数信任于始成立者也；国会则由人民公举，代表国民总意者也。其实际与美法等国之主权在民者，丝毫无异。故言国法学者，或以编入共和政体之列。独其所以异者，则戴一世袭之大爵主为装饰品，国民待以殊礼，且岁供皇室费若干以豢养之而已。夫欧人果何取乎此装饰品，而全国人屈己以礼之，且出其血汗金钱以豢之也？以其可以杜内争而定民志也。夫以法国大革命恐怖时代，全国民死亡将半，争乱经八十余年而始定；以中美、南美之每选大统领一次辄起革命一次；试问国家所损失为数几何？以区区之皇室费与照例尊崇之虚文易之，天下代价之廉，莫过是也。是故十九世纪欧洲诸国，无国不经革命；夫革命固未有不与君主为敌者矣，及其成功也，则仍莫不虚戴一君主；其尤取巧者，则不戴本国人为君主，迎一异国异种之人而立之，但使之宣誓入籍、宣誓守宪而已。若比利时，若保加利亚，若罗马尼亚，若希腊，若挪威，皆其例也。夫岂其国中无一才智之人可任大统领，而顾出于此迂远愚谬之举？

此其故可思也。中南美诸国所以革命相寻无已时，而彼诸国所以一革之后邦基永定者，其操术之巧拙异也。

且在今日国竞极剧之世，苟非得强有力之政府，则其国未有不式微者。而在美洲法系之国，大统领既与政府同体，且同受权于国民，国会不能问其责任，苟非以宪法极力裁减其权，势必流于专制。故美国政府，不能列席于国会，不能提出法案于国会，不能解散国会，唯奉行国会所立之法而已。夫政治贵有计划，而计划之人即为执行之人，然后可以察责任而课功罪也。美制不能然，国会计划之，而政府执行之，两不相接，而各有所诿，非所以图治也。在前此墨守门罗主义，与列强罕相角，固可以即安；在今日则大不适于时势矣，此罗斯福之亲国家主义所由倡也。然在美国法系之下，而欲此主义之现于实，吾信其难矣。欧洲之虚君共和制则异是。英人之谚曰："国会之权力，除却使男女易体外，无一事不能为。"

国会之权，如彼其重也；而内阁总理大臣，唯国会多数党首领为能尸之。故国会常为政府之拥护者，国会之权，即政府之权也。然则政府之权力，亦除却使男女易体外，无一事不能为也。所谓强有力之政府，莫过是矣。然则曷为而不流于专制？则以非得多数于国会者不能执政，而国会实由人民选举，其得多数者，必其顺民心者也。此制也，在专制君主国固不能行之；即在德日等之大权立宪国仍未能行之；若在美洲之诸民主共和国，尤绝对的不能行之；能行之者，唯虚君主共和国而已。此论政体者所以推此为极轨也。

然则中国亦可行此制乎？曰：呜呼！吾中国大不幸，乃三百年间戴异族为君主，久施虐政，屡失信于民，迨于今日，而今此事殆成绝望，贻我国民以极难解决之一问题也。吾十余年来，日夜竭其力所能逮，以与恶政治奋斗，而皇室实为恶政治所从出。于是皇室乃大憾我，所以僇辱窜逐之者，无所不用其极。虽然，吾之奋斗，犹专向政府，而不肯以皇室为射鹄，国中一部分人士，或以吾为有所畏，有所媚，讪笑之，辱骂之，而吾不改吾度。盖吾畴昔确信美法之民主共和制，绝不适于中国，欲跻国于治安，宜效英之存虚君，而事势之最顺者，似莫如就现皇统而虚存之。十年来之所以慎于发言，意即在是。吾行吾所信，故知我罪我，俱非所计也。虽然，吾盖误矣。今之皇室，乃饮鸩以祈速死，甘自取亡，而更贻我中国以难题。使彼数年以来，稍有分毫交让精神，稍能布诚以待吾民，使所谓《十九条信条》者，能于一年数月前发布其一二，则吾民虽长戴此装饰品，视之如希腊、挪威等国之迎立异族耳，吾知吾民当不屑斤斤与较者，而无如始终不悟，直至人心尽去，举国皆敌，然后迫于要盟，以冀偷活，而既晚矣。夫国家之建设组织，必以民众意向为归。民之所厌，虽与之天下，岂能一朝居。呜呼，以万国经验最良之虚君共和制，吾国民熟知之，而今日殆无道以适用之，谁之罪也？是真可为长太息也！

无已，则依比利时、挪威等国迎立异邦人为君主使宣誓入籍然后即位之例，但使现皇室能改从汉姓，我国民或许其尸此虚位乎？夫昔代既有行之者矣，北魏考文帝之改拓拔为元氏是也。更有进者，则宪法中规定册立皇后，必选汉族名媛，则数传之后，血统亦既不变矣。吾以为苟用此法，则以视縻千万人之血，以争此土木偶之虚君较为得计。然人心怨毒所中既若此其甚，其可行与否，吾不敢言也。

又所谓《宪法信条十九条》者，今已誓庙公布，若能永见实行，则虚君共和基础确立，吾民诚不必与争此虚位。然事定之后，旧朝其肯长此退让，不谋所以恢复其权力乎？此尽人所不能无疑也。窃以为若万不得已而戴旧朝以行虚君共和制，则迁都实为一最重要之条件。诚有南迁，则民权之确立，庶可期矣。且京师久为首恶之区，非离却之，则政治之改革，终末由奏效也。然此事果能办到乎？即能办到，而吾国民遂能踌躇满志乎？吾盖不敢言。

然则舍现在皇统外，仍有行虚君共和制之道乎？曰：或有一焉。吾民族中有孔子之裔衍圣公者，举国世泽之延未有其比也，若不得已，而熏丹穴以求君，则将公爵加二级，即为皇帝。此视希腊、挪威等之迎立外国王子，其事为尤顺矣。

夫既以为装饰品，等于崇拜偶像，则亦何人不可以尸此位者？

此或亦无法中之一法耶！虽然，尚有三疑义焉：

其一，若非现皇室禅让，则友邦不易承认，而禅让之事，恐不易期。南北相持既久，是否能保国中秩序？秩序既破，干涉是否能免？

其二，孔子为一教主，今拥戴其嗣为一国元首，是否能免政教混合之嫌？是否能不启他教教徒之疑忌？

其三，蒙、回、藏之内附，前此由于服本朝之声威，今兹仍驯于本朝之名公，皇统既易，是否尚能维系？若其不能，中国有无危险？

凡此三者，皆极难解决之问题。其第一、第三项，则无论欲改民主，欲戴衍圣，皆同此患；其第二项，则衍圣所独也。同是戴虚君，而衍圣公不如现皇室者即在此。故曰：现皇室既不能戴，则我国行虚君共和制之望殆绝也。

夫民主共和制之种种不可行也既如彼，虚君共和制之种种不能行也又如此，于是乎吾新中国建设之良法殆穷。夫吾国民终不能以其穷焉而弃不建设也，必当思所以通之者。吾思之思，既竭吾才矣，而迄未能断也。吾只能尽举其所见，胪陈利病于国民之前，求全国民之慎思审择而已。夫决定一国建设之大问题，唯全国民能有此权，绝非一私人所能为役也。

若曰一私人应出其意见，以供全国民之参考乎，则吾待吾再若思有得，乃更以献也。

中华民国临时大总统宣言书

孙中山

中华民国缔造之始，而文以不德，膺临时大总统之任，夙夜戒惧，虑无以副国民之望。夫中国专制政治之毒，至二百年来而滋甚，一旦以国民之力踣而去之，起事不过数旬，光复已十余行省，自有历史以来，成功未有如是之速也。国民以为于内无统一之机关，于外无对待之主体，建设之事，更不容缓，于是以组织临时政府之责相属。自推功让能之观念以言，文所不敢任也；自服务尽责之观念以言，则文所不敢辞也。是用黾勉从国民之后，能尽扫专制之流毒，确定共和以达革命之宗旨，完国民之志愿，端在今日。敢披沥肝胆为国民告：国家之本在于人民，合汉、满、蒙、回、藏诸地为一国，即合汉、满、蒙、回、藏诸族为一人，是曰民族之统一。

武汉首义，十数行省先后独立，所谓独立，对于清廷为脱离，对于各省为联合，蒙古、西藏意亦同此，行动既一，绝无歧趋，枢机成于中央，斯经纬周于四至，是曰领土之统一。

血钟一鸣，义旗四起，拥甲带戈之士遍于十余行省，虽编制或不一，号令或不齐，而目的所在则无不同，由共同之目的以为共同之行动，整齐划一，夫岂其难，是曰军政之统一。

国家幅员辽阔，各省自有其风气所宜，前此，清廷强以中央集权之法行之，遂其伪立宪之术；今者各省联合互谋自治，此后行政，期于中央政府与各省之关系，调剂得宜，大纲既挈，条目自举，是曰内治之统一。

满清时代借立宪之名，行敛财之实，杂捐苛细，民不聊生，此后国家经费取给于民，必期合于理财学理，而尤在改良社会经济组织，使人民知有生之乐，是曰财政之统一。

以上数者，为政务之方针，持此进行，庶无大过。

若夫革命主义为吾侪所昌言，万国所同喻，前此虽屡起屡踬，外人无不鉴其用心，八月以来，义旗飘发，诸友邦对之抱和平之望，持中立之态，而报纸及舆论，尤每表其同情，邻谊之笃，良足深谢。临时政府成立后，当尽文明国应尽之义务，以期享文明国应享之权利。满清时代辱国之举措，与排外之心理，务一洗而去之，与我友邦益增睦谊，持和平主义，将使中国见重于国际社会，且将使世界渐趋于大同，循序以进，不为幸获，对外方针，实在于是。夫民国新建，外交、内政，百绪繁生，文自顾何人，而克胜此！然而临时之政府，革命时代之政府也，十余年来从事于革命者，皆以诚挚纯洁之精神，战胜所遇之艰难，远逾于前日；而吾人唯保此革命之精神，一往而莫之能阻，必使中华民国之基础，确定于大地，然后临时政府之职务始尽，而吾人始可告无罪于国民也。今以与我国民初相见之日，披布腹心，唯我四万万同胞共鉴之！

大中华民国元年元旦
中华民国临时大总统（印）

复袁世凯电

1912 年 1 月 2 日

孙中山

袁慰庭君鉴：盐电悉。文不忍南北战争，生灵涂炭，故于议和之举，并不反对。虽民主、君主不待再计，而君之苦心，自有人谅之。倘由君之力，不劳战争，达国民之志愿，保民族之调和，清室亦得安乐，一举数善，推功让能，自是公论。文承各省推举，誓词具在，区区此心，天日鉴之。若以文为有诱致之意，则误会矣。孙文叩。

据上海《民立报》一九一二年一月六日

改历之解决

力 子

世界愈进化，则文轨愈趋于大同。吾人乘革新之运，去褊蔽之习，一是与民更始，以从世界大同之法，制此固绝无反对之理由者也。

改历之议，本报曾著纠正之评语。一则以定议太率，未经法定之正式公决；二则以发表太骤恐与旧习惯多所牴牾，其理由如此，岂谓阳历决不可行之我国耶？

吾人为尊重言论自由尽规正政府之天职，苟有所见，敢不尽言。今既由大总统续交参议院，议决办法数条新旧并存，所以维持社会习惯者，甚至而复经此次之郑重手续，颁布新历，使人民得所依从，则此问题庶可解决矣。

吾中华民国今后方欲与列强相提携，以共进世界文明于无尽深闭固拒之见，讵可复存。若谓本报有反对阳历之意，而因以（改历为用夷变夏）之谬论来相商榷，误矣！误矣！

致伍廷芳及各报馆电

1912 年 1 月 22 日

孙中山

　　万急。上海伍廷芳先生暨各报馆鉴：昨电悉。前电言清帝退位，临时大总统即日辞职，意以袁能与满洲政府断绝一切关系，变为民国国民，故许以即时举袁。嗣就后来各电观之，袁意不独欲去满政府，并须同时取消民国政府，自在北京另行组织临时政府，则此种临时政府将为君主立宪政府乎？抑民主政府乎？人谁知之？纵彼有谓为民主之政府，又谁为保证？故文昨电谓须俟各国承认后，始行解职，无非欲巩固民国之基础，并非前后意见有所冲突也。若袁能实行断绝满政府关系，变为民国国民之条件，则文当仍践前言也。至虑北方将士与地方无人维持，不知清帝退位后，北方将士即民国将士，北方秩序亦即应由民国担任。唯一转移间，不能无一接洽之法，文意拟请袁举一声名卓著之人。交接一节，满祚已易，驻使当然与民国交涉，方为正当，其中断之词（时）甚短，固无妨也。今确定办法如下：一、清帝退位，由袁同时知照驻京各国公使电知民国政府，（言）现在清帝已经退位，或转饬驻沪领事转达亦可。二、同时袁须宣布政见，绝对赞同共和主义。三、文接到外交团或领事团通知清帝退位布告后，即行辞职。四、由参议院举袁为临时总统。五、袁被举为临时总统后，誓守参议院所定之宪法，乃能接受事权。按一、二两条即为袁断绝满政府关系，变为民国国民之条件。此为最后解决办法，如袁并此而不能行，则是不愿赞同民国，不愿为和平解决，如此则所有优待皇室八旗各条件，不能履行，战争复起，天下流血，其罪当有所归。请告袁。孙文。祃。

据《共和关键录》

论否认临时约法之无当

行 严

忆前年西历六月十一号。伦敦之名周报司配铁特忠告某周报之言曰："凡新闻纸直据己见或党见，如捣碎手风琴以求泻其音者，此最易之举。若云针对事实发为议论，则新闻纸肯发此愿者，吾见实罕，要亦难能。"斯言也，乃富有经验之谈，律之于各国新闻而信。今试手吾国新闻读之，其不免为司配铁特所讥评者，比比然也。记者于三月二十六日《大共和日报》否认临时约法一首，即得一例。

《共和日报》之言曰："国民为共和国主人，有主权者，参议员为都督府差官之《无主权者》。故国民对于参议院之临时约法，有不承认之权。此最简单之理由也。"斯言颇足动庸众之听，以言法理则殊不合。所谓都督府差官者，果都督府自行僭派之差官乎？抑国民假都督府之手，派出之差官乎？如属前者，则国民不当与参议院以机会，使之摄行代表国民之事（如选举总统之类）。如属后者，则参议院已举代表国民之实，国民不得复从其后蹈之。由前之说，则共和报之所主张，乃国民自杀之策，由后之说，则共和报之所谓都督府差官，特偶尔证实之词。其涵义将与所谓共和国代表相等，以此相攻，是未明政治上之主权与法律上之主权作何区别。（国民之所举者，为政治上之主权，议员之所拥者，为法律上之主权，政治上之主权不能制限法律上之主权，此宪法之通议也。）

共和报又曰："使该院所制定者，尚属可行，其制定手续虽不适法，吾国民亦可宥其越权之罪，委曲承认。"此种议论乃属于伦理范围，去法制盖万里。东方人法制与伦理之界线本不分明，斯言其代表也。今之问题在参议院之一机关是否合法？果合法者则参议院之所通过有如恶臭，吾人当受之果，不合法则参议院之所通过有如好色，吾人当绝之。此法制之谈也。共和报悬参议院是否合法之一问题不即解决，而只取其所通过之法案以作标准推作者之意，则临时约法果能尽如人意，则参议院即不合法，亦当认之。今之不认参议院，特以临时约法之多纰缪耳，与机关、组织无关也。此伦理之谈也，此种论法亦不为恶，唯欲以法律为基础，将中华民国筑之于上，则记者期期以为不可耳。

记者之作此论，特欲拥护临时约法之为一法案，并非拥护临时约法之为一良法案也。约法中有不当者，国民义当批评之，促参议院之反省，使之改订。记者不敏，亦并有所陈说，今后有隙，仍当以次讨论。唯"与天下共弃之"一语，则以为绝不当出诸主持论坛者之口，呜呼！国步艰难，人心离散，建立一事有如登天。论者乃只求捣碎其手风琴，泻音以为快，未暇一计及所以善后之道，窃以为过矣！窃以为过矣！

民生主义并非反对资本

——在上海南京路同盟会机关的演说

1912 年 4 月 16 日

孙中山

　　同盟会之成立，于今十数年矣。昔吾辈同志开会讨论，唯于海外能之，今日竟能于内地设置机关，且能自由言论，呜呼盛哉！虽然今日革命虽告成功，共和虽已成立，不过达吾人一部分之目的，绝非已遂初心者也。愿诸君以推翻满洲政府之精神，聚而求以后之进步，使吾人向持之三民主义实行无遗，夫然后为吾人目的到达之日，而对于政纲所负之义务，庶几无憾矣。

　　三民主义者，同盟会唯一之政纲也。曰民族主义、曰民权主义、曰民生主义。今满政府已去，共和政体已成，民族、民权之二大纲已达目的。今后吾人之所急宜进行者，即民生主义。是夫民族、民权之二主义，在稍有人心者，举莫不赞同。即有坚持君主国体之说者，然理由薄弱，稍一辩论，即归消灭。而独近日吾人提倡民生主义，居然有起而反对者。其言曰："社会主义之实际，在欧美文明国中尚不能行，而况于中国乎？且今日外国之资本家，以金钱之势力垄断我国财政，苟吾国不极力提倡资本家，图实业之发展，以资本之势力抵制外人，则当今经济竞争之世界中，无中国人立足地矣。"听其言似亦有理，然彼辈之所以为此说者，盖未知民生主义为何物，故盲然为无谓之反对耳。夫吾人之所以持民生主义者，非反对资本，反对资本家耳，反对少数人占经济之势力，垄断社会之富源耳。试以铁道论之，苟全国之铁道皆在一二资本家之手，则其力可以垄断交通，而制旅客、货商、铁道工人等之死命矣。土地若归少数富者之所有，则可以地价及所有权之故，而妨害公共之建设。平民将永无立锥地矣！苟土地及大经营皆归国有，则其所得，仍可为人民之公有。盖国家之施设，利益所及，仍为国民福利，非如少数人之垄断，徒增长私人之经济，而贫民之苦日甚也。虽然国有之策，满清政府以之亡国，吾人所反对者也。然则向之反对铁道国有者，岂与本政纲抵触者乎？是不然，满清政府者，君主专制之政府，非国民公意之政府也。故满清政府之所谓国有，其害实较少数资本家为尤甚。故本会政纲之次序，必民权主义实施，而后民生主义可以进行者此也。论者又曰："凡事必有等级，今资本家之等级尚未经过，曹然言民生主义，人民智识，社会组织皆无此程度也。"呜呼！果如所言，则共和之先必经君主立宪之阶级，而今之共和又何以能成厥功乎？此更不待辨而自明者也。

　　要之，本会之民族主义，为对于外人维持吾国民之独立；民权主义，为排斥少数人垄断政治之弊害；民生主义，则排斥少数资本家，使人民共享生产上之自由。故民生主义者，即国家社会主义也。前二者吾同志既已洒几许热血，而获今日之成功，则今后更宜极其心思，尽其能力，以达最后之目的。此则予之所深望于同志诸君者也。

　　　　　　据上海《民权报》一九一二年四月十七日《孙中山演说词》

毁党造党说

章士钊

毁党造党，乃记者著《政党组织案》之主张，为新闻体所困，未及终篇。今以吴稚晖先生辱寄之政党问题，颇涉兹点，请略说明于此，望先生更进而教之也。

记者于政党救国一语，有所致疑，非疑于政党之为物也，乃致疑于今吾国之所谓政党也。亦非致疑于吾政党之本质也，乃致疑于吾政党之作用也。民国成立，亦已半载，党派之生，同其岁年，宜已略具规模矣。而成绩之能告人者安在，则殊不易言也。他国有二党，吾亦有二党，人之党分自由保守二派，吾亦分急进稳和二派，形式似矣，而语其实，则号称急进者，特攻人者不择人，骂人者不择言，狂躁无识之士多归焉，号称稳和者，特附会以抵人之隙，造谣以持人之短，阴贼险狠之士多归焉。如是而已。此虽仅写其黑暗面，而当此光明退听之时，吾言不可易也。由是国基未稳，外侮迭乘，所需聪明才力之量以奠之御之者至无垠，而此种聪明才力，悉耗之于意见之相轧，内而朝堂，外而报纸，皆同一轨以进，未之或爽。如此而兴党争，且长此不已，而民国又安足亡也。其所以然者，则此种党争以私见而不以政纲也。

然则如之何而后可？计亦唯速造政纲而已。虽然，记者尝言之矣，政纲者与政党相依为命者也。先纲而后党其党固，先党而后纲其党窳。何也？党见既存，政纲或由牵强附会而立也，涉思至此，而造党之念生矣。昔柏克尝语政党之起源，乃哲家澄思渺虑，定国家之大计，而政家从而实施之。今言造党，正如柏克所言，由政家而上溯哲家，谋以后者之态度定为纲领，而后运以前者之手腕也。顾一政纲立，必有一对立之政纲，亦可见诸实行。吾之择此一方也，或生于智虑之不周，而未闻反对者充分之理解，苟聚两方相与讨论，各无所容心，其分派之结果容或不同，苟党义坚而党界明，其为福将来之党争，乃无涯量。涉思至此，而毁党造党之念生矣。毁党造党云者，乃今之政党悉自毁其党，相与共同讨论，以求其适于己之政纲，而因就政纲而再造为党之谓也。其法则今之党人绝不自以为党人，各党出其才智若干辈，开一政治研究会，本其哲家之态度，举国中所有政治财政种种大问题，一一彻底而研究之，为期多则一年，少亦六月。研究之结果，每一问题必有可否两面，问题愈多，可否之数愈多，最后核讯，果可者否者，统系悉不紊，则就此统系而分为两派焉。或可者否者，两派互有出入，又或问题有轻重大小之不同，则舍轻而取重，略小而言大，亦即因以分为两派焉。在此政治研究会中，一以当时之政见为前提，从前之党见一丝不容扰之，新党成而旧党之分子，大相互易，或竟无易者，皆不可知。而新党要纯粹建筑于政纲之上，以后所有党争，悉于此争之，诉之意气，有所不屑，尤有所不暇也。且新党乃融合各党讨论分配而成，苟或有成，则近百年应兴应废之大问题，自非绝无线路可寻，必已尽情探讨，国中得此坚而且大之两壁垒，小党将无发生之必要，而亦断难有能力，而两大政党相迭代用之利，吾乃得而享焉。以记者之愚，如当世贤豪，肯发大愿，颇不以此策为绝不可能也。

记者毁党再造之说，大略如上。先生疑记者将自作党纲，以与他党，或自植一党，此不然也。记者之毁党再造说，非能以党纲与人也，特示人以党纲将以何道得之而已。执吾说而询人有何种党纲，始得言党，吾说不置答也。故先生谓记者所作政党组织案，包有理想之党纲与党规，大失记者之意也。吾组织案特示政党之当如此组织，由此组织可得理想之党纲与党规而已，本案非能供人以此物也。故先生虑及为人造党纲之困难，而因断定毁党再造之扞格实多，乃记者未及说明之过也。又记者毁党再造之说，全生于政纲有无之问题，而不生于分子稳健与否之问题。又记者所言，非头痛医头脚痛医脚之谈，乃根本解决之法，绝非即党而改党，如先生所谓毁共和党，造共和党，毁同盟会，造同盟会之类，故先生所言，记者但服其理至而已，与本说无直接之关系也。谬妄之谈，幸先生谅而教之。

《民立报》一九一二年七月二十九日社论一，署名行严

总统集权说驳义

章士钊

自国务员案出，当世愤参议院之不明大局，倡为总统集权之说，而驳之者亦复有人。合观正负两面之论，皆不甚著要害，日来新闻界之头脑稍静，请就此说略讨论之。

吾国共和国也，今之言总统集权者，果在共和国范围内言之，抑在范围外言之乎？果集权之度，以不妨碍共和为限，抑行集权主义，至不惜破坏共和乎？后者乃谋颠覆现行政治组织，想论者绝非指此，故今之讨论此题，当本前说也。

间尝论之，凡一国之成功，有要素三：治者被治者及机关之组织是也。而当世有行民政之国，有行君政之国，凡行民政之国，人民（即被治者）之一要素，于斯三者为重，以舆论之力，可影响政府之计划，而使从民意，因而号称政策，为政府所实行者，即不啻人群意志欲望之结晶体也。故在若而国，人民虽称被治者，而实为治者，政府特施行民意之一机关，而人民之留声机器而已。此求之英美与法，莫不皆然也。至行君政之国如俄德者，则适得其反。于斯时也，君主实为权力之源泉，一切悉属君主为政，而臣下赞助之。号为一国之政策，率成于君主或大宰相之手，而人民则假定为欢迎而拥护之者也。由是观之，元首集权只能行（于）君政之国，而不能行于民政之国，彰彰明甚。君政国之元首为君主，民政国之元首为总统，于是总统集权，如以不破坏民主制为一条件，直为一不可理解之名词，无从施其研究。

然则总统集权之说，又实足以代表一部分之主张，其基因果何在乎？记者揣之，实则误解美制之故也。当唐前总理之解职也，记者曾就总统与总理之权限而痛论之，以为总统不宜负行政上之责任。一则以排除总统之野心，一则使其地位对于议会而独立，不随议会之迁变而动摇。某报驳之，其言曰：

世人有谓民主国而行责任内阁制者，第一可防元首之专横，第二可固国家之基础。此固含有片面之真理，而以吾人所验诸美制者观之，则不行责任内阁制者，乃绝未见有此二种之现象焉。此又主张责任内阁制者所不及精者也。

为此言者，殆谓如美利坚，其行政之权，悉集于总统，而无甚流弊也。须知所贵乎集权者，果在拥集权之虚名，抑在得其实际乎？如属后者，则如美总统，其行权之域，较之他种责任政府，乃至狭隘者也，姑无论美人墨守三权分立之说，其宪法所予行政部之权，本至有限，而即此有限之权，动遭康格雷之扼抑，而不得行，此诚可免元首之专横，而又议会不致倾倒行政部，元首在任期内，尽可安然无恙，国本动摇之患，亦可无有。然无奈其政府乃号称最弱，与集权之本旨实相去远也。故今人主张总统集权，而诉之于美制，是直自偃其旗鼓而已。至有曰吾言集权，实不惜元首之专横，与国本之动摇焉，则又溢出讨论范围外矣。

或曰，为总统集权说者，乃鉴于行政部动为立法部所牵掣，不得行其志，而拥此有名无实之行政机关，实无以救败而图存也。总统集权说，诚不可尚，而所以为此说之意，实无可非。凡攻人之恶，而无善足以代之，非所望于子者也。记者曰，甚善。吾国非有一强有力之政府，绝不足以图存，此理无可非难。然欲得此种政府，当诉之于完全内阁制，绝非总统集权说所能为功。记者于此，既屡屡言之，兹恕不赘。

《民立报》一九一二年八月二日社论一，署名行严

代草国民党大政见

宋教仁

吾人曩者大革命之目的何在乎？曰推翻不良之政府，而建设良政治也。今革命之事毕矣，而革命之目的则尚未全达，是何也？不良之政府虽倒，而良政治之建设，则未尝有也。故民国成立已届年余，而政治之纷扰，无一定策划如故也，政治之污秽，无扫荡方法如故也。以若斯之政府，而欲求得良善之政治，既不可能，亦不可望矣。则吾人今日所负责任，当继是进行，以赴吾人大革命最终之目的，努力从事于良政治之建设，而慰国民望治之热心，则所不能辞也。

今有将倾覆之大厦焉，居者知危象之日著，非补缺救隙所可将事也，乃共谋破坏之，而为永固之建设，则其目的非仅在破坏之成功，而在永固之建设可知也。及至破坏既完，乃不复殚精竭虑为永固建设，使第成形式，即为已足，风雨一至，其易倾覆，固无异于曩时也。此苟安之计，非求全之策也。而今日民国之现象则如是也。故吾人今后之进行，当觉悟于吾人目的之未达，本此现具之雏形，而为一木一石一椽一栋之选择，坚筑基础，确定本干，则庶几大厦之建设乃完成，而始不违破坏之本意也。

夫今日政治现象即错乱而无头脑，而国民意思亦无统系条理之可寻，则建设良政治之第一步，首宜提纲挈领，发为政见，公布天下，本此纲领以为一致之进行，则事倍功半之道矣。吾党此届选举已占优胜，是国民所期望吾党者殷，而吾党所担负责任者重。爰举关于建设之大纲，以谋良政治之实现，吾党君子，其本此而奋励其进行焉。

一　对于政体之主张

一、主张单一国制。单一国制与联邦国制，其性质之判别，尽人能知，而吾国今日之当采单一国制，已无研究之余地。临时约法已规定吾国为单一国制，将来宪法亦必采用单一国制，自不待言。唯今尚多有未能举单一（国）制之实者，故吾党不特主张宪法上采用单一国制，并力谋实际上举单一国制之精神。此本党对于政体主张者一。

二、主张责任内阁制之精义，世之阐明者已多，无俟殚述。盖责任内阁制之要义，即总统不负责任，而内阁代总统对于议会负责任是也。今吾国之现行制，责任内阁制也；然有责任内阁制之名，而无责任内阁制之实，故政治因之不举。吾党主张将来宪法上仍采用责任内阁制；并主张正式政府由政党组织，内阁实行负责任；凡总统命令，不特须阁员副署，并须由内阁起草，使总统处于无责任之地位，以保其安全焉。此本党对于政体主张者二。

三、主张省行政官由民选制以进于委任制。吾国省制，行之数百年，已成为一国政治上之重心。将来欲谋吾国政治之发达，仍不得不注重于省行政。省之行政长官，历来皆为委任制。将来地方制度，既不能不以省行政长官为官制行政之机关，则省行政长官须依旧采用委任制，亦事理之当然。唯各省自反正以来，其行政长官之都督，由地方人民选举，行之既久，其以下各机关，亦大都由地方主义而组织、而任用者甚多，且军政、财政上之关系，亦无不偏重于地方；若遽以中央委任之省行政长官临之，其无生疏扞格之弊者几希，甚或因是以生恶因于将来预定之委任制焉，亦未可知。故吾党主张以省长委任制为目的，而以暂行民选制为逐渐达到之手段。此本党对于政体主张者三。

四、主张省为自治团体有列举立法权。在单一国制，立法权同当属诸中央。然中国地方辽阔，各省情形各异，不能不稍事变通。故各省除省长所掌之官治行政外，当有若干行政必须以地方自治团体掌之，以为地方自治行政。此自治团体对于此等行政有立法权，唯不得与中央立法相抵触。至于自治行政之范围，则当以与地方关系密切之积极行政为限。其目有六：（一）地方财政；（二）地方实业；（三）地方工程；（四）地方交通业；（五）地方学校；（六）慈善公益事业，皆明定法律，列举无遗，庶地方之权得所保障。此本党对于政体之主张者四。

五、主张国务总理由众议院推出。临时约法规定，国务员须得参议院同意。其事行之多所窒碍，固亟宜修正者。然吾人既主张责任内阁制，则尤希望此制之实现。欲此制实现，则莫若明定宪法：国务总理由众议院推出。考英国为行责任内阁制之国，虽无明定国务总理由国会推出之宪法，然英宪法为不成文法，其习惯则英王所任命之国务总理，例为下院多数党之首领，不可移易，实不啻由下院推出，且不啻宪法中有此明文。盖必使国会占多数之政党组织完全政党内阁，方举责任内阁之实。而完全政党内阁，则非采用此法，不能容易成立也。故吾党主张宪法中规定国务总理由众议院推出，以促责任内阁制之容易成事。其他国务员，则由总理组织之，不须国会同意。此本党对于政体主张者五。

一 对于政策之主张

一、主张整理军政。今日处于武装和平之世，对外方面，军备亟须扩张，然扩张军备，当自整理军政始。盖扩张军备之举，须待诸三四年后；而今日入手方法，则在整理军政。军政整理有序，而后始有扩张可言也。整理军政方法：一曰划分军区。于行政区域之外，别划分全国为数大军区，独立处理军事，使军民分治易于实行。一曰统一军制。今各省军队之编制亦至不一，分歧错乱，非军事所宜。故当使全国军队接一定之编制，俾军事归于统一。一曰裁汰冗兵。军事虽应扩张，而冗兵则不可不裁。盖兵佣贵精，其操练不勤、老弱无用者，理宜一律裁尽也。冗兵既裁，然后于其强壮者训练纯熟，使之成军，始可为扩张基础。一曰兴军事教育。欲扩张军备，则当求良好之将校。吾国今日将校人才异常缺乏，故此数年中亟宜振兴军事教育，以养成一般将校人才。一曰扩充兵工厂。吾国今日军佣上最大缺点则为器械不足，兵工厂只有数所，而制出品为数亦微。今日即欲扩张军备，然无器械，与徒手何异？故宜极力扩充兵工厂，先使器械丰富。此数者皆本党整理军政之计划，而本党对于政策所主张者一。

二、主张划分中央地方之行政。欲划分中央与地方之行政，须先明中央与地方之区别。中央为全国行政主体，即中央政府是也。地方为一区域之行政主体，而在中央下者有二：（一）地方官治行政主体，即地方官；（二）地方自治行政主体，即地方自治团体。如是则可知地方自治团体与地方官治主体之区别，即划分中央行政与地方行政及中国宜采之制度，有三要义焉：一曰中央行政消极的多，地方行政积极的多也；一曰中央行政对外的多，地方行政对内的多也；一曰中央行政政务的多，地方行政业务的多也。既明乎是，则当知地方分权，本不问官治、自治。今世人所谓地方分权，皆指地方官治言，而地方分权，实与地方自治不同，吾人不重在地方分权，而重在地方自治也。本此定义，中央之行政权宜重，以政务之性质与便宜，分配于中央与地方，而中央则统括的，地方则列举的。故本党所主张之划分如左【下】：

（一）中央行政由中央直接行之。其重要行政：曰军政（一行政、二事业），曰国家财政，曰外交，曰司法，曰重要产业行政（如矿政、渔政、路政、垦地），曰国营实业，曰国营交通业，曰国营工程，曰国立学校，曰国际商政（移民、通商、船政）。

（二）地方行政分二种：一曰官治行政，一曰自治行政。官治行政，以中央法令委任地方行之，其重要行政：曰民政（警察、卫生、宗教、户口、田土）行政，曰产业行政，曰教育行政。若自治行政，地方自行立法，其重要行政：曰地方财政，曰地方实业，曰地方交通业，曰地方工程，曰地方学校，曰慈善事业，曰公益事业。此划分之大较也，而本党对于政策所主张者二。

三、主张整理财政。中国财政纷如乱丝，久言整理而终无整理之望者，固由于不得其人，而亦以整理之非道也。整理财政之道若何？试约举之：（一）曰励行会计制度。订会计法，立会计机关，为严密之预算决算，并掌支纳，以尽祛浮滥之弊。一曰统一国库。现在国库久不统一，宜将国家岁入悉统一于国库，于中央设总库，于地方设支库，他机关不得代其职权。一曰设立中央银行，集中纸币发行权。吸（收）各地官银局，立一规模宏大之中央银行，复集中纸币发行权于中央银行，其私家银行及地方银行不得发行纸币，使中央银行有支配全国金融界之能力。一曰整理公债。今日公债信用不坚而利息则厚，且中央公债与地方公债担负不清，尤非所宜。此后当酌量情形，其应归诸中央者，则中央完全担负之；其应归诸地方者，则地方完全担负之。其利息过重者，则换借之；其有公债之必要者，则新发之。一曰划定国费地方费。今者何为国费，何为地方费，殊不明晰。宜按国家行政与地方行政之划分，地方自治经费为地方费，余者则皆为国费，属于中央，统一于国库。一曰划定国税地方税。此项划分，当依国费地方费为标准。事实上宜为地方税者，则为地方税；事实上宜为国税者，则为国税。划分之后，有应增加新税者，有应裁去旧税者（如厘金之类），总以有利无害为前提。一曰改良币制，行虚金本位。中国币制欲求实际达改良目的，当采金本位制。然事实上有所不许，盖中国金极少而银极多，若骤改金本位，则大宗废银无可息纳，必蒙钜大之损失。莫若先采虚金本位制，定一定之价格，以为国际汇兑，国中仍以银币为国币，使无生无意识之涨落，以渐期达于能行金本位之时代。此数者，皆本党整理财政之计划，而本党对于政策所主张者三。

四、主张整理行政。整理行政最先之方法，而今后亟须本之进行始可收整理之效者，约五大端：一曰划分中央与地方官之权限。从来中央与地方官权限多不明晰，权限亟应划分，行政始可着手。若军政、若国家财政、若外交、若司法行政、若矿业行政、若拓殖行政、若国际商业行政、若国有交通业、若国有实业、若国立学校、若国家工程等，宜为中央各部所直辖，或于各省特立机关掌之，地方官不复过问。若警察行政、若卫生行政、若户口行政、若田土行政、若宗教行政、若礼俗行政、若教育行政、若产业行政等，宜为省行政长官所掌，由中央以法令委任之。夫如是，中央与地方官之权限乃可无虞其冲突。一曰汰冗员。现用人行政，大率为人择事，并非为事择人，故各机关冗员异常众多。故宜严定职掌，凡属冗员，务期汰除净尽而后已。一曰并闲署。现在财政支出，多一机关即多一消费。然为便利政治进行，则机关固有不可不立者。唯闲署处于无用之地，可裁则裁，可并则并，以节国费。一曰励行官吏登庸考试。今日任用官吏，往往用违其学，或毫无学识仅有私人吸引者，故政治日趋腐败。故宜励行官吏登庸考试，庶得各尽所长，而真才易得。一曰实行惩戒官吏失职。前此官吏之纵肆无忌而今亦不免者，以官吏虽失职而不能惩戒于其后也。故欲政治修明，非实行惩戒官吏失职不可。是二项均须专立考试及惩戒机关，而以法律为之保障，以免为官吏势力所摧残。此数者，皆本党整理行政之计划，而本党对于政策所主张者四。

五、主张开发产业。中国今日苟欲国强，必先致富。以国内贫乏之状况，则目前最亟之举，莫若开发产业。第举首宜进行者数端：一曰兴办国有山林。中国有最佳最大之山林，政府不知保护兴办，弃材于地，坐失大宗利源。今农林既特设专部，则国有山林宜速兴办也。一曰治水。中国本农产国，然以人力不修，时遭水患，以致饥馑频闻。令欲（国）民元气之回复，农产物之发达，则为治水。一曰放垦荒地。以未辟荒地放于人民，实行开垦，以尽地利。一曰振兴矿业。中国矿产有十之八九尚未开掘，非民间物力有限，不能开掘，实政府保护不得其道。故今后宜特提倡或保护主义，使之振兴。一曰奖励仿造洋货工业。工业窳败，由来已久，其当奖励者固不止一端，而仿造洋货工业，奖励尤宜力。盖外货充塞，母财流出日多，故须亟提倡仿造，以为抵制。一曰奖励输出品商业。今世界列强皆以工商立国，商战日烈，吾国当其漩涡中，输入之额超过输出之额，不亟奖励输出品商业，行将坐毙。此数者，皆本党开发产业之计划，而对于政策所主张者五。

六、主张振兴民政。民政之事，当为中央委任地方办理。其振兴之道，又得而言：一曰整顿警察。警察为保持地方治安，须切实整顿，并普及于各地，使军队专事对外。一曰励行卫生。中国地方卫生素不讲求，以至厉疫时起，民生不宁：故宜励行卫生，谋人民幸福。一曰厘正礼俗。社会之良否，系于礼俗之隆污，故敝礼恶俗务宜厘正，以固社会根基。一曰调查户口。往日调查户口，多属敷衍，尚无确数，令后宜再行切实调查。一曰励行地方自治。中国地方自治向不发达，如地方自治范围中，地方学校、地方实业、地方财政、地方交通业等，均须励行。此数者，（皆）本党整理民政之计划，而本党对于政策所主张者六。

七、主张兴办国有交通业。交通事业，其属于完全商办者无论已；若国有交通，则政府急宜兴办，责无可辞。其应兴办者：一曰急办国有铁道。建筑与实业固有极大关系，而于军事上国防上亦属紧要，应酌量现状，审其缓急，急办国有铁道。一曰整理电信，一曰扩充邮信。电邮二者，虽久举办，然或未完善，或未普及，故宜切实整理而扩充之。一曰兴办海外航业。列国皆谋于海上称雄，而我一蹶不振，不特海军之不足数，而外海航业亦极幼稚，故首宜振兴外海航业，以发达商务。一曰整理铁路会计。中国铁路会计弊端丛生，欲尽蠲诸弊，宜使铁路会计机关独立，严立预算决算，并兴办交通银行等。此数者，皆本党与办国有交通业之计划，而本党对于政策所主张者七。

八、主张振兴教育。教育为立国根本，振兴之道，不可稍缓。其今日所亟宜振兴者，一曰法政教育，一曰工商教育，一曰中学教育，一曰中小学师范教育，一曰女子教育。法政教育，所以使国民多得政法常识；工商教育，所以输进工商新知识，发达工商；中学教育，为小学之模范，大学之基础；中小学师范教育，所以为普及教育之第一步，而养成师范人才；女子教育，所以增进女子知识，发达女权。此数者，皆本党振兴教育之计划，而本党对于政策所主张者八。

九、主张统一司法。司法为三权之一，亟宜统一。其今日统一方法：一曰划一司法制度。各省司法制度并不一律，宜实行四级制，使各省归于统一。其未设裁判所地方，亦须增设。一曰养成法官律师。盖增设裁判所，则今法官尚缺乏。一面养成法官，并设法保持法官地位，俾司法得以独立；一面养成律师，以保障人权。一曰改良监狱。中国监狱制度极形野蛮，今宜采仿各文明国监狱制度，极力改良。此数者，皆本党统一司法之计划，而本党对于政策所主张者九。

十、主张运用外文。当吾国之积弱，非善运用外交，不足以求存，然欲运用外交，非具世界之眼光，不足以尽其用。中国向来外交无往而不失败，盖以不知国际上相互之关系，一遇外人虚声恫吓，即唯有让步之一法，是诚可伤者也。外交微奥，有应时事发生者，未可预定，亦难于说明。唯外交方针，则可约略言之：一曰联络素日亲厚之与国。今国于世界孤立无助，实为危象，故必当联络素日亲厚之与国，或缔协约，或结同盟，或一国，或数国，俱为当时之妙用。一曰维持列国对我素持之主义。吾国现势，非致力对外之时，故宜维持列国对我素持之主义，使之相承不变，而得尊心一意于内政之整理。此数者，皆本党运用外交之计划，而本党对于政策所主张者十。

总上所述，皆本党所主张，提纲挈领，略得其凡。苟本是锐意进行，则良政治可期，国利民福之旨可达。国民若赞成吾党所陈之政见，则宜拥护吾党，以期实行。吾党所抱之主张，唯国民审择之焉。兹第叙其概略，欲知其详，请俟专篇。其不过于重要之问题，亦不用述，非忽略也。

《民国经世文编》，第二册，政治一，页四十一—四十五

政党政治与不党政治

吴贯因

今之谈政治者，多颂言政党政治之美，不知政党政治，多由历史上逐渐发达而来，非如饼师制饼，可以顷刻造就也。若夫国民之政治道德，其程度不高，则有党反不如无党。昔唐代牛李之党，宋代蜀洛之党，皆徒以紊乱国政，无益于事，昔人讥之者众矣。今之政党，其政治道德之程度，比之牛李之党、蜀洛之党，尤远在下风焉！则欲建设政党政治，其害之中于国家者何如？不待智者而知也。不宁唯是。今世东西各国，其获收政党政治之美果者，以英国称最矣。然谓其有利而无弊，则岂其然，吾今不暇为理论上之指摘也，则且举一事实以为证。数月以前，日本起大政争，其政府更迭者二次。当时日本国民所麇揭之旗帜，则谓欲倒藩阀政治，而建设政党政治也，其颂言政党政治之美，则谓有英国可为模范也。然当日本政争剧烈，艳羡英国政党政治之时，而英国政治家罗士伯黎（曾为内阁总理大臣），忽发一议论，盛称日本政治之美，而指摘英国政党政治之弊。其言之深切著明，实可为耳食政党政治者戒也。今摘录之如下：

日本实可为"国民能力"national efficiengcy 模范之国也，无论何国，苟能学之，可谓幸福也已。日本人之对于国家，有特别之信仰，殆与宗教无异，国家二字，是其神像也。

由政治上而论，英国国民，实与政党相终始。吾人常欲进自身及本党领袖于政府之内，而排斥反对党于政府之外。此等观念，非必由于爱国心之缺乏，实缘数百年之习惯，使吾人信此等观念，即为爱国心也。然而征之实际，则政党有大害焉。政党者起于不得已之害物也，其为害物，确然毫无疑义也。顾虽知其有害，无奈与伦敦之雾同为不可避之物也。（中略）政党之动作，实所销蚀能力 efficiency 也。政党政治，不能用多数高尚适当之人才，其用人之方针，率由政党之见地取其最适于选举者而已。若实际有用之人才，多不能置之适当之地位焉，此其所以常生恶结果也。

我国之内阁大臣，虽以热心与毅力当事，然一入国会议论之场，其热心与毅力，顿归无何有之乡。且虽精力弥满之人，其精神多消费于地方地盘之竞争也。

吾人不拘政党主义之如何，于求得"能力"efficiency之点，则不可不学日本，日本此事，实予吾人以最良善教训也。

由是观之，则英国政治为美耶？抑日本政治为美耶？彼日本人则谓英国政治为可法，英国人则谓日本政治为可法，其乐于舍己从人，固两皆可敬，然政党政治之非有利而无弊，亦因此可见矣。不宁唯是。苟国民之程度不高，则政党政治，岂易实现。以日本论，其数月前之政争，固欲求得政党政治。然西园寺之政友会内阁，不能安于其位，今山本之不党内阁，则屹立不动。是日本之政争，虽欲救得政党政治，而结局之胜利，终归不党政治也。夫以英国人民之程度，其行政党政治，罗氏尚极言其弊，以日本人民之程度，其欲求得政党政治，尚目的不能达。试问现在我国民之程度，比之英国人何如？比之日本人何如？彼谈政党政治者，其亦可废然思返矣！

平民政治与众愚政治

吴贯因

平民政治之一名词，在泰西各国为对于贵族政治官僚政治而言也。若中国自秦汉以降，已成布衣卿相之局，公辅之选，类皆起自平民，无所谓平民政治与非平民政治也。若夫以多数政治，为平民政治，则不知多数政治，非必有利而无害，苟人民之程度低下，则以多数为政，实足为致乱之源。故欧美所称为平民政治者，日本人常目之为"众愚政治"，此其中有至理存焉，不得谓为戏谑之言也。试观中国数千年来，若管仲之治齐，商鞅之治秦，诸葛亮之治蜀，张江陵之治明，皆大权独揽，以雷厉风行之手段，整理庶政，用能开一朝之治。若夫发言盈廷，事权不一，则常足以召大乱。宋人议论未终，而金兵渡河，昔人尝引为笑柄矣。故中国数千年来，常以政出多门为大戒，商之在朝之众愚，犹且不可，若商之在野之众愚，则更无论也。今之心醉西风者，不问国民程度之如何，骤欲求多数政治之实现。于是忽而争政党内阁焉，忽而争国会政府焉，一年以来，政局之杌陧，社会之纷扰，皆此等问题阶之厉也。然众愚既占势力，不特欲争总理，因媚于众愚，即欲争总统，亦当媚于众愚。于是竞竭国民之脂膏，以为选举之运动费。往者美国之竞争总统，其运动费常达数百万，我国人多目笑存之。然观今日选举总统之运动费，其绞费国民之膏血，岂在美国之下耶！不宁唯是。以众愚之朝秦暮楚，难以倚靠，合众国式之竞争不能解决，今墨西哥式之竞争，又将出现以矣（墨西哥之选举总统皆以武力解决之）。呜呼！此等政治，岂特可谥之曰众愚。循名核实，则众乱政治而已矣，众恶政治而已矣，平民政治云乎哉！

中国立国大方针（节录）

1912 年 4 月

梁启超

……

结　论

　　以上所论，以使中国进成世界的国家为最大目的。而保育政策，则期成世界的国家之一手段也；强有力之政府，则实行保育政策之一手段也；政党内阁，则求得强有力政府之一手段也。而所以能循此种种手段，以贯彻最高之目的者，其事纯系于国民。夫以兹事泛责诸全体国民，殆茫然无下手之方，伥伥乎若不得要领也。虽然，民之为性也，其多数平善者，恒受少数秀异者所指导而与为推移。故无论何时何国，其宰制一国之气运而祸福之者，恒在极少数人士。此极少数人士，果能以国家为前提，具备政治家之资格，而常根据极强毅的政治责任心与极浓挚的政治兴味，黾勉进行，而虽至危之局，未有不能维持；虽至远之途，未有不能至止者也。

　　我国自政体不变以来，国民心理，约可分二种：其乐观者流，睹专制旧朝摧灭之易易也，自咤为冠古今、轶万国之大成功，以谓自今以往，吾事已毕，晏坐以待黄金世界之涌现而已。其悲观者流，则谓吾国数千年所以维系国家之中心点，从兹断绝，共和之祸，烈于洪水猛兽，自今以往，唯束手以待陆沉。吾以为两说俱失之者也。民国现状，蜩唐沸羹，事实章章，不可掩蔽。且今不过其见端耳，危机之伏而未发者，尚不知几千万。以此自诩成功，非全无心肝者，安得有此言？平心以谈，今兹民军所以获意外大捷，非尽我所能自为也，而实缘敌之太不竞。质言之，则非我能亡前清，而前清实自亡也。前清曷为自亡？彼其政治之状态，实以不适而不能自存，天演淘汰之作用，固应如是也。

今其既淘汰以去矣，与之代兴者，或状态一如其前，或虽易一新状态，而不于适天演界如故，而非久而旋袭淘汰之辙，此事理之绝无可避者也。

今兹革命，虽曰种族革命与政治革命并行，然种族革命，其事为具体的，诉诸感情足矣，故尽人能焉，合全国之力以赴之，遂以告圆满之成功；政治革命，其事为抽象的，必须根据于理解，非尽人所能喻也，故伥伥焉若无所着手，冥行擿埴，成功杳不知何日。夫种族革命，不过为政治革命之一手段，若当此绝续之交，而政治革命终不得实现，则革命之初志不其荒耶？今彼之自诩成功而侈然谓天职为已尽者，吾信其绝不知政治革命为何物而已。若夫悲观者流之说，睹此横流，追原祸始，谓共和政体万不能行于我国，至并以咎革命之非计，此其暗于事理，抑更甚焉。夫共和是否绝不能行于我国，此非可以空言折人口也，必有待于他日之试验，此勿深论。然问国家之敝，极于前清时代，不行政治革命，庸有幸乎？欲行政治革命，而不先之以种族革命，为道果克致乎？今虽新政治之建设，茫乎未有端倪也，而数千年来恶政治之巢穴，为国家进步之一大障物者既已拔去，此后改良政治之余地，较前为宽，其机会较前为多，其用力较前为易。夫岂无新魔障之足以为梗者？然其根据绝非如旧魔障之深远，未足引为病也。

夫谓共和不能行于中国，则完全之君主立宪，其与共和相去一间耳。其基础同托于国民，其运用同系乎政党，若我国民而终不能行共和政治也，则亦终不能行君主立宪政治。若是，则吾洵劣种，宜永为人役者也。既认为可以行君主立宪之国民，自应认为可以行共和之国民闻诸，眇不忘视，跛不忘履，虽审不能，犹当自勉，而况于我之挟持本非具者耶？

夫今日我国以时势所播荡，共和之局，则既定矣，虽有俊杰，又安能于共和制之外而别得活国之途？若徒痛恨于共和制之不适，袖手观其陆沉，以幸吾言之中，非直放弃责任，抑其心盖不可问焉矣。夫为政在人，无论何种政体，皆以国民意力构造之而已。我国果适于共和与否，此非天之所能限我，而唯在我之自求。以吾所逆计，则中国建设事业能成与否，唯系于政党；政党能健全发达与否，唯系于少数主持政党之人。

此少数人者，若不负责任，兴会嗒然，则国家虽永兹沉沦可也。而不然者，毋谓力单，滴溜可以穿石；毋谓途远，微禽可以填海。是则吾党所以自勉而欲与国人共勉之者也。

革命相续之原理及其恶果

1913 年 6 月 16 日

梁启超

自民国建号以来，仅十余月，而以二次革命闻者，几于无省无之，其甚者则三四次（如湘、如蜀），乃至七八次（如鄂），最近则江西之叛，尤其章明较著者也。论者或以为当局失政，宜有以召之；或谓彼好乱之辈，其狼子野心，实有以异于人。斯二说者固各明一义，虽然，非其至也。历观中外史乘，其国而自始未尝革命，斯亦已耳，既经一度革命，则二度、三度之相寻相续，殆为理势之无可逃避。我国历代鼎革之交，群雄扰攘，四海鼎沸，迭兴迭仆，恒阅数十年而始定。然犹得曰专制私天下，宜奖攘夺，非所以论于共和之始也。夫言革命、言共和者，必以法兰西为祖之所自出，然法国自大革命以后，革命之波相随属者亘八十年，政体凡三四易。其最初之十余年间，则丹东、马拉、罗伯斯庇、拿破仑迭擅神器，陷其国于恐怖时代者逾一纪。后此，中美、南美十余国踵其辙，而各皆相敩相屠，以国家供群雄之孤注，至今犹不如所届也。

最近，则墨西哥两岁之间，三易其元首矣。其后此踵袭而兴者，孰审所极！葡萄牙今犹未也，而派梦阴曀之象遍国中，稍有识者，知其傦然不可终日也。即以根器最厚之民如英国者，彼其十七世纪之革命，逮克林威尔没世，而结一翻其局。由此言之，革命复产革命，殆成为历史上普遍之原则，凡以革命立国者，未或能避也。（就中唯美国似属例外，然美国乃独立而非革命。前此英国之统治权本不能完全行于美境，美之独立，实取其固有之自治权扩充之，巩固之耳。）夫天下事有果必有因，革命何以必复产革命？此其故可得而言也。

其一，当革命前，必前朝秕政如毛，举国共所厌苦，有能起而与为难者，民望之如望岁也。故革命成为一种美德，名誉归之。及既成功，而群众心理所趋，益以讴歌革命为第二之天性。躁进之徒以此自阶，其天真未凿者则几认革命为人生最高之天职，谓天生血性男子，只以供革命之用，无论何时，闻有革命事起，趋之若不及。苟有人焉以一语侵及"革命"二字之神圣者，即仇之若不共戴天。此种谬见深中于人心，则以极危险之革命，认为日用饮食之事，亦固其所。

其二，经一度革命之后，社会地位为之一变，阀阅之胄，夷为隶皂，瓮牖之夫，奋为将相者，比比然也。夫人情孰不乐富贵而恶贱贫，睹夫冒一时之险而可以易无穷之乐也，则相率以艳而效之，所谓"大丈夫不当如是耶"！所谓"生不五鼎食，死即五鼎烹"耳。此种心理最足以刺戟椎埋徇利之辈，而使之一往不反顾。其从事革命，犹商贾之逐利也。三年以前，上海有以投机于橡皮公司而博奇赢者，不数月间，全市人辍百业以趋之，荡产杀身而不悔。革命之滋味，足以诱人，盖此类也。

其三，经一度革命之后，国民生计，所损无算，农辍于野，工辍于肆，商辍于廛，十人之中，失业八九，迫于饥寒，则铤而走险，民之恒情也。作乱固以九死博一生，不尔则唯有待死，故毋宁希冀于九一也。大前此必以失业之民多，然后能啸聚以革命，革命之后，失业者又必倍蓰于前，故啸聚益易，而再革、三革以至无已也。

其四，仅聚锄耰棘矜槁项黄馘之民，其集事也犹不易易，顾革命之后，退伍兵必充之民编入革命军中；一旦事定，无以为养，势必出于遣散。而此辈一度列军籍，更无从复其故业，舍椎埋剽掠外更何所事？故适以为二次革命之资也。

其五，昔法人蒲罗儿谓，每当革命后民生极凋瘵之时，而其都会人士之奢淫必愈甚，法国当恐怖时代，而巴黎歌管游乐之盛，远过往时。吾昔颇疑其言不衷于理，今观我国，乃始信之。盖一度革命成功，前此婈人贱皂，一跃而居显要者，无量无数，麕集都会，生平未尝享一日之奉，暴尔发迹，事事模仿旧贵，变本加厉。"夥颐，涉之为王沈沈者！"则淫侈之骤增也固宜。民已穷矣，而复朘削之以奉新贵族，诛求到骨，何以堪命？受祸最烈者，尤在前此素封之家，架罪构陷，屠戮籍没，视为固然。怨毒所积，反动斯起，革命之恒必相续，此又其一因也。

其六，人之欲望，无穷尽也，常以己现在所处之地位为未足，而歆羡乎其上，而有所恃、有所挟者则更甚。畴昔读史，见历代开创之主，夷戮功臣，未尝不恨其凉薄。虽然，功臣之自取屠戮，又岂能为辩？夫挟功而骄之人，诚有何道可以满其欲壑者？其意常曰：彼巍然临吾上者，非借吾力，安有今日？居恒既怏怏不自适，稍加裁抑，觖望滋甚，觖望至不可复忍，其旧属复有觖望者从而恐愒，则叱咤而起耳。故二次革命之主动者，恒必为初次革命有功之人无中外，一也。昔法国当路易十一世时，菲利普公爵与孔特加洛侯爵同叛，传檄国中曰："吾为国家扶义而起也。"路易降诏曰："二子之叛，诚朕不德有以致之，使朕而徇彼等大贵族增俸之请，彼宁复为国扶义耶？"鸣呼，国有巨子，而执国命者无路易之智，其欲免于革命之相寻难矣。

其七，夫革命必有所借口，使政府施政而能善美，无授人以可攻之隙，则煽动自较难为力。然革命后骤难改良政治，殆亦成为历史上之一原则。盖扰攘之后，百事不遑，威信未孚，施行多碍，故一代之兴，其致太平也，动在易世之后。当其草创伊始，民志未定，政治之不满人意，事有固善。故新革命后二三年间，虽以失政为煽动再革之资料，固无往而不能得也。（附言：吾此文本泛论常理，从历史上归纳而得其共通之原则耳。即如此段，绝非为现政府辩护，现政府更不得借吾言以解嘲。盖现政府之成立，本与前代君主力征经营而得之者有异，一年以来，实有改良政治之余地，而政府曾不自勉，吾不能一毫为彼宽责备也。）夫革命前后，正人民望治最殷、求治最亟之时也，当其鼓吹革命也，鲜不张皇其词以耸民听，谓旧朝一去，则黄金世界，立将涌现。民也何知，执券索偿，夫安得不失望，失望则煽动者之资矣。

其八，革命后之骤难改良政治，在专制国之易姓，则断然矣；而在易专制为共和，则其难尤甚。盖为政有本，曰正纪纲。纪纲立，然后令出必行，而政策之得失乃有可言。君主国有其固有之纪纲，民主国又别有其固有之纪纲。以数千年立君之国，全恃君主人一之尊严，为凡百纪纲所从出。摇身一变，便成共和（袭小说《西游记》语，形容最肖，读者勿笑其俚），畴昔所资为上下相维之具者，举深藏不敢复用，抑势亦不可复用；而新纪纲无道以骤立，强立焉而不足以为威重，夫此更何复一政之能施者！以汉高之英武，苟长此群臣饮酒争功，醉或妄呼，拔剑击柱，如初即位定陶时，试问汉之为汉复何如者？革命之后，人人皆手创共和，家家皆有功民国，设官万亿，不足供酬勋；白昼杀人，可以要肆赦；有赏无罚，有陟无黜，以此而求善治，岂直蒸沙求饭之喻已哉！执国命者而有英迈负重之气，犹可以渐树威信，整齐严肃其一部分；而不然者，疲奔命于敷衍，既已日不暇给，纪纲永无能立之时，政且无有，遑论于良！夫承革命之后以从政，雄才犹以为难，庸才则更何论。雄才不世出，故酝酿再革命三革命者，什而八九也。

其九，共和国之尤易倡革命者，虽自私之鄙夫，常得托名国家以胁人；虽极野心者，常得宜言吾非欲居其位也。只须煽动响应，不必其果服属于我，一革去其所欲革之目的物，则复得以统一共和等名义钳他人之口而制其命，而不复劳征伐。此真革命家之资也。虽然，初次革命之资，抑亦再次、三次之资也。

其十，闻之，"有无妄之福者，必有无妄之祸。"成功太易，而获实丰于其所期，浅人喜焉，而深识者方以为吊。个人有然，国家亦有然。不烦一矢，不血一刃，笔墨歌舞于报章，使蝶儿戏于尊俎，遂乃梦中革命，摇身共和。过来者狃于蒲骚，未试者见猎心喜。初生一犊，奚猛虎之足慑；狎潮之儿，谓溟渤其可揭。夫艰险之革命，犹足以生二次革命，而况于简易酣乐之革命也哉！夫既已简易酣乐，则无惑乎革命成为一种职业，除士、农、工、商之外，而别辟一新生涯。《水浒传》张横道："老爷一向在之浔阳江上，做这安分守己的生理。"强盗之成为一职业久矣。举国靡然从之，同其所耳。

由此言之，革命之必产革命，实事所必至，理有固然。推究终始，既有因果之可寻；广搜史乘，复见前车之相踵。今吾国人见二次革命之出现，而始相与惊诧，宁非可悯？然则此种现象果为国之福耶，为国之祸耶？此有稍有常识者，宜不必复作是问。顾吾见夫今日国中彷徨于此疑问中者犹多也，故吾不得惮词费也。吾以为假使革命而可以止革命，则革命何必非国家之福；革命而适以产革命，则其祸福复何待审计者！今倡革命者，孰不曰吾今兹一革以后，必可以不复再革也。夫当初次革命时，亦孰不曰一革后可无复再革也，而今则何如者？今革而不成，斯勿论矣，假其能成，吾知非久必且有三次革命之机会发生，而彼时昌言革命者，其持之有故、言之成理如今日。其以为一革后可无再革亦如今日，而其结果如何，则非至事后言之，则罕有能信者。今欲征因知果，则且勿问所革之客体作何状，则先问能革之主体作何状。试问前所列举之十种事理，再度革命之后，其恶现象果缘此稍灭乎，抑缘此赓续增益乎？前列十种，有其三四，祸既未艾，而况于俱备者！循此递演，必将三革、四革之期日，愈拍愈急；大革、小革之范围，愈推愈广。地载中国之土，只以供革命之广场；天生中国之人，只以作革命之器械。试思斯国果作何状，而斯民又作何状者？古诗曰："公无渡河，公竟渡河，堕河而死，将奈公何？"而俗谚檃括其旨曰："不到黄河心不死。"斯言虽俚，盖称善譬。昔吾侪尝有以语清之君臣矣，曰：君其毋尔尔，君如长尔尔者，君且无幸。夫彼君臣非唯不余听而且余罪也。吾侪言之十数年，其褎如充耳也亦十数年，彼犹未到黄河也。吾侪明明见其疾趋赴河，愈趋愈迫，为之恻隐焦急不可任，而彼之疾趋如故也。中兴道消，穷于辛亥，及乎临河足三分垂在外，或庶猛醒，然既已一落千丈强矣。今之未到黄河心未死者，吾所见盖两种人焉：其一则兴高采烈，以革命为职业者；其他则革命家所指目而思革之者。

兹两种人者，或左或右，或推或挽，以挟我中国向前横之大河而狂走焉，而跳掷焉，患其不即至也，而日日各思所以增其速力。呜呼！今为程亦不远矣。多尔衮入关，斯周延儒、李自成、吴三桂之大功成；伊藤开府，则金玉均、李完用、李容九之大事毕。满洲人不断送满洲至尽，满洲人之天职未尽也；中国人之不断送中国至尽，中国人天职未尽也。欲满洲人信吾非妄言，非至今日安能！欲中国人信吾非妄言，呜呼，吾何望此，吾何望此！

今请以一言正告彼被革命者曰：畴昔制造革命者，非革命党也，满洲政府也。满洲政府自革不足惜，而中国受其毒至今未艾。公等虽欲自为满洲，奈中国何；公等如不欲自为满洲，则宜有所以处之。更请以一言告彼革命者曰：公等为革命而革命耶，抑别有所为而革命耶？吾知公等必复于我曰：吾为欲改良政治而革命也。则吾更引谚以相告语曰：种瓜得瓜，种豆得豆。革命只能产出革命，绝不能产出改良政治。改良政治，自有其途辙，据国家正当之机关，以时消息其权限，使自专者无所得逞。舍此以外，皆断潢绝港，行之未有能至者也。国人犹不信吾言乎？则请遍翻古今中外历史，曾有一国焉，缘革命而产出改良政治之结果者乎？试有以语我来。虽然，吾言之何益，谁其听之者！莫或听之而犹不忍不言，吾尽吾言责而已！

《民约》平议

严 复

卢梭者，瑞士之儿泥洼【今译曰内瓦】人也，其生去今二百年矣。家至贫贱，困苦殆不足自立，然好读古书，能为文。千七百四十九年，法之南部曰地棠【今译第戎】学校者征文发策，问文物礼乐之事果所以进民德者乎？卢梭奋笔为对，其说大似吾国之老庄。见者惊叹，乃日有名。越五年，而《人类等差原始》之书出。又八年，而《民约论》、《教育说》诸书见于世。《民约论》之出，穷檐委巷，几于人手一编。适会时世，民乐畔古，而卢梭文辞，又偏悍发扬，语辩而意泽，能使听者入其玄而不自知。此遂见于美之独立、法之革命。嗣是以来，风声所施，社会炎炎，笃其说者，或不惜捐躯喋血，无量死者以求之。然而经百余年，诸种之民，用其法以求之，而所求者卒未至也。欧美言治之家，于卢梭各有所左右，亦大抵悟其说之不可行。顾旋死旋生，生则其祸必有所中。往尝谓杨墨所存，不过二家之学说，且至今观之，其说于治道人心，亦未尝无一睹之用。然而孟轲氏奋毕生气力以与相持，言其祸害比诸洪水猛兽。至于情见乎辞，则曰："予岂好辩？予不得已。"盖至今如闻其声焉，呜呼，岂无故哉！

中国老庄明自然，而卢梭亦明自然。明自然，故皆尚道德而恶礼刑。彼以为民生而有困穷苦痛者，礼刑实为之祸首罪魁焉。虽然，欧洲言自然，亦不自卢梭始。自希腊苏斐宗之天人对待，斯多噶（Stoics）之平等，罗马该克禄（Cicero）之取以明法，中间数百千年，宗教法律两宗，人多所发明。直至钻禄虎哥（Hugo Grotius）之言国际，根于自然之说，未尝绝也。八十九年之大义，（如平等、自由、博爱之属，革命家所奉以为主旨者，史家谓之八十九年大义，以法革命于千七百八十九年也。）当十六世纪，英人已唱之，以起君民之争矣。其主之尤力者，又莫若布休几（Boucherr）、麻利安（Mariana），或谓人类自由之身契久亡，得卢梭（Jean Jacgues Rousseau）尊札，始为恢复者。其说乃大误也。

　　且卢梭之为政论也，固先熟于两英人之书，其一曰霍布斯（Hobbes），其一曰洛克（J. Locke）。二人者，欧之哲学政治大家，不独于英为杰出。民约之义，创于霍而和于洛，卢梭特发挥昌大之而已。民约云者，民相约而后立群也。顾二公虽皆主民约，而其书之言所以为约者乃大异。霍之书曰：《勒肥阿丹》Leviathan【今译列维坦】，亦名《国家形质力论》。其言曰：民之始犹禽兽也，离群处独，狞毅犷愚，人以其一而与其群为战。当此之时，其小己之自由固甚大也，然而弱肉强食，昼夜惴惴，无一息之休居，不得已，乃相约为群焉。夫群者，有君者也。既推择其一而为之君矣，则取其一身天赋之自由，与所主万物之权利，一切而皆付之。是故己之愿欲，其君之愿欲也；己之是非，其君之是非也。方其约之未解也，君有完全之自由，而民无有。何以故？民相约为服从，而其君则超乎约，而未尝有所服也。必如是者，其群治；不如是者，其群乱。霍之所谓民约者如此。今夫社会之未有君也，虽人人自由，平等无差，然以其性之恶，恒必出于竞争，其末流或至于相食，各具求存之性，乃相约而求君，此霍之说似也。顾谓如奴虏然，举其性命物产，一切而付之，唯所愿欲，是非无所复问。此又反于人情，而不必然之说也。由是洛克著《治术论》以诤之。其言曰：人之性善。其生也，秉夫自然，本无拘碍，亦无等差。拘碍等差之兴，其始于各有其有，而民乐僭奢者欤？自淳朴散而末流纷，不得已而有治权之立。何言夫不得已？治权立求自由之无缺必不能也。虽然，民之生也，有其直焉。（如《诗》"爰得我直"之直。）天之所赋，可以复之以理者也。理存于虚，法典所以定理，吏者所以举法，而兵刑者所以行法也，无治权则举无是焉。是故治权者，所以安其身，保其有而后有事者也。民屈自由焉，以为治权之代价。顾其奉此代价也，势必出于至慎，知其不可不奉者而后奉之。至于其余，方留若诅盟，而不轻为主治者之所侵夺。是故政府非佳物也，用事之权，必有所限制，而理者又最高之法律也。方群之未立，依乎天理，外无法焉。群之既立，法之存废，视理之从违。违理之法，虽勿从可矣。洛之所谓民约者又如此。此其说自今之学者而观之，常以为陋浅不足道，然为常识之所共知，而以为胜于郝，则以郝为绝对主义（Absolutism），以洛为限制主义（Constitutionalism）。而卢梭之为民约也，其名虽本于郝，而义则主于洛者为多云。

　　今试举卢梭民约之大经大法而列之：（甲）民生而自由者也，于其群为平等而皆善，处于自然，则常如此。是故自由平等而乐善者，其天赋之权利也。（乙）天赋之权利皆同，无一焉有侵夺其余之权利。是故公养之物，莫之能私。

如土地及凡土地之所出者，非人类所同认公许者不得据之为己有也；产业者皆篡而得之者也。（丙）群之权利，以公约为之基；战胜之权利，非权利也。凡物之以力而有者，义得以力而夺之。

民约之大经大法具如此，以其所系之重，不佞既谨而译之，于其义不敢有毫厘之增损。然而执是推行，将果为人伦之福利也欤？抑其深极，所害者不仅富贵之家，而贫贱者所蒙乃尤烈。自此论之出，垂二百年，不徒暴烈之子，亦有仁义之人，愤世法之不平，悯民生之况瘁，奉若玉律金科，以为果足以救世，一误再误，不能自还。此今吾平议之所由作也。

今案其第一条曰，民生自由，其于群为平等，则赫胥黎尝驳之矣。其言曰：吾为医，所见新生之孩为不少矣，累然块肉，非有保赤之勤，为之时其寒饥历十二时，寡不死者。是呱呱者，尚安得自由之能力乎？其于社会，尤无平等之可言。言其平等，无异九九家言一切无皆平等耳。脑浆至气，不结意影。不结意影，而指为善不善之主体，卢梭殆谲耳。不然，不如是之恢诡也。且不必言其最初，即逮稍长，至十五六，使皆处于自然之境，而享其完全之自由，吾不知何等社会而后有此物也。儿之言语自由而成之欤？儿之饮食自由欤？穿著自由欤？所据以为是非宜忌之标准者自由欤？先生休矣，吾与汝皆奴隶也！缧绁鞭策，莫之或逃，逃且于其人大不利。特其事皆施于无形，而受者不自觉耳。

且稍长之儿，其不平等，尤共见也。若强弱，若灵蠢，若贤不肖，往往大殊，莫或掩也。一家之中，犹一国然。恒有一儿，严重威信，不仅为群儿之领袖也，即其长者异之。乌在其于群为平等乎？他日卢梭之论等差原始也，亦尝区自然之殊异，与群法之等威而二之矣。乃不知群法等威，常即起于自然之殊异。均是人也，或贵焉，或贱焉，或滋然而日富，或塌然而日贫，此不必皆出于侵陵刮夺之暴，亦不必皆出于诡谲机诈之欺也。无他，贤不肖智愚勤惰异耳，谁非天赋之权利也哉？而卢梭曰："此不足论，使奴持此以论于其主之前可耳。"此语何足以服人？盖彼亦知深言之，则其说将破也。吾闻亚里斯多德之言曰：人生而奴。此诚诐辞，顾以比卢梭之言，犹为近耳。

虽然，吾意卢梭以贫士而著一书，其影响及于社会之大如此，一唱群和，固亦其时之所为，而其意之所存，必有深入于人心，而非即其文辞可以轺得者。故尝平情静气，以察其所据依，庶几为当于作者，而无如其不可得也。夫自由平等之言，于欧洲尚无，然至罗马法家，乃奉之以为法律之公论。此缘中古之时，罗马幅员最广，异族杂糅，本有等差。而法政所施，随地辄生荆棘。由是划除苛绕，揭示大同，民乃欢虞，而国势益固。是故自由平等者，法律之所据以为施，而非云民质之本如此也。大抵治权之施，见诸事实，故明者著论，必以历史之所发见者为之本基。其间抽取公例，必用内籀归纳之术，而后可存。若夫向壁虚造，用前有假如之术（西人名学谓之 a' priori），立为原则，而演绎之，及其终事，往往生害。卢梭所谓自然之境，所谓民居之而常自由常平等者，亦自言其为历史中之所无矣。夫指一社会，考诸前而无有，求诸后而不能，则安用此华胥、乌托邦之政论，而毒天下乎！

夫言自由而日趋于放恣，言平等而在在反于事实之发生，此真无益，而智者之所不事也。自不佞言，今之所急者，非自由也，而在人人减损自由，而以利国善群为职志。至于平等，本法律而言之，诚为平国要素，而见于出占投票之时。然须知国有疑问，以多数定其从违，要亦出于法之不得已。福利与否，必视公民之程度为何如。往往一众之专横，其危险压制，更甚于独夫，而亦未必遂为专者之利。不佞少尝于役海军，稍知御舟之事。假使波兴云谲之际，集舟中水手，乃至厨役火工，使之议决轮帆针向之事，则此舟前路，当为何如？夫政海风波，过于瀛海者千万，顾可争出手眼，轻心掉之也耶？然则平等非难，亦唯吾人慎用此平等已耳。

天然之自由平等，诚无此物，即稍变其说，而谓国民宜以完全之自由平等为期，此亦非极挚之说也。盖一国之民，宜皆自由平等与否，而所谓郅治极乐之世，其现象为然与否，此犹未定之问题，而有待于论证者也。所谓无侵人即得自由一言，亦不能即取之以为籀证前辞之用，何以故？盖当为后语之时，以名学言，已据人有平等权利一言为原例。既已据之，则不得更用之以籀证所据。且其言即含政论哲学，而求之宗教之中，其与卢梭之意吻合者，亦渺不可得。盖佛固言平等矣，而意指平等于用慈；亦言自由矣，而实明自由于解脱。即使求诸犹大之旧与夫基督之新经，固言于上帝前诸色人平等。然其平等者，平等于不完全，平等于无可比数。然则宗教之所谓平等者，乃皆消极之平等，而与卢梭民约所标积极之平等，偶乎相远，有必不可强同者矣。

卢梭所标之平等自由，今求之各方面之中，既已为绝物如此。则（乙）款所谓人人不得有私产业，凡产业皆篡者，将不攻而自破矣。夫地为一行星，于古以为无穷，而今人知其有域。降邱宅土，可居之见方里数，可积算而坐得之者也。顾不幸人物孳乳寖多，设无凶灾兵燹疾疫之相乘，其数常数十年而自倍。夫以有域之土地，待无尽之孳生，早晚不可知，夫固必穷之势也，是故持政论者不一宗。至于户口问题，虽有圣者，莫措其手。今用卢梭之说，人皆平等，则坠地占居，本无主客，所以至于无立锥者，连阡越陌者害之也。乃恫然为之说曰：土地者，莫谁属者也，而出产者，皆有分者也。以谓得其说而存之，则相养相生，平等自由之局，将可与天地比寿，而免于竞争之厄者矣。而孰知其说之又大谬耶！盖土地出产者，皆有限者也，无论科学如何进步，农矿之事，无限神奇，而天之所界，只有此数。自一国而言之，强弱侵陵，尚有以邻为壑之事。若夫合大地而为计，总人类以为言，求相养之无穷，则固无术。卢梭民约，尝一变而为社会主义，于是有领土国有之政谈。此无论其繁重难行，行之或以致乱也，籍第令一日吾国毅然行之，则以天之灵，是二十二行省之封疆，与夫满、蒙、回、藏之戎索，皆吾黄人子孙之所固有，我疆我里，移密就疏，期可为一二千年之生聚，是亦稍可自慰已。乃不幸卢梭之言又曰："公养之物，莫之敢私，土地物产，非人类所同认公许者，莫克有也。"今如有万分一，一日神州禹甸之土地物产，其宜归吾人永保享用与否，听大会之表决于海牙，异时之事不可知，或乃贸然以吾人为篡。当此之时，公等将俯首帖耳，以为此实民约之至平乎？抑将制梃揭竿，奋空拳，竭余力，以与之争一旦之命也。由此言之，则社会最后之事，固必出于竞争。而竞争矣，则返本复原，又必以气力为断。卢梭之说，仁则仁矣，而无如其必无是也，则奈何欲乱人国以从之乎？

至（丙）款所云，其最重者，莫若消灭战胜之权利。而云物之以兵力而取者，义得以兵力复夺之。此其大旨，犹是产业皆篡之所前云。而以生于十八世纪之欧洲，社会尚沿封建之余制，彼见民生困苦，而衣租食税者，袭先人余烈，不独无所裨补于其众也，方锯牙钩爪，朘勤动者以为生。由是切齿腐心，而为此根本消除之学说。乃至今日，则欧美二洲，倡为社会主义者，又集矢于资本之家产。夫因时立义，各有苦心，虽在吾国，何尝不尔？是以远之则忠、质、文三政之相嬗，降之则任、清、和三圣之相资，凡皆救敝补偏，有所不得已也。今若取卢梭之说，而施之神州，云以救封建之弊，则为既往；将以弭资本之患，则犹未来。然则悬之勿论可耳。虽然，但据其语，以课其所主之是非，则亦较然有可论者，此又不妨与崇拜民约者共商榷也。

今夫社会一切权利，必以约为之基，此其说诚无可议。此在中国，谓之必有所受。产业权利之大者也，亦必有所受焉而后可。战胜之利，力征经营，故虽得之，实无所受。此卢梭之大法也。第必如其法，凡人得一权利，必待一切人类之公许而后成，此不独于实事为难见，即在理想，亦有可疑。不得已而求其次，则问凡战胜攻取者，果皆不应得之权利也欤？今不必言三代汤武，以征诸开国为顺天应人之事。即取近且小者而譬之，假有商舶，忽逢海盗，舶中有备，因而禽盗，并取其船。如卢梭言，将谓彼收此船者，乃以力而不以约，所以为不应得之权利也耶？此不必由法律言也，即以情理道德言，亦可以无疑义已。则由是而推之，乃至两战国之兵事，方其讲解术穷，不得已而出于战。胜者占城据港，要之以为息战之偿。夫和约亦约也，犹交易然。所售者，和平而争息也。而受约者，以土地为之代价。当此之时，计无复之，夫亦各得分愿矣。盖两国之宣战也，无异讼者之两造，质诸兵神，使为之理。理之成谳，则讼者不容以不遵，其权利遂为胜家所永享，约固在也，力实成之。安在力之不足畀人以权利耶？

总之，卢梭之说，其所以误人者，以其动于感情，悬意虚造，而不详诸人群历史之事实。孟子曰："物之不齐，物之情也。"物诚有之，人尤甚焉。而卢梭所以深恶不齐者，以其为一切苦痛之母也。求其故而不得，则以为坐权利之分殊。而权利分殊，又莫重于产业。由是深恨痛绝，一若世间一切主产承业之家，皆由强暴侵陵乖张欺诈而得之。非于其身，则其祖父，远虽百世不可宥也。是以其书名为救世，于穷檐编户，妪煦燠咻，而其实则惨刻少恩，恣睢暴戾。今者其书之出百数十年矣，治群学者，或讨诸旧文，或求诸异种，佐证日众，诚有以深知其说之不然。无论何国，其产业起点，皆由于草莱垦辟者为最多，而不必尽由于诈力。乃至其书所乐称之自然时代，犹吾人所称之："无怀葛天，皥皥熙熙。"家得自由，人皆平等，则尤为往古之所未尝，且恐为后来之所无有。盖草昧之民，其神明既为迷信之所深拘，其形骸又为阴阳之所困厄，忧疑好杀，家相为仇。是故初民，号为最苦。然则统前后而观之，卢梭之所谓民约者，吾不知其约于何世也。

中国共和前途之最后裁判

张东荪

（一）

于共和政治之下而议及共和果为适合与否之问题，亦犹于君主政治之下而议及君主果为善良与否之问题，其对于现在国体发生疑虑则一也。特君主国，则绝不容于君主而致疑，共和国则不尽然。夫以政治上之意味，而怀疑于共和国体者，是构成违背国体之罪，在共和国亦所不容。特以学者研究之眼光，以评论共和国体者，则以学术自由之原理，未尝不可。是故，除以学理研究共和之适用与否者外，欲对于吾人以生命财产购来之共和，而妄下雌黄，则为吾辈所不许也。共和国之所以异于君主国者，亦正以此君主绝不许有一人焉，而对于君主挟反对之意思。共和国虽不许有违反国体之行为，而学者之商榷则视为例外，今中国既共和矣，吾人以学理观察之共和，果适于中国与否，诚属问题。当国步初更，全国之人对于共和绝无疑虑，甚者视之不啻全能全智之神，足拯生民于水火，于是一倡百和，如鼓应桴。迨至共和告成，且转瞬三载，此三年之间，生民之涂炭如故也，产业之凋蔽如故也，干戈之不绝如故也，虐政之未革如故也，金融之停滞如故也，经济之衰颓如故也，于是希望共和者讴歌共和者至此乃大失望矣。由迷信共和之时代，而一转而为厌恶共和之时代。于此时代之下，不唯政府唯违背共和之原理是图，且人民亦复视共和如寇仇。此种时代，阶级之发生也有一必然之公理，曰：物极必反，往往反动力之大小视发动力之大小为比例，此虽物理上之公例，而准之其他各处无不验焉。不见彼法兰西乎，当大革命时，一切破坏殆尽，乃不意野心之拿破仑乘机而兴，以当时全国所笃信之共和，一举而颠覆之，拿破仑所以敢冒此大不韪者，正利用国民厌恶共和之心理。（拿破仑既覆，其侄欲效其故智，殊不知天下无同一之事，时代不同，则势自不复同。拿破仑第三之失败，盖为定理，不足惜也。）此反动力固为发动力所激而成，然以反动之结果，复激成二次革命，卒归于共和而后已也，此法兰西之当日状态。吾人观今日法兰西之安靖状态，而追怀昔时法兰西之骚动情形，则发见有公理，曰：发动力之过度者，必有反动力，反动力之大者，不久即消此。自甲乙二力互相消长方面言之也，若就反动力一方面而言，则吾人将见，反动力者，昙花泡影而已，绝非物之恒态也。故法兰西大革命时，其发动力过大，而产出发动力此反动力，乃复不久而灭，卒归于发动力之原形而后止。苟居于大革命时，而未见帝制恢复，其人必讴歌共和，至死不悟；然身历帝制恢复时代，而未见终改共和者，又必颂扬帝政痛诋共和，至最后仍归共和。于是方有悟共和为不可逃避者矣。此人情为时代所限之现象，亦人类目光局于现时之现象固无足责也。

　　我国当武汉起义之秋，笃信共和者，上自士大夫，下至商贾小民。执意未及三载，而追念亡清，切齿共和者，又上自政府，下迄细氓。此无他，发动力过度，遂产生此反动力耳。虽然，此反动力终属一时之现象，不久必消弭仍复归于发动之原形。此吾人证之法兰西之往事，而敢断言者也。特居于其间者，其目光局于现时，不能见及此耳，此乃人类之通性，吾故对于今之反对共和者不能无恕词也。特反动力过大，则元气之消耗也必愈甚，故不可不思有以抑制之。夫发动力者，物之变化由不善，而趋于善，为不可免者也。若为之过度，则激成反动，此则发动之过也。若不使之过度，则反动不生，得毋幸甚，顾事有出乎理性之轨道者。盖发动之过度，而产反动者，恒居其十之八九也。一旦反动既成，即当消弭之不当，助长加厉以耗元气，前者天演之公理，此则人为之公理也。准此以论法兰西之革命，吾人可得曰：法兰西之革命者，由不善而趋于善，为天人演进之所不可免也。特其发动过甚，此发动之过既激起反动，乃不思及早消弭之，此又人为之过。更准此以论中国之革命，吾人亦可得曰：中国之革命者由不善而趋于善，为天人演进之所不可免也。唯发动过甚，遂激起反动，此发动之过。既有反动，应亟消弭之，否则人为之过也。特法国之发动过度过失，与夫不消纳反动之过失，同属过去，今日无追论之效力。中国则不然，发动过度之过失，虽为过去而不消弭反动之过失，乃在现今与将来。果能消弭此反动也，则此过失遂不成立。若不能消弭此反动也，则不仅为后世历史家视为过失，即现今国家必亦损失一大部分元气。可断言也！我同胞果不欲消耗国家之元气，立此过失以贻笑于后世者，今其时矣。消弭之法维何？曰：使我国上下皆知此进化之法理，知共和为不可逃避，知共和有真伪之辨，以抑制反对共和之心理，以反抗伪共和之阴谋而已，此则不佞此篇之主旨也。

（二）

吾于前节已言中国不能于共和之外别有国体，此自中国与共和之关系言之者也，而未及共和果为善良之问题，盖吾人之问题本有二。

一、共和果为善良与否？

二、共和果适于中国与否？

前者凡论共和为普遍的，后者仅就共和与中国之关系而言，是为个别的。易辞言之前者独立而言共和为抽象的，后者指定特别之处所则为具体的，更易辞言之。前者所论共和是为绝对的；后者所论共和，仅限于中国，是为相对的。请先自第一项言之。

欲知共和果为善良与否，不可不先知共和之本质，而欲知共和之本质，不可不知国家之本质，夫国家积民而成者也。无论共和与帝制，皆以民为邦本。易辞言之，国家者意志结合之产物也，近世社会学者研究社会，皆注重于精神方面。国家以前无社会，社会与国家不过方面不同，实则二者同时并存，不啻一物也。社会为人民意志之结晶体，国家亦如之。故无论帝制与共和，国家之主权无不发源于众意之结合。特于人文未开化之时，人民多服从之意志，而无自觉之心，往往其意志与一强有力者相结合，遂为其所率导，不克自主，此种现象即为帝制国。反之，知识发达，人民各有自觉之心，其结合也，以理为标准，此种现象即为共和国。是以共和与帝制之分，全在人民之开化程度耳。世人不察，以为专制国，仅有帝王一人之意思足矣，实则大谬不然。无论如何，专制国之君主，其意志必由国家内一大部分之意志相结合而成。意志结合之原则，固准之各处皆验，专制国亦不能外之。至于革命则为意志结合之解散，尤足反证此原则也。故帝制国多革命，即以民智日进，其意志结合乃出于自觉，而不由于盲目的冲动。于是，昔日由盲目的冲动以服从为结合者，至此不复能维持矣。民智既进，由自觉之心而生 Selfgovernment 之决意，此即共和之所以成立也，世界各国所以皆趋于此一途者，民智进化之顺序使然耳。

民智既进，遂生自治之心，此自治者非唯多数之意是图，实使社会国家内各分子皆得其相当之利益，并与以相当之机会。夫以不识字者，而使之执政，贫无立锥地者，而使之营商，此能力不足，绝对不可能也。所谓平等者，绝异于此近世之所谓平等，所谓自由者，非谓平等、自由其物，乃谓其机会也。故近世国家无不于经济上、政治上、教育上立有平等、自由之机会，以俾人民之能力自然发展耳。欲使人民之能力得以自然发展而无阻碍，则必社会上得有相当之分配。于是，各有其利益而无蹂躏阻挠之事，虽竞争于一定范围之内，而各不相害，故摆特劳曰："真共和者，非节长就短使之平等也，乃各与以平等之机会，冀其自然发达耳。"且不宁唯是，由民智之发达而生自觉之心，由自觉之心而生调和。调和者，即柏哲士所谓 National harmony，且柏氏谓近世国家皆趋于民主，盖所以然者，以国民之调和，故国家内各种利益，各种感情相调和，然后共和政治始得以发达也。

由是观之，共和实为善良之政治，其善良之点有三：

一、国民之文化进步有而有自觉心。

二、国民之能力得以自然发展。

三、国民之各种利益得以调和。

（三）

虽然此各种优点，非仅见于无君主之国，而有君主者，其君主如赘疣亦能实现之也。故君主立宪国，实等于共和国，其理请得而言之。

夫宪法者，为由人民自觉心而生。易辞言之人民以自觉自治之故，使各种利益，各种欲望，各种势力，得以调和之、平衡之、分配之，而入于一定之范围，此范围即所以平衡分配调和者也，亦即所谓宪法。故宪法者，本于人民自觉自治之心，以平衡分配调和国家内各利益各势力各机会者也。此则无论君主与民主，若为民主，本属人民之自治，若为君主，则已为尸位素餐，等于废物，是以英国虽有君上而人无不称为民主政治者，正以此也。

今以宪法之优点与共和之优点相和而列举之如下：

一、人文之进化，得以宪法促成之，盖宪法为人民自觉自治心之产物也。

二、人民能力之发展，得以宪法保障之，盖宪法与人民以平等发展之机会也。

三、人民利益、势力、欲望之调和，得以宪法维持之，盖宪法平衡、分配各种势力，使不相害而各争长也。

吾前不云乎，国家者意志结合之产物也，人民之意志有一共同之目的，于是以相结合，更由习惯、遗传、教育，而使此结合为一个体，此历史派所以谓，国家为历史之遗也。虽然，人民意志结合而成国家，则国家之组织，亦视其意志之内容而有差别，此意志内容关于国家组织者，即为宪法。宪法者，人民意志结合所示之国家组织也。故为意志结合之结晶体，此关于宪法性质者也。正于立宪与共和之关系，尤为易见。盖二者之优点，同属一物，则二者自身，亦不啻为一物也，何以言之？立宪之精神在共和，共和之精神在立宪。世人不察，谓君主立宪国实优于民主立宪国。殊不知君主立宪，即虚君共和，其君主虽有，而实等于无也。君主之意志，既不发生效力，则所结合者纯为人民之意志而已，英国正其好例也。

（四）

吾非谓共和绝无弊也。特吾以为，共和之弊不在共和，而在共和有真伪之判耳！真共和则绝无弊之可言，伪共和其弊固有胜于专制者矣。

伪共和不一其类。以智者贤者使之俯就，而与不肖者相平等，此一种伪共和也。不顾全国国民之幸福，唯多数之暴徒是逞，此又一种伪共和也。以一势力、一利益、一党派而并吞其他利益、其他势力、其他党派者，亦一种伪共和也。假借国权之名义，以便一人之私图，愚弄全国国民，以扶植私人，此亦一种伪共和也。此数种伪共和之中，不意吾神胄之中华民国，乃竟居其一。吾言之，不禁心寒齿冷，而不知涕泪之何从也。

有闻吾言而疑者曰："中国不能为真共和，而竟为伪共和，其间必大有原因焉。以前所论者推之，则其原因，必不外乎人民程度之不相适应耳，更以简单之言表之，即中国人民无共和之程度是也，必返于专制而后可。"应之曰，虽然人民程度之差异也，其间不可以寸。西谚有云："人民常欲立于其所立之地"，是言即足证人民之程度不可强求，言其不能跻于真共和也，固以程度不足，然必得伪共和而止，若使之返于专制则不可。何则？不能强之退，亦等于不能强之进也。伪共和究较善于专制。前清有伪立宪，始有今日之革命，安知今日之伪共和，不足产他日之真共和耶？且证之泰西历史。法兰西必先有改革，而后有革命；英吉利必先有枢密院，而后有责任内阁；美利坚必先有软弱之国会，而后有统一之政府。盖进化之程度使然也，不有宣统五年立宪之说，则人民望立宪之心不殷，望之殷而不与之，势必决裂，而革命成矣；不有今日之伪共和，则人民不知真共和之可贵，知其可贵，则必以生命争之，争之不已，必有一日得之也。是故，居今日而欲返于专制，是绝对不可能之事。至于伪共和之弊，虽不可掩，然其罪不在共和，而在人民程度。此则非有仁人以社会国家为怀，用以教育之提倡之不可也。

（五）

吾人于第一问题，所谓共和果为良善政治与否者，已完全解答之矣，今更进而论第二问题。

第二问题为共和果适于中国与否？此问题最易解决，第一，先问人类之进化是否为同一方向，如其是也，则中国民族何能独外此方向以行，若中国人种之进化，必与世界人类之进化同一轨道，同一方向，则中国舍采用共和政治外固无他途也。盖共和者，人类文明进化之必然的结果。初不问何种民族而有差别，任何种族苟其智识发展而有自觉之心，则必趋于共和而止焉。近人有以《孟子》、《尚书》证中国之初原为共和国体，其说未尝不美，特吾以为，证明中国后此必为共和，若自人文发展之顺序立论，当较此老僧常谈为更明切也。吾前云立宪之精神在共和，而君主立宪，即虚君共和，其效力固等于共和也。盖民智之发展也，废君主而为共和此一途也；使君主尸位素餐等于傀儡，此又一途也。二途之效用相同，故不可得兼，既取其一则，不能同时而取其他。故废君主，而改为共和之国，绝不能重立君主而使其如同虚设以励行宪政也。且复归专制尤属一时之反动，违背人文之进化，更不能持久。吾尝谓，人文之进如水之东流，未尝不可逆流而西，然终必不可抗而后止，此一时之现象，不足轻重者也。法兰西数次革命，卒仍归于共和而止，此无他，进化顺序不可抵抗故耳。读者其曾忆法兰西第三期共和时代乎？其所以采共和者，实以仅有此一种国体，而无其他留为选择之余地也，除采用共和外绝无他途。中国今日之现象，亦复如此，则中国之为共和国，不待多言而明矣。

（六）

吾人于第二问题已解决。如右持论者或曰："中国今日为伪共和，是人民程度不足，则真共和仍不可期也。"应之曰："不然，人民程度非真不足也，何以言之？吾前不云乎，发动力者，由不善而趋于善，进化顺序所不可免者也。若为之过度，必激成反动。反动之成也，一由于过激，二由于惰性。惰性（iner-tia）者物理上之公理，然准之其他各处无不验焉，惰性与动力抗，最后结果必动力胜。是故，惰性者，反动之媒介也。由是观之，无论任何民族，其发达至若何程度，亦未有无惰性者且无论任何动力，亦未有不生反动者，则此反动与惰性不过昙花泡影之现象，不足虑也，凡此皆过渡时代之必然的条件。若以此而致疑于共和，是为因噎废食，学者所不取也。今之人未尝不明此理，乃喜作推翻共和之语，以图一时之快意，诚不知是何居心。须知今日之伪共和，即他日真共和之媒介，犹之亡清之假立宪即今日真革命之媒介也。不可局于现势而无远大之目光，今忧国之士十九而抱悲观，唯不佞独持乐观者，即正以此耳，敢以此意质之爱国诸君。

读严几道《民约平议》（节录）

章士钊

严几道近作《民约平议》一首，揭于天津《庸言报》，以痛诋卢梭，大不满意于自由平等之说。其言诚辩，而可以进论之处，究不为少，愚辄忘其无似，而以此篇与商兑焉。唯先有一言以告读者曰，愚非醉心于卢梭之共和说者也，且虑国人过信此物，驰于空想，而因隳其所以立国之基，恒为称述西哲名言，谓自专制以至共和，乃有共通要素，非此不足以图存，而立宪之国，民意流通，有时且较之共和愈形活泼。是故平等自由者，非共和国之特产而卢梭之所能发明也。此立宪国有之，即专制国亦不能谓其无有。由是吾人之于卢梭，亦证其所持之理为何如耳。理有通于此不通于彼者，吾取此而舍彼，通于彼不通于此，吾取舍则反之。斯为善读古人书，而不为所苦，初不宜挟一先入之成见，硬坐卢梭之说邻于虚诞，遂视为洪水猛兽而排之也。即如天赋人权之说，得卢梭而始大张于世，法兰西学者和之，此无足怪也，而德意志法家，亦取其说以为一切法律之基，初不以其为卢梭所倡之故，虑有妨于君主国体，废而不讲何耶，英吉利之作者亦然，又何耶？苟吾不能字英德之士为狂易，则必有至理存乎其中矣。夫吾共和国也，而主张一说，必先为之辨曰，此非共和之说也，斯诚可笑。唯今居反动时代，名为共和，一切唯还乎专制是务，于是有无论何国所不能不备之质，而以为貌似共和，不免挟其雷霆万钧之力，以挤而去之者焉，此愚所为读严论而有感，先表而出之于此，读者必谅斯意，而后观愚所以驳严君之言，庶乎能得其平。

严君平议，号称自造，然以愚观之，盖全出于赫胥黎《人类自然等差》一文，所列"民约大经大法"三则，亦即赫氏所举，其比论霍布斯洛克两家，与夫诠释自由平等诸议，并皆本之。故对于严说而加驳义，与直造霍室而抗辩焉，无或异也。夫霍氏为生物专家，近世寡其辈流，岂不可敬，愚学于北淀大校，彼曾领该校总长之职，学风所被，愚亦为私淑者之一人，岂有菲薄先贤之理。

然霍氏毕生精力，用于专科，特以天资妙敏，文词剽悍，喜以刀圭，余暇纵谈教育社会诸务，揭诸杂志，其文可诵者固多，而以拘墟于科学之律特甚，扞格不易通，且有时互相抵牾而不自觉者亦自不少。是故以言物理，霍氏诚为宗工，以言政理，时乃驰于异教，术业专攻势然也。自有民约论以来，论者百家，名文林立，持说无论正负，要有不尽不竭之观。严先生作为平议，体亦大矣，乃皆外而不求，略而不论，独取一生物学者之赫胥黎，先入以为之主，即其平日所最崇信烂习之斯宾塞，徒以为说与霍氏不同，至此亦不欲引以自广，唯以"治群学者深知其学之不然"一语浑括之焉。愚诚顽钝，乃不得不叩严先生之门而请说矣。

愚熟观严论，而见其最为惶惑者，则民约之所自起也，其言曰："草昧之民，其神明既为迷信之所深拘，其形骸又为阴阳之所困厄，忧疑好杀，家相为仇，是故初民号为最苦。……卢梭之所谓民约，吾不知约于何世也。"此即生物学家所以窘卢梭者。实则初民相争好杀之相，霍布斯立说，已想象及之，并非生物学者之所创论，即在吾国，柳子厚作《封建论》，已能言其梗概，此先霍布斯又近千年矣。唯有当注意者，则二子之所推论，虽与生物学者，约略相通，而后者以证民约之不可能，前者则转以为民约之所由始。霍之言曰："民之始犹禽兽也，离群处独，狰毅犷愚，人以其一而与其群为战，当此之时，其小己之自由固甚大也，然而弱肉强食，昼夜喘喘，无一息之休居，不得已乃相约为群焉。"是所谓约，即约于弱肉强食之时也。柳之言曰："彼其初与万物皆生，草木榛榛，鹿豕狉狉，人不能搏噬，而且无毛羽，莫克自奉自卫。荀卿有言，必将假物以为用者也。夫假物者必争，争而不已，必就其能断曲直者而听命焉，其智而明者，所伏必众，告之以直而不改，必痛之而后畏，由是君长刑政生焉。"兹虽未明言约，而争者皆愿听命于能断曲直者，非有约胡能？是所谓约，即约于假物相争而不已之时也。卢梭之所言约，质虽不同，而起源大率如是。严君尝评霍说而以为似矣，顾乃不知卢梭之民约约于何世耶。

愚知之矣，赫胥黎所刺取于卢梭，而以为大经大法者，其首条曰："民生而自由者也。于其群为平等而皆善，处于自然，则常如此，是故自由平等而乐善者，其天赋之权利也。"严君必视卢言初民之性，与霍布斯有殊，而因未能以霍说概之，殊不知卢梭此段，乃指生民之始，有此一境，而非即据以为民约之动因。霍卢之于人性善恶，诚各有其主张，然在逻辑，不得谓发点既达，由是而之焉，必无合辙之处。盖言性为一事，言民约又为一事，未可混也。是故攻卢梭者，以为初民无此境焉，是非暂不论，而要不得谓无的放矢。若夫执是为推，仿佛卢梭曾谓人类自由平等而皆善，因相与为约，造为一理想之社会焉，此攻之者闭门而造之，卢梭未为是言也。不独未为是言，愚尝勤功而熟考，见其所言，且适得其反也。卢之言曰："自然之境，人求自存，久之而接触日多，随处而见障碍，且障碍之为力，足以直袭其求存之性，使之处于自然，无计自保，苟非别求生存之法，则人类将无孑遗，初民确至此一境而见其然焉，此吾敢断言者也。"之数语者，正以说明约之所由生。其所写原始社会之状，衡之霍布斯而同，质之生物学者，亦不必有异。而毁卢梭者辄曰，上古者直一残忍好杀之境也，胡得谓善？而不知残忍好杀，实卢梭业已揣得之现象，笔之于书，与人共见，而人熟视无睹，转作武器而攻之焉，是诚近于顽童之所为，而通人硕士辄不免焉，何也？无他，感情之所中，成见之所封，不暇深求其书，而以道听途说自满假如。英儒鲍生葵尝病卢梭之书，为人妄解，为之言曰："凡伟人之意见一入常人之口，其所留意戒备，视为不可犯者，辄犯之不已，甚且假其名以行焉。"此诚慨乎其言之，而愚以为深中学者之弊也。是故目论之士，不加深察，以为卢梭曾虚悬人生最初之善境，而因武断其民约说，径由此善境而生，初未经争存互杀之一级，宜乎不知卢梭之所谓约约于何世也。严君博通西籍，其亦偶为道听途说所蔽也耶？

……

严说既宗赫胥黎，以天赋人权为非，于是有不得不然之断语曰："自由平等者，法律之所据以为施，而非云民质之本如是也。"则请问严君曰，既云"所据"，必有所据，自由平等，非天赋矣，今之法律据以为施者，胡自而来？持论至此，唯有引英儒边沁之语以相答曰："一切权利，皆政府所造者也。"夫政府造之，非法律无由见，是不啻曰法律造之也。唯自由平等，既为法律所造矣，而法律复据之以为施，此种论法，得非丐词之尤者乎？斯宾塞拥护天赋人权最力者也，尝排边沁说而有言曰：

造有二义，一从无生有，一即原有之物而营构之。或谓即以天主万能之力，欲于无物之中生物，恐亦未能。至人为之政府，而谓其力足以胜此，尤决无是事。无已，所谓造者，亦唯曰即前有之物，政府从而范之而已。于斯问题起矣，前有之物，政府即而范之者，果何物耶？明明有物，安得曰造？是之曰造，纯乎丐词，此可以欺不求甚解者流，不足为通人言也。曩者边沁于立言作界，极其慎重，尝著一书，指陈逻辑诸谬，而于用字之妄，尤有专篇，而其妄也，至此乃躬自蹈之，奇矣。

严君慎于作界，又特致谨于丐词，可称吾国之边沁，而乃适同一病，得毋文字中有因缘乎。

严君又曰："大抵治权之施，见诸事实，故明者著论，必以历史之所发见者，为之本基。其抽取公例，必用内籀归纳之术，而后可存。若夫向壁虚造，用前有假如之术，立为原则而演绎之，及其终事，往往生害。"此其藏理之确，无待讲明，唯非所论于天赋人权也。盖驾驭此题，不幸所谓前有假如之术，严君自用之而不觉，而攻人之用斯术者，彼实非无史事以为之基。斯宾塞群学宗匠，旷代老儒，不得谓彼于史学无所知也。今请更以其说进：

吾观于世界种族有以知，未有政府以前，人事悉准乎习惯。贝楚纳人，全统于久存公认之俗。荷腾图虽有首领，而不甚服之。有时行事，俗中不见先例，则以己之所谓善者行之。亚纳坎利安所以为治，古习默例以外，无他物焉。黠戛斯之酋长，听讼一本俗情。撒拉瓦之土人，以俗为法，违俗科金。大凡初民视俗，每不忆其所自来。其当奉信与否，决无人敢发斯问。政府后起，权力为俗所缚，莫能自由。其在马达加斯加，君所发命，唯在无法无俗无先例时，始得有效，爪哇亦然。证之苏门答腊，君欲变例，民必不许。即在阿商，提以变俗始，每以废王终。夫所谓俗者无他，即所以认明个人权利者也。而所谓个人权利，又不外在于何种范围而能行动，在于何种事物而运用也。即或财产制度，未之萌芽，而武器用具饰品种种，亦必各有其主人，况夫社会繁复过于是者。往往而然也。北美之红种，如斯雷克人无所谓政府，而马为私有。齐蒲魏阳人亦无所谓政府，而私阱所得之野禽兽，即属私产。此外关于草屋器具，与夫日用之品类于是者。在埃斯奇摩，或巴西之红人，以及其他土著之族，随处见之，颇不胜述。恒见蛮族之惯例，垦地而种，谷视为己有，而地则否。妥达斯无政治组织，其所为畜与地之别者亦然。阿拉呼拉之人，尊所有权特甚，非长官依祖宗之成例，下以判断，无论何人，不得处理其产。此固不仅未开化人然也。吾疑边沁之徒，几忘己国之通行法，全胚胎于习惯。盖吾之所谓法，其能事不过本固有者而条理之而已也。于是边沁之徒曰：财产者法律所造者也。吾得以一语折之曰，有法以前，财产久已为国人所公认矣。

为边沁之言者，苟即此而熟思之，已可废然而返。然尚进而论之，边沁曰，政府造权利以加诸人，信如斯也，各政府将各本其所欲造者造之，假非有法驱其所造者，出于一途，则所谓权利者，或因政府而异其致，虽然，此等权利，实乃无乎不合也。凡属政府，禁令大抵相类，社会上之要求，亦大抵从同，若故杀，若盗窃，若奸淫，皆习惯之所不许。社会愈进，个人之受保护者愈多，如违约，如诽谤，如伪证，欲取偿焉，率有方术，一言蔽之：法典条文，尽不一律，而本根数义，莫或外之。此由比较而知，异常确凿。然果何由而得此，谓为偶然，不如是之巧也。平心思之，是乃人类生而为群，彼我相接，各有愿欲，根于愿欲，各有要求，既有要求，自不期而成俗，以交相主张，交相容许，势出自然，无能牵强，所造之法云者，亦就于主张容许之事，规之文书，诠为定义而已，非有他也。

（斯氏尚有三证以避冗未录）……由斯而谭，历史之相诏者，可以显人权之真理矣。吾敢断言，凡社会现象，剖晰至于微芒，苟非导吾入乎人生自然之法，则为无物，不返之是法，而谓已了然于社会现象，是谓自欺。

斯氏之言如此。此而护持天赋人权之说，人尽以他语攻之，究不得讥其缺于内籀归纳之功矣。昔者王安石论礼有曰："礼始于天而成于人，天则无是，而人欲为之者，举天下之物，吾盖未之见也。"今以斯氏之言参之，自然之说，诚所谓放诸四海而准，又可为吾儒喜者也。

唯于此有当注意者，斯宾塞用其天赋人权之说，以主张放任，而德意志学者用之，颇偏于国家干涉之为。愚虽引斯氏以张人权，而于其过于放任之处，究不敢附和，以故严君曰："今所急者，非自由也，而在人人减损自由，而以利国善群为职志。"斯语也，愚不敢非之。唯必举例以实之，何项自由宜减，何项自由宜损，然后有异点可商。今兹一茫乎无畔岸之词，可否未易言也。虽然，愚有数言，必以告读者，则利国善群，首重风俗。吾国风俗之恶，全球无对，故政治之恶，亦全球无对。试观今之政象，杂出于声色货利赌博无赖之中，即可概见。其所以然，则所得小己之自由过多，而国家制裁之力未至。在文明诸国，此种恶习，虽不得言无，而于社会风纪，尚无大碍，故彼中法家，尊重社会秩序，不轻以干涉为言，而吾又宁在此例者。吾之政客，直为博徒，吾之勾栏，即为政海，他国宁有此耶？他如广置姬妾，滥吸鸦片，穷奢极侈，纵欲败度，财贿公行，棍骗满地，纪纲堕地，廉耻荡然，他国宁有此耶？愚尝谓吾人治国，首当以国家绝对之权，整齐社会风习之事。《王制》曰，变衣服者其君流。《酒诰》曰，厥或诰曰，群饮，汝勿佚，尽执拘以归于周，予其杀。王安石曰："夫群饮变衣服小罪也，流杀，大刑也，加小罪以大刑，先王所以忍而不疑者，以为不如是，不足以一天下之俗而成吾治。"又曰："昔周之人拘群饮而被之以杀刑者，以为酒之末流生害，有至于死者众矣，故重禁其祸之所自生。故其施刑极省，而人之抵于祸败者少矣。今朝廷之法，所尤重者，独贪吏耳，重禁贪吏，而轻奢靡之法，此所谓禁其末而弛其本。"夫群饮变衣服，当禁与否，即禁而加以流杀大刑与否，在今日已不成问题。唯今之恶俗，万倍于此而未有已，愚不惮举之，乃在证明群俗之不可听其自坏，而严君之用心，良有可师耳。吾苟未能于此致谨，以国家束缚之力大减人民之行已自由焉，恐国事未可言也，唯不审严君所谓减损自由，与此说亦有合否？

严君排斥平等，旋又曰："须知国有疑问，以多数定其从违，要亦出于法之不得已，福利与否，必视公民之程度何如。"此其为说之精，颠扑莫破。唯须知平等之事，出占投票以外，尚有多端，自愚言之，资地平等，置爵授勋之制宜除，裁判平等，普通行政之别宜废，信仰平等，国教不宜定，婚姻平等，姬妾不宜有，凡类于此者，可以推知。以参政言，亦不得藉口于公民程度之低，而废多数取决之制，吾人亦定制限，使人民不得滥有选举之权耳。此而尚疑国会议政之不可行，则愚敢言，公民程度至此，立宪不能，专制亦将莫可，无已，唯有从南海康氏迎他国人为君主之"奇异说"，稍变通之，而自侪于波兰印度耳。又严君于此，更征一例，"谓少尝于役海军，稍知御舟之事，假使波兴云谲之际，集舟中水手，乃至厨役火工，使之议决轮帆针向之事，则此舟前路，当为何如？"此说也，庸耳听之，将以为辩，唯稍一沉思，其拟不于伦，可以立见。盖平等云者，乃言平时之法制，无与于变时之风云，国家苟至存亡危急之秋，而不许政府以权，便宜行事，自非狂易，莫为此言。读者须知政府便宜行事，恒与平等之制，风马牛不相及也，如信仰平等婚姻平等云云，至以国有大故而废除之，愚未之闻也。赫胥黎所举之乙款以攻卢梭者，则曰："天赋之权利皆同，无一焉有侵夺其余之权利。是故公养之物，莫之能私，非人类以同认公许者，不得据之为己有也。产业者皆篡而得之者也。"所谓同认公许者，盖卢梭理想中之民约，在组织国家之时，民各举其所有纳之萨威棱帖之下，再由萨威棱帖，视其所须，举而畀之，于是人各自足，无有等差自非然者，则悉由豪强兼并，社会不平等之原，确由于此。其所言与吾国井田之说，颇互相发明。是乃偏于理想，非今日生计世界所能行，自不待论。然须知是乃卢梭依理立训，使为国者得其最正之准绳以作法度，非必铲除社会已成之局，而以绝对之平等为期也。故其言曰："恶政府之法律，皆利富而害贫，于是所贵乎社会国家，务使人群中无甚贫甚富之别。"是卢梭之于富，亦特恶其太甚而已。此观于欧洲封建之弊，地主之横，遽谓其说之不当有，未免过当。故严君亦曰："因时立义，各有苦心。"其在吾国，封建之制久废，资本之患未生，国中贫富之差，原不过远，诚如严君所云，卢梭此说，"悬而不论"可矣。

丙款曰："群之权利，以公约为之基，征服者之权利，非权利也。凡物之以力而有者，义当以力而夺之。"严君驳之，以为征服者不得谓其无权利。欲明夫此，当先就卢梭之书求之。卢之言曰：

以力服人者，自谓有权利矣，吾且暂认之以起吾说。唯吾曰，即而求之，空无一物。如曰有之，直梦呓已。何以言之？如权利可由力造，则果随因变，彼为后之有力者所倒，权利亦彼所承。于是人之暴力，足以相倾，彼即倾乏而无所虞其违法，夫至最强者恒拥其权利，人之所为，亦唯为其最强者而已，一旦失其所以为力，即失其所以为权利。此而谓之权利，果复成何意味了？大凡以力服人者，当其服时，纯乎由力，苟可不服，决无必服之观念驱之而行，是力之所止，义务即随而止。可见权利之为物，以加于力，并于力毫无所增，故此而曰权利，亦一无义之词而已。

卢梭所以说权利者如此，严君求反其说，论锋似当向此。然彼拥护征服者之权利，首以汤武之征诛为例，谓吾人将不得谓汤武革命，顺天应人之事，其权利尚在不应得之列。不知汤武之革命，可曰光复，而不可曰征服。征服者以力服人之谓，非所论于汤武也。严君此言，又蹈"逸果伦楷"之弊矣。

欲明汤武征诛，在民约说之位置何似，首宜质之英儒洛克。盖洛克理想中，有一自然之境，纯浸于自由平等之中。然解释自然法而施行之，其事绝难，且断不尽如人意，民乃相与为约，割其天赋之权若干，属之首长，其未割者，即藉首长之力以保持之。兹约也，首长与焉，其不得有违，与平民等，如或所托人权，未之能保，则前约当然消失，而人民有权立复其原有之自由，重创政府。此洛克之大旨也。由斯而谈，汤武征诛，乃正桀纣违反民约蹂躏人权之罪，而回复人民之自由，以创造新政府也，故曰顺乎天而应乎人。顺乎天即本自然之法以用事，应乎人乃谓民意所归，犹言约也，此与卢梭之所谓征服，相去千里也，且又可以吾儒之说证之也。孟子曰，得乎丘民而为天子。何谓得？此如约然，得其同意也。天子不以约治其国，则民心失而约废，人民恢复其自由，若而"变置"若而"诛一夫"，唯所欲焉。此曰变置，曰诛，与卢梭之所谓征服，相去千里也。宋苏轼言于神宗曰："……人主所恃谁软？书曰，予临兆民，懔乎若朽索之驭六马。言天下莫危于人主也。聚则为君臣，散则为仇雠，聚散之间，不容毫厘，故天下归往谓之王，人各有心，谓之独夫。由此观之，人主之所恃者，人心而已。"此其说如前。曰聚乃相约而聚，曰散乃毁约而散，意尤明显，于是民散而仇雠其君，因颠覆之焉。此与卢梭之所谓征服，相去千里也。

又赫胥黎曰："假如商舶忽逢海盗，舶中有备，因而禽盗，并取其船，如卢梭言，将谓彼取此船者，乃以力不以约，所以为不应得之权利也耶？"没收盗物，而以征服为例，未免不伦。此其误与前段所举无异，推之国际，理亦相通。

严君更举两国宣战之条，兹不具论。

读者当忆赫胥黎所举丙款共两节，一曰，征服者之权利也，二曰，凡物之以力而有者，义得以力而夺之。严君驳其一而遗其二，即以严君驳其一者推之，而知其于次节，不但无以为驳，反为之加一铁证焉。此又思之最有兴味者也。夫所谓"以力而有"，原含两义：一积极而有之，篡窃侵掠之类是也；一消极而有之，凡非以约而有，或先有约而后背弃之皆是也。由是桀纣显违民意，用肆荼毒，虽承先业，而所以承之者大非其道，是与以力而有者同在一例，由是汤有诸侯三千，资以黜夏，武有诸侯八百，资以胜殷，正所谓"义得以力而夺之"，光复旧物，正指此也。吾中华民国之所由来，亦唯此义足以自立。是严君汤武征诛之说，卢梭之所乐闻也，商舶之证亦然，盗之所有，皆为不顺，商舶禽而有之，义所在也。推至两国相争，权利致为胜家所享，此种权利，亦待败家回复其力，以时夺之，无所谓"永享"，如严君所云也。然严君之言，与卢梭相表里者，犹不止此。彼既设譬，以吾国土地，受裁判于海牙而失之，旋谓"吾当制梃揭竿，奋空拳，竭余力以争一旦之命"，又谓"返本复原，必以气力为断"，是尚非义得以力而夺之之所有事耶？

愚驳严说既终，敢赘数言以自警，并以进诸读者曰，大凡人著一书，得享天下后世之大名，影响及于一二百年，名儒硕学，笃信其说者，绵延至今而未有已，决非出于偶然。即欲攻之，亦当慎所从事。昔斯宾塞纵论天赋人权之说，深慨英儒之浅尝，辄为言以讽之曰："倘我英学者，早知大陆法家，其所主张，与彼正成反对，则其发言，或且较为矜慎。吾知德意志之法典，悉以天赋人权为之基，凡治彼邦哲学者，无论其所见何似，而决不能以肤浅目之。以德人为学之勤，制思之密，凡为学者，莫或逾之，则一说为彼所共持，决不当视作泛常不顾而唾。"此老之言，可以书诸绅矣。愚何人，宁谓于卢书，有所心得，又宁敢妄于严著，肆其讥评？特以吾国方深绝道丧之忧，谓当有以养其慎思明辨之趣，抹杀之论，无端崖之辞，非所宜也。严君持论，微偏于此，故愚辄忘其不肖，冀以狂悖易其教训，因使读者得自发其为学之方焉。兹篇之所由作，如是而已。

……

《甲寅杂志》第一卷第一号，一九一四年五月十日，署名秋桐

复黄兴书

1914 年 5 月 29 日

孙中山

　　克兄鉴：来示悉。所言英士以兄不入会致攻击，此是大错特错。盖兄之不入会，弟甚满足。以宋案发生之后，彼此主张已极端冲突；第二次失败后，兄仍不能见及弟所主张是合，兄所主张是错。何以言之？若兄当日能听弟言，宋案发表之日，立即动兵，则海军也，上海制造（局）也，上海也，九江也，犹未落袁氏之手。况此时动兵，大借款必无成功，则袁氏断不能收买议员，收买军队，收买报馆，以推翻舆论。此时之机，吾党有百胜之道，而兄见不及此。及借款已成，大事已去，四都督【四都督，指湘、赣、皖、粤四省都督谭延闿、李烈钧、柏文蔚、胡汉民。】已革，弟始运动第八师营长，欲冒险一发，以求一死所，又为兄所阻不成。此等情节，则弟所不满于兄之处也。及今图第三次，弟欲负完全责任，愿附从者，必当纯然听弟之号令。今兄主张仍与弟不同，则不入会者宜也。此弟之所以敬佩而满足者也。弟有所求于兄者，则望兄让我干此第三次之事，限以二年为期，过此犹不成，兄可继续出而任事，弟当让兄独办。如弟幸而成功，则请兄出而任政治之事。此时弟决意一到战场，以遂生平之志，以试生平之学。今在筹备之中，有一极要之事求兄解决者，则望禁止兄之亲信部下，对于外人，自后绝勿再言"中国军界俱是听黄先生之令，无人听孙文之令者。孙文所率者，不过一班之无知少年学生及无饭食之亡命耳"。此等流言，由兄部下言之，确确有据。此时虽无大碍，而他日事成，则不免生出反动之力。兄如能俯听弟言，竭力禁止，必可止也。则有赐于弟实多矣！

　　至于英士所不满意于兄之事，多属金钱问题。据彼所称：上海商人尝言兄置产若干，存款若干。英士向来皆为兄解辩云，断无此事。至数日前报纸载兄在东京建造房屋，英士、天仇【天仇，即戴季陶，后改名传贤。】皆向日友解辩，天仇且欲写信令报馆更正。有日人阻之，谓不可妄辩。天仇始发信问宫崎，意以为必得否认之回音，乃与该报辩论。不料宫崎回信认以为有，二人遂大失望。并从而生出反动心理，以为此事亦真，则从前人言种种亦真矣。倘俱真的，则克强岂不是一无良心之人乎，云云。英士之此种心理，就是数日间所生者也。如兄能以理由解释之，彼必可明白也。

以上则兄与英士互相误会之实情也。乃忽牵入入会之事，则甚无谓也。且金钱之事，则弟向不在意，有无弟亦不欲过问。且弟以为金钱之于吾辈，不成一道德上良心上之问题，不过世人眼浅，每每以此为注意耳。今兄与英士之冲突在此点，请二人见面详为解释便可，弟可不必在场也。弟所望党人者，今后若仍承认弟为党魁者，必当完全服从党魁之命令。因第二次之失败，全在不听我之号令耳。所以，今后弟欲为真党魁，不欲为假党魁，庶几事权统一，中国尚有救药也。此复。孙文。五月二十九日。

据中国历史博物馆影印件

复黄兴书

1914 年 6 月 3 日

孙中山

克兄鉴：长函诵悉，甚感盛情。然弟终以为欲建设一完善民国，非有弟之志、非行弟之法不可。兄所见既异，不肯附从，以再图第三次之革命，则弟甚望兄能静养两年，俾弟一试吾法。若兄分途并进，以行暗杀，则殊碍吾事也。盖吾甚利袁之生而扑之，如兄计画成功，袁死于旦夕，则吾之计画必坏。果尔，则弟从此亦不再闻国事矣。是兄不肯让弟以二年之时间，则弟只有于兄计画成功之日，让兄而已。此复。

又，此后彼此可不谈公事，但私交上兄实为我良友，切勿以公事不投而间之也。幸甚。孙文。六月三日。

致孙中山书

黄 兴

　　接读复示，因来客众多，未即裁答，殊为歉念。今请露肝胆，披心腹，为先生最后一言之。宋案发生以来，弟即主以其制人之道，还制其人之身。先生由日归来，极为反对。即以用兵论，忆最初弟与先生曾分电湘、粤两都督，要求其同意。当得其复电，皆反复陈其不可。今当事者俱在，可复询及之也。后以激于感情，赣省先发，南京第八师为先生运动营长数人，势将破坏。先生欲赴南京之夕，来弟处相谈，弟即止先生不行。其实第八师两旅长非绝对不可，不过以上海难得，致受首尾攻击之故。且先生轻身陷阵，若八师先自相战斗，胜负尚不可知，不如保全全城之得计。故弟愿以身代先生赴南京，实重爱先生，愿留先生以任大事，此当时之实在情形也。南京事败，弟负责任，万恶所归，亦所甘受。先生之责，固所宜然。

　　但弟自抵日以来，外察国势，内顾党情，鉴失败之主因，思方来之艰巨，以为此次乃正义为金钱、权力一时所摧毁，非真正之失败。试翻中外之历史，推天演之公例，未有正义不伸者，是最后之胜利，终归之吾党。今吾党既握有此胜算，若从根本上做去，本吾党素来所抱之主义发挥而光大之，不为小暴动以求急功，不作不近情言以骇流俗，披心剖腹，将前之所是者是之，非者非之，尽披露于国民之前，庶吾党之信用渐次可以恢复。又宜宽宏其量，受壤纳流，使异党之有爱国心者有所归向。夫然后合吾党坚毅不拔之士，学识优秀之才，历百变而不渝者，组织干部，计画久远，分道进行，事有不统一者，未之有也。若徒以人为治，慕袁氏之所为，窃恐功未成而人已攻其后，况更以权利相号召者乎？数月来，弟之不能赞成先生者以此。

　　今先生于弟之不入会以满足许我，虽对于前途为不幸，而于弟个人为幸已多，当不胜感激者也。唯先生欲弟让先生为第三次之革命，以二年为期，如过期不成，即让弟独办等语，弟窃思以后革命原求政治之改良，此乃个人之天职，非为一公司之权利可相让渡、可能包办者比，以后请先生勿以此相要。弟如有机会，当尽我责任为之，可断言与先生之进行决无妨碍。

至云弟之亲信部下对于外人云云，弟自闻先生组织时，即日希望先生日加改良，不愿先生反对自己提倡之平等自由主义。弟并未私有所标帜以与先生异。故绝对无部下名词之可言。若以南京同事者为言，皆属昔日之同志，不得谓之部下。今之往来弟处者，半多先生会内之人，言词之有无，弟不得而知，当可为先生转达之。

又英士君之攻击于弟，弟原不介意，唯实由入会问题，则弟不肯受。今先生既明其非是，弟亦不问，听其所为而已。国事日非，革命希望日见打消，而犹自相戕贼若是，故自来悲愤不胜。先生今力任大事，窃附于朋友之义，有所诤谏，终望采纳，不胜幸甚之至。

据中国历史博物馆原件影印件复孙中山书本件系黄兴用日本美浓纸写的信稿。连同附录的孙中山致黄兴书两原件，最初藏于徐宗汉手中，一九三二年冬，徐宗汉将三信原件交莫纪彭保管。一九三三年春，莫纪彭在香港染伤寒病，黄一欧往探。视此乃黄家物，悉举以归。一九六一年十月，黄一欧赴北京参加辛亥革命五十周年纪念大会，将三信赠交中国人民政治协商会议全国委员会，现存中国历史博物馆。原信无上下款，也未署日期。据首句语气及孙中山一九一四年五月二十九日致书黄兴及六月三日复黄兴此书，时间当为一九一四年六月一日或二日。

中华革命党宣言

1914 年 9 月

孙 文

吾党自第一次革命、国体与政体变更后，即以巩同共和、实行民权民生两主义为己任。乃以宋案、借款之故，促起二次革命。不幸精神溃散，相继败走，扶桑三岛遂为亡命客集中之地矣。谈及将来事业，意见纷歧，或缄口不谈革命，或期革命以十年，种种灰心，互相诟谇，二十年来之革命精神与革命团体几于一蹶不振，言之不胜慨叹！

唯文主张急进，约束前人，激励后继，重新发起中华革命党。海内外同志立约宣誓，争先恐后。夏六月，开总理选举会，到者十八省，文当选为总理。七月八日，在日本筑地精养轩开本党成立会，文于是就总理之职，当众宣誓，公布中华革命党总章。自是之后，着意进行，本部组织，于焉成立。用特通告海内外同志，自中华革命党成立之日，凡在国内所有之国民党本部、支部、交通部、分部被袁氏解散者，不能存在无论矣，所有海外之国民党，除在日本东京已宣告解散外，其余美洲、南洋各地未经解散者，希即一律改组为中华革命党。（党为秘密团体，与政党性质不同，凡在外国侨居者，仍可用国民党名义，内容、组织则更张之，即希注意。）均已履行总章第七条之手续书写誓约者，认为本党党员，协力同心，共图三次革命，迄于革命成功，宪法颁布，国基确定之际，皆由吾党负完全责任。

此次办法，务在正本清源：（一）屏斥官僚；（二）淘汰伪革命党，以收完全统一之效，不致如第一次革命时代，异党入据，以伪乱真。国内无论矣，即海外人士，亦须严加审别，非由我中华革命党支部、交通部特别选派及其承认介绍者，政府概不收纳，畀以政事，使保皇败类计无所施。

现在全欧战云密布，各国自顾不暇，无力及我。且世界金融机关已经紊乱，袁贼之财源已竭，饷糈自空。英雄有用武之地，正吾党努力建功之时。凡我同志，务望担负责任，切实进行，黄龙痛饮，为日有期。

　　唯近有不宣誓约，非中华革命党员，假国民党名义蛊惑我真正热心同志，藉端滋扰，日有所见；非力加调查而甄别之，则不足以固党基而定国是，此本党同人拳拳之意也。

中华革命党总理　孙　文

总务部长　陈其美

党务部长　居　正

军务部长　许崇智

政治部长　胡汉民

中华民国三年九月

《总理全集》中册，宣言，页十八—十九

开明专制论

1914 年 8 月

前 进

前 论

（1）近日言开明专制者，其志固在专制不在开明也。然世自有信开明专制为不可已者，特今未得政权，未昌言之耳。而以余所信，则开明专制决非如或一辈人所想象之不可已，故为此论，初不为彼以圣文神武皇帝自拟者说也。

今于民国，有一部人每为政论，必不敢明言专制之效果良，而委曲其辞，而一方于开明专制，则又无人称言其非，此可怪也。其实以政治之往迹论，专制君主，何尝不能举甚良之成绩？但成绩之良否，乃别一问题，不能以之即证其制度为良为否。以明良而为专制，往往收效捷于共和。盖以不世出之才，与以无制限之力以致此绩，不足怪也。自柏拉图以来，学者亦概认有贤君之专制，能收最良之效果。然问其所以有此效果，以其贤乎？以其无制限乎？则不得谓之以无制限明也。贤为良效果之原因，无制限则得良效果之一条件耳。故言专制而以为效果必不良，非也。而谓其以为政治制度不良，则是也。今之论政者耻言专制，意或以为专制之效果必不良，因是见古有效果良者，则曰是开明专制，异于其他专制也。此一种谬论而已。

开明专制义如其文，不过以专制之政体行开明之政治而已。夫其政治如何始可谓之开明，本已为不可解决之问题。开明与不开明之区别，决非显然。大抵举例必以极端之例显其义。至于批判孰为开明专制，孰为不开明专制，则除史家武断之外，殆难言之也。而就使其有界限可说，则当从其行专制者之志以决之乎？将从其功以决之乎？以功言者，事属既形，而就事为评，实有与夺之余地。曰此为开明，曰彼否，权在评者，而为专制者不与焉。乃若论志，则唯视专制者心理如何，在评论者只有认定事实有无之责。若既有志于开明之事实，则评者无与夺之余地。即在其事未行之际，亦唯有承认其人之志实然而已。然则今将就有人欲行开明专制而为之论评，既无从察其功，则唯当计其志。彼志存于心，不可知矣。所以征其志者，独赖有言而已。顾以专制分为开明专制，不开明专制，谁则愿甘不开明专制之名者？结局凡有专制者，皆自命为开明专制。而批评者，不能不从其言而与之名也。是开明专制者，与专制之内容，广狭无别。专制不无收良果之日，即自命开明专制者，实际亦不无有开明之施政之时。而其不能评以为一种善良制度，又相似也。然则简捷言之，谓之专制可矣。必取开明冠诸其首，将无与昔日天子必加文、武、大圣、大广、孝等等称号于皇帝之上，始觉惬心者同乎？明之武宗，自加威武大将军。而今之袁氏，称神武大元帅。夫将军元帅已数见不鲜，然后取其鲜者以混乃公，意固不殊昔耳。彼见专制二字之上已加有开明之头衔，便不敢訾议，何异见威武、神武之称号，而信为非凡之将军、元帅也？公孙龙乘白马而度关，曰白马非马也，关吏不为之齎马税也。今日开明专制非专制也，而遂容之，此为关吏且不称职，而欲为治一国之吏乎？

夫其言开明不出于诚者，固不必更道。即令诚志开明，遂可免祸乎？古之人君，其以恣雎为意而不计民祸福者，殆不过秦胡亥、宋劭等一部分极少数耳，其多数皆有聪明贤达之愿者也，是其所以为志者，何以异于今之志开明专制？然自历史言之，志为明主而得之者什一，不得者什九。则今之行专制而志开明者，其得为开明亦不过什一之数而已。夫如是者，如之何而可谓之良制度也？

（2）夫使行专制而志开明，则必谓人民不能为立宪国民之行动，故不得已而以专制临之。使其人民以此开明之故，进至能为立宪国民之行动，则将来自当废去专制，而独取开明。是即"目的是认手段"之说也。以开明为目的，以专制为手段，人不能不是认开明，则以开明之故，不得不是认为其手段之专制也，此其说有两病。

其一，则关于手段者也。及于人民最终之效果，即为政治家所达到之目的。而当其未至此最终之效果发现以前，政治家之目的皆未达到，其所可得见者皆手段耳。顾此最终之结果，可得以确定其何时始实现乎？不可也。社会者，动之社会也。社会上之事物发生，无一可以严密符合于人所预期者。而政治上最终效果之现出，必经无数之过程。此过程中，有一不符，则次来之事实，必受其影响。此事实既受影响，则又次者亦必从而受之。由是以往，至于终局，其递嬗联延不绝，未可以数穷也。其始之不符于预期者虽小，其传之于次也，必每传愈况，至于全反于始期而后已。其始之征候，尚只藏于微，而其继也，必至于显。其始之传播也，必止于一二事。而其卒也，必及于全部。其始之传播尚缓。其卒也必蔓而益速。如是则预期最终结果以何时实现者，终不可能，明矣。夫此预期既为不可能。则目的之到达不可按期而责也，纵有预先声言若干年后必得开明者，在有识者决不以至此期尚未开明，便责其不以此为目的也。以社会变动无常故也，第既有此借口，则目的之到达不到达，初非他人所得问其期，所可见者唯有手段。而此手段，又须待其目的之达始能是非之。故以开明之目的者，不妨尽力用不开明之手段，以为专制。其专制之见于事实者，虽甚不开明，人亦不能褫其开明之虚衔。然而开明之期，将俟之百年礼乐既兴之后，抑呈之于日夕之间，举无由知。所知者，标榜开明者，亦未尝不用不开明之手段而已。是则不标榜开明时，人民已久知有此手段，而身受之矣。何取于此开明之标榜也。

目的者达否未可知，手段则一施而不可复。使其手段而果有效，斯则可得是认之耳。而犹未有效也，手段则既已加于物，不可改矣，人之智虑，安得悉周。所用手段，安能保其必生此效果。然而用此不开明之手段，以待不可知之是认，其为危险当如何。子产言之曰，"子有美锦，不使人学制焉"。今冒什不得一之危，以求是认，是岂特学制锦而已耶。一手段而不效，虽亦觉之，补之不易也。既补过于此时，又恣行于异日，斯则剜肉求瘢之比也。以人民为无能也，而将夺之权。曰此不开明者手段而已。其夺之之后之措施，果足使人民为有能乎，其不足使然，则其夺之也所失已多矣。国之安危，系于一发，非可历试各手段以求其效者也。

由此可知目的是认手段者，或可认之于目的已达之时，而不能称之于手段初施之际。手段不能求其皆是，犹当求认为是者而施之。既知其非，不得以其仅为手段之故，敢于用之也。专制固不开明之事也，以求开明之故，而事不免流于专制。逮其既著，则急改之。不妨原其情而许为有开明之目的。虽其目的终不得达，可也。而不然者，怙终而拒善，以为既有开明之目的，虽专制，谁得而相非，则是有目的是认手段之求，而适得手段破坏目的之效也。

（3）其又一则关于专制者也。专制果可以为开明之手段者乎？所谓开明者，将以一时之繁荣为止境乎？抑必待其民有进适而无退转始可得称之乎？于此第二之意义之开明，能容专制政治乎？此今所当问者也。

手段一名辞，固函有随时可以舍置之意义。然如其手段明为与目的有同一之趋向者，初不有舍置之要求也。例如为求人民程度之进，而取灌输以新知识为手段。此手段于既达人民进步之目的之日，未尝有害而须禁止之也。若其手段与目的背反者，则或偶然为用。旋必舍去，不使久而成习。此如不屑之教诲，以教诲之目的，用不屑之手段，其人既有悔改之迹，必速屏此不屑之态度以应之。又如医者以人之健康为目的，有时亦以使服用鸦片为手段，而其病良已者，鸦片亦同时屏绝。则以不屑与教诲，鸦片与健康，事本相反，不同其趋向，偶然为用，屏之必当及时。此从手段本义而明者也。由是言之，则凡有事实与己所欲达之目的根本相妨而采用之，有不能随时舍置之性质者，正如漏脯酖杯，其不可取以为手段，图济一时审矣。

而在专制之事，固与开明相反者也。如使开明仅取一时繁荣之意义，则采专制而有效，异时亦终于以专制故失之。所望者，本只在一时之休息，虽谓之无妨可也。然在主张开明专制者，所谓开明决不止于是也。乃将谓开明之成功在于立宪，而一时繁荣非足为算，既其言开明者，不徒冀文景、贞观太平之治，并奥帝约瑟第二之行亦不数之。（举开明专制之历史上之例者，先举此数君主。必如前之所言，人民既能为立宪国民之行动，始足称开明之目的得达也。）

以此两不相容之事，而云可以其一为其他之手段者，必专制之事欲舍置则舍置，欲存续则存续。舍置不使其前此所期之效果归于无有，而存续亦不害异时舍置之便，始可通耳。而专制固无此性质也。当其专制之时，必力排民权自由之说。既摧折民权自由之说，则异时欲舍专制而从立宪，必又倡之。方其困遏，苦不得绝其根株，及其倡之，又患其说之已绝。故假想舍置专制之日，常恐所期之专制效果不可得，而所不期之效果不得去也。而其存续之日，所以禁遏人民者，无一不为异日舍置之阻也。此至易解者也。然论者必曰，专制之恶结果，虽不可逃，而其进人民之程度，使至于适为立宪国民，则非他制所及。故不得不忍其痛苦而采用之。夫以历史而论，除新国外，无不出于专制而入立宪共和，则谓立宪人民先经专制而后有立宪之程度，不为皆误。顾"先后即因果者"论理（论理：即逻辑）。上之一谬误。专制虽先立宪而存在，不过为一相反之事实，不得即谓之原因。正犹人死以前，常有动作，然而验杀人之罪迹，法医学者必不滥指其动作为死因也。如使专制之政可以致人民程度进步，则中国为四千年以上不绝专制之国，其人民程度，宜比之世界各国皆高，纵使世界各国尚未有立宪共和，中国犹当为之先进，何以至今程度未足之叹犹多？若曰地广人多，收效非易，则四千年来专制所不能进者，今遂可以专制十数年进之乎？此皆足使人发噱不止者也。

且立宪国民之程度未足，唯为专制始足以进之。此类推论，信不知其何自出也。夫以程度言，不外智识道德。而道德之进步，全由于社会之自体，非执政所得与，但赖其无奖不道德而破社会之纲维耳。于此决不能发见专制能使道德进步之理由（唯有奖励不道德以便固其权位之恶行而已），则所论当限于智识。智识者，有学而知，有习而得，前者所谓教育，后者所谓经验也。而在专制之下为立宪之教育，果可得昌乎？其教育而诚以立宪之旨行之，则专制之弊正当其时。凡教育之所称美，皆无由得之国内，而弊害之例，则不索诸国外而有余。其民将信所受教而恶政府乎？将尊政府而以其教为非欤？抑以为教育者政府所奖，而为教者又短政府，遂以怀疑而两置之也。而由前一说，专制势将自覆，而其覆灭之后纷扰将不可计也。从后二说，则其智识有退而无进也，若其教育不以立宪之主旨行之，则所谓进者尤无望也。其教育若是矣，于经验尤然。经验由事物而生，未有事实，何由有经验。以经验之缺乏，而言程度不足，则正当疾蠲除专制，而取立宪，然后可得以立宪之事实，陶铸其人民。人民既得与政治，乃有经验可言。以无经验之故，而不使参政，则终古不参政可也，何言进步！故总人民智识而论，在专制之下，不能进至适于立宪之程度。则求人民有立宪国民之程度，唯有先取立宪之制以为之先。如是始有立宪之教育可施，其人民有得立宪的经验之途也。

　　且如草昧之世，有部落而无国家，于是而有先觉之士，知国家的结合为不可已，将遂为其结合乎？抑使其人民于部落制之下，获得国民之教育与其经验，始得组织国家乎？夫社会之事，欲于其未发生之前，造成一种适于其事实之人民，无论以何力量，必不能办。唯有人民感知一事实之必要，而要求之于社会，则其事实既显以后，人民自有适应之道，不患其过高。彼国家之发生，决非有一部分人先学如何做国民，始为结合。而结合以后，当然为适应于国家组织之国民。依显则国家之采用立宪制度，亦必不恃有人以专制之手段，教其国民为立宪之行为。而立宪以后，其国民当然有适应于立宪之程度，不劳深虑也。

　　立宪国民不患其程度之不足，在其不足之日，亦唯先行立宪可养成之，非可以专制进其程度。则取专制之手段，不足以达开明之目的。专制既非开明所必要之手段，则虽是认开明之目的，决不能以其目的是认手段可无疑也。

　　（4）今之论开明专制者，取今政府所为而訾之。其言有曰："实业借款、行政借款，政策无定，用途不明。"又曰："城狐社鼠，揽权窃柄，包办借款，紊乱财政，挟金钱之势力为护符，恃外人之后援为武器。"复曰："朝令夕更，总统任官之命可以取消；大权旁落，政府用人之权必经同意。元首孤立于上，百姓怨咨于下。"盖前嗤其开明之名不称，后议其专制之实不符。亦即"制且不能，专于何有。专制不存，宁分善恶。善恶不著，又何开明"之义也。然当知专制者，制度之名。社会上有国家，国家有政体，而政体以专制、立宪为分。故凡非立宪的国家，皆称专制。所谓专制者，不过其国家有一机关不为法律（社会事实之一种）之所制限。至于法律以外种种社会事实，如道德、宗教之属，乃至论者所举恶习弊风，无一不可影响于政治上，而为此机关行动之制限。此机关纵受如是之制限，亦未尝以此离去专制之域，而可以他政体称之也。又当知开明者，专制之人所选之徽号，聊用自广，不必有实，始居其名。彼既以是自名，则亦从而命之，斯名从主人之义尔。若必举袁氏之闭塞，而与争开明专制之名，则何不举满室之混浊，而追夺其大清之号乎？亦无聊之甚者矣！且如论者所言，责其不专无制。则闻其风者，且或以能专且制自期。以为今之所失徒在专制之不至，非开明专制之果不良于行，则益求自试其所谓真开明专制而已。此不可不辨也。

吾人前所论专制不能促进国民程度使适于立宪者，就专制之全部为之证明者也。故当然包含所谓开明专制之全部。其制度既为专制，则无论其法所许为专制之机关，有完全无限之行动自由，抑于事实上受种种之拘束，皆不免有此结果，断不能于促进国民使适立宪之制度之中，发见有一为专制制度。此即因明法所谓同品定有异品遍无也。故就于自诩能专且制者，径亦可以前言证其无益。然更有不可不知者，国民之能力，以干涉而愈萎缩，以应用而愈舒畅。专制所以病国民之能力者，即在其施政下不认各个人之政治行动，故虽施教育，归于无意味，求其经验，终不可得也。以是之故，不专无制者，其民虽不能进，而有政治上之用，犹不至受政治上之干涉，一举一止，皆失自由，是其害能力发育者尚浅也。以此为惩，而唯专与制是求，则其结果干涉必及于人民之私生活，而旧有之自由，亦并见侵陵，其能力愈萎缩，则异日求适应于立宪制度，愈见困难。中国之数千年间专制之治，其得有良结果称开明者，汉之文景，唐、宋两太宗，治皆主放任，少涉闾阎细事。而干涉尤繁者，则新室之治也。以其目的固皆止于使人民得利而身享其荣，绝非有今论者所谓开明之期望。然其为治得失之形若是，足知中国人民实习自治而厌干涉，故数千年之专制，不足以尽萎其能力。而彼为专制之人，或身亲衡石之计，或委之将相，托之宦官，或以方镇割据天下，泰半弗属，其情各异，要皆以直接干涉人民之私生活为戒者也。今一旦而求尽反古所为，一一为之干涉，斯固新莽之续，必且败不可收。即使其不败，而如其志以行，适见民之能力愈萎衰，而将来愈不适于立宪耳，病于不专无制者则有之矣，求其所以胜彼者固不可得也。

且夫干涉之事，有递增而无递减，此于同为社会事实之经济事项可得取譬者也。国家有事于国民生产力之增加而行保护之政策，斯固与求增加人民政治上之智识相类者也。然而其保护仅为除去其发达之障碍者，一旦生产力进至可与外国竞争之程度，即除去其保护，决不害于国民经济也。反是者，而以事事干涉为保护，则纵令其干涉得当，其国民生产力以之发达，而其人独立自营之精神权丧而日少，永久无自立以为争竞之力。则干涉之结果，唯有长以干涉保持之。若曰干涉为手段，而产业之开发为目的，则其手段终不可舍置。而不舍置，又与目的相妨者也。且干涉之结果，又发生他种之干涉。譬如以制钢业之不发达，因重关税以禁外国钢材之输入，则国内之制钢，非不可得盛也。然而同时钢材之价腾贵，则以钢材制器者，皆有亏损之虞。以亏损故，不得不保护及于钢制品业，而课税于输入品也。既保护钢制品业矣，其影响又及于用钢制品之业，于用机械最多之业，必又次第有保护之要求。如是，保护遂有急剧之传染性，而有增无减。此无他，以不自然之干涉求一时之效故也。为一部分人之利益，而干涉他部分人之行为，不恃其自为发达而恃利诱之也。故美国今日每议放任自由之策，辄有各业破产之忧，此实无可如何者也。唯干涉以求政治上之效果亦然。不务使以自力立身，而恃吾之专制，能及于人之隐微，势固不得及也。就令及之，其为益不敌其损，欲强使有立宪之智德，必不得入也。其所留遗者，唯有因干涉所起之反抗，其遇反抗而不干涉，则祸止于失威信而已。其将弭此反抗，又必采他之干涉手段。此所新采之手段，仍召他之反抗，而前此之反抗未悉已也。对于此而又采镇压之手段，则始之一干涉，化为二而进于四。自此以往，其增自倍。虽然，牛毛之法令，适使人因缘为奸，民之反抗未尝止也。盖反抗者，起于不安。而干涉之来，无论如何，皆先使人抱一不安之念。纵不能以力显为反抗，而左右规避，固人人所优为。且其起也，不择地与时，不必合谋而后动。欲为之防，而不知将为反抗者谁也。其干涉又不能不遍及前所干涉之人。此所以任术不已，归于自穷也。

然则徒立专制之制度，而实际不专无制者，其于国虽有损，而就专制而论，尚未至甚害国民智力之发达。若袁氏果能如论者所求能专且制，抑若有代兴者，持巩固共和之旨，而信开明专制为有促进国民程度之效，尽其力以行之。其结果，将使国民之能力愈沉萎，而将来革除专制之后，民之能力尤难冀进步。问其以专制得之者几何？则无有也。是祸在今之袁氏以上也。

（5）夫自历史上言，所谓开明专制之时代为专制之主，皆非有开明专制足以促进人民程度之念存于胸中而为之者也。意不外"于百姓不足，君孰与足"之计算，而图其王室之安固，先求有以自媚于民。故其所慕于明君而欲为之者，目的在王统之绵长，而以利民为手段。民既食其利矣，则治历史者追谥之曰专制而开明。若夫当专制之末期，为立宪之先河，必要有此种情况，以为过渡办法者，古人所未梦见也。盖古代之开明专制，有人民之要求，而君主应之以行者也。当时以君主之制，为无所逃于天地之间，故革命可起而君主不可废也。畏苛政过于虎，而无术以使其政不苛也。其所要求者，仁政也。仁政之结果，而得人民之幸福，则称之曰明君，其政不仁，则民不附，民不附则祚不长。人君唯以求安久故，冀其民常泰，则凡民所不悦者，不敢专欲以求成。故谓之与人民要求一致可也。不特中国历史有然，如奥之约瑟第二，所谓欧洲开明专制之君主者也。史称约瑟第二既即位，宣言独立于教皇以外，于教皇新令，付以制限，或径禁之，不许教皇干涉婚姻。国中僧正，举由君主任命，废寺院七百所，汰游僧三万六千人（当时总数七分之四也），且布令默许新教及希腊教。此以新教徒之势力，自三十年战争以来，久不得绝，而奥领斯拉夫族又多奉希腊教，故从民所欲，拒教皇之专横，而与以一部之信教自由也。又称其废农奴之制，而削贵族之封建的权利，则以奥之封建贵族，不纳租税，不受普通裁判，而滥用其特权，以毒国中，为人民所共愤；一方农奴之惨酷，又为人民所同欲除去者。故一予一夺也。称其整理税制，则以其承七年战争之后，民力困敝之余，又三割波兰，故应人民之望而去旧税制之弊。此亦以人民之要求为基础者也。又近今之类似开明专制者，则有奥今帝当 1849 年以后，1859 年以前十年之间所施之治，于形式上颇有类于论者所云。当 1848 年法国二月革命之起也，奥之人民亦起而设保安委员，逐梅特涅而强制奥帝，使承认其宪法，召集议会。一时有众民政治之实。既而奥帝藉邻国之助，以压抑国内之反抗，既占有实力，遂解散议会，废去民定宪法，而别出一钦定宪法代之。其宪法亦名有议会，有责任内阁，而国会实不召集，此空文宪法，越二年亦并废去。故 1859 年 3 月 4 日（布钦定宪法之日）之后，奥国已完全复于专制。前此梅特涅之为治，虽抑自由，其干涉尚疏阔。自解散国会以后，宰相集一切之权力于手中，而施政虽号称假设政府，其擅权实过梅特涅执政时。从来对于国内异民并立，颇多宽假；此期则悉以集权的军政行之，强以德意语为全国通语，执政政者独用德人。如是者十年，而其所标榜者则曰："凡在君治国内者，当结合一切国、一切民族使浑然成一大国家。"此种政治，实至 1859 年奥意战争之际犹存。暨乎战败国危，始自知专制之诚无济，于是始再兴宪法。（意讷斯 Charlea Seignobos：《欧洲现代政治史》第十三章。）此实与今之言开明专制者相类。其行专制，以为如是则可以统一国内，而扫去不专无制之弊。初不以人民之要求为基础，异于前之所云。

然其不以此专制为过渡办法，为致人民程度进适立宪之手段，则古今人不相远，两者实无异也。

（6）故综以上所言为之结论，则专制者，一种制度也。于今日国家之政体，不为立宪，则为专制，可宣之于诏教，而著之于法典。君主之力之所及也，欲之则得之者也（其可久否自是别问题）。开明专制者，专制之一种状态也。虽为专制者可得以开明为志，而实际为开明否，须退听于后世之评议。纵曰欲之，不必得之也。专制之名，迨近世而始与立宪对举。开明专制又为学者拟定之名。在往昔之君主，亦唯以圣帝明王泰平郅治相期，然揆其语之内容则一而已：君主既家天下。其视治国无异人之齐家，而处一家者，取何制以驭其族，出何策以求其隆，固各有不齐，然其欲家之兴，则殆于一致，则君主之于其国，何独不然。然治一家者能自择其所谓最良之方法，而不能必其家之繁荣。唯家之兴衰既著，人始就而论其成绩何如。其在君主治国，称圣明者，亦不于其志而于其治。今之言开明专制者，亦当若是而已矣。顾或者以此为一种制度、一种政策而研究之，则不可解者也。人莫不自欲为良家父，而无一人能采一制度实际可称为良家父之制度者也；君主亦欲为明君，而决无一种制度适称为明君制度者也。而独于用开明专制之名则信之，何也？夫悬空而论，谓有开明专制，其结果当如何可也，此与言立宪制运行尽善之日，结果如何，正可相比。立宪与专制同为一种制度，而彼之运行尽善，与此达于开明，同为一种状态。然谓采开明专制以为制度，则无异云采推行尽善之立宪以为制度不可通也，制度者，欲则采之，否则舍之。状态者，欲之不必能至；至而不欲，不必能舍也，为求得此状态常得施种种之手段，而此手段之效不效，本不可知。乃或指此手段，谓即为开明专制之制度，则大误矣。如轻徭、减赋、宁国而教养其民，皆为手段之一，为专制者所以求致开明，决不得谓此即开明专制之制度也。

开明专制既非制度，则以为可采用者，结局无过专制。专制之存在，亦可想象有两场合：其一，为未尝有立宪之事，唯就向来之专制，承袭而利行之；他一，则国既立宪而推翻之，以立专制。在前一场合，不过改革迟延。在后一场合，则明为政治之退转。在弃立宪而采专制者，必曰其制运行未善，不如开明专制之时，而不知立宪之运行尽善，与专制之得开明，同为一种状态。开明之不可必致，犹运行尽善之不可必期。必持最运行不善之立宪，以较开明专制，岂无所逊？然非可以此优劣两制度，而遂舍立宪取专制者也。

专制而开明之状态，固不易得。而其得之也，于实际，于从来专制者之意思，皆不认为驯至立宪之过渡办法。欲其民适于专制者，当先以专制施之，而求民与之习。欲求其民适于立宪，则必先采立宪之制，而后使人民肄之。以两者之各不相谋，而谓以其一为他一为预备者，反于事实，不可通也。即如前所举由立宪而返于专制之场合，于法、于奥，皆尝有之。顾在今日，谁谓其后日之立宪，实受其益者。其所得留于今日者，不过帝政之一党派犹存于现在国会中，与国中乖离之感久而益剧而已。此可谓之有助于立宪乎？

专制之结果，虽至良好，而以其促进人民程度论，尚不及立宪之最劣者。故如言专制，仅有恶结果，则实不足以折言者之所执持。而专制之结果至良者，于采用立宪制之计算，仍以为最不宜，则恐主专制者亦未必能拒而不受，则论开明专制之宜求否，归于专制、立宪可否之问题。专制之为制度，逊于立宪；则虽其最良之开明专制，固无由谓胜立宪也。此开明专制之不足尚，自一般言之者也。

《民国》第一年第四号，一九一四年八月

异哉所谓国体问题者（节录）

梁启超

秋霜腹疾，一卧兼旬，感事怀人，百念灰尽，而户以外甚嚣尘上，嚄然以国体问题闻。以厌作政谈如鄙人者，岂必更有所论列？虽然，独于兹事有所不容已于言也，乃作斯篇。

吾当下笔之先，有二义当为读者告：其一，当知鄙人原非如新进耳食家之心醉共和，故于共和国体非有所偏爱，而于其他国体，非有所偏恶，鄙人十年来凤所持论，可取之以与今日所论相对勘也；其二，当知鄙人又非如老辈墨守家之斤斤争朝代，首阳蕨薇，鲁连东海，此个人各因其地位而谋所以自处之道则有然，若放眼以观国家尊荣危亡之所由，则一姓之兴替，岂有所择，先辨此二义，以读吾文，庶可以无蔽而还于正鹄也。

吾自昔常标一义以告于众，谓吾侪立宪党之政论家，只问政体，不问国体，骤闻者或以此为取巧之言，不知此乃政论家恪守之原则，无可逾越也。盖国体之为物既非政论家之所当问，尤非政论家之所能问。……

夫国体本无绝对之美，而唯以已成之事实，为其成立存在之根原，欲凭学理为主奴，而施人为的取舍于其间，宁非天下绝痴妄之事？仅痴妄犹未足为深病也；唯于国体挟一爱憎之见，而以人为的造成事实，以求与其爱憎相应，则祸害之中于国家，将无已时！故鄙人生平持论，无论何种国体，皆非所反对，唯在现行国体之下，而思以言论鼓吹他种国体，则无论何时皆反对之。……

然则今之标立宪主义，以为国体论之护符者，除非其于"立宪"二字，别有解释，则吾不敢言。夫前清末叶，则固自谓立宪矣，试问论者能承认否？且吾欲问论者挟何券约，敢保证国体一变之后，而宪政即可实行而无障？如其不然，则仍是单纯之君主论，非君主立宪论也。既非君主立宪，则其为君主专制，自无待言。不忍于共和之敝，而欲以君主专制代之，谓为良图，实所未解。今在共和国体之下，而暂行专制，其中有种种不得已之理由，犯众谤以行之，尚能为天下所共谅。今如论者所规划，欲以立宪政体与君主国体为交换条件，使其说果行，则当国体改定伊始，势必且以实行立宪宣示国民，宣示以后，万一现今所谓种种不得已之理由者依然存在，为应彼时时势之要求起见，又不得不仍行专制，吾恐天下人遂不复为元首谅矣！夫外蒙立宪之名，而内行非立宪之实，此前清之所以崩颓也！诗曰："殷鉴不远，在夏后之世。"论者其念诸！……

今喘息未定，而第二次变更国体之议又复起。此议起因之真相何在？吾未敢深知。就表面观之，乃起于美国博士古德诺氏一席之谈话。古氏曾否有此种主张，其主张之意何在？亦非吾所敢深知。（古氏与某英文报记者言，则谓并未尝有所主张云。）顾吾窃有惑者，古氏论中各要点，若对于共和君主之得失为抽象的比较，若论国体须与国情相适，若历举中美、南美、墨、葡之覆辙，凡此诸义，本极普通，非有甚深微妙，何以国中政客如林，学士如鲫，数年之间，并此浅近之理论事实而无所觉识，而至今乃忽借一外国人之口以为重？吾实惑之。若曰此义非外国博士不能发明耶？则其他勿论，即如鄙人者虽学识谫陋，不逮古博士万一，然博士今兹之大著，直可谓无意中与我十年旧论同其牙慧，特其透辟精悍，尚不及我十分之一、百分之一耳。……夫孰谓共和利害之不宜商榷？然商榷自有其时。当辛亥革命初起，其最宜商榷之时也，过此以往，则殆非复可以商榷之时也。（湖口乱事继起，正式大总统未就任，列国未承认共和时，或尚有商榷之余地，然亦仅矣。）当彼之时，公等皆安在？当彼之时，世界学者比较国体得失之理论，岂无一著述足供参考？当彼之时，美、墨各国岂皆太平宴乐，绝无惨状呈现，以资我龟鉴？当彼之时，迂拙愚戆如鄙人者，以羁泊海外之身，忧共和之不适，著论腾书，泪枯血尽（我生平书札不存稿，今无取证，当时要人，谁得吾书者，当自知之。吾当时有诗云："报楚志易得，存吴计恐疏。"又云："兹括安可触，驰恐难复张。"又云："让皇居其所，古训聊可式。"其余则有数论，寄登群报也），而识时务之俊杰，方日日以促进共和为事，谓共和为治安之极轨，谓共和为中国历史所固有也。呜呼！天下重器也，可静而不可动也，岂其可以翻复尝试，废置如弈棋，谓吾姑且自理焉，而预计所以自谓之也？夫使共和而诚足以亡国也，则须知当公等兴高采烈，以提倡共和促进共和之日，即为陷中国于万劫不复之时，谚有之："既有今日，何必当初。"人生几何，造一次大罪孽，犹以为未足，忍又从而益之也？夫共和之建，曾几何时，而谋推翻共和者，乃以共和元勋为之主动，而其不识时务，犹稍致留恋于共和者，乃在畴昔反对共和之人。天下之怪事，盖莫过是，天下之可哀，又莫过是也!

今之论者则曰："与其共和而专制,孰若君主而立宪?"夫立宪与非立宪,则政体之名词也;共和与非共和,则国体之名词也。吾侪平昔持论,只问政体,不问国体,故以为政体诚能立宪,则无论国体为君主为共和,无一而不可也;政体而非立宪,则无论国体为君主为共和,无一而可也。国体与政体,本截然相蒙,谓欲变更政体,而必须以变更国体为手段,天下宁有此理论!果尔则并世诸立宪国,其国体之纷更,恐将无已矣!而前此论者,谓君主决不能立宪,唯共和始能立宪(吾前此与革命党论战时,彼党持论如此);今兹论者,又谓共和决不能立宪,唯君主始能立宪,吾诚不知其据何种理论以自完其说也!吾今请先与论者确定立宪之界说,然后徐察其论旨之能否成立。所谓立宪者,岂非必有监督机关与执行机关相对峙,而政权之行使常蒙若干之限制耶?所谓君主立宪者,岂非以君主无责任为最大原则,以建设责任内阁为必要条件耶?认定此简单之立宪界说,则更须假定一事实,以为论辩之根据:吾欲问论者以将来理想上之君主为何人?更质言之,则其人为今大总统耶?抑于今大总统以外,而别熏丹穴以求得之耶?(今大总统不肯帝制自为,既屡次为坚决之宣言,今不过假定以资辩论耳。不敬之罪,吾所甘受也。)如曰别求得其人也,则将置今大总统于何地?大总统尽瘁国事既久,苟自为计者,岂不愿速释此重负,颐养林泉?试问我全国国民,能否容大总统以自逸?然则将使大总统在虚君之下,而组织责任内阁?就今大总统以国为重,肯降心相就,而以全国托命之身,当议会责任之冲,其危险又当若何?是故于今大总统以外,别求得君主,而谓君主立宪即可实现,其说不能成立也。如曰即戴今之大总统为君主也,微论我大总统先自不肯承认也,就今大总统为国家百年大计起见,肯自牺牲一切,以徇民望,而我国民所要求于大总统者,岂希望其作一无责任之君主?夫无责任之君主,欧美人常比诸受豢之肥猪耳,优美崇高之装饰品耳!以今日中国万急之时局,是否宜以如此重要之人,投诸如此闲散之地?借曰今大总统不妨为无责任之君主也,而责任内阁能否成立,能否适用,仍是一问题。非谓大总统不能容责任内阁生存于其下也,现在国中欲求具此才能资望之人,足以代元首负此责者,吾竟苦未之见。盖今日凡百艰巨,非我大总统自当其冲,云谁能理?任择一人而使之代大总统负责,微论其才力不逮也,而威令先自不行。昔之由内阁制而变为总统制,盖适应于时势之要求,而起废之良药也,今后一两年间之时势,岂能有以大异于前,而谓国体一更,政制即可随之翻然而改?非英雄欺人之言,即书生迂阔之论耳!是故假定今大总统肯为君主,而谓君主立宪即可实现，其说亦不能成立也。……

吾言几尽矣，唯更有一二义宜为公等忠告者：公等主张君主国体，其心中之将来君主为谁氏，不能不为公等质言之。若欲求诸今大总统以外耶，则今大总统朝甫息肩，中国国家暮即属圹，以公等之明，岂其见不及此？见及此而犹作此阴谋，宁非有深仇积恨于国家，必绝其命而始快，此四万万人所宜共诛也！若即欲求诸今大总统耶，今大总统即位宣誓之语，上以告皇天后土，下则中外苍生之侪实共闻之。年来浮议渐兴，而大总统偶有所闻，辄义形于色，谓无论若何敦迫，终不肯以夺志，此凡百僚从容瞻觐者所常习闻，即鄙人固亦历历在耳，而冯华甫上将且为余述其所受诰语，谓已备数椽之室于英伦，若国民终不见舍，行将以彼土作汶上。由此以谈，则今大总统之决心可共见也，公等岂其漫无所闻，乃无端而议此非常之举耶？万一事机洊迫，致我大总统愤践其前言，以翔夫寥廓，不知公等何以善其后也？而其不然者，其必公等以小人之腹，度君子之心，私谓大总统居常所谈说，咸非其本意，不过如孔子所云"舍曰欲之，而必为之辞"，吾姑一尝试焉，而知其必不吾诃也；信如是也，则公等将视我大总统为何如人？食言而肥，匹夫贱之！设念及此，则侮辱大总统人格之罪，又岂擢发可数？此亦四万万人所宜共诛也。

复次，公等曾否读《约法》？曾否读《暂行刑律》？曾否读《结社集会法》？曾否读《报律》？曾否读一年来大总统关于淆乱国体惩激之各申令？公等又曾否知为国民者应有恪遵宪典法令之义务？乃公然在辇毂之下，号召徒众，煽动革命。（凡谋变更国体，则谓之革命，此政治学之通义也。）执法者惮其贵近，莫敢谁何，而公等乃益白昼横行，无复忌惮，公等所筹将来之治安如何，吾不得知，而目前之纪纲，则既被公等破坏尽矣！如曰无纪纲而可以为国也，吾复何言？如其否也，则请公等有以语我来！且吾更有愿为公等进一解者，公等之倡此议，其不愿徒托诸空言甚明也，其必且希望所主张者能实见施行。更申言之，则希望其所理想之君主国体，一度建设，则基业永固，传诸无穷也。夫此基业，果遵何道，始能永固以传诸无穷？其必自国家机关令出唯行，朝野上下守法如命。今当开国承家伊始，而首假涂于犯法之举动以为资，譬诸欲娶妇者，横挑人家闺阃以遂苟合，曰但求事成而节操可毋沾沾也，则其既为吾妇之后，又有何词以责其不贞者？今在共和国体之下，而曰可以明目张胆集会结社以图推翻共和，则他日在君主国体之下，又曷为不可以明目张胆集会结社，以图推翻君主？使其时复有其他之博士提示别种学说，有其他之团体希图别种活动，不知何以待之？诗曰："毋教揉升木，如涂涂附。"谋国而出于此，其不智不亦甚耶！

孟子曰："君子创业垂统，为可继也。"以不可继者诏示将来，其不祥不亦甚耶！昔干令升作晋纪总论，推原司马氏丧乱之由，而叹其创基植本异于三代。陶渊明之诗亦曰："本不植高原，今日复何悔?"呜呼！吾观于今兹之事，而隐忧乃无极也！

（附言）

吾作此文既成，后得所谓筹安会者寄示杨度氏所著《君宪救国论》，偶一翻阅，见其中有数语云："盖立宪者，国家有一定之法制，自元首以及国人，皆不能为法律外之行动。贤者不能逾法律而为善，不肖者亦不能逾法律而为恶。"深叹其于立宪精义，能一语道破。唯吾欲问杨氏所长之筹安会，为法律内之行动耶? 抑法律外之行动耶? 杨氏贤者也，或能自信非逾法律以为恶，然得毋已逾法律以为善耶? 呜呼！以昌言君宪之人而行动若此，其所谓君宪者从可想耳，而君宪之前途亦从可想耳。

……

评梁任公之国体论[①]

章士钊

　　梁任公号为言论之母，今于国体论"甚嚣尘上""八表同昏"之时，独为汝南晨鸡，登坛以唤，形大而声宏，本深而末茂，其所以定民志郢众说者至矣。顾其文不免有斧凿之痕，启人疑虑。颇闻人言，梁任公草此文，凡数易稿，初稿之词，最为直切，亲爱者以为于时未可，点窜涂改，以成今形。兹虽于大体无病，而悠悠之口，乘间抵巇，肆其毁疵，是诚不可以不辨。或曰，庖人既不治庖，复未引尸祝自助，而遽手荐鸾刀，漫之膻腥，不亦太可笑乎。曰，不然。梁任公之言，天下之公言也，愚为言辩，非为人辩也，乃著其说于次。任公曰："吾侪立宪党之政论家，只问政体，不问国体。"又曰："在甲种国体之下，为政治活动，在乙种反对国体之下，仍为同样之政治活动，此不足成为政治家之节操问题。"驳之者曰，善。吾今计谋变更国体，公可不问，俟吾改革毕事，仍请公为其同样之政治活动可耳，此不关夫节操也。充斯说也，设若此次变更国体之后，更有三次四次乃至五次六次之变更，任公所立之命题，仍可不换，而驳者之答案，仍可不移，辗转相推，将见谯周之作降表，不足言惯，冯道之为三公，不足言屡。此诚不得以概乡党自好之士，而谓贤如梁先生，天下宁有若是之小人，妄以臆度者乎？顾读任公之文，寻行而数墨，其结果将不得不使轻佻者推想至是。故其文初出，杨皙子即声言不驳，以为国体既非所问，驳之何庸。愚之所谓不可不辩者此也。

　　只问政体，不问国体，问之云者，即英语 question，以其事可疑而发为问也，故问与论不同。论者可就其不疑之一面发挥之，问则非疑不启也。国体者不容致疑者也。传曰，卜以决疑，不疑何卜。卜者，问之类也。既已不疑，何有于问？有自署破浪者，于兹有言曰："任公此文，为谁而作乎？曰为国体问题

---

　　① 即《异哉所谓国体问题者》，见《大中华杂志》第八号。

而作也，为国体问题而作文，乃为根本取消之言曰，国体问题，非政论家所当问，所能问，此可异者也。"① 此盖未明夫问与论之别也。法兰西第一共和之宪法曰，共和国体②，不得以为提议修改之题。此谓国体为固定之事实，不当问也，非谓不当论也。若谓不当论，则本条之所由立，非论莫致，自后之解释辩护，非论莫成，是不可通也。涂格维尔者，法之政学宗匠也，鲁意腓立之君主宪法既定，彼宣言无人有此权力可变易之。此亦谓国体为固定之事实，不当问也，非谓不当论也。若谓不当论，则彼所著书，言宪法者，宁非为无意识，是不可通也。人以任公不问国体，即推定其论国体为矛盾者，非知言者也。

此义既明，则问之云者，纯属诸能动观念，谓国体之为物，在我之主观为无可疑，故不问耳，至若他人起而问之，则我应取何种态度，则非前此消极之说所能限。盖此时已入于被动之域，非积极有所论列，则是前日不问，乃秦越相视无动于中之类，岂政家之所为，故前日之不问，今日之论，其精神仍一贯也。譬之美利坚立国，自始不欲与欧洲纷其交涉因而开战，此所谓门罗主义也。设若欧人必与美人纷其交涉，迫之不得不战，美人亦唯有战而已，不得谓今日之战，与其门罗主义相妨也；岂仅不相妨，且正所以相成也。

在甲种国体之下，为政治活动，在乙种反对国体之下，仍为同样之政治活动，不足成为政治家之节操问题。此必先于所用甲乙两字之范围，先求确定，而后当否可得而论。兹之甲乙，果配分之甲乙乎？抑同体之甲乙乎？配分者同类之物，任举其一，欲甲甲之，欲乙乙之。同体则不然，甲者某甲，乙者某乙，所代只一，不可移也。由前则曩举驳者之说，诚不得谓无逻辑可据之基，由后则否。以愚观之，任公之意，由后而不由前，此不待甚智之夫，可以一思而得，为之词者，喋喋利口，结果胡谓也。

用此以观，所谓甲种国体，满洲君主国体，而亦限于满洲君主国体者也；乙种反对国体，今日共和国体，而亦限于今日共和国体者也。节操问题之生，乃谓由满洲以入民国，前之曾从事于立宪运动者，是否继续为同一之运动，不至有贬节丧义之嫌，不许窃取论点，施之别案也。此其无损于节操，在寻常官

---

① 见九月十三日上海《亚细亚报》。
② 原文本言政体（republic form of government）以其时国体政体之辨未明，在今日言之，宜指国体也。

僚，且犹有然①，何况富有主义之政家大党，其理章显，无待缕陈②。举其最浅者言之，君主国体，为家天下，民主国体，为公天下，自私而之公，一也。满洲季年，立宪绝望，易为共和，而宪政确立，在理宜然，二也③。苟政家之节操，缘此二义而无伤，则在同类变故之下，政情稍与其义相背，则所谓节操，已零落瓦解而不可救，而况适得其反者乎④。谯周冯道生于今时，稍解政治，粗谙宪典，如此偷合苟容之事，知其犹且不为，而况首倡民权大义如任公其人者乎？是故两事相比，往往貌近而情大乖，逻辑重伦类而有时不可通者，此类是也。

右陈诸点，灼灼甚明，而世之抵排任公者，仍嗷嗷不已，而其说倾巧善诪，一若足以动庸众之听者，何也？呜呼！如是者有本有原，则任公入民国来，一言一动，俱不免为政局所束缚，立论每自相出入，持态每觚觚不宁，实有以致之然也。夫当共和立国之日，身为辅导共和之人，而乃不恤指陈共和之非，其言又为一时所矜重，岂有不为人假借遂其大欲之理？殆既见之，则又废然。此

---

① 汪君凤瀛致杨度书有曰："今日在朝诸彦，罔非清室遗臣，止以国为民国，出而为国服务，初无更事二姓之嫌，屈节称臣之病，故一经劝驾，相率来归耳。"此可推见一般心理。

② 元年之冬，梁君在北京报界欢迎会演说，言此颇详，请举其词如下："世论或以鄙人曾主张君主立宪，在今共和国体之下，不应有发言权。……即侪辈中亦有疑于平昔所主张，与今日时势不相应，舍己从人，近于贬节，因嗫嚅而不敢尽言者，吾以为此皆托词也。无论前此吾党所尽力于共和主义者何如，即以近年所主张，对于国体，主维持现状，对于政体，则悬一理想以求必达，此志固可皎然与天下共见。夫国体与政体，本不相蒙，稍有政治常识者，类能知之矣。去年九月以前，君主之存在，倘俨然为一种事实，而政治之败坏已达极点，于是忧国之士，对于政界前途发展之方法，分为二派。其一派则希望政治现象日趋腐败，俾君主府民怨而自速灭亡者，即谚所谓苦肉计也，故于其失政，不屑复为救正，唯从事于秘密运动而已。其一派则不忍生灵之涂炭，思随事补救，以立宪一名词，套在满政府头上，使不得不设种种之法，定民选机关，为民权之武器，得凭藉以与一战。此二派所用手段，虽有不同，然何尝不相辅相成。去年起义至今，无事不资两派人士之协力，此其明证也。然则前此曾言君主立宪者，果何负于国民，在今日亦何嫌何疑，而不敢为国宣力，至于强诬前此立宪派之人为不慊于共和，则更是无理取闹。立宪党人不争国体而争政体，其对于国体，主维持现状，吾既屡言之，故于国体则承认现在之事实，于政体则求贯彻将来之理想。夫于前此障碍极多之君主国体，犹以其为现存之事实而承认之，屈己以活动于此事实之下，岂有对于神圣高尚之共和国体，而反挟异议者？夫破坏国体，唯革命党始出此手段耳，若立宪党，则从未闻有以摇动国体为主义者也，故在今日拥护共和国体，实行立宪政体，此自理论上必然之结果，而何有节操问题之可言耶？"

③ 今之宪政不能确立，非共和之咎，此理宜明。

④ 今之倡言君主，每以将来立宪为词，此诚谚所谓局骗者也。梁君国体论中，已论及徒立君主，不能立宪。

四年间，观其忽忽而入京，忽忽而办报，忽忽而入阁，忽忽而解职，忽忽而倡言不作政谈，忽忽而著论痛陈国体，恍若躬领大兵，不能策战，敌东击则东应，西击则西应，苍黄奔命，卒乃大疲。盖已全然陷入四面楚歌之中，不能自动，而与其夙昔固有之主张，相去盖万里矣。呜呼！补苴之术，岂可久长，有谋而需，乃为事贼。任公自处有所未当，八九归诸社会之罪恶，即过亦君子之过，谁肯以小人之心度之。唯以其人于中国之治乱兴衰，所关甚切，如是之举棋不定，冥冥中堕坏国家之事，不知几许。愚诚不能不附责备贤者之义，于排斥浮说之次，贡此数言，狂悖之罪，不敢辞卸。

《甲寅杂志》第一卷第十号，一九一五年十月十日，署名秋桐

宪法问题

章士钊

宪法盖既垂成矣，为两派所争执者，不过二三问题，而此二三问题，在法理政治两方，又俱非不可让步之物，徒以平日疏通未得其方，武人又从中干涉，感情以盛，融洽愈难。平情思之，凡此皆客感所乘，非政家质直纯洁之态也。吾人所当从事者，亦两方之持理何如耳。以愚观之，解散权若加上一院同意之制限，事实上等于无有，此观法兰西可知也。但全无制限，又恐蹈于日本滥用解散权之险象，于是严定场合，有若不信任决议，有若预算案否决，有若重要外交案否决，斯亦可谓平情而近理矣。有不以后二项为然者，不知否决预算案，即为不信任政府最大之表征，此而不能解散国会，国会恒得避去形式上之不信任决议，而以否决预算之方，达其安全倒阁之的，期期以为未可也。至重要外交案之否决，其有解散国会之必要，证以今事，其理甚明，故愚意研究会之主张如此，在政理上，大有存在之价值，决无党派之成见掺入其中。

决议案与法律同效一条，其必当删除，可不烦言而解。为问所谓决议案者，以范围言乎，以手续言乎？如曰范围，凡国会所议之案，都应以法律为准，若逾法而涉于政焉，则国会所当议及者，似乃太无垠量，如曰手续，则凡不经读会，两院未俱通过之案，而亦可与法律同效，则院法岂非虚设？由此设想，又总有所不安。若其范围未越于法乎，而手续又与他案之通过无异，是亦一法案而已矣，何必别标决议案乎。

至地方制度，研究会所主者为缓议，此无持论当否之可言，但缓议之理由，愚亦谓其甚足。盖省为吾国之特别国情问题，异常复杂，无论何人，皆不能有圆满解决之提案，而宪法又为经世大业，一成未易变更，审慎周详，谈何容易。况乎宪法会议之精神，已同弩末，而国人望宪法之成立，有若云霓，当此国论纷纭之际，布宪急切之秋，既乏审议之时间，复中以苟简之心理，以此付诸缓议，又何疑焉。

右研究会之三大主张，愚从理论推之，觉其均可赞成。此外更有政治上之理由二，愿得一终述焉。

研究会在宪法会议为少数派，所有宪法上之主张，从来不能贯彻，凡经二读会所通过之各条文，研究会所引为病者，盖不知凡几，而乃隐忍无可隐忍，卒至出于最后之抗争，并声言如不得请，彼派议员俱将辞职以去。夫苟其要求为至无理也，吾为百年大法计，何惜深闭固拒之，若其要求，于理仅得其半乎，而宪法本非一党一派所能包举之物，吾犹将稍稍牺牲所见，以屈从之。至其要求，于理无所背者，愚敢一言自督其良心曰，让步而已矣。愚恒为同人言，少数服从多数，固为政治之常轨，而多数容纳少数之意见，亦为政治道德之所必不可无。今更渎陈是言矣，此其一也。

研究会者，进步系优秀之代表也，而与之相对者为国民系，此次宪法之冲突，俨然为国民进步两系之争衡。愚尝考两系离合之历史，而决其于国家之安危，有至密切之关系焉。辛亥之役，两派联合运动而大功成，民国二年不幸而分，乃次第毙于袁氏铁腕之下，而清流之政治生涯中绝，洎护国军兴，蔡唐岑梁，并起僇力，而帝制以倒，此数月来，两派之精神又稍稍离矣，悲叹不平之声，辄复潜起，此乃政界之大悲观，愚诚私心窃痛者也。宪法问题，生此纷扰，明明为两派未能推诚协商之证迹，过此以往，两派将益无调和之机，前路险巇，乃不可量，故讨论宪法，愚亟望同人注意党派离合家国安危之故，对于研究会之主张为圆满的让步，为吾国政党史上开一新纪元焉。此其二也。

本斯二者，益以宪法上固有之理由，愚虽无似，愿得为宪法请命矣。

《甲寅日刊》一九一七年五月二十六日

舛误的民治观念与立宪

佚 名

立法院征求宪法草案批评的期限，本定三月底截止，但截止后仍欢迎接纳国人批评的竟见。这种虚怀若谷的态度，实在令人钦佩。

本报对于宪草已有过几篇批评。现在愿再从政制原理方面，指出国人近年来对于政治制度的几点误解，以希在基本思想上另辟一条路径。

（一）辛亥革命以来，国人有一个心理，实是政象混乱的主因。这个心理便是惧怕"政权"。我们好像都以为专制政体之所以最坏，就是因为君主有无上的威权。因此我们于无意识中觉得，政权本身即有极大的危险性，所以又以为政府的权力愈小，人民便愈少有被压迫的机会。

这实是一个致命的错误。我们敢说民治政体需要政治力量，和君主专制完全一样，不，甚且还需要更大的政治力量。除非无政府的混扰状态是我们的理想，不然，则"治"与"权"永是不能分离的。我们如果要"治"，便须有权；只有得到"权"，方能"治"。

不但政治力量是必需的，政治力量还必须是"专"的。国人听到"政权"已经骇怕，听到"专权"两字，几乎更要谈虎变色。这样是不能了事的。我们以为，有权必"专"，"专"始有权。"专"与"权"是不可分离的名词。但我们须分清，"专权"不必即是"滥"权。我们更须记取，"专权"可以使之"负责"，并且"负责"的"专权"，便正是民治的特色。不但一党专政的是专权，多党的民治国，一样是在大选之后，一党或一党以上的妥协了的团体，在那里"负责"地"专"政。

我们从几次所公布的宪法，所制的宪草，以及许多政论中，都可以见到要限制政权——特别是行政权——至最低度的苦心。这份"苦心"非用极猛的药把它攻得云消雾散不可！我们的问题，绝对不是要不要政权，却是怎样控制政权，怎样利用政权。

（二）除了因对专制政体起了畏忌政权的反应之外，国人对于西人政论，大体上还有一种很坏的误解。这便是对权力分立说的误信。权力分立的政府论，自身便是一个错误。法人孟德斯鸠于一七四八年写《法意》一书，以为英国政府的好处在三权鼎立；一八六七年便有英国自己的政论家白芝赫出《英国宪法》一书，在内中指出内阁沟通行政与立法两机关，坚决否认立法与行政的隔离。白芝赫在那时却又指摘美国总统制度下立法与行政对峙，是受了孟氏权力鼎立说的毒害。但到一九二七年美国一个政治学教授麦克贝因出《活宪法》一书，又以总统常能尽量指挥国会的话，驳斥白芝赫的批评。所以现在谁都不肯承认自己的政府有几权分立。几权分立说，几乎成了一种讽刺人的话，只有打算戏谑某国时，才说这国的政府是几权分立。

几权分立论不能成立的理由很简单。就是，若几权当真分立，则政府便必致一事都办不来。

因为国人已经畏忌政权，所以防制政权的权力分立论，便很容易地被国人囫囵吞下。

（三）有了上面的两重误解，于是几次的宪法中，都有贬抑行政权，扩张立法权的趋势。（严格地讲起来，这一点对国民党训政政府不大适用，因为民选立法机关根本没有。）这又是一层错误。

西人民治原理中一个最基础的假设，便是：旁人不可信托。他们以为人性是如此的。所以真正的民治，应该是个人亲自参加政府会议的。然而因为有许多实际困难，代表制度非采用不可。举出代表来去议要事，去防范行政领袖。但是这一种"不信任"的态度，不能推用到极点。西人初行民治，大体上，议会都比较跋扈。但由实际经验中，得到了教训：议会按它驳杂笨大的组织，便不是一个治事的机关。

所以在近来民治国中，差不多都是由行政机关驾驭立法机关。我可以证明无论内阁制，总统制，委员制全是如此。因为行政机关最要应付的大事，全须经过立法，如不得立为新法，便无事可办，同时立法机关因为自己的组织的不适宜，所以基本行政方针，必先由行政机关决定，然后再通过立法机关。立法机关对于行政方面的方针，只能说一个最后的可否，但它不能动议树立大计。关于这一点最清楚的例子，便是英国预算案在国会提出时，国会只许决可否，不许有增删。美国的国会立法，也已由"谕令的"，变到"准许的"。去年国会通过罗斯福可以贬抑金元由百分至五十分，我们便可以见到行政领袖有多大的自由。

立法机关最大的效用，便在范围行政机关。只要行政领袖的设施不大违民治精神，立法机关便应予以同意。我尝把立法与行政的关系，比作唐僧与孙行者。唐僧在名议上是代唐皇赴西方求经的，但真能翻一个筋斗便是万八千里，耳眼里掏出金箍棒迎风一晃便是碗来粗细的，却至终是齐天大圣。然而这猴子必须听师父的话，否则紧箍咒一念，老孙便受不住。民治制度与专制的不同，就在一个有紧箍咒，一个却没有。有紧箍咒念，便可得到负责的专权。但紧箍咒绝对不可常念，常念便取经不得。

　　上面三点，是国人对民治之理解的传统错误。武人专政，在起始大部是由于坏政制自邀。我们已经受足那几个错误观念的残害。现在我们的政治思想，非转上一条正确的路径不可。不然我们便永不能希望创制一个能用的宪法，树立起责有专归，系统简明的政制。

三月三十一日天津《大公报》

旧思想与国体问题

——在北京神州学会讲演

《新青年》，第3卷第3号，1917年5月1日

陈独秀

今日本会开讲演会，适遇国会纪念日，鄙人不觉发动一种感想，所以选择此题。鄙人感想非他，即现今之国会非君主国的国会，乃共和国的国会。方才李石曾先生演说"学术之进化"有云，政治进化的潮流，由君主而民主，乃一定之趋势，吾人可以怀抱乐观，鄙人以为李先生的理论，固然不错，但是鄙人对于我国现在情形，总觉得共和国体，有无再经一次变动却不能无疑。

自从辛亥革命以来，我国行了共和政体好几年。前年筹安会忽然想起讨论国体问题，在寻常道理上看起来，虽然是狠【很】奇怪，鄙人当时却不以为奇怪。袁氏病殁，帝制取消，在寻常道理上看起来，大家都觉得中国以后帝制应该不再发生，共和国体算得安稳了，鄙人却又不以为然。

鄙人怀着此种意见，不是故意与人不同，更不是倾心帝制舍不得抛弃，也并不是说中国宜于帝制不宜于共和。只因为此时，我们中国多数国民口里虽然是不反对共和，脑子里实在装满了帝制时代的旧思想，欧、美社会国家的文明制度，连影儿也没有。所以口一张，手一伸，不知不觉都带君主专制臭味，不过胆儿小，不敢像筹安会的人，堂堂正正的说将出来。其实心中见解，都是一样。

袁世凯要做皇帝，也不是妄想。他实在见得多数民意相信帝制，不相信共和，就是反对帝制的人，大半是反对袁世凯做皇帝，不是真心从根本上反对帝制。数年以来，创造共和再造共和的人物，也算不少。说良心话，真心知道共和是什么，脑子里不装着帝制时代旧思想的，能有几人？西洋学者尝言道："近代国家是建设在国民总意之上"。现在袁世凯虽然死了，袁世凯所利用的倾向君主专制的旧思想，依然如故。要帝制不再发生，民主共和可以安稳，我看比登

天还难！

如今要巩固共和，非先将国民脑子里所有反对共和的旧思想，一一洗刷干净不可。因为民主共和的国家组织、社会制度、伦理观念，和君主专制的国家组织、社会制度、伦理观念，全然相反。一个是重在平等精神，一个是重在尊卑阶级，万万不能调和的。若是一面要行共和政治，一面又要保存君主时代的旧思想，那是万万不成。而且此种脚踏两只船的办法，必至非驴非马，既不共和，又不专制，国家无组织，社会无制度，一塌糊涂而后已。

现在中华民国的政治人心，就是这种现象：

分明挂了共和招牌，而政府考试文官，居然用"上天下泽，履君子以辨上下，定民志"、"百姓足，君孰与不足"和"学则三代共之，皆所以明人伦也，人伦明于上，小民亲于下"为题，不知道辨的是什么上下？定的是什么民志？不知道共和国家何以有君？又不知道共和国民是如何小法？孟子所谓人伦，是指忠君孝父从夫为人之大伦。试问民主共和的国家组织、社会制度、伦理观念，是否能容这"以君统民，以父统子，以夫统妻"不平等的学说？

分明挂了共和招牌，而国会议员居然大声疾呼，定要尊重孔教。按孔教的教义，乃是教人忠君孝父从夫，无论政治伦理，都不外这种重阶级尊卑三纲主义。孟子道："孔子成《春秋》，而乱臣贼子惧"。荀子道："礼有三本：天地者，生之本也。先祖者，类之本也。君师者，治之本也。"董仲舒道："《春秋》之法，以人随君，以君随天。"这都是孔教说礼尊君的精义。若是用此种道理做国民的修身大本，不是教他拿孔教修身的道理来破坏共和，就是教他修身修不好，终久要做乱臣贼子。我想主张孔教加入宪法的议员，他必定忘记了他自己是共和民国的议员，所议的是共和民国的宪法。与其主张将尊崇孔教加入宪法，不如爽快讨论中华国体是否可以共和。若一方面既然承认共和国体，一方面又要保存孔教，理论上实在是不通，事实上实在是做不到。

分明挂了共和招牌，而学士文人，对于颂扬功德铺张宫殿田猎的汉赋，和那思君明道的韩文杜诗，还是照旧推崇。偶然有人提倡近代通俗的国民文学，就要被人笑骂。一般社会应用的文字，也还仍旧是君主时代的恶习。城里人家大门对联，用那"恩承北阙"、"皇恩浩荡"字样的，不在少处。乡里人家厅堂上，照例贴一张"天地君亲师"的红纸条，讲究的还有一座"天地君亲师"的牌位。

这腐旧思想布满国中，所以我们要诚心巩固共和国体，非将这班反对共和的伦理、文学等旧思想，完全洗刷得干干净净不可。否则不但共和政治不能进行，就是这块共和招牌，也是挂不住的。若是一但帝制恢复，蔡孑民先生所说的"以美术代宗教"，李石曾先生所说的"近代学术之进化"，张溥泉先生所说的"新道德"，在政治上是"叛徒"，在学术上是"异端"，各种学问，都没有发展的余地。贵学会还有什么学问可讲呢?

孔教与帝制

孔教会^①序

1912 年 10 月

康有为

　　中国数千年来奉为国教者，孔子也。大哉孔子之道，配天地，本神明，育万物，四通六辟，其道无乎不在，故在中古，改制立法，而为教主，其所为经传，立于学官，国民诵之，以为率由，朝廷奉之，以为宪法，省刑罚，薄税敛，废封建，罢世及，国人免奴而可仕宦，贵贱同罪而法平等，集会言论出版皆自由，及好释、道之说者，皆听其信教自由。凡法国革命所争之大者，吾中国皆以孔子之经说先得之二千年矣。学校遍都邑，教化入妇孺，人识孝悌忠信之风，家知礼义廉耻之化，故不立辩护士，法律虚设而不下逮，但道以德、齐以礼，而中国能晏然一统，致治二千年者何哉？诚以半部《论语》治之也。

---

① 孔教会于一九一二年成立，据发起人陈焕章《孔教会序》称："焕章目击时事，忧从中来，惧大教之将亡，而中国之不保也，谋诸嘉兴沈乙盦先生曾植、归安朱疆村先生祖谋、番禺梁节庵先生鼎芬，相与创立孔教会，以讲习学问为体，以救济社会为用，仿白鹿之学规，守蓝田之乡约，宗祀孔子以配上帝，诵读经传以学圣人。敷教在宽，借文字语言以传布；有教无类，合释、老、耶、回而同归。创始于内国，推广于外洋，冀以挽救人心，维持国教，大昌孔子之教，聿昭中国之光"云云，为当时的尊孔逆流推波扬澜。一九一二年十二月十二日，孔教会发起人张勋、麦孟华、陈焕章等上书袁世凯、教育部、内务部准予立案施行，十二月二十三日，教育部批："该会阐明孔教，力挽狂澜，以忧时之念，为卫道之谋，苦心孤诣，殊堪嘉许。"次年一月七日，内务部也批复"准予立案"。（均见《孔教会杂志》第一卷第一号"丛录"栏）
　　一九一三年二月，《孔教会杂志》出版，陈焕章主编，月刊，分"图画"、"论说"、"讲演"、"学说"、"政术"、"专著"、"传记"、"译件"、"丛录"、"文苑"、"孔教新闻"、"本会纪事"，是当时宣传"孔教"的主要刊物。第二号首载康有为《孔教会序》两篇，据陈焕章附志："当孔教会发起时，以南海康先生为孔教巨子，特函请其作序，先生许之。既以其第一篇序文赐寄矣。焕章冒昧，妄嫌其简短，再请其更作一篇，先生又许之，以其第二篇赐寄。"本文即"第一篇序文"，当撰于一九一二年十月所写"第二篇序文"之前。

盖孔子之道，本乎天命，明乎鬼神，而实以人道为教。《中庸》曰："道不远人，人之为道而远人，不可以为道。"故凡在饮食男女别声被色而为人者，皆在孔教之中也。尚虑滞于时用，若冬裘之不宜于夏，水舟之不宜于陆，又预陈三统三世小康大同据乱升平之道，而与时推迁，穷变通久，使民不倦，盖如大医王，无方不备也。如使人能去饮食男女别声被色，则孔子之道诚可离也，无如人人皆必须饮食男女别声被色，故无论何人，孔子之道不可须臾离也。故范围不过，曲成不遗，人人皆在孔教中，故不须立会也。

唯今者共和政体大变，政府未定为国教，经传不立于学官，庙祀不奉于有司，向来民间崇祀孔子，自学政吴培过尊孔子，停禁民间之祀，于是自郡县文庙外，民间无祀孔子者。夫民既不敢奉，而国又废之，于是经传道息，俎豆礼废，拜跪不行，衿缨并绝，则孔子之大道，一旦扫地，耗矣哀哉！

夫国所与立，民生所依，必有大教为之桢干，化于民俗，入于人心；奉以行止，死生以之，民乃可治，此非政事所能也，否则皮之不存，毛将焉附。中国立国数千年，礼义纲纪，云为得失，皆奉孔子之经，若一弃之，则人皆无主，是非不知所定，进退不知所守，身无以为身，家无以为家，是大乱之道也。即国家安宁，已大乱于内，况复国乱靡定乎？恐教亡而国从之。夫耶路撒冷虽亡，而犹太人流离异国，犹保其教，至今二千年，教存而人种得以特存；印度虽亡，而婆罗门能坚守其教，以待后兴焉。若墨西哥之亡也，教化文字并灭，今人种虽存，而所诵皆班文，所行皆班化，所慕皆班人之豪杰，则墨人种面目虽有存乎，然心魂已非，实则全灭也。今中国人所自以为中国者，岂徒谓禹域之山川、羲、轩之遗胄哉？岂非以中国有数千年之文明教化，有无量数之圣哲精英，融之化之，孕之育之，可歌可泣，可乐可观，此乃中国之魂，而令人缠绵爱慕于中国者哉。有此缠绵爱慕之心，而后与中国结不解之缘，而后与中国死生存亡焉。故犹太人之流离去国二千年，而天下尚号之曰犹太人，为有此犹太魂，而爱慕缠绵其犹太故也。若徒以其人种与地域也，则今之巴比伦、雅典之遗黎，殆无存者，而山川易主，万国多有。过西贡之市，昔之孔庙皆毁，昔之诵四书五经者，今后生皆诵法文，而无识华文者矣。鉴于墨、秘，能无恫乎？

且夫虽为野蛮，岂有无教之国者，况欲立于天下者哉？昔者吾国人人皆在孔教之中，鱼相忘于江湖，人相忘于道术，则勿言孔教而教自在也。今则各国皆有教而我独为无教之国，各教皆有信教奉教传教之人，坚持其门户而日光大之。唯孔教昔者以范围宽大，不强人为仪式之信从，今当大变，人人虽皆孔教，而反无信教奉教传教之人。夫人能宏道，非道宏人，无人任之，不殖将落，况今者废教停祀毁庙之议日有闻，甚至躬长教育之司，而专以废孔教为职志者，若无人保守奉传，则数千年之大教将坠于地，而中国于以永灭，岂不大哀哉！印度为佛生之地，自回教行后，佛教遂灭，尽于今千年矣，乃至五印度反无一寺一僧，过舍卫而问佛迹，答之曰，佛乃中国者，印度无之。嗟乎！不可畏耶？或谓教者非以强力取，优胜劣败，教果优者，不患不传，则佛义岂不精深于回教，何以印度故国，荡灭堙夷，至于若是，则信乎在人之宏道也。嗟我同志，为兹忧恐，爰开大会，用宏斯道，以演孔为宗，以翼教为事，其亦仁人志士所不弃也耶？

《孔教会杂志》第一卷第二号，一九一三年三月出版

以孔教为国教配天议

1913 年 4 月

康有为

购日本《六法全书》一册，夜译而朝布之。神襌其高玄冠，弟佗其缁后袨衣，西食而马车，握手鞠躬，免冠而风趋，若是者，足以治强中国乎？则樵夫负贩之岷眠而笑之。今中国阽危，人心惘惘汹汹，政治之变，能救之欤？意者亦有待于教化耶。

且夫礼俗教化者，人所以行持云为者也，人道以为主宰，奉以周旋者也。何以立身，何以行事，何以云为，何以交接，必有所尊信畏敬者，以为依归，以为法式，此非一日所能致也。积之者数千年，行之者数万万人，上自高曾祖父，至于其身，外自家族乡邑，至于全国，习焉而相忘，化焉而不知，是所谓风俗也。风俗善则易归于善，风俗恶则易归于恶，苟不尊奉一教以为之主，则善者安知其为善，而恶者安知其为恶也。故凡国必有所谓国教也。国教者，久于其习，宜于其俗，行于其地，深入于其人心者是也。虽诸教并立，皆以劝善惩恶，然宜不宜则有别焉。故佛教至高妙矣，而多出世之言，于人道之条理未详也；基督尊天爱人，养魂忏恶，于欧、美为盛矣，然中国四万万人能一旦舍祠墓之祭而从之乎，必不能也。然而今中国人也，于自有之教主如孔子者，而又不尊信之，则是绝去教化也。夫虽野蛮亦有其教，否则是为逸居无教之禽兽也。呜呼！吾四万万之同胞，而甘为无教之禽兽乎？

今以人心之败坏，风俗之衰敝，廉耻伤尽，气节靡荼，盖秦、五代之不若，实数千年未有之厉，稍有识者，亦知非崇道德不足以立国矣。而新学之士，不能兼通中外之政俗，不能深维治教之本原，以欧、美一日之强也，则溺惑之，以中国今兹之弱也，则鄙夷之。溺惑之甚，则于欧、美弊俗秕政，欧人所弃余者，摹仿之唯恐其不肖也；鄙夷之极，则虽中国至德要道，数千年所尊信者，蹂躏之唯恐少有存也。于是有疑孔教为古旧，不切于今者，有以为迂而不可行者。吁！何其谬也。夫伦行或有与时轻重之小异，道德则岂有新旧中外之或殊哉！而今之新学者，竟嚣嚣然昌言曰："方今当以新道德易旧道德也。"嗟夫！仁义礼智忠信廉耻，根于天性，协于人为，岂有新旧者哉？《中庸》之言德曰："聪明睿智，宽裕温柔，文理密察，斋庄中正，发强刚毅，而仁智勇为达德。"岂有新旧者哉，岂有能去之者哉？欧、美之贤豪，岂有离此德者哉？即言伦行，父慈子孝，兄友弟恭，君仁臣忠，夫义妇顺，朋友有信，岂如韩非真以孝忠信弟贞廉为六虱乎？则必父不慈，子不孝，兄不友，弟不恭，君不仁，臣不忠，夫不义，妇不顺，朋友欺诈而不信，然后为人而非虱，然后为新德而非旧道乎？则今几几其近是矣。其有此乎，其家必不能一日和，其身必不能一日安，其心必不能一日乐，即其国必不能久存而垂垂以亡。夫道者，人人可行之谓，若此危道，岂可行乎？而可以为新道乎？欧、美未之有行，鄙人未之前闻也。

推彼之谬言新道者，盖以共和立国，君臣道息，因疑经义中之尊君过甚也，疑为专制压民之不可行也，岂知先圣立君臣之义，非专为帝者发也。《传》曰："王臣公，公臣卿，卿臣大夫，大夫臣士，士臣仆，仆臣隶，隶臣皂，皂臣舆，舆臣台。"由斯以观，士对大夫为臣，而对仆为君，仆对士为臣，而对隶为君矣。故严其父母曰家君，尊家长曰君，此庶人亦为君之证也。故秦、汉人相谓为君臣，汉、晋时郡僚对郡将称臣，且行君臣之义焉。而今人与人言，尚尊人为君，自谦为仆焉。盖君臣云者，犹一肆一农之有主伯亚旅云尔。其司事总理之主者君也，其奔走分司百执事之亚旅臣也。总理待各执事，当仁而有礼，各执事待总理，当敬而尽忠，岂非天然至浅之事义，万国同行之公理者哉。岂唯欧、美力行之，其万国前有千古，后有万年，岂能违之哉。藉使总理司事之待百执事，不仁而无礼，百执事之待总理司事，不忠而傲慢，其可行乎？若以是为道，恐一商肆、一工厂、一农场之不能立也。自梁以后，禁属官不得称臣，改称下官，于是臣乃专以对于帝者；今若不以君臣为然，则攻梁武帝可也，以疑孔子则无预也。孔子之作《春秋》也，各有名分，其道圆周，故书君，君无道也，书臣，臣之罪也，莒人弑其君庶其，《公羊》曰："书人以弑者，众弑也。"君无道也，岂止诛臣弑君而已哉。故孟子曰："闻诛一夫纣矣，未闻弑君。"孔子曰："汤、武革命，顺乎天而应乎人。"今之言革命者，实绍述于孔子，若必如宋儒尊君而抑臣，则孔子必以汤、武为篡贼矣。盖孔子之道，溥博如天，并行不背，曲成不遗，乃定执君臣一义以疑圣，岂不妄哉。孔子于《礼》设三统，于《春秋》陈三世，于乱世贬大夫，于升平世斥诸侯，于太平世去天子，故《礼运》孔子曰："大道之行也，某未之逮也，而有志焉。大道之行也，天下为公，选贤与能。"孔子之所志也，但叹未逮其时耳。孔子何所不备，《礼记》又非僻书也，未读全经，仅执一说以疑孔子者，是坐智井者而谓天小无日月，不亦惧乎？不学之妄人，无责乎尔。

法国经千年封建压制之余，学者乃倡始人道之义，博爱平等自由之说，新学者言共和，慕法国者，闻则狂喜之，若以为中国所无也，揭竿树帜，以为新道德焉，以为可易旧道德焉。夫人道之义固美也，《中庸》曰："仁者人也。"孟子释之曰："仁者人也，合而言之道也。"故人与仁合，即谓之道。孔子曰："道二、仁与不仁而已。"故《中庸》又曰："道不远人，人之远人，不可以为道。"故以人治人，可而止。又曰："道不可须臾离也。"则人道之义，乃吾《中庸》、《孟子》之浅说，二千年来，吾国负床之孩，贯角之童，皆所共读而共知之。昔日八股之士，发挥其说，鞭辟其词，无孔不入，际极天人，是时欧人学说未出未发，但患国人不力行耳，不患不知也。乃今得人道二字，奉为舶来之新道德品，而以为中国所无也，真所谓家有文轩，而宝人之敝骊也。夫《中庸》、《孟子》，孔子之学也，非僻书也，而今妄人不学无知，而欲以旧道德为新道德也。人有醉狂者，见妻于途，惊其美而搂之，以为绝世未见也，及归而醒，乃知其为妻也。今之所谓新道德者，无乃醉狂乎？《论语》曰："仁者爱人，泛爱众。"韩愈《原道》，犹言"博爱之谓仁"，《大学》言平天下，曰"絜矩之道"，《论语》子贡曰："我不欲人之加诸我也，吾亦欲无加诸人。"岂非所谓博爱平等自由而不侵犯人之自由乎？《论语》、《大学》者，吾国贯角之童，负床之孙，皆所共读而共知之。昔日八股之士，发挥其说，鞭辟其义，际极人天，是时欧人学说未出未发，患国人不力行也，乃今得博爱平等自由六字，奉为西来初地之祖诀，以为新道德品，而以为中国所无也，真所谓家有锦衣，而宝人之敝屣也。夫《论语》、《大学》，孔子之学也，非僻书也，而今妄人不学无知，而欲以新道德为旧道德也，贫子早迷于异国，遇父收恤抚养之而不知也，谬以为他富人赠以璎珞也。今之妄人不学无知，奚以异是也。以《论语》、《大学》，《中庸》之未知未读，而妄攻孔子为旧道德，妄攻中国无新道德之人也，妄人也，之说也，瞽说也，岂足较哉。然而竟有惑焉者，举国之人饮狂泉，则以不狂为狂，昔为谬譬之言，今为实事也。嗟夫！吾四万万同胞，得无误饮狂泉乎，盍醒乎来！

夫孔子者，以人为道者也，故公羊家以孔子为与后王共人道之始。盖人有食味被服别声安处之身，而孔子设为五味五色五声宫室之道以处之；人有生我我生同我并生并游并事偕老之身，而孔子设为父子夫妇兄弟朋友君臣之道以处之；内有身有家，外有国有天下，孔子设身家国天下之道以处之；明有天地山川禽兽草木，幽有鬼神，孔子设为天地山川禽兽草木鬼神之道以处之。人有灵气魂知死生运命，孔子于明德养气穷理尽性以至于命，无不有道焉，所谓人道也。上非虚空之航船道，下非蛇鼠之穿穴道，孔子之道，凡为人者，不能不行之道，故曰"何莫行斯道也"，故曰"道也者，不可须臾离也"。凡五洲万国，教有异，国有异，而唯为僧出家者，不行孔子夫妇之一道而已，此外乎，凡圆颅方趾号为人者，不能出孔子之道外者也，而今之妄人，乃欲攻孔，是犹狂夫射天斫地，闭目无睹，含血自噀，多见其妄而已。

顷自晚清以来，学官改法，谬不读经，至于共和，丁祭不祀，乃至天坛经年旷祭，而有司日待议院议之，议院者，经半年不成会，五十四案未决议矣，其可待之，俟河之清，礼坏乐崩久矣。且凡新国未制礼，必沿用前王之礼，乃天下之公理也。按葡宪法八十条曰："凡旧行典例如未经议院删除及与共和政体不碍者，一概照行。"故为神不歆，为教皆绝，道揆堕顿，礼俗凌夷，人心败坏，风俗变革，廉耻扫地，如此而可以为国乎？故昔之争富贵利达也，贿赂之无耻，机诈之相谋而已；今乃至以手枪相劫制也，以谩骂相诟辱也，以仇恨相杀戮也。昔之贪官污吏也，择肥而噬，积以岁月；今则朝不及夕，席卷而逃。昔之士大夫虽无政无学，然或谨守自好，或以诗文金石古董为娱乐；今则消昼夜于麻雀，合官僚以狎邪，耳不闻道德之经，口不讲政治之学，情类乞丐，行同劫盗，唯有欧衣西食，免冠马车，以为欧、美在兹矣，此复安得谓之国乎？岂非无教为之乎？故今欲救人心，美风俗，唯有亟定国教而已；欲定国教，唯有尊孔而已。

凡今各国，虽信教自由，而必有其国教独尊焉。波斯以祚乐阿土堆为国教，立教务院，设教大长以尊崇而保护之，而听人民信教之自由。突厥以摩诃末为国教，设教大长而保护之，而听人民信教自由。暹罗以佛教为国教而保护之，而听人民信教自由。俄罗斯则以希腊教为国教，立教务院，设教大长以尊崇保护之，而听人民信教自由。希腊、布加利牙、罗马尼亚、塞维皆以希腊教为国教，而听人民信教自由，然此犹曰欧东国也。西班牙、奥地利之宪法，皆以罗马旧教为国教，虽许信教自由，而其君后必为奉罗马教之人，其学校皆尊其国教。西班牙宪法第十一条，特著政府存养国教之义，以异于待他教，故以罗马正教为国教，其教法及教僧政府，扶持存养之。意大利以罗马教为国教，尚无信教自由之条。此犹曰罗马旧教国也。丹麦、瑞典，其宪法皆以波罗特士教之新派为国教，声明政府保守之，又特别一条，其国王阁员必以信新教之人为之，而丹麦于信教自由，又别为宪法焉。瑞典无信教自由之条，则其郑重于国教可知矣。挪威宪法以路德为国教，特著耶稣会徒不得入国，则并不许信教自由矣。即英、德信教，至自由矣，然其主必信波罗特士教，故英王之即位加冕大婚，必行礼于保罗殿，其大学校，若伦敦检布列住恶士佛，学生晨起，亦必礼基督焉。普国亦然，德诸联邦亦然，此犹曰君主国也。若共和国智利之宪法，拒绝各教，而以罗马旧教为其国教，是不许信教自由矣。阿根廷宪法，只保护其以罗马为正教，并无信教自由之条，甚至瑞士信教自由，而有禁耶稣一部之会不得入国，并禁其会员行动于学校及教堂。即美至自由，其宪法及学校，不限定国教，而总统即位，及人民一切誓书，必大僧举基督新约经而嗅之，则亦为国教矣。墨与中南美各共和国，虽听信教自由，而皆以罗马教为国教。盖信教自由者，宽大以听人民之好尚，特立国教者，独尊以明民俗之相宜，义各有为，不相蒙，亦不相累也。佛教入于汉、晋，回教行于隋、唐，吾为信教自由，行之二千年矣。彼德国之争信教自由也，三十年之教争，死人民千八百万，而英、法之焚烧新教，亦以数十万计，然后争得"信教自由"四字，故矜为广大，写之宪法，岂若我行之二千年从容无事乎？盖孔子之道，本于无我，敷教在宽，而听人之信仰，信佛信回，各听人民之志意，儒生学生，亦多兼信，绝无少碍，故景教流行，始于唐世，而明末利马窦、汤若望、熊三弼、艾儒略，远自意大利来，国家既用以司天，士夫亦从其宗教，大学士徐光启、郎中李之藻既为儒臣，亦事耶教，其前例矣。故信教自由，与特尊国教，两不相妨，而各自有益，正与南美，班、奥、丹、瑞、英、德、俄、波、暹、希、布、罗、塞同矣。今政府震于"信教自由"四字，遂魂魄不敢动，若受束缚，几若必自弃孔教而后可者，非独奴性不自立，亦大愚而不考矣。吾国宪法，宜用丹、班之制，以一条为"信教自由"，以一条"立孔教为国教"，庶几人心有归，风俗有向，道德有定，教化有准，然后政治乃可次第而措施也。

既定孔教为国教，则尊之宜若何？欧、美之尊教也，备极专隆，至以基督配天，扫绝百神，舍弃祠墓，而独奉一尊，甚至于君父之尊亲，亦废跪拜，而但行跪拜之礼于基督天神，盖所以定一尊而致专一也。今吾纵不废百神，奈何偏废天神乎？古今万国，未有不尊天者。孔子曰："人非天不生。"又曰："天者，人之曾祖父也。"故古礼重郊，盖大报天而主日也。故曰"明乎郊社之礼，治国犹运诸掌也"，故坛庙之祭天，至为尊敬，而历朝以其祖先配享焉。今政改共和，国无君主，自无王者所自出，然而天终不可不祭也，祭之，则神不可无配也。《公羊》曰："自内出者，无主不行；自外入者，无主不止。"此配享之义所由生也。《孝经》曰："宗祀文王于明堂，以配上帝。"王愆期曰："文王者，孔子也。"《公羊》于元年春王正月曰："王者孰谓，谓文王也。"何休注谓文王非谥号，法其生不法其死，与后王共之，人道之始也。盖人道之教主，去野蛮之质进而文之，孔子也。孔子曰："文王既没，文不在兹乎。"然则生文王，非孔子而何。天下归往谓之王，非以力服人之霸者所能称也。以文明为治，故谓之文，故曰"见龙在田，天下文明"，非谥也，文教也。王，主也，昔之所谓文王，即今之所谓教主也。中国数千年皆归往孔子，而尊为教主，以文王配上帝，即以教主配上帝也，然则非以孔子配上帝而何也。昔之专制之君主，以其无德无功之祖宗配上帝，今共和之国民，以神明圣王之孔子配上帝，不犹愈乎？故宜复崇天坛，改祈年殿或太和殿为明堂，于冬至祭天坛，上辛祭明堂，以孔子配上帝，义之至也，礼之崇也，无易之者也。（今之妄人，误以宗教为神道，谓孔子不言神，以为教育、哲学、政治家，不为教主，辟在别篇。）孟子曰："虽有恶人，斋戒沐浴，可以祀上帝。"然则凡在国民，皆可以祀上帝明矣。其在天坛明堂，则总统率百官行礼；其在地方乡邑，则各立庙祀天，而以孔子配之；其学宫因文庙之旧，加上帝于中，而以孔子配可也。听立奉祀生，宣讲遗经，民无男女，皆于来复日，释菜而敬礼焉。凡入庙而礼天圣者，必行跪拜礼，以致其极恭尽敬。今之妄人，于祭谒孔圣亦行鞠躬礼者，其意徒媚师欧、美，以为废跪拜耳。不知欧、美人之废他种跪拜，乃专施其敬于天主。中国人不敬天，亦不敬教主，不知其留此膝以傲慢何为也。学欧、美而不知其所由，则只有颠倒猖狂，可笑而已，否则留此膝以媚富贵人耶？

《不忍》杂志第三册，一九一三年四月出版

《康南海文集汇编》卷七曾收入

袁世凯果将称帝乎

秋　水

袁氏窃位以来，道路纷纷谓其将反，上表劝进黄袍加身之说，日盈于耳，以致海内骇疑，天下汹汹。袁虽朝下一令辩诬，夕通一电自白，而人民之疑滋甚，今日南中群义，遂至兴师致讨，夫道路传闻，虽未能尽信，然亦必非无因。以华盛顿手建美国，林肯征服南方，并以雄武之才，秉军国之重，皆未受帝制自为之嫌。即以吾国而言，孙中山既膺民命，彼淫昏之党，虽亦尝逞其丑诋，亦未谓其将复帝制。人不能谓华盛顿林肯孙中山谋反，而袁氏独受此疑，其故亦可思矣，英谚有之曰，有烟必有火。斯言虽小，可以喻大。袁氏少仕清朝，习于专制，共和精义，未尝闻知，即其果有诚意，效力国家，以久为督抚军机之人，当缔造新邦之任，举措设施，已不能尽合共和之轨道。况狼子野心，凶残狙诈，其在亡清，已有篡盗之嫌，谓其既入民国，遂真革面，至愚难信之矣。某不敏，窃唯袁氏有不可信者五，将称帝者三，谓其不反者，非愚则其支党也。袁氏起家佐贰，不学无术，徒以交欢权奸，得跻高位。稽颡屈膝于豪酋大长之前者数十载，既至大官，日夜为营立门户，树植党徒计，于国计民生，未尝有毫末之益。中更猖獗，告密荣禄，戕贼多士，酿成戊戌之政变，是袁氏于变法维新之举，犹横加阻力，而况缔造共和乎？卒以此为那拉氏所宠信，复辇金稽颡于奕劻父子之门，结为奥援，其宠益固，而权益重。会那拉氏死，载沣复兄仇，遂见放逐。及武汉起义，满廷震恐，起用袁氏，使之自残同类。使袁果爱共和，斯时身仗重兵，足以制清廷死命，举众反正，返旆北征，斯真不世之功，而中国无疆之休也。乃始终坚持君主政体，民军不允其请，则陷太原，陷汉阳，寇颖州，寇江淮，捍拒义师，残剥百姓。及兵败财痒，乃肯请和，民军不忍苍生久苦兵革，许以总统之位，宠其来归，袁氏始肯反正耳。论者不察，以袁氏迫人孤儿寡妇退位为奇功，不知载沣童稚，奕劻昏庸，向使袁氏不步武曾胡，死拒民军，则清廷早效元顺帝之遁沙漠也。以满清之淫刑以逞，犹能不杀汪兆铭，而杨禹昌诸烈士，击之不中，遽被枪杀。袁氏果爱共和，安忍出此。是今日之贿盗以刺元勋，称兵以屠百姓，固早见端于反正之先矣，此袁氏之不可信者一也。袁氏就任之初，循例设誓，有体共和之精神，涤专制之瑕秽之语。曾几何时，乘资跋扈，放逐正士，引用奸邪，恣心极乱，多用不道。议院持正则劫以兵威，国之勋贤竟擅收立杀，日夜与其爪牙，大治甲兵，为南侵之计，反征既著，伪辞盈途。袁氏以羽毛未丰，惮畏民威，不敢即发，于是今日下一令，明日通一电，泪竭声嘶，力辩无他。其辞非不动听，然自古盗窃国权谋即帝位之奸雄，固有朝谈忠义暮称尊号者。魏武帝下令上还邑土，自明本志曰："或者人见孤疆盛，又性不信天命之事，恐私心相评，言有不逊之志，妄相忖度，每用耿耿。齐桓晋文，所以垂称至今者，以其兵势广大，犹能奉事周室也。"又曰："胡亥之杀蒙恬也，恬曰：自吾先人及至子孙，积信于秦三世矣，今臣将兵三十余万，其势足以背叛，然自知必死而守义者，不敢辱先人之教以忘先王也。孤每读二人书，未尝不怆然流涕也。孤祖父以孤身皆当亲重之任，可谓见信者矣。以及子桓兄弟过于三世矣。孤非徒对诸君说此也，常以语妻妾，皆令深知此意。孤谓之言，顾我万年之后，汝曹皆当出嫁，欲令传道我心，使他人皆知之，孤此言皆肝鬲之要也。"其言辞之恳挚，视袁氏自明之令有加焉。而魏武之营立家门，终移汉鼎自若也。人不能诬华盛顿林肯谋反，华林亦未尝下令以自明，盖人民信之于其行事，伪辞无从而兴也。至于下令辩诬，必其行事已虽见信于人，虽下百令适以见其内行之恣，所为烦劳翰墨，徒丧文藻而已，此袁氏之不可信者二也。

　　今贼党为袁辩护，其稍近理者，则时势不容帝制复兴一语而已。然细审之，是亦昧于时势之言也。所谓时势不容者，在今日之法美等国则然耳，其他诸邦，野心家悍然与时势公理宣战，以恣一己之欲者，比比然也。当法兰西人革命之初，君主骈首，贵族伏尸，僧侣籍没，强豪奔窜，举一切强权而划除之，其民气之盛，殆十倍于我国辛亥之役。曾几何时，拿破仑以国民代表之劝进，即皇帝位矣，此犹得曰百年前事也。墨西哥与美国壤土相接，而美洲又君主政体绝迹之地，其建设共和，远在我国之前。何以前总统阿氏，悍然久据大位，权侔君主，卒召革命之祸，至今国难未已乎。夫以殖民地自立，建设共和，毫无君主之基础，其总统帝制自为者，犹数见不鲜。况以君主专制之国，一旦骤跻共和，遂谓无帝制复兴之余地，虽有圣哲，不敢下此断语也。以欧美诸国人民之爱自由，贵平等，较我既甚且早，倾覆共和，复兴帝制之事，犹史不绝书，而况我国民未能尽解共和之真理，新造之邦，基础未固，彼野心国贼，岂真不敢生心。袁氏果知时势，则今之时势，何尝许加兵国会、戕贼议员，何尝许拥兵肆逆、屠戮人民，何尝许毁弃约法，专制国政，而袁氏悍然行之，无所忌惮。车驾宫室，命令口吻，既又一一与君主相似，凶残暴虐，且驾君主而上之，岂于建号称尊，改名改物一举，独慑于时势而不敢乎？此袁氏之不可信者三也。或谓袁氏既衰，来日无多，六十老翁，反欲何求？袁党奸言，斯最可笑矣。大抵人之贪欲，老而弥笃。自古盛年称帝者有几？昔吴王濞白首举事，称兵西侵，身死丹徒而不悔。近吴三桂七十起兵，师抵湖南而命已殒，此二人者，若问其何苦而反，则亦不过欲为帝耳。夫以二人当垂死之年，据一隅之地，以帝王心热，遂不惮以区区之吴滇，以与五倍之众十倍之地之汉清争天下。吴王犹可谓其昏庸，三桂智计固殊绝于人者也。是可知人之欲反与否，不在年之老少。况袁贼窃元首，去皇帝一阶，四海咸仰皇风，诸将皆愿拥戴。在袁氏观之，其势足以鞭笞天下，以建子孙帝王万世之业，而齿不六十，又未为老乎，此袁氏之不可信者四也。或又谓满清凭帝王之号，据全华之地，带甲百万，胡骑千群，征服诸夏，垂三百载，一旦民军起义，不百日而宗社为墟，袁氏鉴之，必不反矣。斯亦奸言也。周不因商之亡而回牧野之师，汉不因秦之亡而罢荥阳之战，自古一姓称帝，必有一朝灭亡，未见鉴于前朝之亡而遂已者也，魏之代汉，不数十年，而司马氏一袭其遗轨，其后转相模效，历数代而不已。大抵为太祖高皇帝者之用心，皆鉴于前朝致亡之道，反而行之，即以为子孙万世之业，且有明知后嗣即将不振，贪目前四海之富天下之贵而不能自已者。袁氏以为满清之亡，患在威权不集中央。一旦难作，各省独立，而北京政府遂倾，故窃位以来，汲汲以集权树威为事。始则利用军警为爪牙，负隅燕都以自固，继则剪伐不附己者，广植群小于各省，又师满洲驻防之故智，于要害之地，守以重兵，屠戮百姓，摧残国会，恣心任式，务为暴虐以树威。于是踌躇满志，以为天下莫予毒，而帝业可成也。夫以临时总统去位在即，而所设施莫不步武创立帝业之奸雄，模效倾危共和之民贼，反征彰著，无可讳饰。其党以袁贼未称尊号，故承受伪旨，曲为辩护，国民倘惑于奸言，信其不反，则有贼不讨，国必无幸，炎黄之胄，永为僇民矣，此袁之不可信五也。

......

迷信儒教之心理

《民立报》

儒为道耶，抑为一种宗教耶，此一问题也。儒道果在今日，尚称完全无缺憾欤，抑儒必为中国之宗教乃可以保全国粹欤，此又一问题也。不然迩者内乱外侮交逼而来，风雨飘摇，可危可惧。而犹有迂拘钝滞之人物，非绅即官，一若以为儒教存，与儒教之经存，则可以保中华民国金瓯永固，否则不止人心尽溺，而国祚便从此迁移者然。（如粤之冯愿愤愤于小学校禁止读经，因大不满意于广东省教育司长，尤大不满意于北京教育部总长。）务当照前清张之洞所定之学制然后快，此以儒经救国之一派也。若徐绍桢尹昌衡两公（一为前南京卫戍长，一为前四川都督，固建造共和维新有功之伟人，非寻常庸碌者可比），徐则主张以圜丘祀孔子，奉之天坛之上，尹则主张以大礼祀孔子，奉之宗教之列。（冯本一迂拘经生，卑无足齿。徐尹两君，在政界中号称稳健而略有知识者。）曾亦思前清季世，以五者定国是，非无尊孔之条，及至蜩螗沸羹，复推升孔子为大祀，在满朝以为收拾人心之计，莫有妙于此两事，讵知不旋踵而武汉首义，清祚遂移，试问儒教有何补于灭亡？（记者言此，必有执千九百十三年以前耶教发生于犹太，而犹太今日之国家又何在也？将以此言为责难者矣。）不知孔丘在鲁，绝无所救于宗邦，基督在犹太，久无所容于故土。（虽然以是而比较犹末也。实则儒教与基督教之分尚不止此，请先言儒教。）

儒之号见于《论语》，孔子尝勉子夏君子儒，故人有士君子之行，则谓之儒。此《小戴记》之所独著儒行一篇，儒之派别特详。就字义释之人需为儒亦颇具深意。说者谓孔子没后，其门徒散居各国，以传其道，如子贡居齐，子张居楚，子羽居宋，子夏居西河，各就其遗经以衍薪传。及门徒追慕孔子不忘，而以有若之言似孔子，因如孔子之师事之，卒为曾子所阻。孔学中绝，不能光大后世，乃诟病于曾子。此执罗马教风以为比例，惜孔子不能为宗教，无病而呻之流耳。夫后世最知孔子者莫如孟子，拟之为人伦之至，其说甚公。东方有孔子，犹西方有苏格底柏列图也。苏柏之书，传于欧洲，人多诵之，若孔子之五经传于我国然。但苏柏书重哲理，便于学问，孔子书重伦理，便于专制，在孔子当日，出于因时制宜，初不知后人沿以利用，故其主义之推演，得附于政治上。李斯、叔孙通、董仲舒辈，遂为始皇高祖武帝之所喜，而数千年来儒教之本真，亦在于是矣。此我国人蒙孔子之利益，其进化如何，固有可睹指知归者矣。

（不宁唯是，儒教所谓修己以敬，待人以恕；及其他仁义忠信诸说，一切皆合于保守。人之道德，此皆名词耳，而实验必归于纲常。）故儒教为我国历代所崇奉，根据莫要于三纲。一君为臣纲关系于国家者也，一父为子纲关系于家庭者也，一夫为妻纲关系于男女者也。是三纲之制，取政治法律风俗伦理概而包举之，以陶镕中国于专制之下，成为中国人第二之天性而不能自拔。积而久之，制造出一种有君无民，有长无幼，有男无女，至不平等，至不自由，永无释放，永无进步之教化。观于中外不信基督教之国之家之人，皆一望而自见其效验与真相者，不必问其为新学与旧学也。有时未确具圣神感化之信徒，默察其家庭间，至今仍不脱孔教之窠臼者：无他，溺于保守之性甚深也。

（记者固服膺孔学而笃信基督一派。吾国由专制而进于共和，甚惜在野党犹有康有为、冯愿等一孔之儒，在朝党犹有徐绍桢、尹昌衡等一偏之见。推若辈之所过虑者，恐耶教盛而孔教衰，恐耶教愈传愈远，孔教不难消灭，并中国原有之宝贵国粹从而湮没，故一再陈诉颖乞于袁氏之前。袁氏若概从拒绝，殊拂中国之人心；倘概从所请于宪法仍留尊孔一条，于祭礼仍推孔子为大祀。）微论能救国与否？即能救国，果合于专制时代欤？抑合于共和时代，是不可不悉心研究，毋徒泥礼运大同一二唾余学说，便沾沾自喜也。

讲 经

梁启超

昨日（二十一号）午后二钟，梁任公莅孔教会讲演，听讲者甚众，题目乃"知命尽性"四字。该会干事某君为之笔记，其词如下：启超忝在本会会员之列，事冗罕至，歉甚。今日承召讲经，自愧学殖荒落，未能发挥圣道，固辞不获，敬就圣经所恒言"知命尽性"四字敷陈其义，就正于诸公前。性命之学至宋元而大盛，凡所发明，启超何敢望万一，但静观世变，觉天下之足以供吾人受用者，不外此二字。《论语》末章云不知命无以为君子，足见命为孔教最精微之理。《墨子·非命》篇所云、老庄所力辩，不厌求详，尤见命学关系之重。子所云不知命，无以为君子，"君子"二字乃孔子立教之名称，即人格也。君子既为人格，而命学又最深。不知命即无以为君子。然则全世界之合人格者不其少哉！不知孔子之所为命，乃人人所当知，而且易知者。固不必如宋儒理气之说过于深，且不似庸人吉凶祸福之说近于妄。《中庸》云："天命之谓性，率性之谓道，修道之谓教，可见命者天命；天命即性也。人之性受于天，天之所命即成为人之性。性者，非他宇宙间一切物类之所同具也，附子性热，大黄性凉，砒霜性毒，故性者，又本能之谓。知命者，即知天命我以何种本能，就此本能保存而发挥，是谓尽性。孔子云唯天下至诚，为能尽其性；能尽其性，则能尽人之性；能尽人之性，则能尽物之性；能尽物之性，则可与赞天地之化育也。"

世界上进化之极点，可一言以蔽之曰：人人各尽其本能而已。世之人则不然，往往不但不能尽其本能，而反戕贼之；抑或舍弃其本能，而强为其所不能焉。此即孔子所谓不知命也。夫人之生斯世也，一面须求有利于世界，一面须求有利于自己，此人人之本分，抑人人之所能也。不知命者，恒以现在之地位为未足，而妄求不可得之境，富贵利达、宫室妻妾，日萦于胸。其终也，无往而不失败。居常戚戚不安，虚度一生，人已而无所益，凡反乎本能，未有不至于此者也。其原在于不知命，不知命则不能尽性。夫能尽性则虽化育而可赞，不能尽性则虽小已而无成。差一毫失千里，是不可不深长思也。至能尽其性，则能尽人之性。其故若何？曰"人性不甚相远"。孟子云，凡同类者举相似也，凡人既能尽其本能，即能引诱他人各尽其本能，盖互相摹仿，相观而善，本人类之共通性质。知此，即可见"尽其性则能尽人性"语，简单明了，终身受用不尽。世之论孔子者，或以为尚私德而罕及公德，重入世而不言出世。予谓不然。孔子者，乃以个人主义与世界主义合而为一，又以世间法与出世间法合而为一者也。何言个人主义与世界主义相合也？孔子之道，重在修身。若人人皆能自尊自贵，各修其身，则世界之人俱臻于善，此即个人与世界合一之理。《论语》"天下无道则隐"一语，似与世界无关，然隐居不仕亦是发挥本能。易曰：居其室出其言，善则千里之外应之。又曰：行发乎迩见乎远。使其言论行事，足为社会模范。无论现在与将来，必有受其感化者。此种人物，遂成不可磨灭之人物，真理亦赖之以长存。古今乱世多矣，其遗老遁身林野，感化甚遥。故孔子之道虽当乱世而不衰，数千年之社会赖以维持，所谓乾坤不息也。由此言之，将谓之个人主义乎？将谓为世界主义乎？子曰："诚者非成己而已也，所以成物也。"故曰孔子之个人主义即世界主义，何言入世法与出世法不同也。孔子言必称天，天乃抽象物，其所表见在于命。命何在？在各人之性，人之性不能尽知，我之性可得而知？从此体贴，终身由之而不能尽，各人皆有可以自乐之道，出世法非以乐为究竟乎？孔教所言，天人合一、天人相与之际甚多，实人人所能到，故曰世间法与出世法也。吾人欲利己、欲利人、欲入世、欲出世，固可知所从学矣，学若何学？为君子也。君子者，人格之称也。欲造君子资格，其条目甚多，而知命实为其要素。今服习孔子之道，须知根本在此。能体贴至此，则身心安泰，乐天知命，所谓仁者不忧，道在是矣。诸公又须注意，知命者，非委心任命之谓，乃谓知天命，我之本能，知其本能所在，即须竭力为之，其有不成，庶返诸吾心而安。万不可见义不为，多所瞻顾而弃其本能也。不独个人为然，国家亦有国家之本能，社会亦有社会之本能。吾人从事于国家事业、社会事业者，亦须审其本能，竭力发挥，如有不成，或天命尚有所待，返之吾心可即安。如此，则无入而不自得。记曰，清明在躬，志气如神，知命者方有此境象，求其在我，人合天愿，与同会诸君子勉之。

读经当积极提倡

章太炎

　　民人熙熙扰扰，生于大地之上，结合团体，以其言语风俗之同，于是据一领土，内足自治，外可御侮，而国成焉。国成而治化日蒸，国力日展。于是吸收邻种，规取外域，而渐渍之以本国之文明，施彼之以同等之法律，始为要荒，继为藩属，再进而同于内国，其疆索甚广，其户口日滋，纲举目张，处中央而驭四极。如是者，吾国谓之天下，西人谓之帝国。天下犹帝国也，若以名词而论，彼称帝国，实不及吾言天下之优。盖帝国初不必皆有帝，希腊、罗马当为民主时，其所成之天下，固自若也。

　　考泰东西之历史，邃古以来，民种以其国力之扩张，由一国而为天下者众矣。欧洲最著于古者，有希腊，有罗马，中叶有拂林，有斯巴尼亚。今则有日耳曼，有俄罗斯，有不列颠。古有已亡，今之所有皆新造也。亚洲有巴比伦，有波斯，有印度，有蒙兀，此四者皆散矣亡矣。日本新造骅骝，骎骎然居帝国而根基尚浅。然则横览五洲，纵观历史，五帝尚矣。自唐虞三代以至于今，虽官家之事世殊，而民族所居，长为天下如故，深根宁极，不可动摇，夫非吾等所有所居之中国耶！地大物博，山川灵秀，而风气适中；至于人民，虽吾人日恨其程度之低，顾笃而言之，要为五洲开明种族，此吾人所不自言，而西人觇国所代言者。诸公生为此国之人，独无可以喜幸者耶！食旧德而服先畴，不可不知所以然之故也。

　　大凡一国存立，必以其国性为之基。国性国各不同，而皆成于特别之教化，往往经数千年之渐摩浸渍，而后大著。但使国性长存，则虽被他种之制服，其国其天下尚非真亡。此在前史，如魏晋以降，五胡之乱华，宋之入元，明之为清，此虽易代，顾其彝伦法制，大抵犹前，而入主之族，无异归化，故曰非真亡也。独若美之墨西、秘鲁，欧之希腊、罗马，亚之印度，非之埃及，时移世异，旧之声明文物，斩然无余。夷考其国，虽未易主，盖已真亡。今之所谓墨西、秘鲁、希腊、罗马、印度、埃及，虽名存天壤之间，问其国性，无有存者，此犹练形家所谓夺舍，躯壳形体依然，而灵魂大异。庄生有言："哀莫大于心死。"庄生之所谓心，即吾所谓灵魂也。人有如此，国尤甚焉。

嗟乎诸公！中国之特别国性，所赖以结合二十二行省，五大民族于以成今日庄严之民国，以特立于五洲之中，不若罗马、希腊、波斯各天下之云散烟消，泯然俱亡者，岂非恃孔子之教化为之耶！孔子生世去今二千四百余年，而其教化尚有行于今者，岂非其所删修之群经，所谓垂空文以诏来世者尚存故耶！

然则我辈生为中国人民，不可荒经蔑古固不待深言而可知。盖不独教化道德，中国之所以为中国者，以经为之本原。乃至世变大异，革故鼎新之秋，似可以尽反古昔矣；然其宗旨大义，亦必求之于经而有所合，而后反之人心而安，始有以号召天下。即如辛壬以来之事，岂非《易传》汤武顺天应人与《礼运》大同、《孟子》民重君轻诸大义为之据依，而后有民国之发现者耶！顾此犹自大者言之，至于民生风俗日用常行事，其中彝训格言，尤关至要。举凡五洲宗教，所称天而行之教诫哲学，征诸历史，深权利害之所折中，吾人求诸六经，则大抵皆圣人所早发者。显而征之，则有如君子喻义，小人喻利，欲立立人，欲达达人，见义不为无勇，终身可为唯恕。又如孟子之称性善，严义利，与所以为大丈夫之必要，凡皆服膺一言，即为人最贵。今之科学，自是以诚成物之事，吾国欲求进步，固属不可抛荒。至于人之所以成人，国之所以为国，天下之所以为天下，则舍求群经之中，莫有合者。彼西人之成俗为国，固不必则吾之古，称吾之先，然其意事必与吾之经法暗合，而后可以利行，可以久大。盖经之道大而精有如此者。

夫经之关系固如此矣。而今人笃于富强之效，乃谓教育国民，经宜在后。此其理由，大率可言者三：一曰苦其艰深；二曰畏其浩博；三曰宗旨与时不合。由此三疑，而益之以轻薄国文之观念，于是蔑经之谈，阒然而起，而是非乃无所标准，道德无所发源，而吾国乃几于不可救矣。

夫群经乃吾国古文，为最正当之文字。自时俗观之，殊不得云非艰深；顾圣言明晦，亦有差等，不得一概如是云也。且吾人欲令小儿读经，固非句句字字责其都能解说，但以其为中国性命根本之书，欲其早岁讽诵，印入脑筋，他日长成，自渐领会。且教育固有缮缕记性之事，小儿读经，记性为用，则虽如《学》、《庸》之奥衍，《书》、《易》之浑噩，又何病焉？况其中自有可讲解者，善教者自有权衡，不至遂害小儿之脑力也。果使必害脑力，中国小子读经，业已二千余年，不闻谁氏子弟，坐读四子五经，而致神经瞀乱，则其说之不足存，亦已明矣。彼西洋之新旧二约，拉丁文不必论矣，即各国译本，亦非甚浅之文，而彼何曾废？且此犹是宗教家言，他若英国之曹沙尔、斯宾塞、莎士比亚、弥勒登诸家文字，皆非浅近，如今日吾国之教科书者，而彼皆令小儿诵而习之，又何说耶？

若谓经书浩博，非小、中、大学年之所能尽，此其说固亦有见。然不得以其浩博之故，遂悉废之，抑或妄加删节，杂以私见，致古圣精旨坐此而亡。夫经学莫盛于汉唐，而其时儒林所治，人各一经而已。然则经不悉读，固未必亡，唯卤莽灭裂，妄加删节，乃遂亡耳。夫读经固非为人之事，其于孔子，更无加损，乃因吾人教育国民，不如是将无人格，转而他求则亡国性。无人格谓之非人，无国性谓之非中国人，故曰经书不可不读也。若夫形、数、质、力诸科学，与夫今日世界之常识，以其待用之殷，不可不治，吾辈岂不知之？但四子五经，字数有限，假其立之课程，支配小、中、大三学年之中，未见中材子弟坐此而遂困也。

至谓经之宗旨与时不合，以此之故因而废经，或竟武断因而删经，此其理由，尤不充足。何以言之？开国世殊，质文递变，天演之事，进化日新，然其中亦自有其不变者。姑无论今日世局与东鲁之大义微言固有暗合，即或未然，吾不闻征诛时代遂禁揖让之书，尚质之朝必废监文之典也。考之历史，行此者独始皇、李斯已耳。其效已明，夫何必学！总之，治制虽变，纲纪则同，今之中国，已成所谓共和，然而隆古教化，所谓君仁臣忠，父慈子孝，兄友弟敬，夫义妇贞，国人以信诸成训，岂遂可以违反，而有他道之从？假其反之，则试问今之司徒更将何以教我？此康南海于《不忍》杂志中所以反复具详，而不假鄙人之更赘者矣。是故今日之事，自我观之，所谓人伦，固无所异，必言其异，不过所谓君者，以抽象之全国易具体之一家，此则孔孟当日微言，已视为全国之代表。至其严乱贼、凛天择诸法言，盖深知天下大器，而乱之为祸至烈，不如是将无以置大器于常安也。苟通此义，则六经正所以扶立纪纲，协和亿兆，尚何不合之与有乎！

吾闻顾宁人之言曰：有亡国，有亡天下。使公等身为中国人，自侮中国之经，而于蒙养之地别施手眼，则亡天下之实，公等当之。天下兴亡，匹夫有责，正如是云。公等勿日日稗贩其言，而不知古人用意之所在也。

复辟平议（节录）

章士钊

……

愚前言之，一说之起，必有其所由起。今复辟说之所由起者何也？此在稍明时势之人，可以一言断之曰，伪共和也。伪共和者何也？帝政其质，而共和其皮者也。质不异矣，我之质胡乃独贵于人之质，人求其质，而我必自贵，强人以从我，此安足以服之？且在他物，贵不贵尚无定说也。若夫政制相较，质苟不差，新者必劣于古，此有史例，不容诋谰。英伦论家白芝浩尝言之审矣曰："苟诸事不变，仅即政制而论之，则昨日之制度，实远优于今日，何也？彼其已成者也，彼其最有力者也，彼其最易致人服从者也，彼其袭有国民之敬惮心，而他制尚待求之者也。"倡复辟者果以此为言，吾将何词以答？此以帝政抵帝政，直截言之者也。最妙者今人痛排帝政，并不自认帝政之嫌，而辄翘共和以对，意谓共和之名，一出吾口，即有鬼神呵护，帝政邪说，法当退听，则拿翁设祭，华圣顿之灵，翩然来格斯可耳，不然，则我露其质，乃朝四而暮三，我蒙厥皮，亦朝三而暮四，名实未亏，而冀其喜怒为用，狙公诚智，刘劳章宋之徒，未见有若众狙如庄生所称也。传曰，尧舜率天下以仁，而民从之；桀纣率天下以暴，而民从之，其所令反其所好，而民不从。今所令者共和也，而所好则不在是，凡民且为离心，焉论俊秀。董子曰："诘其名实，观其离合，则是非之情，不可以相谰已。"愚固共和论中之走卒，而与言及此，对于复辟论者，盖不知所以为情，由斯以谈，复辟论非其本身足以自存，乃伪共和有以召之，明白甚矣。其因既得，攻复辟者，唯有证明今日之共和非伪，或促进今后之共和使不为伪而已，此外皆支离破碎，虚骄麻木，属托干进无足比数之谈，非愚之所敢称也。

证明今日之共和非伪，无论何人，殆莫不以为非可能也，虽然，共和何物，伪乃何状，质之谁某，皆未易答也，是不可以不先辨。

劳氏共和正解之言曰：

……宣王即位，共和罢。索隐云，二相还政宣王，称元年也。此共和一语所自出也，其本义为君幼不能行政，公卿相与和而修政事，故曰共和乃君主政体，非民主政体也，故宣王长，共和即罢。伊尹之于太甲，霍光之于汉昭，皆是此类。今日东西各国所谓君主立宪绝相似，而不学之流，乃用之为民主之名词，谬矣。夫君主立宪有君者也，民主立宪，无君者也，古之共和，明明有君，恶得引为无君之解哉？

此乃就吾国共和本字施其义解，即字论字，谓之无误可也，而特于今之国体问题无涉。盖今之国体，固非以周召共和为鹄，刻之而不肖，乃别有所仿，事遂之后而假其名以名之者也。庄生曰："道行之而成，物谓之而然，恶乎然？然于然。恶乎不然？不然于不然。"今之共和，所谓谓之而然者也，谓之而然可，不谓之而不然，自无不可。周召之共和，非今之民主立宪，此事实之不可掩者也，今之用共和为民主之名词，所谓然于然也，非必使二者之实相同也，词穷而假用，凡物皆然，文字之相孳乳，即以此故，无所谓不学与谬也。劳氏谓民主立宪，非即周召共和，所谓不然于不然也，于二者之实仍无伤也。劳氏欲别创一名，以字民主，而独留共和以诂二相之政，将无人得而议之也。故劳氏之病，在逻辑谓之逸果伦楷。逸果伦楷者，犹言外于论点也，则幸而吾名民主适以共和耳。庄生又曰："物固有所然，物固有所可，无物不然，无物不可。"苟吾不谥民主为共和，而谥以他物，他物之名，适与周召共和相去万里，劳氏又将何说之辞？劳氏之说，在其本文，颇足自立，其在吾论，不与置辩可也。

……

要之劳氏所谓共和，非吾之所谓共和也；吾之共和，有名有质，质乃先至，而名为后起，劳氏攻其皮附之名，究何碍于本来之质乎？

然则所谓质者何也？曰，吾无字以表之，无已仍假用共和字，唯兹之共和，乃逻辑之符，而视作欧文 Republic 之译，与周召共和崭然不同。夫共和者有形式，有精神。何谓形式？曰，共和对于君政而言者也，君政有君，而共和无君，凡元首为世袭者，谓之君政，元首为选举有定期者，谓之共和。兹义虽浅，而以有一定不移之界，较之以统治权为标准易致淆乱者为优，愚执笔论治以来，即持此说。此形式之说也，然形式徒存，又安足贵？果其足贵，则方寸之木，可使高于岑楼。吾今有总统矣，是不已驾美凌法，而不虞其不足乎？此在束发小儿，有以知其未然也。是则形式尚矣，尤重精神。善夫英之法家梅因之言曰："立国精神，自君主制以至共和，盖无不同"，虽然，以言国家观念，斯说诚精，若质之国家概念，则仍有辨。美之学者韦罗贝曰，"观念为凌空之想象，概念乃实验之思维，前者起于玄，后者起于察。……观念者乃国家之存于最大通象者也，凡属国家生活，无论何式，其质之所必不可少，与夫亦既咸备者，皆为此一念所涵，以故此之国家，内包最简。至于概念，则必征诸实际，而有涉于特殊政体，历史表而出之者焉，此其别也。"试泛举一说以实之。苏轼之策略曰："所贵乎朝廷清明，而天下治平者，何也？天下不诉而无冤，不谒而得其所欲，此尧舜之盛也。其次不能无诉，诉而必见察，不能无谒，谒而必见省，使远方之贱吏，不知朝廷之高，而一介之小民，不识官府之难，而后天下治。"苏氏立于专制之朝，故其言如此。然即而察之，立国之要素，果有过于平人之冤，厌人之欲者乎？吾恐造说如卢孟，未见其能易之。征例如美瑞，未见其能外之也。此所谓观念者是也。观念者，国无君政无共和一也，至此种观念，印之政事，乃为何状，则所谓"征诸实际，而有涉于特殊政体"，概念之说也。精神者，非贵乎观念概念，以求其通，未易言也。用梅因之说而未善，将见视国过重，强者以为口实，不恤屈政体以从之。今之国中，亦既广播此种言论矣。人相与议，辄曰国为前提，官交为勉，亦曰尽瘁事国，恍惚国苟存者，一切牺牲，皆所不顾。此其说，甚为唐皇，愚有肺肠，敢生异议，然有叮咛为公等言者曰：国家者，质而言之，乃政治学者所用之符，以诂某种社会者也。其本身价值，殆与图滕番社同科，轮廓仅存，有何足重。是必有物焉，相与立之，尤有法焉，使立之者各得其所，然后其名不为虚称，兹物者何也？人也。法者何也？权利也。国为人而设，非人为国而设也；人为权利而造国，非国为人而造权利也。自政治学成科以来，作者每树义曰，政治学国家学也。愚病其略，曩徇某社之请，作《政治学指要》一书，首陈是义。其言曰："夫斯学职在原国，有何疑义。唯国家非徒存者也，必有所以存者也，亦犹前言，国家者非人生之归宿，乃其方法也。盖人之所求者幸福也，外此立国，焉用国为？马哥里曰：'古代作者如马奇斐立之徒，立说支离，不如后进，盖由不解社会法律，非以之增进个人幸福之总量，不足以存'，此其为说，或者病之，以为行之不善，将至助民为暴，不知马氏斯言，非以苟举国家作用。夫建国常道，增崇人福，同时岂无维持秩序之方。其说之有价值，亦在国而畔此，则不成国耳。"美之政学老雄吴汝雪，知此审也，其所著书，首以权利为立国之本根，谓"国而舍此，不得称为适于人类之一组织"，此其为义，亦无间于其国之为专制，抑为共和。苏子所谓无冤而得其所欲，细按之，亦未始无合乎权利之说也。然其鸿沟所在，则君主之朝，所有权利，悉其君身，人民所获，乃由赉予。民固不欲冤，苟其冤之，非革命莫如君何也；民固有欲得，苟其不得，非革命亦莫如君何也。自立宪以往，则异乎是。宪法者，权利书也。此书既立，民乃有权不受人冤，民乃有权自谋所欲，冤而有诉，不啻诉己，欲而有谒，不啻谒己，此政体之所以为良，革命之所以永绝，而能将立国之的，著实显现者也。是之谓精神，若而精神，唯真立宪国能见其全。立宪者专制之对也，故课一国之精神，不问其有君无君，而唯问其是否专制，此不可不熟知者也。

由斯以谈，共和之形式，民主之谓也，精神立宪之谓也。形式其独也，精神其通也。形式者国体之事也，精神者政体之事也。所谓共和之质，单举形式不可，单举精神亦不可也，必形式与精神俱而后质乃备也。

然则孰为重？曰精神为重。此其故亦不待繁词以释矣。夫所贵夫田，以能芸也，若石田而不可耕，又安用之？所贵夫匏，以能容也，若坚匏而不可剖，又安用之？今共和形式之说，何以异是。犹未已也，石田坚匏，其病止于无用已耳，无他害也，共和则不然，苟其名存而实不具，民主专制，其弊较之君主专制尤深。何也？前有言之，"彼其已成者也，彼其最有力者也，彼其最易致人服从者也，彼其袭有国民之敬惮心，而他制尚待求之者也。"是故君主专制，可以数百年而不乱，民主专制，近则一年数年，远亦不过数十年，势不能不乱，且一乱之后，相与循环，不能自已。法兰西共和之所以见恶于人者无他，以其无固定性，易于肇乱也。此又无他，民主专制之故也。

……

诘之者曰，子所谓精神，存乎立宪政体，而立宪又无间于其为君主，抑或民主，其价皆同，是子与复辟论，非辟之也。曰，奈何非辟，特不肯用抹杀之论，无端崖之词，如今之人已耳。盖君主民主之分，争之于理论者十之二，争之于事实者十之八；原乎国之有主，本以约成，约基于民，民有自由择主之权利。此在原理，民主论似乎为优，然为君主之说者，亦初不虑不能成理。劳氏《君主民主平议》篇中所列君长世及之故凡四，固难言赅，亦未尽当，而其持之有故，足与共和论平分领域，则无可疑。由此致辩，彼亦一是非，此亦一是非，劳氏无以折吾，吾未见即有以折劳氏；不仅此也，即集古今世界学者，讲论一室，求其有以相折，亦必不能，故此为无益之论争，徒资聚讼，而不足恃以解大纷，决大计者也。自来理论之有力，依乎事实，事实宜于民主，则民主论特；事实宜于君主，则君主论制胜，无抽象一定之义也。英吉利，君主国也，谓其人民不解共和之道，自非狂瞽，不为此言，而英之共和不成，无他，事实为之也。美利坚，民主国也，而其人民系出于英，谓其不辨君主之利，自非狂瞽，亦不为此言，而美之君主不成，无他，事实为之也。吾国之由君主变为民主亦然，今者复辟之不可，与言理论之不可，宁谓事实之不可也，故愚之辟之，重事实不重理论，奈何非辟？

诘之者又曰，所谓事实者何也？曰，此国有未同，未能等视。英之君主，统而不治；统者名也，治者实也，故君号曰名部，而内阁实部，内阁独掌政治之大权，由民选任，实际已与共和无异，存君之名，无碍于政，而转得保留国中旧有之秩序，而摄取愚夫愚妇敬惮之心，此英之事实也。美本自治诸邦，联为一国，既不堪英人之虐，称兵独立，无再认英王为宗主理，而本邦凤无王室，人民守法，自治之习，已成楷模，忽尔立君，宁非蛇足？此美之事实也。若夫吾国凤戴君主，而乃不为本族之人，只知吸吾膏血以自肥，而于民生幸福，不知所以为计。十载以前，国人盛倡排满之论，愚诚无似，亦其一人，今兹立论，虽不肯以此为改革之主因，而满人所贻戕贼汉种之惨，纪念甚深，于斯而冀被压之民，及其子孙，不求得当以报，几何可得。然而复仇之举，不见于辛亥以前者何也？曰，非不见也，见而无所成也。苏轼曰："古之失天下者，訾非一日之过，其君臣之权，去已久矣，适会其变，是以一散而不可复收。方其未也，天子甚尊，大夫士甚贱，奔走万里，无敢后先，俨然南面以临其臣。曰，天何言哉，百官俯首就位，敛足而退，竞竞唯恐有罪。群臣相率为苟安之计，贤者既无所施其才，而愚者亦有所容其不肖，举天下之事，听其自为而已。及夫事出于非常，变起于不测，视天下莫与同其患，虽分国以与人，而且不及矣。"此按之满洲之亡，可称毕肖。然苏氏之言，初不为种族之争而发，纵满汉即无凤怨，而由其治国之道，亦且必即于亡。前清之季，亲贵骄横，颠顸在位，贿赂遍地，民怨日滋，懵于外势，日损利权，暗于政事，僇辱新党，本邦已在存亡危急之秋，而群昏犹且酣歌恒舞于上，此而不亡，其又何待？有曰，辛亥之役为种族革命，或曰，非也，是乃政治革命，实则兼斯二者，仅举其一，皆为得半之言。今苟于共和底定之时，谋复君政，则（一）满汉之界已灭，而使之复生，前此从事排满之人，必倡异议，国必不安。（二）满人之无政治能力，已可概见，今其可数人物，谁是九五之才？（三）清政不纲，殷鉴未远，复辟以后，朝政谁敢必其清明。有是三者，王政复古之谈，信乎无当。此吾国之事实也。

诘之者又曰，事实既尔，则无论如何，复辟不当复存，而子不肯痛诋之何也？曰事实之印于国民心理，以当时为最有力，若事已过，则情亦与之迁矣。仇满之论，在辛亥以前，诚满国中，满廷伪托立宪时，激急者至谓满洲不能立宪当亡，能立宪亦当亡。入民国后，首昌是说者，且主与满人亲善，凤昔闭距挑拨之论，讳而不言，群曰此政治革命也，彼亦曰然，群曰此非种族革命也，彼亦曰否。前之言曰，返之长林丰草之地，今之言曰，纳之五族共和之中。前之言曰，膻胡鸡犬皆可杀，今之言曰，寡妇孤儿不可欺。两两相衡，情势大异，精而求之，则曩者绝对排满之论，大抵感情之所驱，政策之所出，而非其根本所以致恨于满人者也。其根本所以致恨于满人者无他，满人之不能救国，之不能求国民大多数之幸福也。信如斯言，则继满洲而起者，国民首当以救国及求多数幸福之责相属，果属之而得当也，其又何求？不然，属之而稍失当，不平之情即稍起，大失当且大起，此物理之常，断无可驳。大国民之情至于不平，则力有所离，必有所向，有厌于新，必有怀于旧，此复辟论之所以乘之而起也。今求所以辟之，其键唯在平民情，致民福，易词以明之，复辟盾也，其可攻之矛，唯真立宪，自此以往，皆不可恃。诚以事实之价，时有未同，刻舟求剑，剑不可得，故愚之事实论，又当以现时政象，入以衡之，不敢如时贤竞为抹杀之论，无端崖之词也。

间尝论之，政理不如物理，后者所立断案，恒称绝对，而前者则否。故以满汉言，辛亥以前绝对主张排满者非也，绝对非难排满者亦非，辛亥以后，绝对主张复辟者非也，绝对非难复辟者亦非，何也？吾人之所求者，亦国利民福已耳，斯为目的，而排满与否复辟与否，均为手腕，手腕之当何出，要以不背目的为衡。由此论思，可答今问。劳刘诸人之无足取，则在好持绝对之论，谓立君保民，非君民将不保，清运未终，在法不当即亡，且又颂言"大清列祖列宗深仁厚泽，沦浃海内"，冀以此动天下人之心，是诚诸氏于近世思潮，未遑探讨，胜朝掌故，亦有遗忘，因有此理实两无所可之说。至以相对之论，谓满洲不当亡，厥唯康先生。先生当辛亥十月之交，实持此义，欲以易天下，徒以革命势大，噤未敢发，其后二年，二次革命已经失败，始暴其说于《不忍》杂志，其言曰：

今者朝廷审天下为公之理，为中国泰山磐石之安，既明且决，毅然下诏，行不负责任之义，而一切付之资政院，立开国会，公之国民，定宪法而议立法，听民望之所归，组织内阁，俾代负责任。是朝廷既下完全共和立宪之诏矣。此一诏也，即将数千年来国为君有之私产，一旦尽舍而捐出，公于国之臣民共有也。此一诏也，即将数千年无限之君权，一旦尽舍之，而捐立法权于国会，捐行政权于内阁，改而就最高世爵，仍名曰君位云尔。国民曰，国者吾之公产也，昔代理者以吾之幼少而代管之，今代理者已愿将公产交出，吾等可享此公产而无事矣。又曰，代理者昔总吾公产之全权也，今已将公产权让出，公议公办，代理者不过预闻而签一名云尔，故昔之愤然争者，今则欢然喜矣，故夫立宪云者，以君有之国为公有，以无限之君权改为最高世爵之代名词而已。

此指信条十九而言也。兹信条者，可称为完全共和立宪之诏，诚如康先生所云，愚矗立论，亦以法兰西千七百九十一年之宪法相况，惜乎满洲为此，未协于时，遂致"圣神化为豺虎"已耳。然犹有说。

或曰，辛亥信条果得行之，诚为中国之福。唯即当时民党奉命唯谨，其得行与否，尚属疑问。盖满洲之立宪，伪也，事至迫切，勉从悍将之言，全然屈服，其心岂甘。倘南中诸子，闻满洲之以宪政誓之太庙也，相与释甲而就治，则满洲一反手间，孙文黄兴之徒，殆不足以膏其斧锧耳，安见张绍曾要君之词，乃得玉府金縢之奉也哉，此观于刘廷琛氏之论而可知也。氏之言曰："光宣之际，奸宄生心，乘机作乱。……武昌变起，小丑跳梁，乱党挟种族之见，恣盗贼之行，好乱之徒，纷然如猬毛而起。……当此之时，项城抱公忠之心，尊主讨贼，复武昌，援金陵，则东南贼势瓦解，大局立定，而乃与贼媾和，致成兹局。"今谓满洲当国诸公，所见不同刘氏，无论何人，未或不疑。由今思之，彼之起用项城，举国以听，其用心岂不如刘氏所云哉。则东南之贼，诚未易于满洲朝廷之下，自进而为立宪之民也，此一说也。

有辨之者曰，革命党之势，未易骤衰，满洲虽有翻覆之心，吾自有力强之就范，似亦近情之言，入理之论。苟其事势非出于此不可，亦唯遵此勉力以行。若就法兰西往事观之，亦未见收效之必良也。法之千七百八十九年之革命，非以共和相号召也，逾两年宪法成，乃以英宪为楷模，仍戴君主。英之史家马哥里曰："苟法之宪法会议，所事仅至于废王而止，则其革命之价值，可与吾英正当健全之改革并称。"马氏之意，颇咎法之妄称共和也。然其所言，不中于当时事情，焉足使及伦的党温和诸子，为之心折。盖彼辈初意，特欲改革政治而已，不独铲除君制，无其成心，即马氏所称废王，亦非本志，观夫君主宪法，颁于千七百九十一年，而王于九十三年始行见杀，可以证之。事至于此，人唯归狱段敦罗伯士比诸屠伯之暴乱无人道，而不知王之不能谨守信条，时思翻覆，阴谋不绝，冀倾民党，乃其巨因。由后观之，为法兰西计，与其浮慕共和，反致罗伯士比拿破仑专横无艺，诚不若奉路易十六，作宪定治，以求平安。司徒赫尔者，法之史家右于王政者也，王政既复，彼于千八百十八年，著《法兰西革命论》一书，谓"革命之事，在千七百九十一年，即当知止，果其知止，一理想中之君政国，可以成功，拿破仑既败，王政复兴，以英吉利之良规，移之吾法，以知千八百十四年之所为者，理当紧承千七百九十一年而来，中间屠伯横行，奸雄窃义，所经扰攘，皆革命不正之产物，所宜一切粪除者也"。今之治法史者，鉴于诸独夫之害礼伤义，残民以逞，孰不于司徒氏所论，洒泪同情，而证以当日之情，则殊无望。今吾国所患，较之法人之患罗伯士比与拿破仑者何如，愚未能断。而有少数之士，愤今政府之专制，回想满洲所誓之法，其为吾民自由参政之地，相比不啻天渊，因发为噬脐无及之嗟，自恨昧于当可谓时之义，且谓吾唯以虚名相假已耳，彼族人少，又焉能为。实则吾未如是行之，效果何如，亦难悬拟，且满洲食言而肥，戕贼民党，此前已言，不待更论。即名义仅存，虚君之旨达矣，而事势所之，未必无敢为不义，挟天子以号召天下者，有君之董卓，未必优于无君之罗伯士比，夺国于君之王莽，未必即优于夺国于民之拿破仑，故今以满洲立宪为言，而追恨革命党之为谋未臧者，大抵为感情所中，理想所朦，未见其有当于事实也。

如右所陈，复辟之不可行，明白甚矣。而斯说也，一时见倡，仿佛大动国人之感情，政府闻之，狼狈而不敢办，勉强发一令，逐一士，而大露色厉内荏之状，其他肃政之所参，参政之所议，新闻之所詈，大都目为机械之为，质其本心，未必肯如是说，私居聚议，或遇清流正士，偶加驳诘，转若所为邻于姜妇，求掩不遑焉。至于武夫驰电，舞爪张牙，比于无良，状尤可丑。即革命之徒，与满洲不共戴天，至此恍若忘其夙雠，不肯即加谤议，被指为贼，亦不与校。而政府设防，谋夫献计，且深虑宗社亡命，两两相联，共为不轨，凶于而国。是又何也？曰无他，此诸象者，皆今之伪共和有以召之也。

夫今之民国，其基筑于共和者也。清帝逊位之诏曰：

今全国人民心理，多倾向共和，南中各省，既倡议于前，北方诸将，亦主张于后，人心所向，天命可知，予亦何忍因一姓之尊荣，拂万民之好恶。是用外观大势，内审舆情，特率皇帝将统治权公诸全国，定为共和立宪国体，近慰海内厌乱望治之心，远协古圣天下为公之义。……

而前临时总统今总统之誓词曰：

民国建设造端，百凡待治，世凯深愿竭其能力，发扬共和之精神，涤荡专制之瑕秽，谨守宪法，依国民之愿望，祈达国家于安全强固之域，俾五大民族同臻乐利。凡兹志愿，率履弗渝。……

即此二者以观，可见民国之基，存于共和，带砺之词，万不可畔。今日之政象，有合于斯誓者几何？此固仁智所见，各有未同，而且不足间执复辟者之口使不张其顽说，则恐无论何人不能否认。劳乃宣氏曰："今民主制实行三年矣，此三年中，变乱百出。……近者总统之制定，党人之焰衰，大权集于一人，外虽有民主之名，而内实有君主之实。"此种谰言，欲有制之，术将安出？愚请本前言，以正告天下曰：攻复辟者，唯有证明今日之共和非伪，或促进今后之共和使不为伪而已，此外皆支离破碎虚骄麻木属讬干进无足比数之谈，非愚之所敢称也。

《甲寅杂志》第一卷第五号，一九一五年五月十日，署名秋桐

复古思潮平议

1915 年 7 月 20 日

梁启超

　　吾友蓝君，尝著论辟复古之谬，登载《大中华》第一号。海内人士读之，多骇汗谯河，即鄙人乍见，亦不免失色相诧，思宜有所以折衷之，乃为平议如次：

　　吾以为蓝君所言，洵诡激而失诸正鹄，吾不能为之阿辩也。然此种诡激之言，曷为发生于今日，则固有使之者焉，亦不可不深省也。蓝君之论最骇人听闻者，彼对于忠孝节义，皆若有所怀疑，而对于崇拜孔子，亦若有所不慊。此其持论诚偏宕而不足为训也。盖忠孝节义诸德，其本质原无古今中外之可言。昔人不云乎，天下之善一也。凡道德上之抽象名词，若智仁勇、诚明、忠信、笃敬、谦让乃至若某若某，虽其涵孕之范围广狭全偏或有不同，然其同于为美德，则无以易。盖事理善恶之两面，譬则犹光明之与暗黑，讨论事理者，辩析若何而足为光明之标准焉可也，研究若何而能使光明之焕发赓续焉可也，若乃贱斥光明而尊尚暗黑，则岂唯螯理，实乃拂情。即如忠孝节义四德者，原非我国所可独专，又岂外国所能独弃。古昔固尊为典彝，来兹亦焉能泯蔑？夫以忠孝节义与复古并为一谭，揆诸论理，既已不辞；以厌恶复古故而致疑于忠孝节义，其瞀缪又岂仅因噎废食之比云尔！若夫孔子教义，其所以育成人格者，诸百周备，放诸四海而皆准，由之终身而不能尽，以校泰西古今群哲，得其一体而加粹精者，盖有之矣。若孟子所谓集大成，庄生所谓大小精粗其运无乎不备，则固未有加于孔子者。孔子而可毁，斯真虽欲自绝，其何伤于日月也！且试思我国历史，若将孔子夺去，则暗然复何颜色？且使中国而无孔子，则能否抟抟此此民族以为一体，盖未可知。果尔，则二千年来之中国知作何状？又况孔子之教，本尊时中，非若他教宗之树厓岸、排异己，有以锢人之灵明而封之以故见也。然则居今日而教人以诵法孔子，又岂有几微足为国民进取之障者？故蓝君此论，实诡激而失正鹄，其说若昌，弊且不可纪极，吾断不能为之阿辩也。

顾以吾所知，蓝君盖粹美君子人也。其钻仰孔子之论，且尝传诵于世（见《庸言报》）。今曷为而忽有此诡激愆谬之论，且其论既出，而国中一部分人，犹或于骇责之中含怒谅之意。吾默察世变，觉其几甚微，而逆想回环激荡之所由，乃不禁栗然以惧，是故不得不折其衷而两是正之。

夫提倡旧道德（道德本无新旧之可言，"旧道德"三字，实不成名词，但行文之便，姑就时流之名名之耳），宁非谋国知本之务。然此论何以忽盛于今日，则其机有不可不察者。自前清之季，举世竞言新政、新学，笃旧之徒，本大有所不慊，而壁垒无以自坚，日即靡状。虽欲靡伏，而谋所以堙遏之者，卒未尝息，以不可堙遏之势而强事堙遏，故激而横决，以有辛亥之革命。又正唯以堙遏之结果，其迁流之势，不轨于正，故其所演生之现象，无一焉能餍人望。其间桀黠轻儇之辈，复乘此嬗蜕抢攘之隙，恣为纵欲败检之行，乃益在在惹起社会之厌苦，而予人以集矢之的。一年以来，则其极端反动力之表现时代也。是故吾辈自昔固汲汲于提倡旧道德，然与一年来时流之提倡旧道德者，其根本论点，似有不同。吾侪以为道德无时而可以蔑弃，且无中外新旧之可言。正唯倾心新学、新政，而愈感旧道德之可贵；亦正唯实践旧道德，而愈感新学、新政之不容已。今之言旧道德者不然。彼睹目前社会泯棼之象，曾不深求其所以然，不知其为种种复杂原因之所和合酝酿，而一切以府罪于其所不喜之新学、新政。其意若曰：天下扰扰，正坐此辈横议处士，兴风作浪，造言生事，苟不尔者，吾国今日固犹是唐虞三代也。又若曰：吾国自有所以善冶之道，可以无所待于外，今特患不能复吾故步耳，苟其能焉，他复何求！此非吾故为深刻之言，试质旧多数老辈之良心，是否有此两种见地蟠据于其脑际而确乎不拔者？此种见地辗转谬演，于是常觉新学、新政之为物，恒与不道德相缘；欲挫新学、新政之焰而难于质言，则往往假道德问题以相压迫。坐是之故，引起新学家一部分人之疑惑，亦谓道德论与复古论相缘，凡倡道德，皆假之以为复古地也，非起而与角，则退化之运将不知所届。此所以互相搏激而异论日起也。

然则新思潮与旧道德果有不相容者存乎？道德论与复古论果有何种之缘系乎？请得而博论之。

今都会之地，士人大群居相语，每一矢口，辄相与太息于人心风俗之败坏。败坏云者，劣于昔之云也。吾以为全国多数小民之风俗，固不敢谓视前加良，亦未见其视前加坏，于营营蹙蹙之中，仍略带浑浑噩噩之气，与他国风俗相校，各有得失，不能尽诬也。然则今日，曷为以风俗特坏闻？曰：特坏者，唯吾曹号称士人夫者流耳。盖日日太息于人心风俗败坏之人，即败坏人心风俗之主动者也。而如吾曹者，其亦孰不诵孔氏之书，服忠孝节义之训，而其所造业，胡乃适得其反？譬言某药可以辟疫，而常备此药之家，乃即为播疫之丛。

是必所备药或非其真也，或备而未尝服也，或服之不以其法也，或其他不良之起居食息与药力相消也。不探其源以治之，而但侈言置药以御疫，疫不得御，徒反使人致疑于药而已。夫孰不知提倡道德为改良风俗之大原，然以今日社会周遭之空气，政治手段之所影响，中外情势之所诱胁，苟无道以解其症而廓其障，则虽日以道德论喃喃于大众之前，曷由有效？徒损道德本身之价值耳！尤可异者，笃旧者流，侈然俨以道德为其专卖品，于是老官僚、老名士之与道德家，遂俨成三位一体之关系。而欲治革命以还道德堕落之病者，乃径以老官僚、老名士为其圣药，而此辈亦几居之不疑。夫此辈中固多操行洁白之士，吾岂敢尽诬。要之，当有清末叶，此辈固多已在社会上占优越之地位，其言论行事，本有风行草偃之资，此辈诚谋苟臧，中国岂至有今日？

平心论之，中国近年风气之坏，坏于佻浅不完之新学说者，不过什之二三；坏于积重难返之旧空气者，实什而七八。

今之论者，动辄谓自由平等之邪说，深中人心，将率天下而入于禽兽。申令文告，反复诵言，坐论偶语，群焉集矢，一若但能廓清此毒，则治俗即可立致清明。夫当鼎革之交二三年间，此种狂焰，固尝披靡一时，吾侪痛心疾首，视今之论者未多让焉。今日则兹焰殆尽熄矣，而治俗又作何象者？盖今日风气之坏，其孽因实造自二十年以来，彼居津要之人，常利用人类之弱点，以势利富贵奔走天下，务斫丧人之廉耻，使就我范围。社会本已不尚气节，遭此诱胁，益从风而靡；重以使贪使诈之论，治事者奉为信条，憸壬乘之，纷纷以自跻于青云；其骄盈佚乐之举动，又大足以歆动流俗，新进之傅，艳羡仿效，薪火相续，日以蔓滋。俗之大坏，职此之由。故一般农工商社会，其良窳无以大异于前，而独所谓士大夫者，日日夷于妾妇而沦于禽兽。此其病之中于国家者，其轻重深浅，以视众所指目之自由平等诸邪说何如？夫假自由平等诸名以败德者，不过少数血气未定之青年，其力殊不足以左右社会，若乃所谓士大夫居高明之地者，开口孔子，闭口礼教，实则相率而为败坏风俗之源泉。今谋国者方日日蹈二十年来之覆辙，泪流以扬波，而徒翘举方严广漠之门面语曰尊崇孔子、曰维持礼教者，以相扇奖，冀此可以收效。殊不知此等语者，今之所谓士大夫，人人优能言之，无所施其扇奖；其在一般社会，则本自率循，又无所深待于扇奖。而欲求治俗之正本清源，要视乎在上位者之真好恶以为祈向，义袭而取，恐未有能济者也。

读者勿疑吾谓此种扇奖之可以已也，吾同日日从事于扇奖之一人，此天下所共见也。顾吾谓扇奖之道，贵用其中而祈其平，一有所倚，则弊之所届，恒出意外。譬诸树表，表之敍以分寸，影之斜以寻丈，此最不可不慎也。今指当道为有意复古，必且斤斤自辩曰：吾曷尝尔尔。然而事实所趋，遂章章不可掩也。此亦无待吾一一胪举其迹，吾但请读者闭目以思，最近一二年来，上自中央地方各级机关之组织，下逮各部大小行政之措施，曷尝有一焉非尽反民国元二年之所为？

岂唯民国元二年而已，前清光、宣之交，凡所规画所建置，殆无不废变停顿。夫光、宣之政，诚不足以餍人望也。民国初元之政，诚尤不足以餍人望也，然岂必其政之本体，绝对不适用于中国，毋亦行之非其道非其人耳？既察某制度为今后所万不可不采行，前此行之而有弊，只能求其弊之所在而更张补救之耳。若并制度其物而根本摧弃之，天下宁有此政猷？

例如民选议会制度，既为今世各国所共由，且为共和国体所尤不可缺，前此议会未善，改正其选举法可也，直接、间接以求政党之改良可也，厘定其权限可也，若乃并议会其物而去之，安见其可？例如司法独立，既天下之通义，前此法庭未善，改变其级制可也，改变其程序可也，改变其任用法可也，若乃并法庭其物而去之，安见其可？推之百政，莫不皆然。

彼其制度，既为早晚必须采用之制度，今虽废之，不旋踵为时势所迫，必胥谋所以复兴之。而一废一兴之际，第一，则使国运进步迟阻若干年；第二，则隳已肇之基础，将来作始更难；第三，则使人民彷徨迷惑，减国家之威信耳。昔吴淞铁路初建，政府以二十余万金购而毁之，在彼时曷尝不以为有所大不得已者存！既毁之际，曷尝不多数人称快！由今思之，所为何来？夫今日众共集矢之制度，后之视今，必且与吴淞铁路同感，可断言也，而狐埋狐搰，天下其谓政府何？

又或有所瞻顾，不敢悍然径废其名，遂复换面改头，指鹿为马，此其为弊，殆更甚焉。夫作法于真，其敝犹伪；作法于伪，敝将若之何？今凡百设施，多属创举，即非夙习，运用倍难，苟诚心以赴，期于必成，使当事者怀靖共毋忝之心，使社会作拭目观成之想，其庶黾勉，日起有功。今也不然。于其本所不欲之事，阴摧坏其实而阳涂饰其名，受其事者曰，此敷衍吾侪耳，吾毋宁以敷衍应之。而自爱之心与践职义务之观念，日趋薄弱。社会亦曰：某项事业，所以敷衍某类人耳，先怀一种轻蔑之心以对此事业；甚者从而掎之，而进行乃益以艰；及其挫跌，则抚掌称快，曰：吾固谓此种制度之不可采，今果如是也。呜呼！凡今之所以应付各种新政者，何一非尔尔耶？则旁观者嚣然以复古为疑，亦何足怪！

以言夫用人耶，鼎革之交，万流杂进，羊胃羊头，见者呃逆，谋澄叙之，宜也。而一矫其弊，遂乃以前清官历为衡才独一之标准。问其故，则曰尊经验也。夫前清官吏中，其洁白干练通达治理者，原大有人在，吾诚不敢挟主奴之见，漫为抵排。虽然，其中大多数，锢蔽龌龊，俭黠偷靡，晚清之败坏，岂不以此辈？革命之局，宁非此辈实助长之？其尤无耻者，则朝失清室之官，暮入同盟之会，极口骂项，胁肩美新，及事势一迁，又反颜下石，第其品质，宜在豺虎不食之班，即予优容，亦唯高阁束之已足。而今皆弹冠联翩，专城相望，且俨然以挽回风习、主持大化自命，为上游所器赏，为社会所欢承，不旋踵而赃证狼籍，对簿跄踉，而败落相寻，继踵犹昔。叩其所谓经验，则期会簿书，钩距掊克，对面盗贼，暮夜苞苴，乃至以财政厅长而不解预算之字义，以兼理司法之知事而不知有新刑律其物。类此笑柄，更仆难罄，犹且能名鹊起，一岁屡迁，俯睨新进，视如无物。呜呼！凡今日登庸人才之标准，岂不如是耶？则旁观者嚣然以复古为疑，又何足怪！

甚矣国人之善忘也。《记》有之："不知来，视诸往。"彼晚清以来之陈迹，岂不犹历历在人耳目耶？使其所操术而可以措国家于治安，则清室其至今存矣。二十年前，而所谓旧法者，已失其维持国家之功用，国人不胜其敝，乃骇汗号呼以求更新；今又以不胜新之敝也，乃更思力挽之，以返于二十年前之旧。二十年前所共患苦者，若全然忘却；岂唯忘却，乃更颠倒歆慕，视为盛世郅治而思追攀之。（此非吾过言，试以一年来所规画之政策，与二十年前政象比较，其刻意追攀之点不知凡几，吾他日更当为文列举评之。）夫目之于色，有同美焉。二十年前共指为甚恶者，二十年后忽能变为甚美，此宁非天下大可怪之事！而或者曰：

清之亡，非亡于其恋旧也，而实亡于其骛新。使清廷非唯新是骛，而坚持其旧者以相始终，夫安得有今日？若此论者，微论其言之终不能成理也，借曰事理或然，尤当知清廷之骛新，本非其所欲也。非所欲而曷为骛之？则以旧制之作用已穷，事势所驱，不得不出于此。譬诸行旅，所遵之路，荆棘已塞，乃始改从他途。夫在今日，彼路之荆棘，是否能刈除？能否不为事势所驱，更折而出于骛新之举？终已不能，则将来几经波折之后，卒亦取清廷所回旋之覆辙而次第一一复蹈之，可断言耳。夫清廷曷为以骛新而得亡？正以其本不改新，非徒以大势所迫勉趋于新。虽勉趋于新，而于新之性质、新之价值，实未有所了解，常以恋旧之精神牵制于其间，故新与旧之功用两相消，进退失据，而一败涂地也。今以恋旧责当局，而当局决不肯自认。虽然，试静气一自勘其心理，其有以异于二十年前老辈之心理者几何？凡所设施，又何一非新与旧功用相消者？此复古之疑，所以虽晓辩而终无以自解于天下也。

或曰：病斯有待于药，药求已病而已。复古论虽曰可议，然以药数年来骛新太过之病，安见其不可？应之曰：斯固然也，然在一二年前病象颇剧之时，服之或不失为良药，今则病征已变，犹服之不已，则药反成病矣。大抵一时偶感之病，来势虽勇，而祛除实易；积年蟠结之病，不甚惹警觉，而绵久遂不可复救。夫恋旧者人类之通性也，当其一时受刺激于外，骛新太过，就令任其自然，不加矫正。非久必为惰力性作用所支配，自能返其故态。然此惰力性作用猖獗之后，欲更从而振之，恐非加以雷霆万钧，莫之能致。夫惮于趋新而狃于安旧，圆颅通性，固已有然。况我民族尤以笃旧为特长，而以自大为凤禀，而坐谈礼教，吐弃学艺，又最足以便于空疏涂饰之辈，靡然从风，事有固然。若详推其利害之所届，则此种方严广漠之门面语，其于矫正末俗，实际上收效能几，殊未敢知；而惰力性或且缘此大增，率国人共堕入于奄奄无生气之境，此则吾所为眈眈而忧者耳。

若夫蓝君所论之诡激，吾既已不惮辞而辟之。要之此两者，皆社会心理之病征而已，而其病则不能相剋而常相生。蔑古论昌，则复古论必乘之；复古论昌，则蔑古论又必乘之。以极端遇极端，累反动以反动，则其祸之中于国家社会者遂不可纪极。孟曰："生于其心，害于其政；发于其政，害于其事。是以君子慎之也。"

共和与君主论

古德诺

　　一国必有其国体，其所以立此国体之故，类非出于其国民之有所选择也。虽其国民之最优秀者，亦无所容心焉。盖无论其为君主或为共和，往往非由于人力，其于本国之历史习惯，与夫社会经济之情状，必有其相宜者，而国体乃定。假其不宜，则虽定于一时，而不久必复以其他之相宜之国体代之。此必然之理也。约而言之，一国所用之国体，往往由于事实上有不得不然之故。其原因初非一端，而最为重要者，则威力是也。

　　凡君主之国，推究其所以然，大抵出于一人之奋往进行，其人必能握一国之实力，而他人出而与角者，其力当足以倾踣之。使其人善于治国，其子姓有不世出之才，而其国情复与君主相合，则其人往往能建一朝号，继继承承，常抚此国焉。果能如是，则国家有一困难之问题，以共和解决之，固无宁以君主解决之也。盖君主崩殂之日，政权之所属，已无疑义。凡选举及其他手续，举无所用之。英人有恒言，吾王崩矣，吾王万岁，盖即此义矣。虽然，欲达此目的，必我继承之法，业已明白规定，而公同承认者，乃可。否则君主晏驾之日，觊觎大宝者，将不乏人。权利之竞争，无从审判，其势将不肇内乱不止也。

　　以历史证之，君主国承继问题，能为永远满意之解决者，莫如欧洲各国，欧洲之制，君位之继承，属在长子。无子则以近支男丁之最亲最长者充之，唯继承之权利，许其让弃，故如有长子不愿嗣位者，即以次子承其乏，此继承法之大要也。如不定继承之法，或以君位之所归，由君主于诸子及亲支中选举择之，而初无立长之规定，则祸乱之萌，将不可免。奸人之窥窃神器者，实凡有徒，必将于宫阃之间，施其密计。人生垂暮之年，徒足以增长其疾痛，而其结果所至，虽或幸免兵祸，亦以大宝不定，致费周章。盖事之至危者也，历史之诏我者如此。是故就政权移转问题观之，君主制所以较共和为胜者，必以继承法为最要之条件，即所谓以天潢之最长者为君主是也。

近古以前，匪论其亚洲或在欧洲，大抵以君主制为国体。间亦有例外者，若温尼斯若瑞士，皆用共和制，然其数较少，且皆小国为然。其在重要之国，则世界中大抵采用君主制也。近一百五十年，欧洲举动，忽为一变，大有舍君主而取共和之趋势。欧洲大国，第一次为共和制之尝试者，厥为英国。十七世纪中，英国革命军起，英王查理第一经国会审判，定为叛逆之罪，处以死刑。其时乃建立共和制，号民主政治，以克伦威尔为监国，盖即大总统也。克伦威尔统率革命军，战胜英王，故能独操政柄。然英国共和之制，仅行数年，终归失败。盖克伦威尔故后，监国继承问题，极难决定。克伦威尔颇思以其子力次尔自代，然卒以英国当日人民，不适宜于共和，而力次尔又无行政首长之才，故英国之共和忽然消灭。英人于是舍共和制，复用君主制。而查理第一之子查理第二，乃立为君，盖不独为军队所拥戴，而当时舆论，亦皆赞成云。欧洲民族为第二次共和之尝试者，实为美国。十八世纪时，美洲革命既成，而合众国之共和制立焉。夫美国之革命，初非欲推翻君主也，其目的但于脱英国而独立耳。乃革命成功而后，其势有不得不用共和制者。盖其地本无天家皇族，足以肩政务之重，而前世纪在用过赞成共和之人，多移居美国，以共和学说，灌输渐渍，入于人心。虽其人已往，而影响甚远。故共和国体，实为当时共同之心理。然当日统率革命军为华盛顿，使其人有帝制自为之心，亦未始不可自立为君主。乃华盛顿宗旨，尊共和而不喜君主，而又无子足以继其后，故当合众国独立告成之日，即毅然采用共和制。百余年以来，未之或替焉。夫美国之共和，自成立以至今日，其结果之良好，不问可知。共和制所有之声誉，实美国有以致之。然美国未成共和以前，久承英国之良法美意，而英国之宪法及其议院制度之行于美国，已逾百年，故一千七百八十九年美国之由藩属政府变为共和者，初非由专制而跃为民政也。政体未易以前，其备之已预，而自治之精神，亦已训练有素也。不特此也，当日美国之民智，已臻高度。盖自美洲历史开始以来，已注意于普通学校，五尺之童，无有不知书识字者，其教育之普及，盖可想见矣。美国共和之制，成立未久，闻风而起者，又有法国之共和国焉。顾法国未宣告共和以前，本为专制之政体，一切政务，操于君主，百姓未能与闻。其人民于自治政制，绝少经验。故虽率行共和之制，而不能有良好之结果。骚扰频年，末由底定。而军政府之专横，相继代兴，至拿破仑失败后，重以外人之干涉，帝制复活。一千八百三十年二次革命，虽仍帝制，而民权稍张。迨一千八百四十八年帝制再被推翻，复行共和制，以拿破仑之侄为大总统，不意彼乃推翻共和，复称帝号。直至一千八百七十年普法战后，拿破仑第三被废，最后之共和制，乃复发生。今此制之立，近半百年，以势度之，大抵可望行之久远也。虽然，法国今日之共和制，固可望永久，而其所以致此之故，实由于百年之政治改革而来。此百年中，既厉行教育，增进国民政治之知识，以立其基础。复使国民与闻政事，有自治政制之练习，故共和制可得而行也。且法美两国，于国家困难问题，颇有解决之法，盖即所谓政权继承问题是也。法国之大总统，由议院选举，美国之大总统，则由人民选举。此二国者，其国民皆因与闻政事有自治政制之经验，而近五十年间，两国皆注重普通教育，广立学校，由政府辅助之。故两国之民智，皆颇高尚也。十八世纪之末，美法两国，既立共和制之模范，于是南美中美各国，旧为西班牙属地，皆宣告独立，相率效之。以诸国当日之情形而言，亦略于美国相类。盖当独立之告成时，共和制似最合于事实，其地既无皇族，足以指挥人民，而美国之共和，适足为之先例，舆论一致，群以共和为政治之极轨。无论何种国家，何等人民，均可适用此制。故一时翕然成风，几无国不行共和制焉。然各国之独立，系由竭力争竞而来，乱机既明，未能遽定。而教育未遍，民智卑下，其所素习者，专制之政体而已。夫民智卑下之国，最难于建立共和，故各国勉强奉行，终无善果。虽独立久庆成功，而南美中美诸邦，竞常演混乱不宁之活剧，军界钜子，相率而夺取政权，即有时幸值太平，亦只因一二伟人。手握大权者，出其力以镇压之，故可收一时之效。然此手握大权之人，绝不注意教育，学校之设立，阒然无闻，人民亦无参与政事之机，以养成其政治之经验。其卒也，此伟人老病殂谢之时，压制之力驰，攘夺大柄之徒，乃纷纷并起，诚以政权继承问题，无美满之解决也。于是前此太平时间所有进行之事业，至是乃扫荡而无余，甚且祸乱频仍，竟陷于无政府之地位，而全国社会经济情形，无不尽受其蹂躏矣。墨西哥近年之事，在南美中美各国，业已数见不鲜，盖共和国制不合于其国经济政治之状况者，必有如是之结果也。爹亚士为军界领袖，独握政权，当其为大总统时，政治问题，似已解决。然爹亚士既未厉行教育，且禁压人民，不使参与政事，及年将衰迈，权力渐杀，革命之旗帜既张，爹亚士遂尽失其政柄。自爹亚士失政后，军队首长，纷纷构兵，国内骚扰，至今未艾。以今日墨西哥情势观之，除外人干涉外，盖别无他术，足以为政治问题之解决。南美各国中，亦有数国用共和制而颇有进步者，其尤著者，则阿根廷智利巴西三国是已。阿根廷智利两国，初建共和时，骚扰纷纷，久未平定，然其后乃渐见安宁，颇享太平岁月之福。至巴西则自二十五年前建立共和制以来，虽略有骚动，而共和之命运，实属安平。然此三国，于立宪政体，皆能极力进行。十九世纪之初，阿根廷智利两国久已力争进步，而巴西则未立共和之前，在帝国时代业能鼓励人民，使之与闻国政。故三国之得此结果者，非偶然也。就南美中美各国之已事，并合法国合众国之历史观之，其足供吾人研究之点如左。

第一，行共和制者，求其能于政权继承之问题有解决之善法，必其国广设学校，其人民沐浴于普通之教育，有以养成其高尚之知识，而又使之与闻国政，有政治之练习。而后乃可行之而无弊。

第二，民智低下之国，其人民平日未尝与知政事，绝无政治之智慧，则率行共和制，断无善果。盖元首既非世袭，大总统承继之问题，必不能善为解决，其结果必流为军政府之专横。

用此制者，虽或有平静之一时，然太平之日月，实于纷乱之时期，相为终始。安冀非分之徒，互相抵抗以竞夺政权，而祸乱将不可收拾矣。不宁唯是，以今日现状而言，欧西列强，将不容世界各国中有军政府之发生。盖征诸已事，军政府之结果，必召大乱。此诚于欧西各强国利害相关，盖其经济势力，久已膨胀，欧人之资本及其商务实业之别派分支者，所在皆是。故虽其于国政府所采用之制度，本无干涉之必要，然其权力所及，必将有所主张。俾其所用之制度，不至扰乱治安，盖必如是而后彼辈所投之资本，乃可得相当之利益也。极其主张之所至，势将破坏他国政治之独立，或且取其国之政府而代之。盖苟必如是，而后可达其目的，则列强亦将毅然为之而有所不恤也。故自今以往，一国之制度，将不容其妄自建设，致召革命之纷乱，再蹈南美洲前世纪之覆辙。今后之国家，当详慎定制，维持治安，否则外人之监督，恐将不免也。以上之研究，于今日中国政治之情形，有何种关系，此盖应有之问题矣。

中国数千年以来，狃于君主独裁之政治，学校阙如。大多数之人民，智识不甚高尚，而政府之动作，彼辈决不与闻，故无研究政治之能力。四年以前，由专制一变而为共和，此诚太骤之举动，难望有良好之结果者也。向使满清非异族之君主，为人民所久欲推翻者，则当日最善之策，莫如保存君位，而渐引之于立宪政治。凡其时考察宪政大臣之所计划者，皆可次第举行，冀臻上里。不幸异族政制，百姓痛心，于是君位之保存，为绝对不可能之事。而君主推翻而后，余共和制遂别无他法矣。由是言之，中国数年以来固已渐进于立宪政治，唯开始之基，未尽完善。使当日有天潢贵族，为人民所敬礼而愿效忠荩者，其效当不止此也。就现制而论，总统继承问题，尚未解决。目前之规定，原非美满，一旦总统解除职务，则各国所历困难之情形，行将再见于中国。盖各国状况，本于中国相似，故其险象亦同。但他日或因此种问题，酿成祸乱，如一时不即扑灭，或驯至败坏中国之独立，亦意中之事也。

然则以中国之福利为心者，处此情势，将持何种之态度乎？将主张继续共和制欤？抑将提议改建君主之欤？此种疑问，颇难答复。然中国如用君主制，较共和制为宜，此殆无可疑者也。盖中国人欲保存独立，不得不用立宪政治，而从其国之历史习惯社会经济之状况，与夫列强之关系观之，则中国之立宪，以君主制行之为易，以共和制行之则较难也。虽然，由共和改为君主，而欲得良好之结果者，则下列之要件，缺一不可。

一、此种改革不可引起国民及列强之反对。以致近日共和政府所极力扑灭之祸乱再见于中国。盖目前太平之景象，宜竭力维持，不可使生危险也。

二、君主继承之法律，如不明白确定，使嗣位之问题，绝无疑义。则由共和而改为君主，实无利益之可言。至君位之继承，不可听君主之自择，吾已详言之。虽君主之威权，较尊于大总统，中国百姓，习于君主，鲜有知大总统者。故君主恒为人所尊敬，然仅以增加元首之威权，为此改革，而于继承之问题，未能确无疑问。则此等改革，似无充分之理由，盖继承确定一节，实为君主制较之共和制最大优胜之点也。

三、如政府不欲为计划，以求立宪政治之发达，则虽由共和变为君主，亦未能有永久之利益。盖中国如欲于列国之间，处其相当之地位，必其人民爱国之心日渐发达。政府无人民热忱之赞助，亦必无强固之力量。而人民所以能赞助政府者，必先自觉于政治中占一部分，而后乃尽其能力。故为政府者，必使人民知政府为造福人民之机关，使人民知其得监督政府之动作，而后能大有为也。

以上所述三种条件，皆为改用君主制所必不可少，至此种条件，今日中国是否完备，则在乎周知中国情形，并以中国之进步为己任者之自决耳。如此数条件者，均皆完备，则国体改革之有利于中国，殆无可疑也。

筹安会发起词

中华民国 4 年（1915 年）8 月 13 日

杨度等六人

我国辛亥革命之时，国中人民激于情感，但除种族之障碍，未计政治之进行，仓卒之中，制定共和国体，于国情之适否，不及三思。一议既倡，莫敢非难，深识之士，虽明知隐患方长，而不得不委曲附从，以免一时危亡之祸。故自清室逊位、民国创始绝续之际，以至临时政府、正式政府递嬗之交，国家所历之危险，人民所感之痛苦，举国上下，皆能言之，长此不图，祸将无已。

近者南美中美二洲共和各国，如巴西阿根廷秘鲁智利犹鲁卫芬厄什拉等，莫不始于党争，终成战祸。葡萄牙近改共和，亦酿大乱。其最扰攘者，莫如墨西哥，自爹亚士逊位之后，干戈迄无宁岁，各党党魁拥兵互竞，胜则据土，败则焚城，劫掠屠戮，无所不至，卒至五总统并立，陷国家于无政府之惨象。

我国亦东方新造之共和国家，以彼例我，岂非前车之鉴乎？美国者世界共和之先达也。美之大政治学者古德诺博士，即言世界国体，君主实较民主为优，而中国则尤不能不用君主国体。此义非独古博士言之也，各国明达之士，论者已多。而古博士以共和国民而论共和政治之得失，自为深切著明，乃亦谓中美情殊，不可强为移植。彼外人之轻念吾国者，且不惜大声疾呼，以为吾民忠告。而吾国人士，乃反委心任运，不思为根本解决之谋，甚或明知国势之危，而以一身毁誉利害所关，瞻顾徘徊，惮于发议，将爱国之谓何？国民义务之谓何？我等身为中国人民，国家之存亡，即为身家之生死，岂忍苟安默视，坐待其亡？用特纠集同志，组成此会，以筹一国之治安，将于国势之前途及共和之利害，各抒所见，以尽切磋之义，并以贡献于国民。国中远识之士，鉴其愚诚，惠然肯来，共相商榷，中国幸甚！

发起人：杨度　严复　李燮和　孙毓筠　刘师培　胡瑛

君宪救国论（节录）

杨 度

客有问于虎公曰："民国成立，迄今四年，赖大总统之力，削平内乱，捍御外侮，国以安宁，民以苏息，自兹以往，整理内政，十年或二十年，中国或可以谋富强，与列强并立于世界乎？"

虎公曰："唯唯否否，不然！由今之道，不思所以改弦而更张之，欲为强国无望也，欲为富国无望也，欲为立宪国亦无望也，终归于亡国而已矣！"

客曰："何以故？"

虎公曰："此共和之弊也。中国国民好名而不务实，辛亥之役，必欲逼成共和，中国自此无救亡之策矣！"

客曰："何谓强国无望？"

虎公曰："共和国民习于平等自由之说，影响于一切政治，而以军事为最重。军事教育，绝对服从，极重阶级。德意志、日本之军队，节制谨严，故能称雄于世；而法、美等国则不然，能富而不能强。此无他，一为君主，一为共和故也。法、美既然，他共和国更不必论。故共和必无强国，已成世界之通例。然法、美有国民教育，尚有对于国家主义之义务心，可以维持而统一之，故对外虽不能强，对内犹不为乱。若中国人民，程度甚低，当君主时代，当兵者常语曰：'食皇家饷，为皇家出力耳。'今虽去有形之皇家，代以无形之国家，彼不知国家为何物，无可指实，以维系其心。其所恃为维系者，统驭者之感情与威力有以羁制之而已。此其为力，固已至弱，况又有自由平等之说浸润灌输，以摇撼此羁制之力，时时防其涣散溃决，于是羁驭之术愈益困苦。从前南方军队，大将听命于偏裨，偏裨听命于士卒，遇事有以会议公决行之者，目者讥为共和兵。北方军队，虽无此弊，然欲其绝对服从，闻令即行，不辞艰远，亦不能也。故民国之兵，求其不为内乱足矣。不为内乱，而且能平内乱，蔑以加矣，尚何对外称强之足言乎？彼俄、日二国者，君主国也，强国也。我以一共和国处此两大国之间，左右皆敌，兵力又复如此，一遇外交谈判，绝无丝毫后援，欲国不亡，不可得也。故曰：强国无望也。"

客曰："何谓富国无望？"

虎公曰："法、美皆富，独谓中国不能，人不信也。然法、美所以致富者，其休养生息数十百年，无外侮内乱以扰之耳。富国之道，全恃实业，实业所最惧者，莫如军事之扰乱。金融稍一挫伤，即非数年所能恢复。我国二年以来，各方面之秩序略复旧观，唯实业现象，求如前清末年十分之五而不可得，盖无力者已遭损失，无求再兴；有力者惧其复乱，不敢轻试。以二次革命之例推之，此后国中竞争大总统之战乱，必致数年一次。战乱愈多，工商愈困，实业不振，富从何来？墨西哥亦共和国也，变乱频仍，未闻能富，盖其程度与中国同，皆非法、美可比。故曰：富国无望也。"

客曰："何谓欲为立宪国无望？"

虎公曰："共和政治，必须多数人民有普通之道德常识，于是以人民为主体，而所谓大总统行政官者，乃人民所付托以治公共事业之机关耳。今日举甲，明日举乙，皆无不可，所变者治国之政策耳，无所谓安危治乱问题也。中国程度何能言此？多数人民不知共和为何物，亦不知所谓法律以及自由、平等诸说为何义？骤与专制君主相离而入于共和，则以为此后无人能制我者，我但任意行之可也。其枭杰者则以为人人可为大总统，即我亦应享此权利，选举不可得，则举兵以争之耳，二次革命其明证也。加以君主乍去，中央威信远不如前，遍地散沙，不可收拾。无论谁为元首，欲求统一行政，国内治安，除用专制，别无他策。故共和伊始，凡昔日主张立宪者，无不反而主张专制。今总统制实行矣，虽有《约法》及各会议机关，似亦近于立宪，然而立宪者其形式，专制者其精神也。议者或又病其不能完全立宪，不知近四年中，设非政府采用专制精神，则国中求一日之安不可得也。故一言以蔽之曰：中国之共和，非专制不能治也。变词言之，即曰：中国之共和，非立宪所能治也。因立宪不足以治共和，故共和决不能成立宪。盖立宪者，国家百年之大计，欲求教育、实业、军事等各事之发达，道固无逾于此，然其效非仓卒所可期，至速之期，亦必十年、二十年，行之愈久，效力愈大。欧洲各国之强盛，皆以此也。然观今日之中国，举国之人，人人皆知大乱在后，不敢思索将来之事，得日过日，以求苟安。为官吏者，人怀五日京兆之心。谨慎之人，循例供职，不求有功，但求无过。其贪狡者，狗偷鼠窃，以裕私囊，图为他日避乱租界之计。文人政客，间发高论，诋毁时流，而其心则正与若辈相同，己无所得，遂有忮求之心，非真志士也。

为元首者，任期不过数年，久者不过连任，最久不过终身，将来继任者何人乎？其人以何方法而取此地位乎？与彼竞争者若干人，彼能安于其位否乎？其对国家之政策，与我为异为同，能继续不变乎？一概无从预测。以如此之时势，即令元首为盖世英才，欲为国家立百年大计，确定立宪政治，然俯视当前，则泄泄沓沓，谁与赞襄？后顾将来，则渺渺茫茫，谁为继续？所谓百年大计，又乌从树立耶？故不得已退而求维持现状之法，用人行政，一切皆以此旨行之，但使对内不至及身而乱，对外不至及身而亡，已为中国之贤大总统矣。即令醉心宪政者，处其地位，恐亦同此心理，同此手法，无求更进一步也。故昔之立宪党人，今皆沉默无言，不为要求宪政之举，盖亦知以立宪救共和，究非根本解决之计，无计可施，唯有委心任运，听国势之浮沉而已。当有贤大总统之时，而举国上下，全是苟安心理，即已如此。设一日元首非贤，则并维持现状而不能，且并保全一己之地位而不能，唯有分崩离析，将前此惨淡经营之成绩，一举而扫荡无遗，以终归于亡国一途而已矣，尚何百年大计之足论乎？故曰：欲为立宪国无望也。"

客曰："如子所言，强国无望，富国无望，欲为立宪国亦无望，诚哉，除亡国无他途矣！然岂遂无救亡之术乎？"

虎公曰："平言之，则富强、立宪之无望，皆由于共和；串言之，则富强无望，由于立宪无望，立宪无望，由于共和。今欲救亡，先去共和。何以故？盖欲求富强，先求立宪，欲求立宪，先求君主故也。"

客曰："何谓欲求富强，先求立宪？"

虎公曰："富强者，国家之目的也；立宪者，达此目的之方法也。不用立宪之方法以谋富强，古之英主固亦有之，如汉武、唐太之俦是也。然而人存则政举，人亡则政息。中国数千年中，岂无圣帝明王，然其治绩武功，今日安在哉？各国古代历史，亦岂无特出之英豪，成一时之伟业？然其不忽焉而灭者，又有几人也？唯其有人亡政息之弊，不能使一富不可复贫，一强不可复弱，故自一时论之，虽觉小有兴衰，而自其立国之始终论之，实为永不进步。欧洲各国立国之久，虽不及我中国，然亦皆千年或数百年。前此并未闻西方有许多强国者，何也？其时彼未立宪，不能为继续之强盛也。唯一至近年，忽有立宪政体之发明，欧洲列国行之，而列国大盛；日本行之，而日本大盛。我中国所猝遇而辄败者，皆富强之国也，又皆立宪之国也，岂不怪哉？然而不足怪也，不立宪而欲其国之富与强，固不可得；既立宪而欲其国之不富不强，亦不可得也。此言虽奇，理实至常。盖国家所最痛且最危险者，莫如人存政举、人亡政息。唯有宪政一立，则人存政举，人亡而政亦举，有前进，无后退，有由贫而富，由富而愈富，断无由富而反贫者也；有由弱而强，由强而愈强。断无由强而反弱者也。人亡而政不息，其效果必至于此。今之德皇非威廉第一，德相非俾斯麦克也。而德不因人亡而政息，乃反日盛者，宪政为之也。今之日皇非明治天皇，日相非伊藤博文、桂太郎也，而日本不因人亡而政息，乃反日盛者，宪政为之也。由此言之，宪政功用之奇而且大，可以了然矣。盖立宪者，国家有一定之法制，自元首以及国人，皆不能为法律外之行动，人事有变，而法制不变。贤者不能逾法律而为善，不肖者亦不能逾法律而为恶。国家有此一定之法制以为之主体，则政府永远有善政而无恶政，病民者日见其少，利民者日见其多。国中一切事业，皆得自然发达，逐年递进，循此以至于无穷，欲国之不富不强，乌可得乎？故人莫不羡富强，而在立宪国则富强实为易事，此非大言而实理也。虽然，富强甚易，立宪甚难，谋国者难莫难于立宪之初，易莫易于立宪之后。初立宪时，官吏狃于故习，士民惮于更张，阻力至多，进行至苦。譬之火车搁之于轨道之外，欲其转移尺寸，用力至多，费时至久，或仍无效；及幸而推入轨道，则机轮一转，瞬息千里矣。我国人无虑富强之难也，唯虑立宪之难已耳。立宪之后，自然富强。故曰：欲求富强，先求立宪者此也。"

客曰："何谓欲求立宪，先求君主？"

虎公曰："法、美皆谓共和，亦复皆行宪政，则于中国共和国体之下实行宪政，胡不可者？而必谓改为君主乃能立宪，此说无乃不经？然试问法、美人民有举兵以争大总统之事乎？人人知其无也。又试问何以彼无而我有乎？此人民程度不及法、美之明证也。唯其如此，故非如今日专制之共和，无术可以定乱。夫宪政者，求治之具也。乃中国将来竞争大总统之战乱，不知已于何时？后来之事，思之胆寒。方备乱之不遑，而何有于政治？故非先除此竞争元首之弊，国家永无安宁之日。计唯有易大总统为君主，使一国元首立于绝对不可竞争之地位，庶几足以止乱。孟子言定战国之乱曰：'定于一'。予言定中国之乱亦曰：'定于一'。彼所谓一者，列国并为一统；予所谓一者，元首有一定之人也。元首有一定之人，则国内更无竞争之余地。国本既立，人心乃安。拨乱之后，始言致治，然后立宪乃可得言也。世必有疑改为君主之后，未必遂成立宪者。予以为不改君主则已，一改君主，势必迫成立宪。共和之世，人人尽怀苟安，知立宪亦不能免将来之大乱，故亦放任而不为谋。改为君主以后，全国人民又思望治，要求立宪之声必将群起，在上者亦知所处地位不与共和元首相同，且其君位非由帝制递禅而来。乃由共和变易而成者，非将宪政实行，无以为收拾人心之具。亦不能不应人民之要求也。且既以君主为国本，举国上下必思安定国本之法，则除立宪又无他术。在上者为子孙万年之计，必图措之至安。若用人行政，犹恃独裁，斯皇室易为怨府，其道至危。欲求上安皇室、下慰民情之计，皆必以宪政为归。故自此而言之，非君主不能发生宪政；自彼而言之，又非宪政不能维持君主也。若谓立宪之制，君主不负责任，必非开创英主所能甘，是则终无立宪之望。不知凡为英主，必其眼光至远，魄力至大，自知以专制之主，而树功德于民，无论若何丰功伟烈，终有人亡政息之日，不如确立宪政，使人存政举者，人亡而政亦举，所造于国家者较大也。威廉第一、明治天皇，乃德、日二国之开创英主也。二国今日之富强，人人知为二君之赐。然二君之有大功于国家，为世界之圣君者，并非因其谋富谋强，乃因其能立宪也。以二君之英特，即不立宪，亦未必不可称雄于一时，然欲其身后之德意志、日本仍能强盛如故，此则决不可得之数矣。故二君之功，非人存政举之功，乃人亡而政亦举之功。二国之富强，乃其立宪自然之结果。若仅以富强为二君之功，是犹论其细而遗其大，论其末而遗其本也。夫以专制行专制，适以疾国；以专制行立宪，乃以利国，所谓事半而功倍者也。德、日二君，其初亦专制君主也，不负责任，亦非所甘也。乃彼即以创立宪政为其责任，挟专制之权以推行宪政，故其宪政之确立至速，其国家之进步至猛，非仅其高识毅力以必成宪政为归，且亦善利用其专制权力，有以迫促宪政之速成也。故以专制之权，成立宪之业，乃圣君英辟建立大功之极好机会。中国数千年来，政体皆为专制，以致积弱至此。设于此时有英主出，确立宪政，以与世界各国争衡，实空前绝后之大事业，中国之威廉第一、明治天皇也。予不云乎，难莫难于立宪之初，易莫易于立宪之后。创宪政者，如以人力扛火车，使入于轨道，其事至难；守宪政者，如以机器驱火车，使行于轨道，其事较易。故非盖世英主，不能手创宪政。各国君主不知凡几，而威廉第一、明治天皇二人独传，可见守宪政之君主易得，创宪政之君主难得也。然即有雄才而非处于君主之地位，亦不足以望也。故曰：欲求宪政，先求君主者此也。"

客曰："子言备矣，能简括其意以相示乎？"

虎公曰："非立宪不足以救国家，非君主不足以成立宪。立宪则有一定法制，君主则有一定之元首，皆所谓定于一也。救亡之策，富强之本，皆在此矣。"

……

客曰："子言以君主立宪救国，于君主之利害既详论之矣。至言立宪，则应研究之问题亦甚多。自前清末年以至民国，国中未尝不行宪政，而弊端百出，为世诟病者，其故何欤？"

虎公曰："前清立宪之权操于清室，然清室之所谓立宪，非立宪也，不过悬立宪之虚名，以召革命之实祸而已。前清光绪季年，皇室危机已著，排满革命之言充满全国，及立宪党崛起，发挥主义，实际进行，适大总统方掌军机，知清室自救之方无过于立宪者，则以此为其最大方针，隐然为全国立宪党之魁，挟毅力以实行，虽仅有造端，而海内已思望治。最初立宪党之势力，远不及革命党，及立宪有望，人心遂复思慕和平，冀此事之成立，革命党之势力，因此一落千丈。使清室真能立宪，则辛亥革命之事可以断其必无，盖立宪则皇族政治无自发生故也。乃天祸中国，大总统之计划未行而朝局以变，漳滨归隐之后，立宪党失主持之中坚，而与宪政极端反对之皇族政治以生。一面悬立宪之假名，为消极之对付；一面与皇族以实柄，为积极之进行；二者皆所以创造革命也。皇族怙权弄法，贿赂公行，凡其所为，无一不与宪政相反。人民请开国会，无效也，人民请废皇族内阁，无效也。立宪党政策不行，失信用于全国，于是革命党代之而起，滔滔进行，所至无阻。当时识者早已知之。立宪党由盛而衰，革命党由衰而盛，即清皇室存亡之所由分也。果也，武昌一呼，全国响应，军队为其主力，而各（省）谘议局议员和之。议员中以立宪党为多，至此亦不能不赞成革命矣！清室直至此时，始去皇族内阁，颁布《十九信条》，亦既晚矣，不可及矣！故终清之世，并未成立宪法，更无宪政利弊可言，仅设资政院、谘议局等以为之基，然以皇族所为，无异命之为革命之机关。西儒有言：'假立宪，必成真革命。'清室乃欲以假立宪欺民，焉得而不颠扑？大总统当时奏对，即言：'不立宪即革命，二者必居其一。'果哉此言，不求其中而竟中也！至今顽固之徒，或曾附和皇族之徒，有谓前清之亡亡于立宪者，是欲以皇族之罪加于立宪党，立宪党不任受也。故谓皇族不愿立宪，致酿革命之祸则可耳，谓立宪不便皇族，致酿革命之祸，则其理何自而通乎？故予谓清室所谓立宪，非立宪也，不过悬立宪之虚名，召革命之实祸而已。"

客曰："清室之事则然矣。民国元、二年中有《约法》、有内阁、有议会，似亦实行宪政，然国会之力万能，政府动皆违法，叫嚣纷扰，举国骚然，此种宪政，设令长存，国家亦岂有不亡之理？今子犹谈宪政，国人已觉闻此名词而生戒惧，是亦不可以已乎？"

虎公曰："民国立宪之权操于民党。民党之所谓立宪，亦非立宪也，不过藉立宪之手法，以达革命之目的而已。予于民国元、二年中，每遇革命党人，与之论政，亦多谓非用专制不能统一者，是明知中国程度决不能行极端之民权。乃所议《约法》，辄与相反，是明知之而故违之也。果何故欤？且即以初次《约法》而论，其施行于南京政府时代者，尚在情理之中，因参议院将移北方，乃临时加入内阁等制及种种限制政府条文。及至后来，国会即据此以束缚政府之一切行动，又何故欤？岂真心醉共和，欲行程度极高之宪政乎？非也，不过欲以此削减政府之权力，使之不能统一全国，以为彼等革命之预备耳。合前后而观之，自南京政府取消之日起，以至湖口起事之日止，一切行为，皆此目的耳。不知者谓此为彼等立宪之宗旨，其知者谓此为彼等革命之手法。人并未欲立宪，而但欲革命，而我乃以立宪诬之，并以此诬宪政，不亦冤乎！若云里面虽为革命手法，表面仍为立宪宗旨，究竟不能不谓为立宪，且不能不谓立宪之足以酿乱。不知此又非立宪之咎，而共和之咎也。设非立宪，何能藉口民权，定成此种《约法》？又何能以一国《约法》，全由民党任意而成？更能即借《约法》以预备革命，为竞争大总统之地乎？议者不咎根本之共和，而咎枝叶之宪政，是不知本之论也。予尝谓中国之共和，非专制不可，由此以谈，尚何《宪法》、《约法》之足言乎？议初次《约法》者，亦非不知此义，不过知之而故为之耳。故予谓民党所谓立宪，非立宪也，不过藉立宪之手法，以达革命之目的而已。其功用与清室之立宪正同。所异者，清室为他人预备革自己之命，民党为自己预备革他人之命而已。"

客曰："然则子所谓立宪，不与前清及民国同乎？"

虎公曰："然。予以为他日之君主立宪，有二要义焉：一曰正当，所以矫民国之弊也；二曰诚实，所以矫前清之弊也。"

客曰："所谓正当者何也？"

虎公曰："民国初次《约法》，即使民党非为革命预备，而以理想定，此亦不可以实行。故将来改为君主，所宜取法者，唯世界各君主国耳。以世界君主国宪政派别而论，可以为代表者三：一曰英国，二曰普鲁士，三曰日本国。英国为世界立宪之母国，宪政基础，立之将近千年，人民程度至高，世界无与为比。国会成立，其年至远，无论何等重大事件，皆随时由国会以普通法律定之，故至今无特别宪法，且有并无法律而以习惯行之者，故学者谓英之宪法为不成文宪法。国会权力，几于万能，君主特一虚名之代表，名为君主，实则共和，以虚君共和之名词施之实为至安。国为君主，而宪法全由国会议成，此世界所无者也。至于普鲁士，则因人民革命以求立宪，君主乃召集议会，提出宪法草案，使议决之，故其宪法之成，成于君主与国会，民权远不及英矣。至于日本，则为钦定宪法，未经国会承认，据宪法以开国会，民权更不及普矣。以中国程度而论，决不能取法英国。非仅我国为然，世界君主国，未有敢效英者也。我国改为君主以后，其宪法宜取法普、日之间。日本君主，二千余年一姓相承，故称万世一系皇室，历史甲于全球。且其立宪之成，半由于人民之要求，半由于皇室之远识，故能以钦定宪法行之，此非他国君主所能仿效者。中国承革命共和之后，民智大开过于当时之日本，而君主之资格又不及其久远，若用钦定之法，未必能餍人民之心，故宜采普鲁士之法，略变通之，由君主提出，由议会承认议决，成立宪法之手续，以此为最适宜。至于宪法之内容，如紧急命令权、非常财政处分权之类，则可采法日本。君主既有大权，又无蔑视民权之弊，施之今日中国，实为至宜。故予欲舍英国而取普、日之间，盖以此为最正当也。"

客曰："将来宪法之内容，可以预议乎？"

虎公曰："其详未可骤论。普、日宪法具在，亦更无容缕述。一言以蔽之，不仅非民国初次《约法》，且非前清《十九信条》而已。夫人民权利、国会权限等普通条件，为各国所同，有当然载入中国宪法者，皆不必论，唯略取其当论者论之。以民国初宪《约法》而论，参议院之权甚重，而大总统之权甚轻，内阁更无论矣。大总统除接受外国大使、公使并颁给勋章荣典外，几无事不须参议院之同意，如宣战、媾和、缔结条约、制定官制官规之类是也。最奇者，任命国务员及外交大使、公使，亦须同意。此虽法、美及英皆所不及，断非将来君主宪法所能采用者也。以前清《十九信条》而论，宜非共和《约法》之比矣。然清室当可用立宪以弭革命之时，则吝不肯与；及革命既起，又急无所择，将不必与、不可与之权利而并与之，如宪法起草由资政院，宪法改正属于国会，总理大臣由国会公举，海陆军之对内使用应依国会议决之特别条件，此外不得调遣，国际条约经国会议决追认，官制（官）规以法律定之之类皆是也。其程度殆已追及英国，且又过之。此本为资政院所要求，不过彼时国民革命心理之表证，凡此等类，皆未能行于今日之中国，亦非将来君主宪法所能采用者也。民国初次《约法》及前清《十九信条》，其内容既多不能采用，则所采用者乃以普鲁士、日本两宪法合参而酌取之，以求合于我国程度。而成立宪法之手续，则取法普鲁士而略变通之，以求合于我国时势。盖宪政但能实行，即程度稍低，亦可为富强之国，普、日即以此种宪法而强。是其明证，无取乎高谈法理也。中国能如普、日，亦已足矣，此予之所谓正当也。"

客曰："子所谓正当既闻之矣，所谓诚实者何也？"

虎公曰："治国所最忌者莫如欺民。人民分之则愚，合之则智，不可以欺者也。前清不肯以权利与民，而又不敢不言立宪，故以假立宪欺之，遂遭革命之祸。前车之鉴，至为显然。盖中国此时人民程度本不甚高，与以适宜之权利，并不至遂嫌其少，唯行之以欺，则必失败。他日君主立宪，人民之权利，国会之权限，所得几何，非今日所能预定。然有一至要之言曰：宁可少与，不可欺民。盖人民他日若嫌权利之少，不过进而要求加多，政府察其程度果进，不妨稍与之，免成反抗之祸。若以为尚未可与，则亦必以正当理由宣告国中，苟能诚心为国家计，断无不为人民所谅者。故少与权利，尚不足为祸害。若夫视作具文，并无实行之意，则人民以为欺己，即怨毒之所由生，无论以何种敷衍之手法及强大之压力济之，终必溃裂。故诚实为立宪最重要之义。诚实之法亦甚简单，即如议决法律，议决预算，乃国会必有之权，既令其议决矣。若又行政自行政，法律自法律，财政自财政，预算自预算，彼此不顾，两不相关，此万万不可者也。若因所议法律、预算本多理想，难于实行，则莫如说明窒碍之理由，令其复议，甚至解散议会，再召集而议决之，皆无不可。若视为无关事实，任其议多议少，是则有蔑视议会之心。断不可也。若曰各国本有实行法律、预算之道，中国本无实行法律、预算之道，则万万无此情理。各国立宪之初，亦不知经几何波折，而后终竟实行。故能行与否，视有诚心实力贯之。否耳，法律、预算其一端也，政府命令亦其一端也。此外各事，大皆类此，总求议会所决。政府所颁，有一字即有一字之效力，乃为宪政实行。然此言事之甚易，行之甚难。故予谓难莫难于立宪之初，即指此类而言。然欲树宪政，终非经过此途不能到达，若畏难而中阻，必致革命之祸。人民虽愚，终不可欺。故曰：宁可少与，不可欺民。此予之所谓诚实者也。"

客曰："正当则国安，诚实则民信，前清与民国之弊，皆可扫除矣。以此而行君主立宪，中国之福也。予虽愚蒙，敢不从教！"

于是虎公之言既竟，客乃欣然而退。

一九一五年四月《君宪纪实》第一册

帝政驳议

章士钊

　　两月以前，愚作《共和平议》，稍稍著论，以明世俗厚诬共和之非。时帝政之说，初见根萌。杨度孙毓筠之流传闻有密呈劝进，事为东京《朝日新闻》揭载，传笑外邦。杨孙恚焉，驰电辩正。曾几何时，前之讳饰而不肯承者，今且明目张胆，立会布词，号召党徒，唱和表里，此其故何与？愚闻黄君远生之言曰，研究"国体上基础问题"，吾国人"于法律上不得有此自由，故于迫在目前关系国脉之根本所在，举听其自然之迁就所届，置之思虑议论之外"。斯言而信，号为一国之"法律"，胡乃昨日所悬为厉禁者，至今日而特许之。又读筹安会之宣言曰，"……明知国势之危，而以一身毁誉利害所关，瞻顾徘徊，惮于发议，将爱国之谓何，国民义务之谓何？"斯言而信，杨孙诸子，态度逾时而有不同，得毋前日不免有利害毁誉之见存，而今日爱国守义之情独至。凡此诸问，诚不免起伏于吾人之心胸。然稍加熟视，则又无睹，从而索答，夫亦可以不必矣。

　　何以言之？当千八百五十一年十二月二日，法兰西总统鲁意拿破仑【路易·拿破仑】骤行政变，毁弃千八百四十八年之宪法，而即要求国民，赍以自制宪法之权。其后投票，以七百四十万票通过，抗之者仅六十四万耳。逾年十一月二十一与二十二两日，复以鲁意称帝一事，下国民议，可决票则达于七百八十万之多，视前有加焉。善夫瑞士学者卜硕德之论十二月二日之事曰："凡政变之后，一国之运命，既悬诸一人之手，于斯而下问于国民，是否愿以绝对之权，加之于己，是犹以己答之题，重行发问者也。"论十一月二十一与二十二两日之事曰："此种法令（谓国民可决帝制之法令），特权力之移置（谓已有之权力自总统移至皇帝），非宪法之行为也。求其类似，则皇室法庶乎近之。盖皇室无特权，不言典范，帝力不弥满，不求帝号，皆以前有者为之符，其揆一也。语以近世宪法，则失之远矣。"用此观之，然则吾国若立帝制，其目前之见象可想。今诸君树为名义，从而鼓吹，一则曰切磋，再则曰商榷，殆无往而非卜氏所谓"已答之题"。为说万千，大抵周旋此胶彼漆之中，以涂饰国民耳目，而吾人从其后而观之，若者怀疑，若者致辩，是不亦太迂阔不近事情矣乎。

顾或者曰，此学问研究之事也。事势尽可蒙于一时，学术终且独立于无既，且上自当途，下至政客，皆曰学也学也，则君子可欺，尼山与进，愚虽浅闻初学，亦安忍不贡其所见，冀以释滞而解疑。唯贼民兴矣，乃始言学，得毋与汉臣议讲《孝经》，以服黄巾，同类而共讥。呜呼，亦非所计矣！

愚之所最不可解者，首在筹安二字。彼岂不以由我之道，国家可得长治而久安也；则所谓安者，果愚所见非谬，当以国中不见革命之祸为衡；而国中不见革命之祸，苟非国中利害冲突，质剂停匀，断乎无幸。此其理昭哉无翳，虽至愚者不能瞑目而无见也。今若于仓黄之中，推翻共和，创设帝政，此其所为影响于革命者，有二要义：一曰己身以革命倡，一曰认革命为宪法上之权利。此非愚一人之私言也，卜硕德之论法兰西千八百五十一年十二月二日之投票曰："票为可决，实不待言。苟一票否焉，则此一票，意在主战。故凡共和国遭逢此境，政府所事，直革命之行为。罗伯士比所用革命字，其义指此，良不诬也。当是时也，造法之权，在法操之国民，而为暴力所支，不能运用。其在事实，则谁能行苟叠达者，谁即拥有造法之权耳，谁能别行一苟叠达，造法之权，又即归之。"前举二义，已可于此数语中，约略尽之，则其事正与革命为媒，而漫曰安焉安焉，此非别有奥义，为浅暗所不及知，乃自陷于矛盾而不觉矣。

请试即二义而申明之。革命一语，在欧文字典中觅之，殆无不训为政治根本上之变迁。夫变迁亦何常之有，有帝政变为共和者矣，亦有共和变为帝政，苟其不免于骤变，则其无所逃于革命之义无疑。读者试从百科全书中查之，所列革命之例，其在法兰西，每以千八百四十八年之第二共和，与千八百五十一年之鲁意拿破仑自帝同举。此本浅义，不待指陈。或曰，变更国体，如"不扰乱秩序"，即谓之革命胡伤。顾此之所谓不扰，其义究居何等。夫防民甚于防川，川壅而溃，伤人必多。此诚古今中外革命之所由起也。而当其未至于溃也，其为本无所壅，无溃可言，抑或壅已奠堪，去溃一间，其度之殊，相去悬绝。唯未溃之名，入乎侥幸，苟偷者之耳，则几乎无择。今不扰云者，正此类耳。于义果胡取乎。或又曰，变更国体，非徒言之，大抵实力既充，然后以举。则即名义不易，实际何殊。苟指易名为革命，则攫实之为此无疑。今断断执前者为未可，宁非以五十步争百步乎。曰，愚固未尝左易名而右攫实也。大凡苟叠达之行为，即无异于革命。罗伯士比，固不求为帝者，其所用革命一语，意义甚明。卜硕德述之，亦以论鲁意拿破仑之行政变，而非论其建帝号。由客之言，可以证明革命之程序，不自建帝号始，而建帝号之为革命中一绝大关键，似尚需数语为之说明也。盖二者相较，其本质固无所差，以不加冕之总统，与加冕之皇帝，询人何择，智者必将不答，唯其影响于政治，则深浅有殊。善夫黎白曾造政治之精义曰，"共和国之安全，与谓基于多数者得其代表，宁谓基于少数者握有运动多数之权。"此种运动之权，在民主专制之国，固亦不见，然不得谓之绝望，或者政潮猝转，而民意以伸，善于运用者，范不轨者以入于轨，亦竟行所无事焉，未可知也。故若而社会，虽云不安，大小祸变，亦或时发，而政潮尚保有一二分伸缩之余地，在坚忍多虑之国民，宜若不有铤而走险之忧，若并民主之号而弃之，则所谓余地者尽矣。此其异点也。

请及次义。自来论革命者，只许其有伦理上之根据，而不许其有法律上之根据。英儒席兑曰："谓暴动者拥有宪法上之权利，其语若非矛盾，即为不词。虽然，由近世政治思想推之，若现政府有绝大之失政，无论政体何若，而谓人民不有伦理上之权利，颠而覆之者，固犹未之前闻也。"此可以为论宗矣。虽然，若民主专制，则亦有谓革命在法律上为有论据者。鲁意拿破仑宣布第二帝政之宪法，其序文有曰："中央集权之国，其一国之元首，无论善恶何如，而要为众情注集而无间者也。以故若于法典之上，宣言不负责任，即为愚弄民情，即欲建一虚构之法理，曾以三次革命之暴力抉破焉者也。"此在拿破仑，不过以明自重责任之意，不谓国民所以纠问元首责任之道，即于此中以法律之意规之。德之学者波因哈克讲其义曰，法兰西宪法此段之旨，"乃以宪法之力，公认革命为课问元首责任之一手段，且以违反法律之事，视与组织国家之事，等量而齐科。"此其理由，波氏并畅发之，谓专制之政，至于此级，为元首者诚不能不对于国民而负其责任。但责任者，自若人之口出之，直一羌无意义，在国法上不能贯彻之门面语而已。盖国民既以一国最高之权，永托诸一人之手，则当最高权仍然在其身中之际，不得从而课其责任，昭然甚明；苟欲课焉，非于法外计谋，以暴力夺其权而归焉，无他途也。夫无课不成责任，彼既以责任规之宪法，是即所以诏国民曰，尔得有宪法上之权利，日日提革命之军以踵吾后也，且"民主专制，类由暴力而来，故己之对于暴力，即失其所以主张权利之道"。夫至不能主张权利，是已丧失法律效能，苟一方丧失法律效能，他方所为，即无所谓违反国宪，此其大旨也。昔者尝以德法两国之学者，论政各怀极端之见，引为政学之悲观。今于以暴易暴一说，不谓以号称膜拜君政之波因哈克与顶礼共和之卢梭，语如一辙。波之言曰，民主专制，成于暴力，唯以暴力倾之，斯为适法，曩举之矣。而卢梭《民约论》开宗明义曰："人民见迫，不得不服，服之宜也；一旦有力，足脱羁，脱之愈见为宜。盖人之自由失矣，今以其所以失之之道得之，非彼此时有权回复其自由，即人当初无权可剥其自由于彼。"二贤之言，细论之自多差异，唯本篇不能具述，兹不惮称引，亦唯于行"民主帝政"者，证其不得不认革命为有宪法上之权利矣。

用此观之，帝政与革命之关系，亦可知矣。若曰政府自有能力，可使革命之祸不生，愚决不以其说为无根，且灼然见其力之足以支持若干时而不失坠。然只以证革命之祸之不猝发，而不足证其祸之消弭于无形。既曰筹安，当以消弭无形者为衡，不当以幸不猝发者为的，况乎政治之事，无能前知，其果不猝发与否，今仍未易言也。席兑又有名言曰："社会之安宁，其基与谓存乎政治，宁谓存乎道德。是必国中优秀之一部分，恒温和而公正，富于同情，明于公益，小群无非分妄诞之思，阶级无贪利倾巧之病，多数党之胜利，不挟强横之力以俱行，而后此种安宁，庶几可保。不然，未或能免于革命也。须知地球之上，无论何处，而欲以一部多数之人，强一部少数之人同居其地者，屈服于其下，而谓有道德上之权利，使之为之，乃一不可想象之事也。"席氏之言，乃论普通治道，其为说且如此，若执民主帝政，叩其意见，又不知言之进于是者几何。夫立国而至道德之基础，全然破坏，则如卢梭之言，人亦为其最强者而已。语云，匹夫专利，犹谓之盗，王而行之，其归鲜矣。行见人人自以为胜广，家家各以为华拿，心理所存，必有事实，而天下无宁日矣。是之谓筹安，不亦非常可怪者乎？

……

愚曩作《复辟平议》，辟劳乃宣之说有曰：

君主民主之分，争之于理论者十之二，争之于事实者十之八。原夫国之有主，本以约成。约基于民，民有自由择主之权利，此在原理，民至论似乎为优。然为君主之说者，亦初不虑不能成理。劳氏《君主民主平议》篇中，所列君长世及之故凡四，固难言赅，亦未尽当，而其持之有故，足与共和论平分领域，则无可疑。由此致辩，彼亦一是非，此亦一是非；劳氏无以折吾，吾未见即有以折劳氏。不仅此也，即集古今世界学者讲论一堂，求其有以相折，亦必不能。故此为无益之论争，徒资聚讼，而不足恃以解大纷决大计者也。理论之有力，依夫事实。事实宜于民主，则民主论特张，事实宜于君主，则君主论制胜，无抽象一定之义也。英吉利君主国也，谓其人民不解共和之道，自非狂瞽，不为是言。而英之共和不成，无他，事实为之也。美利坚民主固也，而人民系出于英，谓其不辨君主之利，自非狂瞽，亦不为此言。而美之君主不成，无他，事实为之也。吾国之由君主变为民主亦然。今者复辟之不可，与言理论之不可，宁谓事实之不可也。

事实者何谓也？即所谓变也。而变之在吾国今日，则呈三象：（一）"帝王乃历史上之产物，非如饼师做饼，可以顷刻而成。今后之中国，既无人焉，有可为帝王之资，何能复为君主国？"（二）当君（民）主思想未生之时代，则一君统亡，一君统起，行所固然，而今非其时。大抵君权之存于人民之迷信，今迷信既破，回复无由。（三）内忧外患，险象环生，国家实无余力，更容变乱。自来创立君政之暂免变乱者，或则以杀戮之惨，尽其人口之大半，或则提取国中膨胀之力，南征北伐以为尾闾。前者吾之历代开基之主为之，后者拿破仑之徒为之，而吾皆不能，则君政一立，革命之祸，何时而发，实不可料。此三象者，印入人人之脑中，不可爬梳。是故有在前清极力主张君主立宪者矣，而此时羌无意识之君主论，则反对之。吾友徐君佛苏，即其一人也。愚读其最近发表对于筹安会之意见有曰："以不佞之前言往事观之，其主张君主立宪，人所稔知，然入民国以来，何以不复倡前说？"又曰："古今中外，无人在本国法权之下，而集会结社，公然讨论本国国体者，更未有昌言推翻本国现有之国体，谋植其他国体而不触禁令者。何也？国体者国本之所托命，国民全体艰难开创，歃血缔盟，共同奠造之大基业也，故其本国人民，无论何人，对此国体，凛若神圣不可侵犯。"尤有最精之语曰："如国体可以自由讨论改变耶，则国家有一日之生存，在人民即可以有一日之讨论改变，非待至无国以后，将无讨论改变终止之时。然则此讨论也，岂不与国家生存之目的相背，而成为滑稽之事乎？故世界无论何国人士之言论著作，对于他国之国体，可以任意批评，若一论及本国国体，纵心怀反对，亦只能出以微言婉讽之笔，否则谓之倡革命耳。"此天下之公言，而前清君主立宪党纯正心理之代表，语其固有之意，则以君主立宪为优，语其时中之德，则以民主立宪为当，是诚古氏所谓"一国……所以立此国体之故，类非出于其国民之有所选择也，虽其国民之最优秀者，亦无所容心"者也。愚故曰自古氏之言"实为共和论张目"也。

或曰，法之革命，中经君主，而卒归于共和，美之革命，径立共和以迄于今，既闻命矣，然古氏更述英伦往事，请问英之革命，中经共和而卒归于君主，则又何说？曰，此非吾之所得引以自证也。愚前言共和既立，不得复建君主，最要之理由有二：一君统已破，全国无可继位之人；一政想全非，国民无复忠君之念。则苟若君统未破，政想未易，复辟之事，亦未始不可行，英之王政复古是也。梅依者英之大史家也，其说曰："英之革命，似无结果可言，其所得者，亦一王继承一王，而前王身殉自由而已。苟非此点，英之政治组织，殆前后无所变迁也。"又曰："革命之后，政识较进，民意较灵，独立思想较高，团体力量较大，至忠君一事，则流风余韵，沿而未衰。"由斯而谈，英之终成君主，岂曰偶然。吾国之满洲，属诸异族，其篡窃吾国而有之也。纯出于惨酷无人道之武力，国民爱戴之念，自始不生。光宣之交，君主立宪之说，虽盛于一时，大抵视为策略，而全不出于忠爱之悃。清运既绝，遗爱无存，劳宋诸公深仁厚泽之谈，天下笑之。故吾国欲求如英伦，克林威尔之后，迎查尔士入承大统，盖事实上不可能。然且不问其能不能，而唯即例论例，苟英伦王政，为劳宋之徒依附清室者所称许，尚非拟不于伦，而今胡有也。复辟之狱，尚在目前，如或提倡，即罹刑辟。是今之引王政以自佐者，其意不在满洲明甚。果尔，以愚不学，诚未见英事之可妄称也。在古氏之意，得毋谓英人之所重者君主制耳，初于君主无择，即克林威尔自帝，亦将见容于英人矣乎？则以古氏侧身问学之林，宜知当日英人太息痛恨于克林威尔之伪共和，至于何度，查尔士入都之后，追论克林威尔之罪而戮其尸，在吾王万岁之声中，高悬其头于巴力门之上者，垂二十日。古氏曰："以英国当日人民不适宜于共和，而力次尔又无行政首长之才如其父，必且为英人所戴，此其不为史事所证，诵中学课本者类能知之。"由斯以谈，查尔士第二之已事，以之证复辟论而微似，既为其所讳言，以之证民主帝政论，而所拟之主，则又罪在大辟。甚矣吾国今日而立君主，其说之难持也。呜呼，以束发小生能谈之理，而古氏妄称于吾国学士大夫之前，以致浮滥政客，云集其门，捋扯片言，与为狼狈，而一国是非得失之林，若樊然淆乱，无可救药者然，岂非吾之奇耻也哉。

古氏之文，他国之拉杂政例，占其大半幅，此外所自矜而以为探骊得珠者，则君主继承问题。谓"继承确定一节，实为君主制较之共和制最大优胜之点。"孟子曰，遁词知其所穷。古氏盖穷极而发此无聊之言矣。夫继承一事，诚不得谓非君主制中之一问题，而岂得曰斯制之存亡以之。以近事言，满洲开国，即不立继承法者也。其君制之坏，初不以此。纵曰重要无伦，而于君制确立之后，再行研究，断无不及，未闻先以继承法之定否，而卜君制之采否也，若曰预为之防乎，则如斯大业，所当预防而重且急于此者，何止百端，继承一家之事，其法一纸书耳，有何难定。倘若古氏曾参两拿翁之朝，而以斯说进，拿翁决不难唯命是从，唯其君统及身而灭，拥此"金简石室"之书，足覆瓿耳，何益于用？又倘若古氏曾掌克林威尔之书记，而以斯说进，克氏竟以此而自帝，姑无论其子力次尔自然袭，初无待以法定之，然一传而绝，有同暴秦二世，则所恃以正其子孙帝王万世之业者，又焉往哉？夫古氏以君主说尝试于吾，不能详陈斯制之如何为利，及其如何而得巩固，而徒取君制大定后之一继承问题，待至建都习礼，菹韩醢彭，徐徐引数四老人，以为太子羽翼，默示微讽，而不虞其后时者，张皇号召，一若此谋若臧，万事都了者然，使人感情瞀乱，轻重倒置，以侥幸其说之见录于世，是诚孙卿所谓妖怪狡猾之人者矣。

　　古氏所陈改制之三条件，大抵狡狯不可追摸，继承一条，已前驳矣，此外两事，一曰不可引起国民及列强之反对，一曰必求立宪政治之发达。夫列强之反对与否，古氏或不得而知，若国民于此种根本变迁之局，而将无反对者乎？愚恐以古氏之博学多闻，苟非认定吾人全然不解政治生涯，不敢轻下判断，故其言曰，此在乎周知中国情形者之自决。是则中国情形，古氏未之知也。以不知吾国情形之人，贸然为吾国主张政制，则摘埴以索途，冥行而已，不亦太可笑哉。立宪之说，亦视此矣。谚云，欲知将来，可鉴既往。总统就职之誓词曰：发扬共和之精神，涤荡专制之瑕秽。未几而精神浸亡，瑕秽山积，然犹得谓通于权变，不获已也。赣宁之役，当局勤勤以无帝制自为之心，表襮于民。黎元洪谓以铁血保障共和，通电全国，始回天下将倒之戈，以劓刃于七省。未几而毁宪法，灭国会，绝自治，共和之形式，且不与存。然既不废民主之名，爱饩羊者犹未绝念也，故劳宋之狱，发为公令，重申共和，紊乱国宪，刑所不宥。识者伤满洲既斩之泽，尤幸今后狄克铁特将无可假之词。口血未干，言犹在耳，而今竟以民主帝政见告，立会在政治首要之地，主事皆左右近幸之人，收集党徒，明谋不轨，内结轻佻无行之客，外连专阃强暴之夫以致其事。一时之间，奸言并进，叛国之说如云，而言官不敢言，法官不敢问，唯闻明抗者有显祸，阴拒者遭监视，外人之观国者，群谓苟叠达之期，行且不远。身居民国，而一谈共和，刑僇随之，是实质之中，国家已陷入无政府之境地矣。举凡前此带山砺河一切之誓，于今所未便，即悍然毁灭，使无或遗。而司其说者，犹欲以将来立宪为饵，而欲人之欣然乐从，俯首而听命，此岂可得之数耶？黄君远生曰，"只问政体，不问国体"，此最辩之言也。信如斯言，则政体为重，国体为轻。又如斯言，则重者宜一国之所同重，轻者宜一国之所同轻。国体轻矣，论者既责三万九千九百九十九万九千九百九十九人轻其所轻，而独于一人之重之，不惜冒万险排万难以争之者，不同以轻其所轻，来相劝勉。此何说也，姑不具论，假定吾人转而争政体矣，愚又尝有说以处此曰：

　　有一说曰，吾人所当争者宪政耳，苟得立宪，戴君初不为玷，共和石田，耕之何用？此说在辛亥革命以前，诚不失为一种健全之论，康先生救亡之论，慷慨万言，即不外是，不然，而为复辟论者所持，亦复言之成理。盖满洲之无力，即返政亦犹有然，非出于完全立宪之一途，彼将无自存之地，故只须急激者不更揭橥共和名义以兴革命，更无莽操之徒，假天子之令以行其奸，则虚君共和，好自为之，必无蹉跌。而今非其类也，今苟改立君制，孰敢保吾宪政可见实行？果可实行，胡乃不为之于民主之时，而必留以有待于立君之日，所谓司马昭之心，路人皆见，殆此类语言见之者欤？

此最后一语，即以破立宪论之全据而有余。夫君主立宪，义原不恶，但立宪之事，求之于累叶相承之君主可得，求之于狄克铁特之君主则不可得，此非意有所不欲，实乃势有所不能。盖当其为狄克铁特时，所得维持秩序者暴力耳，及为皇帝，所须暴力之量尤大，一旦去其暴力，即失其所以自存之方，计唯继续保之，以待天下之变，谚所谓骑虎之势是也。而真正之宪政，与暴力相反者也，岂其立之，以图自杀。然谓其时将无一种宪法，亦不为确。卢梭有言，最强者欲永为其最强，不得不以其权利化为法律。以情推之，此类法律，必将起草。唯此而谓之法律，终为暴力之变形，人民相与守之，殆与暴力同其命运，暴力朝去，颠覆夕随，以是而言宪政，岂非梦呓？怪哉黄君远生之引波因哈克之说也，曰："其力既无所限制，自必日走于极端，而遂取灭亡。彼曷为而致灭亡？夫既已自弑历史上之权利，自伤政体之神圣，一旦得志，而欲以我新获之权利，造成历史之根柢，虽百般拥护，未有能济。"黄君引此，盖以影射前此失败之革命党。以愚所知，此段出于波氏之《国家论》，以极诋民主专制之害者也。夫强者相倾，甲踣而乙起，乙踣而丙起，皆循同一之轨辙，不得以意为之低昂。故波氏既举黄君所引之词，其下即曰："民主专制，成于暴力，复以暴力毁之，无所谓其违法，故此种政制，实与魔性以俱生，人或以虚伪与暴力，为班拉巴【今译波拿巴，下同】主义之特质；虽然，此非独班拉巴及其政治家之个人特性然也，虚伪及暴力，实为适合于此政体之本质，其影响盖不期而及于参与政治之个人焉。"斯言也，乃合一切民主专制而总衡之，殆无一而可自外。吾国今时政治之为民主专制，黄君虽欲否认，想不可能。若由此而帝焉，其事亦略同于班拉巴之加冕，亦无可为讳，则欲假波氏之言以自重，亦唯将现在及今后若干年所欲讴歌之政治，与今日以前所诅咒之政治，纳于同一范畴之下，受其批评已耳。轩一而轻其二，信乎其未有当也。况吾国辛亥革命，党人虽起，在政治上未尝握有统一之权，所谓力无限制，日走极端，今日以前，尚无人足当此目；纵谓足当，亦不过如今之比，则灭亡云者，前已见之，以史例而推，又将继此而有所见，何也？彼既入乎民主专制之轮回，其自紊历史权利，自伤政体神圣，其不能以新获之权利，造成历史之根柢，与他之灭亡者一致，无可逃也。世之善读波氏之书者，若疏其意而有异夫此之所云，虽在万里，愚犹将策马以从之，而黄君乃欲引此，以证君主立宪，与民主帝政之中，有何关系，初不料同读一书，而见解之不齐，有若此也。立宪之不可能如此，以波氏之崇尚君权者知之，岂古氏习于共和之治而不之知，知之而犹故张其万不可通之说，以耸人听，则其用心必有能辨之者矣。

综观古氏之文，或则措词矛盾，进退而无所据，或则立说惝恍，使人不可捉摸，或则避重就轻，故示问题解决之易易，以导人于迷路。呜呼！江湖文士，口舌为佣，揣摩尝试之说，亦何所不至。可痛者吾国竟有人焉，以为目虾，而自为其水母，流毒所被，驯至天地易位，妖孽横生，岂非古今之奇变。韩非曰："羁旅侨士，重帑在外，上间谋计，下与民事者可亡也。"意者吾国其亡矣，意者吾国其亡矣。

《甲寅杂志》第一卷第九号，一九一五年九月十日，署名秋桐

有如三保

严 复

今者执中国之涂人而强聒之曰：世法之变，将有灭种之祸，不仅亡国而已。则强者必怒于形，弱者必怒于色；而黠者且目笑而存之，其心以为自中国驱夷无术，汉奸孔多，利在变法，取已成之制度而纷更之，因势乘便以规富贵，故为此不可知未曾有危词，助彼族相恫喝。不然，中国以四十四万九千方迷卢（英里）之地，开国自黄帝至今，四千三百八十六年，孳乳浸多，而有三百四十一兆一十八万之民众；纵世运有盛衰，而天运循环，互为雌雄，亡国且不必然，何所谓灭种者？此其说甚伟。使其果然，则吾辈与彼，均可式食式饮而听天下事之自至。夫人情乐逸休而苦劳动，利守旧而惮谋新，吾与若情一而已。且以一二人倡为危论，以扰天下优游暇豫之心者，天下之所恶也。且其甚为怪民，为妖言。彼且不恨外仇，而恨倡为是言以形其丑辱。以眇眇之身，集高墉而为群矢的，智者所不为。往者江浙之间，有五通神淫祀也。天大雨淫潦，一狂生取其象横水中为砆以过。俄而乡民至，大惊畏，跪起其象，拂拭之，复其位而去。其夕见梦曰："吾为砆潦中，时日不利耳。尔何物，乃众辱我！罪死无赦！"遂病热死。今之从政者，大抵五通神。东西洋诸国为狂生，而持危言竦论痛哭流涕以道之者，则乡愚也。其见怪梦而责死，又胡疑乎！虽然，使其身蒙祸而国势尊，民智进，虽灭死何足恨。独恨危身亡躯，于时事无丝毫补耳。夫人生于一群之中，犹大质之一点，其为力本微。昌言驾说，犯天下之所不喜，被讥弹，蒙谤议，甚且危身亡躯，是亦可以已矣。而犹强聒不舍者，盖其心以为民之于国，犹子之事父母也。孔子不云乎？"见志不从，又敬不违，劳而不怨。"此其被讥弹，蒙谤议，甚且危身亡躯而不见可悔者，守孔子之道而不敢畔云尔。

今夫灭种之祸，不睹事物之真者，咸不知其所谓。吾且不本动植之事，取群学之例而言之，但取众人之所睹听者而言之，已可见矣。

今天下官民所交困者，非钱荒谷贵二事乎？吾辈试思：钱之所以荒，谷之所以贵，与夫钱荒谷贵之流极，则于事时之艰，种之难存，思过半矣。驱夷闭关之说既不可行，则中外之通，日甚一日，虽甚愚亦知之。既通矣，则中外食货，犹水互注，必趋于平，又无疑也。数十年来，泰西日本皆废银而用金，故其银为无用而价跌。彼跌之则我不能独腾，而我银亦日贱，于是前之受银者，降至七八折不止，而官始困矣。至于谷贵，则其祸尤烈。二十年以前，编户之家，月得三千有以资八口，至于今则养两人殆不足。夫如是，则前之三餐者今则两餐矣，前者两餐者今则一餐矣，甚且如颜鲁公举家食粥者有之，饥饿不能出门户者有之。吾尝闻化学家之说，物之焚也，皆以其质与养气合，故世间物有快焚，有慢焚。快焚者，火烈具举，顷刻灰烬是也；慢焚者，如草木之槁腐，如铜铁之锈涩是也。二者迟速虽不同，而皆归于灰烬。由是推之，则世间亦有快饿死，慢饿死。快饿死者，罗雀掘鼠，粮食罄尽，转为沟瘠是也；慢饿死者，饮食不蠲，颠顑不饱，阴消潜削，乃成羸民，疾疫一兴，如风扫箨，男女老少，争归北邙是也。诸君试闭目静念：今日谷贵如此，一府一县罹此祸者凡有几家，其老迈者何以终天年，其幼少者何以遂其长养。而且仓廪不实，风化日衰。争夺既兴，世且大乱。今者外国取通，尚不外沿海各省而已，而籴贱卖贵，已足使吾民之病如此。设他日遍地通商，而吾黯然犹不知所以为待之术，则其祸当如何？则知吾灭种之说，非恫愒之词，而为信而有征者矣。悲夫！于是闻吾说者，乃谓此海禁所以万不可开，和约必不可立，吾唯抵死守吾驱彝之策而已，庶有豸乎？此其所云，果能必济，则虽非至策，固亦大妙；而无如观五十年内之国事阅历，使其人略有识解，应当知此法之必不可行，尝试为之，亡灭更速。且即使可行亦非至策云者，盖即竭力而济，亦不过将此局面推之后来，且发迟而其祸更烈。天下之至不仁，莫若苟且自救，祸遗后人。地学家谓澳洲以夐远不通之故，其中动植诸物皆比欧亚为后一期，如甘噶卢、鸭嘴獭之类，前虽有以自存，今者与旧洲忽通，前种皆站不住。可知外物之来，深闭固拒必非良法，要当强立不反，出与力争，庶几磨砺玉成，有以自立。至于自立，则彼之来皆为吾利，吾何畏哉！又有一种自命智计之士，以谓周利则凶年不杀，故明知国势既危，其心之谋利益至，而能事又不足以取外以附内，而徒侵夺于同种并国之中。以智侵愚，以强暴弱，民为质点，爱力全无，所谓自侮而后人侮，自伐而后人伐。如此者，皆灭种功臣。而他日乱世多财，自存无术，其亡更速，则置之不足道也。

今日更有可怪者，是一种自命孔教之人，其持孔教也，大抵于耶稣谟罕【今译穆罕默德】争衡，以逞一时之意气门户而已。不知保教之道，言后行先则教存，言是行非则教废。诸公之所以尊孔教而目余教为邪者，非以其理道胜而有当于人心多耶？然天下无论何教，既明天人相与之际矣，皆必以不杀、不盗、不淫、不妄语、不贪他财为首事。而吾党试自省此五者，果无犯否，而后更课其精，如是乃为真保教。不然，则孔教自存，灭之者正公等耳，虽日打锣伐鼓无益也。且孔子当日，其拳拳宗国之爱为何如？设其时秦、楚、吴、越有分东鲁之说，吾意孔子当另有事在，必不率其门弟子如由、求、予、赐诸人，向三家求差谋保；而洙泗之间弦歌自若，一若漠不相关也者；又不至推六经诸纬，委为天心国运可知。且记称"毋意，毋必，毋固，毋我"，则必不因四国为夷狄，而绝不考其行事而谋所以应付之方。然则以孔子之道例今人，乃无一事是皈依孔子。以是而云保教，恐孔子有知，必不以公等为功臣也。且外人尝谓以中土士夫今日之居心行事而言，则三千年教泽结果不过如是，自然其教有流弊根苗，所以衍成今日之世道。然则累孔教，废孔教，正是我辈。只须我辈砥节砺行，孔教固不必保而自保矣。

本馆数日前接到泰西访事友人一信，今略陈之，则我辈凡为中国男子者，皆当愧死。信云：前有法兰西人名迈特者，为福建船厂雇为教习有年，娶一粤女为妇，伉俪甚笃。生二女一男，长者今过笄矣。迈归，挈之回法，入学皆通达。去岁自德占胶州、俄租旅顺之后，欧洲国论纷纭，皆云瓜分之局已具。是二女者，日夜流涕，至忘寝食。每日早起，有闻卖报过者，必讯其有中国事否，有则必购阅之，阅已复哭。见其弟，则勖其努力为学，后日归华，为黄种出死力也。此固友人亲见之者，非谬悠之说也。其书后尚云：华人素斥西洋为夷狄，而不知此中人民，君民相与之诚，伉俪之笃，父子之爱，朋友之信，过吾中国之常人千万也，则其说狂而悖矣。嗟乎！诸公何必学孔子，但能以迈二女子之心为心，则不佞高枕无忧，有以知中国之不亡矣。因与客论保种、保国、保教而视缕如此。

与英报记者之谈话

1915 年 9 月 4 日

梁启超

英文《京报》记者因筹安会事及宪法起草事，特往天津访问梁任公。任公方患赤痢颇剧，记者就病榻有所询，先生强答之，今转录其谈话如左。

记者问曰：近日来都中有人发起筹安会，讨论国体问题，先生于意云何？梁君答云：鄙人一年以来，欲肆力于社会事业久矣，厌作政谈，即鄙人畴昔好为政谈之时，亦曾标举二语，以告于众曰：只论政体，不论国体。故国体问题，尤鄙人所不愿谈也。

记者问曰：既云只论政体，不论国体，则国体无论为共和为君主，应无反对，且先生于数年前不尝著论力主君主立宪乎？梁君答曰：吾所为只论政体，不论国体者，常欲在现行国体之下，求政体之改革，故当前清末叶共和革命论极盛之时，吾独坚持君宪说，与革命党笔战，累十数万言，直至辛亥八月，武昌起事之后，吾犹著《新中国建设问题》一书，谓虽不得已而行共和，亦当虚存君位。近今某报所登古德诺博士论著商榷共和利病，且引中美、南美乱事为证，此种议论，此种证据，吾无一不于十年前痛切言之，其言视古氏所说详尽透辟更加十倍，《新民丛报》、《饮冰室文集》等书流布人间者，不下数十万本，可覆按也。即当辛亥九月著《新中国建设问题》时，欲迁就以存虚君，无聊之极思乃陈三义：一曰仍存清室，二曰虚拥衍圣，三曰求立明后。此虽滑稽之谈，然吾当时怵于变更国体之危险，情急之状可以想见，今之谈第二次变更国体者，犹以此三义为研究之资料也。吾当时岂有所爱于君主政体，而必犯众怒以为之拥护者？吾以为国体与政体本绝不相蒙，能行宪政，则无论为君主为共和，皆可也；不能行宪政，则无论（为）君主为共和，皆不可也。两者既无所择，则毋宁因仍现在之基础，而徐图建设理想的政体于其上，此吾数十年来持论之一贯精神也。夫天下重器也，置器而屡迁之，其伤实多，吾滋惧焉。故一面常欲促进理想的政体，一面常欲尊重现在的国体。此无他故焉，盖以政体之变迁，其现象常为进化的，而国体之变更，其现象常为革命的。谓革命可以求国利民福，吾未之前闻。是故吾自始未尝反对共和，吾自始未尝反对君主，虽然，吾无论何时皆反对革命，谓国家之大不幸莫过于革命也。

记者问曰：筹安会一派之言论，谓共和必不能立宪，唯君主乃能立宪，此理何如？梁君答曰：鄙人愚昧，实不解此，吾求诸中外古今学者之理论而不得其解，吾求诸中外古今列国之故实而亦不得其解。今日中国欲变专制为立宪，其一当视主权者拥护宪政之诚意何如，其二当视国民运用宪政之能力何如。谓此二者缘国体之变更而遂生异动，吾百思不得其解也。

记者问曰：古德诺博士谓中国欲变更国体，须有三条件，其第一条件则须国中多数优秀之民咸不反对，此条件可望实现否？梁君答曰：国体而到必须变更之时，则岂更有反对之余地？除乘机徼利借口生事之乱党外，决无人昌言反对者，吾敢断言也。虽然，变更国体一次，则国家必丧失一部分热心政治之正人，吾又敢断言之。共和建设以还，蔚成之时彦虽多，然有用之才自甘遁弃者，以吾所知，盖已不少。识者未尝不为国家痛惜，然士各有志，无如何也。若更有第二次之变更国体，前次之遁弃者，固断不复出，而继此而遁弃者恐视前更多耳。果尔，则亦殊非国家之福也。

记者问曰：变更国体之事，将来能否成为事实，且大总统之意向如何，先生亦有所闻否？梁君答曰：此事能否成为事实，吾殊难言，就理论先例观之，恐在所不免。力学之理，有动则必有反动，此原则之无可逃避者也。既有第一次之变更国体，自应有第二次之变更国体赓续而起，其动因非在今次而实在前次也。吾昔在《新民丛报》与革命党论，谓以革命求共和，其究也必反于帝政；以革命求立宪，其究也必反于专制。吾当时论此焦唇敝舌，而国人莫余听，乃流传浸淫，以成今日之局。今以同一之论调，易时而出诸外国博士之口，而臭腐忽为神奇，相率以研究之，既可怪诧，尤当知吾十年前所预言者，今外国博士所称述只得其半耳，其余一半，则吾唯冀吾言之不中也。若夫我大总统乎，则两次就位宣誓，万国共闻，申令煌煌，何啻三五，即偶与人泛论及此问题，其断不肯帝制自为之意，亦既屡次表示，有以此致疑吾大总统者，恐不敬莫大乎是也。

记者问曰：筹安会一派谓古德诺博士实倡此说，而本记者前访博士，则谓并无此主张，先生与博士夙交好，尝与论及否？梁君答曰：此次博士重来，曾一见访，吾适在津，未获相见。唯博士尝有书致宪法起草会，所言皆就国民宪法立论，未尝他及也。

记者问曰：闻先生在宪法起草会列席颇少，何故？梁君答曰：吾自南游一次，感受暑热，继续患病，旋愈旋作，中间或不能列席，非有他故。且前数次所讨论尚未及宪法内容，偶缺席当无伤，此后深愿与同人作速进行，将此种国家根本大法早具草案，聊尽国民义务于万一也。

孔子评议（上）

易白沙

天下论孔子者，约分两端：一谓今日风俗人心之坏，学问之无进化，谓孔子为之厉阶；一谓欲正人心、端风俗、励学问，非人人崇拜孔子，无以收拾末流。此皆瞽说也。国人为善为恶，当反求之自身，孔子未尝设保险公司，岂能替我负此重大之责。国人不自树立，一一推委孔子，祈祷大成至圣之默祐，是谓惰性；不知孔子无此权力，争相劝进，奉为素王，是谓大愚。

孔子当春秋季世，虽称显学，不过九家之一；主张君权于七十二诸侯，复非世卿，倡均富，扫清阶级制度之弊，为平民所喜悦，故天下丈夫女子，莫不延颈举踵而愿安利之。无地而为君，无官而为长，此种势力，全由学说主张，足动当时上下之听。有与之分庭抗礼同为天下仰望者，墨翟是也。有诋其道不足救国而沮之者，齐之晏婴、楚之子西及陈蔡大夫是也。所以孔子只能谓之显学，不得称以素王。其后弟子众多，尊崇其师贤于尧舜；复得子夏教授西河，为魏文侯师；子贡常相鲁卫，家累千金。孔门学术赖以发扬，然在社会犹一部分之势力而已。至秦始皇摧残学术，愚弄黔首，儒宗亦在坑焚之列。孔子弟子善于革命，鲁诸儒遂持孔氏之礼器，往奔陈涉，此盖以王者受命之符运动陈王，坚其揭竿之志。远孙孔鲋且为陈涉博士，与之俱死。刘季马上得天下，不事诗书，项羽授首，鲁竟不下，荐绅先生大张弦诵之声。汉高祖震于儒家之威，鉴秦始覆辙，不敢再溺儒冠，祠孔子以太牢，博其欢心，是为孔子身后第一次享受冷牛肉之大礼。汉武当国，扩充高祖之用心，改良始皇之法术。欲蔽塞天下之聪明才志，不如专崇一说，以灭他说，于是罢黜百家，独尊儒术，利用孔子为傀儡，垄断天下之思想，使失其自由。时则有赵绾、王藏、田蚡、董仲舒、胡母生、高堂生、韩婴、伏生、辕固生、申培公之徒，为之倡筹安会，中国一切风俗、人心、学问，过去未来之责任，堆积孔子之两肩。全国上下，方且日日败坏风俗，斫丧人心，腐朽学问。此三项退化，至两汉以后，当叹观止矣！

而曹丕之尊孔实较汉武有加。其诏曰：

昔仲尼姿大圣之才，怀帝王之器，当衰周之末，而无受命之运，在乎鲁卫之朝，教化乎洙泗之上，栖栖焉，皇皇焉，欲屈己以存道，贬身以救世，于时王公终莫能用。乃退考五代之礼，修素王之事，因鲁史而制春秋，就太师而正雅颂，俾千载之后，莫不采其文以述作，仰其圣以成谋，咨可谓命世之大圣，亿载之师表者已。……

更以孔羡为宗圣侯，修旧庙，置吏卒，广宫室，以居学者。不知汉高帝、武帝、魏文帝皆傀儡孔子，所谓尊孔，滑稽之尊孔也。典礼愈隆，表扬愈烈，国家之风俗人心学问愈见退落。孔子不可复生，安得严词拒绝此崇礼报功之盛德耶？就社会心理言之，昔之丈夫女子延颈举踵而望者，七十子之徒尊崇发扬者，已属过去之事。国人唯冥行于滑稽尊孔之毂中，八股试帖，俨然衣钵，久而又久，遂成习惯，有人诋此滑稽尊孔者，且群起斥为大逆不道。公羊家接踵，谶说垒起，演成种种神秘奇谈：身在泰山，目能辨吴门之马；饮德能及百觚；手扛国门之关，足蹑郊堙之虎；生则黑帝感召，葬则泗水却流；未来之事，遗子谶书；春秋之笔，绝于获麟；几若天地受其指，鬼神为之使令，使人疑孔子为三头六臂之神体！公羊家之邪说，实求合滑稽尊孔者之用心，故历代民贼，遂皆负之而趋矣。乃忧时之士，犹思继续演此滑稽之剧，挽救人心，岂知人心风俗即崩离于此乎！

中国二千余年尊孔之大秘密既揭破无余，然后推论孔子以何因缘故被野心家所利用，甘作滑稽之傀儡，是不能不归咎孔子之自身矣！试分举之：

一、孔子尊君权，漫无限制，易演成独夫专制之弊。君主独裁，若无范围限制其行动，势将如虎傅翼，择人而食。故中国言君权，设有二种限制：一曰天，一曰法。人君善恶，天为赏罚，虽有强权，不敢肆虐，此墨家之说也。国君行动，以法为轨，君之贤否，无关治乱，法之有无，乃定安危，此法家之说也。前说近于宗教，后说近于法治，皆裁抑君主，使无高出国家之上。孔子之君权论无此二种限制。君犹天也，民不可一日无君，犹不可一日无天（《尚书·大传》孔子对子张语）；以君象天，名曰王王；又曰：帝者，天称也；又曰：天子者，继天理物，改一统，各得其宜，父天母地，以养万民。皆以君与天为一体，较墨翟以天制君者绝异，所以不能维持天子之道德。言人治不言法治，故是尧非桀；叹人才之难得，论舜治天下由于五臣，武王治天下由于十臣；一人有庆，兆民赖之；《孝经》、《论语》之大义微言，莫不主张人治。荀子言，有治君，无治国，有治人，无治法，即师承孔子人治之义，彰明较著以言之也，较管、商、韩非以法制君，又迥然不同，所以不能监督天子之行动。天子既超乎法律道德之外，势将行动自由，漫无限制，则修身、齐家、治国、平天下诸空论，果假何种势力迫天子以不得不遵？孟子鉴及此弊，阐明君与国之关系，论民为贵，社稷次之，君为轻。于是弃孔子之君治以言法治，谓先王之法，犹五音之六律，方圆之规矩，虽有尧舜，舍法取人，不能平治天下。其言得乎丘民为天子，舜禹践位，亦由民之讴歌，非孔子所敢言也。

二、孔子讲学不许问难，易演成思想专制之弊。诸子并立，各思以说易天下。孔子弟子受外界激刺，对于儒家学术不无怀疑，时起问难。孔子以先觉之圣，不为反复辨析是非，唯峻词拒绝其问。此不仅壅塞后学思想，即儒家自身学术，亦难阐发，盖真理以辩论而明，学术由竞争而进也。宰我昼寝，习于道家之守静也，则斥为朽木；樊迟请学稼圃，习于农家并耕之义也，则诋为小人；子路问鬼神与死，习于墨家明鬼之论也，则以事人与知生拒绝之；宰我以三年之丧为久，此亦习于节葬之说也，则责其不仁。宰我、樊迟、子路之被呵斥，不敢申辩，犹曰此陈述异端邪说也。乃孟懿子问孝，告以无违，孟懿子不达，不敢复问，而请于樊迟；樊迟问仁智，告以爱人知人，樊迟未达，不敢复问，而请子夏；孔子告曾子，吾道一以贯之，门人未达，不敢直接问孔子，而间接问曾子。师徒授受，几杖森严，至禁弟子发言，因此陈亢疑其故守秘密，询异闻于伯鱼。一门之中，有信仰而无怀疑，有教授而无质问。王充《论衡》曰："论者皆云孔门之徒，七十子之才，胜今之儒，此言妄也。彼见孔子为师，圣人传道，必授异才，故谓之殊。夫古人之才，今人之才也；今谓之英杰，古以为圣神，故谓七十子历世希有。使当今有孔子之师，则斯世学者，皆颜、闵之徒也；使无孔子，则七十子之徒，今之儒生也。何以验之？以学于孔子，不能极问也。圣人之言，不能尽解，宜难以极之。皋陶陈道帝舜之前，浅略未极，禹问难之，浅言复深，略指复分，盖起问难。此说极而深切，触而著明也。"（见《问孔篇》）王充责七十子不能极问，不知孔子不许极问也：少正卯以大夫讲学于鲁，孔子之门，三盈三虚，不去者唯颜回，昔日威严几乎扫地。故为大司寇仅七日即诛少正卯，三日尸于朝，示威弟子，子贡诸人为之皇恐不安。因争教而起杀机，是诚专制之尤者矣！至于叩原壤之胫，拒孺悲而歌，犹属寻常之事也。

三、孔子少绝对之主张，易为人所借口。孔子圣之时者也，可以仕则仕，可以止则止，可以久则久。其立身行道，皆抱定一"时"字。教授门徒，亦因时因地而异。韩昌黎言孔子必用墨子，墨子必用孔子。夫孔墨言行大悖，岂能相用？盖因孔子讲学无绝对主张：言节用爱众，颇近墨家节用兼爱之说；虽不答鬼神之问，又尝言祭鬼祭神，颇近明鬼之说；虽与道家背驰，亦称不言之教，无为之治；不谈军旅，又言教民即戎；主张省刑，又言重罚；提倡忠君，又言不必死节；不答农圃，又善禹稷躬稼。此讲学之态度极不明了也。门人如子夏、子游、曾子、子张、孟子、荀卿，群相非谤，各以为圣人之言，岂非态度不明之故，酿成弟子之争端耶？至于生平行事，尤无一定目的。杀身成仁，仅有空论，桓魋一旦见陵，则微服而过宋；穷于陈蔡，十日不食，子路烹豚，褫人衣以沽酒，则不问由来而饮食之；鲁哀迎飧，席不正不坐，割不正不食，沽酒不饮，从大夫之后不敢徒行，视陈宋之时，迥若两人；求如宗教家以身殉道，墨家赴汤蹈火死不旋踵，商鞅、韩非杀身行学，皆不可得。美其名曰中行，其实滑头主义耳！骑墙主义耳！肸肹见召而欲往，南子请见而不拒，此以行道为前提，小德不逾闲，大德出入可也。后世暴君假口于救国保民，污辱天下之名节，皆持是义。

四、孔子但重作官，不重谋食，易入民贼牢笼。君子谋道不谋食，学也禄在其中，是为儒门安身立命第一格言。孔门之学在于六经，六经乃先王治国政典，管子谓之六家，君与民所共守也（见《山权数篇》）。孔子赞易、删诗书、定礼乐、修春秋，遂有儒家之六艺。孔子尝执此考察列国风俗政教，其言曰：

入其国，其教可知也。其为人也，温柔敦厚，《诗》教也；疏通知远，《书》教也；广博易良，《乐》教也；洁净精微，《易》教也；恭俭庄敬，《礼》教也；属辞比事，《春秋》教也。故诗之失愚；书之失诬；乐之失奢；《易》之失贼；《礼》之失烦；《春秋》之失乱。其为人也，温柔敦厚而不愚，则深于者《诗》矣；疏通知远而不诬，则深于《书》者矣；广博易良而不奢，则深于《乐》者矣；洁净精微而不贼，则深于《易》者矣；恭俭庄敬而不烦，则深于《礼》者矣；属辞比事而不乱，则深于《春秋》者矣。

孔子因此，明于列国政教，故陈说六艺，干七十二君。孔子三月无君，则皇皇如也。出疆必载质，六艺者孔子之质也，亦孔子之政见书也。孔子尝谓老聃曰："丘治《诗》、《书》、《礼》、《乐》、《易》、《春秋》六经，自以为久矣，孰知其故矣。以干七十二君，论先王之道，而明周召之迹，一君无所钩用。甚矣夫人之难说也，道之难明邪！"老子曰："幸矣，子之不遇治世之君也！夫六经先王之陈迹也，岂其所以迹哉？"（见《庄子·天运篇》）是孔子虽干说诸侯，一君无所钩用，昔言禄在其中，已失效验，忧贫之事，其何可免？既不屑耦耕，又不能捆屦织席，不能执守圉之器以待寇，不能制飞鸢车辖以取食。三千弟子中，求如子贡之货殖，颜回之躬耕，盖不多见。然子贡常相鲁卫，游说列邦，不专心于货殖；颜回且说齐君以尧舜黄帝之道，而求显达，其志亦非安于陋巷箪瓢，鼓琴自娱者矣。儒家生计，全陷入危险之地，三月无君，又焉得不皇皇耶？夫孔子或志在救民，心存利物，决非熏心禄饵，竦肩权贵，席不暇暖，尚可为之原恕。唯流弊所趋，必演成哗世取宠，捐廉弃耻之风俗。李斯鉴于食鼠窃粟，遂恶卑贱而悲穷困，鲁诸生各得五百斤金，因尊叔孙通为圣人。彼去圣人之世犹未远也，贪鄙龌龊，已至于此，每况愈下，抑可知矣！

以上四事，仅述野心家利用孔子之缺点，言其学术，犹待下篇。

一九一六年二月十五日《青年杂志》一卷六号

孔子评议（下）

易白沙

　　中国古今学术之概括，有儒者之学，有九家之学，有域外之学。儒者孔子集其大成。九家者道家、阴阳家、法家、名家、墨家、纵横家、杂家、农家、小说家，各思以学易天下，而不相通。域外之学，则印度之佛，皙人物质及精神之科学。所以发挥增益吾学术者，三者混成，是为国学。印度、欧洲，土宇虽远，国人一治其学，螟蛉之子，祝其类我。佛教之发扬于中国，已有明征；西土文明，吾方萌动，未来之演进，岂有穷期！以东方之古文明，如西土之新思想，行正式结婚礼，神州国学，规模愈宏，愚所祈祷，固不足为今之董仲舒道。何也？今之董仲舒，欲以孔子一家学术代表中国过去未来之文明也。

　　以孔子统一古之文明，则老、庄、杨、墨、管、晏、申、韩、长沮、桀溺、许行、吴虑，必群起否认，开会反对。以孔子网罗今之文明，则印度、欧洲，一居南海，一居西海，风马牛不相及。闭户时代之董仲舒，用强权手段，罢黜百家，独尊儒术；开关时代之董仲舒，用牢笼手段，附会百家，归宗孔氏。其悖于名实，摧沮学术之进化，则一而已矣。汉武帝以来，二千有余岁，治学术者，除王充、嵇叔夜、金正希、李卓吾数君子而外，冠圜履句，多抱孔子万能之思想。谓孔子称西方之人有圣者焉（见《列子·仲尼篇》），乃与佛教精神相往来；《礼运》言大同之世，天下为公，选贤与能，符于世界未来之文化。此种理论，是否合于事实，非愚所敢武断。即令近代文物，孔子皆能前知，发为预言，遂使远方学术，一一纳诸邹鲁荐绅先生之门，汉武帝复生，亦难从事于斯矣。圣哲之心理虽同，神明之嬗进无限。孔子自有可尊崇者在，国人正无须如八股家之作截搭题，以牵引傅会今日学术，徒失儒家之本义耳。

　　尊孔子者又以古代文明创自孔子，即古文奇字亦出诸仲尼氏之手，沮诵、仓颉，失其功用（近儒廖平之学说）。夫文化由人群公同焕发，睿思幽渺，灵耀精光，非一时一人之力所能备；文字为一切文化之结晶，尤难专功于一人。故西方言，希腊、罗马文字者，不详始作之人。中国文字，亦复如是。故学者言文字起原，其说不一：有谓始于庖牺者（许慎《说文解字》序）；有谓始于容成氏、大庭氏者（《庄子》云：当是时也，民结绳而用之）；有谓始于无怀氏以前者（《管子·封禅篇》）；有谓始于仓颉者（《鹖冠子》、《吕氏春秋》皆言之）；而荀子则曰好书者众矣，而仓颉独传者一也。此言古人作书者众，不过仓颉集其大成，所以独传。人文孟晋，决非一代一人能奏功效。文字创造，归美仓颉，犹且不可，况仓颉二千年后之孔子乎？周之保氏，教国子以六书，周秦诸子皆受保氏之教，孔子因此精于六书。试举许氏《说文解字》所引孔子之说证列于左：

王孔子曰：一贯三为王。

士孔子曰：推一合十为士。

璠孔子曰：美哉璠与，远而望之，焕若也；近而视之，瑟若也。一则理胜，二则学胜。

羊孔子曰：牛羊之字，以形举也。

貉孔子曰：貉之为言恶也。

乌孔子曰：乌，于呼也。

几孔子曰：人在下，故诘诎。

犬孔子曰：视犬之字，如画狗也。

狗孔子曰：狗，叩也。叩气吠以守。

六书纲要，在形、声、训三者。孔子解字，皆能得其本原。愚谓尊孔子者，与其奉以创造文字之虚名，无宁扬其精深六书之实德。为政之道，先以正名。郑氏注曰：正名，谓正书字也。古者曰名，今世曰字。孔子见时教不行，故欲正其文字之误。文字为一国文明之符号，欲政治修明，必先正其文字。孔子深于文字之学，知其关系人民甚切也。周室衰微，保氏失教，列国并起，文字错乱。实以中国文字，本不统一，一代有一代之文，各国有各国之文，学者不便，莫甚于此。其后大儒李斯相秦，统一文字，以行孔子正名之说。中国文字统一，孔子倡之，而李斯行之，诚不能不拜儒者之嘉赐矣。

古代学术，胚胎既早，流派亦歧，不仅创造文字不必归功孔子，即各家之学，亦无须定尊于一人。孔子之学只能谓为儒家一家之学，必不可称以中国一国之学。盖孔学与国学绝然不同，非孔学之小，实国学范围之大也。朕即国家之思想，不可施于政治，尤不可施于学术。三代文物，炳然大观，岂一人所能统治？以列国之时言之，孔子之学，与诸子之学，门户迥异。读周秦典籍者，类能知之。班固《艺文志》曰：

儒家者流，盖出于司徒之官。道家者流，盖出于史官。阴阳家者流，盖出于羲和之官。法家者流，盖出于理官。名家者流，盖出于礼官。墨家者流，盖出于清庙之守。纵横家者流，盖出于行人之官。杂家者流，盖出于议官。农家者流，盖出于农稷之官。小说家者流，盖出于稗官。

各家发源不同，学说主张，因以绝异。儒家游文于六经，干说诸侯，以此为质；而道家则以六经为先王陈迹，不合当世采用；法家亦谓国有礼有乐，有诗有书，必致削亡之祸；墨家则不遵孔子删订之六经，而别立六经。此异于孔子者一也。儒家留意于仁义之际，而道家则曰，大道废，有仁义，绝仁弃义，民复孝慈。又曰为之仁义以矫之，则并与仁义而窃之；法家则曰，仁者能仁于人，而不能使人仁，义者能爱于人，而不能使人爱，是以知仁义之不足以治天下。此异于孔子者二也。儒家祖述尧舜，宪章文武，非先王之法服不敢服，非先王之法言不敢言。而法家则以为伊尹无变殷，太公无变周，则汤武不王；管仲无易齐，郭偃无更晋，则桓文不霸。墨家亦曰，所谓古者，皆尝新矣。道家亦曰，三皇五帝之礼义法度，不贵同而贵治（道家以上古之世为至德，而又不重守古，此其说似相矛盾）。保守主义终不能战胜进化主义，故荀子亦不法先王，而法后王。此异于孔子者三也。儒家慎终追远，厚葬久丧；而墨家则主张三月之丧，三寸之椁；道家则以天地为棺椁，以日月为连璧，星辰为珠玑，万物之赍送；蝼蚁何亲？乌鸢何疏？皆言薄葬短丧。此异于孔子者四也。儒家乐天顺命，以法自然，此近于道家之无为，而悖于墨家之非命。墨家之言曰：今用执有命者之言，则上不听治，下不从事。上不听治，则刑政乱；下不从事，则财用不足。又曰：欲天下之富而恶其贫，欲天下之治而恶其乱，执有命者之言不可不非，此天下之大害也。法家亦言自然，其重在势，道家之言自然，其重在理，与儒家言自然重在天者，稍有不同。此异于孔子者五也。儒家分大人之事、小人之事，不注重农圃；而道家农家均贵自食其力，上可以逍遥物外，保全廉耻，不为卿相之禄所诱；下可以仰事俯畜，免于饥寒，不为失业之游民。许行且倡君臣并耕，禁仓廪府库以自养，舒其平等伟大之精神。法家亦重垦令、贵耕稼，恶谈说智能。此异于孔子者六也。儒家不尚物质，重视形而上之道，贱视形而下之器；而兵家重技巧，以为攻战守备之用；墨家长于制器，手不离规矩，刻木为鸢，飞三日而不集；劚三寸之木，以为车辖，而引五十石之重。司空之教，赖以不坠。此异于孔子者七也。以上七事，仅举其大者。各家学术，皆有统系，纲目既殊，支派亦分，不同之点，何可胜道！庄子所谓譬如耳目鼻口，皆有所明，不能相通。当时思想之盛，文教之隆，即由各派分涂，风森云疾，竞争纷起，应辩相持，故孔子不得称为素王，只能谓之显学。

证以事实，孔子固不得称素王。若论孔子宏愿，则不在素王，而在真王，盖孔子弟子，皆抱有帝王思想也。儒家规模宏远，欲统一当代之学术，更思统一当代之政治。彼之学术，所以运用政治者，无乎不备。几杖之间，以南面事业推许弟子。《说苑》曰：孔子言雍也可使南面，南面者天子也。《盐铁论》曰：七十子皆诸侯卿相之才，可南面者数人。是孔子弟子，上可为天子诸侯，下可为卿相。孔子亦自言，如有用我者，吾其为东周。又言文王既没，文不在兹。此明以文王自任，志在行道，改良政治，非若野心家之囊橐天下。故干说七十二君，而不以为卑；应公山弗扰之召，而不嫌其叛。后人处专制时代，不敢公言南面之志，或尊为素王，或许以王佐，岂非厚诬孔子！孔子以后，有二大儒，一曰孟子，一曰荀子。孟子言五百年必有王者兴，以其时考之则可矣。又曰，如欲平治天下，当今之世，舍我其谁？荀子尝自谓德若尧、禹，宜为帝王，遗言余教，足以为天下法式表仪，所存者神，所过者化。可见孟、荀二巨子，均以帝王自负。列国之君，因疑孔子有革命之野心，不敢钩用。观《史记·孔子世家》所载：

楚昭王将以书社地七百里封孔子。楚令尹子西曰：王之使使诸侯，有如子贡者乎？曰无有。王之辅相，有如颜回者乎？曰无有。王之官尹，有如宰予者乎？曰无有。且楚之祖封于周，号为子男五十里，今孔丘述三王之法，明周召之业，王若用之，则楚安得世世堂堂方数千里乎？夫文王在丰，武王在镐，百里之君，卒王天下，今孔丘得据土壤，贤弟子为佐，非楚之福也。昭王乃止。

得百里之地而君之，以王天下，孔子之志。孟子已言之。令尹子西有见于此，遂沮书社之封。儒家革命思想，非徒托诸空言，且行之事实。如田常篡齐，子贡、宰我颇涉谋乱之嫌疑。《史记·弟子列传》：宰我为临菑大夫，与田常作乱，以夷其族。《墨子·非儒篇》言，孔子遗子贡之齐，因南郭惠子以见田常。则田常之谋齐，宰我、子贡均为谋主。《庄子·盗跖篇》言，田成子常杀君窃国，而孔子受币；《胠箧篇》言，田成子一旦杀齐君而盗其国，并与其圣智之法而盗之。察庄子之言，是孔子亦与闻其事矣。墨子又言其徒属弟子，皆效孔丘。子贡、季路辅孔悝乱乎卫，阳虎乱乎齐，佛肸以中牟叛，漆雕形残。庄子又言子路欲杀卫君，而事不成，身菹于卫东门之上。由诸家所说，子贡、宰我、阳虎、佛肸、漆雕开，皆欲据土壤，以施其治平之学。此处于专制积威之下，不得已而出此。汤武革命，一以七十里，一以百里，天下称道其仁。儒家用心，较汤武尤苦，而诛残贼、救百姓之绩，为汤武所不逮，以列国之君，罪浮于桀纣也。墨翟、庄周不明此义，竟以乱党之名词诬孔门师弟，千载以后，遂无人敢道孔子革命之事。微言大义，湮没不彰。愚诚冒昧，敢为阐发，使国人知独夫民贼利用孔子，实大悖孔子之精神。孔子宏愿，诚欲统一学术，统一政治，不料为独夫民贼作百世之傀儡，惜哉！

一九一六年九月一日《新青年》二卷一号

辟复辟论

1916 年 5 月

梁启超

余在军中既月余，外事稍梗绝，顾闻诸道路，谓海上一二耆旧，颇有持清帝复辟论者，以为今日安得复有此不祥之言，辄付诸一笑。既而审果有倡之而和之者，于是乎吾不能无言也。

就最浅近最直捷之事理言之：今兹国人所为踔厉奋发，出万死不顾一生之计以相争者，岂不曰反对帝制乎哉？反对帝制云者，谓无人焉而可帝，非徒曰义不帝袁而已。若曰中国宜有帝，而所争者乃在帝位之属于谁何，则是承认筹安会发生以后，十二月十三日下令称帝以前，凡袁世凯所作所为，皆出于谋国之忠，其卓识伟划，乃为举国所莫能及。而杨度之《君宪救国论》，实为悬诸日月不刊之书。然则耆旧诸公，何不以彼时挺身为请愿代表，与彼辈作桴鼓应？至讨论帝位谁属之时，乃异军突起，为故君请命，此岂不堂堂丈夫也哉。顾乃不然，当筹安会炙手可热，全国人痛愤欲绝时，袖手以观望成败；今也数省军民为"帝制"二字断吭绝脰者相续，大憝尚盘踞京师，陷贼之境宇未复其半，而逍遥河上之耆旧，乃忽仰首伸眉，论列是非，与众为仇，助贼张目。吾既惊其颜之厚，而转不测其居心之何等也。

夫谓立国之道，凡帝制必安，凡共和必危，无论其持之决不能有故，言之决不能成理也，就让十步、百步，谓此说在学理上有圆满之根据，尤当视民情之所向背如何。国体违反民情而能安立，吾未之前闻。今试问：全国民情为趋向共和乎，为趋向帝制乎？此无待吾词费，但观数月来国人之一致反对帝制，已足立不移之铁证。今梦想复辟者，若谓国体无须以民情为基础耶，愚悍至于此极，吾实无理以喻之；若犹承认国体民情当相依为命耶，则其立论之前提，必须先认定恢复帝制为实出于全国之民意。果尔，则今日国人所指斥袁世凯伪造民意之种种罪状，应为架空诬谤，袁固无罪，而讨袁者乃当从反坐。故复辟论非他，质言之，则党袁论而已，附逆论而已。

复辟论者唯一之论据曰：共和国必以武力争总统也。曰：非君主国不能有责任内阁也。此种微言大义，则筹安六君子之领袖杨度者，实于半年前发明之。杨度之言曰："非立宪不能救国，非君主不能立宪。"吾欲问国人，杨度"非君主不能立宪"一语，是否犹有辩驳之价值？然则等而下之，彼拾杨度唾余以立论者，是否犹有辩驳之价值？以此种驳论费吾笔墨，笔墨之冤酷，盖莫甚矣。但既已不能自已于言，则请为斩钉截铁之数语，以普告新旧筹安两派之诸君子（复辟派所著论题曰《筹安定策》，故得名之曰"筹安新派"）。曰：国家能否立宪，唯当以两条件为前提：其一问军人能否不干预政治，其二问善良之政党能否成立。今新旧筹安派之说，皆谓中国若行共和，必致常以武力争总统，而责任内阁必不能成立。其前提岂不以今后中国之政治，常为武力所左右，而国会与政府皆不能循正轨以完其责也。如其然也，则易共和而为君主，而国中岂其遂可不设一统兵之人？在共和国体之下，既敢于挟其力以争总统，在君主国体之下，曷为不可挟其力以临内阁？彼固不必争内阁之一席也，实将奴视内阁而颐使之。彼时当总理大臣之任者，其为妇于十数恶姑之间，试问更有何宪法之可言？是故今后我国军人之态度，若果如筹安两派之所推定，则名虽共和，不能立宪固也，易为君主，又岂能立宪者？复次，责任内阁以国会为性命，国会以政党为性命。政党而腐败耶，乱暴耶，在共和国体之下，其恶影响固直接及于国会，而间接及于内阁，易以君主，结果亦复同一。彼时当总理大臣之任者，等是穷于应付，而又何有宪法之可言？是故今后我国政客之程度，若果如筹安两派之所推定，则名虽共和，不能立宪固也，易为君主，又岂能立宪者？反是而军人能戢其野心，政客能轨于正道，在君主国体之下，完全责任内阁固能成立；在共和国体之下，完全责任内阁又曷为不能成立？君主国宪法可以为元首无责任之规定，共和国宪法独不可以为同一之规定耶？若谓宪法之规定，不足为保障，则共和宪法固随时可成具文，即君主宪法又安得不为废纸？信如是也，则我国人唯当俯首贴耳，伫候外国之入而统治，此乃我国民能否建国之问题，而非复国体孰优孰劣之问题矣。

抑吾更有一言：今之倡复辟论者，岂不曰惓怀故主也？使诚有爱护故主之心，则宜厝之于安，而勿厝之于危。有史以来，帝天下者，凡几姓矣，岂尝见有不覆亡之皇统？辛亥之役，前清得此下场，亦可谓自古帝王家未有之奇福。今使复辟论若再猖獗，安保移国之大盗不薨除之，以绝人望。又不然者，复辟果见诸事实，吾敢悬眼国门，以睹相续不断之革命。死灰复燃，人将溺之。诸公亦何仇于前清之胤，而必蘖之于无噍类而始为快也。

驳康有为致总统总理书

《新青年》，第 2 卷第 2 号，1916 年 10 月 1 日

陈独秀

南海康有为先生为吾国近代先觉之士，天下所同认。吾辈少时，读八股、讲旧学，每疾视士大夫习欧文、谈新学者，以为皆洋奴，名教所不容也。后读康先生及其徒梁任公之文章，始恍然于域外之政教学术，粲然可观，茅塞顿开，觉昨非而今是。吾辈今日得稍有世界知识，其源泉乃康、梁二先生之赐。是二先生维新觉世之功，吾国近代文明史所应大书特书者矣。厥后任公先生且学且教，贡献于国人者不少，而康先生则无闻焉。不谓辛亥以还，且于国人流血而得之共和，痛加诅咒，《不忍》杂志不啻为筹安会导其先河。天下之敬爱先生者，无不为先生惜之。中国帝制思想，经袁氏之试验，或不至死灰复燃矣。而康先生复于别尊卑、重阶级、事天尊君，历代民贼所利用之孔教，锐意提倡，一若惟恐中国人之"帝制根本思想"或至变弃也者。近且不惜词费，致书黎、段二公，强词夺理，率肤浅无常识，识者皆目笑存之，本无辨驳之价值。然中国人脑筋不清，析理不明，或震其名而惑其说，则为害于社会思想之进步也甚钜，故不能已于言焉。惟是康先生虽自夸："三周大地，游遍四洲，经三十国，日读外国之书"，然实不通外国文，于外国之论理学、宗教史、近代文明史、政治史，所得甚少。欲与之析理辨难，知无济也。曷以明其然哉。原书云："今万国之人，莫不有教，惟生番野人无教。今中国不拜教主，岂非自认为无教之人乎，则甘认与生番野人等乎"。按台湾生番及内地苗民迷信其宗教，视文明人尤笃。则人皆有教，生番野人无教之大前提已误。不拜教主，且仅指不拜孔子，竟谓为无教之人乎，则不拜教主即为无教之小前提又误。大、小前提皆误，则中国人无教与生番野人等之断案，诉诸论理学，谓为不误可乎？是盖与孟子"无父无君，是禽兽也"之说，同一谬见，故知其不通论理学也。欧美宗教，由加特力教（Catholicism）一变而为耶稣新教（Protestantism），再变而为唯一神教

（Unitarianism），教律宗风，以次替废。唯一神教，但奉真神，不信三位一体之说，斥教主灵迹为惑世之诬言，谓教会之仪式为可废。此稍治宗教史者所知也。德之倭根，法之柏格森，皆当今大哲，且信仰宗教者也（倭根对于一切宗教皆信仰，非只基督教已也），其主张悉类唯一神教派，而教主之膜拜，教会之仪式，尤所蔑视，审是西洋宗教，且已由隆而之杀。吾华宗教本不隆重，况孔教绝无宗教之实质（宗教实质，重在灵魂之救济，出世之宗也。孔子不事鬼，不知死，文行忠信，皆入世之教，所谓性与天道，乃哲学非宗教）与仪式，是教化之教，非宗教之教，乃强欲平地生波，惑民诬孔，诚吴稚晖先生所谓"凿孔栽须"者矣。君权与教权，以连带之关系，同时削夺，为西洋近代文明史上大书特书之事。信教自由，已为近代政治之定则，强迫信教，不独不能行之本国，且不能施诸被征服之属地人民。其反抗最烈，影响最大者，莫如英国之清教徒以不服国教专制之故，不惜移住美洲，叛母国而独立。康先生蔑视佛、道、耶、回之信仰，欲以孔教专利于国中，吾故知其所得于近世文明史、政治史之知识必甚少也，然此种理论，必为康先生所不乐闻。即闻之而不平心研究，则终亦不甚了了。吾今所欲言者，乃就原书中，指陈其不合事实、缺少常识、自相矛盾之言，以告天下。以质之康先生。

康先生电请政府，拜孔尊教，南北报纸，无一赞同者。国会主张删除宪法中尊孔条文，内务部取消拜跪礼节，南北报纸，无一反对者。而原书一则曰"当道措施，殊有令国人骇愕者"，再则曰"国务有司所先行，在禁拜圣令，天下骇怪笑骂"。吾知夫骇愕笑骂者，康先生外，宁有几人。乌可代表国人，厚诬天下，此不合事实者一也。

欧洲"无神论"之哲学，由来已久。多数科学家，皆指斥宗教之虚诞，况教主耶。今德国硕学赫克尔，其代表也。"非宗教"之声，已笪动法兰西全国。即尊教信神之"唯一神教派"，亦于旧时教义教仪多所吐弃。而原书云："数千年来，无论何人何位，无有敢议废拜教主之礼，黜教主之祀者"，不知何所见而云然，此不合事实者二也。

吾国四万万人，佛教信者最众，其具完全宗教仪式者，耶、回二教，遍布国中，数亦匪眇。而原书云："四万万人民犹在也，而先自弃其教，是谓无教"，又云："今以教主孔子之神圣，必黜绝而力攻之，是道其民于无教也"。以不尊孔即为无教，此不合事实者三也。

原书命意设词，胥乏常识，其中最甚者，莫若袭用古人极无常识之套语。曰以《春秋》折狱，曰以三百五篇作谏书，曰以《易》通阴阳，曰以《中庸》

传心，曰以《孝经》却贼，曰以《大学》治鬼，曰以半部《论语》治天下。吾且欲为补一言，曰以《禹贡》治水，谅为先生所首肯。夫《春秋》之所口诛笔伐者，乱臣贼子也。今有狱于此，首举叛旗，倾覆清室者，即原书所谓"缁衣好贤宵旰忧劳"之今大总统，不知先生将何以折之（辛亥义师起，康先生与其徒徐勤书称之曰贼、曰叛，当不许以种族之故，废孔教之君臣大义也）？所谓以《大学》治鬼者，未审与说部《绿野仙踪》所载齐贡生之伎俩如何？所谓半部《论语》治天下，不识"民可使由之，不可使知之"、"天下有道，则庶人不议"等语，是否在此半部中也？呜呼，先生休矣。先生硁硁以为议院、国务院无擅议废拜废祀之权，一面又乞灵议院，以"以孔子为大教，编入宪法"，要求政府"明令保守府县学宫及祭田，皆置奉祀官"（以上皆原书语）。夫无权废之，何以有权兴？然此犹矛盾之小者也。孔教与帝制有不可离散之因缘，若并此二者而主张之，无论为祸中国与否，其一贯之精神，固足自成一说，不图以曾经通电赞成共和之康先生，一面又推尊孔教，既推尊孔教矣，而原书中又期以"不与民国相抵触者，皆照旧奉行"，主张民国之祀孔，不啻主张专制国之祀华盛顿与卢梭，推尊孔教者而计及抵触民国与否，是乃自取其说，而根本毁之耳，此矛盾之最大者也。

吾最后尚有一言以正告康先生曰：吾国非宗教国，吾国人非印度、犹太人，宗教信仰心，由来薄弱，教界伟人，不生此土，即勉强杜撰一教宗，设立一教主，亦必无何等威权，何种荣耀。若虑风俗人心之漓薄，又岂干禄作伪之孔教所可救治。古人远矣，近代贤豪，当时耆宿，其感化社会之力，至为强大，吾民之德敝治污，其最大原因，即在耳目头脑中无高尚纯洁之人物，为之模范，社会失其中枢，万事循之退化（法国社会学者孔特谓人类进化，由其富于模仿性，英雄硕学，乃人类社会之中枢，资其模仿者也）。若康先生者，吾国之耆宿，社会之中枢也。但务端正其心，廉洁其行，以为小子后生之模范，则裨益于风俗人心者，至大且捷，不必远道乞灵于孔教也。

宪法与孔教

陈独秀

　　"孔教"本失灵之偶像，过去之化石，应于民主国宪法，不生问题。只以袁皇帝干涉宪法之恶果，天坛草案，遂于第十九条，附以尊孔之文，敷衍民贼，致遗今日无谓之纷争。然既有纷争矣，则必演为吾国极重大之问题。其故何哉？盖孔教问题不独关系宪法，且为吾人实际生活及伦理思想之根本问题也。

　　余尝谓"自西洋文明输入吾国，最初促吾人之觉悟者为学术，相形见绌，举国所知矣。其次为政治。年来政象所证明，已有不克守缺抱残之势。继今以往，国人所怀疑莫决者，当为伦理问题。此而不能觉悟，则前此之所谓觉悟者，非彻底之觉悟，盖犹在惝恍迷离之境。"（见《吾人最后之觉悟》）盖伦理问题不解决，则政治学术，皆枝叶问题。纵一时舍旧谋新，而根本思想，未尝变更，不旋踵而仍复旧观者，此自然必然之事也。

　　孔教之精华曰礼教，为吾国伦理政治之根本。其存废为吾国早当解决之问题，应在国体宪法问题解决之先。今日讨论及此，已觉甚晚。吾国人既已纷纷讨论，予亦不得不附以赘言。

　　增进自然界之知识，为今日益世觉民之正轨。一切宗教，无裨治化，等诸偶像，吾人可大胆宣言者也。今让一步言之，即云浅化之民，宗教在所不废。然通行吾国各宗教，若佛教教律之精严，教理之高深，岂不可贵？又若基督教尊奉一神，宗教意识之明了，信徒制行之清洁，往往远胜于推尊孔教之士大夫。今蔑视他宗，独尊一孔，岂非侵害宗教信仰之自由乎？（所谓宗教信仰自由者，任人信仰何教，自由选择，皆得享受国家同等之待遇，而无所歧视。今有议员王谢家建议，以为倘废祀孔，乃侵害人民信教之自由，其言实不可解。国家未尝祀佛，未尝祀耶，今亦不祀孔，平等待遇，正所谓尊重信教自由，何云侵害？盖王君目无佛耶，只知有孔，未尝梦见信教自由之为何物也。）

　　今再让一步言之。或云佛、耶二教，非吾人固有之精神，孔教乃中华之国粹。然旧教九流，儒居其一耳。阴阳家明历象，法家非人治，名家辨名实，墨家有兼爱节葬非命诸说，制器敢战之风，农家之并耕食力，此皆国粹之优于儒家、孔子者也。今效汉武之术，罢黜百家，独尊孔氏，则学术思想之专制，其湮塞人智，为祸之烈，远在政界帝王之上。

今再让一步言之。或谓儒教包举百家，独尊其说，乃足以化民善俗。夫非人是己，宗风所同。使孔教会仅以私人团体，立教于社会，国家固应予以与各教同等之自由。使仅以"孔学会"号召于国中，尤吾人所赞许（西人于前代大哲，率有学会以祀之）。今乃专横跋扈，竟欲以四万万人各教信徒共有之国家，独尊祀孔氏，竟欲以四万万人各教信徒共有之宪法，独规定以孔子之道为修身大本。呜呼！以国家之力强迫信教，欧洲宗教战争，殷鉴不远。即谓吾民酷爱和平，不至激成战斗，而实际生活，必发生种种撞扰不宁之现象（例如假令定孔教为国教，则总统选举法，及官吏任用法，必增加异教徒不获当选一条。否则异教徒之为总统官吏者，不祀孔则违法，祀孔则叛教，无一是处。又如学校生徒之信奉佛、道、耶、回各教者，不祀孔则违背校规，祀孔则毁坏其信仰，亦无一是处），去化民善俗之效也远矣。

以何者为教育大本，万国宪法，无此武断专横之规定。而孔子之道适宜于民国教育精神与否，犹属第二问题。盖宪法者，全国人民权利之保证书也，决不可杂以优待一族一教一党一派人之作用。以今世学术思想之发达，无论集硕学若干辈，设会讨论教育大本，究应以何人学说为宗，吾知其未敢轻决而著书宣告于众。况挟堂堂国宪，强全国之从同，以阻思想信仰之自由，其无理取闹，宁非奇谈！

凡兹理由，俱至明浅，稍有识者皆知之，此时贤之尊孔者，所以不以孔教为宗教者有之；以为宗教而不主张假宪法以强人信从者有之。此派之尊孔者，虽无强人同己之恶习，其根本见解，予亦不敢盲从。故今所讨论者，非孔教是否宗教问题，且非但孔教可否定入宪法问题，乃孔教是否适宜于民国教育精神之根本问题也。此根本问题，贯彻于吾国之伦理政治社会制度日常生活者，至深且广，不得不急图解决者也。欲解决此问题，宜单刀直入，肉薄问题之中心。

其中心谓何？即民国教育精神果为何物，孔子之道又果为何物，二者是否可以相容是也。

西洋所谓法治国者，其最大精神，乃为法律之前，人人平等，绝无尊卑贵贱之殊。虽君主国亦以此为主宪之正轨，民主共和，益无论矣。然则共和国民之教育，其应发挥人权平等之精神，毫无疑义。复次欲知孔子之道，果为何物。

此主张尊孔与废孔者，皆应有明了之概念，非可笼统其词以为褒贬也。

今之尊孔者，率分甲乙两派：甲派以三纲五常，为名教之大防，中外古今，莫可逾越，西洋物质文明，固可尊贵，独至孔门礼教，固彼所未逮。此中国特有之文明，不可妄议废弃者也。乙派则以为三纲五常之说，出于纬书，宋儒盛倡之，遂酿成君权万能之末弊，原始孔教，不如是也。持此说之最有条理者，莫如顾实君，谓宋以后之孔教，为君权化之伪孔教；原始孔教，为民间化之真孔教。三纲五常，属于伪孔教范畴，取司马迁之说，以四教（文，行，忠，信），四绝（毋意，毋必，毋固，毋我），三慎（齐，战，疾），为原始之真孔教范畴（以上皆顾实君之说，详见第二号《民彝》杂志《社会教育及共和国魂之孔教论》）。愚则宁是甲而非乙也。

三纲五常之名词，虽不见于经，而其学说之实质，非起自两汉、唐、宋以后，则不可争之事实也。教忠（忠有二义：一对一切人，一对于君。与孝并言者，必为对君之忠可知），教孝（吴稚晖先生谓孝为古人用爱最挚之一名词，非如南宋以后人之脑子，合忠孝为一谈，一若言孝，而有家庭服从之组织，隐隐寓之于中；又云孝之名即不存，以博爱代之：父与父言博爱，慈矣，子与子言博爱，孝矣——以上见十月九日中华新报"说孝"——倘认人类秉有相爱性，何独无情于骨肉？吴先生以爱代孝之说尚矣。唯儒教之言孝，与墨教之言爱，有亲疏等差之不同，此儒墨之鸿沟，孟氏所以斥墨为无父也。吴先生之言，必为墨家所欢迎，而为孔孟所不许。父母死三年，尚无改其道，何论生存时家庭服从之组织？儒教莫要于礼，礼莫重于祭，祭则推本于孝。——祭统云："凡治人之道，莫急于礼。礼有五经，莫重于祭。"又云："祭者，所以追养继孝也。"——儒以孝为人类治化之大原，何只与忠并列？祭统云："忠臣以事其君，孝子以事其亲，其本一也。"《孝经》云："资于事父以事君而敬同。"又云："孝莫大于严父。"又云："父母之道，天性也，君臣之义也。"又云："要君者无上，非圣人者无法，非孝者无亲，此大乱之道也。"审是，忠孝并为一谈，非始于南宋，乃孔门立教之大则也。吴先生所云，毋乃犹避腐儒非古侮圣之讥也欤？）教从（郊特牲曰："妇人，从人者也：幼则父兄，嫁则从夫，夫死从子"），非皆片面之义务，不平等之道德，阶级尊卑之制度，三纲之实质也耶？"不仕无义，长幼之节，不可废也，君臣之义，如之何其废之"；"挞之流血，起敬起孝"；"妇人者，伏于人者也"；"夫不在；敛枕箧簟席襡，器而藏之"。此岂宋以后人尊君尊父尊男尊夫之语耶？纬书，古史也，可以翼经，岂宋后之著作？董仲舒、马融、班固，皆两汉大儒。董造《春秋繁露》，马注《论语》，班辑《白虎通》，皆采用三纲之说。朱子不过沿用旧义，岂可独罪宋儒？

愚以为三纲说不徒非宋儒所伪造，且应为孔教之根本教义。何以言之？儒教之精华曰礼。礼者何？《坊记》曰："夫礼者，所以章疑别微，以为民坊者也，故贵贱有等，衣服有别。"又曰："天无二日，土无二王，家无二主，尊无二上，示民有君臣之别也。"《哀公问》曰："民之所由生，礼为大：非礼无以节事天地之神也，非礼无以辨君臣上下长幼之位也。"《曲礼》曰："夫礼者，所以定亲疏，决嫌疑，别同异，明是非也。"又曰："君臣上下，父子兄弟，非礼不定。"《礼运》曰："礼者，君之大柄也。"《礼器》曰："礼之近人情者，非其至者也。"《冠义》曰："责成人礼焉者，将责为人子，为人弟，为人臣，为人少者之礼行焉。"是皆礼之精义（晏婴所讥盛容繁饰，登降之礼，趋详之节，累世不能殚其学，当年不能究其礼，此犹属义文之末）。尊卑贵贱之所由分，即三纲之说之所由起也。（三纲之义，乃起于礼别尊卑，始于夫妇，终于君臣，共贯同条，不可偏废者也。今人欲偏废君臣，根本已摧，其余二纲，焉能存在？浏阳李女士，主张夫妻平等，以为无伤于君父二纲，——见本年第五号《妇女杂志》社说——是皆不明三纲一贯之根本精神之出于礼教也。）

此等别尊卑明贵贱之阶级制度，乃宗法社会封建时代所同然，正不必以此为儒家之罪，更不必讳为原始孔教之所无。愚且以为儒教经汉、宋两代之进化，明定纲常之条目，始成一有完全统系之伦理学说。斯乃孔教之特色，中国独有之文明也。若夫温良恭俭让信义廉耻诸德，乃为世界实践道德家所同遵，未可自矜特异，独标一宗者也。

使今犹在闭关时代，而无西洋独立平等之人权说以相较，必无人能议孔教之非。即今或谓吾华贱族，与晰人殊化，未可强效西鞮，愚赤心以为非而口不能辨。唯明明以共和国民自居，以输入西洋文明自励者，亦于与共和政体西洋文明绝对相反之别尊卑明贵贱之孔教，不欲吐弃，此愚之所大惑也。以议员而尊孔子之道，则其所处之地位，殊欠斟酌，盖律以庶人不议，则代议政体，民选议院，岂孔教之所许？（《礼运》所谓天下为公，选贤与能，乃指唐虞之世，君主私相禅授而言。略类袁氏"金匮石室"制度。与今世人民之有选举权，绝不同也。）以宪法而有尊孔条文，则其余条文，无不可废，盖今之宪法，无非采用欧制，而欧洲法制之精神，无不以平等人权为基础。吾见民国宪法草案百余条，其不与孔子之道相抵触者，盖几希矣，其将何以并存之？

吾人倘以为中国之法，孔子之道，足以组织吾之国家，支配吾之社会，使适于今日竞争世界之生存，则不徒共和宪法为可废，凡十余年来之变法维新，流血革命，设国会，改法律（民国以前所行之大清律，无一条非孔子之道），及一切新政治，新教育，无一非多事，且无一非谬误，应悉废罢，仍守旧法，以免滥费吾人之财力。万一不安本分，妄欲建设西洋式之新国家，组织西洋式之新社会，以求适今世之生存，则根本问题，不可不首先输入西洋式社会国家之基础，所谓平等人权之新信仰，对于与此新社会新国家新信仰不可相容之孔教，不可不有彻底之觉悟，猛勇之决心。否则不塞不流，不止不行！

一九一六年十一月一日

再论孔教问题

《新青年》，第2卷第5号，1917年1月1日

陈独秀

吾国人学术思想不进步之重大原因，乃在持论笼统，与辨理之不明。近来孔教问题之纷呶不决，亦职此故。余故于发论之先，敢为读者珍重申明之。

第一，余之信仰，人类将来真实之信解行证，必以科学为正轨，一切宗教，皆在废弃之列。其理由颇繁，姑略言之。盖宇宙间之法则有二，一曰自然法，一曰人为法。自然法者，普遍的，永久的、必然的也，科学属之。人为法者，部分的、一时的、当然的也，宗教、道德、法律皆属之。无食则饥，衰老则死。此全部生物永久必然之事，绝非一部分、一时期当然遵循者。若夫礼拜耶和华，臣殉君，妻殉夫，早婚有罚，此等人为之法，皆只行之一国土、一时期，绝非普遍永久必然者。人类将来之进化，应随今日方始萌芽之科学，日渐发达，改正一切人为法则，使与自然法则有同等之效力，然后宇宙人生，真正契合，此非吾人最大最终之目的乎。或谓宇宙人生之秘密，非科学所可解，决疑释忧，厥惟宗教。余则以为科学之进步，前途尚远。吾人未可以今日之科学自画，谓为终难决疑。反之，宗教之能使人解脱者，余则以为必先自欺，始克自解，非真解也，真能决疑，厥惟科学，故余主张以科学代宗教，开拓吾人真实之信仰，虽缓终达，若迷信宗教以求解脱，直欲速大达而已。

复次则论孔教。夫孔教二字，殊不成一个名词。中国旧说中，惟阴阳家言属于宗教。墨家明鬼，亦尚近之。儒以道得民，以六艺为教。孔子，儒者也。孔子以前之儒，孔子以后之儒，均以孔子为中心。其为教也，文行忠信，不论生死，不语鬼礼，其称儒行于鲁君也，皆立身行己之事，无一言近于今世之所谓宗教者。孔教名词，起源于南北朝三教之争。其实道家之老子与儒家之孔子，均非教主。其立说之实质，绝无宗教家言也。夫孔教之名词既不能成立，强欲定孔教为国教者，讵非妄人。相传有二近视者，因争辨匾额字画之是非，至于

互斗。明眼人自旁窃笑，盖并匾额而无之也。今之主张孔教者，亦无异于是。

假令从社会之习惯，承认孔教或儒教为一名词，亦不可牵入政治，垂之宪章。盖政教分途已成公例，宪法乃系法律性质，全国从同，万不能涉及宗教、道德，使人得有出入依违之余地，此蔡子民先生所以谓"孔子是孔子，宗教是宗教，国家是国家，义理各别，勿能强作一谈"也。蔡先生不反对孔子，更不绝对反对宗教。此余之所不同也。其论孔子、宗教、国家三者性质绝异，界限分明，不能强合。此余之所同也。孔教而可定为国教，加入宪法，倘发生效力，将何以处佛、道、耶、回诸教徒之平等权利？倘不发生效力，国法岂非儿戏？政教混合，将以启国家无穷之纷争。孔子之道，可为修身之大本，定入宪法，则先于孔子之尧、舜、禹、汤、文、武、周公之道，后于孔子之杨、墨、孟、荀，程、朱、陆、王之道，何一不可为修身之大本，乌可一言而决者，其纷争又岂让于教祸。

或谓国教诚不可有。孔子亦非宗教家。惟孔门修身之道，为吾国德教之源，数千年人心所系，一旦摈弃，重为风俗人心之患，故应定入宪法以为教育之大方针。余对此说，有三疑问，以求解答。

（1）孔门修身伦理学说，是否可与共和立宪政体相容；儒家礼教是否可以施行于今世国民之日用生活。

（2）宪法是否可以涉及教育问题及道德问题。

（3）万国宪法条文中，有无人之姓名发现。

倘不能解答此三种疑问，则宪法中加入孔道修身之说，较之定孔教为国教，尤为荒谬。因国教虽非良制，而尚有先例可言。至于教育应以何人之说为修身大本，且规定于宪法条文中，可谓为万国所无之大笑话。国会议员中，竟有多数人作此毫无知识之主张者，无惑乎解散国会之声盈天下也。余辈对于科学之信仰，以为将来人类达于觉悟，获享幸福，必由之正轨，尤为吾国目前所急需，其应提倡尊重之也，当然在孔教、孔道及其他宗教、哲学之上。然提倡之、尊重之可也，规定于宪法，使人提倡之、尊重之则大不可。宪法纯然属于法律范围，不能涉及教育问题，犹之不能涉及实业问题。非以教育、实业为不重也，不能以法律规定尊重孔子之道，犹之不能以法律规定尊重何种科学，非以孔道、科学为不重也。至于孔子之道，不能为共和国民修身之大本，尚属别一问题。宪法中不能规定以何人之道为修身大本，固不择孔子与卢梭也，岂独反对民权共和之孔道，不能定入宪法以为修身之大本，即提倡民权共和之学派，亦不能定入宪法以为修身之大本。盖法律与宗教、教育，义各有畔，不可相乱也。

今之反对国教者，无不持约法中信教自由之条文以为戈矛。都中近且有人发起信教自由会，以鼓吹舆论。余固以为合理，而于事实则犹有未尽者。何以言之？中国文庙遍于郡县，春秋二祀，官厅学校，奉行日久，盖俨然国教也。而信仰他教者，政府亦未尝加以迫害或禁止。即令以孔教为国教，定入宪法，余料各科并行，仍未必有所阻害。故余以为各教信徒，对于政府所应力争者，非人民信教自由之权利，乃国家待遇各教平等之权利也。国家收入，乃全国人民公共之担负，非孔教徒独力之担负。以国费立庙祀孔，亦当以国费建寺院祀佛、道，建教堂祀耶、回。否则　律不立庙，不致祭，国家待遇各教，方无畸重畸轻之罪戾；各教教徒对于国家担负平等，所享权利，亦应平等。必如是，而后教祸始不酝酿于国中。由斯以谈，非独不能以孔教为国教，定入未来之宪法，且应毁全国已有之孔庙而罢其祀。

复辟与尊孔

陈独秀

　　张、康复辟之谋，虽不幸而暂遭挫折，其隐为共和国家之患，视前无减。且复辟之变，何时第二次猝发不可知，天下妄谬无耻之人，群起而打死老虎：昔之称以大帅，目为圣人者，今忽以"张逆"、"康逆"呼之；昔之奉为盟主，得其数行手迹珍若拱璧者，今乃弃而毁之。何世俗炎凉，不知羞耻，至于斯极也！

　　夫张、康夙昔之为人及其主张，举国所晓，岂至今日始知其悖逆？张、康诚悖逆矣，愚独怪汝辈夙昔并不反对张、康之主张，而以为悖逆，及其实行所主张而失败，乃以悖逆目之世。汝辈当知自今日之政象及多数之人心观之，张、康所主张并未根本失败，奈何以悖逆目之耶？

　　愚固反对复辟，而恶张、康之为人者也。然自"始终一致主张贯彻"之点论之，人以张、康实行复辟而非之，愚独以此而敬其为人，不若依违于帝政共和自相矛盾者之可鄙。夫事理之是非，正自难言，乃至主张之者之自相矛盾，其必有一非而未能皆是也，断然无疑。譬如祀天者，帝政之典礼也。袁世凯祀天，严复赞同之。及袁世凯称帝，严复亦赞同之。其事虽非，其自家所主张之理论，固一致贯彻，未尝自陷矛盾，予人以隙。若彼于袁世凯之祀天，则为文以称扬之，及袁世凯称帝则举兵以反对之，乃诚见其惑矣！

　　张、康之尊孔，固尝宣告天下，天下未尝非之，而和之者且遍朝野。愚曾观政府文官试题，而卜共和之必将摇动（见前《旧思想与国体问题》），今不幸而言中。张、康虽败，而共和之名亦未为能久存，以与复辟论相依为命之尊孔论，依旧盛行于国中也。孔教与共和乃绝对两不相容之物，存其一必废其一，此义愚屡言之。张，康亦知之，故其提倡孔教必排共和，亦犹愚之信仰共和必排孔教。盖以孔子之道治国家，非立君不足以言治。

　　孔子之道，以伦理政治忠孝一贯，为基大本，其他则枝叶也。故国必尊君，如家之有父。荀、董以后所述尊君之义，世或以为过当，非真孔道，而孟轲所言，不得谓非真孔道也。孔、孟论政，纯以君主贤否卜政治之隆污，故曰："君仁莫不仁，君义莫不义，君正莫不正：一正君而国定矣。"《离娄篇》答滕文公问为国之言曰："学则三代共之，皆所以明人伦也。人伦明于上，小民亲于下，有王者起，必来取法。"（赵注："人伦者，人事也。"非是。按人伦即指五伦。孟氏语陈相曰："使契为司徒，教以人伦：父子有亲，君臣有义，夫妇有别，长幼有序，朋友有信。"《尚书》之所谓五典，五品，五教，皆即此也。）所谓保民，所谓仁政，已非今日民主国所应有，而当时实以为帝主创业之策略，故一则曰，"保民而王，莫之能御也"（《梁惠王篇》）；再则曰，"行仁政而王，莫之能御也"（《公孙丑篇》）。陈仲子，齐之谦士也，而孟氏乃以无君臣上下薄之（见《尽心篇》），犹之孔门以废君臣之义洁身乱伦责荷篠丈人（见《论语·微子章》）。此后乎孔子者所述之孔道也。

前乎孔子论为治之道，莫备乎《尚书》。《夏书·五子之歌》曰："皇祖有训，民可近，不可下。"（《传》云："近谓亲之，下谓失分。"）《商书·仲虺之诰》曰："唯天有民有欲，无主乃乱。"（《传》云："民无君主，则恣情欲，必致祸乱。"）《太甲》曰："民非后，罔克胥匡以生。"又曰："一人元良，万邦以贞。"《咸有一德》曰："后非民罔使，民非后罔事。"《盘庚》曰："各长于厥居，勉出乃力，听予一人之作猷。"（按此即韩退之"作粟米麻丝以事其上"之说所由出也。）《说命》曰："唯天聪明，唯圣时宪，唯臣钦若，唯民从父。"（《传》云："宪，法也，言圣王法天以立教。"又云："民以从上为治，不从上命则乱，故从父也。"）《周书·泰誓》曰："亶聪明作元后，元后作民父母。"又曰："天佑下民，作之君，作之师。"《洪范》曰："天子作民父母以为天下王。"又曰："唯辟作福，唯辟作威，唯辟玉食。"（传云："言唯君得专为福，为美食。"）——凡此抑民尊君之义典，皆孔子以己意删存，所谓"芟夷烦乱，翦截浮辞，举其宏纲，撮其机要，足以垂世立载"者也。

孔氏赞《易》，为其大业。班固所谓"孔子晚而好《易》，读之韦编三绝，而为之传，即《十翼》也"是已。说《易》者其义多端，而要其指归，即系辞之开宗明义"天尊地卑，乾坤定矣；卑高以陈，贵贱位矣；动静有常，刚柔断矣"数语。《说卦》云："乾，健也；坤，顺也。"又云："乾，天也，故称乎父；坤，地也，故称乎母。"又云："乾为天，为圆，为君，为父；……坤为地，为母，……为众。"《序卦》云："有天地然后有万物，有万物然后有男女，有男女然后有夫妇，有夫妇然后有父子，有父子然后有君臣，有君臣然后有上下，有上下然后礼义有所错。"《家人象》曰:"家人,女正位乎内,男正位乎外。男女正,天地之大义也。家人有严君焉,父母之谓也。父父子子,兄兄弟弟,夫夫妇妇,而家道正。正家而天下定矣。"《履卦象》曰:"上天下泽履。君予以辨上下,定民志。"凡此皆与系辞之言相证明;皆所谓不易之道,易名三义之一也。(《易纬·乾凿度》云:"易一名而含三义:所谓易也,变易也,不易也。……不易者,其位。天在上,地在下,君南面,臣北面,父坐,子伏。此其不易也。"郑康成采此说作《易赞易论》云:"易之为名也,一言而含三义:易简,一也;变易,二也;不易,三也。"又云:"天尊地卑,乾坤定矣;卑高以陈,贵贱位矣;动静有常,刚柔断矣。"此言其张设布列不易者也。)

孔氏视上下尊卑贵贱之义,不独民生之彝伦,政治之原则,且推本于天地,盖以为宇宙之大法也矣。《春秋》者,孔教大义微言之所在,孟轲以之比例于夏禹、周公者也。(《滕文公》篇曰:"昔者,禹抑洪水而天下平,周公兼夷狄驱猛兽而百姓宁,孔子成春秋而乱臣贼子惧。")其开卷即大书特书曰:"王正月。"《公羊传》云:"曷为先言王而后言正月?王正月也。(何注云:"以上系于王,知王者受命,布政施教,所制月也。")何言乎王正月?大一统也。《春秋》大义,莫大于尊王也可知。

《孝经·纬》曰:"孔子云:欲观我褒贬诸侯之志在《春秋》,崇人伦之行在《孝经》。"是知孔子之道,《春秋》《孝经》,相为表里;忠孝一贯,于斯可征。《天子》章曰:"夫孝,始于事亲,中于事君,终于立身。"《士》章曰:"资于事父以事君而敬同。"又曰:"故以孝事君则忠。"《圣治》章曰:"父子之道,天性也,君臣之义也。"《五刑》章曰:"要君者无上,非圣人者无法,非孝者无亲,此大乱之道也。"(此即君亲师并重之义)。《广扬名》章曰:"君子之事亲孝,故忠可移于君。"

《论语》者,记孔子言行之书也。《八佾》章曰:"夷狄之有君,不如诸夏之亡也。"《子路》章曰:"如知为君之难也,不几一言而兴邦乎?"《颜渊》章曰:"君子之德风,小人之德草,草上之风必偃。"(孔注曰:"加草以风,无不仆者,犹民之化于上。")《季氏》章曰:"天下有道,则礼乐征伐自天子出。"又曰:"天下有道,则庶人不议。"《微子》章曰:"不仕无义。长幼之节,不可废也;君臣之义,如之何其废之?欲洁其身,而乱大伦。君子之仕也,行其义也。"(韩非及后世暴君之欲加刑戮于隐逸也,皆取此义。)《泰伯》章曰:"民可使由之,不可使知之。"

上所征引,皆群经之要义,不得谓为后儒伪托,非真孔教矣,然据此以言治术，非立君将以何者为布政施教之主体乎？

今中国而必立君，舍清帝复辟外，全国中岂有相当资格之人足以为君者乎？故张、康之复辟也，罪其破坏共和也可，罪其扰害国家也亦可，罪其违背孔教国国民之心理则不可，罪其举动无意识自身无一贯之理由则更不可：盖主张尊孔，势必立君；主张立君，势必复辟。理之自然，无足怪者。故曰：张、康复辟，其事虽极悖逆，亦自有其一贯之理由也。

张、康虽败，而所谓"孔教会"，"尊孔会"，尚遍于国中，愚皆以为复辟党也。盖复辟尚不必尊孔，以世界左祖君主政治之学说，非独孔子一人。若尊孔而不主张复辟，则妄人也，是不知孔子之道者也。去君臣之大伦，而谬言尊孔，张、康闻之，必字之曰"逆"。以此等人而骂张、康曰"逆"，其何以服张、康之心？

说者或曰：孔子生于二千年前君主之世，所言治术，自本于君政立言，恶得以其不合于后世共和政制而短之耶？曰：是诚然也，愚之非难孔子之动机，非因孔子之道之不适于今世，乃以今之妄人强欲以不适今世之孔道，支配今世之社会国家，将为文明进化之大阻力也，故不能已于一言。

一九一七年八月一日

由废孔又到尊孔

天津《大公报》

近政府明令规定，以每年八月二十七日为"先师孔子诞辰纪念"，届时由全国各党政军警机关，学校，团体，分别举行纪念仪式，并由各地之高级行政机关，召集各界开纪念大会，讲述其生平事实，学说，思想，是日休假一日，全国各界一律悬旗志庆。礼堂应设灵位，置于中山先生遗像之前，崇敬之隆，以视历朝盛典，殆有过无不及。自革命军兴，"打倒孔家店"之呼声，传遍全国，国民政府成立，且曾明令废止孔祀。曾几何时，向之主张废孔者，今又厉行尊孔！抚今追昔，真令人百感丛生，觉人事变幻，殆有非白云苍狗所能喻者。孔氏有知，度亦与吾人有同感矣。

孔氏有崇高之人格，有优美之思想，有绵密之学说。两千五百余年之间，中国之政治，社会，思想，殆完全受其支配。倡导自于君上，循行遍于细民，优礼崇隆，并世无两，虽倡导之者，不无自私之作用于其间，然其人之人格，思想，自有其不可磨灭者在，举世膜拜，无怪其然。特以儒家自命之人，墨守成说，界然自划，以孟轲之哲，犹自以异端目百家，以禽兽诋杨墨，纯然诡辩，易蔽真知。而后世儒者，复多不求甚解，不务实行。谬种流传，愈趋愈下，人有诋后世儒者酷肖僧道之托钵乞食者，其言虽谑，殆近厥真。孔道式微，应非无故。据传记所载，孔氏生平，亦曾求教师友，博取众长。后人无知，乃竟抱残守阙，宛如僧道之灵堂唪经，牧师之教堂布道。几何而不为识者非笑耶？是窒碍思想与科学之进展者，非儒家之开山始祖，而其后世之不肖生徒也。輓近东西思想，滚滚输入，科学效用，与日俱增，抱残守阙之孔道，渐以不为世重。浅识者流，且根本怀疑其存在价值，高呼打倒，和者风从，政府不察，因亦废止孔祀。孔氏为我国稀有之思想家，有如西哲苏格拉底，柏拉图辈，根本非以宗教问世者可比。故以孔氏之学为孔教者，实误解孔氏思想之真价。崇奉与否，殆皆不成问题。吾人对废孔而又尊孔之感想，但觉其变幻之难测而已。

民国以来，中国之政治，思想，社会，乃至国人衣食起居婚丧仪节之微，已不知经过若干变迁，兴衰起伏，变幻靡定。昔日以为是者，转瞬成非。昔日以为非者，转瞬成是。其嬗变之间，均若含有几许之冲动作用。是之者，既无充分之合理根据，非之者，亦无彻底废弃之计划。既无计划，自少收效，行之未久，乃有烦言。于是又议变革，舍新取旧，然其漫无计划，枝节应付也如故。新旧相乘，迄无已时，但见变之烦，不见变之效，是非之辨，陷入迷惘，国家百度，卒无恒轨。方其变革伊始，非不有缜密之思考，非不合事实之需要，唯信念不坚，率行不力，既不以严密之计划，应为逐步推行之准，更不以守法之人，负其厉行政策之责。迨其流弊既见，乃昧于致此之因，岌岌焉自悔当初，力谋所以变革之道。变之又变，极扰不遑。仅以政治一项言，殆无一种制度，始终不变至二年以上者。辗转试验，失败相寻，百药杂投，病苦转剧。虽由期功之切，要亦其漫无计划使然。夫以国家民族之重，乃处处以姑作尝试为心，国脉几何，能胜此频频兴革耶？故谈政治兴革者，必以缜密之思考慎其始，周至之计划策其终，坚强之决心济其变。今日国家之内政外交，皆若无确定之政策可言，冲动之害，实其要因。我之忽而废孔，忽而尊孔，动机如何，姑不具论，要其尊废之间，似不无若干之冲动作用。此其所关尚小，吾人所鳃鳃过虑者，唯国家政制之大，甚望其于定策之始，能具有周至之长期计划也。

年来新旧之间，已入于极端矛盾时期，要人言动，力谋复古，青年思想，多趋左倾，如参商之不相见，如凿枘之不相容，矫枉过正，类以一时一事之感情冲动，为其思想言行之出发点。不加调整，殊堪忧虑。除奖进科学精神，以理智抑感情，以思考策行动，殆已绝无其道，幸当局熟筹之。

八月二十六日《北平晨报》

共和平议（节录）

1917 年 12 月

康有为

导　言

噫嘘嘻，甚矣殆哉！六年来中国之数乱且危也。夫以专制之害也，一旦拔而去之，以土地人民为一国之公有，一国之政治，以一国之人民公议之，又举其才者贤者行之，岂非至公之理、至善之制哉！孔子曰："大道之行也，天下为公。选贤与能，其未之逮而有志焉。"鄙人昔发明《春秋》太平世无天子之义，《礼运》大同公天下之制，与夫遥望瑞士、美、法共和之俗，未尝不慨然神往，想望治平。鄙人既然，吾国人之心理，岂不同然乎？

孟子者，口口专称尧、舜者也，及子哙让于子之，则孟子期期以为不可。尝疑孟子日以尧、舜导人，及其实行尧、舜之道者，则诘难之，出尔反尔，何为若是。及读《礼》时为大，顺次之，体次之，宜次之。上《论》终篇曰："时哉时哉！"《中庸》曰："溥博渊泉，而时出之。"故孟子称孔子为圣之时者。时者寒暑不同，五月披裘而当暑，九月衣葛而履霜，苟不得其时，反以为害者矣。衣服既尔，为政更然，苟失时宜，其害剧烈。孟子以哙、之二人，时非禅让之时，俗非禅让之俗，但强行之，徒以乱国，强燕遂亡，大吕移于齐台，毛倪执为齐隶。呜呼！不知时而妄慕高名，则为亡燕之续，宁不惧哉，宁不戒哉！

夫政治犹药方也，药无美恶，唯愈病之是求，政无美恶，唯治安之为尚。故古之言治者曰宜民宜人，又曰"宜其家室，宜其国人"。《诗》曰："宜民宜人，受禄于天。"若于人民不宜，只有受戮于天而已。呜呼！今中国六年来，为民主共和之政，行天下为公之道，岂不高美哉！当辛亥以前，未得共和也，望之若天上；及辛亥冬，居然得之，以为国家敉宁，人民富盛，教化普及，德礼风行，则可追瑞士，媲美、法，可跻于上治，而永为万年有道之长矣，岂非吾人之至望至乐。嗟呼！宁知适得其反耶？

求共和适得其反而得帝制

吾国人民，本无民主共和之念，全国士夫，皆无民主共和之学也。袁世凯与南方之魁杰，皆是帝制专制之心，绝无民主共和之志者也。南方之魁杰，假共和之美名，而诱吾民曰"贫富共产也，人人可得为总统议员也，若入吾党，可得富贵也"。甚至谓改民主共和后，米价可贱也，可不纳税也，此与"迎闯王不纳粮"何异哉？愚民乐其便己也，信而从之，强豪桀颉者，辍耕垄上，倚啸东门，平宁已久，无从发愤，借为乱具，以遂其子女金帛之欲。适当乱后临朝，亲贵用事，朝政不纲，吏治粃僻，内政不修，外交失败，外羡欧、美之富强，内托种族之殊异，于是怨怒并起，革命之风，盛于光、宣之际矣。然武昌虽起，各省相应，兵力寡薄，无能为也。袁世凯有窥窃神器之心，因机乘会，欲窃有天下，乃诡遂南方民主之说，以行其篡盗之谋，先迫令南方立国，以恐吓宫廷，而得其禅让。南方党人，明知其欺伪，唯握有八镇之兵，雄视全国，南方无如之何，不得不以总统让之，而又日思制之，无如力实不逮也。故癸丑之役，南方兵败，国会遂废，帝制遂兴，盖竭三年内之草菅人命，困穷四海，削蹙疆土，以行共和民主，实仅成袁世凯之篡帝而已。此其共和之成效，适得其反，一也。

求共和适得其反而得专制

以政体言之，中国土地之大，人民之多，道路未通，种族不一，非有强力之政府，必不能统治之。若行美国总统制，则腹心爪牙，遍于全国，庶能弭乱而收统一之效。然总统既有腹心爪牙，为之将帅长吏，以安内攘外，专制既久，则必复于专制，筹安之开会，洪宪之改元，乃自然之势也。今鉴总统制之害，矫行法责任内阁之制，则经年，府院争权之后，扰攘半年，卒归于专制。天下岂有号称共和民国，无宪法，无国会，而可自组内阁，自借外债，且专行宣战者哉？而今之号拥护共和者以之，今心腹爪牙，渐布全国矣，即未帝制乎，专制则已极矣。夫我国民岂非欲民主而怨专制乎，乃其成效，反得总统之专制，或总理之专制，此其成效，适得其反，二也。

求共和若法今制适得其反而递演争乱

复行专制如法革命之初。吾国责任内阁之制，取之于法，慕法今制之美也，令总统垂拱画诺，此为约法之意，盖以制袁世凯也。然袁世凯既拥八镇之兵，必不受约法空文之所制，故至去年袁死而实行之，遂酿府院争权之变，卒至总统忽至，天津督军团，北开大会，一方假宣战以结外交，一方围议院以迫议员，一方直黜总理而京师戒严，一方各省独立而迫散国会，及其终也，破败复辟矣，虽能托于拥护共和，更养成专制焉。总统之印玺已南，而北方忽能自命总理，国会之议员已散，而自组内阁，竟能专行宣战，专行借款，故奥使不受出境之文书，谓无国会公许之宣战，等于滑稽。且夫使今政府为专制之君主，而专行宣战，则可也；若立宪之君主，已无宣战权矣，必待国会而后能之。今号为民国政府共和，宣战大事，国家存亡所关焉，安有不待国会之公决，而可以政府数人专断行之者乎？非特行专制而何！而尚伪蒙拥护共和之面，以欺国人，国人皆信之曰，恢复共和也。然试问古今万国，有如此之共和否乎？法拿破仑父子尚伪托国会，而吾国且明弃国会，其专制过于拿破仑父子远矣。近者数月之争，乃大类法大革命之初，各竭其无道之力，以争专制之实而已。夫法责任内阁之制，乃鉴于革命八十三年之乱，不敢复行旧总统制也，见英行虚君共和制之安乐也，乃仿行之，以总统为虚君也。岂知英之虚君，世袭而非选举，论门第而不论才能，故不与总理争权，故能行之而安也。法之虚总统，由选举而论才望，故日与总理争权，而法不能治强，其制已不能行矣。幸道路已通，制度久定，故不致大乱，然葡不肯师之。吾国人无远识，乃反用法制，而道路未通，制度未定，人心未安，故适得其反，乃类法大革命之初，复归于专制也。

......

中国武力专制永无入共和轨道之望

不能专归罪于袁世凯一人。或谓今共和之不入轨道也，唯袁世凯一人之故，他日执政者，渐得其人，则可入真共和之轨矣。应之曰：否否。中国永无入共和轨道之理，亦不能专归罪袁世凯一人也。孟德斯鸠之言曰：共和所重者道德，吾国权贵及有力之伟人，其道德何如乎？锥刀之利，皆尽争之，吾不欲一一斥之。昔美之开国也，皆清教徒，有道之士也。华盛顿之仁让，遮非顺之俭，吾国有之乎？其人心若此也。昔美开国百年，不设一兵，至同治五、六年，南北美战后，林肯乃定养兵一万，至近十数年前，麦坚尼东定古巴，西收吕宋，乃增兵至六万，罗斯福增至八万，故美国五十年前无将无兵，岂有武人干政之事，故得行共和之正轨，而无人兵争，其后则政体定矣。然以罗斯福之才雄，又日言自募兵以战德，然美人不敢举为总统，并不听其自募兵者，恐开武人干政之渐，则共和可乱也。然美所以不养兵者，介于两海，四无强邻，乃天然之幸事，得以成武人不干政之良果耳。假令地如吾国，四界强邻，自华盛顿时养兵八十师团，则华盛顿身后，诸将之称兵跋扈者，正恐不免也。若法国武人干政，十改宪法，拿破仑父子，更迭为帝，拿破仑第三称帝时，陈兵五十万，下三千名士于狱，有何宪法可奉，而何共和可言乎？若谓法近五十年来，民政顺轨，则吾国武人方张之时，亦须待八十三年之后，乃有顺轨之望，不识吾国有八十三年之命否乎？吾国人心如此，武力如此，永无可望入共和轨道之理。公等若欲吾国速入共和正轨也，公等先正权贵及伟人之人心，而铲除全国军人，先不设一兵，或仅养兵一万而后可也。中国强邻四迩，群盗满山，有不设一兵、仅设万兵之理否乎？然则中国人不必望入共和之正轨矣，而望之者非愚则妄也。

……

中国必行民主制国必分裂

吾国必行民主乎，国必分裂。夫虚君之国，犹有君臣之名，则有义以定之。君臣有天泽之分，故以齐桓之强霸，其于东周虚王，犹凛天威之咫尺。日本大将军犹敬虚君之天皇，不敢犯上叛逆。若罪为不敬或叛逆，则人恶之，自不轻妄叛逆也。今法大革命后，君臣义破，然观日、英可考也。虽为虚君，而群臣敬畏，不妄乱叛，不敢狎侮焉。英自戮查里逐占士后，行虚君共和制，内乱遂止。若民主也，无君臣之名义，则叛乱自立不为逆，无天威之敬畏，则语言侮慢不为悖。夫国人于叛逆视为无事，则以何物束其心志乎？夫人之情，固不乐受制于一人，且所谓一人行政，必私不公也大半矣。心既不服，情又不便，则唯有畏势而不敢动，若势不足畏，则安得不分裂而自立乎？乃欲高谈空文之法治，怵令权强以恪守，彼势无可畏，法何必守耶？故导之以德，以大畏民志，令其自不逾规则无法可也。若束之以法，则法者以待两无力人之争，国家借以折衷之耳。若两有力人，则以法为不便于我，只有去之，岂肯守之。故法者在势之下言之，有势则有法，无势则无法。复辟可反攻以讨逆，旧君之义可废，何有于法。某某在父丧而为总长，父子之亲可废，何有于法。国会既迫散矣，今政府将召参议院矣，南方斤斤恃约法以争，北政府岂恤之哉？故墨西哥自革命以还，五将军争立，分裂至今，虽名有总统，无能统之。美昔南北之战，徒以意见不同，遂决分立，若非林肯决战而胜，美今分南北外，或裂为数小国矣。吾国四川罗、刘、戴，何敢互攻，黔滇军何敢与川大战攻，征伐其邻，以自封其国云尔。粤何以不认内阁于前，滇何以不认内阁于后，各省督军何以自立于前，忽而销除于后，海军忽而自立，忽而销除，政府若为不见闻也者，何有法乎？今西南之立国与否，皆视四川能取与否，分裂之形，皆与墨西哥五将军争立同矣。今分裂兵争致此惨也，则不知欧、美之政体，只争国为公有，而不争君主民主为之也。

今四川乡邑城市尽毁矣，广东李烈钧之攻龙济光也，粤境涂炭矣。粤人将从川之后，而演其惨剧，各省将从粤之后，而演其惨剧矣。嗟乎！千年统一之中国，孰令之分裂，兵争至此，岂不痛哉！其乱无已，其惨无已，其分裂后不过鹬蚌相持，徒利渔人而已。吾民何辜，甘受荼毒，追原祸始，则不知欧、美政体之徒争国为公有，而不争民主君主之虚名致之。呜呼！国人不通政学，宜受此惨祸也。

……

民国高谈法治而法律赏罚皆颠倒

奇谬甚于野蛮无法。中国奉孔子之教，固以德礼为治者也。孔子曰：道之以德，齐之以礼，有耻且格。道之以政，齐之以刑，民免而无耻。太史公曰：法者制治之具，而非制治清浊之原也。故法出而奸生，令下而诈起。中国数千年不设辩护士，法律疏阔，而狱讼鲜少，戴白之老，长子抱孙，自纳税外，未尝知法律。盖以半部《论语》治天下，国民自以礼义廉耻、孝弟忠信相尚相激，而自得自由故也。……

若夫民国之始，尽扫中国五千年之典章礼律而弃之，真无法律，同于野蛮之国矣。然国不可无法也，则听各法官，各就其游学之国，借用数万里以外，风俗历史绝异之律，以施行诸中国，其为宜否，岂待问哉。遂有非本夫不得告奸之律，于是有家姑坐视其子妇引奸夫入室，控之而败者，遂气极而死，致其叔妹刃死者一家焉。遂有一夫一妻之律，中国富贵人家，率有妾也，于是有十余年之妾，子女多人，通奸另嫁，索夫多金，而夫畏犯律，畏污名，俯首听命，致怒而死，子女随死者焉。其他导奸淫，教不孝之新法，不胜缕数矣。故夫梼杌穷奇，奸回贪乱，无良无耻，国人以为宜放殛诛流者则显庸之；其节义廉耻，正直高介，忠孝贞洁之良，国人以为宜表扬尊崇者，则重罚殄弃之。此民国新律，激扬清浊，颠倒是非之大典也欤！大概新律所以导民者，子弟悖其父兄，妻妾叛其夫，弟背其师，民犯其长，而长上欺制其民而卖之，以相与乱中国，则其成效也。呜呼！宜孔子之不见容矣。

若夫大理之院，半月乃能结一案，于是积案如山矣。法吏皆新游学归，骤操大权，以俸薄故，或不识中国民情风俗而妄断，或积逋久而不得不贪污，于是小民含冤无诉矣。其律士不必学律，凡法部管领律士凭照者，不能遍通百国之文也，于是凡游学者，虽学农工，亦可领律照，否则或行贿焉，更无不得，无以譬之，民国之法，沐猴而冠，聊以为戏云尔。善乎北京《益世报》曰：民国自成立以来，日日言司法独立，而实际法界之黑暗，尤什倍于前清以前。清法官纳贿，尚惧人知，今日则罔法贪赃，皆明目张胆，毫无忌惮，于有钱有势之官吏，明明其为嫌疑犯，理当在收捕之列也，而法官则曰民国有身体之自由。于无钱无势之小民，明明其非嫌疑犯，不当在逮捕之列也，而法官则曰事前则有预防之条例。屈伸涨缩，随意自由，其实则随富贵贫贱为转移，掩之无可掩也。

盖法者生杀予夺之大，非至严不能行之，故家人不能行法，为其不严也。今民国动攻清朝，然清朝尚能法行于贵近，而人畏法，而不敢犯，非无作奸而遁法外者。然较之民国之有法而不行，与权贵豪强之破法横行者悬矣。非唯吾中国也，即共和至美之美国，每多杀人之案，而加拿大则寡，此英、美之殊，即民主君主之异也。墨西哥尝师美之去死刑矣，既而杀盗案日增，卒复之，瑞典亦然。美四十五州立法各异者也，华盛顿州总督告吾曰："吾州昔者尝免死刑，而杀人案日多，后卒复之，故刑乱国用重点，刑罚世轻世重，道隆则从而隆，道污则从而污也。欧、美国不同，州州不同，自求其宜民宜人而已。今民国高谈法治，而师欧、美者，夫何师？虽然，是尚为有法治者言之，其如民国无法何？

民国之学术只导昧亡

自民国以来，改定学校法，禁读孔经，学子只读教科书，而所编教科书秕谬，疏漏颠倒，不可究诘。故于中国立国，与夫政教之根本节目，一无所知，于孔教绝无关焉。以此教士，安得人才。及其聚众百数十人，则别有恶风相扇，或家庭革命，行独立之教，或男女纵狎，设猎艳之团，于是父兄相引为戒，家有子女，不敢令入校矣。然且入校之费至巨，非中上之家，不能遣子入校，中家以下，贫人子弟，只能从私塾读书，则仍课读《论语》五经，而惜其无力卒业，以为学焉。夫东西各国之小学，凡国民及学龄者皆入之，不取费焉，故其学课，至疏至浅，盖以逮下，普及愚贱也。而吾国则以之教上流子弟。夫上流子弟，一国之为师为长者也，而所学如此，何以成才。经义至博大深远，所以论道经邦，明民畜众，以养士大夫之才也，而吾乃以教中下贫贱之家，令其无力以毕业成才焉，则学经而无所用之，其颠倒如彼。

......

今民国科举既绝，人士自弱冠出学后，非钻营权贵，凭借党人，不能入仕。若是者，皆聚于京，或津沪，而不能散居于其乡者也。其昔之进士、举人、秀才、童生，狡黠而惰游者，亦既改途以争名利于市朝矣；其朴厚笃谨者，居乡无以为生，则改而营商工农业焉。于是各省乡县，旷邈千里，寂然无士，四民只余三民，无讲学者，无谈道者，无挈经者，无读书者，甚至无赋诗者，无写字者，更无藏书者。夫岂无故家遗俗，旧士夫隐藏者则生计不足，日以鬻所藏书画古董为食，于是尽数千年之美术品，皆流于外，精华既尽，褰裳去之，再过六年，一切尽矣。后生无所睹闻，长老无所指示，黄茅白草，沙漠弥望，举国人士，夷为野蛮而已。若夫游学之士近已万数，然连岁译书，未见一二，比之日本明治五年以前，尚不及之。盖甫离横舍，即登仕，或上执朝权，或出衔使节，其下者内为郎曹，外充书记，亦皆车马煊赫，印绶照耀，旦夕翱翔，高飞刺天，或从党事，哗嚣取宠，谁肯诵译，篝青灯而摊黄卷者乎？故美使芮恩施曰："昔在美校，中国学生多来谈学者，及归国后，无一来谈学，何其异哉？"岂知以学为敲门之砖，既得人爵，即弃天爵，自然之势也。故游学数万，竟乏学者。故夫中国万里之广土，四万万之众民，其学生则埋头于秕漏之教科书中，而未尝知学。旧举人、秀才、童生，皆改为党人商工农人，而不复为学。游学生则得意高翔，专为官人，而不暇为学。故合中国人而弃学，尽以麻雀代之。其遗老所逍遥，人士所寄傲，舟中枕畔，茶余饭后，万籁皆寂，魂灵有所托，卒不能尽弃黑黑白白之纸与墨也。则琐碎之掌故书，轻薄之诗文集，淫乱之小说，聊以迷醉其脑焉，而小说为彻上彻下之大宗矣。以导淫奖乱，供欢笑谐谑焉。呜呼！举吾黄帝神明之胄，四万万人朝哺夕饔以从事者尽此矣。夫欧洲各国及日本，岁出书以万种计，吾国人比全欧，而举国岁著新书者，乃无闻焉。

不必问兵战商战若何，但问学战，则灭尽如此。若吾国人终日师欧媚美者，只师其男女无别，革命自由，民主共和，奢侈纵欲而已。若其美俗，则必力背而深绝之，何哉？昔闵马父以士不悦学，知周之亡，何吾中国之民国，乃弃学如是，以数千游学之士，散布朝野上下，大声欢哗，所日夕植根播种，耘锄灌溉于中国者，拾欧、美已过之唾余，不中时之陈言，曰自由也，曰共和联邦也，争民族也，去教也。夫清室治国数百年，人民自纳一条鞭之税外，一切听民自由，官未尝分毫干涉之。凡法国大革命，巴黎死民百二十九万，所争得自由十四条者，吾自汉已有之，历千余年，举万国孰如吾之自由者，而今乃效法人力争自由，无乃无病而呻乎？其所得之果，必至决男女之藩，荡父子之篱而后止焉。今而后吾民上受法网之繁苛，外受外国人之轻贱，其不自由，今将至矣。谬倡民国联邦，则各省督军分立，诸将不和，川、滇互攻，已成墨西哥五将军争立之势。墨乱三百年，九十年而易五十总统，今而后吾国只为墨西哥之共乱而已。

民族义者，普之俾斯麦鸠合德族之二十五国以拒奥而自立，意之嘉窝鸠合意之十一国以拒奥而自立，乃小国求自立假道之法名云尔。若美、英、俄、奥之大国，合无数民族成之，岂肯妄倡此义以自削弱，而吾国妄人之称欧说者，乃颠倒而妄师法之。满洲革矣，蒙藏万里之地弃矣，岂知满洲与中国久合为一，若革满俗，则必取中国之遗风故俗而尽革之，是自革其民族命而后已尔，无西班牙葛爹之灭墨文学，而自为葛爹，则今创民族者为之。以欧人之旧教也乃取法之，而攻孔教，不知孔教为人道之教，与中国民俗合而为一，若攻孔教，是扫中国数千年之礼俗而绝人道也，是欲无教而为禽兽云尔。今民国之元夫巨子，学非而博，言伪而辨，以学说鼓荡后生，沉溺中国者，其成效如此。嗟夫！高谈自由、共和、民族数字，遂可以富强中国，可以治安中国，则墨西哥、秘鲁、乌拉圭，阿拉圭，掘地马来个郎，位亚基之富强治安久矣，其成效乱亡而已矣。嗟夫！其不学者如彼，其有学者如此，以此冥顽愚鲁盲聩之民，以与东西好学之人竞，亦曰殆哉。吾国民何罪何辜，而陷于此世也。

罗马与英皆由民主改君主而后盛强

或谓民主之后不可改君主，改则退化，其谬至易知矣。罗马之先，岂非民主乎？而自奥古士多之后，改为专制君主，罗马乃盛，拓地万里，为欧正统，至君士但丁后，二千年为大帝国矣。至近英克伦威尔民主也，在小国未文明时，其后英改为君主，垂今三百年矣，始收荷兰，灭印度，定加拿（大）及澳洲，英乃日大，英旗与日月出入。罗马与英，岂不足称法乎？由弱小野蛮，进为文明霸国，非进化乎？此之不足，而谬云民主之后，不可改为君主。今德国已占胜势，取俄里加，已为全军扑俄京。盖民主之国势难统御，无能强其国者。美为民主政体之至美矣，然日号其民，欲与德战，而招兵数月，所得□□□人，故国争未免之时，非行民主制之时也。今何时乎？岂非国争时乎？请悬记其得失以觇之。

中国古今无民主国民不识共和而妄行故败

今吾国志士，非不爱其国也，而多未习医国之术也。夫国之为病，至深而歧，医国之术，至赜而奥，终其身学焉，犹不易谈其得失，贯其本末，洞其流弊，况共和为中国数千年未尝试验之物。吾国志士，慕于高义，迫于时势，而强行之，然实未尝以一日考辨之也。今夫书画，至小之艺也；兵操，至浅之技也；商贾簿记，手工操作，农圃种植，尤至易之事也。然犹必立学从师以受之，设局整阵以操之，入传习所、试验场、作工厂以习之，需以数年之学力，尚须实地练习者数年，然后乃施之实用焉，然后可占其能否。夫以工艺之微，学之犹若是之难且久也，况夫共和政治之深繁奥赜也。近者吾国求欧、美之学，多假途于日本之译本，而日本既非共和政体，其于共和政皆语焉而不详，故辛亥以前，吾国竟无共和政体之一书，即辛亥以后，全国亦未有共和政体之一学。然则欲吾国人之了然于共和之得失利弊，安可得哉。

吾归国以来，所接人士，不为少矣，其旧学者，多知中而寡知外；其新学者，略知外而不知中。就言外学，则欧、美、亚、非，地势寥远，游者难于遍至，国体繁变，学者难于尽悉。就言共和，举其广名，则大略若同，考其内实，则无不变异，其立法之本末，成效之得失，相师互鉴，而古今万国之共和，无一同者，故罗马不师希腊也。德之汉堡七十二市府，不师罗马也，意之佛罗练士五市府，不师德国也，瑞士联邦，不师意大利之五市府也，美不师瑞，法不师美，葡不师法，而美洲之二十共和国，外全相似，内实不同，至欧洲诸国之革命，则尽以美洲、法国为戒，取共和之精华，而去其糟粕，得其神意，而不必泥其形似，此尤共和变化之至者矣。名实少异，宜浅识者不知而反感也。

且夫共和之制，以国为公有，全国之民，和平共议之也，此所以异于专制也。故法国为纯粹共和之国，而今议院之政党，尚有特标明为王党者。甚至德之帝国，几为专制矣，而德之社会党，乃于议院公言民主之制，而奥无论也。法之王党，各发其心思议论，虽共和党之偏至极端者，有驳难而无非议之。盖以共和者，为代表全国人之心思议论，从其多数而行之，非强人人之必言民主也。若有所禁，则是遏抑国民也，是专制也，非共和也。吾国自壬子以后，改国体为民主共和，无人敢议之者。其有不言民主共和，而他及者，即视若悖逆，有若昔日帝国之言民主，视为叛乱焉。盖吾国之学者，皆染中国帝制之余风，虽心醉共和，而实行专制若此。然则谁敢以共和之得失利害，宜于中国之地理风俗历史人情与否，考而辨之，更安能集一国学士大夫、通人才士讲求反复，穷极得失，而后行之。夫既未尝考辨讲求，不知其可否而强行之，而欲其得共和之宜，受共和之安，以为国利民福，必不可得也，故召乱败也。究其病源，则吾国学者尚不知法议院有王党之制，于英有共和王国之名，于共和之本源条理，未能深通云耳。

夫旧学之攻民主者不论，虽然，吾国新学者至多，吾岂敢谓其无一通共和者。盖新学者深知其害，而谓万不可行于中国者固有矣。然以得罪于众，等于叛逆，以保身家，故不敢昌言，或心耽利禄，欲乘民国而图权利，至不敢微言。夫是以民主之害国殃民者六年，而议共和者无之，是以陷中国四万万人至于此惨也。有所畏，有所利，知而不言，皆不爱国而已。要之一言，民国与中国不并立，民国成则中国败矣，民国存则中国亡矣，吾国民爱中国乎，其平心思之。

以上第三卷

【说明】本文原载《不忍》杂志第九、十合册，一九一七年十二月出版；上海长兴书局出版单行本，一九一八年三月出版。除《不忍》第二卷末篇《吾旧论中国行民主必不能出美洲墨国印度乱惨分立之轨道不幸而言中》，单行本移作第三卷末篇，个别错别字改正外，其余全同，似用《不忍》旧型付印。

原文凡三卷，共八万余字，是康有为在张勋复辟失败后继续反对民主共和的政治文章，其中有的内容，和他在辛亥革命后写的《中华救国论》、《救亡论》等有类似处，今选录其中部分章节。

驳康有为《共和平议》

陈独秀

一月前，即闻人言康有为近作《共和平议》，文颇冗长可观，当时以不能即获一读为憾。良以此老前后二十年，两次谋窃政权，皆为所援引之武人所摈斥（戊戌变法，见摈于袁世凯；丁巳复辟，见排于张勋），胸中郁抑不平之气，发为文章，必有可观；又以此老颇读旧书，笃信孔教尊君大义，新著中必奋力发挥君主政治之原理，足供吾人研究政治学说之资，虽论旨不同，无伤也。乃近从友人求得第九、十两期合本《不忍》杂志读之，见有《共和平议》及与《徐太傅书》，一言民主共和之害，一言虚君共和之利（前者属于破坏，后者属于建设，不读后者，不明其立论之全旨，故此篇并及之），不禁大失望！

《共和平议》凡三卷二万四千余言，多录其旧作及各报言论，杂举时政之失，悉归罪于共和，词繁而义约，不足观也；与徐书，颇指斥专制君主之非，盛称虚君共和之善，且譬言虚君共和之君主，如土木偶神，如衣顶荣身之官衔，一若国家有此土木偶神，有此衣顶荣身之官衔，立可拨乱而反治，转弱而为强，其言之滑稽如此！

《共和平议》卷首题言，用《吕览》之例，有破其说者，酬千圆。吾观吕氏书，其自谓不能易一字，固是夸诞，然修词述事，毕竟有可取处。若康氏之《共和平议》，虽攻之使身无完肤，亦一文不值！盖其立论肤浅，多自矛盾，实无被攻之价值也。

康氏原作，文繁不及备录，兹录其篇目，要义可见矣。

导言：

求共和适得其反而得帝制。

求共和适得其反而得专制。

求共和为慕美国，适得其反而为墨西哥。

求共和若法今制，适得其反而递演争乱，复行专制，如法革命之初。

民国求共和设政府，为保人民和平，安宁，幸福，权利，生命，财产，而适得其反：生命，财产，权利，安宁，皆不能保，并民意不能达。

求共和为自强，自立，自由，一跃为头等国，而适得其反，乃得美、日协约之保护如高丽，且直设民政如属地，于是求得宣布中国死刑之日。

《新闻报》论日、美协同宣言曰：代议员绝非民意；号民国而无分毫民影。

民国六年未尝开国民大会，所有约法，参议院，国会，行政会议，约法会议，宪法，皆如一人或少数武人专制之意，而非四万万民意。

中国共和根本之误在约法为十七省都督代表所定，则非四万万之民意。

民国政府明行专制必不开国民大会，故中国宪法永不成而无共和之望。

中国政治革命不成就及社会革命不发生之原因

杜亚泉

贵族政治（或君主政治）变为平民政治（或民主政治）；专制政治变为共和政治（或立宪政治）谓之政治革命。经济制度之社会变为劳动制度之社会；私有财产之社会变为公有财产之社会谓之社会革命。凡此革命之发生与成就，皆有所以使之发生、使之成就之故，非可以模拟而企图之也。若以模仿之故，企图革命，则其革命或不能发生，或发生而不能成就。吾人苟于欧洲之政治革命，社会革命，考其所以发生所以成就之故，则我国政治革命之所以不成就、及社会革命之所以不发生，其原因可以了然矣。

凡一事实之发生与成就必以智识与势力为基础。例如吾人食一苹果，必先有苹果可食之思想，而后举手以摘之。夫知苹果之可食，智识也；能举手以摘苹果，势力也。二者合，而其事乃实现。若仅知苹果可食，而不能举手以摘之，是有智识而无势力；或能举手以摘苹果，而不知苹果之可食，是有势力而无智识。二者不相合，虽三尺之童，知其事之不能实现矣。欧洲之政治革命、社会革命其所以使之发生、使之成就者即智识与势力之结合体也。然则其智识与势力如何结合，固吾人所当考求者也。

原始社会之人类，各自劳动以谋生活。其武力之优秀者，渐渐占势力于社会，成贵族阶级。而智力之优秀者，又凭藉其智识，以自奋于社会之间，成智识阶级。贵族阶级欲以其势力支配社会，不能不有智识之为之辅；知识阶级欲以其智识支配社会，不能不有势力以为之用。于是为贵族者亲师重道、以吸收智识，是谓贵族阶级之智识化；有智识者亦取得权位、具有势力，是谓智识阶级之贵族化。二者相结合，而第一期之文化始成就。当其盛世，明良相继，文化蒸蒸日上，我国五帝三王之治、汉唐宋明之开国或中兴，罔不由此。希腊、罗马之全盛时期亦然。此期之文化为武力的势力与智识结合而产生为贵族阶级的文化，常带有贵族的色彩。以贵贵、尊贤、尚礼仪、重门阀为其标征。

第一期文化始成就时，社会为治者及被治者之二阶级所组织。贵族阶级与智识阶级结合为治者阶级，劳动阶级为被治阶级。未几，而劳动阶级之勤勉且善于贮蓄者，渐渐积有财产，翘出于劳动阶级之上。渐至舍其劳动，专事营殖财产，以生活于社会，是为财产阶级。又智识之流布渐广，多数之智识阶级不得不降而处于被治者之地位。既无财产，又不劳动，穷屈在下，杌陧不安，是为支持第一期文化之难题。在欧洲社会此一部分之智识阶级，以其时政治上之地位转变无定，乃改换方向，弃其政治生活之希望，专事研究文艺。政治家亦以此为收拾人心之计，创设大学校、学士院以奖励之。科学遂因此发展，发明家辈出，能以所研究之结果应用于社会，以殖产兴业，是为智识阶级之财产化。财产阶级以营殖财产所须于科学智识者甚多，故求学者日众，是为财产阶级之智识化。二者相结合而主张人权、表扬民治，发生第二期文化。依其财产的势力，在政治上与武力的势力抗争。于是旧时治者阶级所占有之政治权渐渐失堕而落于彼等之手。或仅仅以协调之方法，让其政权之一部分，以保其残余之势力，是即所谓政治革命。经此革命以后，第二期之文化乃成就。欧洲近世史之文化即第二期之文化也。此期文化为财产的势力与智识结合而产生为财产阶级的文化，还有财产的色彩，以自由、平等、尊权利、重科学为其标征。

第二期文化成就以后，社会为支配者与被支配者之二阶级所组织。财产阶级与智识阶级结合为支配阶级，劳动阶级为被支配阶级。然因经济竞争之剧烈，物质文明之发达，财产势力集中于少数人之手，多数有财产有智识之中等阶级，或失其财产、或虽有仅少之财产不足以维持其生活，乃不得不投身于劳动界，是为智识阶级之劳动化；劳动阶级中亦因教育普及，得有几许之智识，促醒其自觉，是为劳动阶级之智识化。二者相结合，乃鼓吹人道，主张公产，依其劳动的势力在生产上及政治上与财产的势力抗争。英美诸国方以协调之方法，使财产的势力与劳动的势力互相维持。而就世界大势观之，则社会革命之进行已足惊心骇目。现时第三期之文化能否成就，尚未敢豫言。而二十世纪之社会必大受此文化之影响，固无可疑也。此期文化为劳动的势力与智识结合而产生。为劳动阶级的文化，带有劳动的色彩，以泯除贵贱贫富之阶级，实行自由平等，尊重劳动，爱好和平，为其标征。

就社会进化之大势言，由第一期文化发展为第二期文化，更发展为第三期文化，是为普通之顺序。但因各国社会情状不同，进化之方式亦不一。例如俄国以财产阶级不发达之故，智识阶级自贵族阶级出，直接与劳动阶级结合。遂越过政治革命之途径，即发生社会革命。又如德国政治革命尚未成就，贵族阶级与财产阶级以劳动阶级勃兴之故，遂互相结合，与劳动阶级对抗。此次大战德国立于主动者之地位，即因贵族阶级与财产阶级鉴于自己势力之渐次减弱，故欲与外国开衅，藉以扩张其势力，则而其结果卒由劳动阶级之排斥军国主义，发生社会革命。至于日本，虽国会成立，宪法发布，已三十年之久。然君主握大权，贵族军阀操纵政治，势力未尝稍替。明治维新之伟业，即为贵族阶级与知识阶级结合而成，表面上为第二期文化之速成，实际上为第一期文化之复振。更现我国，则辛亥革命以后，吾人方窃窃私幸以为第二期文化从此成就矣，乃八年以来祸乱相循，吾人平心静气以观察之，方知吾国此时非第二期文化之进行，而为第一期文化之堕落。吾人既述欧洲社会进化之迹，吾人将借镜返观以论列其原因矣。

吾既言多数之智识阶级穷屈在下，杌陧不安，为支持第一期文化之难题。吾国殆可谓善于解决此难题者。其最暴戾之法，即秦始皇之焚书坑儒是也，其稍和缓之法则用廷对、射策、选举（旧义）、制科及其他类似之方法以诱引之，使其不断绝政治生活之希望。智识阶级既为所诱引，人数愈多，智识之程度愈低降。除美术的文字以外，无他技能可以生活。少有财产者，安坐徒食，无营殖之能力；无财产者，除少数为精神的劳动外，殆无有能为筋肉的劳动者。故与财产阶级、劳动阶级均格格不相入，此为过剩的智识阶级。又劳动阶级中亦因生齿过繁，天产不辟，产出过剩的劳动阶级，即现无劳动之地位，或为不正则之劳动者。例如我国之兵即此过剩的劳动者之一种。他如地棍、流氓、盗贼、乞丐之类，亦属。此等过剩的劳动阶级，即游民阶级。其势力在我国亦甚伟大。有时与过剩的智识阶级之一部分结合，与贵族阶级之势力抗争。秦始以后，二十馀朝之革命，大都由此发生，唯革命以后，彼等辄贵族化，复建设贵族政治，于社会组织无所更变。故此等革命非政治革命，亦非社会革命。只可谓之帝王革命而已。此阶级之势力与智识结合，亦产生一种文化，可谓游民阶级的文化。带有游民的色彩，即尚游侠、喜豪放，不受拘束，不治生计，嫉恶官吏，仇视富豪，为其特征。此文化自战国以来，至于今日逐渐发达。以时期言可为吾国第二期文化。然此非社会正常之发展，不过为第一期文化之病变，人可称为病的第一期文化。

我国社会中贵族文化与游民文化常为矛盾的存在，更迭盛衰。即贵族文化达盛时，社会沉滞腐败，则游民文化起而代之，游民文化过盛时，社会骚扰紊乱，则贵族文化起而代之。此历史上循环之迹也。辛亥革命虽由欧洲第二期文化传播于吾国而起，然欧洲之政治革命，既由财产阶级发生，而吾国之财产阶级大都不解立宪共和为何物，初未尝与闻其事，提倡之者为过剩的智识阶级中之一部分，加入者为过剩的劳动阶级中之兵。事实上与从前之帝王革命无稍异，其模拟欧洲之政治革命者，不过中华民国之名称及若存若亡之数章约法而已。革命以后，名义上不能建设贵族政治，实际上握政权之官僚或武人大率为游民首领之贵族化者。政治革命之不成就决非吾人所能讳言。或谓吾国政治革命不成就，将来或如俄德已事，超越政治革命，发生社会革命。然欧洲之社会革命，其基础于哲学上之思想，既深且远，其关于生产上、政治上之运动方法，又甚周备，即吾国之智识阶级中亦罕能言之，劳动阶级中更无从得此智识，其不能发生自无疑义。即使在较近之未来中，或有企图此种革命者，亦必出于非劳动出身者之所模拟。政治革命可以模拟，社会革命安有不可以模拟者，唯自欺欺人，有害无益。亦必与今日之模拟政治革命相等，于文化上必毫无价值。吾国今日尚辗转于贵族、游民二阶级之势力中而不能自拔，第一期文化之病的现象尚无治疗之方法。文化之进行后于欧洲诸国者既一二百年，断无一蹴即至之理。若今后之智识阶级犹不肯断绝其政治生活之希望，不置身于产业阶级、劳动阶级中，以与之结合，而唯与贵族化之游民为伍，则贵族势力与游民势力将日益膨胀而不可制，何政治革命、社会革命之可言？文化之堕落，智识阶级不能不尸其咎矣。抑智识阶级所以不能与产业阶级、劳动阶级结合者，不尽因智识阶级不肯断绝其政治生活之希望，不欲与之结合也。近时智识阶级中之一部分，其倾向亦已渐变。如退职之官僚，革命之伟人，因厌倦政治投身于实业界者，固未尝无人，贫寒之士，欲得一劳动职业以糊口者，亦所在多有。而形势终觉扞格者，则以感情不融洽，性情不适宜也。吾国之财产阶级、劳动阶级历史上受贵族之剥削，为游民所蹂躏也久矣。故其对于贵族与游民畏之若虎狼，恶之如蛇蝎，已成习惯的心理。而智识阶级者达则与贵族同化，穷则与游民为伍，故彼等之嫉恶之，与贵族游民相等。且以嫉恶智识阶级之故，遂有并智识而嫉恶之者（记者曾见一商人在群众中声言，谓天下最坏者为读书人，又闻一农人言，吾乡中决不愿设学堂，以往事证之，吾乡中苟有一识字之人则乡民无不受其累者。其嫉恶如此）。阶级感情之违反，已非一时所能消融。更就性质言之，则差异益甚。吾国之智识阶级向来生活于贵族文化及游民文化中，故其性质，显分二种：一种为贵族性质，夸大骄慢，凡事皆出以武断，喜压制，好自矜贵，视当世之人皆贱，若不屑与之齿者；一种为游民性质，轻佻浮躁，凡事皆倾于过激，喜破坏，常怀愤恨，视当世之人皆恶，几无一不可杀者。往往同一人也，拂逆则显游民性质，顺利则显贵族性质，或表面上属游民性质，根柢上属贵族性质。以此性质治财产必至于失败，以此性质任劳动必不能忍耐。故吾若不改良此性质，则虽欲置身于财产阶级或劳动阶级中亦决不能容。现时学校教育，苟求其适应于社会，则对于青年学生当以尽力淘汰此二种恶劣之性质为要。若使带贵族性质之老师宿儒、带游民性质之少年新进，任教育之事，聚讼一堂，互张其劣性，以传播于社会，则社会对于智识阶级之感情愈恶，其受嫉恶也将愈甚矣。

一九一九年《东方杂志》第十六卷第四号

国粹主义

保教非所以尊孔论

1902 年 2 月 22 日

梁启超

此篇与著者数年前之论相反对，所谓我操我矛以伐我者也。今是昨非，不敢自默。其为思想之进步乎，抑退步乎？吾欲以读者思想之进退决之。

绪　论

近十年来，忧世之士，往往揭三色旗帜以疾走号呼于国中，曰保国，曰保种，曰保教。其陈义不可谓不高，其用心不可谓不苦。若不佞者，亦此旗下之一小卒徒也。虽然，以今日之脑力眼力，观察大局，窃以为我辈自今以往，所当努力者，唯保国而已，若种与教，非所亟亟也。何则？彼所云保种者，保黄种乎？保华种乎？其界限颇不分明。若云保黄种也，彼日本亦黄种，今且浡然兴矣，岂其待我保之；若云保华种也，吾华四万万人，居全球人数三分之一，即为奴隶为牛马，亦未见其能灭绝也。国能保则种自莫强，国不存则虽保此奴隶牛马，使孳生十倍于今日，亦奚益也。故保种之事，即纳入于保国之范围中，不能别立名号者也。至倡保教之议者，其所蔽有数端：一曰不知孔子之真相，二曰不知宗教之界说，三曰不知今后宗教势力之迁移，四曰不知列国政治与宗教之关系。今试一一条论之。

第一　论教非人力所能保

教与国不同。国者积民而成，舍民之外更无国，故国必恃人力以保之。教则不然。教也者，保人而非保于人者也。以优胜劣败之公例推之，使其教而良也，其必能战胜外道，愈磨而愈莹，愈压而愈伸，愈束而愈远，其中自有所谓有一种烟士披里纯（Inspiration）者，以嘘吸之脑识，使这不得不从我，岂其俟人保之。使其否也，则如波斯之火教，印度之婆罗门教，阿剌伯之回回教，虽一时借人力以达于极盛，其终不能存于此文明世界，无可疑也。此不必保之说也。

抑保之云者，必其保之者之智慧能力远过于其所保者，若慈父母之保赤子，专制英主之保民是也。（保国不在此数。国者无意识者也，保国实人人之自保耳。）彼教主者，不世出之圣贤豪杰，而人类之导师也。吾辈自问其智慧能力，视教主何如？而漫曰保之保之，何其狂妄耶！毋乃自信力太大，而裹教主耶？此不当保之说也。然则所谓保教者，其名号先不合于论理，其不能成立也固宜。

第二　论孔教之性质与群教不同

今之持保教论者，闻西人之言曰，支那无宗教，辄拂然怒形于色，以为是诬我也，是侮我也。此由不知宗教之为何物也。西人所谓宗教者，专指迷信宗仰而言，其权力范围乃在躯壳界之外，以灵魂为根据，以礼拜为仪式，以脱离尘世为目的，以涅槃天国为究竟，以来世祸福为法门。诸教虽有精粗大小之不同，而其概则一也。故奉其教者，莫要于起信（耶教受洗时，必通所谓十信经者，即信耶稣种种奇迹是也。佛教有起信论），莫急于伏魔。起信者，禁人之怀疑，窒人思想自由也；伏魔者，持门户以排外也。故宗教者非使人进步之具也，于人群进化之第一期，虽有大功德，其第二期以后，则或不足以偿其弊也。孔子则不然，其所教者，专在世界国家之事，伦理道德之原，无迷信，无礼拜，不禁怀疑，不仇外道，孔教所以特异于群教者在是。质而言之，孔子者哲学家、经世家、教育家，而非宗教家也。西人常以孔子与梭格拉底并称，而不以之与释迦、耶稣、摩诃末并称，诚得其真也。夫不为宗教家，何损于孔子！孔子曰："未能事人，焉能事鬼；未知生，焉知死。""子不语怪力乱神。"盖孔子立教之根柢，全与西方教主不同。吾非必欲抑群教以扬孔子，但孔教虽能有他教之势力，而亦不至有他教之流弊也。然则以吾中国人物论之，若张道陵（即今所谓张天师之初祖也）可谓之宗教家，若袁了凡（专提倡《太上感应篇》、《文昌帝君阴骘文》者）可谓之宗教家（宗教有大小，有善恶。埃及之拜物教，波斯之拜火教，可谓之宗教，则张、袁不可不谓之宗教）。而孔子则不可谓之宗教家。宗教之性质，如是如是。

持保教论者，辄欲设教会，立教堂，定礼拜之仪式，著信仰之规条，事事摹仿佛、耶，唯恐不肖。此靡论其不能成也，即使能之，而诬孔子不已甚耶！孔子未尝如耶稣之自号化身帝子，孔子未尝如佛之自称统属天龙，孔子未尝使人于吾言之外皆不可信，于吾教之外皆不可从。孔子，人也，先圣也，先师也，非天也，非鬼也，非神也。强孔子以学佛、耶，以是云保，则所保者必非孔教矣。无他，误解宗教之界说，而艳羡人以忘我本来也。

第三　论今后宗教势力衰颓之征

保教之论何自起乎？惧耶教之侵入，而思所以抵制之也。

吾以为此之为虑，亦已过矣。彼宗教者，与人群进化第二期之文明不能相容者也。科学之力日盛，则迷信之力日衰；自由之界日张，则神权之界日缩。今日耶稣教势力之在欧洲，其视数百年前，不过十之一二耳。昔者各国君主，皆仰教皇之加冕以为尊荣，今则帝制自为也；昔者教皇拥罗马之天府，指挥全欧，今则作寓公于意大利也；昔者牧师、神父，皆有特权，今则不许参与政治也。此其在政界既有然矣。其在学界，昔者教育之事，全权属于教会，今则改归国家也。哥白尼等之天文学兴，而教会多一敌国；达尔文等进化论兴，而教会又多一敌国。虽竭全力以挤排之，终不可得，而至今不得不迁就其说，变其面目以弥缝一时也。若是乎耶稣教之前途可以知矣。彼其取精多，用物宏，诚有所谓百足之虫，至死不僵者，以千数百年之势力，必非遽消磨于一旦，固不待言。但自今以往，耶稣教即能保其余烬，而亦必非数百年前之面目，可断言也。而我今日乃欲摹其就衰之仪式，为效颦学步之下策，其毋乃可不必乎！

或曰：彼教虽浸衰于欧洲，而浸盛于中国，吾安可以不抵制之？是亦不然。耶教之入中国也有两目的：一曰真传教者，二曰各国政府利用之以侵我权利者。中国人之入耶教也亦有两种类：一曰真信教者，二曰利用外国教士以抗官吏武断乡曲者。彼其真传教、真信教者，则何害于中国。耶教之所长，又安可诬也。吾中国汪汪若千顷之波，佛教纳之，回教纳之，乃至张道陵、袁了凡之教亦纳之，而岂具有靳于一耶稣？且耶教之入我国数百年矣，而上流人士从之者稀，其力之必不足以易我国明矣，而畏之如虎，何为者也？至各国政府与乡里莠民之利用此教以侵我主权，挠我政治，此又必非开孔子会、倡言保教之遂能抵抗也。但使政事修明，国能自立，则学格兰斯顿之予爱兰教会以平权可也，学俾斯麦、嘉富尔教之予山外教徒以限制亦可也，主权在我，谁能侵之！故彼之持保教抵制之说者，吾见其进退无据也。

第四　论法律上信教自由之理

彼持保教论者，自谓所见加流俗人一等，而不知与近世文明法律之精神，适相刺谬也。今此论固不过一空言耳，且使其论日盛，而论者握一国之主权，安保其不实行所怀抱，而设立所谓国教以强民使从者？果尔，则吾国将自此多事矣。彼欧洲以宗教门户之故，战争数百年，流血数十万，至今读史，犹使人毛悚股栗焉。几经讨论，几经迁就，始以信教自由之条，著诸国宪，至于今日，各国莫不然，而争教之祸亦几熄矣。夫信教自由之理，一以使国民品性趋于高尚（若特立国教，非奉此者不能享完全之权利，则国民或有心信他教，而为事势所迫，强自欺以相从者，是国家导民以弃其信德也。信教自由之理论，此为最要），一以使国家团体归于统一（昔者信教自由之法未立，国中有两教门以上者，恒相水火）。

而其尤要者，在划定政治与宗教之权限，使不相侵越也。政治属世间法，宗教属出世法。教会不能以其权侵政府，固无论矣，而政府亦不能滥用其权以干预国民之心魂也。（自由之理：凡一人之言论、行事、思想，不至有害于他人之自由权者，则政府不得干涉之。我欲信保教，其利害皆我自受之，无损于人者也，故他人与政府皆不得干预。）故此法行而治化大进焉。吾中国历史有独优于他国者一事，即数千年无争教之祸是也。彼欧洲数百年之政治家，其心血手段，半耗费于调和宗教恢复政权之一事，其陈迹之在近世史者，斑斑可考也。吾中国幸而无此镣辖，是即孔子所以贻吾侪以天幸也。而今更欲循泰西之覆辙以造此界限何也？今之持保教论者，其力固不能使自今以往，耶教不入中国。昔犹孔自孔，耶自耶，各行其自由，耦俱而无猜，无端而画鸿沟焉，树门墙焉，两者日相水火，而教争乃起，而政争亦将随之而起。是为国民分裂之厉阶也。言保教者不可不深长思也。

第五　论保教之说束缚国民思想

文明之所以进，其原因不一端，而思想自由，其总因也。

欧洲之所以有今日，皆由十四五世纪时，古学复兴，脱教会之樊篱，一洗思想界之奴性，其进步乃沛乎莫能御，此稍治史学者所能知矣。我中国学界之光明，人物之伟大，莫盛于战国，盖思想自由之明效也。及秦始皇焚百家之语，坑方术之士，而思想一窒；及汉武帝表章六艺，罢黜百家，凡不在六艺之科者绝勿进，而思想又一窒。自汉以来，号称行孔子教二千余年于兹矣，百皆持所谓表章某某、罢黜某某者，以为一贯之精神，故正学异端有争，今学古学有争。言考据则争师法，言性理则争道统，各自以为孔教，而排斥他人以为非孔教，于是孔教之范围益日缩日小。浸假而孔子变为董江都、何邵公矣，浸假而孔子变为马季长、郑康成矣，浸假而孔子变为韩昌黎、欧阳永叔矣，浸假而孔子变为程伊川、朱晦庵矣，浸假而孔子变为陆象山、王阳明矣，浸假而孔子变为纪晓岚、阮芸台矣。皆由思想束缚于一点，不能自开生面，如群妪得一果，跳掷以相攫，如群妪得一钱，诟骂以相夺，其情状抑何可怜哉！夫天地大矣，学界广矣，谁亦能限公等之所至，而公等果行为者？无他，暖暖姝姝，守一先生之言，其有稍在此范围外者，非唯不敢言之，抑亦不敢思之，此二千年来保教党所成就之结果也。曾是孔子而乃如是乎？孔子作《春秋》，进退三代，是正百王，乃至非常异义可怪之论，阐溢于编中。孔子之所以为孔子，正以其思想之自由也。而自命为孔子徒者，乃反其精神而用之，此岂孔子之罪？呜呼，居今日诸学日新、思潮横溢之时代，而犹以保教为尊孔子，斯亦不可以已乎！

抑今日之言保教者，其道亦稍异于昔。彼欲广孔教之范围也，于是取近世之新学新理以缘附之，曰某某者孔子所已知也，某某者孔子所曾言也。其一片苦心，吾亦敬之，而惜其重诬孔子而益阻人思想自由之路也。夫孔子生于二千年以前，其不能尽知二千年以后之事理学说，何足以为孔子损！梭格拉底未尝坐轮船，而造轮船者不得不尊梭格拉底；亚里士多德未尝用电线，而创电线者不敢菲薄阿里士多德。此理势所当然也。以孔子圣智，其所见与今日新学新理相暗合者必多多，此奚待言。若必一一而比附之纳入之，然则非以此新学新理厘然有当于吾心而从之也，不过以其暗合于我孔子而从之耳。是所爱者仍在孔子，非在真理也。万一遍索之于四书、六经，而终无可比附者，则将明知为铁案不易之真理，而亦不敢从矣；万一吾所比附者，有人从而剔之，曰孔子不如是，斯亦不敢不弃之矣。若是乎真理之终不能饷遗我国民也。

故吾最恶乎舞文贱儒，动以西学缘附中学者，以其名为开新，实则保守，煽思想界之奴性而滋益之也。我有耳目，我有心思，生今日文明灿烂之世界，罗列中外古今之学术，坐于堂上而判其曲直，可者取之，否者弃之，斯宁非丈夫第一快意事耶！必以古人为虾，而自为其水母，而公等果胡为者？然则以此术保教者，非诬则愚，要之决无益于国民可断言也！

第六　论保教之说有妨外交

保教妨思想自由，是本论之最大目的也。其次焉者，曰有妨外交。中国今当积弱之时，又值外人利用教会之际，而国民又夙有仇教之性质，故自天津教案以迄义和团，数十年中，种种外交上至艰极险之问题，起于民教相争者殆十七八焉。虽然，皆不过无知小民之起衅焉耳。今也博学多识之士大夫，高树其帜曰保教保教，则其所著论演说，皆不可不昌言何以必要保教之故，则其痛诋耶教必矣。夫相争必多溢恶之言，保无有抑扬其词，文致其说，以耸听者，是恐小民仇教之不力而更扬其波也。吾之为此言，吾非劝国民以媚外人也，但举一事必计其有利无利，有害无害，并其利害之轻重而权衡之。今孔教之存与不存，非一保所能致也；耶教之入与不入，非一保所能拒也；其利之不可凭也如此。而万一以我之叫嚣，引起他人之叫嚣，他日更有如天津之案，以一教堂而索知府、知县之头；如胶州之案，以两教士而失百里之地，丧一省之权；如义和之案，以数十西人之命，而动十一国之兵，偿五万万之币者，则为国家忧，正复何如？呜呼！天下事作始也简，将毕也巨。持保教论者，勿以我为杞人也。

第七　论孔教无可亡之理

虽然，保教党之用心，吾固深谅之而深敬之。彼其爱孔教也甚，愈益爱之，则愈忧之，惧其将亡也，故不复权利害，不复揣力量，而欲出移山填海之精神以保之。顾吾以为抱此隐忧者，乃真杞人也。孔教者，悬日月，塞天地，而万古不能灭者也。他教唯以仪式为重也，故自由昌而仪式亡；唯以迷信为归也，故真理明而迷信替。其与将来之文明决不相容，天演之公例则然也。孔教乃异是，其所教者，人之何以为人也，人群之何以为群也，国家之何以为国也。凡此者，文明愈进，则其研究之也愈要。近世大教育家多倡人格教育之论。

人格教育者何？考求人之所以为人之资格，而教育少年，使之备有此格也。东西古今之圣哲，其所言合于人格者不一，而最多者莫如孔子。孔子实于将来世界德育之林，占一最重要之位置，此吾所敢预言也。夫孔子所望于我辈者，非欲我辈呼之为救主，礼之为世尊也。今以他人有救主、世尊之名号，而我无之，遂相惊以孔教之将亡，是乌得为知孔子矣乎！夫梭格拉底、亚里士多德之不逮孔子也亦远矣，而梭氏、亚氏之教，犹愈久而愈章，曾是孔子而顾惧是乎！

吾敢断言曰：世界若无政治、无教育、无哲学，则孔教亡。苟有此三者，孔教之光大，正未艾也！持保教论者，盍高枕而卧矣。

第八　论当采群教之所长以光大孔教

吾之所以忠于孔教者，则别有在矣。曰：毋立一我教之界限，而辟其门，而恢其域，损群教而入之，以增长荣卫我孔子是也。彼佛教、耶教、回教，乃至古今各种之宗教，皆无可以容纳他教教义之量。何也？彼其以起信为本，以伏魔为用，从之者殆如妇人之不得事二夫焉。故佛曰：天上地下，唯我独尊。耶曰：独一无二，上帝真子。其范围皆有一定，而不能增减者也。孔子则不然，鄙夫可以竭两端，三人可以得我师，盖孔教之精神，非专制的而自由的也。我辈诚尊孔子，则宜直接其精神，毋拘墟其形迹。孔子之立教，对二千年前之人而言者也，对一统闭关之中国人而言之也，其通义之万世不易者固多，其别义之与时推移者亦不少。孟子不云乎：

"孔子，圣之时者也。"使孔子而生于今日，吾知其教义之必更有所损益也。今我国民非能为春秋战国时代之人也，而已为二十世纪之人，非徒为一乡一国之人，而将为世界之人，则所以师孔子之意而受孔子之赐者必有在矣。

故如佛教之博爱也，大无畏也，勘破生死也，普度众生也，耶教之平等也，视敌如友也，杀身为民也，此其义虽孔教固有之，吾采其尤博深切明者以相发明；其或未有者，吾急取而尽怀之，不敢廉也；其或相反而彼为优者，吾舍己以从之，不必吝也。又不唯于诸宗教为然耳，即古代希腊、近世欧美诸哲之学说，何一不可以兼容而并包之者！若是于孔教为益乎，为损乎？不等智者而决也。夫孔子特自异于狭隘之群教，而为我辈遵孔教者开此法门，我辈所当自喜而不可辜此天幸者也。大哉孔子，大哉孔子！海阔从鱼跃，天空任鸟飞，以是尊孔，而孔之真乃见；以是演孔，而孔之统乃长。

又何必鳃鳃然猥自贬损，树一门，划一沟，而曰保教保教为也！

结　论

嗟乎嗟乎，区区小子，昔也为保教党之骁将，今也为保教党之大敌。嗟我先辈，嗟我故人，得毋有恶其反覆，诮其模棱，而以为区区罪者。虽然，吾爱孔子，吾尤爱真理！吾爱先辈，吾尤爱国家！吾爱故人，吾尤爱自由！吾又知孔子之爱真理，先辈、故人之爱国家、爱自由，更有甚于吾者也。

吾以是自信，吾以是忏悔。为二千年来翻案，吾所不惜；与四万万人挑战，吾所不惧。吾以是报孔子之恩我，吾以是报群教主之恩我，吾以是报我国民之恩我。

论正统

1902 年 7 月 5 日

梁启超

中国史家之谬，未有过于言正统者也。言正统者，以为天下不可一日无君也，于是乎有统；又以为天无二日、民无二王也，于是乎有正统。统之云者，殆谓天所立而民所宗也。

正之云者，殆谓一为真而余为伪也。千余年来，陋儒斤斤于此事，攘臂张目，笔斗舌战，支离蔓衍，不可穷诘。一言蔽之曰，自为奴隶根性所束缚，而复以煽后人之奴隶根性而已。

是不可以不辨。

"统"字之名词何自起乎？殆滥觞于《春秋》。《春秋公羊传》曰："何言乎王正月，大一统也。"此即后儒论正统者所援为依据也。庸讵知《春秋》所谓大一统者，对于三统而言，《春秋》之大义非一，而通三统实为其要端。通三统者，正以明天下为天下人之天下，而非一姓之所得私有，与后儒所谓统者，其本义既适相反对矣。故夫统之云者，始于霸者之私天卜，而又惧民之不吾认也，乃为是说以钳制之曰：此天之所以与我者，吾生而有特别之权利，非他人所能及也。因文其说曰："亶聪明，作父母。"曰："辨上下，定民志。"统之既立，然后任其作威作福，恣睢蛮野，而不得谓之不义；而人民之稍强立不挠者，乃得坐之以不忠不敬、大逆无道诸恶名，以锄之摧之。此统之名所由立也。《记》曰："得乎丘民而为天子。"若是乎，无统则已，苟其有统，则创垂之而继续之者，舍斯民而奚属哉！故泰西之良史，皆以叙述一国国民系统之所由来，及其发达进步、盛衰兴亡之原因结果为主，诚以民有统而君无统也。借曰君而有统也，则不过一家之谱牒，一人之传记，而非可以冒全史之名，而安劳史家之哓哓争论也。然则以国之统而属诸君，则固已举全国之人民视同无物，而国民之资格所以永坠九渊而不克自拔，皆此一义之为误也。

故不扫君统之谬见，而欲以作史，史虽充栋，徒为生民毒耳。

统之义已谬，而正与不正，更何足云。虽然，亦既有是说矣，其说且深中于人心矣，则辞而辟之，固非得已。正统之辨，昉于晋而盛于宋。朱子《通鉴纲目》所推定者，则秦也，汉也，东汉也，蜀汉也，晋也，东晋也，宋、齐、梁、陈也，隋也，唐也，后梁、后唐、后汉、后晋、后周也。本朝乾隆间御批《通鉴》从而续之，则宋也，南宋也，元也，明也，清也。所谓正统者，如是如是。而其所据为理论以衡量夫正不正者，约有六事：

一曰，以得地之多寡而定其正不正也。凡混一宇内者，无论其为何等人，而皆奉之以正，如晋、元等是。

二曰，以据位之久暂而定其正不正也。虽混一宇内，而享之不久者，皆谓之不正，如项羽、王莽等是。

三曰，以前代之血胤为正而其余皆为伪也。如蜀汉、东晋、南宋等是。

四曰，以前代之旧都所在为正而其余皆为伪也。如因汉而正魏，因唐而正后梁、后唐、后晋、后汉、后周等是。

五曰，以后代之所承者所自出者为正而其余为伪也。如因唐而正隋，因宋而正周等是。

六曰，以中国种族为正而其余为伪也。如宋、齐、梁、陈等是。

此六者互相矛盾，通于此则窒于彼，通于彼则窒于此。而据《朱子纲目》及《通鉴辑览》等所定，则前后互歧，进退失据，无一而可焉。请穷诘之。夫以得地之多寡而定，则混一者固莫与争矣，其不能混一者，自当以最多者为最正。则苻秦盛时，南至邛僰，东抵淮泗，西极西域，北尽大碛，视司马氏版图过之数倍；而宋金交争时代，金之幅员亦有天下三分之二，而果谁为正而谁为伪也？如以据位之久暂而定，则如汉唐等之数百年，不必论矣。若夫拓跋氏之祚，回轶于宋、齐、梁、陈；钱镠、刘隐之系，远过于梁、唐、晋、汉、周。而西夏李氏，乃始唐乾符，终宋宝庆，凡三百五十余年，几与汉唐埒，地亦广袤万里，又谁为正而谁为伪也？如以前代之血胤而定，则杞宋当二日并出，而周不可不退处于篡僭；而明李槃以宇文氏所臣属之萧岿为篡贼，萧衍延苟全之性命而使之统陈，以沙陀夷族之朱邪存勖不知所出之徐知诰冒，李唐之宗而使之统分据之天下者，将为特识矣。而顺治十八年间，故明弘光、隆武、永历，尚存正朔而视同闰位，何也？而果谁为正而谁为伪也？以前代旧都所在而定，则刘、石、慕容、苻、姚、赫连、拓跋所得之土，皆五帝三王之故宅也，女真所抚之众，皆汉唐之遗民也，而又谁为正而谁为伪也？如以后代所承所自出者为正，则晋既正矣，而晋所自出之魏，何以不正？前既正蜀，而后复正晋，晋自篡魏，岂承汉而兴邪？

唐既正矣，且因唐而正隋矣，而隋所自出之宇文，宇文所自出之拓跋，何以不正？前正陈而后正隋，隋岂因灭陈而始有帝号邪？又乌知夫谁为正而谁为伪也？若夫以中国之种族而定，则诚爱国之公理，民族之精神，虽迷于统之义，而犹不悖于正之名也。而惜乎数千年未有持此以为鹄者也。李存勖、石敬瑭、刘智远，以沙陀三小族，窃一掌之地，而膈然奉为共主；自宋至明百年间，黄帝子孙，无尺寸土，而史家所谓正统者，仍不绝如故也，而果谁为正而谁为伪也？于是乎而持正统论者，果无说以自完矣。

大抵正统之说之所以起者，有二原因：

其一，则当代君臣自私本国也。温公所谓"宋魏以降，各有国史，互相排黜，南谓北为索虏，北谓南为岛夷，朱氏代唐，四方幅裂，朱邪入汴，比之穷新（"唐庄宗自以为继唐，比朱梁于有穷篡夏，新室篡汉。"）运历年纪，弃而不数。此皆私己之偏辞，非大公之通论也。"（《资治通鉴》卷六十九）诚知言矣。自古正统之争，莫多于蜀魏问题。主都邑者以魏为真人，主血胤者以蜀为宗子。而其议论之变迁，恒缘当时之境遇。陈寿主魏，习凿齿主蜀，寿生西晋而凿齿东晋也。西晋踞旧都，而上有所受，苟不主都邑说，则晋为僭矣，故寿之正魏，凡以正晋也。凿齿时则晋既南渡，苟不主血胤说，而仍沿都邑，则刘、石、符、姚正而晋为僭矣。凿齿之正蜀，凡亦以正晋也。

其后温公主魏，而朱子主蜀，温公生北宋而朱子南宋也。宋之篡周宅汴，与晋之篡魏宅许者同源，温公主都邑说也，正魏也，凡以正宋也。南渡之宋与江东之晋同病，朱子之主血胤说也，正蜀也，凡亦以正宋也。盖未有非为时君计者也！至如五代之亦膈然目为正统也，更宋人之聱言也。彼五代抑何足以称代？朱温盗也，李存勖、石敬瑭、刘智远沙陀犬羊之长也。温可代唐，则侯景、李全可代宋也；沙陀三族可代中华之主，则刘聪、石虎可代晋也。郭威非夷非盗，差近正矣，而以黥卒乍起，功业无闻，乘人孤寡，夺其穴以篡立，以视陈霸先之能平寇乱，犹奴隶耳。而况彼五人者，所掠之地，不及禹域二十分之一，所享之祚，合计仅五十二年，而顾可以圣仁神武某祖某皇帝之名奉之乎？其奉之也，则自宋人始也。

宋之得天下也不正，推柴氏以为所自受，因而溯之，许朱温以代唐，而五代之名立焉（以上采王船山说）。其正五代也，凡亦以正宋也。至于本朝，以异域龙兴，入主中夏，与辽、金、元前事相类，故顺治二年三月，议历代帝王祀典，礼部上言，谓辽则宋曾纳贡，金则宋尝称侄，帝王庙祀，似不得遗，骎骎乎欲伪宋而正辽、金矣。后虽惮于清议，未敢悍然，然卒增祀辽太祖、太宗、景宗、圣宗、兴宗、道宗，金太祖、太宗、世宗、章宗、宣宗、哀宗，其后复增祀北魏道武帝、明帝、孝武帝、文成帝、献文帝、孝文帝、宣武帝、孝明帝。岂所谓兔死狐悲，恶伤其类者耶？由此言之，凡数千年来哓哓于正不正、伪不伪之辩者，皆当时之霸者与夫霸者之奴隶，缘饰附会，以保其一姓私产之谋耳！而时过境迁之后，作史者犹慷他人之概，斤斤焉辩得失于鸡虫，吾不知其何为也！

其二，由于陋儒误解经义，煽扬奴性也。陋儒之说，以为帝王者圣神也。陋儒之意，以为一国之大，不可以一时而无一圣神焉者，又不可以同时而有两圣神焉者。当其无圣神也，则无论为乱臣，为贼子，为大盗，为狗偷，为仇雠，为夷狄，而必取一人一姓焉，偶像而尸祝之曰，此圣神也，此圣神也。当其多圣神也，则于群圣群神之中，而探阄焉，而置棋焉，择取其一人一姓而膜拜之曰，此乃真圣神也，而其余皆乱臣、贼子、大盗、狗偷、仇雠、夷狄也。不宁唯是，同一人也，甲书称之为乱贼、偷盗、仇雠、夷狄，而乙书则称之为圣神焉。甚者同一人也，同一书也，而今日称之为乱贼、偷盗、仇雠、夷狄，明日则称之为圣神焉。夫圣神自圣神，乱贼自乱贼，偷盗自偷盗，夷狄自夷狄，其人格之相去，不可以道里计，一望而知，无能相混者也，亦断未有一人之身，而能兼两涂者也。异哉，此至显、至浅、至通行、至平正之方人术，而独不可以施诸帝王也！谚曰："成即为王，败即为寇。"

此真持正统论之史家所奉为月旦法门者也。夫众所归往谓之王，窃夺殃民谓之寇。既王矣，无论如何变相，而必不能堕而为寇；既寇矣，无论如何变相，而必不能升而为王，未有能相印焉者也。如美人之抗英而独立也，王也，非寇也，此其成者也。即不成焉，如菲律宾之抗美，波亚之抗英，未闻有能目之为寇者也。元人之侵日本，寇也，非王也，此其败者也。即不败焉，如蒙古蹂躏俄罗斯，握其主权者数百年，未闻有肯认之为王者也。中国不然。兀术也，完颜亮也，在宋史则谓之为贼、为虏、为仇，在金史则某祖某皇帝矣，而两皆成于中国人之手，同列正史也。而诸葛亮入寇、丞相出师等之差异，更无论也。朱温也，燕王棣也，始而曰叛曰盗，忽然而某祖、某皇帝矣。而曹丕、司马炎之由名而公，由公而王，由王而帝，更无论也。准此以谈，吾不能不为匈奴冒顿、突厥颉利之徒悲也，吾不能不为汉吴楚七国、淮南王安、晋八王、明宸濠之徒悲也，吾不能不为上官桀、董卓、桓温、苏竣、侯景、安禄山、朱泚、吴三桂之徒悲也，吾不得不为陈涉、吴广、新市、平林、铜马、赤眉、黄巾、窦建德、王世充、黄巢、张士诚、张友谅、张献忠、李自成、洪秀全之徒悲也。彼其与圣神，相去不能以寸耳，使其稍有天幸，能于百尺竿头，进此一步，何患乎千百年后赡才博学、正言谠论、倡天经明地义之史家，不奉以"承天广运、圣德神功、肇纪立极、钦明文思、睿哲显武、端毅弘文、宽裕中和、大成定业、太祖高皇帝"之徽号！而有腹诽者则曰大不敬，有指斥者则曰逆不道也。此非吾过激之言也。试思朱元璋之德，何如窦建德？萧衍之才，何如王莽？赵匡胤之功，何如项羽？李存勖之强，何如冒顿？杨坚传国之久，何如李元昊？朱温略地之广，何如洪秀全？而皆于数千年历史上巍巍然圣矣神矣！

吾无以名之，名之曰幸不幸而已。若是乎，史也者，赌博耳，儿戏耳，鬼域之府耳，势利之林耳。以是为史，安得不率天下而禽兽也。而陋儒犹嚣嚣然曰：此天之经也，地之义也，人之伦也，国之本也，民之坊也。吾不得不深恶痛绝夫陋儒之毒天下如是其甚也！

然则不论正统则亦已耳，苟论正统，吾敢翻数千年之案而昌言曰：自周秦以后，无一朝能当此名者也。第一，夷狄不可以为统，则胡元及沙陀三小族在所必摈，而后魏、北齐、北周、契丹、女真更无论矣。第二，篡夺不可以为统，则魏、晋、宋、齐、梁、陈、北齐、北周、隋、后周、宋在所必摈，而唐亦不能免矣。第三，盗贼不可以为统，则后梁与明在所必摈，而汉亦如唯之与阿矣。然则正统当于何求之？曰：统也者，在国非在君也，在众人非在一人也。舍国而求诸君，舍众人而求诸一人，必无统之可言。更无正之可言。必不获已者，则如英、德、日本等立宪君主之国，以宪法而定君位继承之律，其即位也，以敬守宪法之语誓于大众，而民亦公认之，若是者，其犹不谬于得丘民为天子之义，而于正统庶乎近矣。虽然，吾中国数千年历史上，何处有此？然犹斤斤焉于百步五十步之间，而曰统不统正不正，吾不得不唯其愚而恶其妄也！

后有良史乎，盍于我国民系统盛衰、强弱、主奴之间，三致意焉尔。

国性篇

梁启超

国于天地，必有与立，国之所以与立者何？吾无以名之，名之曰国性。国之有性，如人之有性然。人性不同，乃如其面，虽极相近而终不能以相易也。失其本性，斯失其所以为人矣。唯国亦然。缘性之殊，乃各自为国以立于大地。苟本无国性者，则自始不能以立国。国性未成熟具足，虽立焉而国不固。立国以后，而国性流转丧失，则国亡矣。能合国性相近之数国，冶一炉而铸之，吻合无间，以成一大国性，则合群小国而为大国也。能以己国之国性加于他国，使与我同化，则灭人国以增益吾国也。国性分裂，则国亦随以分裂。一地域或一部分之人，失其国性，则国家丧其一地域或一部分之人，而国以削焉。地球开辟以来，生人恒河沙数，而以国名传于史乘者，不过千百。其他或仅成一部落之形焉，或并部落而未能至焉，彼自始无国性以为之结合也。古代泰西之马基顿帝国，中世东方之阿曼帝国，蒙古大帝国，皆甫成而旋毁。中世近世之神圣罗马帝国，日耳曼帝国，皆历纪而不成，即成亦同虚器，皆国性未成熟具足使然也。匈奴、鲜卑，金源、满洲，一入中国，即全失其故俗，及纽解鼎迁，无复故墟之可依，国性不足以自树立也。希腊罗马，当其盛时，文物甲天地，一旦衰落，则同化于异族而靡孑遗。波兰昔霸欧洲，今乃分隶三国，此无他焉，本有至善美之国性，而自摧弃之也。土耳其波斯，虽弱而未遽亡，其国性尚薄足以自守也。德意志积百年之力，乃能合联邦为一体，其国性具足之日，即其国家成立之日也，今其所倡大德意志主义则欲扩大其国性以鲸吸他国也。日本之治台湾，专采同化主义，如果嬴之负螟蛉，诲以似我似我，将以新国性尅其旧国性也。土耳其本泱泱大国，其国性分裂，于是巴尔干半岛别成数邦矣。由此言之，国性之隆污消长，洵古今得失之林哉。

国性果何物耶，以何因缘而成，以何因缘而坏耶，如何而为隆，如何而为污耶？国性无具体可指也，亦不知其所自始也。人类共棲于一地域中，缘血统之脈合，群交之渐剧，共同利害之密切，言语思想之感通，积之不知其几千百岁也，不知不识而养成各种无形之信条，深入乎人心。其信条具有大威德，如物理学上之向心力，抟捖全国民而不使离析也；如化学上之化合力，镕冶全国民使自为一体而示异于其他也。积之愈久，则其所被者愈广，而其所篆者愈深。退焉自固壁垒而无使外力得侵，进焉发挥光大之，以加于外，此国性之用也。就其具象的事项言之（具体的不可指，具象的略可指），则一曰国语，二曰国教，三曰国俗。三者合而国性仿佛可得见矣。

国性可助长而不可创造也，可改良而不可蔑弃也。盖国性之为物，必涵濡数百年，而长养于不识不知之间，虽有圣神奇哲，欲悬一理想而咄嗟创造之，终不克致，譬犹贲获虽勇，曾不能自举其躯也。故所有事者，唯淬历其良而助长之已耳。国性有窳败者，有不适时势者，匡救而改良之宜也。如人性然，变化气质，刚克柔克，凡自爱自治者固尔也。然戕贼杞柳以为桮棬，即中智固知其不可矣。试以国语为例，今之语非犹夫汉唐之语也，汉唐之语，又非犹夫殷周之语也，其间递嬗递蜕，渐淘汰其废淤者，而增益其新需者，务适于一时代传通思想之用。或自然嬗代，或以人力促而进之，要之常有一公认之原则，以为根据，而此原则必有继续性，而未尝中断。此如人身上所含诸质，虽每旬日必蜕化其旧，而断无同时全体俱蜕之理，苟有是者，则为其人就死时矣。国语如是，国教、国俗亦然，苟其教义俗尚，有与外界不能顺应者，非矫正其一部分不能图存，固也。而在健全之社会，此不顺应之一部分，常能缘自然淘汰之作用，渐渐蜕减，不甚假于人力。即须加力者，亦加力于此一部分耳，决无或夷伤其全体。譬犹治病者，虽用峻削之剂，而必以不伐元气为限也；如场师之艺木，虽常剪弃枯枝败叶，而断不肯损其根十。国民之爱重国性，其对十国性增美释回之道，如是而已，如是而已。

当国性之衰落也，其国人对于本国之典章文物纪纲法度，乃至历史上传来之成绩，无一不怀疑，无一不轻侮，甚则无一不厌弃。始焉少数人耳，继则弥漫于国中。及其横流所极，欲求片词只义足以维系全国之人心者，而渺不可得。公共信条失坠，个人对个人之行为，个人对社会之行为，一切无复标准，虽欲强立标准，而社会制裁力无所复施，驯至共同生活之基础，日薄弱以即于消灭。家庭失其中心点，不复成家族；市府失其中心点，不复成市府；国家失其中心点，不复成国家。乃至社会一切有形无形之事物皆失其中心点，不复成社会。国中虽有人亿兆，实则亿兆之独夫，偶集于一地域耳，问所以纲维是而团结是者，无有也。故一旦外界之强有力者临之，则如摧枯拉朽，群帖伏于其下，古今之亡国者，未或不由是也。昔罗马大哲锡西罗尝作歌以警其国人曰："前车非远，希腊所程猗，希腊之花，昔何荣猗，彼昏不知，狃侮老成猗，黩其明神，薄其典型猗，万目异色，群耳无正声猗，纲绝纽解，人私自营猗，累世之业，黮其沈冥猗，嗟我国人，能勿惩猗"。嗟乎，吾每诵此而感不绝于余心焉。吾又见乎罗马末叶不乏锡西罗其人者，而卒不免于亡，吾愈用是惕然惧也。

吾国立国于天地者五千年，其与我并建之国，代谢以尽者，不知几何族矣，而我乃如鲁灵光岿然独存，其国性之养之久而积之厚也，其入人之深也，此不待言而解也。且其中又必有至善美而足以优胜于世界者存也，我先民缔造之艰也，其所以恩我子孙者如此，其无极也。今也吾侪为外界所压迫所簸扇，而吾数千年传来国性之基础，岌岌乎若将摇落焉，此吾所为栗然惧也（君主制非吾之国性，吾所谓基础摇动者，不指此次号，更别论之）。一言蔽之，则全国离心力发动太剧，而向心力几不足以相维。夫使徒有离心力而无向力，则星系散，地球坠，而世界或几乎息矣。活火烹泉，超其沸度，益薪不已，势必尽蜚为汽为气，而不复有水性者存。吾国今虽未至此乎，而其几则既著见矣。及今匡救，犹可有为，过此以往，虽有善者，末如之何矣。国人如以狂夫之言为可听也，吾将更端以语吾国性之大本，而商榷助长改良之道也。

《国粹学报》叙

黄 节

　　吾国得谓之国矣乎？曰不国也。社会莫不始于图腾，继以宗法，而成于国家者也。吾学得谓之学矣乎？曰不学也。万汇莫不统于逻辑，阐为心理，而致诸物质者也。呜呼悲夫！四彝交侵，异族入主，然则吾国犹图腾也。科学不明，域于无知，然则吾学犹未至于逻辑也。奚以国奚以学为？呜呼悲夫！溯吾称国之始，则肇自唐虞。蚩尤作甲兵，始伐黄帝，至于夏殷周，而苗祸亘千百年。然则唐虞之称国也，吾以见民族之梦焉。呜呼悲夫！溯吾学派之衰，则源于嬴秦。始皇烧诗书百家语，藏书博士，窒塞民智。至于汉武立博士于学宫，罢黜百家。以迄刘歆，则假借君权，窜乱经籍，贼天下后世。然则秦皇汉武之立学也，吾以见专制之剧焉。民族之界夷，专制之统一，而不国，而不学，殆数千年。呜呼！奚至于今而始悲也！春秋楚人执宋公以伐宋，宋公谓公子目夷曰：子归守国矣，国子之国也。公子目夷复曰：君虽不言国，国固臣之国也。是故对于外族则言国，对于君主则言国，此国之界也。国界不明，诸夏乃衰。简书不恤，京帅吴楚，以全会申楚伯，淮夷不殊，则吾国对外族之界亡矣。汉兴，黄生与辕固生论汤武受命，而曰：冠虽敝，必加于首；履虽新，必贯于足。申桀纣而屈汤武，孝景知其非，然犹曰言学者毋言汤武受命不为愚，则吾国对君主之界亦亡矣。呜呼！国界亡则无学，无学则何以有国也。吾登高西望，帕米尔高原而东，喜马拉山脉而北，滔滔黄河，悠悠大江，熙熙乎田畴都市，宅于是间者，乃不国乎？而吾巴克之族，犹足以自立；黄帝尧舜禹汤文武周公孔子之学，犹足以长存。则奈何其不国也？奈何其不学也？

　　悲夫痛哉！风景依然，举目有江河之异，吾中国之亡也，殆久矣乎！栖栖千年间，五胡之乱，十六州之割，两河三镇之亡，国于吾中国者，外族专制之国，而非吾民族之国也。学于吾中国者，外族专制之学，而非吾民族之学也。而吾之国之学之亡也，殆久矣乎！是故以张宾为长史，而执大法于石胡之朝；

以许衡为祭酒，而定朝仪于蒙古之族。识者痛焉，以其以中国民族而为外族专制之奴，而又出所学以媚之也。国界亡而学界即亡也。持是以往，萃汉宋儒者之家法，而蝇蝇于十三经二十四史诸子百家之文，罔亦该博焉，而国日蹙，而民日艰，而种族日滒，而伦理日丧乱。一睨乎泰西诸国之政之法之艺之学，则以为非先王之道，而辞而辟之。辟之而不足以胜之也。一謷乎泰西诸国之政之法之艺之学，则以为非中国所有，而貌而袭之。袭之而仍不足以敌之也。则还而质诸吾国，何以无学？吾学何以不国？而吾之国之学，何以逊于泰西之国之学？则懵然而皆莫能言。呜呼！微论泰西之国之学，果足以裨吾与否，而此懵然莫能言之故，则足以自亡其国而有余，是亦一国之人之心死也。

立乎地圜而名一国，则必有其立国之精神焉，虽震撼挢杂，而不可以灭之也。灭之则必灭其种族而后可；灭其种族，则必灭其国学而后可。昔者英之墟印度也，俄之裂波兰也，皆先变乱其言语文学，而后其种族乃凌迟衰微焉。迄今过灵水之滨，瓦尔省府之郭，婆罗门之贵种，斯拉窝尼之旧族，无复有文明片影，留曜于其间，则国学之亡也。学亡则亡国，国亡则亡族。吾国之国体，则外族专制之国体也；吾国之学说，则外族专制之学说也。以外族专制，自宋季以来，频繁复杂，绵三四纪，学者忘祖宗杀戮之惨，狃君臣上下之分，习而安之，为之润饰乎经术，黼黻乎史裁，数百年于兹矣。一旦海通，泰西民族麕至，以吾外族专制之黑暗，而当共和立宪之文明，相形之下，优劣之胜败立见也，则其始慕泰西。甲午创后，骇于日本，复以其同文地迩情洽而收效为速也，日本遂夺泰西之席，而为吾之师，则其继尤慕日本。呜呼！亡吾国学者，不在泰西而在日本乎！何也？日本与吾同文而易涆也。譬之生物焉，异种者，虽有复杂，无害竞争；唯同种而异类者，则虽有竞争，而往往为其所同化。泰西与吾异种者也，日本与吾同种而异类者也。是故不别日本，则不足以别泰西；然不别吾累朝外族专制之朝廷，则又何以别日本。夫吾累朝外族专制之朝廷，固皆与吾同种而异类者也，亡吾国吾学者也。《易》曰："其亡其亡，系于苞桑。"又曰："樽酒簋贰，用缶，纳约自牖。"呜呼！今日黄冠草履，空山歌哭，语吾国语，文吾国文，哀声悲吟，冀感发吾同族者，盖仅仅见也。过此以往，声消响绝，虽复布福音，兴豪摩尼斯脱，习希塞洛瓦其儿之文字而矣，非吾巴克之族，黄帝尧舜禹汤文武周公孔子之学矣。悲夫！

虽然，巴克之族，黄帝尧舜禹汤文武周公孔子之学，其为布帛菽粟，而无待于他求者夥矣。其为夏鼎商彝，而无资于利用者，庸讵乏焉，则是吾学界不能无取诸日本泰西亦势也。有地焉，蓬蒿棘榛，郁勃蹊径，甚矣其荒也，而吾为之芟夷而蕴崇之，缭以周垣，树以嘉木，不数年葱茏蔚森矣。夫地之宜于植也，其生是嘉木，犹其生是棘榛也。盖宜于植者是地也，因其宜于植而移嘉木以植之，或滋兰焉，或树橘焉，则焕然秀发者，虽非前日之所有，而要之有是地，然后有是华，不得谓非是地之华也。何也？国固吾国也，学即吾学也。海波沸腾，宇内士夫，痛时事之日亟，以为中国之变，古未有其变，中国之学，诚不足以救中国。于是醉心欧化，举一事革一弊，至于风俗习惯之各不相侔者，靡不唯东西之学说是依。慨谓吾国固奴隶之国，而学固奴隶之学也。呜呼！不自主其国，而奴隶于人之国，谓之国奴；不自主其学，而奴隶于人之学，谓之学奴。奴于外族之专制固奴，奴于东西之学说，亦何得而非奴也。

同人痛国之不立，而学之日亡也，于是瞻天与火，类族辨物，创为国粹学报一编，以告海内曰：昔者欧洲十字军东征，弛贵族之权，削封建之制，载吾东方之文物以归，于时意大利文学复兴，达泰【今译但丁】氏以国文著述，而欧洲教育遂进文明。昔者日本维新，归藩覆幕，举国风靡，于时欧化主义，浩浩滔天，三宅雄次郎、志贺重昂等，撰杂志，倡国粹保全，而日本主义，卒以成立。呜呼！学界之关系于国界也如是哉！宋之季也，其民不务国学，而好为蒙古文字语言，至名其侈辞以为美，于是而宋亡。普之败于法也，割雅丽司、来因罗以和，而其遗民，眷眷故国，发为诗歌，不忘普音，于是而普兴。国界之兴亡于学界也又如是哉！夫国学者，明吾国界以定吾学界者也。痛吾国之不国，痛吾学之不学，凡欲举东西诸国之学，以为客观，而吾为主观，以研究之，期光复乎吾巴克之族，黄帝尧舜禹汤文武周公孔子之学而已。然又慕乎科学之用宏，意将以研究为实施之因，而以保存为将来之果。悬界说以定公例，而又悲乎言之无文，行而不远。意将矫象胥之失，而不苟同伊缓大卤之名，期光复乎吾巴克之族，黄帝尧舜禹汤文武周公孔子之学而已。呜呼！雄鸡鸣而天地白，晓钟动而魂梦苏。天下志士，其有哀国学之流亡者乎？庶几披涕以读而为之舞。

《国粹学报》第一期，二月出版

一战与中国

论中国中立之难点

《英文京报》

我国此次宣布中立，外报颇批评及之，兹节录以供参考。

《英文北京日报》略谓："欧洲各国交战，其中不免有交战之国侵入中国领土，假此以苦敌人者。中国由日俄战争之经验，当深悉中立之难。此次战争虽可以供人侵害，中立之机会较少。然青岛实为可注目之问题，论中国之能力，颇似欧洲之弱国，不能自全其中立之义务。今既以宣言中立，为正义之要求，则其如何维持之法不能不详为讨究。如中国自问，对于各国侵害其中立之举动不能积极的有以制止之，则莫如于其事后向于各国要求相当之赔偿，而于事前则无须严加干涉也。

"且吾人于兹所认为有可研究者，即为中国中立究竟现在已否为人侵害之问题？如以日内所传，青岛军队使用中国苦力之事，视为确实，则中国似已不能无所干涉。然为之解者，或以此等苦力居于青岛，非属于中国主权之范围。此则系于人民自由之权利，未曾重视者也。至于今日此问题或无暇详为讨究，然愿中国于事后要求赔偿之时，犹能记忆之。"

又据《英文京报》所论，颇赞美中国宣告中立之当，中立条规之详密。然其中所视为可成疑问者以为，关于庚子和约中所载之各国使馆护卫兵，及天津山海关间守备兵之一层，据中立条规所规定，此等军队，不许加入此次战争，而他处所驻在之各国军队，似亦适用此约。唯此中似有一法理问题存焉。缘庚子和约实以各国使馆区域及北京山海关沿线视为各国共同防守之范围，英法俄德等国固皆参列于此约者。若此次战争使各国共同联合之团体，竟至解散，则各国共同协约上之义务仍然存在与否实为问题。如其竟不存在，则其不适用之期限，唯限于战争之期限内与否，亦为问题也。

次之，所视为可者，则为外国主权所在之领域，如青岛即其例也。英德交战，英国之不能无意于青岛，此固吾人意料所及者。若英德为争青岛而至于海战，则中国领海求免其为所侵犯其事至难。而中立条规固明有交战国不得于中国领土交战之规定也。然则欲使其规定发生效力，中国将以何法御之乎？

凡此数层皆于中立条规中所视为可供研究者，愿吾国政府及人民其三思之。

致北京参议院众议院电

1917 年 3 月 9 日

孙中山

北京参、众两院均鉴：外交问题，关系至大。文亦国民一分子，于此不能不贡一言。今日主张加入协商诸君，有以利害言者，谓加入之后，可以一跃进为头等国，外交从此顺利，言之似能成理。有以人道公理言者，谓德恃强硬，必须惩创，义不能坐视公理沦亡，虽以国殉，亦所不辞，其精神尤可钦。但文以为，一国之地位能否上进，须视自力。加入之结果，于国中有纷乱之虞，无改善之效，则头等国之想象，恐未可几。且为中国损者，同时又使协商诸国之弱点暴露，将致发生他种困难，则欲为人道助者，恐反为德人所利也。且欧战本为利害之争，我国事与彼殊，不必以人道为由，自驱笠入。文于中国加入一事，再三熟虑，审察南方情况，灼知加入以后，必起两种危险：其一为排外之盲动也，一为回教徒之离叛。华人排外性根久伏，遇隙必发。一旦开战，则必有国内敌人损伤及我之事，图报复者，将不辨国籍，恣行杀戮。第二之团匪，弹指可见。回教徒在中国势力不可侮，若与之战，彼必循其宗教之热狂，起而反抗。中国从此大乱，危亡指日而见，此岂徒中国之不利而已。协商诸国引入中国以图强助，殊不可得，而团匪之祸先被之。更恐以中国内讧，将有一二国以他一二国之行动，为与己有妨，协商国之团结，将形危险，此实于中国与协商国两无利益之事。但此两危机，协商国人未能察及，诚使了悟，必不劝诱中国蹈此危机。文处南方，察之最审，昨已以此意电英国首相，劝其打消此议。英相贤明，于此必能晓悟。但恐彼国际行动，已经发表，不能等于儿戏，遽尔收回，转圜之方，仍视我国。今者报称政府已决加入，此或有迫而然。诸公代表国民，责无旁贷，务望审察坚持，转圜枢纽，唯在诸公。勿以中国投之不测之渊，庶几不负国民重托。孙文。兹并将致英相电文，电请公鉴。

据上海《民国日报》一九一七年三月九日

庶民的胜利

1918 年 10 月 5 日

李大钊

　　我们这几天庆祝战胜，实在是热闹得很。可是战胜的，究竟是哪一个？我们庆祝，究竟是为哪个庆祝？我老老实实讲一句话，这回战胜的，不是联合国的武力，是世界人类的新精神。不是哪一国的军阀或资本家的政府，是全世界的庶民。我们庆祝，不是为哪一国或哪一国的一部分人庆祝，是为全世界的庶民庆祝。不是为打败德国人庆祝，是为打败世界的军国主义庆祝。

　　这回大战，有两个结果：一个是政治的，一个是社会的。

　　政治的结果，是"大……主义"失败，民主主义战胜。我们记得这回战争的起因，全在"大……主义"的冲突。当时我们所听见的，有什么"大日尔曼主义"咧，"大斯拉夫主义"咧，"大塞尔维主义"咧，"大……主义"咧。我们东方，也有"大亚细亚主义"、"大日本主义"等等名词出现。我们中国也有"大北方主义"、"大西南主义"等等名词出现。"大北方主义"、"大西南主义"的范围以内，又都有"大……主义"等等名词出现。这样推演下去，人之欲大，谁不如我，于是两大的中间有了冲突，于是一大与众小的中间有了冲突，所以境内境外战争迭起，连年不休。

　　"大……主义"就是专制的隐语，就是仗着自己的强力蹂躏他人欺压他人的主义。有了这种主义，人类社会就不安宁了。大家为抵抗这种强暴势力的横行，乃靠着互助的精神，提倡一种不等自由的道理。这等道理，表现在政治上，叫做民主主义，恰恰与"大……主义"相反。欧洲的战争，是"大……主义"与民主主义的战争。我们国内的战争，也是"大……主义"与民主主义的战争。结果都是民主主义战胜，"大……主义"失败。民主主义战胜，就是庶民的胜利。社会的结果，是资本主义失败，劳工主义战胜。原来这回战争的真因，乃在资本主义的发展。国家的界限以内，不能涵容他的生产力，所以资本家的政府想靠着大战，把国家界限打破，拿自己的国家做中心，建一世界的大帝国，成一个经济组织，为自己国内资本家一阶级谋利益。俄、德等国的劳工社会，首先看破他们的野心，不惜在大战的时候，起了社会革命，防遏这资本家政府的战争。联合国的劳工社会，也都要求平和，渐有和他们的异国的同胞取同一行动的趋势。这亘古未有的大战，就是这样告终。这新纪元的世界改造，就是这样开始。资本主义就是这样失败，劳工主义就是这样战胜。世间资本家占最少数，从事劳工的人占最多数。因为资本家的资产，不是靠着家族制度的继袭，就是靠着资本主义经济组织的垄断，才能据有。这劳工的能力，是人人都有的，劳工的事情，是人人都可以做的，所以劳工主义的战胜，也是庶民的胜利。

民主主义劳工主义既然占了胜利，今后世界的人人都成了庶民，也就都成了工人。我们对于这等世界的新潮流，应该有几个觉悟：第一，须知一个新生命的诞生，必经一番苦痛，必冒许多危险。有了母亲诞孕的劳苦痛楚，才能有儿子的生命。这新纪元的创造，也是一样的艰难。这等艰难，是进化途中所必须经过的，不要恐怕，不要逃避的。第二，须知这种潮流，是只能迎，不可拒的。我们应该准备怎么能适应这个潮流，不可抵抗这个潮流。人类的历史，是共同心理表现的记录。一个人心的变动，是全世界人心变动的征兆。一个事件的发生，是世界风云发生的先兆。一七八九年的法国革命，是十九世纪中各国革命的先声。一九一七年的俄国革命，是二十世纪中世界革命的先声。第三，须知此次平和会议中，断不许持"大……主义"的阴谋政治家在那里发言，断不许有带"大……主义"臭味，或伏"大……主义"根蒂的条件成立。即或有之，那种人的提议和那种条件，断归无效。这场会议，恐怕必须有主张公道破除国界的人士占列席的多数，才开得成。第四，须知今后的世界，变成劳工的世界。我们应该用此潮流为使一切人人变成工人的机会，不该用此潮流为使一切人人变成强盗的机会。凡是不做工吃干饭的人，都是强盗。强盗和强盗夺不正的资产，也是一种的强盗，没有什么差异。我们中国人贪惰性成，不是强盗，便是乞丐，总是希图自己不作工，抢人家的饭吃，讨人家的饭吃。到了世界成一大工厂，有工大家做，有饭大家吃的时候，如何能有我们这样贪惰的民族立足之地呢？照此说来，我们要想在世界上当一个庶民，应该在世界上当一个工人。诸位呀！快去做工啊！

一九一八年十月十五日

《新青年》第五卷第五号，署名守常

《每周评论》发刊词

陈独秀

自从德国打了败仗，"公理战胜强权"，这句话几乎成了人人的口头禅。列位要晓得什么是公理，什么是强权呢？简单说起来，凡合乎平等自由的，就是公理；倚仗自家强力，侵害他人平等自由的，就是强权。德国倚仗着他的学问好，兵力强，专门侵害各国的平等自由，如今他打得大败，稍微懂得点公理的协约国，居然打胜了。这就叫做"公理战胜强权"。

这"公理战胜强权"的结果，世界各国的人，都应该明白，无论对内对外，强权是靠不住的，公理是万万不能不讲的了。

美国大总统威尔逊屡次的演说，都是光明正大，可算得现在世界上第一个好人。他说的话很多，其中顶要紧的是两主义：第一不许各国拿强权来侵害他们的平等自由。第二不许各国政府拿强权来侵害百姓的平等自由。这两个主义，不正是讲公理不讲强权吗？我所以说他是世界上第一个好人。

我们发行这《每周评论》的宗旨，也就是"主张公理，反对强权"八个大字，只希望以后强权不战胜公理，便是人类万岁！本报万岁！

一九一八年十二月二十二日

睡的人醒了

朱执信

（一）

"睡狮醒了！"这句说话，十多年来，常常听见人说，并且拿着很高兴很有希望的意气来说。我想这句说话，本来不是中国人自己做出来的，却是欧洲里头要压迫中国的一部分人，拿来恐吓其余的人的，同"黄祸"这句说话，是一样的意思。不过中国人向来怕惯人了，忽然听见人家怕他来，便高兴得了不得，睡梦里也想着做狮子。此种思想，于中国人的自觉帮助不少，这是好处。不过在第二方面着想，这种论调，坏中国的事，也不为不多。

醒了！这是最好没有的事。不过为什么醒了不去做人，却去做狮子。他们要侵略中国的，像俾斯麦、威廉一辈子的人，自然提起中国来，便说，这是狮子，他醒了可怕，将来一定有"黄祸"，我们赶快抵御他。中国人为什么要自己承认是一个可怕的狮子，我且从根本上来说。"人生"是不是要拿"使人怕"做目的？一个民族生存下去，是不是要拿"使人怕"做目的？一个国家建立起来，是不是要拿"使人怕"做目的？如果你答应说是，我们可以预备着做狮子去。横竖做狮子比做人不见得难，至于结果好不好又另是一件事。不过我看"是"的一个字，不能这么容易答应出来。

人生目的，不是许我有便不许你有的，不是我有这个目的，你便不能有这个目的的。并且你能达你目的的时候，我还是可以达我目的，他也能达他目的，才行得去。比方你拿一个"使人怕"来做目的，一定要有一个人怕你。那怕你的人，你自然不怕他（如果还怕他，你也不是狮子）。然则这一个人便已不能达他目的了。可见得人人都拿"使人怕"来做目的的时候，一定弄到大多数人不能达目的，万万推行不去。

再拿民族上实例来说。从前蒙古民族便是一群大狮子，大食民族也是一群大狮子。蒙古吞完了亚洲，又到欧洲北部去，大发狮子的脾气。弄来弄去，还是内面自己打自己，外面人家打他，现在倒还是天天怕人家吞了他去。大食族吞了非洲，又到现在西班牙、葡萄牙的地方舞牙弄爪，在当时果然人家怕他，不过不久却是吃醉了塌下来，现在连影也没有。这便是做狮子的好结果。再讲几年前一个俄罗斯倡起大斯拉夫主义，一个德意志倡起大日耳曼主义，也是好好的人，无端去学起狮子来了。一个站在北边，便要朝南吞过去，一个站在西边，便要朝东吞过来，巴尔干半岛便做了两个狮子抢的绣球。一打起来，便东拉西扯，搅到全世界都蒙着他的福荫，死了的已经算到六七百万人，那受着伤没有死的，还多着哩。后来结局还是这两个民族受苦得多了，赶快把狮子的招牌收下来，换上一面民族自决的招牌了。为什么要讲民族自决？就是不愿意有人家来做他的狮子，他自己也不去做人家的狮子。就这么一看，一个民族不应该拿"使人怕"做目的，是很清楚的，不消再说。

民族是这个情形，国家便可以想得出，差不多不要另外去说。不过现在另外讲一个较平和的狮子来做个例。这个狮子，额头上凿着字。叫做"武装平和"。武装平和的意思，就是我不要做吃人的狮子，不过如果有人来吃我，我可不能不去吃他。所以"武装平和"的国家，并不想做狮子，不过狮子的牙爪，总得摆出去。这一来，如果是人人相信他，也没有事情了，然而已经把狮子的牙爪，摆了出来，还要人相信他不做狮子，那是万做不到的。所以一个国说，我"武装平和"；第二国也说，我也要"武装平和"；第三国又说，我更不能不"武装平和"。到后来，武装是真的，平和是假的，东方把火烧起，全世界都保不住要相杀。所以现在威尔逊提倡国际同盟，减除军备，也不过求免了"武装平和"这一个悲剧再演出来。说他不学狮子吃人，只学狮子使人怕。这一种心思，是很可尊敬的。不过世界的国家，做过吃人的狮子的不少。这种国家，虽然自信还不至忘了人性，人家却是相信他不过，所以乱子就闹出来。《西游记》上头说的，虽然不吃人，日前坏了名，便是"武装平和"不能通行的缘故。那国家不应该拿"使人怕"做目的，更显然了。

使人怕总比不上使人爱。动物里头，也有拿争斗出名的，也有拿互助来出名的。狮子便是拿争斗出名的一种。这一种喜欢争斗的兽类，除了动物之肉，他是找不出东西养活他，难怪他天天寻人厮杀。人却是从猴属发达来的。人之祖先，固不曾磨牙吮血的争斗。就是人类的近亲猿猴、猩猩之类，也是吃果子度日。到人类更把互助的精神发挥出来，成立人类社会，所以人自己说是万物之灵。试问万物之灵，好处在哪里？不过多了一点智识，晓得互助。如果论手足有力，那狮子、老虎、牛、马总比人强多了。如果说眼睛、耳朵好，那狗同鼠的感觉，总比人灵敏得多。这个万物之灵的招牌，就要让给别种动物了。唯其论智不论力，所以贵互助不贵争斗。一个人晓得争斗不如互助，就是论智的结果。人人相互扶助，就是好争斗的狮子、虎豹，也敌不过人。人为万物之灵，把别的动物不放在眼里。为什么做了人类，已经几百万年，倒转去仰慕起狮子来了，不把自家当人，却把自己当做狮子，岂不是大上其当。

人能够互助，故能够组织社会。组织社会第一要紧的事，就是爱人，且使人爱己。这使人爱一节，便是人胜于他种动物的地方，比起使人怕来，差远了。自己使人怕，人又使自己怕，是个冲突的事情，万万没有人又能使这个人怕，又有怕这个人的。至于自己使这个人爱，自己又去爱这个人，却是很容易，很合理的事情，人人可以做得来的。所以人生目的里头，或者不止相爱一件事。然而相爱这一件事，总算是人生一件要紧的事。不特一个人对一个人是如此，就是一个民族对一个民族，也可以用相爱的精神，行互助的手段，免了民族间的恶感。一个国家对一个国家，也可以用相爱的精神，行互助的手段，免了国家间的轧轹。所以拿人与人相处的办法，推行于民族与国家间，尽可以说，一个国家，从前没有觉醒，就像睡了的人。现在醒了，就把人待朋友的方法，来待友邦。我爱我的国家，也愿意别国的人爱我的国家，我也可以爱他的国家，像他爱我一样。这个相爱的精神，就是国家间的人道主义，这是觉醒了的人应该做的事情，比着说睡狮醒了强多了。

（二）

有人说一个人爱别一个人，像自己一样，可以行得去，至于爱别一个国家，像爱自己国家一样，可是行不去的，因为一个国家，同别一个国家，利益是有冲突的，如果爱了别一个国家，就不能爱自己的国家了。这一个见解是很多人会有的。不过要晓得，如果人碰着狮子，要是把自己肉身布施了他，算做爱狮子，哪是行不去。不过如果有方法，变他做人，那就用不着耽心爱狮子错了。然而因为狮子本是狮子，不是人，人也没有方法去改变狮子的性质，所以要爱狮子也无从爱起。至到国家，虽然还有学狮子去侵略人的，不过这个国家还是人组织的，只消得把他国民唤醒了，晓得做狮子是不对的，除了狮道以外，还可以人道相处，那所谓利害冲突的地方，就消灭了，两个国家，仍旧是好朋友。

所以爱别的国家，同爱自己国家一样，并不是拿自己国家做牺牲，去满足别一个国家兽性的野心；只是开一条路子，给别一个国家走，自然不会冲突。论起一个国家，尽他的力量，去开发他自己的天然利源，本来不会不够用，犯不着去侵略别人。那侵略别人的，口里说是为国民经济的必要，为国中大多数的幸福，国里头人太多了，不去侵略，没有法子养他。其实去侵略人的时候，大多数的痛苦是有的，等到侵略到手，就算是少数人的幸福罢咧，还要骗人做什么。就如这次战争，人人都说因为人口过盛，所以发生侵略政策，大势所趋，无可如何。我只问一问他，这个无可如何，是不是情愿的。比如法国，不是人口渐趋减少的么？何以他又奖励生育想把人口增加起来？既然以为人口多就会发生侵略政策，那奖励生育的，岂不是自己情愿逼自己采用侵略政策！其实照理而论，人口减少，不一定是坏事。就是人口增多，也不见得没有法子去调剂他。这都是另外一件事，同国家的利害冲突，是不相干的。所以爱自己的国家，同爱别的国家一样，不是难做的事情。如果爱别一国，就把这一国家的国民弄清醒了，让他把侵略的政府推倒，换一个不侵略的来，那就是爱他，也就是爱己，就是拿人道来感化狮子了。所以前几个礼拜，徐世昌褒扬一班卖国贼公忠体国的时候，我说他体国是体日本，不是体中国。后来一想，这是错的。我也有个把朋友是真爱日本的（同我一样），并不想日本去侵略人（不止中国），只想他变成一个人道的国家。像这班公忠体国的人，何止不爱中国！何尝能爱日本！要看透人类社会互助的道理，我要把地球上国家统笼爱起来，也没有冲突的。或者像墨子说的，爱无差等，施由亲始便了。晓得这个道理，更应该高调喊起来，说睡人要醒了。

（三）

你如果说中国睡了几百年，我是承认的。说中国现在醒了，我是很希望的。说中国没有睡以前，是一个狮子，所以醒了之后，也是个狮子，我就不敢附合了。因为人类当野蛮的时代，或者有时学过狮子的办法，到了开化以后，改变过来，便不能拿他当狮子看待。中国有史以来，很少自动的对外战争，却是受动的多。从周朝狁狁算起来，二千多年，到了明末，总是防御北方，没有去征服他的。除了北狄以外，东边的高丽，西北的西域各国，有时把来当做属国，也不过羁縻着他，没有侵犯他自己的行政。就算打仗擒来的俘虏，也养起他来，同汉人一样待遇。比起欧洲罗马时代，捉来的俘虏，就当他做鹌鹑、蟋蟀，逐对儿放在大圈子里要他对打，打死为止。两下里哪一个文明，哪一个野蛮，可以看得出了。就像蒙古、满洲，把中国打平了当做奴隶，过了一两百年，中国人起来了。还是把他请回老窝就算了结，没有叫人家还过什么账，倒贴了优待经费去。这种狮子在什么地方看见过？他们欧洲人拿蒙古来代表中国，因为蒙古侵略过欧洲，所以讲起中国，就想起蒙古，凭空想出"黄祸"这一个名词，就是未曾了解中国的凭据。他们叫我们"睡狮"，也是这个意思，我们晓得自己的历史清楚，何必随声附和。

不特历史上如此，就是向来论政治的及理学家，也是主张做人，不主张做狮子的。疲惫中国，以事四夷，算做皇帝一件罪恶。开边拓地，与求仙封禅，在史家看去，不见得相差甚远。汉武帝把历年经营的西域丢了，却博得悔过之名。隋炀帝弄到突厥可汗稽额，却要挨骂。此种论调，已是千篇一律。至宋儒推广孟子行一不义，杀一不辜，得天下不为，这种理论，简直没有征服的事可以承认的。只有拿着文化去开导人，柔远怀迩，舞干苗格，便算做守在四夷。这种理论，到明末还没有改。所以中国未睡以前，学说上全然反对侵略，没有恭维过狮子。

唯有满州统治中国之时代，人民不能自由批评政府所用之政策，只可竭力巴结，政府做狮子便说狮子好，政府做人便说人好，然而已经说是睡了的时代，不必管他。到近年来，欧洲学说输入中国，半面的物竞天择，与自暴自弃的有强权无公理，流行起来，比鼠疫还快。仕宦不已的杨度便倡起金铁主义，似乎一手拿把刀，一手拿个元宝，便可不必做人了。热昏昏闹做一团，究竟还是他们几个人要中国做狮子。中国的传统学说，同这少数人不是一个样的。

现在中国思想，是顶混乱的。旧日学说，也有有价值的，却因为没有权威了，人家不大安心去信他（没有权威不算学说的不幸，不过中国人信学说只要他有权威，或是思想自由的一种障碍）。新的学说，没有完全输进，而且人家用过的废料，试过不行的毒药，也夹在新鲜食料里头输进来了。这就是军国主义，侵略政策，狮子榜样了！如果是这种乱吃一起，一定是中毒无疑的！要晓得近来中国祸乱，都是强有力的政府的主张种出来的。那一班主张组织强有力政府的人，多数还不是有私心的，却是听信谣言，以为唯有强有力政府，可以做狮子。就是真心相信杨度筹安的人，所望的也不过如此。办法固然不对，不过就用对的方法，做起一个狮子来，岂不更为中国人之不幸。总之，恶念不除，无有是处。求福得祸，求安得危，不是无缘无故来的。

临了总说几句。一个国对一个国，一个人对一个人，要互助，要相爱；不要侵略，不要使人怕；要做人，不要做狮子。既然从苔藓起进化成一个人，便有人的知识，有两不相侵两不相畏的坦途。在这个时代，还要说我是狮子，那就同变老虎去吃亲哥的公牛哀一样。好说，也是梦还没有醒。自己以为醒，大吐气焰，就合著庄子"梦子中又占其梦"。一句话，太可笑了。我只可再说一声：睡的人，要醒了！

一九一九年六月二十八日—七月三日《民国日报》周刊《觉悟》

武力解决与解决武力

胡 适

许多愚人还说这一次欧战的结果，完全是"武力解决"的功效，这是大错的。

我说这一次协商国所以能完全大胜，不是"武力解决"的功效，乃是"解决武力"的功效。"武力解决"是说武力强权，可以解决一切争端。德国就是打这个主意的。我们中国也有许多人，是打这个主意的。

"解决武力"是说武力是极危险的东西，是一切战争兵祸的根苗，不可不想出一个怎样对付武力的办法。这一次协商国所以能大胜，全靠美国的帮助，美国所以加入战团，全是因为要寻一个"解决武力"的办法。协商国因为要得美国的助力，故也同心合意的赞成美大总统"解决武力"的政策。要不是这个"解决武力"的主意，美国决不加入。美国若不曾加入，协商国决不能得如此之大胜利。

所以我说，这一次的大胜全是"解决武力"的功效。

如今且说美大总统所主张，协商各国所同声赞成的"解决武力"的办法是什么。原来从前也有人想过"解决武力"的法子，大概有两条：

一、用以毒攻毒的法子。你用武力，我也用武力。你练兵，我也练兵。你造铁甲船，我也造铁甲船。你造飞机，我也造飞机。

二、用不回手的法子。你用武力，我决不回手。你打我一个嘴巴，我把脸凑过来，请你多打两下。你拿了我的东三省，我拿内外蒙古一齐奉送。

这两个法子都是有大害的。

一、以毒攻毒的法子是不行的。为什么呢？因为武力是没有限制的。英国总算强了，然而打不过德国；德国的武力总算天下第一强了，然而德国到底打不过世界各国的大联军。这叫做"强中更有强中手，恶人终怕恶人磨"。武力到底是不行的。

二、不回手的法子，也是不行的。为什么呢？因为国家对国家，所关系的很大，不但关系自己国内几千万人或几万万人的生命财产，还要带累旁的国家。如这一次大战开始时，德国要通过比国去攻法国。比国是极小的国，若是不回手，就让德国通过，那时德国立刻就打到巴黎，英国法国多来不及防备，德国早就完全大胜了。幸而比国抵住一阵，英法的兵队，方才有预备的功夫。只此一件事就可见不回手的法子，不但自己吃亏，还要连累别人。所以也是不行的。

那么，现在各国所主张的解决武力，是怎样一个办法呢？他们的办法有几条要紧的主意，可以分开来说：

第一，他们公认现在世界的大祸根，在于各国只顾用自己的武力来对付别国的武力，这种武力的办法，有许多害处：

（一）大家斗着加增军备，花了几万万万的金钱，只苦了几千万万的百姓。

（二）大家都有了军备武力，正如地雷火炮都安好了，碰着一根小小的火柴，立刻就要爆发。这是最可怕的危险。

（三）这种各国私有的武力，互相对抗，半斤对八两，一拳敌一脚，都抵消了，都白白的糟蹋了，到底不能做什么有益处的好事。枉费了几万万的金钱人命，却不能有什么益处，这不是傻子干的事吗？

第二，他们公认要解决武力这个问题，须把各国私有的武力变成世界公有的武力。这就是说，要把互相对敌互相抵消的武力变成互相联合的武力，武力同向一个方向去尽力，这个共同尽力的方向，就是全世界的和平，就是万国公法，就是世界公理。我且说两个比喻：

（一）比如我这两个拳头，这边有二十斤气力，那边也有二十斤气力，我若用两个拳头对打，这边的气力被那边的气力抵消了，两边的气力都白用掉了。我若是用两个拳头联合起来，可举起四十斤重的东西，这便是两边的气力同向一个方向尽力的大功效。

（二）再比如北京城的警察，你看全城的警察何尝不是武力，但这些武力是用来向一个方向去尽力的。这个方向便是北京人民的治安，便是中国的法律。因为他们同心合力做一件事，故中区可以帮助左区，左区不妨害右区，故北京全城的百姓都受他们的益处。这便是公用的武力的大功效。

第三，各国因为公认上文所说的两条道理，故要在这次和平会议时把世界各国联合起来，组织一个和平大同盟。这个和平大同盟的办法如下：

（一）世界各国，无论大小强弱，都可加入。

（二）同盟各国，大家公举出一个大法庭，各国有争论的问题，不许用武力解决，都要送去，请这个大法庭审判，判决之后，各国均须遵守。

（三）各国如有不听大法庭审判的，由同盟各国联合武力去惩罚他。

（四）一国有争端，不先去起诉，却先用武力，也由同盟各国联合武力去惩罚他。

（五）武力之外，还要用旁的法子。可以禁止不守法的国家，不许他通商，不用他国的货物。

（六）这个办法，把各国私有的武力变成了世界公有的武力，就是变成了世界公有的国际警察队了。这便是解决武力的办法。

新文化与五四运动

敬告青年

陈独秀

窃以少年老成，中国称人之语也；年长而勿衰（Keep young while growing old），英美人相勖之辞也，此亦东西民族涉想不同现象趋异之一端欤。青年如初春，如朝日，如百卉之萌动，如利刃之新发于硎，人生最可宝贵之时期也。青年之于社会，犹新鲜活泼细胞之在人身新陈代谢，陈腐朽败者无时不在天然淘汰之途，与新鲜活泼者以空间之位置及时间之生命。人身遵新陈代谢之道则健康，陈腐朽败之细胞充塞人身则人身死。社会遵新陈代谢之道则隆盛，陈腐朽败之分子充塞社会则社会亡。

准斯以谈。吾国之社会，其隆盛耶？抑将亡耶？非予之所忍言者。彼陈腐朽败之分子，一听其天然之淘汰，雅不愿以如流之岁月，与之说短道长，希冀其脱胎换骨也。予所欲涕泣陈词者，唯属望于新鲜活泼之青年，有以自觉而奋斗耳。自觉者何？自觉其新鲜活泼之价值与责任，而自视不可卑也。奋斗者何？奋其智能，力排陈腐朽败者以去。视之若仇敌，若洪水猛兽，而不可与为邻，而不为其菌毒所传染也。呜呼吾国之青年，其果能语于此乎。吾见夫青年其年龄，而老年其身体者十之五焉。青年其年龄或身体，而老年其脑神经者十之九焉。华其发，泽其容，直其腰，广其膈，非不俨然青年也，及叩其头脑中所涉想所怀抱，无一不与彼陈腐朽败者为一丘之貉。其始也未常不新鲜活泼，浸假而为陈腐朽败分子所同化者有之。浸假而畏陈腐朽败分子势力之庞大，瞻顾依回，不敢明目张瞻，作顽狠之抗斗者有之。充塞社会之空气，无往而非陈腐朽败焉。求些少之新鲜活泼者，以慰吾人窒息之绝望，亦杳不可得。循斯现象，于人身则必死，于社会则必亡。欲救此病，非太息咨嗟之所能济。是在一二敏于自觉勇于奋斗之青年，发挥人间固有之智能，决择人间种种之思想。孰为新鲜活泼，而适于今世之争存。孰为陈腐朽败，而不容留置于脑里。利刃断铁，快刀理麻，决不作牵就依违之想。自度度人，社会庶几其有清宁之日也。青年乎，其有以此自任者乎？若夫明其是非，以供决择，谨陈六义，幸平心察之。

一、自主的而非奴隶的

等一人也各有自主之权，绝无奴隶他人之权利，亦绝无以奴自处之义务。奴隶云者，古之昏弱对于强暴之横夺，而失其自由权利者之称也。自人权平等之说兴，奴隶之名，非血气所忍受。世称近世欧洲历史为"解放历史"，破坏君权，求政治之解放也。否认教权，求宗教之解放也。均产说兴，求经济之解放也。女子参政运动，求男权之解放也。解放云者，脱离夫奴隶之羁绊，以完其自主自由之人格之谓也。我有手足，自谋温饱。我有口舌，自陈好恶。我有心思，自崇所信。绝不认他人之越俎，亦不应主我而奴他人。盖自认为独立自主之人格以上，一切操行，一切权利，一切信仰，唯有听命各自固有之智能，断无盲从隶属他人之理。非然者，忠孝节义，奴隶之道德也。德国大哲尼采（Nietzsche）别道德为二类：有独立心而勇敢者曰贵族道德（Morality of Noble），谦逊而服从者曰奴隶道德（Morality of Slave），轻刑薄赋，奴隶之幸福也。称颂功德，奴隶之文章也。拜爵赐第，奴隶之光荣也。丰碑高墓，奴隶之纪念物也。以其是非荣辱，听命他人，不以自身为本位，则个人独立平等之人格，消灭无存。其一切善恶行为，势不能诉之自身意志而课以功过。谓之奴隶，谁曰不宜。立德立功，首当辨此。

二、进步的而非保守的

不进则退，中国之恒言也。自宇宙之根本大法言之，森罗万象，无日不在演进之途，万无保守现状之理。特以俗见拘牵，谓有二境。此法兰西当代大哲柏格森（H. Borgson）之创造进化论（L'Evolution Creatrice）所以风靡一世也。以人事之进化言之，笃古不变之族，日就衰亡。日新求进之民，方兴未已。存亡之数，可以逆睹。矧在吾国，大梦未觉，故步自封。精之政教文章，粗之布帛水火，无一不相形丑拙，而可与当世争衡。举凡残民害理之妖言，率能征之故训，而不可谓诬，谬种流传，岂自今始。固有之伦理法律学术礼俗，无一非封建制度之遗。持较哲种之所为，以并世之人，而思想差迟，几及千载。尊重廿四朝之历史性，而不作改进之图，则驱吾民于二十世纪之世界以外，纳之奴隶牛马黑暗沟中而已。复何说哉，于此而言保守，诚不知为何项制度文物，可以适用生存于今世。吾宁忍过去国粹之消亡，而不忍现在及将来之民族不适世界之生存而归削灭也。呜呼，巴比伦人往矣，其文明尚有何等之效用耶。皮之不存，毛将焉传。世界进化，骎骎未有已焉，其不能善变而与之俱进者，将见其不适环境之争存，而退归天然淘汰已耳。保守云乎哉。

三、进取的而非退隐的

当此恶流奔进之时，得一二自好之士，洁身引退，岂非希世懿德。然欲以化民成俗，请于百尺竿头，再进一步。夫生存竞争，势所不免，一息尚存，即无守退安隐之余地。排万难而前行乃人生之天职，以善意解之，退隐为高人出世之行，以恶意解之，退隐为弱者不适竞争之现象。欧俗以横厉无前为上德，亚洲以闲逸恬淡为美风。东西民族强弱之原因，斯其一矣。此退隐主义之根本缺点。若夫吾国之俗，习为委靡，苟取利禄者，不在论列之数。自好之士，希声隐沦。食粟衣帛，无益于世。世以雅人名士目之，实与游惰无择也。人心秽浊，不以此辈而有所补救。而国民抗往之风，植产之习，于焉以斩。人之生也，应战胜恶社会而不可为恶社会所征服，应超出恶社会进冒险苦斗之兵，而不可逃遁恶社会作退避安闲之想。呜呼，欧罗巴铁骑入汝室矣，将高卧白云何处也。吾愿青年之为孔墨，而不愿其为巢由。吾愿青年之为托尔斯泰与达噶尔（R. Tagore，印度隐遁诗人），不若其为哥伦布与安重根。

四、世界的而非锁国的

并吾国而存立于大地者，大小凡四十余国，强半与吾有通商往来之谊。加之海陆交通，朝夕千里，古之所谓绝国，今视之若在户庭。举凡一国之经济政治状态有所变更，其影响率被于世界，不啻牵一发而动全身也。立国于今之世，其兴废存亡，视其国之内政者半，影响于国外者恒亦半焉。以吾国近事证之，日本勃兴，以促吾革命维新之局。欧洲战起，日本乃有对我之要求。此非其彰彰者耶。投一国于世界潮流之中，笃旧者固速其危亡，善变者反因以竞进。吾国自通海以来，自悲观者言之，失地偿金，国力索矣。自乐观者言之，倘无甲午庚子两次之福音，至今犹在八股垂发时代。居今日而言锁国闭关之策，匪独力所不能，亦且势所不利。万邦并立，动辄相关。无论其国若何富强，亦不能漠视外情，自为风气。各国之制度文物，形式虽不必尽同。但不思驱其国于危亡者，其遵循共同原则之精神，渐趋一致。潮流所及莫之能违，于此而执特别历史国情之说，以冀抗此潮流，是犹有锁国之精神，而无世界之智识。国民而无世界智识，其国将何以图存于世界之中。语云闭户造车，出门未必合辙。今之造车者不但闭户，且欲以周礼考工之制，行之欧美康庄，其患将不止不合辙已也。

五、实利的而非虚文的

自约翰穆勒尔（J. S. Mill）实利主义唱道于英，孔德（Comte）之实验哲学唱道于法，欧洲社会之制度，人心之思想，为之一变。最近德意志科学大兴，物质文明，造乎其极。制度人心，为之再变。举凡政治之所营，教育之所期，文学技术之所风尚，万马奔驰，无不齐集于厚生利用之一途。一切虚文空想之无裨于现实生活者，吐弃殆尽。当代大哲，若德意志之倭伊康（R. Eucken），若法兰西之柏格森，虽不以现时物质文明为美备，咸揭橥生活问题，为立言之的。生活神圣，正以此次战争，血染其鲜明之旗帜。欧人空想虚文之梦，势将觉悟无遗。夫利用厚生，崇实际而薄虚玄，本吾国初民之俗。而今日之社会制度人心思想，悉自周汉两代而来。周礼崇尚虚文，汉则罢黜百家而尊儒重道。名教之所昭垂，人心之所祈向，无一不与社会现实生活背道而驰。倘不改弦而更张之，则国力将莫由昭苏，社会永无宁日。祀天神而拯水旱，诵孝经以退黄巾，人非童昏，知其妄也。物之不切于实用者，虽金玉圭璋，不布粟粪土若。事之无利于个人或社会现实生活者，皆虚文也，诳人之事也。诳人之事，虽祖宗之所遗留圣贤之所垂教，政府之所提唱，社会之崇尚，皆一文不值也。

六、科学的而非想象的

科学者何？吾人对于事物之概念综合客观之现象诉之主观之理性而不矛盾之谓也。想象者何既超脱客观之现象，复抛弃主观之理性，凭空构造有假定而无实证不可以人间已有之智灵明其理由道其法则者也在昔蒙昧之世。当今浅化之民，有想象而无科学。宗教美文，皆想象时代之产物。近代欧洲之所以优越他族者，科学之兴，其功不在人权说下，若舟车之有两轮焉。今且日新月异。举凡一事之兴，一物之细，罔不诉之科学法则，以定其得失从违。其效将使人间之思想云为一遵理性，而迷信斩焉，而无知妄作之风息焉。国人而欲脱蒙昧时代，羞为浅化之民也，则急起直追，当以科学与人权并重。士不知科学，故袭阴阳家符瑞五行之说，惑世诬民，地气风水之谈，乞灵枯骨。农不知科学，故无择种去虫之术。工不知科学，故货弃于地。战斗生事之所需，一一仰给于异国。商不知科学，故唯识罔取近利，未来之胜算，无容心焉。医不知科学，既不解人身之构造，复不事药性之分析，菌毒传染，更无闻焉，唯知附会五行生克寒热阴阳之说，袭古方以投药饵，其术殆与矢人同科。其想象之最神奇者，莫如"气"之一说，其说且通于力士羽流之术。试遍索宇宙间，诚不知此"气"之果为何物也。凡此无常识之思唯，无理由之信仰，欲根治之，厥维科学。夫以科学说明真理，事事求诸证实，较之想象武断之所为，其步度诚缓，然其步步皆踏实地，不若幻想突飞者之终无寸进也。宇宙间之事理无穷，科学领土内之膏腴待辟者正自广阔。青年勉乎哉。

摘自《青年杂志》一卷一号（民国四年九月十五日发行）

法兰西人与近世文明

《新青年》，第 1 卷第 1 号，1915 年 9 月 15 日

陈独秀

文明云者，异于蒙昧未开化者之称也。La Civilisation，汉译为文明、开化、教化、诸义。世界各国，无东西今古，但有教化之国，即不得谓之无文明。惟地阻时更，其质量遂至相越。古代文明，语其大要，不外宗教以止残杀，法禁以制黔首，文学以扬神武，此万国之所同，未可自矜其特异者也。近世文明，东西洋绝别为二，代表东洋文明者，曰印度、曰中国。此两种文明虽不无相异之点，而大体相同。其质量举未能脱古代文明之窠臼，名为近世，其实犹古之遗也。可称曰近世文明者，乃欧罗巴人之所独有，即西洋文明也。亦谓之欧罗巴文明。移植亚美利加，风靡亚细亚者，皆此物也。欧罗巴之文明，欧罗巴各国人民，皆有所贡献，而其先发主动者率为法兰西人。

近代文明之特征，最足以变古之道，而使人心社会划然一新者，厥有三事：一曰人权说，一曰生物进化论，一曰社会主义，是也。

法兰西革命以前，欧洲之国家与社会，无不建设于君主与贵族特权之上。视人类之有独立自由人格者，唯少数之君主与贵族而已。其余大多数之人民，皆附属于特权者之奴隶，无自由权利之可言也。自千七百八十九年，法兰西拉飞耶特（Lafayette，美国《独立宣言书》亦其所作）之《人权宣言》（La declaration des droits de l'hommes）刊布中外，欧罗巴之人心，若梦之觉，若醉之醒。晓然于人权之可贵，群起而抗其君主，仆其贵族。列国宪章，赖以成立。薛纽伯有言曰："古之法律，贵族的法律也。区别人类以不平等之阶级，使各人固守其分位，然近时之社会，民主的社会也。人人于法律之前，一切平等。不平等者虽非全然消灭，所存者关于财产之私不平等而已，公平等固已成立矣"（语见薛氏所著，*Histoire de la Civilisation Contemporaine* 之结论第四一五页）。由斯以谈，人类之得以为人，不至永沦奴籍者，非法兰西人之赐而谁耶。

宗教之功，胜残劝善，未尝无益于人群，然其迷信神权，蔽塞人智，是所短也。欧人笃信创造世界万物之耶和华，不容有所短长，一若中国之隆重纲常名教也。自英之达尔文持生物进化之说，谓人类非由神造，其后递相推演，生存竞争优胜劣败之格言，昭垂于人类。人类争吁智灵，以人胜天，以学理构成原则，自造其祸福，自道其知行。神圣不易之宗风，任命听天之惰性，吐弃无遗。而欧罗巴之物力人功，于焉大进。世多称生物学为十九世纪文明之特征。然追本溯源，达尔文生物进化之说，实本诸法兰西人拉马尔克（Lamarck）。拉氏之"动物哲学"，出版于千八百有九年。以科学论究物种之进化，与人类之由来，实空前大者也。其说谓生物最古之祖先，为最下级之单纯有机体，此单纯有机体，乃由无机物自然发生，以顺应与遗传为生物进化之二大作用。其后五十年，倾动世界之达尔文进化论，盖继拉氏而起者也。法兰西人之有大功于人类也又若此。

近世文明之发生也，欧罗巴旧社会之制度，破坏无余，所存者私有财产制耳。此制虽传之自古，自竞争人权之说兴，机械资本之用广。其害遂演而日深，政治之不平等一变而为社会之不平等。君主贵族之压制一变而为资本家之压制。此近世文明之缺点，无容讳言者也。欲去此不平等与压制，继政治革命而谋社会革命者，社会主义是也。可谓之反对近世文明之欧罗巴最近文明，其说始于法兰西革命时，有巴布夫（Babeuf）者，主张废弃所有权，行财产共有制（La communaute des biens）。其说未为当世所重。十九世纪之初，此主义复盛兴于法兰西，圣西孟（Saint－Simon）及傅里耶（Fourier），其最著称者也。彼等所主张者，以国家或社会为财产所有主，人各从其才能以事事，各称其劳力以获报酬。排斥违背人道之私有权，而建设一新社会也。其后数十年，德意志之拉萨尔（Lassalle）及马克思（Karl Marx）承法人之师说，发挥而光大之。资本与劳力之争愈烈，社会革命之声愈高。欧洲社会，岌岌不可终日。财产私有制虽不克因之遽废。然各国之执政及富豪，恍然于贫富之度过差，绝非社会之福。于是谋资本劳力之调和，保护工人，限制兼并，所谓社会政策是也。晚近经济学说，莫不以生产分配，相提并论。继此以往，贫民生计，或以昭苏，此人类之幸福，受赐于法兰西人者又其一也。

此近世三大文明，皆法兰西人之赐，世界而无法兰西，今日之黑暗不识仍居何等。创造此文明之恩人，方与军国主义之德意志人相战，其胜负尚未可逆睹。夫德意志之科学，虽为吾人所尊崇，仍属近代文明之产物，表示其特别之文明有功人类者，吾人未之知也。所可知者，其反对法兰西人所爱之平等、自由、博爱而已。文明若德意志，其人之理想，绝非东洋诸国可比，其文豪大哲，社会党人岂无一爱平等、自由、博爱，为世矜式者，特其多数人之心理，爱自由、平等之心，为爱强国强种之心所排而去，不若法兰西人之嗜平等、博爱、自由，根于天性成为风俗也。英、俄之攻德意志，其用心非吾所知，若法兰西人，其执戈而为平等、博爱、自由战者，盖十人而八九也。即战而败，其创造文明之大恩，吾人亦不可因之忘却，昔法败于德。德之大哲尼采曰："吾德人勿胜而骄，彼法兰西人历世创造之天才，实视汝因袭之文明而战胜也"。吾人当三复斯言。

东西民族根本思想之差异

《新青年》，第 1 卷第 4 号，1915 年 12 月 15 日

陈独秀

五方风土不同，而思想遂因以各异。世界民族多矣，以人种言，略分黄、白；以地理言，略分东、西两洋。东西洋民族不同，而根本思想亦各成一系，若南北之不相并，水火之不相容也。请言其大者。

（一）西洋民族以战争为本位，东洋民族以安息为本位。儒者不尚力争，何况于战。老氏之教，不尚贤，使民不争，以佳兵为不祥之器。故中土自西汉以来，黩武穷兵，国之大戒。佛徒去杀，益堕健斗之风。世或称中国民族安息于地上；犹太民族安息于天国；印度民族安息于涅槃。安息为东洋诸民族一贯之精神，斯说也，吾无以易之。若西洋诸民族，好战健斗，根诸天性，成为风俗。自古宗教之战，政治之战，商业之战，欧罗巴之全部文明史无一字非鲜血所书，英吉利人以鲜血取得世界之霸权；德意志人以鲜血造成今日之荣誉。若比利时，若塞尔维亚，以小抗大，以鲜血争自由，吾料其人之国终不沦亡。其力抗艰难之气骨，东洋民族或目为狂易，但能肖其万一，爱平和尚安息雍容文雅之劣等东洋民族，何至处于今日之被征服地位，西洋民族性，恶侮辱，宁斗死，东洋民族性，恶斗死，宁忍辱，民族而具如斯卑劣无耻之根性，尚有何等颜面，高谈礼教文明而不羞愧。

（二）西洋民族以个人为本位，东洋民族以家族为本位。西洋民族，自古讫今，彻头彻尾个人主义之民族也。英美如此，法、德亦何独不然。尼采如此，康德亦何独不然。举一切伦理、道德、政治、法律，社会之所向往，国家之祈求，拥护个人之自由权利与幸福而已。思想言论之自由，谋个性之发展也。法律之前，个人平等也，个人之自由权利，载诸宪章，国法不得而剥夺之，所谓人权是也。人权者，成人以往，自非奴隶悉享此权，无有差别，此纯粹个人主义之大精神也。自唯心论言之，人间者性灵之主体也，自由者性灵之活动力也。

自心理学言之，人间者意思之主体，自由者意思之实现力也。自法律言之，人间者权利之主体，自由者权利之实行力也。所谓性灵，所谓意思，所谓权利，皆非个人以外之物，国家利益，社会利益，名与个人主义相冲突，实以巩固个人利益为本因也。东洋民族，自游牧社会进而为宗法社会，至今无以异焉。自酋长政治进而为封建政治，至今亦无以异焉。宗法社会以家族为本位，而个人无权利，一家之人，听命家长。《诗》曰：君之宗之。《礼》曰：有余则归之宗，不足则资之宗。宗法社会尊家长重阶级，故教孝。宗法社会之政治，郊庙典礼，国之大经，国家组织，一如家族，尊元首，重阶级，故教忠。忠、孝者，宗法社会封建时代之道德，半开化东洋民族一贯之精神也。自古忠孝美谈，未尝无可泣可歌之事，然律以今日文明社会之组织，宗法制度之恶果盖有四焉：一曰损坏个人独立自尊之人格，一曰窒碍个人意思之自由，一曰剥夺个人法律上平等之权利（如尊长卑幼、同罪异罚之类），一曰养成依赖性，戕贼个人之生产力，东洋民族社会中种种卑劣不法惨酷衰微之象，皆以此四者为之因，欲转善因，是在以个人本位主义，易家族本位主义。

（三）西洋民族以法治为本位，以实利为本位；东洋民族以感情为本位，以虚文为本位。西洋民族之重视法治，不独国政为然。社会家庭，无不如是。商业往还，对法信用者多，对人信用者寡，些微授受，恒依法立据，浅见者每讥其俗薄而不惮烦也。父子昆季之间，称贷责偿，锱铢必较，违之者不惜诉诸法律。亲戚交游，更无以感情违法损利之事。或谓西俗夫妇非以爱情结合，艳称于世者乎？是非深知西洋民族社会之真相者也。西俗爱情为一事，夫妇又为一事。恋爱为一切男女之共性，及至夫妇关系，乃法律关系，权利关系，非纯然爱情关系也。约婚之初，各要求其财产而不以为贪。既婚之后，各保有其财产而不以为吝。即上流社会之夫妇，一旦反目，直讼之法庭而无所愧怍。社会亦绝不以此非之，盖其国为法治国，其家庭亦不得不为法治家庭，既为法治家庭，则亲子昆季夫妇，同为受治于法之一人，权利义务之间，自不得以感情之故而有所损益。亲不责子以权利，遂亦不重视育子之义务。避妊之法，风行欧洲。夫妇生活之外无有余赀者，咸以生子为莫大之厄运，不徒中下社会如斯也，英国贵妇人乃以爱犬不爱小儿见称于世。良以重视个人自身之利益，而绝无血统家族之观念。故夫妇问题与产子问题，不啻风马牛相去万里也。若夫东洋民族，夫妇问题恒由产子问题而生。不孝有三，无后为大。旧律无子，得以出妻，重家族，轻个人，而家庭经济遂蹈危机矣。蓄妾养子之风，初亦缘此而起。亲之养子，子之养亲，为毕生之义务。不孝不慈，皆以为刻薄非人情也。西俗成家之子，恒离亲而别居，绝经济之关系，所谓吾之家庭（My family）者，必其独立生活也，否则必曰吾父之家庭（My father's family）。用语严别，误必遗讥。东俗则不然，亲养其子，复育其孙。以五递进，又各纳妇。一门之内，人口近百矣。况夫累代同居，传为佳话。虚文炫世，其害滋多。男妇群居，内多诟谇，依赖成性，生产日微，貌为家庭和乐，实则黑幕潜张，而生机日促耳。昆季之间，率为共产，倘不相养，必为世讥。事蓄之外，兼及昆季，至简之家，恒有八口，一人之力，曷以肩兹，因此被养之昆季习为游惰，遗害于家庭及社会者亦复不少，交游称贷，视为当然。其偿也无期，其质也无物，惟以感情为条件而已。仰食豪门，名流不免，以此富者每轻去其乡里，视戚友若盗贼，社会经济因此大乱。凡此种种恶风，皆以伪饰虚文任用感情之故。浅见者自表面论之，每称以虚交感情为重者，为风俗淳厚之征，其实施之者多外饰厚情，内恒愤忌，以君子始，以小人终，受之者习为贪惰，自促其生以弱其群耳。以此为俗，何厚之有？以法治实利为重者，未尝无刻薄寡恩之嫌，然其结果，社会各人不相依赖，人自为战，以独立之生计，成独立之人格，各守分际，不相侵渔，以小人始，以君子终，社会经济，亦因以厘然有叙。以此为俗，吾则以为淳厚之征也，即非淳厚也，何伤。

一九一六年

《新青年》，第 1 卷第 5 号，1916 年 1 月 15 日

陈独秀

任重道远之青年诸君乎！诸君所生之时代，为何等时代乎？乃二十世纪之第十六年之初也。世界之变动即进化，月异而岁不同，人类光明之历史，愈演愈疾。十八世纪之文明，十七世纪之人以为狂易也；十九世纪之文明，十八纪之人以为梦想也。而现代二十世纪之文明，其进境如何？今方萌动，不可得而言焉；然生斯世者，必昂头自负为二十世纪之人。创造二十世纪之新文明，不可因袭十九世纪以上之文明为止境；人类文明之进化，新陈代谢，如水之逝，如矢之行，时相续，时时变易。二十世纪之第十六年之人，又当万事一新，不可因袭二十世纪之第十五年以上之文明为满足。盖人类生活之特色，乃在创造文明耳。假令二十世纪之文明，不加于十九世纪，则吾人二十世纪之生存为无价值，二十世纪之历史为空白。假令千九百十六年之文明，一仍千九百十五年之旧，而无所更张，则吾人千九百十六年之生存为赘疣，千九百十六年之历史为重出。故于千九百十六年入岁之初，敢珍重为吾任重道远之青年诸君告也。

自世界言之，此一九一六年以前以后之历史，将灼然大变也欤。欧洲战争，延及世界，胜负之数，日渐明了。德人所失，去青岛及南非洲太平洋殖民地外，寸地无损，西拒英、法，远离国境，东入俄边，夺地千里，出巴尔干，灭塞尔维亚，德、土二京，轨轴相接，德虽悉锐南征，而俄之于东，英、法之于西，仅保残喘，莫越雷池。回部之众，倾心于德，印度、波斯、阿拉伯、埃及、摩洛哥，皆突厥旧邦，假以利器，必为前驱。则一九一六年以前，英人所据欧、亚往还之要道，若苏彝士、若亚丁、若锡兰，将否折而入于德人之手，英、法、俄所据亚洲之殖民地，是否能保一九一六年以前之状态，一九一六年之世界地图，是否与一九一五年者同一颜色，征诸新旧民族相代之先例，其略可得而知矣。英国政党政治之缺点日益暴露，强迫兵役，势在必行。列国鉴于德意志强

盛之大原，举全力以为工业化学是务，审此一九一六年欧洲之形势，军事、政治、学术、思想，新受此次战争之洗礼，必有剧变，大异于前。一九一六年，固欧洲人所珍重视之者也。

自吾国言之，吾国人对此一九一六年，尤应有特别之感情，绝伦之希望。盖吾人自有史以讫一九一五年，于政治、于社会、于道德、于学术，所造之罪孽，所蒙之羞辱，虽倾江汉不可浣也。当此除旧布新之际，理应从头忏悔，改过自新。一九一五年与一九一六年间，在历史上画一鸿沟之界，自开辟以讫一九一五年，皆以古代史目之；从前种种事，至一九一六年死；以后种种事，自一九一六年生。吾人首当一新其心血，以新人格，以新国家，以新社会，以新家庭，以新民族，必迨民族更新，吾人之愿始偿，吾人始有与晰族周旋之价值，吾人始有食息此大地一隅之资格。青年必怀此希望，始克称其为青年而非老年；青年而欲达此希望，必扑杀诸老年，而自重其青年，且必自杀其一九一五年之青年，而自重其一九一六年之青年。

一九一六年之青年，其思想动作，果何所适从乎？

第一，自居征服（To Conquer）地位，勿自居被征服（Be Conquered）地位。全体人类中，男子征服者也，女子被征服者也；白人征服者也，非白人皆被征服者也。极东民族中，蒙、满、日本为征服民族，汉人种为被征服民族；汉人种中尤以扬子江流域为被征服民族中之被征服民族所生聚，姑苏江左之良民，其代表也。征服者何？其人好勇斗狠，不为势屈之谓也。被征服者何？其人怯懦苟安，唯强力是从，但求目前生命财产之安全，虽仇敌盗窃异族阉宦，亦忍辱而服事之，颂扬之，所谓顺民是也。吾人平心思之，倘无此种之劣根性，则予获妄言之咎矣。如其不免焉，自负为一九一六年之男女青年，势将以铁血一洗此浃髓沦肌之奇耻大辱。

第二，尊重个人独立自主之人格，勿为他人之附属品。以一物附属一物，或以一物附属一人，而为其所有，其物为无意识者也。若有意识之人闲【间】，各有其意识，斯各有其独立自主之权。若以一人而附属一人，即丧其自由自尊之人格，立沦于被征服之女子、奴隶、捕虏、家畜之地位，此白晰人种所以兢兢于独立自主之人格，平等自由之人权也。集人成国，个人之人格高，斯国家之人格亦高：个人之权巩固，斯国家之权亦巩固。而吾国自古相传之道德政治，胥反乎是。儒者三纲之说，为一切道德政治之大原。君为臣纲，则民于君为附属品，而无独立自主之人格矣。父为子纲，则子于父为附属品，而无独立自主之人格矣。夫为妻纲，则妻于夫为附属品，而无独立自主之人格矣。率天下之男女，为臣，为子，为妻，而不见有一独立自主之人者，三纲之说为之也。缘此而生金科玉律之道德名词，曰忠，曰孝，曰节，皆非推己及人之主人道德，而为以己属人之奴隶道德也。人间百行，皆以自我为中心，此而丧失，他何足言？奴隶道德者，即丧失此中心，一切操行悉非义由己起，附属他人以为功过者也。自负为一九一六年之男女青年，其各奋斗以脱离此附属品之地位，以恢复独立自主之人格。

第三，从事国民运动，勿囿于党派运动。人生而私不能无党，政治运用党尤尚焉，兹之非难党见者，盖有二义：其一政党政治，将随一九一五年为过去之长物，且不适用于今日之中国也。纯全政党政治，唯一见于英伦，今且不保。英之能行此制者，其国民几皆政党也。富且贵者，多属保守党，贫困者，非自由党即劳动党。政党殆即国民之化身，故政治运行，鲜有隔阂，且其民性深沉不为己甚，合各党于巴力门，国之大政，悉决以三 C。所谓三 C 者，第一曰 Contest，党争是也。第二曰 Conference，协商是也。第三曰 Compromise，和解是也。他国鲜克臻此，吾人尤所难能，政党之岁月尚浅，范围过狭，目为国民中特殊一阶级，而政党自身亦以为一种之营业，利权分配或可相容，专利自恣相攻无已，故曰政党政治，不适用于今日之中国也。其二，吾国年来政象，唯有党派运动，而无国民运动也。法兰西之革命，法兰西国民之恶王政与教权也。美利坚之独立，十三州人民之恶苛税也。日本之维新，日本国民之恶德川专政也。是乃法、美、日本国民之运动，非一党一派人之所主张、所成就。凡一党一派人之所主张，而不出于多数国民之运动，其事每不易成就；即成就矣，而亦无与于国民根本之进步。吾国之维新也，复古也，共和也，帝政也，皆政府党与在野党之所主张抗斗，而国民若观对岸之火，熟视而无所容心。其结果也，不过党派之胜负，于国民根本之进步，必无与焉。自负为一九一六年男女青年，其各自勉为强有力之国民，使吾国党派运动进而为国民运动。自一九一六年始，世界政象少数优秀政党政治，进而为多数优秀国民政治，亦将自一九一六年始，此予敢为吾青年诸君预言者也。

吾人最后之觉悟

《新青年》，第 1 卷第 6 号，1916 年 2 月 15 日

陈独秀

　　人之生也必有死，固非为死而生，亦未可漠然断之曰为生而生。人之动作，必有其的，其生也亦然。洞明此的，斯真吾人最后之觉悟也。世界一切哲学宗教，皆缘欲达此觉悟而起，兹之所论，非其伦也。兹所谓最后之觉悟者，吾人生聚于世界之一隅，历数千年至于今日，国力文明，果居何等，易词言之，即盱衡内外之大势，吾国吾民，果居何等地位，应取何等动作也。故于发论之先，申立言之旨，为读者珍重告焉。

　　吾华国于亚洲之东，为世界古国之一，开化日久。环吾境者皆小蛮夷，闭户自大之局成，而一切学术政教，悉自为风气，不知其他。魏晋以还，象教流入，朝野士夫，略开异见。然印土自己不振，且其说为出世之宗，故未能使华民根本丕变，资生事之所需也。其足使吾人生活状态变迁，而日趋觉悟之途者，其欧化之输入乎。欧洲输入之文化，与吾华固有之文化，其根本性质极端相反。数百年来，吾国扰攘不安之象，其由此两种文化相触接相冲突者，盖十居八九。凡经一次冲突，国民即受一次觉悟。惟吾人惰性过强，旋觉旋迷，甚至愈觉愈迷，昏瞆糊涂。至于今日，综计过境，略分七期。第一期在有明之中叶，西教西器，初入中国，知之者乃极少数之人，亦复惊为河汉，信之者惟徐光启一人而已。第二期在清之初世，火器历法，见纳于清帝，朝野旧儒，群起非之，是为中国新旧相争之始。第三期在清之中世，鸦片战争以还，西洋武力，震惊中土，情见势绌，互市局成，曾李当国，相继提倡西洋制械练兵之术，于是洋务西学之名词，发现于朝野，当时所争者，在朝则为铁路非铁路问题，在野则为地圆地动地非圆不动问题。今之童稚皆可解决者，而当时之顽固士大夫，奋笔鼓舌，晓晓不已，咸以息邪说正人心之圣贤自命，其睡眠无知之状态，当世必觉其可恶，后世只觉其可怜耳。第四期在清之末季，甲午之役，军破国削，举

国上中社会，大梦初觉，稍有知识者，多承认富强之策，虽圣人所不废。康梁诸人，乘时进以变法之说，耸动国人。守旧党尼之，遂有戊戌之变，沉梦复酣，暗云满布。守旧之见，趋于极端，遂积成庚子之役，虽国几不国，而旧势力顿失凭依。新思想渐拓领土，遂由行政制度问题，一折而入政治根本问题。第五期在民国初元，甲午以还，新旧之所争论，康梁之所提倡，皆不越行政制度良否问题之范围，而于政治根本问题，去之尚远。当世所诧为新奇者，其实至为肤浅。顽固党当国，并此肤浅者而亦抑之，遂激动一部分优秀国民，渐生政治根本问题之觉悟，进而为民主共和君主立宪之讨论。辛亥之役，共和告成。昔日仇视新政之君臣，欲求高坐庙堂从容变法而不可得矣。第六期则今兹之战役也。三年以来，吾人于共和国体之下，备受专制政治之痛苦，自经此次之实验，国中贤者，宝爱共和之心，因以勃发。厌弃专制之心，因以明确。吾人拜赐于执政，可谓没齿不忘者矣。然自今以往，共和国体，果能巩固无虞乎。立宪政治，果能施行无阻乎。以予观之，此等政治根本解决问题，犹待吾人最后之觉悟，此谓之第七期民国宪法实行时代。

今兹之役，可谓为新旧思潮之大激战，浅见者咸以吾人最后之觉悟期之，而不知尚难实现也。何以言之？今之所谓共和所谓立宪者，乃少数政党之主张，多数国民不见有若何切身利害之感而有所取舍也。盖多数人之觉悟，少数人可为先导，而不可为代庖。共和立宪之大业，少数人可主张，而未可实现。人类进化恒有轨辙可寻，故予于今兹之战役，固不容怀悲观而取卑劣之消极度态，复不敢怀乐观而谓可踌躇满志也。故吾曰此等政治根本解决问题，不得不待诸第七期吾人最后之觉悟。此觉悟维何，请为我青年国民珍重陈之。

（一）政治的觉悟。吾国专制日久，惟官令是从。人民除纳税诉讼外，与政府无交涉。国家可物，政治何事，所不知也。积成今日国家危殆之势。而一般商民，犹以为干预政治，非分内之事。国政变迁，悉委诸政府及党人之手，自身取中立度态，若观对岸之火，不知国家为人民公产，人类为政治动物，斯言也。欧美国民多知之，此其所以莫敢侮之也。是为吾人政治的觉悟之第一步。吾人既未能置身政治潮流以外，则开宗明义之第一章，即为抉择政体良否问题。古今万国政体不齐，治乱各别，其拨乱为治者，罔不舍旧谋新，由专制政治趋于自由政治，由个人政治，趋于国民政治，由官僚政治，趋于自治政治。此所谓立宪制之潮流，此所谓世界系之轨道也。吾国既不克闭关自守，即万无越此轨道逆此潮流之理。进化公例，适者生存，凡不能应四周情况之需求而自处于适宜之境者，当然不免于灭亡。日之与韩，殷鉴不远。吾国欲图世界的生存，必弃数千年相传之官僚的、专制的个人政治，而易以自由的、自治的国民政治也，是为吾人政治的觉悟之第二步。所谓立宪政体，所谓国民政治，果能实现与否，纯然以多数国民能否对于政治，自觉其居于主人的主动的地位为唯一根本之条件，自居于主人的主动的地位，则应自进而建设政府，自立法度而自服从之，自定权利而自尊重之。倘立宪政治之主动地位属于政府而不属于人民，不独宪法乃一纸空文，无永久厉行之保障，且宪法上之自由权利，人民将视为不足重轻之物，而不以生命拥护之，则立宪政治之精神已完全丧失矣。是以立宪政治而不出于多数国民之自觉多数国民之自动，惟日仰望善良政府、贤人政治，其卑屈陋劣与奴隶之希冀主恩，小民之希冀圣君贤相施行仁政，无以异也。古之人希冀圣君贤相施行仁政，今之人希冀伟人大老建设共和宪政，其卑屈陋劣，亦无以异也。夫伟人大老亦国民一分子，其欲建设共和宪政，岂吾之所否拒，第以共和宪政，非政府所能赐予，非一党一派人所能主持，更非一二伟人大老所能负之而趋，共和立宪而不出于多数国民之自觉与自动，皆伪共和也，伪立宪也，政治之装饰品也，与欧美各国之共和立宪绝非一物。以其于多数国民之思想人格无变更，与多数国民之利害休戚无切身之观感也，是为吾人政治的觉悟之第三步。

（二）伦理的觉悟。伦理思想，影响于政治，各国皆然，吾华尤甚。儒者三纲之说，为吾伦理政治之大原，共贯同条，莫可偏废。三纲之根本义，阶级制度是也。所谓名教，所谓礼教，皆以拥护此别尊卑明贵贱之制度者也。近世西洋之道德政治，乃以自由、平等、独立之说为大原，与阶级制度极端相反。此东西文明之一大分水岭也。吾人果欲于政治上采用共和立宪制，复欲于伦理上保守纲常阶级制，以收新旧调和之效，自家冲撞，此绝对不可能之事。盖共和立宪制，以独立、平等、自由为原则，与纲常阶级制为绝对不可相容之物，存其一必废其一。倘于政治否认专制，于家族社会仍保守旧有之特权，则法律上权利平等，经济上独立生产之原则，破坏无余，焉有并行之余地。自西洋文明输入吾国，最初促吾人之觉悟者为学术，相形见绌，举国所知矣。其次为政治，年来政象所证明，已有不克守缺抱残之势。继今以往，国人所怀疑莫决者，当为伦理问题，此而不能觉悟，则前之所谓觉悟者，非彻底之觉悟，盖犹在惝恍迷离之境。吾敢断言曰，伦理的觉悟，为吾人最后觉悟之最后觉悟。

文学改良刍议

1917 年 1 月《新青年》2 卷 5 号

胡　适

今之谈文学改良者众矣，记者末学不文，何足以言此。然年来颇于此事再四研思，辅以友朋辩论，其结果所得，颇不无讨论之价值。因综括所怀见解，列为八事，分别言之，以与当世之留意文学改良者一研究之。

吾以为今日而言文学改良，须从八事入手。八事者何？

一曰，须言之有物。

二曰，不摹仿古人。

三曰，须讲求文法。

四曰，不作无病之呻吟。

五曰，务去滥调套语。

六曰，不用典。

七曰，不讲对仗。

八曰，不避俗字俗语。

一曰须言之有物

吾国近世文学之大病，在于言之无物。今人徒知"言之无文，行之不远"，而不知言之无物，又何用文为乎。吾所谓"物"，非古人所谓"文以载道"之说也。吾所谓"物"，约有二事。

（一）情感。《诗序》曰，"情动于中而形诸言。言之不足，故嗟叹之。嗟叹之不足，故咏歌之。咏歌之不足，不知手之舞之，足之蹈之也。"此吾所谓情感也。情感者，文学之灵魂。文学而无情感，如人之无魂，木偶而已，行尸走肉而已。（今人所谓"美感"者，亦情感之一也。）

（二）思想。吾所谓"思想"，盖兼见地、识力、理想三者而言之。思想不必皆赖文学而传，而文学以有思想而益贵。思想亦以有文学的价值而益资也。此庄周之文，渊明老杜之诗，稼轩之词，施耐庵之小说，所以复绝于古也。思想之在文学，犹脑筋之在人身。人不能思想，则虽面目姣好，虽能笑啼感觉，亦何足取哉。文学亦犹是耳。

文学无此二物，便如无灵魂无脑筋之美人，虽有秾丽富厚之外观，抑亦未矣。近世文人沾沾于声调字句之间，既无高远之思想，又无真挚之情感，文学之衰微，此其大因矣。此文胜之害，所谓言之无物者是也。欲救此弊，宜以质救之。质者何，情与思二者而已。

二曰不摹仿古人

文学者，随时代而变迁者也。一时代有一时代之文学。周秦有周秦之文学，汉魏有汉魏之文学，唐宋元明有唐宋元明之文学。此非吾一人之私言，乃文明进化之公理也。即以文论，有《尚书》之文，有先秦诸子之文，有司马迁班固之文，有韩柳欧苏之文，有语录之文，有施耐庵曹雪芹之文。此文之进化也。试更以韵文言之。击壤之歌，五子之歌，一时期也。三百篇之诗，一时期也。屈原荀卿之骚赋，又一时期也。苏李以下，至于魏晋，又一时期也。江左之诗流为排比，至唐而律诗大成，此又一时期也。老杜香山之"写实"体诸诗（如杜之《石壕吏》、《羌村》，白之《新乐府》），又一时期也。诗至唐而极盛，自此以后，词曲代兴。唐五代及宋初之小令，此词之一时代也。苏柳（永）辛姜之词，又一时代也。至于元之杂剧传奇，则又一时代矣。凡此诸时代，各因时势风会而变，各有其特长。吾辈以历史进化之眼光观之，决不可谓古人之文学皆胜于今人也。左氏史公之文奇矣，然施耐庵之《水浒传》视《左传》、《史记》，何多让焉。《三都》、《两京》之赋富矣，然以视唐诗宋词，则糟粕耳。此可见文学因时进化，不能自止。唐人不当作商周之诗，宋人不当作相如子云之赋。即令作之，亦必不工，逆天背时，违进化之迹，故不能工也。

既明文学进化之理，然后可言吾所谓"不摹仿古人"之说。今日之中国，当造今日之文学。不必摹仿唐宋，亦不必摹仿周秦也。前见国会开幕词，有云，"于铄国会，遵晦时休"。此在今日而欲为三代以上之文之一证也。更观今之"文学大家"，文则下规姚曾，上师韩欧，更上则取法秦汉魏晋，以为六朝以下无文学可言，此皆百步与五十步之别而已，而皆为文学下乘。即令神似古人，亦不过为博物院中添几许"逼真赝鼎"而已，文学云乎哉。昨见陈伯严先生一诗云：

涛园钞杜句，半岁秃千毫。所得都成泪，相过问奏刀。万灵噤不下，此老仰弥高。胸腹回滋味，徐看薄命骚。

此大足代表今日"第一流诗人"摹仿古人之心理也。其病根所在，在于以"半岁秃千毫"之工夫作古人的钞胥奴婢，故有"此老仰弥高"之叹。若能洒脱此种奴性，不作古人的诗，而唯作我自己的诗，则决不致如此失败矣！

吾每谓今日之文学，其足与世界"第一流"文学比较而无愧色者，独有白话小说（我佛山人、南亭亭长、洪都百炼生三人而已）一项。此无他故，以此种小说皆不事摹仿古人（三人皆得力于《儒林外史》、《水浒》、《石头记》，然非摹仿之作也），而唯实写今日社会之情状，故能成真正文学。其他学这个、学那个之诗古文家，皆无文学之价值也。今之有志文学者，宜知所从事矣。

三曰须讲求文法

今之作文作诗者，每不讲求文法之结构。其例至繁，不便举之，尤以作骈文律诗者为尤甚。夫不讲文法，是谓"不通"。此理至明，无待详论。

四曰不作无病之呻吟

此殊未易言也。今之少年往往作悲观，其取别号则曰"寒灰"、"无生"、"死灰"。其作为诗文，则对落日而思暮年，对秋风而思零落，春来则唯恐其速去，花发又唯惧其早谢。此亡国之哀音也。老年人为之犹不可，况少年乎？其流弊所至，遂养成一种暮气，不思奋发有为，服劳报国，但知发牢骚之音，感喟之文。作者将以促其寿年，读者将亦短其志气，此吾所谓无病之呻吟也。国之多患，吾岂不知之？然病国危时，岂痛哭流涕所能收效乎。吾唯愿今之文学家作费舒特，作玛志尼，而不愿其为贾生、王粲、屈原、谢皋羽也。其不能为贾生、王粲、屈原、谢皋羽，而徒为妇人醇酒丧气失意之诗文者，尤卑卑不足道矣！

五曰务去滥调套语

今之学者，胸中记得几个文学的套语，便称诗人。其所为诗文处处是陈言滥调，"蹉跎"、"身世"、"寥落"、"飘零"、"虫沙"、"寒窗"、"斜阳"、"芳草"、"春闺"、"愁魂"、"归梦"、"鹃啼"、"孤影"、"雁字"、"玉楼"、"锦字"、"残更"……之类，累累不绝，最可憎厌。其流弊所至，遂令国中生出许多似是而非，貌似而实非之诗文。今试举一例以证之。

"荧荧夜灯如豆，映幢幢孤影，凌乱无据。翡翠衾寒，鸳鸯瓦冷，禁得秋宵几度。幺弦漫语，早丁字帘前，繁霜飞舞。袅袅余音，片时犹绕柱。"

此词骤观之，觉字字句句皆词也。其实仅一大堆陈套语耳。"翡翠衾"、"鸳鸯瓦"，用之白香山《长恨歌》则可，以其所言乃帝王之衾之瓦也。"丁字帘"、"幺弦"，皆套语也。此词在美国所作，其夜灯决不"荧荧如豆"，其居室尤无"柱"可绕也。至于"繁霜飞舞"，则更不成话矣。谁曾见繁霜之"飞舞"耶？

吾所谓务去滥调套语者，别无他法，唯在人人以其耳目所亲见亲闻，所亲身阅历之事物，一一自己铸词以形容描写之。但求其不失真，但求能达其状物写意之目的，即是工夫。其用滥调套语者，皆懒惰不肯自己铸词状物者也。

六曰不用典

吾所主张八事之中，唯此一条最受友朋攻击，盖以此条最易误会也。吾友江亢虎君来书曰：

"所谓典者，亦有广狭二义。饾饤獭祭，古人早悬为厉禁。若并成语故事而屏之，则非唯文字之品格全失，即文字之作用亦亡。……文字最妙之意味，在用字简而涵意多。此断非用典不为功。不用典不特不可作诗，并不可写信，且不可演说。来函满纸'旧雨''虚怀'，'治头治脚'、'舍本逐末'、'洪水猛兽'、'发聋振聩'、'负弩先驱'、'心悦诚服'、'词坛'、'退避三舍'、'无病呻吟'、'滔天'、'利器'、'铁证'，……皆典也。试尽抉而去之，代以俚语俚字，将成何说话。其用字之繁简，犹其细焉。恐一易他词，虽加倍蓰而涵义仍终不能如是恰到好处，奈何？……"

此论极中肯要。今依江君之言，分典为广狭二义，分论之如下：

（一）广义之典非吾所谓典也。广义之典约有五种。

（甲）古人所设譬喻。其取譬之事物，含有普通意义，不以时代而失其效用者，今人亦可用之。如古人言"以子之矛攻子之盾"。今人虽不读书者，亦知用"自相矛盾"之喻，然不可谓为用典也，上文所举例中之"治头治脚"、"洪水猛兽"、"发聋振聩"，……皆此类也。盖设譬取喻，贵能切当，若能切当，固无古今之别也。若"负导先驱"、"退避三舍"之类，在今日已非通行之事物，在文人相与之间，或可用之，然终以不用为上。如言"退避"，千里亦可，百里亦可，不必定用"三舍"之典也。

（乙）成语。成语者，合字成辞，别为意义。其习见之句，通行已久，不妨用之。然今日若能另铸"成语"，亦无不可也。"利器"、"虚怀"、"舍本逐末"……皆属此类。非此"典"也，乃日用之字耳。

（丙）引史事。引史事与今所论议之事相比较，不可谓为用典也。如老杜诗云，"未闻殷周衰，中自诛褒妲"，此非用典也。近人诗云，"所以曹孟德，犹以汉相终"，此亦非用典也。

（丁）引古人作比。此亦非用典也。杜诗云，"清新庾开府，俊逸鲍参军"，此乃古人比今人，非用典也。又云，"伯仲之间见伊吕，指挥若定失萧曹"，此亦非用典也。

（戊）引古人之语。此亦非用典也。吾尝有句云，"我闻古人言，艰难唯一死"。又云，"尝试成功自古无，放翁此语未必是"。此乃引语，非用典也。

以上五种为广义之典，其实非吾所谓典也。若此者可用可不用。

（二）狭义之典。吾所主张不用者也。吾所谓"用典"者，谓文人词客不能自己铸词造句，以写眼前之景，胸中之意，故借用或不全切，或全不切之故事陈言以代之，以图含混过去，是谓"用典"。上所述广义之典，除戊条外，皆为取譬比方之辞。但以彼喻此，而非以彼代此也。狭义之用典，则全为以典代言，自己不能直言之，故用典以言之耳。此吾所谓用典与非用典之别也。狭义之典亦有工拙之别，其工者偶一用之，未为不可，其拙者则当痛绝之已。

（子）用典之工者。此江君所谓用字简而涵义多者也。客中无书不能多举其例，但杂举一二，以实吾言。

（1）东坡所藏仇池石，王晋卿以诗借观，意在于夺。东坡不敢不借，先以诗寄之，有句云，"欲留嗟赵弱，宁许负秦曲。传观慎勿许，间道归应速。"此用蔺相如返璧之典，何其工切也。

（2）东坡又有"章质夫送酒六壶，书至而酒不达"诗云，"岂意青州六从事，化为乌有一先生"。此虽工已近于纤巧矣。

（3）吾十年前尝有读《十字军英雄记》一诗云，"岂有鸠人羊叔子，焉知微服赵主父，十字军真儿戏耳，独此两人可千古"。以两典包尽全书，当时颇沾沾自喜，其实此种诗，尽可不作也。

（4）江亢虎代华侨诔陈英士文有"本悬太白，先坏长城。世无鉏麑，乃戕赵卿"四句，余极喜之。所用赵宣子一典，甚工切也。

(5) 王国维咏史诗，有"虎狼在堂室，徒戎复何补。神州遂陆沉，百年委榛莽。寄语桓元子，莫罪王夷甫。"此亦可谓使事之工者矣。

上述诸例，皆以典代言，其妙处，终在不失设譬比方之原意。唯为文体所限，故譬喻变而为称代耳。用典之弊，在于使人失其所欲譬喻之原意。若反客为主，使读者迷于使事用典之繁，而转忘其所为设譬之事物，则为拙矣。古人虽作百韵长诗，其所用典不出一二事而已。（"北征"与白香山"悟真寺诗"皆不用一典。）今人作长律则非典不能下笔矣。尝见一诗八十四韵，而用典至百余事，宜其不能工也。

（丑）用典之拙者。用典之拙者，大抵皆懒惰之人，不知造词，故以此为躲懒藏拙之计。唯其不能造词，故亦不能用典也。总计拙典亦有数类：

(1) 比例泛而不切，可作几种解释，无确定之根据。今取王渔洋"秋柳"一章证之。

"娟娟凉露欲为霜，万缕千条拂玉塘。浦里青荷中妇镜，江干黄竹女儿箱。空怜板渚隋堤水，不见琅琊大道王。若过洛阳风景地，含情重问永丰坊。"

此诗中所用诸典无不可作几样说法者。

(2) 僻典使人不解。夫文学所以达意抒情也，若必求人人能读五车书，然后能通其文，则此种文可不作矣。

(3) 刻削古典成语，不合文法。"指兄弟以孔怀，称在位以曾是"（章太炎语），是其例也。今人言"为人作嫁"亦不通。

(4) 用典而失其原意。如某君写山高与天接之状，而曰"西接杞天倾"是也。

(5) 古事之实有所指，不可移用者，今往乱用作普通事实。如古人灞桥折柳，以送行者，本是一种特别土风。阳关渭城亦皆实有所指。今之懒人不能状别离之情，于是虽身在滇越，亦言灞桥，虽不解阳关渭城为何物，亦皆"阳关三叠"、"渭城离歌"。又如张翰因秋风起而思故乡之莼羹鲈脍，今则虽非吴人，不知莼鲈为何味者，亦皆自称有"莼鲈之思"。此则不仅懒不可救，直是自欺欺人耳！

凡此种种，皆文人之不下工夫，一受其毒，便不可救。此吾所以有"不用典"之说也。

七曰不讲对仗

排偶乃人类言语之一种特性,故虽古代文字,如老子孔子之文,亦间有骈句。如"道可道,非常道;名可名,非常名。无名天地之始,有名万物之母。故常无,欲以观其妙;常有,欲以观其微。"此三排句也。"食无求饱,居无求安","贫而无谄,富而无骄","尔爱其羊,我爱其礼",此皆排句也。然此皆近于语言之自然,而无牵强刻削之迹;尤未有定其字之多寡,声之平仄,词之虚实者也。至于后世文学末流,言之无物,乃以文胜。文胜之极,而骈文律诗兴焉,而长律兴焉。骈文律诗之中非无佳作,然佳作终鲜。所以然者何?岂不以其束缚人之自由过甚之故耶。(长律之中,上下古今,无一首佳作可言也。)今日而言文学改良,当"先立乎其大者",不当枉废有用之精力于微细纤巧之末。此吾所以有废骈废律之说也。即不能废此两者,亦但当视为文学末技而已,非讲求之急务也。

今人犹有鄙夷白话小说为文学小道者,不知施耐庵、曹雪芹、吴研人皆文学正宗,而骈文律诗乃真小道耳。吾知必有闻此言而却走者矣。

八曰不避俗字俗语

吾唯以施耐庵、曹雪芹、吴研人为文学正宗,故有"不避俗字俗语"之论也(参看上文第二条下)。盖吾国言文之背驰久矣。自佛书之输入,译者以文言不足以达意,故以浅近之文译之,其体已近白话。其后佛氏讲义语录尤多用白话为之者,是为语录体之原始。及宋人讲学以白话为语录,此体遂成讲学正体(明人因之)。当是时,白话已久入韵文,观唐宋人白话之诗词可见也。及至元时,中国北部已在异族之下,三百余年矣(辽、金、元)。此三百年中,中国乃发生一种通俗行远之文学。文则有《水浒》、《西游》、《三国》之类,戏曲则尤不可胜计(关汉卿诸人,人各著剧数十种之多。吾国文人著作之富,未有过于此时者也)。以今世眼光观之,则中国文学当以元代为最盛,可传世不朽之作,当以元代为最多。此可无疑也。当是时,中国之文学最近言文合一,白话几成文学的语言矣。使此趋势不受阻遏,则中国乃有"活文学出现",而但丁、路德之伟业(欧洲中古时,各国皆有俚语,而以拉丁文为文言,凡著作书籍皆用之,如吾国之以文言著书也。其后意大利有但丁诸文豪,始以其国俚语著作。诸国踵兴，国语亦代起。路德创新教始以德文译旧约新约，遂开德文学之先。英法诸国亦复如是。今世通用之英文新旧约乃一六一一年译本，距今才三百年耳。故今日欧洲诸国之文学，在当日皆为俚语。迨诸文豪兴，始以"活文学"代拉丁之死文学。有活文学而后有言文合一之国语也），凡发生于神州。不意此趋势骤为明代所阻，政府既以八股取士，而当时文人如何李七子之徒，又争以复古为高，于是此千年难遇言文合一之机会，遂中道夭折矣。然以今世历史进化的眼光观之，则白话文学之为中国文学之正宗，又为将来文学必用之利器，可断言也（此"断言"乃自作者言之，赞成此说者今日未必甚多也）。以此之故，吾主张今日作文作诗，宜采用俗语俗字。与其用三千年前之死字（如"于铄国会，遵晦时休"之类），不如用二十世纪之活字。与其作不能行远不能普及之秦汉六朝文字，不如作家喻户晓之《水浒》、《西游》文字也。

结　论

上述八事，乃吾年来研思此一大问题之结果。远在异国，既无读书之暇晷，又不得就国中先生长者质疑问难，其所主张容有矫枉过正之处。然此八事皆文学上根本问题，一一有研究之价值。故草成此论，以为海内外留心此问题者作一草案。谓之刍议，犹云未定草也。伏唯国人同志有以匡纠是正之。

文学革命论

陈独秀

今日庄严灿烂之欧洲，何自而来乎？曰，革命之赐也。欧语所谓革命者，为革故更新之义，与中土所谓朝代鼎革，绝不相类；故自文艺复兴以来，政治界有革命，宗教界亦有革命，伦理道德亦有革命，文学艺术，亦莫不有革命，莫不因革命而新兴而进化。近代欧洲文明史，宜可谓之革命史。故曰，今日庄严灿烂之欧洲，乃革命之赐也。

吾苟偷庸懦之国民，畏革命如蛇蝎，故政治界虽经三次革命，而黑暗未尝稍减。其原因之小部分，则为三次革命，皆虎头蛇尾，未能充分以鲜血洗净旧污；其大部分，则为盘踞吾人精神界根深蒂固之伦理道德文学艺术诸端，莫不黑幕层张，垢污深积，并此虎头蛇尾之革命而未有焉。此单独政治革命所以于吾之社会，不生若何变化，不收若何效果也。推其总因，乃在吾人疾视革命，不知其为开发文明之利器故。

孔教问题，方喧哤于国中，此伦理道德革命之先声也。文学革命之气运，酝酿已非一日，其首举义旗之急先锋，则为吾友胡适。余甘冒全国学究之敌，高张“文化革命军”大旗，以为吾友之声援。旗上大书特书吾革命军三大主义：曰，推倒雕琢的阿谀的贵族文学，建设平易的抒情的国民文学；曰，推倒陈腐的铺张的古典文学，建设新鲜的立诚的写实文学；曰，推倒迂晦的艰涩的山林文学，建设明了的通俗的社会文学。

《国风》多里巷猥辞，《楚辞》盛用土语方物，非不斐然可观。承其流者，两汉赋家，颂声大作，雕琢阿谀，词多而意寡，此贵族之文古典之文之始作俑也。魏、晋以下之五言，抒情写事，一变前代板滞堆砌之风，在当时可谓为文学一大革命，即文学一大进化；然希托高古，言简意晦，社会现象，非所取材，是犹贵族之风，未足以语通俗的国民文学也。齐、梁以来，风尚对偶，演至有唐，遂成律体。无韵之文，亦尚对偶。《尚书》、《周易》以来，即是如此。（古人行文，不但风尚对偶，且多韵语，故骈文家颇主张骈体为中国文章正宗之说——亡友王先生即主张此说之一人——不知古书传抄不易，韵与对偶，以利传诵而已。后之作者，乌可泥此?)

东晋而后，即细事陈启，亦尚骈丽。演至有唐，遂成骈体。诗之有律，文之有骈，皆发源于南北朝，大成于唐代。更进而为排律，为四六。此等雕琢的阿谀的铺张的空泛的贵族古典文学，极其长技，不过如涂脂抹粉之泥塑美人。以视八股试帖之价值，未必能高几何，可谓为文学之末运矣! 韩柳崛起，一洗前人纤巧堆朵之习，风会所趋，乃南北朝贵族古典文学，变而为宋元国民通俗文学之过渡时代。韩、柳、元、白，应运而出，为之中枢。俗论谓昌黎文章起八代之衰，虽非确论，然变八代之法，开宋元之先，自是文界豪杰之士。吾人今日所不满于昌黎者二事:

一曰，文犹师古。虽非典文，然不脱贵族气派，寻其内容，远不若唐代诸小说家之丰富，其结果乃造成一新贵族文学。

二曰，误于"文以载道"之谬见。文学本非为载道而设，而自昌黎以讫曾国藩所谓载道之文，不过抄袭孔、孟以来极肤浅极空泛之门面语而已。余尝谓唐宋八家文之所谓"文以载道"，直与八股家之所谓"代圣贤立言"，同一鼻孔出气。

以此二事推之，昌黎之变古，乃时代使然，于文学史上，其自身并无十分特色可观也。元明剧本，明清小说，乃近代文学之粲然可观者。惜为妖魔所厄，未及出胎，竟尔流产，以至今日中国之文学，委琐陈腐，远不能与欧洲比肩。此妖魔为何? 即明之前后七子及八家文派之归、方、刘、姚是也。此十八妖魔辈，尊古蔑今，咬文嚼字，称霸文坛。反使盖代文豪若马东篱，若施耐庵，若曹雪芹诸人之姓名，几不为国人所识。若夫七子之诗，刻意模古，直谓之抄袭可也。归、方、刘、姚之文，或希荣誉墓，或无病而呻，满纸之乎者也矣焉哉。每有长篇大作，摇头摆尾，说来说去，不知道说些甚么。此等文学，作者既非创造才，胸中又无物，其伎俩唯在仿古欺人，直无一字有存在之价值，虽著作等身，与其时之社会文明进化无丝毫关系。

今日吾国文学，悉承前代之弊:所谓"桐城派"者，八家与八股之混合体也;所谓"骈体文"者，思绮堂与随园之四六也;所谓"西江派"者，山谷之偶像也。求夫目无古人，赤裸裸的抒情写世，所谓代表时代之文豪者，不独全国无其人，而且举世无此想。文学之文，既不足观，应用之文，益复怪诞:碑铭墓志，极量称扬，读者决不见信，作者必照例为之。寻常启事，首尾恒有种种谀词。居丧者即华居美食，而哀启必欺人曰"苫块昏迷"。赠医生以匾额，不曰"术迈歧黄"，即曰"著手成春"。穷乡僻壤极小之豆腐店，其春联恒作"生意兴隆通四海，财源茂盛达三江"。此等国民应用之文学之丑陋，皆阿谀的虚伪的铺张的贵族古典文学阶之厉耳。

际兹文学革新之时代，凡属贵族文学，古典文学，山林文学，均在排斥之列。以何理由而排斥此三种文学耶？曰：贵族文学，藻饰依他，失独立自尊之气象也；古典文学，铺张堆砌，失抒情写实之旨也；山林文学，深晦艰涩，自以为名山著述，于其群之大多数无所裨益也。其形体则陈陈相因，有肉无骨，有形无神，乃装饰品而非实用品；其内容则目光不越帝王权贵，神仙鬼怪，及其个人之穷通利达。所谓宇宙，所谓人生，所谓社会，举非其构思所及，此三种文学公同之缺点也。此种文学，盖与吾阿谀夸张虚伪迂阔之国民性，互为因果。今欲革新政治，势不得不革新盘踞于运用此政治者精神界之文学。使吾人不张目以观世界社会文学之趋势，及时代之精神，日夜埋头故纸堆中，所目注心营者，不越帝王，权贵，鬼怪，神仙，与夫个人之穷通利达，以此而求革新文学，革新政治，是缚手足而敌孟贲也。

欧洲文化，受赐于政治科学者固多，受赐于文学者亦不少。予爱卢梭、巴士特之法兰西，予尤爱虞哥、左喇之法兰西；予爱康德、赫克尔之德意志，予尤爱桂特郝、卜特曼之德意志；予爱倍根、达尔文之英吉利，予尤爱狄铿士、王尔德之英吉利。吾国文学界豪杰之士，有自负为中国之虞哥，左喇，桂特郝，卜特曼，狄铿士，王尔德者乎？有不顾迂儒之毁誉，明目张胆以与十八妖魔宣战者乎？予愿拖四十二生的大炮，为之前驱。

一九一七年二月一日

近世三大政治思想之变迁

《新青年》，第 4 卷第 1 号，1918 年 1 月 15 日

高一涵

政治本由理想产出。理想者为事实所感召，立之以纲维时会之迁流者也。必有新理想导之于先，乃有新政治实现于后。国人局于现象，鉴吾国政治状况，大似欧洲十八世纪之初，凡所论列，多撼拾十八世纪以前之学说，以津津自喜。如天赋人权、小己主义、放任主义，早为西人所唾弃者，尚啧啧称道，自诩新奇。殊不知政治进化，非同机械，发达变迁，均为有意识之动作。凡他国由枉道而得之利益，吾可由直道而得之。他国几经试验，由失败而始得成功者，吾为后进之国，自应采取其成功之道，不必再经其失败之途。由此以推，则凡先进国迴环顿挫，历数世纪始获得之进步，后进国可寻得捷径，而于一世纪之中追及之。然则述西人政治思想之变迁，以为吾国政治思想变迁之引导，诚为今日之急务焉。兹略举数事如左：

一、国家观念之变迁

古代人民思想，均以国家为人生之归宿。故希腊、罗马及前代之倭人，莫不以国家为人类生活之最高目的，人民权利皆极端供国家之牺牲。至唱人权、放任、小己之说者起，乃一变其说，谓国家权力与人民权利绝不相容；且有谓政府之存在，徒因人类之有罪恶，罪恶一去，政府斯亡。乃至十八世纪以后，新国家主义日益发明，如费舒特（Fichte）、海格尔（Hegel）、玛志尼（Mazzini）、加奈尔（Carlyle）、骆司砼（Ruskin）、格林（Green）诸氏，均阐发国家之功能，以为人类一切障碍，惟赖国家之力，可以铲除；一切利益，惟赖国家之力，可以发达。在千八百六十四年，英人之思想以反对国家者为正教，以信赖国家者为异端；在最近数年前，则以信赖国家者为正教，以无政府主义为异

端。考其所以变迁之原因，盖一由国家观念大异于前，一由国家功效，昭昭在人耳目故也。唱人权、放任、小己之说者，以为国家权利与人民权利乃两相妨害之物，国权一伸，民权自不得不缩。近世乃知人民之权利自由，由法律所赋予。国家权力强固一分，即人民权利强固一分，确认国家无自身之目的，惟以人类之目的为目的。犹经济学上之富然：富非人生之究竟，乃为求达人生究竟之一途；国家亦非人生之归宿，不过为人类凭借，以求归宿之所在耳。又因列强竞争，日形激烈；人民自由，仅为此小国家主义所限制，劳劳战备，日在惴惴战栗之天，自由范围，终嫌狭隘。于是信赖民族竞争之小国家主义者，又一变而神想乎人道和平之世界国家主义。欧战告终，国际间必发生一种类似世界国家之组织，以冲破民族国家主义之范围。此征之于最近西人舆论而可信者也。

二、乐利主义之变迁

古代之政治思想，多自"损下益上"、"捐万姓以奉一人"之原则演绎变化而来。自边沁唱最大幸福之说，政治思潮倏焉丕变，顾尔时之解乐利主义者，犹重其数量而略其性质。多数之幸福，犹为少数代表所代谋。夫幸福之所以可贵者，在引人民于政治范围以内，俾借群策群力，以谋公共福祉之谓也。设以他人代谋为原则，使多数人民立于被动地位，颓废其独立自营之本能，所谓幸福，直欺人语耳。盖近世所谓幸福，绝非根据他方之痛苦而来，亦不得以一阶一级之人数为界限。设移此阶此级之幸福，以享他阶他级之人，抑或因谋最大多数之人幸福，而置少数之人幸福于不顾，皆非近世之所谓乐利主义。乐利云云，必以个人为单位。无论牺牲万姓以奉一人者为非，即牺牲一人以奉万姓者亦非。此方所增之幸福，绝不自他方痛苦中夺来，亦非自他方幸福中减出。设在吾国，痛苦一人，以利三万九千九百九十九万九千九百九十九人，犹是阶级的乐利主义，多数的乐利主义，而非平等的乐利主义，全体的乐利主义也。真利所存，必其两益。绌此伸彼，终必致两败俱伤。近世学说，多由主张小区选举制度变为主张大区选举制度，由主张多数选举变为主张比例选举。此制如行，则旧日多数专擅自营其私之弊端，可日益廓清；且可更进而行直接民政，公意全发动于人民之自身矣。

三、民治主义之变迁

在贵族政体初变时代，论平民政治者，犹未脱尽阶级资格之观念，限制选举多以教育、财产为必要之条件，与其谓之为平民政治，毋宁谓优秀人民政治。乃择其优秀者，畀以参政权，非畀以参政权，使养成优秀人民也。迨十九世纪之末，欧、美学者所谓平民政治，大抵皆建筑于人民权利及小己私益之上，以为平民政治云者，小己自保其权利，自享其私益之谓。不知权利私益，皆为人生之凭借，而非人生之归宿。近数年来，多唾弃小己主义，主张合群主义；唾弃私益问题，主张公益问题；以为真正平民政治，乃建设于担负社会职任之小己之上。小己私益，即自社会公益中分来。人民入群而后，皆以谋社会公共幸福之目的，谋小己之幸福。而社会利益之进化，不徒恃普通选举制及议院政府制，乃恃有中介的团体，使小己与一群，得以联络一气。民治政府，实为责任政府，予人民以参政机会，即导人民以负责之方。以选举之事，锻炼政才，故实行平民政治，实足以收教育之功能，选举制度，不惟无教育资格之必要，且足以补教育之缺焉。

吾国政治思想，偏于守旧。自表面观之，所受世界思想变迁之影响似乎极微。推求实际，近日政治现况实与世界思想，一致前趋。大凡政治理想发现之初，不为破坏的革命，则为消极的反对。当新思想未能实行之先，必使与我反抗之旧思想破坏无余，乃有建树新思想之余地。哈蒲浩有言曰："当自由主义之发端也，恒为破坏的革命的批评。取消极态度者，约数世纪。所立事业，破坏多于建设。削除人类进步之障碍，远多于表明积极之主张"。吾意中国今日之政治思想亦然。袁氏之自私的国家主义已经打消；段氏之负气的武力政策，亦瞬间失败。此后群众放矢之的，又将转向"骑墙"的自私诡计而发。凡凭国为崇，图谋一部分乐利，及假贤人政治为名，以屏斥人民于政治范而外者，皆与此国家主义、乐利主义、民治主义之新思想不能并存。不试则已，试则未有不偃旗息鼓，败北而逃者也。

读弥尔的《自由论》

《新青年》，第 4 卷第 3 号，1918 年 3 月 15 日

高一涵

弥尔的一生著作，其中有极力发挥他自己的特别见解，句句话皆自他心中呕出，推倒舆论，打破习惯，跳出宗教、党派的范围者，即是这《自由论》一书。此书作于一八五四年，据他自己说，深得其妻泰勒尔（Mrs. Taylor）之力。几次修改，到一八五九年，方才印行于世。林德色（Lindsay）说："《自由论》一篇，在弥尔著述中，为最有名之作。凡他自己的特别的道理，皆包蕴于其中。"此论很可谓确当。故读过此书，一则可以窥见弥尔个人的特识，一则可借以考证尔时英国政治、社会的情况。

凡一代学问家思想的潮流，多为当时社会实在情形所鼓荡。我们尚论古人，必定要明白古人所处的境遇，所呼吸的四围之空气，和那些时代的政治、社会学术思想之状态，然后再平情论断，方为的当。我看白克尔（E. Barker）所著《英国政治思想史》，是狠【很】推重弥尔的。不过中有几句话说：

> 弥尔的《自由论》、《代议政体论》二书，皆出于一八四八年而后。虽能将旧说解释精详，然终不脱旧说之范围；故与其称弥尔为一八四八年后新派之先知先觉，不如称彼为乐利派之"殿军"。

又有人说，弥尔晚年虽欲辟开习惯、礼教的势力，极力主张思想言论之自由。但他的言论思想，仍为乐利主义所拘束；他所梦想的自由，假设的幸福，皆是凭空悬揣，毫无具体的主张。且《自由论》中，往往以异材癖性，混同为一。他以为人类美德，专在发挥奇异的癖性；至于幸福之实质为何，取得自由之途径为何，皆未尝详为指出。故论者多以为，彼所论的，乃是空空洞洞的自由，和那捉摸不定的个人。这些批评，固也有是的；但自我个人意见观之，未免忽

略时代的实情，而以后人的眼光，和现代的理想，尚论古人了。

我看弥尔一个人，真如那过渡的舟楫，通达两岸的桥梁。在十八世纪的时代，抱乐天主义者，不信大造的神工，即信上帝的万能。弥尔亦是抱乐天主义之一人；但他既不信自然，又不信上帝，而所信仰者惟人。尔时英国的革新派所要求者在制度，弥尔所信托者乃在人民。尔时英国的政治家所谓平民政治，在以少数服从多数；弥尔则以多数专制，与一人专制，同时并诋，大倡比例选举制，以为少数党谋利益。再以弥尔自幼所受的教育论，我以为世界上的人，自小至大，全由一个先生教授，其为时之久，用力之专，从无第二人如弥尔者。彼自三岁以后，即受教于老弥尔（James Mill）一人。老弥尔与边沁（Bentham）皆终身以传播乐利主义为事，故弥尔自幼，其四周空气，即为乐利主义所弥漫。彼自言当十五岁时，尝信仰边沁主义为宗教。"少成若天性"；此在他人，将终身莫逃乐利主义之范围矣。然弥尔则兼容并包，打破边沁、老弥尔所传道的狭隘乐利主义，而收纳异派，炼于一炉，而成一折衷主义（Eclecticism）。边沁与弥尔同是急进派，但边沁的急进主义，是哲学的，立其基础于理想之上；弥尔的急进主义，则建其基础于常存不灭之社会上。弥尔以前之乐利主义，多为个人的性质；一入弥尔之手，则由个人的性质，而变成社会的性质。先代的乐利派，在攻击少数人的特权，一部分人的私利；到弥尔，则平民政治的根基已日益巩固，故彼乃力排多数党之专制，为少数人争心思言议之自由。弥尔一生心力，不尽是用在个人主义上；乃是将个人主义，引入社会之中，使得以递嬗递变，循序渐进。然则弥尔一身，不啻为过渡时代之关键。谓彼为旧说所拘，终身跳不出乐利主义之范围者，似乎有点近于苛论了。

弥尔一篇《自由论》，其唯一无二的宗旨，即在反对好同恶异。他说：

> 倘若人类除了一个人，抱反对意见而外，其余的人，皆是一样的意见；则以全体意见，禁止一人，和那以一人意见，阻止全体者，同为不公不平的事。

他如礼俗、宗教和世界的通义云云，凡可以拘束个人的心灵者，皆为弥尔所反对。他所以不说幸福的种类者，即是尚异恶同，不愿以我的心思，拟度他人的好恶。弥尔的主旨，彻头彻尾归根于个人之自择。倘若代他人定下幸福的种类，说些幸福的性质，不问他人好恶如何，必使他随我所指定的标准而行，岂不是以一人意见，拘束他人么？岂不是好同恶异么？

司台芬（Sir Leslie Stephen）说："奇癖的人，犹如'曲拳臃肿之材'然，不能建成国家的。"马硁（Mac Cunn）说："癖性乃是个人的伪性。"此话诚然。但是幸福、乐利云云，全是个人心安意得，认为可幸可乐的；不是奔到极端，以不同于人者，为幸福、为乐利。此中有一最为重要之点，即在任人人之自择，人人各寻得其心之所安耳，弥尔盖深痛宗教、习惯等势力，根深蒂结，牢不可破。信教媚俗之徒，心疑之而不敢言，倡为异论，斯为大逆。此犹我国所谓"纲常名教"者然，拘束我国人心，垂数千年，不知湮灭了许多特性，不知埋没了许多奇才异能。严复译弥尔书，有曰：

> ……人尽模棱，而长丧其刚方勇直之心德。虽有明智之士，见微知远之人，大抵以浊世之不可与言，各藏其所独得之抱负。即有告语，不为惊俗忤时之论也。故虽心知其理之不如是，亦必仪情饰貌，以与俗相入。其有宅心高亢，而不屑为媚俗之可羞，则亦择事发言，而慎无及于要道。所及者大抵皆社会琐节。即有其弊，将及时而自祛者。独至最高甚重之义，必有自歠不讳之谈，而后有以启沃民心，使日趋于刚直方大者，则宁闭口无言焉，……

阅者试掩卷想想，我国数千年来思想的历史，不是这样吗？

我们自读书以后，久已晓得英国是个自由的国家。弥尔生在世界上第一个自由的国家，还痛骂英国习俗专制，舆论专制。倘若生在中国，不知又怎样痛骂了？中国古代思想，不用说是定于一尊的了，就是到民国成立以后，此风犹相沿未改。我见湖南有一位老先生，去年在北京著一篇议论，见中国"言论庞杂"，他就忧虑了不得。要把所有的报馆一齐封禁，叫政府专请几个人，来办一个报馆。他还夸口说，这是统一思想的第一个善法子，现在无第二人能想出的。列位想想，比较汉武帝"尊儒术，罢黜百家"，不还利害么？"联邦论"在外国，既不是宗教的问题，又不是"纲常名教"，似可听人自由发挥了。然中国人一谈及联邦，即视为破坏国家的罪人。故论联邦者不曰"我非赞成联邦"，即曰"至个人之赞成与否，须待他篇"。听之者，不必待其议论终了，即悍然曰中国绝不得行联邦制，必终古用这无办法的和那不统一的统一制。这也不独论政为然，即是北京之评戏亦然。说某人唱的不好，问其何故，则曰"不学老谭"。又说某人某句唱的不好，问其何故，则曰"老谭不是这样唱"。刘鸿升的坏处，即在与谭派立异；王又宸的坏处，又在轻于学谭不免看轻老谭了。他如论政治，则梦想"哲人政治"。论德育，则想"以孔道为修身大本"。论兵力，则想"以北洋派统一中国"。逐类旁推，无一处不从专制思想和那好同恶异的念头，演绎变化而来。生在今日，想老天生出一个弥尔，为我们打开种种的障碍，还是妄想的。要在我们自己是弥尔，我们自己亲去打开，才是真的。我们要打破习惯专制，舆论专制，必先从我们自己心中打起。因习惯、舆论，即是我们自己心意造成的。所以中国今日思想，不要统一，只要分歧。所有的学说，不必先去信他，只要先去疑他。这就是弥尔的《自由论》中尚异恶同的宗旨了。

新的！旧的！

李大钊

宇宙进化的机轴，全由两种精神运之以行，正如车有两轮，鸟有两翼：一个是新的，一个是旧的。但这两种精神活动的方向，必须是代谢的，不是固定的；是合体的，不是分立的，才能于进化有益。

中国人今日的生活全是矛盾生活，中国今日的现象全是矛盾现象。举国的人都在矛盾现象中讨生活，当然觉得不安，当然觉得不快，既是觉得不安不快，当然要打破此矛盾生活的阶级，另外创造一种新生活，以寄顿吾人的身心，慰安吾人的灵性。

矛盾生活，就是新旧不调和的生活，就是一个新的，一个旧的，其间相去不知几千万里的东西，偏偏凑在一处，分立对抗的生活。这种生活，最是苦痛，最无趣味，最容易起冲突。这一段国民的生活史，最是可怖。

欲研究一国家或一都会中某一时期人民的生活，任取其生活现象中的一粒微尘而分析之，也能知道其生活全部的特质。一个都会里一个人所穿的衣服，就是此都会里最美的市场中所陈设的；一个人的指爪上的一粒炭灰，就是由此都会里最大机械场的烟突中所飞落的。既同在一个生活之中，刹刹尘尘都含有全体的质性，都有着全体的颜色。

我前岁在北京过年，刚过新年，又过旧年，看见贺年的人，有的鞠躬，有的拜跪，有的脱帽，有的作揖，有的在门首悬挂国旗，有的张贴春联，因而起了种种联想。

想起黄昏时候走在街头，听见的是更夫的梆子丁丁的响，看见的是站岗巡警的枪刺耀耀的亮。更夫是旧的，巡警是新的。要用更夫，何用巡警？既用巡警，何用更夫？

又想起我国现已成了民国，仍然还有甚么清室。吾侪小民，一面要负担议会及公府的经费，一面又要负担优待清室的经费。民国是新的，清室是旧的，既有民国，那有清室？若有清室，何来民国？

又想起制定宪法。一面规定信仰自由，一面规定"以孔道为修身大本"。信仰自由是新的，孔道修身是旧的。既重自由，何又迫人来尊孔？既要迫人尊孔，何谓信仰自由？

又想起谈论政治的。一面主张自我实现，一面鼓吹贤人政治。自我实现是新的，贤人政治是旧的。既要自我实现，怎行贤人政治？若行贤人政治，怎能自我实现？

又想起法制习俗。一面立禁止重婚的刑律，一面许纳妾的习俗。禁止重婚的刑律是新的，纳妾的习俗是旧的。既施刑律，必禁习俗；若存习俗，必废刑律。

以上所说不过一时的杂感，其余类此者尚多。最近又在本志上看见独秀先生与南海圣人争论，半农先生向投书某君棒喝。以新的为本位论，南海圣人及投书某君最少应该生在百年以前。以旧的为本位论，独秀、半农最少应生在百年以后。此等"风马牛不相及"的人物思想，竟不能不凑在一处，立在同一水平线上来讲话，岂不是绝大憾事！中国今日生活现象矛盾的原因，全在新旧的性质相差太远，活动又相邻太近。换句话说，就是新旧之间，纵的距离太远，横的距离太近，时间的性质差的太多，空间的接触逼的太紧。同时同地不容并有的人物、事实、思想、议论，走来走去，竟不能不走在一路来碰头，呈出两两配映、两两对立的奇观。这就是新的气力太薄，不能努力创造新生活，以征服旧的的过处了。

我常走在前门一带通衢，觉得那样狭隘的一条道路，其间竟能容纳数多时代的器物：也有骆驼轿，也有上贴"借光二哥"的一轮车，也有骡车、马车、人力车、自转车、汽车等，把二十世纪的东西同十五世纪以前的汇在一处。轮蹄轧轧，汽笛鸣鸣，车声马声，人力车夫互相唾骂声，纷纭错综，复杂万状，稍不加意，即遭冲轧，一般走路的人，精神很觉不安。推一轮车的讨厌人力车、马车、汽车，拉人力车的讨厌马车、汽车，赶马车的又讨厌汽车。反说回来，也是一样。新的嫌旧的妨阻，旧的嫌新的危险。照这样层级论，生活的内容不止是一种单纯的矛盾，简直是重重叠叠的矛盾。人生的径路，若为重重叠叠的矛盾现象所塞，怎能急起直追，逐宇宙的文化前进呢？仔细想来，全是我们创造的能力缺乏的原故。若能在北京创造一条四通八达的电车轨路，我想那时乘坐驼轿、骡车、人力车等等的人，必都舍却这些笨拙迂腐的器具，来坐迅速捷便的电车，马路上自然绰有余裕，不象那样拥挤了。即于寥寥的汽车、马车、自转车等依然通行，因为与电车纵的距离不甚相远，横的距离又不象从前那样逼近，也就都有容头过身的道路了，也就没有互相嫌恶的感情了，也就没有那样容易冲突的机会了。

因此我很盼望我们新青年打起精神，于政治、社会、文学、思想种种方面开辟一条新径路，创造一种新生活，以包容覆载那些残废颓败的老人，不但使他们不妨害文明的进步，且使他们也享享新文明的幸福，尝尝新生活的趣味，就象在北京建造电车轨道，输运从前那些乘驼轿、骡车、人力车的人一般。打破矛盾生活，脱去二重负担，这全是我们新青年的责任，看我们新青年的创造能力如何？

进！进！进！新青年！

一九一八年五月十五日《新青年》第四卷第五号

易卜生主义

《新青年》第 4 卷第 6 号

胡 适

一、易卜生最后所作的《我们死人再生时》（When We Dead Awaken）一本戏里面有一段话，很可表出易卜生所作文学的根本方法。这本戏的主人翁，是一个美术家，费了全副精神，雕成一副像，名为"复活日"。这位美术家自己说他这副雕像的历史道：我那时年纪还轻，不懂得世事。我以为这"复活日"应该是一个极精致、极美的少女像，不带着一毫人世的经验，平空地醒来，自然光明庄严，没有什么过恶可除。……但是我后来那几年，懂得些世事了，才知道这"复活日"不是这样简单的，原来是很复杂的。……我眼里所见的人情世故，都到我理想中来，我不能不把这些现状包括进去。我只好把这像的座子放大了，放宽了。我在那座子上雕了一片曲折爆裂的地面。从那地的裂缝里，钻出来无数模糊不分明、人身兽面的男男女女。这都是我在世间亲自见过的男男女女（二幕）。

这是"易卜生主义"的根本方法。那不带一毫人世罪恶的少女像，是指理想派的文学。那无数模糊不分明、人身兽面的男男女女，是指写实派的文学。易卜生的文学，易卜生的人生观，只是一个写实主义。一八八二年，他有一封信给一个朋友，信中说道：我做书的目的，要使读者人人心中都觉得他所读的全是实事（尺牍一五九号）。人生的大病根，在于不肯睁开眼睛来看世间的真实现状。明明是男盗女娼的社会，我们偏说是圣贤礼义之邦；明明是脏官、污官的政治，我们偏要歌功颂德；明明是不可救药的大病，我们偏说一点病都没有！却不知道：若要病好，须先认有病；若要政治好，须先认现今的政治实在不好；若要改良社会，须先知道现今的社会实在是男盗女娼的社会！易卜生的长处，只在他肯说老实话，只在他能把社会种种腐败龌龊的实在情形写出来叫大家仔细看。他并不是爱说社会的坏处，他只是不得不说。一八八〇年，他对一个朋友说：我无论作什么诗，编什么戏，我的目的只要我自己精神上的舒服清净。因为我们对于社会的罪恶，都脱不了干系的（尺牍第一四八号）。因为我们对于社会的罪恶都脱不了干系，故不得不说老实话。

二、我们且看易卜生写近世的社会，说的是一些什么样的老实话。

第一，先说家庭。易卜生所写的家庭，是极不堪的。家庭里面，有四种大恶德：一是自私自利；二是倚赖性、奴隶性；三是假道德，装腔做戏；四是懦怯没有胆子。做丈夫的便是自私自利的代表。他要快乐，要安逸，还要体面，所以他要娶一个妻子。正如《娜拉》戏中的赦尔茂，他觉得同他妻子有爱情是很好玩的。他叫他的妻子做"小宝贝"、"小鸟儿"、"小松鼠儿"、"我的最亲爱的"等等肉麻名字。他给他妻子一点钱去买糖吃，买粉擦，买好衣服穿。他要他妻子穿得好看，打扮得标致，做妻子的完全是一个奴隶。她丈夫喜欢什么，她也该喜欢什么，她自己是不许有什么选择的。她的责任在于使丈夫欢喜，她自己不用有思想，她丈夫会替她思想。她自己不过是她丈夫的玩意儿，很像叫化子的猴子，专替他变把戏，引人开心的（所以《娜拉》又名《玩偶之家》）。丈夫要妻子守节，妻子却不能要丈夫守节。正如《群鬼》（Ghosts）戏里的阿尔文夫人受不过丈夫的气，跑到一个朋友家去，那位朋友是个牧师，很教训了她一顿，说她不守妇道。但是阿尔文夫人的丈夫专在外面偷妇人，甚至淫乱他妻子的婢女，人家都毫不介意，那位牧师朋友也觉得这是男人常有的事，不足为奇！妻子对丈夫，什么都可以牺牲；丈夫对妻子，是不犯着牺牲什么的。《娜拉》戏内的娜拉，因为要救她丈夫的生命，所以冒她父亲的名字，签了借据去借钱。后来事体闹穿了，她丈夫不但不肯替娜拉分担冒名的干系，还要痛骂她带累他自己的名誉。后来和平了结了，没有危险了，她丈夫又装出大度的样子，说不追究她的错处。他得意扬扬地说道："一个男人赦了他妻子的过犯是很畅快的事！"（《娜拉》三幕）

这种极不堪的情形，何以居然忍耐得住呢？第一，因为人都要顾面子，不得不装腔做戏，做假道德遮着面孔。第二，因为大多数的人都是没有胆子的懦夫。因为要顾面子，故不肯闹翻。因为没有胆子，故不敢闹翻。那《娜拉》戏里的娜拉，忽然看破家庭是一座做猴子戏的戏台，她自己是台上的猴子。她有胆子，又不肯再装假面子，所以告别了掌班的，跳下了戏台，去干她自己的生活。

那《群鬼》戏里的阿尔文夫人没有娜拉的胆子，又要顾面子，所以被她的牧师朋友一劝，就劝回头了，还是回家，去尽她的"天职"，守她的"妇道"。她丈夫仍旧做那种淫荡的行为，阿尔文夫人只好牺牲自己的人格，尽力把他羁縻在家。后来生下一个儿子，他母亲恐怕他在家，学了他父亲的坏榜样，所以到了七岁便把他送到巴黎去。她一面又要哄她丈夫在家，一面要在外边替她丈夫修名誉，一面要骗她儿子说他父亲是怎样一个正人君子。这种情形，过了十九个足年，她丈夫才死。死后，他妻子还要替他装面子，花了许多钱，造了一所孤儿院，作她亡夫的遗爱。孤儿院造成了，她把儿子唤回来参预孤儿院落成的庆典。谁知她儿子从胎里就得了他父亲的花柳病的遗毒，变成一种脑腐症。到家没几天，那孤儿院也被火烧了，她儿子的遗传病发作，脑子坏了，就成了疯人了。这是没有胆子、又要顾面子的结局，这就是腐败家庭的下场！

三、其次，且看易卜生论社会的三种大势力。那三种大势力一是法律，二是宗教，三是道德。

第一，法律。法律的效能在于除暴去恶，禁民为非。但是法律有好处也有坏处。好处在于法律是无有偏私的，犯了什么法，就该得什么罪。坏处也在于此，法律是死板板的条文，不通人情世故，不知道一样的罪名，却有几等、几样的居心，有几等、几样的境遇情形；同犯一罪的人却有几等、几样的知识程度。法律只说某人犯了某法的某某篇、某某章、某某节，该得某某罪，全不管犯罪的人的知识不同，境遇不同，居心不同。《娜拉》戏里有两件冒名签字的事：一件是一个律师做的，一件是一个不懂法律的妇人做的。那律师犯这罪全由于自私自利，那妇人犯这罪全因为她要救她丈夫的性命。但是法律全不问这些区别。请看看这两个"罪人"讨论这个问题：

（律师）郝夫人，你好像不知道你犯了什么罪。我老实对你说，我犯的那桩使我一生声名扫地的事，和你所做的事恰恰相同，一毫也不多，一毫也不少。

（娜拉）你！难道你居然也敢冒险去救你妻子的命吗？

（律师）法律不管人的居心如何。

（娜拉）如此说来，这种法律是笨极了。

（律师）不问它笨不笨，你总要受它的裁判。

（娜拉）我不相信。难道法律不许做女儿的想个法子，免得她临死的父亲烦恼吗？难道法律不许做妻子的救她丈夫的命吗？我不大懂得法律，但是我想总该有这种法律承认这些事的。你是一个律师，你难道不知道有这样的法律吗？柯先生，你真是一个不中用的律师了。（一幕）

最可怜的是世上真没有这种入情入理的法律！

第二，宗教。易卜生眼里的宗教久已失了那种可以感化人的能力；久已变成毫无生气的仪节、信条，只配口头念得烂熟，却不配使人奋发鼓舞了，《娜拉》戏里说：

（郝尔茂）你难道没有宗教吗？

（娜拉）我不很懂得究竟宗教是什么东西。我只知道我进教时那位牧师告诉我的一些话。他对我说宗教是这个、是那个，是这样、是那样。（三幕）

如今人的宗教，都是如此。你问他信什么教，他就把他的牧师或是他的先生告诉他的话背给你听。他会背耶稣的《祈祷》文，他会念阿弥陀佛，他会背一部《圣谕广训》。这就是宗教了。

宗教的本意，是为人而作的。正如耶稣说的："礼拜是为人造的，不是人为礼拜造的。"不料后世的宗教，处处与人类的天性相反，处处反乎人情，如《群鬼》戏中的牧师，逼着阿尔文夫人回家去受那淫荡丈夫的待遇，去受那十九年极不堪的惨痛。那牧师说，宗教不许人求快乐，求快乐便是受了恶魔的魔力了。他说宗教不许做妻子的批评她丈夫的行为；他说宗教教人无论如何总要守妇道，总须尽责任，那牧师口口声声所说是"是"的，阿尔文夫人心中总觉得都是"不是"的。后来阿尔文夫人仔细去研究那牧师的宗教，忽然大悟：原来那些教条都是假的，都是"机器造的！"（《群鬼》二幕）

但是这种机器造的宗教何以居然能这样兴旺呢？原来，现在的宗教虽没有精神上的价值，却极有物质上的用场。宗教是可以利用的，是可以使人发财得意的。那《群鬼》戏里的木匠，本是一个极下流的酒鬼，卖妻卖女都肯干的。但是他见了那位道学的牧师，立刻就装出宗教家的样子，说宗教家的话，做宗教家的唱歌祈祷，把这位蠢牧师哄得滴溜溜地转（二幕）。那《罗斯马庄》（Rosmersholm）戏里面的主人翁罗斯马本是一个牧师，后来他的思想改变了，遂不信教了。他那时想加入本地的自由党，不料党中的领袖却不许罗斯马宣告他脱离教会的事。为什么呢？因为他们党里很少信教的人，故想借罗斯马的名誉来号召那些信教的人家。可见宗教的兴旺，并不是因为宗教真有兴旺的价值，不过是因为宗教有可以利用的好处罢了。如今的"基督教青年会"竟开明得用种种物质上的便利来做招揽会员的钓饵，所以有些人住青年会的洋房，洗青年会的雨浴，到了晚上仍旧去"白相堂子"，仍旧去"逛胡同"，仍旧去打麻雀、扑克。这也是宗教兴旺的一种原因了！

第三，道德。法律、宗教既没有裁制社会的本领，我们且看"道德"可有这种本事？据易卜生看来，社会上所谓"道德"不过是许多陈腐的旧习惯。合于社会习惯的，便是道德；不合于社会习惯的，便是不道德。正如我们中国的老辈人看见少年男女实行自由结婚，便说是"不道德"。为什么呢？因为这事不合于"父母之命，媒妁之言"的社会习惯。但是这班老辈人自己讨许多小老婆，却以为是很平常的事，没有什么不道德。为什么呢？因为习惯如此。又如中国人死了父母，发出讣书，人人都说"泣血稽颡"、"苫块昏迷"。其实他们何尝泣血？又何尝"寝苫枕块"？这种自欺欺人的事，人人都以为是"道德"，人人都不以为羞耻。为什么呢？因为社会的习惯如此，所以不道德的也觉得道德了。

这种不道德的道德，在社会上造出一种诈伪不自然的伪君子。面子上都是仁义道德，骨子上都是男盗女娼。易卜生最恨这种人。他有一本戏，叫做《社会的栋梁》（Pillars of Society），戏中的主人名叫褒匿，是一个极坏的伪君子。他犯了一桩奸情，却让他兄弟受这恶名，还要诬赖他兄弟偷了钱跑脱了。不但如此，他还雇了一只烂脱底的船送他兄弟出海，指望把他兄弟和一船的人都沉死在海底，可以灭口。这样一个大奸，面子上却做得十分道德，社会上都尊敬他，称他做"全市第一个公民"、"公民的模范"，"社会的栋梁"！他谋害他兄弟的那一天，本城的公民，聚了几千人，排起队来，打着旗，奏着军乐，上他的门来表示社会的敬意，高声喊道："褒匿万岁！社会的栋梁褒匿万岁！"这就是道德！

四、其次，我们且看易卜生写个人与社会的关系。

易卜生的戏剧中，有一条极显而易见的学说，是说社会与个人互相损害。社会最爱专制，往往用强力摧折个人的个性（individuality），压制个人自由独立的精神。等到个人的个性都消灭了，等到自由独立的精神都完了，社会自身也没有生气了，也不会进步了。社会里有许多陈腐的习惯，老朽的思想，极不堪的迷信。个人生在社会中，不能不受这些势力的影响。有时有一两个独立的少年，不甘心受这种陈腐规矩的束缚，于是东冲西突，想与社会作对。上文所说的褒匿，少年时代也曾想和社会反抗。但是社会的权力很大，网罗很密，个人的能力有限，如何是社会的敌手？社会对个人道："你们顺我者生，逆我者死；顺我者有赏，逆我者有罚。"那些和社会反对的少年，一个一个的都受家庭的责备，遭朋友的怨恨，受社会的侮辱、驱逐。再看那些奉承社会意旨的人，一个个的都升官发财、安富尊荣了。当此境地，不是顶天立地的好汉，决不能坚持到底。所以像褒匿那般人，做了几时的维新志士，不久也渐渐地受社会同化，仍旧回到旧社会去做"社会的栋梁"了。社会如同一个大火炉，什么金、银、铜、铁、锡，进了炉子，都要熔化。易卜生有一本戏叫做《雁》（The Wild Duck），写一个人捉到一只雁，把它养在楼上半阁里，每天给它一桶水，让它在水里打滚游戏。那雁本是一个海阔天空、逍遥自得的飞鸟，如今在半阁里关久了，也会生活，也会长得胖胖的，后来竟完全忘记了它从前那种海阔天空、来去自由的乐处了！个人在社会里，就同这雁在人家半阁上一般，起初未必满意，久而久之，也就惯了，也渐渐地把黑暗世界当作安乐窝了。

社会对于那班服从社会命令、维持陈旧迷信、传播腐败思想的人，一个一个的都有重赏。有的发财了，有的升官了，有的享大名誉了。这些人有了钱，有了势，有了名誉，遂像老虎长了翅膀，更可横行无忌了，更可借着"公益"的名誉去骗人钱财，害人生命，做种种无法无天的行为。易卜生的《社会的栋梁》和《博克曼》（John Gabriel Borkman）两本戏的主人翁都是这种人物。他们钱赚得够了，然后掏出几个小钱来，开一个学堂，造一所孤儿院，立一个公共游戏场，"捐二十磅金去买面包给贫人吃"（用《社会的栋梁》二幕中语），于是社会格外恭维他们，打着旗子，奏着军乐，上他们家来，大喊"社会的栋梁万岁"！

那些不懂事又不安本分的理想家，处处和社会的风俗习惯反对，是该受重罚的。执行这种重罚的机关，便是"舆论"，便是大多数的"公论"。世间有一种最通行的迷信，叫做"服从多数的迷信"。人都以为多数人的公论总是不错的。易卜生绝对地不承认这种迷信。"多数党总在错的一边，少数党总在不错的一边。"（《国民公敌》五幕）一切维新革命，都是少数人发起的，都是大多数人所极力反对的。大多数人总是守旧、麻木不仁的，只有极少数人，有时只有一个人，不满意于社会的现状，要想维新，要想革命。这种理想家是社会所最忌的。大多数人都骂他是"捣乱分子"，都恨他"扰乱治安"，都说他"大逆不道"。所以他们用大多数的专制威权去压制那"捣乱"的思想志士，不许他开口，不许他行动自由，把他关在监牢里，把他赶出境去，把他杀了，把他钉在十字架上活活地钉死，把他捆在柴草上活活地烧死。过了几十年、几百年，那少数人的主张渐渐地变成多数人的主张了，于是社会的多数人又把他们从前杀死、钉死、烧死的那些"捣乱分子"，一个一个的重新推崇起来，替他们修墓，替他们作传，替他们立庙，替他们铸铜像。却不知道从前那种"新"思想，到了这时候，又早已成了"陈腐的"迷信！当他们替从前那些特立独行的人修墓、铸铜像的时候，社会里早已发生了几个新派少数人，又要受他们杀死、钉死、烧死的刑罚了！所以说"多数党总是错的，少数党总是不错的"。

易卜生有一本戏叫做《国民公敌》，里面写的就是这个道理。这本戏的主人翁斯铎曼医生，从前发现本地的水可以造成几处卫生浴池。本地的人听了他的话，觉得有利可图，便集了资本，造了几处卫生浴池。后来四方的人闻了浴池之名，纷纷来这里避暑养病。来的人多了，本地的商业市面便渐渐发达兴旺，斯铎曼医生便做了浴池的官医。后来洗浴的人之中忽然发生一种流行病症，经这位医生仔细考察，知道这病症是从浴池的水里来的，他便装了一瓶水寄与大学的化学师请他化验。化验出来，才知道浴池的水管安得太低了，上流的污秽，停积在浴池里，发生一种传染病的微生物，极有害于公众卫生。斯铎曼医生得了这种科学证据，便做了一篇切切实实的报告书，请浴池的董事会把浴池的水管重行改造，以免妨碍卫生。不料改造浴池须要花费许多钱，又要把浴池闭歇一两年。浴池一闭歇，本地的商务便要受许多损失。所以，本地的人全体用死力反对斯铎曼医生的提议，他们宁可听那些来避暑养病的人受毒病死，却不情愿受这种金钱的损失。所以他们用大多数的专制威权，压制这位说老实话的医生，不许他开口。他做了报告，本地的报馆都不肯登载；他要自己印刷，印刷局也不肯替他印；他要开会演说，全城的人都不把空屋借他做会场。后来好容易找到了一所会场，开了一个公民会议，会场上的人不但不听他的老实话，还把他赶下台去，由全体一致表决，宣告斯铎曼医生从此是国民的公敌。他逃出会场，把裤子都撕破了，还被众人赶到他家，用石头掷他，把窗户都打碎了。到了明天，本地政府革了他的官医；本地商民发了传单不许人请他看病；他的房东请他赶快搬出屋去；他的女儿在学堂教书，也被校长辞退了。这就是"特立独行"的好结果！这就是大多数惩罚少数"捣乱分子"的辣手段！

五、其次，我们且说易卜生的政治主义。

易卜生的戏剧不大讨论政治问题，所以我们须要用他的《尺牍》（Lettersed，By his son，Sigurd Ibsen，English Trans. 1905）做参考的材料。

易卜生起初完全是一个主张无政府主义的人。当普法之战（一八七〇至一八七一年）时，他的无政府主义最为激烈。一八七一年，他有信与一个朋友道：……个人绝无做国民的需要。不但如此，国家简直是个人的大害。请看普鲁士的国力，不是牺牲了个人的个性去买来的吗？国民都成了酒馆里跑堂的了，自然个个都是好兵了。再看犹太民族，岂不是最高贵的人类吗？无论受了何种野蛮的待遇，那犹太民族还能保存本来的面目。这都因为他们没有国家的原故，国家总得毁去，这种毁除国家的革命，我也情愿加入。毁去国家观念，单靠个人的情愿和精神上的团结做人类社会的基本——若能做到这步田地，这可算得有价值的自由起点。那些国体的变迁，换来换去，都不过是弄把戏，都不过是全无道理的胡闹（《尺牍》第七十九）。

易卜生的纯粹无政府主义，后来渐渐地改变了。他亲自看见巴黎"市民政府"（Commune）的完全失败（一八七一），便把他主张无政府主义的热心减了许多（《尺牍》第八十一）。到了一八八四年，他写信给他的朋友说，他在本国若有机会，定要把国中无权的人民联合成一个大政党，主张极力推广选举权，提高妇女的地位，改良国家教育，要使脱除一切中古陋习（《尺牍》第七十八）。这就不是无政府的口气了，但是他终究不曾加入政党。他以为加入政党是很下流的事（《尺牍》第一五八）。他最恨那班政客，他以为"那班政客所力争的，全是表面上的权利，全是胡闹。最要紧的是人心的大革命"。（《尺牍》第七十七）

易卜生从来不主张狭义的国家主义，从来不是狭义的爱国者。一八八八年，他写信给一个朋友说道：知识思想略为发达的人，对于旧式的国家观念，总不满意。我们不能以为有了我们所属的政治团体便足够了。据我看来，国家观念不久就要消灭了，将来定有一种观念起来代它。即以我个人而论，我已经过这种变化。我起初觉得我是挪威国人，后来变成斯堪的纳维亚人（挪威与瑞典总名斯堪的纳维亚），我现在已成了条顿人了（《尺牍》第一○六）。这是一八八八年的话。我想易卜生晚年临死的时候（1906）一定已进到世界主义的地步了。

六、我开篇便说过，易卜生的人生观只是一个写实主义。易卜生把家庭、社会的实在情形都写出来，叫人看了动心，叫人看了觉得我们的家庭、社会原来是如此黑暗腐败，叫人看了觉得家庭、社会真正不得不维新革命——这就是"易卜生主义"。表面上看去，像是破坏的，其实完全是建设的。譬如医生诊了病，开了一个脉案，把病状详细写出，这难道是消极的、破坏的手续吗？但是易卜生虽开了许多脉案，却不肯轻易开药方。他知道人类社会是极复杂的组织，有种种绝不相同的境地，有种种绝不相同的情形。社会的病，种类纷繁，决不是什么"包医百病"的药方所能治得好的。因此他只好开了脉案，说出病情，让病人各人自己去寻医病的药方。虽然如此，但是易卜生生平却也有一种完全积极的主张。他主张个人须要充分发达自己的才性，须要充分发展自己的个性。

他有一封信给他的朋友 George Brandes 说道：我所最期望于你的，是一种真正纯粹的为我主义，要使你有时觉得天下只有关于我的事最要紧，其余的都算不得什么……你要想有益于社会，最好的法子莫如把你自己这块材料铸造成器……有的时候我真觉得全世界都像海上撞沉了船，最要紧的还是救出自己（《尺牍》第八十四）。最可笑的是有些人明知世界"陆沉"，却要跟着"陆沉"，跟着堕落，不肯"救出自己"！却不知道社会是个人组成的，多救出一个人便是多备下一个再造新社会的分子。所以孟轲说"穷则独善其身"，这便是易卜生所说"救出自己"的意思。这种"为我主义"，其实是最有价值的利人主义。所以易卜生说："你要想有益于社会，最妙的法子莫如把你自己这块材料铸造成器。"《娜拉》戏里，写娜拉抛了丈夫儿女飘然而去，也只为要"救出自己"。那戏中说：

（郝尔茂）……你就是这样抛弃你的最神圣的责任吗？

（娜拉）你以为我的最神圣的责任是什么？

（郝尔茂）还等我说吗？可不是你对于你的丈夫和你的儿女的责任吗？

（娜拉）我还有别的责任同这些一样的神圣。

（郝尔茂）没有的。你且说，那些责任是什么？

（娜拉）是我对于我自己的责任。

（郝尔茂）最要紧的，你是一个妻子，又是一个母亲。

（娜拉）这种话我现在不相信了。我相信，第一，我是一个人，正同你一样——无论如何，我务必努力做一个人（三幕）。

一八八二年，易卜生有信给朋友道：这样生活，须使各人自己充分发展：——这是人类功业顶高的一层，这是我们大家都应该的事（《尺牍》第一六四）。社会最大的罪恶莫过于摧折个人的个性，不使他自由发展。那本《雁》戏所写的只是一件摧残个人才性的惨剧。那戏写一个人少年时本极有高尚的志气，后来被一个恶人害得破家荡产，不能度日。那恶人又把他自己通奸有孕的下等女子配给他做妻子，从此家累日重一日，他的志气便日低一日。到了后来，他堕落深了，竟变成一个懒人懦夫，天天受那下贱妇人和两个无赖的恭维，他洋洋得意地觉得这种生活很可以终身了。所以那本戏借一个雁做比喻：那雁在半阁上关得久了，它从前那种高飞远举的志气全都消灭了，居然把人家的半阁做他的极乐国了！

发展个人的个性，须要有两个条件。第一，须使个人有自由意志。第二，须使个人担干系、负责任。《娜拉》戏中写郝尔茂的最大错处只在他把娜拉当作"玩意儿"看待，既不许她有自由意志，又不许她担负家庭的责任，所以娜拉竟没有发展她自己个性的机会。所以娜拉一旦觉悟时，恨极她的丈夫，决意弃家远去。也正为这个原故，易卜生又有一本戏，叫做《海上夫人》（The Lady from the Sea），里面写一个女子哀梨姐少年时嫁给人家做后母，她丈夫和前妻的两个女儿看她年纪轻，不让她管家务，只叫她过安闲日子。哀梨姐在家觉得做这种不自由的妻子、不负责任的后母，是极没趣的事。因此她天天想跟人到海外去过那海阔天空的生活。她丈夫越不许她自由，她偏越想自由。后来她丈夫知道留她不住，只得许她自由出去。她丈夫说道：

（丈夫）……我现在立刻和你毁约。现在可以有完全自由拣定你自己的路子……现在你可以自己决定，你有完全的自由，你自己担干系。

（哀梨姐）完全自由！还要自己担干系！还担干系咧！有这么一来，样样事都不同了。

哀梨姐有了自己，又自己负责任了，忽然大变了，也不想那海上的生活了，决意不跟人走了（《海上夫人》第五幕）。这是为什么呢？因为世间只有奴隶的生活是不能自由选择的，是不用担干系的。个人若没有自由权，又不负责任，便和做奴隶一样。所以无论怎样好玩，无论怎样高兴，到底没有真正乐趣，到底不能发展个人的人格。所以哀梨姐说："有了完全自由，还要自己担干系，有这么一来，样样事都不同了。"家庭是如此，社会、国家也是如此。自治的社会，共和的国家，只是要个人有自由选择之权，还要个人对于自己所行所为都负责任。若不如此，决不能造出自己独立的人格。社会、国家没有自由独立的人格，如同酒里少了酒曲，面包里少了酵，人身上少了脑筋，那种社会、国家决没有改良进步的希望。所以易卜生的一生目的只是要社会极力容忍，极力鼓励斯铎曼医生一流的人物（斯铎曼事见上文四节），社会上生出无数永不知足、永不满意、敢说老实话攻击社会腐败情形的"国民公敌"；要想社会上有许多人都能像斯铎曼医生那样宣言道："世上最强有力的人就是那个最孤立的人！"

社会、国家是时刻变迁的，所以不能指定哪一种方法是救世的良药。十年前用补药，十年后或者须用泄药了；十年前用凉药，十年后或者须用热药了。况且各地的社会、国家都不相同，适用于日本的药，未必完全适用于中国；适用于德国的药，未必适用于美国。只有康有为那种"圣人"，还想用他们的"戊戌政策"来救戊午的中国；只有辜鸿铭那班怪物，还想用二千年前的"尊王大义"来施行于20世纪的中国。易卜生是聪明人，他知道世上没有"包医百病"的仙方，也没有"施诸四海而皆准、推之百世而不悖"的真理。因此他对于社会的种种罪恶污秽，只开脉案，只说病状，却不肯下药。但他虽不肯下药，却到处告诉我们一个保卫社会健康的卫生良法。他仿佛说道："人的身体全靠血里面有无量数的白血轮时时刻刻与人身的病菌开战。把一切病菌扑灭干净，方才可使身体健全、精神充足，社会、国家的健康也全靠社会中有许多永不知足、永不满意、时刻与罪恶分子、龌龊分子宣战的白血轮，方才有改良进步的希望。我们若要保卫社会的健康，须要使社会里时时刻刻有斯铎曼医生一般的白血轮分子。但使社会常有这种白血轮精神，社会决没有不改良进步的道理。"

一八八三年，易卜生写信给朋友道：十年之后，社会的多数人大概也会到了斯铎曼医生开公民大会时的见地了。但是这十年之中，斯铎曼自己也刻刻向前进。所以到了十年之后，他的见地仍旧比社会的多数人还高十年。即以我个人而论，我觉得时时刻刻总有进境。我从前每作一本戏时的主张，如今都已渐渐变成了很多数人的主张。但是等到他们赶到那里时，我久已不在那里了。我又到别处去了。我希望我总是向前去了（《尺牍》第一七二）。

民国七年五月十六日作于北京

民国十年四月二十六日改稿

危险思想与言论自由

1918 年

李大钊

思想本身，没有丝毫危险的性质。只有愚暗与虚伪，是顶危险的东西。只有禁止思想，是顶危险的行为。

近来——自古已然——有许多人听见几个未曾听过、未能了解的名辞，便大惊小怪起来，说是危险思想。问他们这些思想有什么危险，为什么危险，他们认为危险思想的到底是些什么东西，他们都不能说出。像这样的人，我们和他共同生活，真是危险万分。

我且举一个近例，前些年科学的应用刚刚传入中国，一般愚暗的人都说是异端邪教。看待那些应用科学的发明的人，如同洪水猛兽一样。不晓得他们也是和我们同在一个世界上"一样生存"而且比我们进化的人类同胞，却说他们是"鬼子"，是"夷狄"。这种愚暗无知的结果，竟造出一场义和拳的大祸。由此看来，到底是知识思想危险呢？还是愚暗无知危险？

听说日本有个议长，说俄国的布尔什维克是行托尔斯泰的学说，彼邦有识的人惊为奇谈。现在又出了一位明白公使，说我国人鼓吹爱国是无政府主义。他自己果然是这样愚暗无知，这更是可怜可笑的话。有人说他这话不过是利用我们政府的愚暗无知和恐怖的心理，故意来开玩笑。哎呀！那更是我们莫大的耻辱！

原来恐怖和愚暗有密切的关系，青天白日，有眼的人在深池旁边走路，是一点危险也没有的。深池和走路的行为都不含着危险的性质。若是"盲人瞎马，夜半深池"，那就是最可恐怖的事情。可见危险和恐怖，都是愚昧造出来的，都是黑暗造出来的。

人生第一要求，就是光明和真实，什么东西什么境界都不危险。知识是引导人生到光明与真实境界的灯烛，愚暗是达到光明与真实境界的障碍，也就是人生发展的障碍。

　　思想自由与言论自由，都是为保障人生达于光明与真实的境界而设的。无论什么思想言论，只要能够容他的真实而没有矫揉造作地尽量发露出来，都是于人生有益，绝无一点害处。

　　说某种主义学说是异端邪说的人，第一要知道他自己所排斥的主义学说是什么东西，然后把这种主义学说的真相尽量传播使人人都能认识它是异端邪说，大家自然不去信它，不至于受它的害。若是自己未曾认清，只是强行禁止，就犯了泯没真实的罪恶。假使一种学说确与情理相合，我们硬要禁止它，不许公然传播，那是绝对无效。因为它的原素仍然在情理之中，情理不灭，这种学说也终不灭。

　　假使一种学说确与情理相背，我以为不可禁止，不必禁止。因为大背情理的学说，正应该让大家知道，大家才不去信。若是把它隐藏起来，很有容易被人误信的危险。

　　禁止人研究一种学说的，犯了使人愚暗的罪恶。禁止人信仰一种学说的，犯了教人虚伪的罪恶。益也终不灭。世间本来没有"天经地义"与"异端邪说"这种东西。就说是有，也要听人去自由知识，自由信仰。就是错知识了、错信仰了所谓邪说异端，只要他的知识与信仰，是本于他思想的自由，知念的真实，一则得了自信，二则免了欺人，都是有益于人生的，都比那无知的排斥自欺的顺从还好得多。

　　禁止思想是绝对不可能的，因为思想有超越一切的力量。监狱、刑罚、苦痛、贫困、乃至死杀，思想都能自由去思想它们，超越它们。这些东西，都不能钳制思想，束缚思想，禁止思想。这些东西，在思想中全没有一点价值，没有一点权威。

　　思想是绝对的自由，是不能禁止的自由，禁止思想自由的，断然没有一点的效果。你要禁止它，它的力量便跟着你的禁止越发强大。你怎样禁止它、制抑它、绝灭它、摧残它，它便怎样生存发展传播滋荣。因为思想的性质力量，本来如此。我奉劝禁扼言论思想自由的注意，要利用言论自由来破坏危险思想，不要借口危险思想来禁止言论自由。

非"君师主义"

《新青年》，第 5 卷第 6 号，1918 年 12 月 15 日

高一涵

　　这几个月来，我是不谈政治的，是不读"总统命令"的：一则因为中国现在无举国公认的政府，无举国爱戴的总统；二则因为我们所讲求的是法治不是人治，所研究的是法律不是命令。所以就是总统合法的命令，也不大理会他，何况这种总统的"上谕"呢！然我看见十一月二十四日的"大总统令"中有一大堆"道德"的话头，谓："牖民成俗，是惟道德，…西哲有言，道德为共和国之元气，…亟当……揭橥道德以为群伦之表率……"。〔一〕又有什么"教条"，又有什么"检束身心以为律度"，又有什么"各秉至诚以迴末俗"，又有什么"教育事业……著教育部通饬京外学校于修身学科认真教授，并酌择往哲嘉言懿行，编为浅说，颁行讲演，以资启迪……"云云。我读了一遍，觉得这种"天地君亲师"的总统观念，在中国是很印入人心的，绝不止徐世昌一人独怀这种意见。曾记得严复有曰：

　　……读此可知东西立国之相异，而国民资格，亦由是而大不同也。盖西国之王者，其事专于做君而已；而中国帝王，做君而外，兼以做师。且其社会，固宗法之社会也，故又曰元后做民父母。夫彼专为君，故所重在兵刑；而礼乐宗教营造树畜工商，乃至教育文字之事，皆可放任其民使自为之。中国帝王下至宰守，皆以其身兼天地君亲师之众责，兵刑二者不足以尽之也。于是乎有教民之政，而司徒之五品设矣；有鬼神郊禖之事，而秩宗之五祀修矣；有司空之营作，则道路梁杠皆其事也；有虞衡之掌山泽，则草木禽兽皆所咸若者也。……使后而仁，其视民也，犹儿子耳；使后而暴，其遇民也，犹奴虏矣。为儿子奴虏异；而其于国也，无尺寸之治柄，无丝毫应有必不可夺之权利，

则同。由是观之；是中西政教之各立，盖自炎黄尧舜以来，其为道莫有同者。……

　　严氏论事，多执己见，独这一段实写中国君后观念，却无一字虚构的。所以这种"神圣的"总统，"元后的"总统，"家长的"总统，"师傅的"总统思想，在中国社会上狠【很】占势力。惟其为"神圣的"总统，所以能定"教条"；惟其为"元后的"总统，所以能"一正心而天下定"；惟其为"家长的"总统，所以云"在下则当父诏兄勉，以孝悌为辅世之方"；惟其为"师傅的"总统，所以"教育"、"修身"、皆得由彼"酌择"。然则这次"大总统令"，实为中国旧思想之结晶，所以不得轻易看过去的。

　　我以为这种"天地君亲师"的总统观念，所以发生的原因有二：（一）是缺乏历史进化的观念。（二）是行制度革命而不行思想革命的坏处。

　　因为缺乏历史进化的观念，所以严复竟将古今立国的异点，看做中西立国的异点。他就不晓得看看欧洲古代国家是什么样儿；他就不晓得欧洲现在的国家观念，是自古如此的，还是从那政教合一时代变来的呢？政治学中所说的国家渊源，不外神权说、家长说、权力说数种，这是人人皆知的。神权说者多谓国家为神所创造，希伯来人谓国家者神所直接建设的，希腊及罗马人则谓国家为神所间接建设的。所以他们多谓君主为神的代表，神的权力即是君主的权力。犹太的国家，是由十二族合造的，罗马法中 Patria Potestai 即以家长对于子孙的教育宗教及其他一切权力为基础。至于尊权力说者，又谓国为"首出庶物"者，为"天亶聪明"者所手造。然则"自炎黄尧舜以来""做君而外兼以做师"的帝王，以一"身兼天地君亲师之众责"的帝王，亦不独中国有之，即欧洲上古亦有之。现在欧洲的皇帝连严氏所谓"兵刑"之权亦皆失去，而完全为国家所有矣。文明国家，大概皆由古代神权家长及"元后做民父母"的时代递嬗递变而来。严氏以中国停滞未进化的立国原理，去比那欧洲已进化的立国原理，所以觉得大不相同。然此特古今立国原理之差异，而非东西立国原理之差异也。误认为东西异点者，不是未明历史进化的观念吗？

　　再说共和政治，不是推翻皇帝便算了事。国体改革，一切学术思想亦必同时改革，单换一块共和国招牌，而店中所卖的还是那些皇帝"御用"的旧货，绝不得谓为革命成功。法国当未革命之前，就有卢梭、福禄特尔、孟德斯鸠诸人各以天赋人权平等自由之说，灌人人民脑中，所以打破帝制，共和思想即深入于一般人心。美国当属英的时候，平等，自由、民约诸说，已深印于人心，所以甫脱英国的范围，即能建设平民政治。中国革命是以种族思想争来的，不是以共和思想争来的，所以皇帝虽退位，而人人脑中的皇帝尚未退位。所以入民国以来，总统行为几无一处不摹仿皇帝。皇帝祀天，总统亦祀天；皇帝尊孔，总统亦尊孔；皇帝出来地下敷黄土，总统出来地下也敷黄土；皇帝正心，总统亦要正心；皇帝"身兼天地君亲师之众责"，总统也想"身兼天地君亲师之众责"。这就是制度革命思想不革命的铁证。

因有以上两种原因，所以总统命令，要适用那二千三百多年前的柏勒图【柏拉图】学说，不惜以道德为国家目的，不惜以二十世纪的中国强行那由家长制度变为元后专制制度的希腊的政治学说，又不惜将中国政教分立的国家，去将就那中世纪政教混合时代的思想。欧洲的国家，早在讲法治重组织的时代；我们国家尚在这里谈人治，用那几千年前"一正心而天下定"的套语，去"检束身心"，"以迴末俗"。古德诺谓："吾国政治思想尚在欧洲中世纪时代"，照这样看起来，恐怕还在欧洲上古时代了。又谓："西哲有言，道德为共和国之元气"。我想所说的西哲，必定是孟德斯鸠。孟氏政治哲学的方法，不原于柏拉图即基于亚里士多德。然他解释法律，既不说法律是性理的表示，又不说是元后的命令，但说是人与人的关系。是孟氏已承认道德与法律及元首，是分开的了。他虽说过共和政府以道德为原理，然他所谓"道德"，乃是政治的道德（Political virtue），即是爱国与爱平等是也，绝不是那关于伦理的道德与宗教的道德（not moral or Christian virtue）。因为近世谈政治的人，稍明政治原理，即明白道德为人类内部的品德，属于感情及良知的范围。国家的权力，仅能支配人类外部的行为，绝不可干涉人类的思想感情信仰。岂但不可吗？实在是不能的。所以国家但能保护或奖励人民之生产，却不能自生货财；但能设卫生条例，却不能直接使人民寿康；但能发布宗教制度，却不能逼人生宗教的信仰。若曰能之，则是上古神权家长时代的元首所做的事，而非现在共和国家为民公仆的元首所做的事。然则国家与道德，元首与道德，法律与道德，久已互相分开了；草总统命令者，就说自己的政治学说，认定道德与国家不分就是，又何必以此去诬那西哲呢！

因为国家不能干涉个人道德，所以宪法上必有信仰自由、言论自由、思想自由等之规定。这几条自由权，在欧洲中古时代，也不晓得费了多少身家性命才争来的。政教混合的时代，元首得代表上帝干涉异教的思想。若对于国教稍持异议，不遭屠戮，即被迫挟。坐此原因，所以个人精神的自由，全被皇帝扑灭。用皇帝一人的意见，去下那道德的注脚；往往与人民良知所感觉者相反，却又威迫势禁，令人不得不从。所以人尽模棱，怀疑不白，而特殊的见识，超群出众的思想，皆被国家销磨尽矣。此即近世道德教育，所以皆贵自动的，而不贵被动的原故。

我的意见，不是说道德是不必要的，是说道德不能由国家干涉的；不是说共和国家不必尚道德的，是说主人的道德，须由主人自己培养，不能听人指挥，养成奴性道德的；也不是说现在社会道德是不坏的，是说就是坏到极点，也不能因我们大总统下一道"上谕"的命令，就可以立刻挽回的；更不是说道德不该有人倡导的，是说总统偶吃一次斋，万不能使人人戒杀，偶沐一回浴，万不能使人人涤面洗心，偶正一刻心，亦万不能使人人的心皆放在正中，而永远不歪的。所以道德必须由我们自己修养，以我们自己的良知为标准，国家是不能攒入精神界去干涉我们的。此外尚有一个理由，就是国家待人民，要看做能自立自动，具有人格的大人；万不要看做奴隶，看做俘虏，看做赤子，看做没有人格的小人。共和国的总统是公仆，不是"民之父母"；共和国的人民，是要当做主人待遇，不能当做"儿子"待遇，不能当做"奴虏"待遇的。

国家若干涉道德问题，则必生下列的三种政治：

（一）专制政治——扩张国家的权力，使干涉人民精神上的自由。凡信仰、感情、思想等事，莫不受国权之拘束，则道德的范围，道德的解释，皆由统治者自定，于是专制之弊端见矣。

（二）贤人政治——柏拉图以道德为国家的绝对目的，所以柏拉图又尊尚贤人政治。因凡在道德、法律混合的国家，其国家的元首，不是教主，即是家长，不然则是"首出庶物"、"天亶聪明"的伟人。治者与被治者，无论在法律上，在习惯上，皆是不平等的。所以柏拉图谓："人类皆从地底而来，赋生之时，或夹些金质，或夹些银质，或夹些铜铁质。含金质者，为君主；含银质者，为辅臣；含铜铁质，者则为农商"。所以被治者之瀹灵启智，皆须得治者为之引导。此即贤人政治所以成立之基础，以元首不自信为贤人，则必不敢"揭橥道德，以为群伦之表率"也。

（三）政教混合政治——中古以后，道德属宗教的范围，法律属国家的范围，本有界限。惟元首并法律、道德而皆得干涉之，则是"奉天承运""替天行道"的教主与"元后做民父母"的皇帝合而为一矣。

所以宪法中也必要以"孔子之道为修身大本"；孔子的诞日，也必要强迫不尊孔的人去放一天假；又要祭孔，又要祭天，这还不是皇帝教主的"混血儿"吗？

实行民治的基础

《新青年》，第 7 卷第 1 号，1919 年 12 月 1 日

陈独秀

地方自治与同业联合两种小组织

民治是什么？难道就是北京《民治日报》所说的民治？杜威博士分民治主义的原素为四种：

（一）政治的民治主义。就是用宪法保障权限，用代议制表现民意之类。

（二）民权的民治主义。就是注重人民的权利：如言论自由、出版自由、信仰自由、居住自由之类。

（三）社会的民治主义。就是平等主义：如打破不平等的阶级，去了不平等的思想，求人格上的平等。

（四）生计的民治主义。就是打破不平等的生计，铲平贫富的阶级之类。

前二种是关于政治方面的民治主义，后二种是关于社会、经济方面的民治主义。原来"民治主义"（Democracy）欧洲古代单是用做"自由民"（对奴隶而言）参与政治的意思，和"专制政治"（Autocracy）相反；后来人智日渐进步，民治主义的意思也就日渐扩张；不但拿它来反对专制帝王，无论政治、社会、道德、经济、文学、思想，凡是反对专制的、特权的，遍人间一切生活，几乎没有一处不竖起民治主义的旗帜，所以杜威博士列举民治主义的原素，不限于政治一方面。

我们现在所盼望的实行民治，自然也不限于政治一方面。而且我个人的意

思：觉得"社会生活向上"是我们的目的，政治、道德、经济的进步，不过是达到这目的的各种工具；政治虽是重要的工具，总不算得是目的；我敢说若要改良政治，别忘了政治是一种工具，别拿工具当目的，才可以改良出来适合我们目的的工具；我敢说最进步的政治，必是把社会问题放在重要地位，别的都是闲文。因此我们所主张的民治，是照着社威博士所举的四种原素，把政治和社会、经济两方面的民治主义，当做达到我们目的——社会生活向上——的两大工具。

在这两种工具当中，又是应该置重社会，经济方面的。我以为关于社会、经济的设施，应当占政治的大部分，而且社会、经济的问题不解决，政治上的大问题没有一件能解决的，社会、经济简直是政治的基础。

杜威博士关于社会、经济（即生计）的民治主义的解释，可算是各派社会主义的公同主张，我想存心公正的人都不会反对。至于他关于政治的民治主义的解释，觉得还有点不彻底；我们既然是个"自由民"不是奴隶，言论、出版、信仰、居住、集会这几种自由权，不用说都是生活必须品；宪法我们也是要的，代议制也不能尽废；但是单靠"宪法保障权限"，"用代议制表现民意"，恐怕我们生活必须的几种自由权，还是握在人家手里，不算归我们所有。我们政治的民治主义的解释：是由人民直接议定宪法，用宪法规定权限，用代表制照宪法的规定执行民意；换一句话说：就是打破治者与被治者的阶级，人民自身同时是治者又是被治者；老实说，就是消极的不要被动的官治，积极的实行自动的人民自治；必须到了这个地步，才算得真正民治。

我们中国社会、经济的民治，自然还没有人十分注意；就是政治的民治，中华民国的假招牌虽然挂了八年，却仍然卖的是中华帝国的药，中华官国的药，并且是中华匪国的药；"政治的民治主义"这七个好看的字，大家至今看了还不大顺眼。但是我绝不因此灰心短气，因为有三个缘故：一是中国创造共和的岁月，比起欧、美来还是太浅，陈年老病那有着手成春的道理。二是中国社会史上的现象，真算得与众不同：上面是极专制的政府，下面是极放任的人民，除了诉讼和纳税以外，政府和人民几乎不生关系。这种极放任不和政府生关系的人民，自己却有种种类乎自治团体的联合：乡村有宗祠，有神社，有团练；都会有会馆，有各种善堂（育婴、养老、施诊、施药、积谷、救火之类），有义学，有各种工商业的公所。像这些各种联合，虽然和我们理想的民治隔得还远，却不能说中国人的民治制度没有历史上的基础。三是中国人工商业不进化和国家观念不发达。从坏的方面说起来，我们因此物质文明不进步，因此国民没有一致团结力；从好的方面说起来，我们却因此没有造成像欧洲那样的资产阶级和军国主义；而且自古以来，就有许行的"并耕"、孔子的"均无贫"种种高远理想；"限田"的讨论，是我们历史上很热闹的问题；"自食其力"，是无人不知道的格言；因此可以证明我们的国民性里面，确实含着许多社会、经济的民治主义的成分。我因为有这些理由，我相信政治的民治主义和社会、经济的民治主义，将来都可以在中国大大的发展，所以我不灰心短气，所以我不抱悲观。

现在政象不佳，没有实行民治主义的缘故，也有好几层：一是改建共和未久；二是我们从前把建设共和看得太容易，革命以前宣传民治主义的工夫太做少了；三是共和军全由军人主动，一般国民自居在第三者地位；四是拥护共和的进步、国民两党人，都不懂得民治主义的真相，都以为政府万能，把全副精神用在宪法问题、国会问题、内阁问题、省制问题、全国的水利交通问题，至于民治的基础——人民的自治与联合——反来无人过问；五是少数提倡地方自治的人，虽不迷信中央政府，却仍旧迷信大规模的省自治和县自治，其实这种自治，只算是地方政府对于中央政府的分治，是划分行政区域和地方长官权限的问题，仍旧是官治，和民治的真正基础——人民直接的实际的自治与联合——截然是两件事。我们现在要实行民治主义，首先要注重民治的坚实基础，必须把上面说的二、三、四、五这几层毛病通通除去，多干实事，少出风头，把大伟人、大政治家、大政客、大运动家、大爱国者的架子收将起来，低下头在那小规模的极不威风的坚实的民治基础——人民直接的实际的自治与联合——上做工夫；不然，无论北洋军人执政也罢，西南军人执政也罢，交通系得势也罢，北方的安福部得势也罢，南方的安福部（就是政学会）得势也罢，进步党的内阁也罢，国民党的内阁也罢，旧官僚的内阁也罢，我可以断定中国的民治，仍旧是北京《民治日报》的民治，不是杜威博士所讲"美国之民治的发展"的民治。

我不是说不要宪法，不要国会，不要好内阁，不要好省制，不要改良全国的水利和交通；也不是反对省自治，县自治。我以为这些事业，必须建筑在民治的基础上面，才会充分发展；大规模的民治制度，必须建筑在小组织的民治的基础上面，才会实现。基础不坚固的建筑，像那沙上层楼，自然容易崩坏；没有坚固基础的民治，即或表面上装饰得如何堂皇，实质上毕竟是官治，是假民治，真正的民治绝不会实现，各种事业也不会充分发展。

社会、经济的民治主义，那一国都还没有实行；政治的民治主义，英、美两国比较其余的国家，总算是发达的了。

他们所以发达的由来，乃是经许多岁月，由许多小组织的地方自治团体和各种同业联合，合拢起来，才能够发挥今天这样大规模的民治主义；好像一个生物体，不是一把散沙，也不是一块整物，乃无数细胞组织，器官组织，合拢起来，才能够成就全体的作用。他们的民治主义，不是由中央政府颁布一部宪法几条法令，就会马上涌现出来的，乃是他们全体人民一小部分一小部分自己创造出来的。所以杜威博士在他〈美国之民治的发展〉讲演中说道：

> 美国是一个联邦的国家，当初移民的时候，每到一处，便造成一个小村，由许多小村，合成一邑，由许多邑合成一州，再由许多州合成一国。小小的一个乡村，一切事都是自治。

又说道：

> 美国的联邦是由那些有独立自治能力的小村合并起来的，历史上的进化是由一村一村联合起来的。美国的百姓是为找自由而来的，所以他们当初只要自治不要国家，后来因有国家的需要，所以才组成联邦。

我们现在要实行民治主义，是应当拿英、美做榜样，是要注意政治、经济两方面，是应当在民治的坚实基础上做工夫，是应当由人民自己一小部分一小部分创造这基础。这基础是什么？就是人民直接的实际的自治与联合。这种联合自治的精神：就是要人人直接的，不是用代表间接的；是要实际去做公共生活需要的事务，不是挂起招牌就算完事。这种联合自治的形式：就是地方自治和同业联合两种组织。

现在有许多人的心理，以为时局如此纷乱，政府那里顾得到地方自治的问题；而且地方自治的法案，还未经正式国会详细规定出来，我们怎样着手？至于同业联合的组织法，政府国会都还未曾想到，更是无从组织。我想这种见解是大错而特错，是有两个根本上的错误：第一个错误，是以为地方自治和同业联合都要政府提倡，才能够实现。我以为这种从上面提倡的自治联合，就是能够实现，也只是被动的官式的假民治，我们不要；我们所要的，是从底下创造发达起来的，人民自动的真民治。第二个错误，是以为法律能够产生事实，事实不能够产生法律。我的见解恰恰和他正相反对，我以为法律产生事实的力量小，事实产生法律的力量大，社会上先有一种已成的事实，政府承认他的"当然"就是法律，学者说明他的"所以然"就是学说。一切法律和学说，大概都是从已成的事实产生出来的。譬如英、美两国的自治制度，都是先由他们的人民创造出来这种事实，后来才由政府编成法典，学者演成学说；并不是先由政府颁布法典，学者创出学说，他们人民才去照办的。所以我觉得时局纷乱不纷乱，政府提倡不提倡，国会有没有议决法案，都和我们人民组织地方自治同业联合不生关系。

我所说的同业联合，和那由店东组织的各业公所及欧洲古时同业协会（Guild）不同，和欧洲此时由工人组织的职工联合（旧译工联 Trade Union）及其他各种劳动组合也不同；因为此时中国工商界，像那上海、天津、汉口几个大工厂和各处铁路矿山的督办总办，都是阔老官，当然不能和职工们平起平坐；其余一般商界的店东店员，工界的老板伙计，地位都相差不远，纯粹资本作用和劳力没有发生显然的冲突以前，凡是亲身从事业务的，都可以同在一个联合。

关于地方自治和同业联合的种种学说、制度、非常之多；至于详细的办法，一时更说不尽；我现在单只就中国社会状态的需要而且可以实行的，举出几条原则，免得失了直接的实际的精神，就会发生笼统、涣散、空洞、利用、盘据、腐败种种不可救药的老毛病：

最小范围的组织

乡间的地方自治，从一村一镇着手，不可急急去办那一乡的自治；城市的地方自治，要按着街道马路或是警察的分区，分做许多小自治区域，先从这小区域着手，不可急急去办那城自治市自治。同业联合是要拿一个地方的一种职业做范围，譬如一个码头的水手、船户、搬运夫，一个矿山的矿夫，一条铁路的职工，一个城市的学校教职员、新闻记者、律师、医生、木匠、瓦匠、车夫、轿夫、铁工、纺织工、漆工、裁缝、剃头匠、排印工人、邮差、脚夫等，各办各的同业联合；商业的店东管事和店员，在小城市里便归在一个联合，在大城市里，譬如上海地方，就按行业或马路分办各的同业联合；万万不可急于组织那笼统空洞的什么"工会"，广大无边的什么"上海商界联合会"，什么"全国工人联合会"。凡是笼统空洞没有小组织做基础的大组织，等于没有组织；这种没有组织的大组织，消极方面的恶结果，就是造成多数人冷淡、涣散、放弃责任；积极方面的恶结果，就是造成少数人利用、把持、腐败。

人人都有直接议决权

这种小组织的地方团体和同业团体，人数都必然不多，团体内的成年男女，都可以到会直接议决事务，无须采用代表制度。若是一团体的事务，各个分子都有直接参与的权利，他所生的效果：在消极方面，可以免得少数人利用、把持、腐败；在积极方面，可以养成多数人的组织能力，可以引起大家向公共的利害上着想，向公共的事业上尽力，可以免得大家冷淡旁观团体涣散。中国现在的地方自治办不好，就是因为大家让少数的绅董盘踞在那里作恶；同业联合没有好效果，就是因为现在各业公所的组织，只是店东管事独霸的机关，与多数的职工店员无涉。我所以主张小组织，就是因为小组织的人少，便于全体直接参与，一扫从前绅董、店东、工头、少数人把持的积弊，又可以磨练多数人办事的能力。若有人疑心多数的教育程度不够，还是用代表制度的好；我便拿杜威博士《美国之民治的发展》讲演上的话来回答：

> 民治主义何以好呢？因为他自身就是一种教育，就是教育的利器；叫人要知道政治的事不是大人先生的事，就是小百姓也都可以过问的。人民不问政事，便把政治的才能糟塌完了，再也不会发展了。民治政治叫人去投票，叫人知道对于政治有很大的责任，然后自然能养成一种政治人才；美国的浩雷斯曼说："我们的主张不是说人生下来就配干预政治，不过总要叫他配干预才是"。这就是民治主义的教育。从前美国的选举也有财产、教育、男女的限制，现在才把这些限制去了；去了限制之后，从没听人说过那个人不会选举，可见得政治的才能是学得的，不是生来的。

若有人疑心女子不便加入，我以为男女应该有同等权利的理论，姑且不提；单就事实上说，女子加入的坏处，我一时想不出；我却想出许多女子加入的好处，女子的和平、稳静、精细、有秩序、顾名誉、富于同情心等，可以使团体凝结的性质，都比男子好；她们第一美点，就是不利用团体去夤缘官做。

执行董事不宜专权久任

执行团体议决事务的董事，由团体全员投票选举；选举权和被选举权，都不应当有教育财产男女地位的限制。董事的人数宜多，任期宜短，不能连任；每半年改选三分之一，满期退任的次第，抽签预定。无论大会或是董事会，都只设临时主席，取合议制，不设会长总董。这都是防备少数人盘踞必不可缺的制度。

注重团体自身生活的实际需要

地方自治应该注重的是：教育（小学校及阅书报社），选举（国会省县议会及城乡自治会），道路，公共卫生；乡村的地方，加上积谷、水利、害虫，三件事。同业联合应该注重的是：教育（补习夜学、阅书报社、通俗讲演），储蓄，公共卫生，相互救济（疾病、老、死、失业等事），消费公社，职业介绍，公共娱乐，劳工待遇等事。上海工业界现在有许多同业的联合会发生，我们十分欢迎；但是我们也有十分担心的两个疑问：（一）是否仅仅为了外交的感触？还是另有团体本身生活上实际需要的觉悟？（二）是否店东管事们在那里包办？上海各马路的商界联合会，颇和我主张的小组织相同；但我们不能满意的地方：（一）到会的会员都只有各店代表一百多人，不但不是全体，并没有过半数。（二）这些代表恐怕多半是店东管事，没有店员的分。（三）本身的组织和实际生活需要的问题，都没有谈起，请了许多事外的人来演说，发些救国裕商的空套议论，这是做什么！我盼望社会上理想高明的人，不要以为我所注重的实际生活需要讨价过低，说我主张不彻底；我相信照中国现社会的状况，只有这种小组织，注重这种实际生活的需要，乃是民治主义坚实的基础，乃是政治经济彻底改造必经的门路。我盼望官场中神经过敏的人，不要提起地方自治，马上就联想到破坏统一；不要提起同业联合，马上就联想到社会革命。我主张的这种小组织，实在平易可行，实在是共和国家政治、经济的实际需要，实在说不上什么破坏统一，什么社会革命；这种小组织的地方自治，固然和你们政权无涉，于你们官兴多碍；就是这种小组织的同业联合，所注重的实际需要，也都是在现社会现经济制度之下的行动，并非什么过激的办法；不但比不上法国的工团主义（Syndicalism）那样彻底，就是比英国的工联（Trade Union），还要和平简陋得多。

断绝军人官僚政客的关系

军人官僚政客是中国的三害，无论北洋军人，西南军人，老官僚，新官僚，旧交通系，新交通系，安福系，巳未系，政学会，可以总批他"明抢暗夺误国殃民"八个大字；一定要说那个好那个歹，都是一偏之见，缺少阅历。自从五四运动以来，我们中国一线光明的希望，就是许多明白有良心的人，想冲出这三害的重围，另造一种新世界；这新世界的指南针，就是唤醒老百姓，都提起脚来同走"实行民治"这一条道路。这条道路的基础上最后要留意的，就是别让三害鬼混进来，伸出他背上的那只肮脏黑手，把我们的一线光明遮住了。蝇营狗苟的新官僚（就是政客先生），惯会看风头，乘机窃取起来，更是眼明腿快，我们要格外严防，别让他利用我们洁白的劳动工人和青年学生，来办什么政党什么劳动党，做他当总长的敲门砖；最好是各种小组织的事务所，都贴上"小心扒手"，好叫大众留神。我所以主张小组织，固然重在民治要有坚实的基础，也是故意摆出矮户低檐的景象，好叫这班阔人恐怕碰坏了纱帽翅，不来光顾才好。

这篇文章刚做好寄到上海付印，就看见张东荪先生新做的《头目制度与包办制度的打破》那篇文章（见《解放与改造》的一卷五号），说得很透彻，可以补我这篇文章的遗漏，读者务必要参看。我所主张的小组织好叫人人有直接参与权，似乎是打破一切寡头制度（头目包办制度自然包含在内）的根本方法；这种思想倘然能够成为事实成为习惯，不但现在经济方面的恶制度可以扫除，就是将来较大的政治方面、经济方面的大组织，自然也不会有寡头专制的事发生，真民治主义才会实现。我所主张的同业联合，也含着有"两元的社会组织"的性质。但是我心中所想的未必和《联合会日刊》所说的尽同，而且我不愿意采用"两元"的名词；因为本来我们所痛苦的是现代社会制度的分裂生活，我们所渴望的是将来社会制度的结合生活，我们不情愿阶级争斗发生，我们渴望纯粹资本作用——离开劳力的资本作用——渐渐消灭，不至于造成阶级争斗；怎奈我们现在所处的不结合而分裂的——劳资、国界、男女等——社会，不慈善而争斗的人心，天天正在那里恶作剧（现在美国劳资两元组织的产业会议，就是一个例）。我心中所想说的话，不愿说出，恐怕有人误作调和政策，为一方面所利用，失了我的本意。此话说来太长，而且不是本篇的论旨，改日再谈吧。

十一月二日夜

《新潮》发刊旨趣书

傅斯年

　　《新潮》者，北京大学学生集合同好撰辑之月刊杂志也。北京大学之生命已历二十一年，而学生之自动刊物，不幸迟至今日然后出版。向者吾校性质虽取法于外国大学，实与历史上所谓"国学"者一贯，未足列于世界大学之林，今日幸能脱弃旧型，入于轨道。向者吾校作用虽曰培植学业，而所成就者，要不过一般社会服务之人，与学问之发展无与，今日幸能正其目的，以大学之正义为心。又向者吾校风气不能自别于一般社会，凡所培植皆适于今日社会之人也，今日幸能渐入世界潮流，欲为未来中国社会作之先导。本此精神，循此途径，期之以十年，则今日之大学固来日中国一切新学术之策源地，而大学之思潮，未必不可普遍国中，影响无量。同人等学业浅陋，逢此转移之会，虽不敢以此弘业妄自负荷，要当竭尽思力，勉为一二分之赞助，一则以吾校真精神喻于国人，二则为将来之真学者鼓动兴趣。同人等深惭不能自致于真学者之列，特发愿为人作前驱而已。名曰"新潮"其义可知也。

　　今日出版界之职务，莫先于唤起国人对于本国学术之自觉心。今试问当代思想之潮流如何？中国在此思想潮流中位置如何？国人正复茫然昧然，未辨天之高、地之厚也。其敢于自用者，竟谓本国学术可以离世界趋势而独立。夫学术原无所谓国别，更不以方土易其质性。今外中国于世界思想潮流，直不啻自绝于人世。既不于现在有所不满，自不能于未来者努力获求。长此因循，何时达旦？寻其所由，皆缘不辨西土文化之美隆如彼，又不察今日中国学术枯槁如此，于人于己两无所知，因而不自觉其形秽。同人等以为国人所宜最先知者有四事：第一，今日世界文化至于若何阶级？第二，现代思潮本何趋向而行？第三，中国情状去现代思潮辽阔之度如何？第四，以何方术纳中国于思潮之轨。持此四者刻刻在心，然后可云对于本国学术之地位有自觉心，然后可以渐渐导引此"块然独存"之中国同浴于世界文化之流也。此本志之第一责任也。

中国社会形质极为奇异。西人观察者恒谓中国有群众而无社会，又谓中国社会为二千年前之初民宗法社会，不适于今日。寻其实际，此言是矣。盖中国人本无生活可言，更有何社会真义可说。若干恶劣习俗，若干无灵性的人生规律，桎梏行为，宰割心性，以造成所谓蚩蚩之氓，生活意趣，全无领略，犹之犬羊，于己身生死、地位、意义，茫然未知。此真今日之大戚也。同人等深愿为不平之鸣，兼谈所以因革之方，虽学浅不足任此弘业，要不忍弃而弗论也。此本志之第二责任也。

群众对于学术无爱好心，其结果不特学术销沉而已，堕落民德为尤巨。不曾研诣学问之人，恒昧于因果之关系，实理不瞭，而后有苟且之行。又，学术者，深入其中，自能率意而行，不为情牵。对于学术负责任，则外物不足萦惑。以学业所得为辛劳疾苦莫大之酬，则一切牺牲尽可得精神上之酬偿。试观吾国宋明之季，甚多独行之士，虽风俗堕落，政治沦胥，此若干"阿其所好"之人，终不以众浊易其常节。又观西洋"Renaissance"（文艺复兴）与"Reformation"（宗教改革）时代，学者奋力与世界魔力战，辛苦而不辞，死之而不悔，若是者，岂真好苦恶乐，异夫人之情耶？彼能于真理真知灼见，故不为社会所征服，又以有学业鼓舞其气，故能称心而行，一往不返。中国群德堕落，苟且之行遍于国中。寻其由来，一则原于因果观念不明，不辨何者可为，何者不可为；二则原于缺乏培植"不破性质"之动力，国人不觉何者谓"称心为好"。此二者又皆本于群众对于学术无爱好心。同人不敏，窃愿鼓动学术上之兴趣。此本志之第三责任也。

本志同人皆今日学生，或两年前曾为学生者，对于今日一般同学，当然怀极厚之同情，挟无量之希望。观察情实，乃觉今日最危险者，无过于青年学生。迩者，恶人模型、思想厉鬼，遍于国中，有心人深以为忧！然但能不传谬种，则此辈将就木之日，即中国进于福利之年。无如若辈专意鼓簧，制造无量恶魔子，子又生孙，孙又生子，长此不匮，真是殷忧！本志发愿协助中等学校之同学，力求精神上脱离此类感化，于修学立身之法与径途，尽力研求，喻之于众。特辟《出版界评》、《故书新评》两栏，商榷读书之谊（此两栏中，就书籍本身之价值批评者甚少，借以讨论读书之方法者甚多），其他更有专文论次。总期海内同学，去遗传的科举思想，进于现世自然科学思想；去主观的武断思想，进于客观的怀疑思想；为未来社会之人，不为现在社会之人；造成战胜社会之人格，不为社会所战胜之人格。同人浅陋，唯有本此希望奋勉而已。此本志之第四责任也。

本志主张，以为群众不宜消灭个性。故同人意旨，尽不必一致，但挟同一之希望，遵差近之径途，小节出入，所不能免者。若读者以"自相矛盾"见责，则同人不特不讳言之，且将引为荣幸。又本志以批评为精神，不取乎"庸德之行，庸言之谨"。若读者以"不能持平"腾诮，则同人更所乐闻。

既以批评为精神，自不免有时与人立异，读者或易误会，兹声明其旨：立异之目的，若仅在于立异而止，则此立异为无谓；如不以立异为心，而在感化他人，但能本"哀矜勿喜"之情，虽言词快意为之，要亦无伤德义。同人等所以不讳讥评者，诚缘有所感动，不能自己于言。见人迷离，理宜促其自觉之心，以启其向上之路，非敢立异以为高。故凡能以学问为心者，莫不推诚相与，苟不至于不可救药，决不为不能容受之稍让。然而世有学问流于左道，而伪言伪旨足以惑人者，斯唯直发其复，以免他人重堕迷障。同人等皆是不经阅历之学生，气盛性直，但知"称心为好"，既不愿顾此虑彼，尤恨世人多多顾虑者。读者想能体会兹意，鉴其狂简也。

本志虽曰发挥吾校真精神，然读者若意以同人言论代表大学学生之思潮，又为过当。大学学生二千人，同人则不逾二十，略含私人集合之性质。所有言论，由作者自负之，由社员共同负之。苟有急进之词，自是社中主张，断不可误以大学通身当之。

发刊伊始，诸待匡正，如承读者赐以指教，最所欢迎。将特辟通信一栏，专供社外人批评质询焉。

一九一九年一月一日《新潮》一卷一号

《新青年》罪案之答辩书

1919 年 1 月 15 日

陈独秀

　　本志经过三年，发行已满三十册；所说的都是极平常的话，社会上却大惊小怪，八面非难，那旧人物是不用说了，就是咶咶叫的青年学生，也把《新青年》看作一种邪说，怪物，离经叛道的异端，非圣无法的叛逆。本志同人，实在是惭愧得很；对于吾国革新的希望，不禁抱了无限悲观。社会上非难本志的人，约分为二种：一是爱护本志的，一是反对本志的。第一种人对于本志的主张，原有几分赞成；唯看见本志上偶然指斥那世界公认的废物，便不必细说理由，措词又未装出绅士的腔调，恐怕本志因此在社会上减了信用，像这种反对，本志同人，是应该感谢他们的好意。

　　这第二种人对于本志的主张，是根本上立在反对的地位了。他们所非难本志的，无非是破坏孔教，破坏礼法，破坏国粹，破坏贞节，破坏旧伦理（忠、孝、节），破坏旧艺术（中国戏），破坏旧宗教（鬼神），破坏旧文学，破坏旧政治（特权人治），这几条罪案。

　　这几条罪案，本社同人当然直认不讳。但是追本溯源，本志同人本来无罪，只因为拥护那德莫克拉西（Democracy）和赛因斯（Science）两位先生，才犯了这几条滔天的大罪，要拥护那德先生，便不得不反对孔教、礼法、贞节、旧伦理、旧政治；要拥护那赛先生，便不得不反对旧艺术、旧宗教；要拥护德先生又要拥护赛先生，便不得不反对国粹和旧文学。大家平心细想，本志除了拥护德、赛两先生之外，还有别项罪案没有呢？若是没有，请你们不用专门非难本志，要有气力有胆量来反对德、赛两先生，才算是好汉，才算是根本的办法。

　　社会上最反对的，是钱玄同先生废汉文的主张。钱先生是中国文字音韵学的专家，岂不知道语言文字自然进化的道理？（我以为只有这一个理由可以反对钱先生。）他只因为自古以来汉文的书籍，几乎每本每页每行，都带着反对德、赛两先生的臭味；又碰着许多老少汉学大家，开口一个国粹，闭口一个古说，不啻声明汉学是德、赛两先生天造地设的对头；他愤极了才发出这种激切的议论。像钱先生这种"用石条压驼背"的医法，本志同人多半是不大赞成的。但是社会上有一班人，因此怒骂他，讥笑他，却不肯发表意思和他辩驳，这又是什么道理呢？难道你们能断定汉文是永远没有废去的日子吗？

西洋人因为拥护德、赛两先生，闹了多少事，流了多少血，德、赛两先生才渐渐从黑暗中把他们救出，引到光明世界。我们现在认定只有这两位先生，可以救治中国政治上道德上学术上思想上一切的黑暗。若因为拥护这两位先生，一切政府的压迫，社会的攻击笑骂，就是断头流血，都不推辞。

此时正是我们中国用德先生的意思废了君主第八年的开始，所以我要写出本志得罪社会的原由，布告天下。

《新青年》六卷一号一九一九年一月

致蔡元培函

林琴南

鹤卿先生太史足下：与公别十余年。壬子始一把晤，忽忽八年，未通音问，至以为歉！属辱赐书，以遗民刘应秋先生遗著嘱为题词，书来梓行，无从拜读，能否乞赵君作一短简事略见示，谨撰跋尾归之。呜呼！明室敦气节，故亡国时殉烈者众，而夏峰、梨洲、亭林、杨园、二曲诸老，均脱身斧钺，其不死，幸也。我公崇尚新学，乃亦垂念遍播之臣，足见名教之孤悬，不绝如缕，实望我公为之保全而护惜之，至慰，至慰。

虽然，尤有望于公者。大学为全国师表，五常之所系属，近者外间谣诼纷集，我公必有所闻，即弟亦不无疑信。或且有恶乎阘茸之徒，因生过激之论，不知救世之道，必度人所能行，补偏之言，必使人以可信。若尽反常轨，侈为不经之谈，则毒粥既陈，旁有烂肠之鼠；明燎宵举，下有聚死之虫。何者？趋甘就热，不中其度，则未有不毙者。

方今人心丧敝，已在无可救挽之时，更侈奇创之谈，用以哗众，少年多半失学，利其便己，未有不糜沸麇至而附和之者，而中国之命如属丝矣。

晚清之末造，概世之论者恒曰："去科举，停资格，废八股，斩豚尾，复天足，逐满人，扑专制，整军备，则中国必强。"今百凡皆遂矣，强义安在？于是更进一解，必覆孔孟、铲伦常为快。呜呼！因童子之羸困，不求良医，乃追责其二亲之有隐瘵逐之，而童子可以日就肥泽，有是理耶？外国不知孔孟，然崇仁、仗义、矢信、尚智、守礼，五常之道，未尝悖也，而又济之以勇。弟不解西文，积十九年之笔述，成译著一百三十三种，都一千二百万言，实未见中有违忤五常之语，何时贤乃书有此叛亲蔑伦之论，此其得诸西人乎？抑别有所授耶？

我公心右汉族，当在杭州时，间关避祸，与夫人同茹辛苦，而宗旨不变，勇士也。方公行时，弟与陈叔通惋惜公行，未及一送。申、伍异趣，各衷其是，今公为民国宣力，弟仍清室举人，交情固在，不能视为冰炭，故辱公寓书，殷殷于刘先生之序跋，实隐示明清标季，各有遗民，其志均不可夺也。

弟年垂七十，富贵功名，前三十年视若弃灰，今笃老，尚抱守残缺，至死不易其操。前年梁任公倡马、班（司马迁、班固）革命之说，弟闻之失笑。任公非劣，何为作此媚世之言？马、班之书，读者几人？殆不革而自革，何劳任公费此神力？若云死文字有碍生学术，则科学不用古文，古文亦无碍科学。英之迭更【今译狄更斯】，累斥希腊、腊丁、罗马之文为死物，而至今仍存者，迭更虽躬负盛名，固不能用私心以蔑古，矧吾国人，尚有何人如迭更者耶？

须知天下之理，不能就便而夺常，亦不能取快而滋弊。使伯夷、叔齐生于今日，则万无济变之方。孔子为圣之时，时乎井田封建，则孔子必能使井田封建一无流弊，时乎潜艇飞机，则孔子必能使潜艇飞机不妄杀人，所以名为时中之圣。时者，与时不悖也。卫灵问阵，孔子行；陈恒弑君，孔子讨。用兵与不用兵，亦正决之以时耳。今必曰天下之弱，弱于孔子，然则天下之强，宜莫强于威廉，以柏灵一隅，抵抗全球，皆败衄无措，直可为万世英雄之祖；且其文治武功，科学商务，下及工艺，无一不冠欧州，胡为恹恹为荷兰之寓公？若云成败不可以论英雄，则又何能以积弱归罪孔子？彼庄周之书，最摈孔子者也，然《人间世》一篇，又盛推孔子。所谓《人间世》者，不能离人而立之，谓其托颜回、托叶公子高之问难孔子，指陈以接人处众之道，则庄周亦未尝不近人情而忤孔子。乃世士不能博辩为千载以上之庄周，竞咆勃为千载以下之桓魋，一何其可笑也！

且天下唯有真学术、真道德，始足独树一帜，使人景从。若尽废古书，行用土语为文字，则都下引车卖浆之徒所操之语，按之皆有文法，不类闽、广人为无文法之啁啾，据此则凡京津之稗贩，均可用为教授矣。若云《水浒》、《红楼》，皆白话之圣，并足为教科之书，不知《水浒》中辞吻，多采岳珂之《金陀粹篇》，《红楼》亦不止为一人手笔，作者均博极群书之人。总之，非读破万卷，不能为古文，亦并不能为白话。

若化古子之言为白话，演说亦未尝不是。按《说文》："演，长流也。"亦有延之、广之义。法当以短演长，不能以古子之长，演为白话之短。且使人读古子者，须读其原书耶？抑凭讲师之一二语即算为古子？若读原书，则又不能全废古文矣。矧于古子之外，尚以《说文》讲授。《说文》之学，非俗书也，当参以古籀，证以钟鼎之文。试思用籀篆可化为白话耶？果以籀篆之文，杂之白话之中，是引汉唐之环、燕，与村妇谈心，陈商周之俎、豆，为野老聚炊，类乎不类？弟，闽人也，南蛮鴃舌，亦愿习中原之语言。脱授我者以中原之语言，仍令我为鴃舌之闽语，可乎？盖存国粹而授《说文》可也；以《说文》为客，以白话为主，不可也。

乃近来尤有所谓新道德者，斥父母为自感情欲，于己无恩。此语曾一见之随园（袁枚）文中，仆方以为拟于不伦，斥袁枚为狂谬，不图竟有用为讲学者！人头畜鸣，辩不屑辩，置之可也。彼又云：武曌为圣王，卓文君为名媛，此亦拾李卓吾之余唾。卓吾有禽兽行，故发是言；李穆堂又拾其余唾，尊严嵩为忠臣。今试问二李之名，学生能举之否？同为埃灭，何苦增兹口舌？可悲也！

大凡为士林表率，须圆通广大，据中而立，方能率由无弊。若凭位分势力，而施趋怪走奇之教育，则唯穆罕麦德左执刀而右传教，始可如其愿望。今全国父老，以子弟托公，愿公留意以守常为是。况天下溺矣，藩镇之祸，迩在眉捷，而又成为南北美之争。我公为南士所推，宜痛哭流涕助成和局，使民生有所苏息；乃以清风亮节之躬，而使议者纷纷集矢，甚为我公惜之！此书上后，可以不必示复，唯静盼好音；为国民端其趋向。故人老悖，甚有幸焉！愚直之言，万死万死！林纾顿首。

《公言报》一九一九年三月十八日

致《公言报》并答林琴南君函

蔡元培

《公言报》记者足下：读本月十八日贵报，有"请看北京大学思潮变迁之近状"一则，其中有林琴南君致鄙人一函。虽原函称"不必示复"，而鄙人为表示北京大学真相起见，不能不有所辨正。谨以答林君函抄奉，请为照载。又贵报称"陈、胡等绝对的菲弃旧道德，毁斥伦常，诋排孔、孟"，大约即以林君之函为据，鄙人已于致林君函辨明之。唯所云"主张废国语而以法兰西文字为国语之议"，何所据而云然？请示复。

答林琴南君函如下：

琴南先生左右，于本月十八日《公言报》中，得读惠书，索刘应秋先生事略。忆第一次奉函时，曾抄奉赵君原函，恐未达览，特再抄一通奉上，如荷题词，甚幸。

公书语长心重，深以外间谣诼纷集为北京大学惜，甚感。唯谣诼必非实录，公爱大学，为之辨正可也。令据此纷集之谣诼，而加以责备，将使耳食之徒，益信谣诼为实录，岂公爱大学之本意乎？原公之所责备者，不外两点：一曰，"覆孔、孟，铲伦常。"二曰，"尽废古书，行用土语为文字。"请分别论之。

对于第一点，当先为两种考察：（甲）北京大学教员曾有以"覆孔、孟，铲伦常"教授学生者乎？（乙）北京大学教授曾有于学校以外发表其"覆孔、孟，铲伦常"之言论者乎？

请先察"覆孔、孟"之说。大学讲义涉及孔、孟者，唯哲学门中之中国哲学史。已出版者，为胡适之君之《中国上古哲学史大纲》，请详阅一过，果有"覆孔、孟"之说乎？特别讲演之出版者，有崔怀瑾君之《论语足征记》、《春秋复始》。哲学研究会中，有梁漱溟君提出《孔子与孟子异同》问题，与胡默青君提出《孔子伦理学之研究》问题。尊孔者多矣，宁曰覆孔？

若大学教员于学校以外自由发表意见，与学校无涉，本可置之不论，今姑进一步而考察之，则唯《新青年》杂志中，偶有对于孔子学说之批评，然亦对于孔教会等托孔子学说以攻击新学说者而发，初非直接与孔子为敌也。公不云乎？"时乎井田封建，则孔子必能使井田封建一无流弊。时乎潜艇飞机，则孔子必能使潜艇飞机不妄杀人。卫灵问陈，孔子行。陈恒弑君，孔子讨。用兵与不用兵，亦正决之以时耳。"使在今日，有拘泥孔子之说，必复地方制度为封建；必以兵车易潜艇飞机；闻俄人之死其皇，德人之逐其皇，而曰必讨之，岂非昧于"时"之义，为孔子之罪人，而吾辈所当排斥之者耶？

次察"铲伦常"之说。常有五：仁、义、礼、智、信，公既言之矣。伦亦有五：君臣、父子、兄弟、夫妇、朋友。其中君臣一伦，不适于民国，可不论。其他父子有亲，兄弟相友（或曰长幼有序），夫妇有别，朋友有信，在中学以下修身教科书中，详哉言之。大学之伦理学涉此者不多，然从未有以父子相夷，兄弟相阋，夫妇无别，朋友不信，教授学生者。大学尚无女学生，则所注意者，自偏于男子之节操。近年于教科以外，组织一进德会，其中基本戒约，有不嫖，不娶妾两条。不嫖之戒，决不背于古代之伦理。不娶妾一条，则且视孔孟之说为尤严矣。至于五常，则伦理学中之言仁爱，言自由，言秩序，戒欺诈，而一切科学皆为增进知识之需。宁有铲之之理欤？

若谓大学教员曾于学校以外发表其"铲伦常"之主义乎？则试问有谁何教员，曾于何书、何杂志，为父子相夷，兄弟相阋，夫妇无别，朋友不信之主张者？曾于何书、何杂志，为不仁、不义、不智、不信及无礼之主张者？公所举"斥父母为自感情欲，于己无恩"，谓随园文中有之，弟则忆《后汉书·孔融传》，路粹枉状奏融有曰："前与白衣祢衡跌荡放言，云，父之于子，当有何亲？论其本意，实为情欲发耳；子之于母，亦复奚为？譬如寄物瓶中，出则离矣。"孔融、祢衡并不以是损其声价，而路粹则何如者？且公能指出谁何教员，曾于何书、何杂志，述路粹或随园之语，而表其极端赞成之意者？且弟亦从不闻有谁何教员，崇拜李贽其人而愿拾其唾余者。所谓"武曌为圣王，卓文君为贤媛"，何人曾述斯语，以号于众，公能证明之欤？

对于第二点，当先为三种考察：（甲）北京大学是否已尽废古文而专用白话？（乙）白话果是否能达古书之义？（丙）大学少数教员所提倡之白话的文字，是否与引车卖浆者所操之语相等？

请先察"北京大学是否已尽废古文而专用白话"？大学预科中，有国文一课，所据为课本者，曰模范文，曰学术文，皆古文也。其每月中练习之文，皆文言也。本科中有中国文学史、西洋文学史、中国古代文学、中古文学、近世文学；又本科、预科皆有文字学，其编成讲义而付印者，皆文言也。《北京大学月刊》中，亦多文言之作。所可指为白话体者，唯胡适之君之《中国古代哲学史大纲》，而其中所引古书，多属原文，非皆白话也。

次考察"白话是否能达古书之义"？大学教员所编之讲义，固皆文言矣。而上讲坛后，决不能以背诵讲义塞责，必有赖于白话之讲演，岂讲演之语，必皆编为文言而后可欤？吾辈少时读《四书集注》、《十三经注疏》，使塾师不以白话讲演之，而编为类似集注、类似注疏之文言以相授，吾辈其能解乎？若谓白话不足以讲说文，讲古籀，讲钟鼎之文，则岂于讲坛上当背诵徐氏《说文解字系传》、郭氏《汗简》、薛氏《钟鼎款识》之文，或编为类此之文言而后可，必不容以白话讲演之欤？

又次考察"大学少数教员所提倡之白话的文字，是否与引车卖浆者所操之语相等？"白话与文言，形式不同而已，内容一也。《天演论》、《法意》、《原富》等，原文皆白话也，而严幼陵君译为文言。少仲马【今译小仲马】、迭更司、哈德【今译哈代】等所著小说，皆白话也，而公译为文言。公能谓公及严君之所译，高出于原本乎？若内容浅薄，则学校报考时之试卷，普通日刊之论说，尽有不值一读者，能胜于白话乎？且不特引车卖浆之徒而已，清代目不识丁之宗室，其能说漂亮之京话，与《红楼梦》中宝玉、黛玉相捋，其言果有价值欤？熟读《水浒》、《红楼梦》之小说家，能于《续水浒传》、《红楼复梦》等书以外，为科学、哲学之讲演欤？公谓，"《水浒》、《红楼》作者，均博极群书之人，总之非读破万卷，不能为古文，亦并不能为白话"。诚然，诚然。北京大学教员中，善作白话文者，为胡适之、钱玄同、周启孟诸君。公何以证知为非博极群书，非能作古文，而仅以白话文藏拙者？胡君家世汉学，其旧作古文，虽不多见，然即其所作"中国哲学史大纲"言之，其了解古书之眼光，不让于清代乾嘉学者。钱君所作之文字学讲义、学术文通论，皆古雅之古文。周君所译之《域外小说》，则文笔之古奥，非浅学者所能解。然则公何宽于《水浒》、《红楼》之作者，而苛于同时之胡、钱、周诸君耶？

至于弟在大学，则有两种主张如下：

（一）对于学说，仿世界各大学通例，循"思想自由"原则，取兼容并包主义，与公所提出之"园通广大"四字，颇不相背也。无论有何种学派，苟其言之成理，持之有故，尚不达自然淘汰之运命者，虽彼此相反，而悉听其自由发展。此义已于"月刊"之发刊词言之，抄奉一览。【该文已收入本集，此处从略——编者】

（二）对于教员，以学诣为主；在校讲授，以无背于第一种主张为界限。其在校外之言动，悉听自由，本校从不过问，亦不能代负责任。例如复辟主义，民国所排斥也，本校教员中，有拖长辫而持复辟论者，以其所授为英国文学，与政治无涉，则听之。筹安会之发起人，清议所指为罪人者也，本校教员中有其人，以其所授为古代文学，与政治无涉，则听之。嫖、赌、娶妾等事，本校进德会所戒也，教员中间有喜作侧艳之诗词，以纳妾、狭妓为韵事，以赌为消遣者，苟其功课不荒，并不诱学生而与之堕落，则姑听之。夫人才至为难得，若求全责备，则学校殆难成立。且公私之间，自有天然界限。譬如公曾译有《茶花女》、《迦茵小传》、《红礁画桨录》等小说，而亦曾在各学校讲授古文及伦理学，使有人诋公为以此等小说体裁讲文学，以狎妓、奸通、争有夫之妇讲伦理者，宁值一笑欤？然则革新一派，即偶有过激之论，苟于学课无涉，亦何必强以其责任归之于学校耶？此复，并候著祺。八年三月十八日，蔡元培敬启。

一九一九年三月十八日《公言报》

一九一九年四月一日《新潮》一卷四号《蔡孑民先生言行录》

家族制度为专制主义之根据论

《新青年》，第 2 卷第 6 号，1917 年 2 月 1 日

吴　虞

　　商君、李斯破坏封建之际，吾国本有由宗法社会转成军国社会之机；顾至于今日，欧洲脱离宗法社会已久，而吾国终颠顿于宗法社会之中而不能前进。推原其故，实家族制度为之梗也。

　　《钩命决》记孔氏之言曰：吾志在《春秋》，行在《孝经》。孟子云：世衰道微，邪说暴行又作。臣弑其君者有之，子弑其父者有之。孔子惧，作《春秋》。故曰孔子成《春秋》而乱臣贼子惧。董仲舒云：孔子明得失，差贵贱，反王道之本。故曰《春秋》之法，以人随君，以君随天；屈民而伸君，屈君而伸天，《春秋》之大义也。然孔子之修《春秋》，最为后世君主所利用者，不外诛乱臣贼子，黜诸侯，贬大夫，尊王攘夷诸大端而已。盖孔氏之志，诚如荀卿〈儒效篇〉所谓大儒之用，无过天子三公。宜其言如此。至其所作《孝经》。多君亲并重，尤为荀卿三本之说所从出。《开宗明义章》曰：夫孝，德之本也，教之所由生也。唐玄宗注云：言教从孝而生。其教之最要者曰：孝始于事亲，中于事君，终于立身。玄宗注云：忠孝道着，乃能扬名荣亲，故曰终于立身。《士章》曰：资于事父以事君而敬同。以孝事君则忠，以敬事长则顺。忠顺不失，以事其上，然后能保其禄位。《圣治章》曰：父子之道，天性也，君臣之义也。《五刑章》曰：要君者无上，非圣人者无法，非孝者无亲，此大乱之道。《正义》云：言人不忠于君，不法于圣，不爱于亲，皆为不孝，大乱之道也。《广扬名章》曰：君子之事亲孝，故忠可移于君；事兄悌，故顺可移于长；居家理，故治可移于官。详考孔氏之学说既认孝为百行之本，故其立教莫不以孝为起点。所以教字从孝。凡人未仕在家，则以事亲为孝；出仕在朝，则以事君为孝。能事亲、事君，乃可谓之为能立身，然后可以扬名于世。由事父推之事君、事长，皆能忠顺，则既可扬名，又可保持禄位。居家能孝，则可由无禄位而为官。然

孝敬忠顺之事，皆利于尊贵长上，而不利于卑贱，虽奖之以名誉，诱之以禄位，而对于尊贵长上终不免有极不平等之感。故舜以孝致天下，获二女，而巢父、许由不屑为之。孔氏不废君臣之义，而苛筱丈人则讥其四体不勤，五谷不分，视同游民。此又尊贵长上之所深忌畏恶，而专制之学说有时而穷。于是要君非孝非圣者，概目之为不孝，而严重其罪名，以压抑束缚之。曰：五刑之属三千，罪莫大于不孝。自是以后，虽王陵、嵇绍之徒，且见褒于青史矣。孝乎惟孝，是亦为政，家与国无分也。求忠臣必于孝子之门，君与父无异也。推而归之，则如《大戴记》所言：居处不庄，非孝也；事君不忠，非孝也；莅官不敬，非孝也；朋友无信，非孝也；战阵无勇，非孝也。盖孝之范围无所不包，家族制度之与专制政治遂胶固而不可分析。而君主专制所以利用家族制度之故，则又以有子之言为最切实。有子曰：孝悌也者，为人之本。其为人也孝悌，而好犯上者鲜；不好犯上而好作乱者，未之有。其于销弭犯上作乱之方法，惟恃孝悌以收其成功。而儒家以孝悌二字为二千年来专制政治、家族制度联结之根干，贯彻始终而不可动摇，使宗法社会牵掣军国社会不克完全发达，其流毒，诚不减于洪水猛兽矣。满清律例，十恶之中，于大不敬之下即列不孝，实儒教君父并尊之旨。顾其所列父母在别籍异财，居父母丧自嫁娶，若作乐释服从吉，闻父母丧匿不举哀诸条，新刑律皆一扫而空之。此则立宪国文明法律与专制国野蛮法律绝异之点，亦即军国社会与宗法社会绝异之点，而又国家伦理重于家族伦理之异点也。

共和之政立，儒教尊卑贵贱不平等之义，当然劣败而归于淘汰。顽固锢蔽之士大夫，虽欲守缺抱残，依据非先王之法服不敢服，先王之法言不敢言，非先王之德行不敢行之学理，尽其三年无改之孝，而终有所不能。何也？吾国领事裁判权所以不能收回，实由法律不良之故。法律之所以不良，实以偏重尊贵长上，压抑卑贱，责人以孝敬忠顺，而太不平等之故。今年九月荷兰海牙和平会修改万国法典之期，驻荷公使魏宸组电请将民国已颁未颁之法律从速编订，提交该会，加入万国法典，以便收回领事裁判权。故使吾国法律不加改正，与立宪国共同之原则违反，则必不能加入。而丧权辱国独立国所无之领事裁判权，永远不能收回。若欲实行加入，固非儒教之旧义、满清之律例所克奏效断断然也。

孟德斯鸠曰：支那立法为政者之所图，有正鹄焉，求其四封宁谧，民物相安而已。然其术无他，必严等衰，必设分位。故其教必辞于最早，而始于最近之家庭。是故支那孝之为义，不自事亲而止。盖资于事亲，而百行作始。彼惟孝敬其所生，而一切有近于所生，如长年、主人、官长、君上者，将皆为孝敬之所存。自支那之礼教言，其资若甚重者，则莫如谓孝悌为不犯上作乱之本是已。盖其治天下也，所取法者，原无异于一家。向使取父母之权力势分而微之，抑取所以致敬尽孝之繁文而节之，则其因之起于庭闱者，其果将形于君上。盖君上固作民父母者也。夫孝之义不立，则忠之说无所附；家庭之专制既解，君主之压力亦散。如造穹窿然，去其主石，则主体堕地。《庄子》〈盗跖篇〉直斥孔丘为鲁国之巧伪人，谓其摇唇鼓舌，擅生是非，以迷天下之主，使天下学士，不反其本，妄作孝悌，而侥幸于封侯富贵。大揭其借孝悌以保持禄位之隐衷于天下后世，真一针见血之言。故余谓盗跖之为害在一时，盗丘之遗祸及万世。乡愿之误事仅一隅，国愿之流毒遍天下。是故为共和之国民，而不学无术，甘为孔氏奴隶之孝子顺孙，挟其游愤怒特蠢悍之气，不辨是非，囿于风俗习惯之不良，奋螳臂以与世界共和国不可背判之原则相抗拒，斯亦徒为蚍蜉蚁子之不自量而已矣。

明李卓吾曰：二千年以来无议论。非无议论也，以孔夫子之议论为议论。此其所以无议论也。二千年以来无是非非无是非也，以孔夫子之是非为是非，此其所以无是非也。而孟轲之辟杨、墨亦曰：杨氏为我，是无君；墨氏兼爱，是无父。无君无父，是禽兽也。仍以君、父并尊为儒教立教之大本。夫为我何至于无君？兼爱何至于无父？此不合论理之言，学者早已讥之。而今世民主之国，概属无君，岂皆如孟轲所诋为禽兽者乎。使孟轲生今日，当慨禽兽之充塞于世界，抑将爽然自悔其言之无丝毫价值也。

或曰：子既不主张孔氏孝悌之义，当以何说代之？应之曰：老于有言，六亲不和有孝慈。然则六亲苟和，孝慈无用，余将以和字代之。既无分别之见，尤合平等之规，虽蒙离经叛道之讥，所不恤矣。

《新青年》宣言

陈独秀

本志具体的主张，从来未曾完全发表。社员各人持论，也往往不能尽同。读者诸君或不免怀疑，社会上颇因此发生误会。现当第七卷开始，敢将全体社员的公共意见，明白宣布。就是后来加入的社员，也公同担负此次宣言的责任。但《读者言论》一栏，乃为容纳社外异议而设，不在此例。

我们相信世界上的军国主义和金力主义，已经造了无穷罪恶，现在是应该抛弃的了。

我们相信世界各国政治上道德上经济上因袭的旧观念中，有许多阻碍进化而且不合情理的部分。我们想求社会进化，不得不打破"天经地义""自古如斯"的成见；决计一面抛弃此等旧观念，一面综合前代贤哲当代贤哲和我们自己所想的，创造政治上道德上经济上的新观念，树立新时代的精神，适应新社会的环境。

我们理想的新时代新社会，是诚实的，进步的，积极的，自由的，平等的，创造的，美的，善的，和平的，相爱互助的，劳动而愉快的，全社会幸福的。希望那虚伪的，保守的，消极的，束缚的，阶级的，因袭的，丑的，恶的，战争的，轧轹不安的，懒惰而烦闷的，少数幸福的现象，渐渐减少，至于消灭。

我们新社会的新青年，当然尊重劳动；但应该随个人的才能兴趣，把劳动放在自由愉快艺术美化的地位，不应该把一件神圣的东西当做维持衣食的条件。

我们相信人类道德的进步，应该扩张到本能（即侵略性及占有心）以上的生活；所以对于世界上各种民族，都应该表示友爱互助的情谊。但是对于侵略主义、占有主义的军阀财阀，不得不以敌意相待。

我们主张的是民众运动社会改造，和过去及现在各派政党，绝对断绝关系。

我们虽不迷信政治万能，但承认政治是一种重要的公共生活；而且相信真的民主政治，必会把政权分配到人民全体，就是有限制，也是拿有无职业做标准，不拿有无财产做标准；这种政治，确是造成新时代一种必经的过程，发展新社会一种有用的工具。至于政党，我们也承认他是运用政治应有的方法；但对于一切拥护少数人私利或一阶级利益，眼中没有全社会幸福的政党，永远不忍加入。

我们相信政治、道德、科学、艺术、宗教、教育，都应该以现在及将来社会生活进步的实际需要为中心。

我们因为要创造新时代新社会生活进步所需要的文学道德，便不得不抛弃因袭的文学道德中不适用的部分。

我们相信尊重自然科学、实验哲学，破除迷信妄想，是我们现在社会进化的必要条件。

我们相信尊重女子的人格和权利，已经是现在社会生活进步的实际需要；并且希望她们个人自己对于社会责任有彻底的觉悟。

我们因为要实验我们的主张，森严我们的壁垒，宁欢迎有意识有信仰的反对，不欢迎无意识无信仰的随声附和。但反对的方面没有充分理由说服我们以前，我们理当大胆宣传我们的主张，出于决断的态度；不取乡愿的，紊乱是非的，助长惰性的，阻碍进化的，没有自己立脚地的调和论调；不取虚无的，不着边际的，没有信仰的，没有主张的，超实际的，无结果的绝对怀疑主义。

一九一九年十二月一日

去年五月四日以来的回顾与今后的希望

《新教育》，第 2 卷第 5 期，1920 年 1 月；收入：高平叔（编），《蔡元培教育论集》，长少：湖南教育出版社，1987 年

蔡元培

　　去年五月四日，是学生界发生绝大变化的第一日。一转瞬间，已经过了一年了。我们回想，自去年五四运动以后，一般青年学生，抱着一种空前的奋斗精神，牺牲他们的可宝贵的光阴，忍受多少的痛苦，作种种警觉国人的工夫；这些努力，已有成效可观。凡尔赛对德和约，我国大多数有知识的国民，本来多认为我国不应当屈服，但是因为学生界先有明显的表示，所以各界才继续加入，一直促成拒绝签字的结果。政府应付外交问题，利用国民公意作后援，这是第一次。到去年年底的时候，日本人要求我们政府同他直接交涉山东问题，也是一半靠着学生界运动拒绝，所以直接交涉，到今日还没有成了事实。一年以来，因为学生有了这种运动，各界人士也都渐渐知道注意国家的重要问题，这个影响实在不小。学生界除了对于政治的表示以外，对于社会也有根本的觉悟。他们知道政治问题的后面，还有较重要的社会问题，所以他们努力实行社会服务，如平民学校、平民讲演，都一天比一天发达。这些事业，实在是救济中国的一种要著。况且他们从事这种事业，可以时时不忘作人表率的责任，因此求学更要勉力。他们和平民社会直接接触，更是增进阅历的一个好机会。这是于公于私两有益的。但是学生界的运动，虽然得了这样的效果，他们的损失，却也不小。人人都知道罢工罢市，损失很大，但是罢课的损失还要大。全国五十万中学以上的学生，罢了一日课，减少了将来学术上的效能，当有几何？要是从一日到十日，到一月，他的损失，还好计算么？况且有了罢课的话柄，就有懒得用功的学生，常常把这句话作为运动的目的，就是不罢课的时候除了若干真好学的学生以外，普通的就都不能安心用功。所以从罢课的问题提出以后，学术上的损失，实已不可限量。至于因群众运动的缘故，引起虚荣心，倚赖心，

精神上的损失，也着实不小。然总没有比罢课问题的重要。

就上头所举的功效和损失比较起来，实在是损失的分量突过功效。依我看来，学生对于政治的运动，只是唤醒国民注意；他们运动所能收的效果，不过如此，不能再有所增加了；他们的责任，已经尽了。现在一般社会也都知道政治问题的重要，到了必要的时候他们也会对付的，不必要学生独担其任。现在学生方面最要紧的是专心研究学问。试问现在一切政治、社会的大问题，没有学问，怎样解决？有了学问还恐怕解决不了吗？所以我希望自这周年纪念日起，前程远大的学生，要彻底觉悟：以前的成效万不要引以为功，以前的损失也不必再作无益的愧悔。"从前种种譬如昨日死，以后种种譬如今日生"，打定主意【意】，无论何等问题，决不再用自杀的罢课政策。专心增进学识，修养道德，锻炼身体。如有余暇，可以服务社会，担负指导平民的责任，预备将来解决中国的——现在不能解决的——大问题，这就是我对于今年五月四日以后学生界的希望了。

新文化运动是什么？

《新青年》，第 7 卷第 5 号，1920 年 4 月 1 日

陈独秀

"新文化运动"这个名词，现在我们社会里很流行；究竟新文化底内容是些什么，倘然不明白他的内容，会不会有因误解及缺点而发生流弊的危险，这都是我们赞成新文化运动的人应该注意的事呵！

要问"新文化运动"是什么，先要问"新文化"是什么；要问"新文化"是什么，先要问"文化"是什么。

文化是对军事、政治（是指实际政治而言，至于政治哲学仍应该归到文化）、产业而言，新文化是对旧文化而言。文化底内容，是包含着科学、宗教、道德、美术、文学、音乐这几样；新文化运动，是觉得旧的文化还有不足的地方，更加上新的科学、宗教、道德、文学、美术、音乐等运动。

科学有广狭二义：狭义的是指自然科学而言，广义的是指社会科学而言。社会科学是拿研究自然科学的方法，用在一切社会人事的学问上，像社会学、论理学、历史学、法律学、经济学等，凡用自然科学方法来研究、说明的都算是科学；这乃是科学最大的效用。我们中国人向来不认识自然科学以外的学问，也有科学的威权；向来不认识自然科学以外的学问，也要受科学的洗礼；向来不认识西洋除自然科学外没有别种应该输入我们东洋的文化；向来不认识中国底学问有应受科学洗礼的必要。我们要改去从前的错误，不但应该提倡自然科学，并且研究、说明一切学问（国故也包含在内），都应该严守科学方法，才免得昏天黑地乌烟瘴气的妄想、胡说。现在新文化运动声中，有两种不祥的声音：一是科学无用了，我们应该注重哲学；一是西洋人现在也倾向东方文化了。各国政治家、资本家固然利用科学做了许多罪恶，但这不是科学本身底罪恶；科学无用，这句话不知从何说起？我们的物质生活上需要科学，自不待言；就是神精生活离开科学也很危险。哲学虽不是抄集各种科学结果所能成的东西，但

是不用科学的方法下手研究、说明的哲学，不知道是什么一种怪物！杜威博士在北京现在演讲底"现代的三个哲学家"：一个是美国詹姆士，一个是法国柏格森，一个是英国罗素，都是代表现代思想的哲学家，前两个是把哲学建设在心理学上面，后一个是把哲学建设在数学上面，没有一个不采用科学方法的。用思想的时候，守科学方法才是思想，不守科学方法便是诗人底想象或愚人底妄想。想象，妄想和思想大不相同。哲学是关于思想的学问，离开科学谈哲学，所以现在有一班青年，把周秦诸子，儒佛耶回，康德、黑格尔横拉在一起说一阵昏话，便自命为哲学大家，这不是怪物是什么？西洋文化我们固然不能满意，但是东方文化我们更是领教了，它的效果人人都是知道的，我们但有一毫一忽羞恶心，也不至以此自夸。西洋人也许有几位别致的古董先生怀着好奇心要倾向他；也许有些圆通的人拿这话来应酬东方的土政客，以为他们只听得懂这些话；也许有些人故意这样说来迎合一般朽人底心理。但是主张新文化运动底青年，万万不可为此呓语所误。"科学无用了"、"西洋人倾向东方文化了"这两个妄想倘然合在一处，是新文化运动一个很大的危机！

宗教在旧文化中占很大的一部分，在新文化中也自然不能没有他。人类底行为动作，完全是因为外部的刺激，内部发生反应。有时外部虽有刺激，内部究竟反应不反应，反应取什么方法，知识固然可以居间指导，真正反应进行底司令，最大的部分还是本能上的感情冲动。利导本能上的感情冲动，叫他浓厚、挚真、高尚，知识上的理性，德义都不及美术、音乐、宗教底力量大。知识和本能倘不相并发达，不能算人间性完全发达。所以詹姆士不反对宗教，凡是在社会上有实际需要的实际主义者，都不应反对。因为社会上若还需要宗教，我们反对是无益的，只有提倡较好的宗教来供给这需要，来代替那较不好的宗教，才真是一件有益的事。罗素也不反对宗教，他预言将来须有一新宗教。我以为新宗教没有坚固的起信基础，除去旧宗教底传说的附会的非科学的迷信，就算是新宗教。有人嫌宗教是他力；请问扩充我们知识底学说，利导我们情感底美术、音乐，那一样免了他力？又有人以为宗教只有相对价值，没有绝对的价值，请问世界上什么东西有绝对价值？现在主张新文化运动的人，既不注意美术、音乐，又要反对宗教，不知道要把人类生活弄成一种什么机械的状况，这是完全不曾了解我们生活活动的本源，这是一桩大错，我就是首先认错的一个人。

我们不满意于旧道德，是因为孝弟底范围太狭了。说什么爱有等差，施及亲始，未免太猾头了。就是达到他们人人亲其亲长其长的理想世界，那时社会的纷争恐怕更加厉害；所以现代道德底理想，是要把家庭的孝弟扩充到全社会的友爱。现在有一班青年却误解了这个意思，他并没有将爱情扩充到社会上，他却打着新思想、新家庭的旗帜，抛弃了他的慈爱的、可怜的老母；这种人岂不是误解了新文化运动的意思？因为新文化运动是主张教人把爱情扩充，不主张教人把爱情缩小。

通俗易解是新文学底一种要素，不是全体要素。现在欢迎白话文的人，大半只因为他通俗易解；主张白话文的人，也有许多只注意通俗易解。文学、美术、音乐，都是人类最高心情底表现，白话文若是只以通俗易解为止境，不注意文学的价值，那便只能算是通俗文，不配说是新文学，这也是新文化运动中一件容易误解的事。

欧美各国学校里、社会里、家庭里，充满了美术和音乐底趣味自不待言；就是日本社会及个人的音乐、美术及各种运动、娱乐，也不像我们中国人底生活这样干躁无味。有人反对妇女进庙烧香，青年人逛新世界，我却不以为然；因为他们去烧香、去逛新世界，总比打麻雀好。吴稚晖先生说："中国有三种大势力，一是孔夫子，一是关老爷，一是麻先生"。我以为麻先生底势力比孔、关两位还大，不但信仰他的人比信仰孔关的人多，而且是真心信仰，不像信仰孔、关还多半是装饰门面。平时长幼尊卑男女底界限很严，只有麻先生底力量可以叫他们鬼混做一团。

他们如此信仰这位麻先生虽然是邪气，我也不反对；因为他们去打麻雀，还比吸鸦片烟好一点。鸦片烟、麻雀牌何以有这般力量叫我们堕落到现时的地步？这不是偶然的事，不是一个简单的容易解决的问题，不是空言劝止人不要吸烟打牌可以有效的。那吸烟打牌的人，也有他们的一面理由。因为我们中国人社会及家庭的音乐、美术及各种运动娱乐一样没有，若不去吸烟打牌，资本家岂不要闲死，劳动者岂不要闷死？所以有人反对郑曼陀底时女画，我以为可以不必；有人反对新年里店家打十番锣鼓，我以为可以不必；有人反对大舞台、天蟾舞台底皮簧戏曲，我以为也可以不必。表现人类最高心情底美术、音乐，到了郑曼陀底时女画、十番锣鼓、皮簧戏曲这步田地，我们固然应该为西洋人也要来倾向的东方文化一哭；但是倘若并这几样也没有，我们民族的文化里连美术、音乐底种子都绝了，岂不更加可悲！所以蔡子民先生曾说道："新文化运动莫忘了美育"。前几天我的朋友张申甫给我的一封信里也说道："宗教本是发宣人类的不可说的最高的情感（罗素谓之'精神'Spirit）的，将来恐怕非有一种新宗教不可。但美术也是发宣人类最高的情感的（罗丹说："美是人所有的最好的东西之表示，美术就是寻求这个美的"，就是这个意思）。而且宗教是偏于本能的，美术是偏于知识的，所以美术可以代宗教，而合于近代的心理。现在中国没有美术真不得了，这才真是最致命的伤。社会没有美术，所以社会是干枯的；种种东西都没有美术的趣味，所以种种东西都是干枯的；又何从引起人的最高情感？中国这个地方若缺知识，还可以向西方去借；但若缺美术，那便非由这个地方的人自己创造不可"。

关于各种新文化运动中底误解及缺点，上面已略略说过；另外还有应该注意的三件事：

一、新文化运动要注重团体的活动。美公使说中国人没有组织力，我以为缺乏公共心，才没有组织力。忌妒独占的私欲心，人类都差不多，西洋人不比中国人特别好些；但是因为他们有维持团体的公共心牵制，所以才有点组织能力，不像中国人这样涣散。中国人最缺乏公共心，纯然是私欲心用事，所以遍政界、商界、工界、学界、没有十人以上不冲突、三五年不涣散的团体。最近学生运动里也发生了无数的内讧，和南北各派政争遥遥相映。新文化运动倘然不能发挥公共心，不能组织团体的活动，不能造成新集合力，终究是一场失败，或是效力极小。中国人所以缺乏公共心，全是因为家族主义太发达的缘故。有人说是个人主义妨碍了公共心，这却不对。半聋半瞎的八十衰翁，还要拼着老命做官发财，买田置地，简直是替儿孙做牛马，个人主义绝不是这样。那卖国贪赃的民贼，也不尽为自己的享乐，有许多竟是省吃俭用的守财奴。所以我以为戕贼中国人公共心的不是个人主义，中国人底个人权利和社会公益，都做了家庭底牺牲品。"各人自扫门前雪，不管他人瓦上霜"，这两句话描写中国人家庭主义独盛没有丝毫公共心，真算十足了。

二、新文化运动要注重创造的精神。创造就是进化，世界上不断的进化只是不断的创造，离开创造便没有进化了。我们不但对于旧文化不满足，对于新文化也要不满足才好；不但对于东方文化不满足，对于西洋文化也要不满足才好；不满足才有创造的余地。我们尽可前无古人，却不可后无来者；我们固然希望我们胜过我们的父亲，我们更希望我们不如我们的儿子。

三、新文化运动要影响到别的运动上面。新文化运动影响到军事上，最好能令战争止住，其次也要叫他做新文化运动底朋友不是敌人。新文化运动影响到产业上，应该令劳动者觉悟他们自己的地位，令资本家要把劳动者当做同类的"人"看待，不要当做机器、牛马、奴隶看待。新文化运动影响到政治上，是要创造新的政治理想，不要受现实政治底羁绊。譬如中国底现实政治，什么护法，什么统一，都是一班没有饭吃的无聊政客在那里造谣生事，和人民生活，政治理想都无关系，不过是各派的政客拥着各派的军人争权夺利，好像狗争骨头一般罢了。他们的争夺是狗的运动，新文化运动是人的运动；我们只应该拿人的运动来轰散那狗的运动，不应该抛弃我们人的运动去加入他们狗的运动！

一年来我们学生运动的成功失败和将来应取的方针

《新潮》，第 2 卷第 4 号，1920 年 5 月 1 日

罗家伦

穷则变 = 变则通 = 通则久

无论是赞成的反对的，总不能不认"五四运动"是中华民国开国以来第一件大事。这件事为中国的政治史上，添一个新改革，为中国的社会史上开一个新纪元，为中国的思想史上起一个新变化！

时间飞去了！"五四运动"的第一纪念日却是匆匆而来。逢着这第一个纪念日，不但我们身与其事的人有种深刻的感想，就是一切社会上的人也都有种感想。所谓感想，当然不仅仅想到得意的事，也总会感到失意的事；就是不仅想到成功，也必定想到失败。想到成功失败的结果，才可以推求其所以成功失败的原因；知道因果之所在，才可以知道何者当尽量发展，何者当竭力免除，以研究出一个将来的大计划来！

当然讲到成功，必定要说明这种运动的优点；讲到失败，也就不能不把弱点说出来。有人以为说明我们的优点可以鼓励大家的兴趣；若是把我们的弱点也一律暴露出来，恐怕太早一点，不特大家灰心，而且使他人知道详情，容易对待。我对于这种意见，却是不以为然的，因为我有几种理由：第一，当局者迷，旁观者清；我们的优点弱点，对于天天在旁窥伺我们的人，早已知道清楚了，看他们的手腕，就可以想见。难道还要我们瞒吗？第二，世间最无聊的人才会专想自己的得意事——自己的好处。长此想下去，不但阻碍进化，而且是疾而讳医。第三，我们无论什么事都要取公开的态度。若是我们好，固且要把好的地方说出来，使大家能够向着好的方面去；若是自己明知有不好的地方而

要蒙头盖面混过去，岂不是我们自己就先成了黑暗势力吗？有这几种原因，所以我良心诏我无所顾忌把两方面穷源溯流地说出来；有了比较，然后有所根据，可以促起大家的觉悟，以谋真正的改革。知我罪我，也就只得听其自然了！

（一）成功的方面

"五四运动"的确有一种大成功。这种成功却不是拒签德约，也不是罢曹、陆、章，何以故呢？因为德约虽然拒签，而山东问题还未见了结；曹、陆、章虽罢免，而继任曹、陆、章者为何如人，国人自能知之。所以斤斤以此为我们的成功，所见未免太小。我们的成功可以分精神、实际两方面说。

当"五四运动"最激烈的时候，大家都在高叫"爱国""卖国"的声浪，我就以为我们"五四运动"的真精神并不在此。当时我在二十三期的《每周评论》上（五月二十六日出版）做了一篇《五四运动的精神》，其中就声明我们运动的价值，并不仅在乎"外争国权、内除国贼"（其实这两句话，是在我五四早上所做的宣言中造成的），我们运动的实在价值之所托，在乎三种真精神。这三种真精神就是中国民族存亡的关键。现在不敢惮烦，可以把这番意思略略重述一道。

第一，这次运动，是学生牺牲的精神，从前我们中国的学生，口里法螺破天，笔下天花乱坠；到了实行的时候，一个缩头缩颈。不但比俄国的学生比不上，就是比朝鲜的学生都要愧死了！惟有这次一班青年学生，奋空拳扬白手和黑暗势力相奋斗，受伤的也有，被捕的也有，因伤而死的也有，因志愿未达而急疯的也有。这样的精神不磨灭，真是再造中国的原素！

第二，这次运动，是社会制裁的精神。从历史上看起来，无论那种民族，苟欲维持不敝，则其中必有一种社会的制裁；而当政治昏乱，法律无灵的时候为尤重。请出世界上的大历史学家出来，都无法否认这句话的。当今中国的政治昏乱，法律无灵极了。一班蠹国殃民者作威作福，心目中何曾有一点国民在眼睛里。惟有这次运动发生，不但使他们当时彙彙若丧家之狗，并且事后政府也不能不罢免他们。不但使他们知道社会制裁的利害，并且将他们在人民心目中神圣不可侵犯的偶像，也从此打破。

第三，这次运动是民众自决的精神，世上无论那种的民众，都是不能长受压制的。可怜我们中国人，外受侵略主义的压制，内受武力主义的压制，已经奄奄无生气了。这次运动中大家直接向公使团及国外人类表示，是中国民众对外自决的第一声；不避艰险，直接问罪，是中国民众对内自决的第一声。所以这次运动是"二重保险的民众自决运动"。

以上所说的不过是三种伟大的精神，精神是原动力，所以是不能不说的。至于实际方面，也有绝大的影响：

（一）思想改革的促进　新思潮的运动，在中国发生于世界大战终了之时。当时提倡的还不过是少数的人，大多数还是莫名其妙，漠不相关。自从受了五四这个大刺激以后，大家都从睡梦中惊醒了。无论是谁，都觉得从前的老法子不适用，不能不别开生面，去找新的；这种潮流布满于青年界。就是那许多不赞成青年运动的人，为谋应付现状起见，也无形中不能不受影响。譬如五四以前谈文学革命，思想革命的，不过《新青年》、《新潮》、《每周评论》和其他两、三个日报，而到五四以后，新出版品骤然增至四百余种之多。其中内容虽有深浅之不同，要之大家肯出来而且敢出来干，已经是了不得！又如五四以前，白话文章不过是几个谈学问的人写写，五四以后则不但各报纸大概都用白话，即全国教育会在山西开会，也都通过以国语为小学校的课本，现在已经一律实行采用。而其影响还有大的，就是影响及于教育制度的本身。在五四以前的学生，大都俯首帖耳，听机械教育的支配；而五四以后，则各学校要求改革的事实，层出不穷，其中有许多采取的手段，我不能承认学生方面都是对的，要之，此日的学生的确是承认自己是自动的，不是被动的，是也能发的，不是仅能收的。而其主要冲突的原因，就是学生想极力表现自己的个性，而职员偏极力去压制他们：学生起了求知的欲望，而教员不能满足他们的要求。平情而论，职教员固是最大多数不对，而学生方面也不免稍稍操切，然而这种现象，不能不承认为教育革命的惟一动机。五四以前哪有这种蓬蓬勃勃的气象！

（二）社会组织的增加　这也是五四以来绝大的成绩。请看五四以前中国的社会，可以说是一点没有组织。从前这个学校的学生和那个学校的学生是一点没有联络的，所有的不过是无聊的校友会，部落的同乡会；现在居然各县、各省的学生都有联合会。从前这个学校的教职员和那个学校的教职员也一点没有联络的，所有的不过是尸居余气的教育会，穷极无聊的恳亲会；现在居然有好几省已经组织成了什么教职员公会。从前工界是一点组织没有的，自从五四以来，有工人的地方如上海等处，也添了许多中华工业协会、中华工会总会、电器工界联合会种种机关。从前商界也是一点组织没有的；所有的商人，不过仰官僚机关的商务总会底鼻息，现在如天津等处的商人有同业公会的组织，而上海等处商人有各马路联合会的组织。同业公会是本行本业的商人联合拢来的；马路联合会是由本街本路的商人联络拢来的。而各马路联络会的制度，尤见灵活，尤易实行。譬如上海有商店的马路共五十二条，每条马路的商人联合拢来，就成了五十二个马路联合会，再成立了一个总会。现在不能不推为上海商界最有实力的机关。而且各马路的联合会设了各马路的商业夜校，教育本路的商人学徒；各马路的联合会设了公益机关，管理各路卫生清洁；近来于百废俱举之余，并且向租界的外国资本家力争到一部分市民权了。这岂不是商界惟一的觉悟吗？所以我前次在上海的时候，有一个商人对我说："我们前次罢市真不值得罢了七天，损失了两千多万，仅仅罢免了曹、陆、章。"我说："先生，错了！你们上次罢市的价值，断不在拼了曹、陆、章，若是你以为曹、陆、章果真罢免了，则请再看一看继任他们的人再说。我们的牺牲，代价决不在此。请问没有上次的运动，你们从那里得着许多金钱买不到的觉悟？没有上次的运动，你们从那里能有许多良好的组织？就其最切近的而言，没有上次运动，你们从那里知道市民权？"这位商人低头想了一想，也不能不连声说"是"。若是大家参看毛泽东君的《全国民众的大联合》一文，一定更要明白。

（三）民众势力的发展　自从"五四运动"以来，中国民众的势力，不能不说是一天一天的发展。许多的束缚，从前不敢打破的，现在敢打破了；许多的要求，从前不敢提出的，现在敢提出来了。诸如此类不胜枚举。在当局的无论如何麻木，等到"众怒难犯"的时候，也不能不表示退让；在人民的方面无论如何牺牲，也总觉得至少有我们自己的位置和权力；在他国看起来，也常常觉得中国的管家婆虽庸懦可欺，而中国的主人翁自未易侮。老实说，这一年以来世界各国对于我们的观念，的确是改变过了！看各国报纸的通信，就可以知道他们对于我们学生运动的注意。就是日本大多数舆论，也都攻击政府国民外交的失败。所以日本的外交官芳泽谦吉到中国来也要访访学生代表。这次代表英、美、法三国到中国来组织新银行团的拉门德君，也费了许多时间，征求中国各民众团体的意见。老实说，现在的当局一方面要外人借款，一方面又要摧残学生和市民，实在是最笨的事。因为现在各国的舆论，都是知道惹起中国国民的反感，是对于他们不利益的。而摧残中国学生和市民的人，是中国国民最生反感的人。他们借款帮助中国国民最生反感的人，中国国民对于他们也就发生反感了！

统观以上精神上和实际上的种种现象，"五四运动"的成绩，也就可以想见。总之，五四以前的中国是气息奄奄的静的中国，五四以后的中国是天机活泼的动的中国。"五四运动"的功劳就在使中国"动"！

（二）失败的方面

我写到此地，又复踌躇了一下。我又继续想我方才以为一个人只想到自己的成功是最无聊的事，那知道还是最危险的事，我们现在的失败，就失败在这里。我更想道优点、弱点是人类都有的，我们学生也是人类，当然也有优点、弱点，又何必深自韬讳呢？况且与其让人家冷嘲热讽，阴谋暗算，不如自己明明白白说出来，早自提防的好，所以我就揭开假面具说！

揭开假面具说，我们最近这次失败，是无可讳言的；失败是由于我们自己不明白自己的弱点，也是无可讳言的。这次全国学生联合会总会不问时势，不问实力，没有筹备，便贸然议决全国罢课，是错误的。弄到现在上海发难的地方，工商界都不表同情，仅仅华界罢市，一日后也都恢复：再做也难于做得下去，而各处七零八碎的罢课风潮，又将何以收拾。老实说，这实在是我们一年以来最大最后的失败！事实已经摆出来了，自己想讳也无可曲讳。但是失败也好，因为"失败是成功之母！"因为有了失败，才会去找失败的原因，设法补救，免得下次再弄出这种的失败来。若是失败之后，一点也不反省，只是存了一个"非我也，天也"的态度，那失败是成功之母这句话也就不适用了！我现在求这次失败的原因，可以先分学生的本身和社会的态度两方面。

（A）自身弱点的暴露　凡是一件事情的失败，不能专怨他人，也要问问自己。老实说，五四以来，我们学生的优点固然是一律表现出来，但是弱点也一律暴露出来了！而最近的失败的原因，实关系于我们最近发现的三种弱点：

（1）万能的观念　自从六三胜利以来，我们学生界有一种最流行而最危险的观念，就是"学生万能"的观念，以为我们什么事都可以办，所以什么事都去要过问，什么事都要过问，所以什么事都问不好；而且目标不专，精力不粹，东冲西突，自己弄得精疲力尽，而敌人也得乘机而入。何况社会是有机体的，世界上绝没有万能的人，也绝没有一种特殊万能的社会。平心而论，以现在这样龌龊腐败，草昧蒙塞，百孔千疮的中国交给谁也是办不好的（这决不是原谅执政者的话。总之，国家全体都是不好的，则绝没有超越全体而独立的政府。即以贤者代不肖者，而其贤不肖之间亦不过甘心卖国与不甘心卖国之分别，其办不好终是一样。所以这话也非执政者所能借口以为遁饰）。假设现在把中国全部政权交给我们手里，我们怎样办法？当然我们不能同他们一样，我们的素志也当然不是同他们一样，总是想把中国弄好来。然则请问我们自己对于全国的财政，能有什么整理的方针；对于全国的教育，敢有什么具体的计划；对于全国的实业，研究出了什么通盘打算的企图；我们自己的选举都办不好，有什么妙策可以整顿全国的选举；我们自己的评议会都往往不足法定人数而且讨论不得要领，我们有什么方法可以组织强有力的议会；……这不是我们自己有意苛求我们自己的话；我每逢一往直前，兴高采烈的时候，回想起到此地来，不觉汗流浃背。所以我们自信万能的结果，必至于万不能。所以我从前总觉政治没办法，后来觉得社会没办法，最后觉得我自己没办法。

（2）学术的停顿 知道一年以来的经过的，往往觉得五四的时候，我们几乎做什么事有什么人；到了现在，做什么事也都没有人。这种情形，也是讳无可讳。难道以前热心做事的，现在都不热心了吗？难道以前出来的，现在都厌倦了吗？难道除此之外就没有人上来补充吗？这都是不尽然的。须知五四运动的所以成功，并不是一朝一夕的缘故，事前已经酝酿许久了！大家有几年的郁积，几年的休息，正是跃跃欲试的时候，陡然一下暴发出来，所以智者尽其智，勇者尽其勇。现在经过一年之久，以前的储蓄，一齐发泄尽了。加之一年以来，大家的生活，都是奔走呼号，东击西应，对于新的知识，一点不能增加进去，那里还有再来倾倒出来的呢？所以我往往见到北京的同人，北京的同人说"不得了，没有工夫读书"。见到天津的同人，天津的同人说"脑子空"。见到上海的同人，上海的同人说"呒法想"。可见感受知识的空虚，不够应用，是各处一样的。譬如花一样，培养了几年，才结一个小花蕊；现在不但不能天天灌溉，而反天天用吸水纸将它的浆质吸收去，不到几久，这株花能不萎死吗？所以我们若是长此下去，不但人材破产，而且大家思想一齐破产。我的朋友杨锺健君说："一年来我们全国青年学业的牺牲，其总数不止一个青岛！"

（3）落于形式的窠臼 当五四的时候，大家东谋西画，都有一点创造的精神，而如今则一举一动，都髣？有一定的形式。有一件事情出来，一定要打一个电，或是发一个宣言，或是派几个代表，而最无聊的就是三番五次的请愿，一回两回的游街。推其所以如此的原因，则一方面困于万能的观念，无论什么事都要想有一种表示；一方面又限于思想的破产，想表示也想不出什么表示的方法。于是于无法表示之中，想出一种无聊的表示。我以为我们此后实在不能再有这种无聊的举动了！如果没有良好的办法，仅可以不表示的；倒是不轻易表示，还可以养威自重。若是轻易表示，则不特社会习以为常，丧失我们表示的信用；而且谋害我们的人，也就可以预先想好方法对待。旧墨卷是不可以重抄，抄去就闹到没有意思。

（B）社会态度的改变 人是社会的动物，一举一动都离不了社会；我们做事情所以也不能不看看社会的趋势。这次举动，发难的人既不知自身的弱点，而又不明以下几种社会的趋势，所以终归失败，而且起社会一种反感。

（1）我们这次"五四运动"，实在成功太速，陡然把学生的地位抬得很高，而各界希望于学生的也愈大。平心而论，我们的虚名，实在过于我们的实际。而虚名过于实际，实在是最危险的事。因为社会把学生的地位抬得愈高，所以对于学生的责难也由此愈甚；因为对于学生的希望愈大，所以弄到后来失望也愈多。民国二年一班伟人元勋之所以骤落信用，也是这个道理。

（2）现在的社会也是凋敝之余，有人心厌乱之势。一则因为他们的思想，当然都比学生和缓，要不激底；二则他们当丧乱之秋，有种种困难我们也应当原谅的。平情而论，我们对于工商界终究应当有感激的心思。即以去年的罢工罢市而论，上海一隅已损失到二千余万，并不是为他们自己的利益，不过是激于他们对于我们的同情心罢了！况且他们处于暴力之下，也同我们感受同样的痛苦呢？所以我们现在对于工商界的态度，应当辅助他们，使他们休养生息，培养成一种自动的活动，相机而发；不然一有事就去要求他们罢市罢工，则一次两次他们尚以为我们是爱国，三次四次他们就以为我们是有意向他们捣乱！

（3）五四的时候，我们还没有十分出头露面，独立一帜，所以一般社会都当我们是他们中间的一部分看待，所以同情更增加多。六三以后，学生界奇军突起，恍惚成了一个特殊的阶级，而且这个特殊阶级，往往什么事都要过问，并常常站在监督和指导他们的地位，所以他们也就不能不另眼相看。我以为民国成立以后民党之所以失败，原因也在乎此。在民国未成立以前，民党确乎是一部分的"民"，所以凡是"民"听到了，都起来表同情。民国成立以后的民党，都趾高气扬，去做伟人元勋去了，所以社会上的人看得民党是一个离开了"民"而孤孤零零独立的特殊阶级，所以也因此失了同情，而终究不能不归于失败。大家以另眼看待我们固然是尊敬我们；须知尊敬的背后，同时就有妒忌两个字呵！

合拢以上两大方面看起来，我们的失败当然是由于自身弱点的暴露和社会态度的改变。而所其以【其所以】逼到这两方面都不能不"图穷匕现"的原因，就是因为我们只知道做"群众运动"。老实说，世界上的运动很多，而群众运动不过是各种运动中的一部分——并不是惟一的部分。现在我们把其他的一笔抹煞，而只知道群众运动，实在错了，而且做群众运动必定要知道群众心理；在中国做群众运动尤不能不知道中国群众的心理。若是不明群众心理而冒冒昧昧的发动，没有不失败的。我常研究何以去年六三时候的群众运动做得起来而现在做不起来呢？说到此地，我们不可忽略了做群众的三点要素：

（1）群众是有惰性的。他们必定要认为只须一举手一投足就能成功的事，方才肯做。各国的成例，举不胜举。即如去年力争罢免曹、陆、章一事他们起初也只以为只要政府下一个命令就可以办到的；以后支持到了七天，方才罢免，是他们痛恨政府的事，也是他们"出乎意表之外"的事。

（2）群众运动的题目要简单，最好题目的本身，就有本身的解释。当运动的时候，一要使人转几个弯去想，就立刻不能成功。辛亥的革命的所以立即成功，和大家所以肯舍身去死，也是这个道理。当时大家对革命的观念，据我所知，实在是很简单的，他们的公式就是"革命——革命就是推翻满洲政府——推翻满洲政府中国就会好"。大家一认定推翻满洲政府中国就会好，所以无怪一齐视死如归了！即如去年的运动能够起来，也是因为"除卖国贼"几个字是本身简单，不费解释的；又加上历史上秦桧、严嵩的观念，自然容易推行了。而"直接交涉"四字，本身就要费许多解释，解释多次，还不能够明了，这也是此次运动的一种障碍。

（3）发动群众运动，必定要一种极大的刺激。因为既然说到群众运动，当然是感情的作用多，理性的作用少。而感情的作用，尤赖乎极大的刺激。老实说，上海的同人果然有心力争外交，则"二四"的时候，失了那个机会，实在可惜。当那个时候，日本的通牒初到，津、京初受了一个大大的牺牲，每处受伤至于千余人，闻者孰不感动。然而当时上海的同人，独独不动，到现在各方面都比较平静的时候才来发难，我对于他们的勇气当然十分表同情，但是不免有坐失时机之叹了！

总观以上的三种要素，我们就可以知道群众运动成败的原因。群众运动的好处就是在大家分开来想不出办法来的时候，合拢来的思想就可以凑成一种办法！分开来不敢做的事情，合拢来的勇气就可以鼓励去做。所以真正的群众运动，是要不但能合起来做的，并且要能合起来想的。但是中国的群众运动只能合起来做——有时不免乱做——而不能合起来想的。这是最危险的一件事！而所以构成这种危险的现象，有几点可以特别提出来说的：

（1）群众没有组织，往往一哄而聚，一哄而散，是最不好的情形。而且开会的时候，没有训练，对于开会的规则，一点不能遵守，而且一点都不知道，如何能得一个集合的思想，生出良好的结果来呢？

（2）个人的侥幸夹在群众里面，实在是很不好的事。老实说，群众运动所以不及个人运动之点，也在此地。因为个人运动的个人必须先有自己一定牺牲之决心，才去做这种运动；至于群众运动虽然不能保没有危险，但是个人可以侥幸而免的。譬如我参与一次游街大会，虽然也明知道难免与军警冲突，但是冲突起来首蒙其难的，不见得一定是我；至于将来冲突而我适首蒙其难，也不过是我"偶尔的不幸"Accident罢了！我虽然不敢断定作群众运动的都有此心，而此心实群众的一种背景，为心理学上不可免的事实。况且当群众集合的时候，个人激于侥幸心而发不负责任的言论，毫不过问成事败事与否的，多得很呢？

（3）领袖的投机，实在当今作群众运动最危险的事。人类的奋发，多少带点虚荣心的色彩，而在群众前面的表现为尤甚。当这个无组织、无训练的群众之前，最危险的就是群众的领袖，不能有正当指导群众的能力，而看见群众稍微有一点向那方面转动，就立刻见风驶篷，博一时的拍掌。况且当群众运动的时候，愈是"似是而非"的话，愈有效力。而其结果。往往闹到不可收拾为止。至于群众的领袖聚拢来开会的时候，不问时机，不问环境，不问筹备，而只是想由自己轰轰烈烈生出一点事来，以博得群众一时的欢心，而不辜负自己这番会议。这也是一样的投机，其结果亦至于不可收拾。

总观起来，群众运动虽然有许多优点，也有许多弊端，而在未成熟的群众运动为尤甚。所以群众运动绝不是我们唯一的方法，我们不能不改变方针了！

唉！我谈了许久群众运动，其实我们那里真配说群众运动。请问北京除了我们两三万较有组织的学生而外，其余那里有一个群众？唉！似群众运动也得先有群众啦！

（三）将来应取的方针

据以上成功、失败两方面看起来，我们是决不能不变更旧的法子，而采取一种新的方针。因为照旧文章做去，不但重演几次目前的失败；而且照我的观察，我们现在的举动，实在已经丧失了一定的目标，头痛医头，脚痛医脚，东摸一下，西碰一下，没有计划，只谋应付，鬈？一个船在大海，失了指南针一样，其结果必致全舟尽覆，根本破产而后已！所以我们以后若是要完全停止活动，那我们也不必多说——但是这是做不到的事，因为人类的天性是动的，无论如何，总是要找点动作——若是还要活动，则不能不有一个具体的大计划，只是瞎碰，是没有用的了！譬如造大房子一样，必须由工程师先把全体的图样打好，然后一步一步的造去，才能成一个预定的房子；不然东拼一块，西凑一块，和斗"七巧板"一样，恐怕这房子造了一百年也不能成功。杜威先生常常说人类种种不经济的牺牲，和旧文明的所以失败，就是由于他们不能用科学的方法，试验的态度，去求出一种具体的计划来，而只是东碰西碰，暗中摸索；其结果遂至于不可收拾，阻碍进化。我们痛定思痛之余，瞻顾将来，哪能再蹈以前的覆辙！

我们将来最大的计划，想来想去，就只"社会运动"和"文化运动"两种。至于现在这种运动，当然也可以说是包括在内的。

（A）社会运动　人是社会的动物，而社会又是有机体的，不消灭的，所以我们最切要的运动，当然首先就是社会运动，社会运动之中，又可分成两部分：

（1）**群众的**　我方才说我们名为做群众运动而没有群众，实在是很痛心的一句话。不但我一个人做这个感想，就是现在所有的学生，那个不觉得商人不同我们表同情，工人不来帮助我们，农民不来同我们携手……闹来闹去，什么"爱国""救国"的责任，还是我们学生一界担负吗？但是感觉到此地，我们也应该回心想想，究竟还是商人工人农人不知道来同我们表同情，来给我们帮助，来和我们携手呢？还是他们不愿意来同我们表同情，来给我们帮助，来和我们携手呢？孙中山先生唱"知难行易"的话，有许多人不相信，我以为此中很有一部分未经前人发现的真理。因为就个人而论，固然是有许多事是"知易行难"，而就社会全体而论，的确有许多事是"知难行易"。然则他们所以不同我们表同情，不给我们帮助，不和我们携手的缘故，并不是他们不愿，仍然是他们不知。然则何以使他们化不知以为知呢？

使他们化不知以为知，而且要使他们知道之后，能表同情，能给帮助，能来携手，这就叫做"养成群众"。"养成群众"是做群众运动的开宗明义的第一章。而所以养成群众的秘诀，只有一个具体的概念，就是——

"养猴子的人，必须自己变成猴子"。

有人说我们懂得劳动问题，我听了不觉失笑。我想我虽然到过多少地方，看过多少工厂，但是想问劳动者三句真正的话都问不出来。为什么呢？因为我们穿的不是劳动者的衣服，吃的不是劳动者的饭，住的不是劳动者的社会，说的不是劳动者的话，……所以劳动者看见我们不是劳动者，不过是穿长衫的"先生"。他们既然认为同他们没有关系，又不是同他们的同类，所以无怪连三句真话都不肯说了！听说前次有一位北大的同学到长辛店去演讲，问一个工人的生活丰富不丰富，弄到那个工人瞠目结舌，骇而疾走。这又何怪其然呢！所以真正能养猴子的人必须身上蒙上猴子的皮，这些猴子才会相信他。

但是要达到这种具体的观念，必定要有两种具体的手续：一是做专门宣传的事业，二是要从解决平民的生计问题着手。

（a）做专门宣传的事业，实在是万不可少的程序。照起中国古礼来，本有"来学"、"往教"两种。但是因为生计的关系，时间的关系，交通的关系……总是有暇"来学"的少，而仰仗"往教"的多。若是孔子不周游列国，也绝没有弟子三千人；若是托尔斯泰不做这番苦功夫，他的学说也决不能传播得这样快。我们有志于群众的青年呵？我们也不要怨谁，也不要恨谁，我们当和和气气，诚诚恳恳，不要取教训的态度。商人不知道的，我们当带了秤杆、刀尺去告诉他们；工人不知道的，我们当背了斧头、凿子去告诉他们；农人不知道的，我们当牵了耕牛，荷了锄头去告诉他们……去罢！去罢！时候不早了！一个人一生只要能专做一件事业，已经为社会立了无限的功劳。

（b）从解决平民的生计问题着手，是他们最关切不过的事；也是他们最感激不过的事。我们回回演讲，出去叫什么"爱国"、"救国"是没有用的！肚子饿了，还要叫他们按着肚皮去讲"爱国"、"救国"，是不成功的。中国亡不亡，对于这班贫民没有关系的！我们同志的青年呵！你看看北京的洋车夫，一天跑到晚还不过赚二、三十个铜子，还要养家；你看中国亡了，他们的苦痛，难道还会过于此吗？你看唐山的煤矿工人，在黑暗世界里，一天挖到晚，只得了六个铜子，你看中国亡了，他们的苦痛，难道会过于此吗？我常想，恐怕外国人来了，他们还要讲人道主义一点呢！所以中国对于他们实在不足爱；中国亡了，他们实在不必救。我们以"爱国"、"救国"来号召是不行的。若是我们能够为他们想一个特别补救的方法，或是教他们一种特别的技能，使他们今天能赚二三十个铜子的，明天可以赚三四十个；使他们今天能赚六个铜子的，明天可以赚八、九个；他们今天可以吃棒子面的，明天可以吃小米饭；他们今天可以住漏茅蓬的，明天可以住旧瓦屋……我们说的话，要说他们心坎上的话；我们所要解决的问题，要解决他们切肤的问题。哪怕不等我们招，他们就会来呢？

除此两种最重要的而外，还有种种平民学校的计划，但是各处都想到了，也都实行了；现在只待扩充，所以我也不必多说。

（2）个人的　个人运动所以比群众运动高的缘故，就是个人运动没有侥幸心。牺牲固然是好，但是牺牲也要经济。总要以极少的牺牲，谋最大多数的幸福，才合乎经济的原则。但个人的行动，是个人自己的愿影，不能提倡，提倡也无用；而且这种运动，大团体是没有用的。咳！我们也不可厚非辛亥的政治革命，辛亥以前先烈赴汤蹈火的精神，我们现在没有了！

（B）文化运动　在现在最重要不过的根本问题，可以说是文化运动了！我们这次运动的失败，也是由于文化运动基础太薄弱的缘故。因为思想的来源，是一切运动的原动力；没有思想未曾改变而行动可以改变的，所以我们文化运动的目的是——

"以思想革命，为一切改造的基础"。

我常常想历来各国的革命都可以革得好，何以中国辛亥以来的革命，愈革愈糟呢？我想这没有别的缘故，乃是因为他国的革命，是大家为主张而战的；而中国的革命，除了几个领袖人物而外，其余的人都是被金钱收买得来的，权位引诱得来的。他们原来就没有民主、共和的观念，如何可以盼望他们实行民主、共和的政体呢？所以各国的学者，认为改造政治社会，都非先从改造思想下手不可。大战以后中国思想改造的运动，有点萌蘖了！五四以前，我们受了多少压迫，经了多少苦战，仅得保持不败，已经觉得是很危险的。五四以后，形势大变，只听得这处也谈新思潮，那处也谈新思潮，这处也看见新出版品，那处也看见新出版品，对于这种蓬蓬勃勃的气象，我们哪能不高兴呢？但是现在我细细观察以后，觉得也有未可乐观之处：（一）是觉得根基太薄弱，成熟过早；（二）是觉得大家真正了解的少，而多半借新思潮当作太上老君急急如律令的符咒。任这种情形延长下去，实在有种绝大的危险；出版品虽多，是没有用的。但是在现在想出补救的方法来还是不迟；不但不迟，若是采取得当，还可顺水推舟，扩张思想改造的效力。我对于现在所应当行的方法，约有四点可说：

（1）对于现在的定期出版品，不在乎数的增多，而在乎质的改革。五四以来，中国的新出版品，虽是骤然增加四百余种，但是最大多数都是没有成熟的。有次杜威夫人问我道："我们美国办一种定期印刷品很不容易，往往筹备几年，何以在中国这容易，几月之间，增加到几百种印刷品呢？"我当时不好确切的回答，其实我心里想道：有什么不容易，不要印刷机，不要藏书室，不要精深的研究……看了几本杂志就来办杂志，有什么不容易？我看见近来的出版品中，有一种最大的通病，就是从研究方面来的少，从直觉方面来的多。往往从旁的杂志上得了一点"端绪"Hints 就演绎成一篇长文。你也是这样演绎，我也是这样演绎，所以髣？同小学堂的课艺一样，先生出一个题目教学生大家做。这样的情形，岂不真是"菌的生长"吗？所以我希望现在所有的杂志，不在乎数的增加，就是数目锐减下来，大家合力办几个杂志，也是不要紧的。最要的就是每个杂志有成熟的学说，系统的介绍，特殊的彩色；专以供给并改造中学以上的青年，和半开明社会的壮年底思想为宗旨。质的数量增了，杂志的价值方才定了！

（2）宣传的印刷品应当增多。文化运动的目的，是要作人类思想全部的解放，所以断不是同从前口唱"通俗教育"的人一样，自己立在贤人的地位，而随意给一点剩余的知识，把他们"愚民"的。既谓全部解放，所以必须打破一切的偶像观念，也决不能以"爱国"、"救国"一类的名词，去蒙惑他人的。所以我劝那班看杂志而办杂志的人，不要长跟着人家谈些什么"妇女解放"、"劳工神圣"；苟有真正改造社会的心思，还不如脚踏实地地调查一点寒苦同胞的生活情形；斟酌他们的需要，去传布他们一点福音。我听说日本这次的社会运动，是对于友爱会的《青服丛书》（日本劳动者穿的是青服）等等宣传的印刷品是很有关系的。欧洲各国，也都是如此。须知我们在高深一点的印刷品上高唱"德谟克拉西"，而北京城内的《群强报》还在鼓吹复辟呢？

（3）西洋大部有系统的著述，应当从速翻译介绍了！我们总说严又陵先生的译法不好，平心而论，中国除了严又陵而外，有几个人译了几部大书。中国人看西洋的学说，实在可怜得很，可以说是除了杂志而外，其余简直没有几个看过成部的著作，哪能有成熟的学说发现呢？原来中国的社会，也是不求成熟的，"水到成渠"，是中国社会的病根。譬如哥白尼倡地圆说，在欧洲争了几百年，流了多少血，而一到历代"天圆地方"的中国来，也就一点没有反响，地球立刻化方为圆。达尔文的进化论说人是动物进化来的。这种学说在西洋苦苦辩论了几十年，演了多少惨剧，而在清季中国严又陵译了一本薄薄的《天演论》出来（或是合撰的），当时的中国"上自宫廷，下至士庶"，深自文人学者的著述，浅自小学蒙馆的试卷，也就"物竞天择，适者生存"起来了！至于近来克鲁泡特金的互助论，虽然唱得轰轰烈烈，然按照实际想起来，何曾不是同当年的进化论一样。咳！学问零落至于如此，中国人的思想界哪能不破产呢？吴稚晖先生有一回同我说：中国要好好的有三万种书译出来，方才像个国家。咳！这也可以算是"伤心之言"了！

（4）专门学者的培养，实当今刻不容缓之图。我常常愤闷起来的时候想道：若是西洋人骂我们是劣等民族，我简直无法否认。你看现在的中国那里有一种学问配在世界上说话？说到这点，我们中国人连印度人都不如呢！所以现在最要紧的，就是要找一班能够造诣的人，抛弃一切事都不要问，专门去研究基本的文学、哲学、科学。世局愈乱，愈要求学问。现在是大家分工的时候，不是万能的时候了！我以为中国的社会固然是毁坏学者；而我们现在的行动，也是同一样的毁坏学者。即以我个人经验做一个浅近的比喻——我当然不配成为学者——我的天性，却是在求学方面比事务方面见长。好不容易，辛辛苦苦读了几年书，而去年一年以来，忽而暴徒化，忽而策士化，急而监示，忽而被谤，忽而亡命……全数心血，费于不经济之地。设使我以这番心血来完成我想译的三五部书，我对于中国的文明，比之现在是何等贡献？偶一回头，为之心酸。现在虽杜门译述，然已既往莫追。我区区尚感受这种痛苦，我想我们同志中聪明才智百倍于我，而奔走勤劳十倍于我的，不知道几多，所感受的痛苦也必定较我为甚。长此下去，不事分工，我们大家的精神都是要破产了！

总之，我们作文化运动的最后觉悟，是要知道现在中国没有一样学闻，可以在世界上站得住位置的；无基本文化的民族，在将来的世界上不能存在的。

综观全篇，我们一年以来成功失败和将来应取的方针，大概可以知道了！"五四运动"惟一的成绩，就是能够使中国"动"。但是动也有"冲动"、"活动"的分别。"冲动"同打吗啡针一样，人到麻木不仁的时候，是非打吗啡针不可，而打吗啡针有绝大的效验。若是既打之后，人已经醒了过来，就应当赶快吃固本培元的药，倘使要接二连三的打吗啡针，那不但吗啡针此后无灵，而且人要被他打死。"五四运动"是中国昏晕后其死回生的神针，但是现在要赶快吃固本培元的药了！本固元培，才可以养成真正永久的活动。

我极相信宇宙的原则是动的，所丛我总愿以后可以避免一时的，不经济的"冲动"；而养成永久的真正的"活动"！不然，长此下去，酿成一个"反动"，则中国的进化，至少又要停滞多少年。民国二年后袁世凯复古的潮流，可为寒心呵！这种反动最不忍说的结果是——

全国的青年破产！

全国的教育破产！

全国的一切新运动破产！

民国九年五月一日

我们对于学生的希望

《晨报·五四纪念增刊》，1920 年 5 月 4 日

胡适·蒋梦麟[1]

今天是五月四日。我们回想去年今日，我们两人都在上海欢迎杜威博士，直到五月六日方才知道北京五月四日的事。日子过的真快，匆匆又是一年了！

当去年的今日，我们心里只想留住杜威先生在中国讲演教育哲学；在思想一方面提倡实验的态度和科学的精神；在教育一方面而输入新鲜的教育学说，引起国人的觉悟，大家来做根本的教育改革。这是我们去年今日的希望。不料时势的变化大出我们的意料之外，这一年以来，教育界的风潮几乎没有一个月平静的；整整的一年光阴就在风潮扰攘里过去了。

这一年的学生运动，从远大的观点看起来，自然是几十年来的一件大事。从这里面发生出来的好效果，自然也不少；引起学生的自动的精神，是一件；引起学生对于社会国家的兴趣，是二件；引出学生的作文演说的能力，组织的能力，办事的能力，是三件；使学生增加团体生活的经验，是四件；引起许多学生求知识的欲望，是五件；这都是旧日的课堂生活所不能产生的，我们不能不认为是学生运动的重要的贡献。

社会若能保持一种水平线以上的清明，一切政治上鼓吹和设施，制度上的评判和革新，都应该有成年的人去料理；未成年的一代人（学生时代之男、女），应该有安心求学的权利，社会也用不着他们来做学校生活之外的活动。但是我们现在不幸生在这个变态的社会里，没有这种常态社会中人应该有的福气；社会上许多事被一班成年的或老年的人弄坏了，别的阶级又都不肯出来干涉纠正，于是这种干涉纠正的责任遂落在一般未成年的男、女学生的肩膀上。这是变态的社会里一种不可免的现象。现在有许多人说学生不应该干预政治，其实

---

① 本文由胡适起草，与蒋梦麟联名发表。——编注。

并不是学生自己要这样干，这都是社会和政府硬逼出来。如果社会国家的行为没有受学生干涉纠正的必要，如果学生能享受安心求学的幸福而不受外界的强烈的刺激和良心上的督责，他们又何必甘心抛了宝贵的光阴，冒着生命的危险，来做这种学生运动呢？

简单一句话：在变态的社会国家里面，政府太卑劣腐败了，国民又没有正式的纠正机关（如代表民意的国会之类），那时候，干预政治的运动，一定是从青年的学生界发生的。汉末的太学生，宋代的太学生，明末的结社，戊戌政变以前的公车上书，辛亥以前的留学生革命党，俄国从前的革命党，德国革命前的学生运动，印度和朝鲜现在的运动，中国去年的五四运动与六三运动，都是同一个道理，都是有发生的理由的。

但是我们不要忘记：这种运动是非常的事，是变态的社会里不得已的事，但是他又是很不经济的不幸事。因为是不得已，故他的发生是可以原谅的。因为是很不经济的不幸事，故这种运动是暂时不得已的救急的办法，却不可长期存在的。

荒唐的中年、老年人闹下了乱子，却要未成年的学子抛弃学业，荒废光阴，来干涉纠正：这是天下最不经济的事。况且中国眼前的学生运动更是不经济。何以故呢？试看自汉末以来学生运动，试看俄国、德国、印度、朝鲜的学生运动，那有一次用罢课作武器的？即如去年的五四与六三，这两次的成绩可是单靠罢课代武器的吗？单靠用罢课作武器，是最不经济的方法，是下下策，屡用不已，是学生运动破产的表现！

罢课于旁人无损，于自己却有大损失，这是人人共知的。但我们看来，用罢课作武器，还有精神上的很大损失：

（一）养成依赖群众的恶心理 现在的学生很像忘了个人自己有许多事可做，他们很像以为不全体罢课便无事可做。个人自己不肯牺牲，不敢做事，却要全体罢了课来呐喊助威，自己却躲在大众群里跟着呐喊，这种依赖群众的心理是懦夫的心理！

（二）养成逃学的恶习惯 现在罢课的学生，究竟有几个人出来认真做事？其余无数的学生，既不办事，又不自修，究竟为了什么事罢课？从前还可说是"激于义愤"的表示，大家都认作一种最重大的武器，不得已而用之。久而久之，学生竟把罢课的事看作很平常的事。我们要知道，多数学生把罢课看作很平常的事，这便是逃学习惯已养成的证据。

（三）养成无意识的行为的恶习惯 无意识的行为，就是自己说不出为什么要做的行为。现在不但学生把罢课看做很平常的事，社会也把学生罢课看做很平常的事。一件很重大的事，变成了很平常的事，还有什么功效灵验呢？既然明知没有灵验功效，却偏要去做；一处无意识的做了，别处也无意识的盲从。这种心理的养成，实在是眼前和将来最可悲观的现象。

以上说的是我们对于现在学生运动的观察。

我们对于学生的希望，简单说来，只有一句话："我们希望学生从今以后要注重课堂里，操场上，课余时间里的学生生活：只有这种学生活动是能持久又最有功效的学生运动。"

这种学生活动有三个重要部分：

（1）学问的生活。

（2）团体的生活。

（3）社会服务的生活。

第一，学问的生活 这一年以来，最可使人乐观的一种好现象，就是许多学生于知识学问的兴趣渐渐增加了。新出的出版物的销数增加，可以估量学生求知识的兴趣增加。我们希望现在的学生充分发展这点新发生的兴趣，注重学问的生活。要知道社会国家的大问题，绝不是没有学问的人能解决的。我们说的"学问的生活"并不限于从前的背书抄讲义的生活。我们希望学生——无论中学大学——都能注重下列的几项细目：

（1）注重外国文 现在中文的出版物实在不够满足我们求知的欲望。求新知识的门径在于外国文。每个学生至少须要能用一种外国语看书。学外国语须要经过查生字、记生字的第一难关。千万不要怕难。若是学堂里的外国文教员确是不好，千万不要让他敷衍你们，不妨赶他跑。

（2）注重观察事实与调查事实 这是科学训练的第一步。要求学校里用实验来教授科学。自己去采集标本，自己去观察调查。观察调查须要有个目的——例如本地的人口、风俗、出产、植物、鸦片烟馆等项的调查——还要注重团体的互助，分工合作，做成有系统的报告。现在的学生天天谈"二十一条"，究竟二十一条是什么东西，有几个人说得出吗？天天谈"高徐济顺"，究竟有几个人指得出这条路在什么地方吗？这种不注重事实的习惯，是不可不打破的。打破这种习惯的唯一法子，就是养成观察调查的习惯。

（3）建设的促进学校的改良 现在的学校课程和教员一定有许多不能满足学生求学的欲望的。我们学生不要专做破坏的攻击，须要用建设的精神，促进学校的改良。与其提倡考试的废止，不如提倡考试的改良；与其攻击校长不多买博物标本，不如提倡学生自己采集标本。这种建设促进，比教育部和教育厅的命令功效大得多咧。

（4）注重自修　灌进去的知识学问是没有多大用处的。真正可靠的学问都是从自修得来的。自修的能力是求学问的唯一条件。不养成自修的能力，决不能求学问。自修应注重的事是：①看书的能力，②要求学校购备参考书报，如大字典、词典、重要的大部书之类，③结合同学多买书报，交换阅看，④要求教员指导自修的门径和自修的方法。

第二，团体的生活　五四运动以来，总算增加了许多的学生的团体生活的经验。但是现在的学生团体有两大缺点：①是内容太偏枯了，②是组织太不完备了。内容偏枯的补救，应注意各方面的"俱分并进"。

（1）学术的团体生活，如学术研究会或讲演会之类。应该注重自动的调查、报告、试验、讲演。

（2）体育的团体生活，如足球、运动会、童子军、野外幕居、假期旅行等等。

（3）游艺的团体生活，如音乐、图画、戏剧等等。

（4）社交的团体生活，如同学茶话会、家人恳亲会、师生恳亲会、同乡会等等。

（5）组织的团体生活，如本校学生会、自治会、各校联合会、学生联合会之类。

要补救组织不完备，应注重世界通行的议会法规（Parliamentary Law）的重要条件。简单的说来，至少须有下列的几个条件：

（1）法定开会人数。这是防弊的要件。

（2）动议的手续，与修正议案的手续。这是会议法规里最繁难又最重要的一项。

（3）发言的顺序。这是维持秩序的要件。

（4）表决的方法。①须规定某种议案必须全体几分之几的可决，某种必须到会人数几分之几的可决，某种仅须过半数的可决。②须规定某种重要议案必须用无记名投票，某种必须用有记名投票，某种可用举手的表决。

（5）凡是代表制的联合会——无论校内、校外——皆须有复决制（reterendum【referendum】）。遇重大的案件，代表会议议决案必须再经过会员的总投票；总会的议决案，必须再经过各分会的复决。

（6）议案提出后，应有规定的讨论时间，并须限制每人发言的时间与次数。

现在许多学生会的章程只注重职员的分配，却不注重这些最紧要的条件，这是学生团体失败的一个大原因。

此外还须注意团体生活最不可少的两种精神：

（1）容纳反对党的意见，现在学生会议的会场上，对于不肯迎合群众心理的言论，往往有许多威压的表示，这是暴民专制，不是民治精神。民治主义的第一个条件就是要使各方面的意见都可以自由发表。

（2）人人要负责任，天下有许多事都是不肯负责任的"好人"弄坏的。好人坐在家里叹气，坏人在议场做戏，天下事所以败坏了。不肯出头负责任的人，便是团体的罪人，便不配做民治国家的国民。民治主义的第二个条件是人人要负责任，要尊重自己的主张，要用正当的方法来传播自己的主张。

第三，社会服务的生活　学生运动是学生对于社会国家的利害发生兴趣的表示，所以各处都有平民夜学，平民讲演的发起。我们希望今后的学生继续推广这种社会服务的事业。这种事业，一来是救国的根本办法，二来是学生的能力做得到的，三来可以发展学生自己的学问与才干，四来可以训练学生待人接物的经验。我们希望学生注意以下各点：

（1）平民夜校。注重本地的需要，介绍卫生的常识，职业的常识，和公民的常识。

（2）通俗讲演。现在那些"同胞快醒，国要亡了"、"杀卖国贼"、"爱国是人生的义务"等等空话的讲演，是不能持久的，说了两、三遍就没有了。我们希望学生注重科学常识的讲演，改良风俗的讲演，破除迷信的讲演。譬如你今天演说"下雨"，你不能不先研究雨是怎样来的，何以从天上下来；听的人也可以因此知道雨不是龙王菩萨洒下来的，也可以知道雨不是道士和尚求得下来的。又如你明天演说"种田何以须用石灰作肥料"，你就不能不研究石灰的化学，听的人也可以因此知道肥料的道理。这种讲演，不但于人有益，于自己也极有益。

（3）破除迷信的事业。我们希望学生不但用科学的道理来解释本地的种种迷信，并且还要实行破除迷信的事业。如求神合婚、求仙言、放焰口、风水等等迷信，都该破除。学生不来破除迷信，迷信是永远不会破除的。

（4）改良风俗的事业。我们希望学生用力去做改良风俗的事业。譬如女子缠足的，现在各处多有。学生应该组织天足会，相戒不娶小脚的女子。不能解放你的姊妹的小脚，你就不配谈"女子解放"。又如鸦片烟与吗啡，现在各处仍旧很销行，学生应该组织调查队，侦探队，或报告官府，或自动的捣毁烟间与吗啡店。你不能干涉你村上的鸦片吗啡，你也不配干预国家的大事。

以上说的是我们对于学生的希望。

学生运动已发生了，是青年一种活动力的表现，是一种好现象，决不能压下去的；也决不可把他压下去的。我们对于办教育的人的忠告是："不要梦想压制学生运动；学潮的救济只有一个法子，就是引导学生向有益、有用的路上去活动"。

学生运动现在四面都受攻击，五四的后援也没有了，六三的后援也没有了。我们对于学生的忠告是："单靠用罢课作武器是下下策，可一而再再而三的么？学生运动如果要想保存五四和六三的荣誉，只有一个法子，就是改变活动的方向，把五四和六三的精神用到学校内外有益、有用的学生活动上去"。

我们讲的话，是很直率，但这都是我们的老实话。

中国旧家庭制度的变动

中国民主促进会中央宣传部（编），《周建人文选》，
北京：中国文史出版社，1988 年

周建人

中国的旧家庭制度，是君主专制政治的雏形，与自来君主专制的政体非常相合，所以各能保住他们的巩固。其中有一个蔑视个性的道德律，来做极有力的维系。这种道德律上的教训，便是说：儿子的第一事是孝；妻的第一事是贞，是节，等等；都与人民必须忠君，忠臣不事二君的教训相符合。而且此外更有一种信仰，相信人民的上头，还有一重有意志的天，这天却极轻躁易怒，动不动便要震怒，一怒便要降罚。为旧道德所不许的，便要触动天怒，所以这种观念是维持旧道德律，使人视为天经地义，和教人绝对服从，不起怀疑的极有力的条件。这种观念，这种蔑视个人的道德律，和一体相属的家庭制度，一直保守到今日。然而到了今日，却渐渐有破裂的倾向了。

这君主式的旧家庭制度中，除却这种神秘观念和蔑视个性的道德律以外，更有起于很自然的家庭宗教，便是崇拜祖先。人类本含有畏惧强力和崇拜英雄的心理，这便是从古代母系制度转变为父系制度的一个枢纽。祖先崇拜的宗教，便很容易由此逐渐发生。其中重要的精神，便是相信灵魂不死，祖先在千百年后，还能庇荫子孙；子孙须得祖先的庇荫，才得昌盛，才得安享荣华；小而至于出家回乡，也须告知祖先，求祖先的庇护（此等迷信，近来虽已稍差，但仪式却依旧存在）。甚至于子孙做人，也全为祖先，不为自身；子孙得意，便算光耀祖宗，失意便是辱没门风。

祖先崇拜的族中，家长具有极大的势力，是执行祖先的意志的人，不能有所违抗。中国通常的族制，大抵家长之下，包含着许多家属，凡共一宗祠的各族，均在这家长之下；若在一家，便以年长的男子，如父或祖父为主，统率以下的子孙。中间更有房长，承接于一家之主与家长之间。这样家长制度的团结

力，除祖先崇拜的精神之外，又有经济上的维系。往往历代祖先，均有公共祭产一类的产业，为派下的子孙所公有，这也是使各房得时常聚会，固结不解的一个原因。

祖先崇拜的家庭，更有一个特点，便是重视后嗣，以没有后嗣为罪恶。即使本人并无必要后嗣的要求，而族中公意，也不能任其没有嗣续，照例须由近房子孙过继，承接祭祀。在所谓门第人家，尤须保守宗族的纯洁，不得收养外姓的孩子为嗣；倘有这种举动，便称为"乱宗"，要激起同族的公愤的。因为重视后嗣，所以族中也承认无嗣的男子可以重婚。如妻子虽在，多年不能生育，或因多病，眼见得不能生育，可以另行娶妻，与原妻并行，不分上下。已有子的买妾，尚且不禁；若因无子而买妾，更不必说了。有时也许可没有男儿只有女儿的房分，可以招外姓的男子入赘，顶立祀祭；但这种办法，为许多家禁严密的人家所不许。买妾的事，家族虽并不禁止，然而妻妾的名分极严，俨然有主奴的阶级。凡妾皆不得与闻祭祀，其实只是奴婢的变相，可知置妾的习惯，并不因为重视嗣续而发生的了。

此等家长制度下的结婚情形，很可以研究。女子在父家的时候，须恪守"子道"；既嫁之后，则须恪守"妇道"；所以在此时代的女子的地位，只须看了"在家从父，出家从夫"的话，便可知道。婚姻的事，只要从"在家从父"的一句话中，可以知道是不许自主了。

因此家长制度之下的婚姻制度，最为固定。主权全在父母，本人自主的称为"私订"，减灭父母的权势，社会上也免不得因此责备父母的家教不严，父母便引以为耻辱的事。所以子女的婚姻，转成了父母的责任，不容不为代谋，本人却完全不负责任。一面却也不许违拗，若自己参与，反以为羞。贫苦人家出卖儿女，近来还当做极平常的事。男女的地位，可想而知。

在普通的观念上，婚姻的成立，不但是父母的意志，实是"天作之合"，后半生的事，善善恶恶从此规定。女子既嫁，便脱离母家的一切信仰习惯，"归化"夫家的一切习俗。从来法律上没有什么婚姻的条件，社会上所行的便是法律，便为法律所承认。如婚约已成之后，倘一方面有意抵赖，即可向官厅请求追究，官厅便认房族长主名的婚约为有效。

中国虽盛行蓄妾的风气，但在家族上却很有保守一夫一妇的情形。除却一子兼祧，可另娶一妻，或他种特别原因，也有重娶之外，妾在家族上，地位极不平等，宛如俘虏奴隶；不但男子自己可以售卖，便是他人，如男子的本妻、父母等，也都有出妾的权力。

此等制度之下，离婚非常少见。意气不投，算是极细小的事；而且严密说来，道德上实不许意气不投，因为结婚是父母的意志，若起憎恶，即违犯了父母的志趣，便是过失。在蓄妾制度风行之下，男子犯奸，不为罪恶，所以当旧家庭制度没有破裂的倾向以前，女子几乎没有条件可以向夫家提出离异，除非夫家认定女子有"污辱门风"以及"侮辱尊长"的行为，及不能谨守教训等的罪名，则可向女家交涉离异，交予母家领回。所以此等办法，按实际言，虽称离婚，实是驱逐。

而且主张离异的人，每每并非男子本身，却是男子的父母。中国的离婚事件，虽无统计，但据平日见闻，男子自己决心提出的，实在少有。这原因，大约便因为一方面要合于父母的意志，一方面是别人代谋的婚姻，仿佛减轻了责任似的，所以男子也没有定要提出的决心了。只在工人和农人，妻子有放荡不能持家的，则也有将人退还女家，或卖给别人的事。

总之，中国的婚姻既由父母作主，做成之后，终身便告结束。女子嫁后的生活，则是尽力于侍奉公姑，操作家务，养育儿女等事；除此之外，更不许发生他种思想。所以往昔的家庭，若不论个人的精神上的苦痛，单从社会一方面看来，实似乎最为稳固。

然而如此巩固的家庭，为什么到了今日之下，也起破裂的现象呢？这原因自然很为复杂，然大要却不外乎经济、政治，和观念上的变迁这几个原因。

很重要的原因，是去掉了经济上的维系。中国的旧家庭制度，只适宜于孤独隔离，而不适于交往过繁，过繁便失其稳固。近来的社会生活程度，渐渐增高起来，由闭锁在家庭中得来的一点旧式教育，缺乏生活的能力；大家族的子弟，又大抵无一定职业，所以有渐渐陷于艰苦的倾向。于是许多大族，便将公产分析，族中的房分，先失了经济上的牵连关系。一方面又因为生活困难，谋生渐觉辛苦，或者奔走四方，不复如先前一样有多余的闲暇，能从容办理家庭宗教的仪式等事，族中便减少了聚集的机会，彼此相见较疏，家族长辈也就顿时减少统驭的势力。所以许多家属相连系的大族，渐渐分散，渐渐成为较小的家庭。

其次的原因，是因为政治上的改变。从甲午以后，渐渐知道旧式教育的不足恃，提倡兴办学校，于是将从前在家庭间的教育，推向社会上去；青年的见闻及交际，因此推广开去，渐觉得旧家庭制度中的生活，狭窄枯燥；对于旧家庭，起了不满意的感觉，而发生了谋新的生活的要求。

更有一种重要的原因，便是观念的改变。兴办学校以后，便造成欧、美文化输入中国的机会，展开了人的眼光，觉得中国的家庭制度，不是独一无二的组织；中国的家庭，还是一种古罗马一般的旧制，于是渐渐起了怀疑。到改称民国后，国体上的制度，有怎样变化，且不必论；但觉得古代承袭下来的君臣父子等教训，起了变动，将整个的旧道德律崩去了一角，其余也便不稳固起来。怀疑本是破坏旧制度的动机，一至观念起了变动，那便要发现于行为了。而且不论什么社会上的习惯和行为，都非常容易传染。例如古代罗马的家庭，本很与中国的家庭相似，而且非常稳固；然而一到希腊的旧家庭制度起了破裂，便传染到罗马，登时发生离婚事件，而且增多起来，家庭便渐渐起了变迁。所以中国旧家庭制度发生破裂的来源，一部分也很受他国的影响。到了今日，中国的旧家庭制度，其实也只有分裂的倾向罢了；大部分尚在那里极力保持，但虽然保持，变更的倾向，总只有增加。这便因为观念有了变动，有人将思想注意到人生问题上去，于是发生了觉悟。不觉悟倒还安稳，一旦有了觉悟，便发生了苦痛。精神上的苦痛，恐怕要算人生最难忍受的事，所以常常想极力的挣扎，这种苦痛生出来的反动，便是旧家庭制度趋向破裂的极有力的动力。

这种观念的改变，既然多半由于政体的改变和欧、美文化的影响，所以这影响自然先及于交际较为广阔和读书力较强的人，于是破裂倾向也便先发现于这等人。务农作工的人家，却还没有受着什么影响，还是"世承父业"的代代相传下去。许多农家的生活，还在所谓"老死不相往来"的状态。而且他们的家庭，不但是农场，又兼是工场，制作而且纺织，几乎衣食等必要品，都出于一家之中。他们的生活既简单，交通又极稀少，又随着季候，时时改变他们的操作，匆匆忙忙的终年过去，所以倒反能固定他们的改变了。

旧家庭制度要破裂的表征，最重要的便是离婚的加多。一个家庭中所含的主要的成分，只是夫妇及亲子；所以研究结婚和离婚，不但在家庭研究最占重要，便是研究社会组织上也极要紧。近年来中国的家庭，不但男家有离异女子的事，而且女子也有提出离异的了，这便是一个极大的征兆。

中国自改称民国以来，结婚的事，则依旧由家庭自家去办，法律没有什么干涉，只有离婚条件，却极严紧，大概非男于背弃另娶，女子另自有人等，不能轻易离异。执法的人，又大半主张调和，故每一个新的高等审判厅长到任，常见报章上便载有通饬所属各县的文章，有务须慎重离婚案件的话。法律本是守旧的东西，况且他们又以为离婚是一种"颓风"，非亟行挽救不可，所以愈限愈严。这种观念的起点，原因也很复杂，其一便因为法院所收离婚案中，大抵女子提出的案件为多；从前女子向男家提出离异，虽然极难，但如得男家的许可，偿还聘金等类，偶然也可办成；只是大抵私人交涉，不曾经过公厅的手续，近来始有正式向法院提出罢了。女子的出嫁，既等于归化夫家，所以夫家抛弃女子，自然比女子求脱离夫家，较为容易。现在夫家主动的，依旧多属私自交涉；而在女家主动的，为防男家将来纠缠，断绝牵连起见，不能不借重法庭的判决。所以法院中只见这类案件的增多，以为"世风日下"了。

离婚案的增多，对于将来改造新家庭而言，这是原因，若对于观念、经济状况及政治变迁的改变而言，却已是效果了。此外更有与此相同，可以互为因果的事，便是近来青年的求脱离家庭束缚而自立的倾向。这潮流，近日愈加急迫起来了。

现在的旧制度虽然已经渐渐破裂，而新的制度，却还无头绪。在社会的改造上，造新式的制度，不能不用由旧制度破裂下来的材料，因为制度不能像一件衣服，一面可以预先做好新的，待新的完全做好之后，才将旧的脱下，换上新的。必须将旧的渐渐熔去，再铸新的。在这旧的要熔新的未铸的时候，自然中间总有一番蒸腾。这蒸腾，便是现在的旧家庭的恐慌和新青年的烦闷。

一九二一年六月

五四运动纪念[①]

《民国日报》,《觉悟》副刊,1928 年 5 月 10 日、11 日

胡 适

一、五四运动之背景

中国加入欧战时,全国国民,皆抱负极大希望,以为从此以后,对外赔款,可以停付——至少可以停付五年;治外法权,可以废止;关税主权,可以收回。当时,日本人已先中国数年,加入战争,派遣军舰,专与东方的德国势力为难;接收青岛,续办胶济路,所有德国人在华的势力,居然落到他们手中去了。彼时中国人尚不如何着急,因为日本政府曾有表示,望此次接收,不过暂时之事,将来"终究归还中国";不料到了第二年——一九一五年,日本非独不把山东方面的权利,交还中国,抑且变本加厉,增制许多条件,向中国下"哀的美敦书",强迫中国承认,中国无法,只能于五月九日签字承认。于是中、日二国的感情,愈弄愈坏,坏到不可收拾了。

中国正式加入欧战,是一九一七年。前此之时,虽有华工协助协约国与德国开衅,但未经中国政府正式表示,到了一九一七年,中国政府,公然向德绝交,向德开战。翌年十一月十一日,德国终于失败了,一种代表军国主义和武力侵略主义的势力,终于被比较民治化的势力屈服了,欧战遂此告终。全世界人皆大庆祝此双十一节,中国自亦受其影响。五月十七那一天,所有北京城内的学校,一律停课,数万学生,结队游行,教育部且发起提灯大会,四、五万学生,手执红灯,高呼口号,不可谓非中国教育界第一创举·影响所及,遂为

---

① 原文标题为:《五四运动——胡适之在光华大学之演词》,文游记;依据《胡适演讲集(三)》(台北:远流出版事业股份有限公司,1986 年),拟订本文标题及文内小标题。又,《胡适演讲集(三)》所录本文有缺漏,本书收录,悉依《民国日报》原刊版本。——编注。

以后的五四运动下一种子。故虽谓五四运动，直接发源于此次五、六万人的轰轰烈烈的大游行，亦无不可。非独此也，教育部且于天安门一带，建筑临时讲台，公开演讲。事后北大停课三天，要求教育部把此临时讲台，借给北大师生，继续演讲三天。演讲时间，每人限以五分钟，其实，每人亦只能讲五分钟，因为彼时风吹剧烈，不到五分钟，讲员的喉咙，已发哑声，虽欲继续，亦无能为力了。因此，各人的演词，非常简括，却又非常精彩。此后在《新青年》杂志上所发表的如蔡元培的《劳工神圣》和我的《非攻》等篇，皆为彼时演词之代表。但有人要问，我们为什么要如此做呢？原来彼时北京政府，安福部初自日本借到外债六万万元，一时扬武耀威，非常得意。我们见之，虽有非议，亦无法可想。彼时既有教育部首先出来举行公开演讲，我们亦乐得借此机会，把我们的意见，稍微发泄发泄。后来，我因母丧离开北京，故未得亲自参加这个大运动的后半剧。

一九一九年一月十八日，交战诸国开和平会议于法国 Versailles 宫中，中国人参加者，有政府的代表，有各政党的代表，又有用私人名义去参加者，以为美国威迩逊总统的十四点，必可实行，中国必能在和会之中，占据许多利益；至少，山东问题，必能从和会中得着满意的解决。然而威迩逊毕竟是一个学者的理想家，在政治上玩把戏，那里敌得过英国的 David Lloyd HeorOe【George】及法国的 Clemenceau 这一班人呢？学者遇着老虎，学者惟有失败而已！

二、五四运动之发生

四月二十八日，国际联盟条文，正式成立，尚觉有点希望。过了二天，到了四月三十日那一天，和会消息传出，关于山东方面的权利，皆付与日本，归日本处理。消息一到，前此满腔热望，如此完全失望了！全国愤怒，莫能遏制，于是到了五月四日那一天，学生界发起北京全体学生大会，开会以后，到处游行（外传北京学生会曾向东交民巷各公使馆表示态度说不确）。后来，奔到赵家楼①，撞破墙壁，突围而进，适章宗祥躲避不及，打个半死，后脑受着重伤；当场即被捉去学生二三十人，各校皆有，各校校长暨城内绅缙名流，皆负责担保。后来消息传到欧洲，欧洲代表团，亦大受感动，同时更用恐吓手段，打电报给

---

① 《胡适演讲集（三）》做："奔到赵家楼胡同曹宅"。——编注。

陆宗舆①，如果他糊里糊涂的在山东问题条文中签了字，他的祖宗坟墓，一概将被掘；外交团迫于恐吓，自不敢轻易签字了。

于是在五月十四那一天，中国代表团，又在和会内重新提出山东问题，要求公平办法，始终没有得着好的结果，而中国代表亦始终没有签字，所以然者，实因当时留欧中国学生界，亦有相当的运动，包围中国公使馆不许中国官员擅自签字之故。可是这样一来，当时办教育的人，就棘手了，好在他们亦不欲在这种腐败的政府下供职，于是教育部中几个清明的职员及北大校长蔡先生等人，相继辞职。那时，政府正痛恶那一班人，他们既欲辞职，亦不挽留。然而当时的学生界怎能任这一班领袖人物，轻轻引退呢？于是大家主张挽留。为欲营救被捕的学生，为欲挽留被免的师表，同时又要继续伟大的政治运动，故自五月二十日起，北京学校，一律罢课，到处演讲，诸如前门大街等热闹地方，皆变成学生的临时讲场了；对于城内交通，不无影响，于是北京军警，大捕学生。但军警捕捉学生愈着力，学生的气焰，愈加热烈，影响所及，全国学生，相率罢课，天津的学生界，五月二十三日起，宣布罢课；济南的学生界，于二十四日宣布罢课；上海的学生界，于二十六日宣布罢课；南京的学生界，于二十七日宣布罢课；后来连到军阀的中心势力所在地的保定学生界，亦于二十八日决议罢课；向者为北京学生界的爱国运动，今其势力，已风动全国学生界，而变成全中国的学生运动了。同时北京被捕的学生，亦益发增多，城内的拘留所，皆拘满了，一时无法，就把北大第三院，改成临时拘留所，凡遇着公开讲演的学生，军警辄把枪一挥，成群的送入北大第三院内，院之四周，坚筑营盘，勤力看守。后来第三院的房子内住不下了，又把第二院一并改为临时拘留所。斯时杜威博士适到北京，我领他去参观就地的大监狱，使他大受感动。后来，忽有一天，到了六月三号那一天，院外的营盘，忽然自动撤销了，看守的军警，各自搬场了，一时不知其故，后来才明白上海学生界，即在六月三号那一天，运动商界，一律罢市三天，并要求政府罢免曹、陆、章三人的职务。政府见来势汹汹，无法抵抗，终于屈服下来；自动撤销营盘，自动召回军警，即是政府被人民屈服的证据，而曹、陆、章三人，亦于同日被政府罢免掉了。此为五月四日到六月三日几近一月中间的故事，最后的胜利，终于归附学生界了。

---

① 《胡适演讲集（三）》做："我国出席总代表陆征祥"。——编注。

三、五四运动之影响

如今且约略考究五四运动的影响，他的影响，计有二方面：一为直接的影响，一为间接的影响。直接的影响，能使全国人民，注意山东问题，一面禁止代表签字，一为抵制日货，抵制日货的结果，许多日本商人，先后破产，实予以重大打击，故日本野心家，亦渐生戒惧之心；再加上其他友国的帮助，故于一九二一年"华盛顿会议"中，当中国代表重新提出山东问题时，中国着实占点便宜。其结果，日本终于把山东方面的权利，终究交还中国了。

至于间接的影响，那就不能一样一样的细说了！

第一，五四运动引起全国学生注意社会及政治的事业。以前的学生，不管闲事，只顾读书，政治之好坏，皆与他们无涉。从此运动以后，学生渐知干预政治，渐渐发生政治的兴趣了。

第二，为此运动，学生界的出版物，突然增加。各处学生皆有组织，各个组织皆有一种出版物，申述他们的意见。单说民国八年一年之内，我个人所收到的学生式的豆腐干报，约有四百余份之多，其他可无论了。最奇怪的，这许多报纸，皆用白话文章发表意见，把数年前的新文学运动，无形推广许多。从前我们提倡新文学运动，各处皆有反对，到了此时，全国学生界，亦顾不到这些反对，姑且用它一用再讲，为此用它一用的观念的结果，新文学的势力，就深深占入学生界的头脑中去了，此为五四运动给与新文学的影响。

第三，五四运动更与平民教育以莫大影响。学生注意政事，就因他们能够读书，能够看报之故。欲使平民注意政事，当亦使他能够读书，能够看报；欲使平民能够读书，能够看报，唯一的方法，就在于教育他们。于是各学校中，皆创立一个或数个平民学堂，招收附近平民，利用晚间光阴，由各学生义务教授；其结果，平民教育的前途，为之增色不少。

第四，劳工运动亦随五四运动之后，到处发生。当时的学生界，深信学生一界，势力有限，不能作成大事，欲有伟大的成就，非联合劳工各界，共同奋斗不可。但散漫的劳工，不能发生何种势力，欲借重之，非加以组织不可，于是首先与长辛店的工人商议，劝其组织工会，一致奋斗。一处倡之，百处和之。到了今日，各处城市，皆有工会组织，推原求本，当归于九年以前的五四运动。

第五，妇女的地位亦因五四运动之故，增高不少。五四运动之前，国内无有男女同学之学校，那时，妇女的地位，非常低微。五四运动之后，国内论坛，对于妇女问题，渐生兴趣，各种怪论，亦渐渐发生了；习而久之，怪者不怪，妇女运动，非独见于报章杂志，抑且见诸实事之上了！中国的妇女，从此遂跨到解放的一条路上去了。

第六，彼时的政党，皆知吸收青年分子，共同工作。例如进步党人，特为青年学生，在他们的机关报上，辟立副刊，请学生们自由发表意见。《民国日报》之《觉悟》，即其一例①。有的机关，前时虽亦有副刊，唯其主要职务，不外捧捧戏子，抬抬妓女，此外之事，概非所问；五四以后，他们的内容，完全改变了：诸如马克思、萧伯纳、克鲁泡特金等名词，皆在他们的副刊上，占着首席地位了。

其在国民党方面，此种倾向，益觉显著。论日报，则有《民国日报》的各种副刊；论周报，则有《星期评论》；论月刊，则有《建设杂志》等等；其影响于青年学生界者，实非微事。非独此也，他们并于民国十三年国民党改组之际，正式承认吸收少年分子，参加工作，此种表示，亦因受着五四运动的影响之故，就中尤以中山先生最能体验五四运动的真意义。彼于一九二〇年正月九【二十九】日那一天，写信给海外党部，嘱以筹金五十万，创办一个最大的与最新式的印刷机关，其理由，则为：

> 自北京大学学生发生五四运动以来，一般爱国青年无不以革新思想为将来革新事业之预备，于是蓬蓬勃勃，发抒言论，国内各界舆论，一致同倡，各种新出版物为热心青年所举办者，纷纷应时而出，扬葩吐艳，各极其致，社会遂蒙绝大之影响，虽以顽劣之伪政府，犹且不敢撄其锋。此种新文化运动，在我国今日，诚思想界空前之大变动。推原其始，不过由于出版界之一、二觉悟者从事提倡，遂至舆论放大异彩，学潮弥漫全国，人皆激发天良，誓死为爱国之运动。倘能继长增高，其将来收效之伟大且久远者，可无疑也。吾党欲收革命之成功，必有赖于思想之变化，兵法攻心，语曰革心，皆此之故。故此种新文化运动，实为最有价值之事。……
>
> ——孙中山，《致海外国民党同志书》

孙先生看出五四运动中的学生，因教育的影响，激于义愤，可以不顾一切

---

① 《胡适演讲集（三）》做："北京《晨报》的副刊，上海《觉悟》，即其实例"。——编注。

而为国家牺牲，深信思想革命，在一切革命中，最关紧急；故拟创办一个最大的与最新式的印刷机关，尽量作思想上的宣传工夫；即在他自身的工作上，亦可看出这一点来。民八以前，孙先生奔走各处，专心政治运动，对于著作上的工作，尚付阙如，只有《民权初步》及《实业计划》两部分的著作，于民八以前作成；民八以后，他的革命方向，大大转变了，集中心力，专事著作，他的伟大著作，皆于此时告成。这是什么缘故呢？就因为他认定思想革命的势力，高过一切，革命如欲成功，非先从思想方面入手不可，此种倾向，亦就因为受着五四运动的影响的结果。

五四运动为一种事实上的表现，证明历史上的一大原则，亦可名之曰历史上的一个公式。什么公式呢？"凡在变态的社会与国家内，政治太腐败了，而无代表民意机关存在着；那么，干涉政治的责任，必定落在青年学生身上了。"

这是一个最正确的公式，古今中外，莫能例外。试观中国的历史，东汉末年，宦官跋扈，政治腐败，朝廷上又无代表民意的机关，于是有太学学生三万人，危言正论，不避豪强，其结果，终于造成党锢之祸，牵连被捕死徙废禁的，不下六、七百人。又如北宋末年，金人南犯，钦宗引用奸人，罢免李纲以谢金人，政治腐败，达于极点，于是有太学生陈东及都人数万，到阙下请复用李纲，钦宗不得已，只好允许了。又如清末戊戌政变，主动的人，即是青年学生；革命起义，同盟会中人，又皆为年青【轻】的学生；此为中国历史上的证据。又观西洋历史，中古时代，政治腐化，至于极点，创议改革者，即为少年学生；一八四八年，为全欧革命的一年，主动的人皆为一班少年学生，到处抛掷炸弹，开放手枪，有被执者，非遭死戮，即被充军，然其结果，仍不能压倒热烈的青年运动，亦唯此种热烈青年运动，革命事业，才有成功之一日。是以西洋的历史，又足证明上面所说的一个公式。

反转来讲，如果在常态的社会与国家内，国家政治，非常清明，且有各种代表民意的机关存在着；那么，青年学生，就无需干预政治了，政治的责任，就要落在一班中年人的身上去了。试观英、美二国的青年，他们所以生兴趣，只是足球、篮球、棍球等等，比赛时候，各人兴高采烈，狂呼歌曲；再不然，他们就去寻找个女朋友，往外面去跳舞，去看戏，享尽少年幸福。若有人和他们谈起政治问题，他们必定不生兴趣，他们所作的，只是少年人的事。他们之所以能够安心读书，安心过少年幸福者，就因为他们的政治，非常清明，他们的政治，有中年的人去负责任之故。故自反面立论，又足证实上面所讲的历史上的公式。

自从五四运动以来，中国的青年，对于社会和政治，总算不曾放弃责任，总是热热烈烈的与恶化的挣扎；直到近来，因为有些地方，过分一点，当局认为不满，因而丧掉生命的，屡见不鲜。青年人的牺牲，实在太大了！他们非独牺牲学业，牺牲精神，牺牲少年的幸福，连到他们自己的生命，一并牺牲在内了；而尤以二十五岁以下的青年学生，牺牲最大。例如前几天报上揭载武汉地方，有二百余共产党员，同时受戮，查其年龄，几皆在二十五岁以下，且大多数为青年女子。照人道讲来，他们应该处处受社会的保障，他们的意志，尚未成熟，他们的行动，自己不负责任，故在外国，偶遇少年犯罪，法官另外优待，减刑一等，以示宽惠。中国的青年，如此牺牲，实在牺牲太大了！为此之故，所以中国国民党在第四次全体会议中所议决的中央宣传部宣传大纲内有一段，即有禁止青年学生干预政治的表示。意谓年青学生，身体尚未发育完全，学问尚无根底，意志尚未成熟，干预政治，每易走入歧途，故以脱离政治运动为妙（胡先生讲演时曾向听众宣讲大纲原文，兹因一时查不出原文，故尽述意，应请胡先生原谅）。平心而论，这层意见，实在是错误的。居此变态的社会与国家内，中年的人，大多为妻子家庭所累，责任重大，不敢轻易冒险，要他们出首运动，真是难乎其难；至于年老的人，血气已衰，意志颓废，更不必论了！唯有青年学生，无带无累，富于冒险精神，气伟大，胆敢有为，故肯出来干预政治运动，此为历史上的一大原，决不能轻易变换的。如果我们真正希望中国的青年不作过大的牺牲，那么，我们只有二条路可以走。

（一）使政治走上轨道，

（二）中年的人出来干预政治。

否则，一纸空文，决不能轻易打破历史上的大原则的。

附录：胡适在光华大学"五四"运动纪念会演讲报导

昨日上午九时光华大学举行"五四"运动纪念会，先由主席夏赓英报告开会宗旨，后请胡适之先生演讲，大意谓一九一六年中国加入欧战、不意欧战结束后，一九一九年四月三十日巴黎和会，居然宣布日本接受德国在中国所享受的权利，这个消息，传到北京后，激起学生界的震怒，遂演出这种轰轰烈烈的"五四"运动。"五四"运动的结果，直接方面使当时中国代表不敢在巴黎和会签字，承认所受的损失。到了一九二一年华盛顿会议，遂有日本交还山东的议案。一九二二年，交涉清楚，中国得着完美的结果，间接方面的影响很多。一、引起学生界注意政事。二、学生界的出版物忽然增加，白话文因之通起来。三、提倡平民教育运动。四、提倡劳工运动。五、提倡妇女运动。六、政党信用学生。许多机关报的副刊，都请学生去担任，于是新文化的思潮渐渐高涨起来，孙中山先生也开始注意到思想的革命的重要。他曾写过一封信致海外同志，请他们筹备五十万元，来办一个大规范的印刷机关就是这种用意。他的著作也多半是"五四"运动以后方有的，可见"五四"运动对国民党也有很大的影响。"五四"运动有了这些灿烂的结果，实在是值得我们纪念的"五四"运动也可证明历史上的一个公式，就是在变态的社会国家里，政府腐败，没有代表民意的机关，干涉政治的责任，一定落在少年的身上。譬如宋朝大学生、明朝东林党，都是在变态的国家里干涉过政治。一八四八年的全欧洲的革命，法国、俄国的革命，也是学生闹起来的。常态的国家就不然了。英国、美国的学生从来不受政治就是因为他们国家的政治上了轨道，用不着他们来干涉。现在很多人觉得学生干涉政治而牺牲的实在不少，于是想设法禁止。第四次中央会议宣言里也说到学生体力不强，知识不广，经验不丰，不应当干涉政治。但是这是在变态的国家里必然的趋势，禁止是不可能的，要想免除学生干涉政治，我们就有两个希望：（一）希望政治早日走上轨道，学生当然不干涉政治。（二）希望知识高深，体力强健经验丰富的中年，出来把政治干好，那么学生就可安心读书，不再多事了。

——《民国日报》，一九二八年五月五日

科学的精神与方法

说中国无科学之原因

《科学》，第 1 卷第 1 期，1915 年；收入：
《科学通论》，上海：中国科学社，1934 年

任鸿隽

今试与人盱衡而论吾国贫弱之病，则必以无科学为其重要之一原因矣。然则，吾国无科学之原因又安在乎？是问也，吾怀之数年而未能答；且以为苟得其答，是犹治病而抉其根，于以引针施砭，荣养滋补，奏霍然之功而收起死之效，不难也。今欲论吾国之科学有无，当先知科学之为何物。

科学者，知识而有统系者之大名。就广义言之，凡知识之分别部居，以类相从，井然独绎一事物者，皆得谓之科学。自狭义言之，则知识之关于某一现象，其推理重实验，其察物有条贯，而又能分别关联抽举其大例者，谓之科学。是故历史、美术、文学、哲理、神学之属，非科学也；而天文、物理、生理、心理之属，为科学。今世普通之所谓科学，狭义之科学也。持此以与吾国古来之学术相较，而科学之有无可得而言。

今夫吾国学术思想之历史，一退化之历史也。秦、汉以后，人心梏于时学。其察物也，知其当然而不求其所以然，其择术也，骛于空虚而引避乎实际。此之不能有科学，不待言矣。即吾首出庶物之圣人，如神农之习帅木，黄帝之创算术，以及先秦诸子墨翟、公输之明物理机巧，邓析、公孙龙之析异同，子思有天圆地方之疑，庄子有水中有火之说；扬已【己】者或引之以明吾国固有之长，而抑他人矜饰之焰。不知凡上所云云，虽足以显吾种胄之灵明，而不足证科学之存在。何则，以其知识无统系条贯故也。

虽然，欧洲之有科学，数百年间事耳，即谓吾国古无科学，又何病焉。顾吾尝读史而有疑矣。欧洲当罗马帝国沦于蛮族，其学界之黑暗，殆非吾秦、汉以来所可伦儗。迨十六世纪文学复兴，而科学萌芽同时并苗，弗兰西斯·培根（Francis Bacon）导其端，加里雷倭（Galileo）、牛顿（Nswton【Newton】）明其

术，其后硕师辈出，继长增高，以有今日之盛。吾国则周、秦之间，尚有曙光，继世以后，乃入长夜，沉沉千年，无复平旦之望。何彼方开脱之易，而吾人启迪之难也？谓东、西人智慧不相若耶？则黄帝子孙早以神明著称矣。谓社会外像利于彼而毒于此耶？则吾国异端之罢斥，视彼方宗教之禁制，方之蔑如矣。是故吾国之无科学，第一非天之降才尔殊，第二非社会限制独酷，一言以蔽之曰：未得研究科学之方法而已。

曩者哈佛大学校长爱里亦脱（C. W. Eliot）氏尝觇国于东方矣。归而着书告其国人曰：

> 关于教育之事，吾西方有一物焉，足为东方人之金针者，则归纳法（Inductive Method）① 是也。东方学者驰于空想，渊然而思，冥然而悟，其所习为哲理。奉为教义者，纯出于先民之传授，而未尝以归纳的方法实验之以求其真也。西方近百年之进步，既受赐于归纳的方法矣。吾人欲救东方人驰骛空虚之病，而使其有独立不倚格致事物发明真理之精神，亦唯有敬以自然科学，以归纳的论理实验的方法简练其官能，使其能得正确之知识于平昔所观察者而已。

谅哉言乎，足为吾中国无科学之原因安在之答解矣。

或曰：论理学之要术有二，一曰演绎法（Deductive Method）②，一曰归纳法。二者之于科学也，如车之有两轮，如鸟之有翼，失其一则无以为用也。今独以无归纳法为无科学之大原因，亦有说乎？曰：吾谓归纳法为研究科学之必要，吾固未言演绎法非研究科学之必要也。虽然，无归纳法则无科学，其说可得，请于下方明之。

第一，归纳法者，实验的也。论理学上之定义曰：由特例而之通义者曰归纳，由通义而得特例曰演绎。其应用于科学也，则演绎者先为定例，以验事实之合否，归纳者积多数试验以抽统赅之定律。其不同之点，则归纳法尚官感，而演绎法尚心思，归纳法置事实于推理之前，演绎法置事实于推理之后，是也。夫演绎法执一本以赅万殊，在辩论上常有御人口给之便，然非所以经始科学之道；盖以人心之简驭自然事物之繁，欲得一正确不移之前提，固甚难也。难之

---

① 按，Inductive Method 日本人译为归纳法，侯官严氏译为内籀术。今以日译意较易了，从日译。
② Deductive，严译为外籀，今从东译。

则将废然无所用心，或奋其小智，发凡起例，应用于实物而不验，犹无例也。欲得正确之前提，必自从事实验始。实验积，关系见，而后相应之设论（Hypothesis）生。设论者，依实验而出，又待实验而定者也。使所设者试之实验而不应，弃之可也。试之实验而应，而定例乃立。是故实验之后虽用设论，而其结论仍出于事实之归纳，而非由悬拟之演绎。故从事归纳则不得不重实验，有实验而后有事实，而后科学上之公例乃有发明之一日。善夫亚里士多德之言曰："无官感则无归纳，无归纳则无知识，无知识则不足知自然之定律"。吾国学者之病，端在不恃官戚而恃心能。其钻研故纸高谈性理者无论矣；乃如王阳明之格物，独坐七日；颜习斋之讲学，专尚三物；彼固各有所得，然何其与今之研究科学者殊术哉？此吾国无科学之大原因也。

第二，归纳法者，进步的也。科学为有统系之知识，唯其为有统系之知识，亦能为有统系之发达。即合众事实而得一公例，而此公例又生新事实，合诸新事实又发现新公例。循环递引，以迄无穷。此略缮一专门之书，而可得其兆迹者也。举其最近之例，如物理学者研究稀薄气体中电流传导之理，而得所谓阴极光线（Kathode Ray）；因研究此阴极光线之性质，而得电子（Electron）之说；因此阴极光线之射触于试验管壁，而得所谓 X 光线；因研究 X 光线，而得所谓 $\alpha\beta\gamma$ 光线；因此三种光线而发见镭之放射作用（Radioactivity），而元素不变之说且因以震动焉。不特此也，一科学之进步常起以影响于他科，而挟以俱进。此任观一生质相近之两科学而可得其例者也。如数学上微积分法发明而后，物理学之进步乃益可睹；物理学上高压与低温之术发明而后，化学上之气体定律乃益确定，元素分析之法乃益精密；化学上光色系分析（Spectrum Analysis）与物理学上光波长短之研究精，而后日球之质体①与空间恒星之进退②可推算而知也。夫事理联属，相引愈进。然非用归纳法以为研究，则前者与后者为无意味。用归纳法有时虽误，而亦有得。读者亦知化学之起源乎？当物质不变定律之未

---

① 以三棱镜分析日光成七色光带，此光带中，尝间有多数黑线。物理学上之证明，凡一种元素当白热时，以三棱镜观，尝呈一种色光。而此色光通过其本质之气体，其温度较低于发光体时，则尝为此气体所吸收，而呈黑线。故日光光带中黑线，由其光线经过包裹日光之低温气体为所吸收而然也。其被其吸收，则日体中有此物质之证也。

② 观测星象时，其星之对地球而左右驰者易见，向地球而前后行者难见。今天文学家应用物理学上光波长短之定理，以此星光分带与其他七色光带相比较，设其星向人行者，其光波被促而较短，其光带之色彩常与他色带之色彩常有一定之差：若此星背人行者，其光波被引而较长，其光色位置之差，适与前者左右相反。故观其色光相差之方向，而可以知其星之进退云。

发明也，欧洲人士精心炼金之术，以为黄金可以由他质变成，于是镕铸化炼，下遗余力，而其结果，则黄金未得而化学以之始诞。此无他，以其发现种种新事实为研究之资故也。不由归纳法。则虽圣智独绝，极思想之能，成开物之务，亦不过取给于一时，未能继美于来祀。某说部言有西人适中国者，以吾指南针发明在数千年前，谓必精美逾彼所有；入市急购一具，则彼所见与数千年前之物无异。凡若此类，其例宏多，岂特一指南针哉？故无进步之术者，必无进步之学，此可质之万世者也。

要之，科学之本质，不在物质而在方法。今之物质与数千年前之物质无异也，而今有科学，数千年前无科学，则方法之有无为之耳。诚得其方法，则所见之事实无非科学者。不然，虽尽贩他人之所有，亦所谓邯郸学步，终身为人厮隶，安能有独立进步之日耶。笃学之士，可以知所从事矣。

科学方法论一

——科学方法与精神之大概及其实用①

《科学》，第 2 卷第 7 期，1916 年；收入：
《科学通论》，上海：中国科学社，1934 年

胡明复

《科学》问世以来，迄今已一载有半，虽于科学大体之关系上屡有所贡献，然于科学之方法则未及，即偶及之，亦未详加讨论。岂以其为非要而忽之乎？非也，正以其要而未敢易言耳。顾科学之范围大矣，若质、若能、若生命、若性、若心理、若社会、若政治、若历史，举凡一切之事变，孰非科学应及之范围，虽谓之尽宇宙可也。披耳生（Pearson）曰②：

> 夫科学之资材，盖与宇宙齐限，非仅限于现今实在之宇宙而已也，凡并宇宙以内生物所有过去、未来之历史，尽属焉。苟令过去、未来现在之事变无一不经研究分析类别，而与他事相连络矣，则科学可谓已造其极。然此非谓人生不绝，人史不辍，则科学其永无终期乎？

且夫事理之繁，变端之奇，种类之多，性质之异，在在增加科学之困难。学者目眩智迷，莫知所从，乃欲于无穷之中取其同异，通其变化，溯其通则，不亦难乎？则科学方法之重要，可想而知矣。

且夫科学何以异于他学乎？谓其取材之不同乎，则哲学与文学皆取材于自然，而皆不以科学称。且科学之中，每有彼此之间犹南辕之与北辙，而有时反与非科学相关至密切者。夫取材相同而科学与非科学乃判然两分，物质不类而

---

① 原文注记本文出处为："见民国四年《科学》第二卷第七期"，误。——编注。

② Karl Pearson, *The Grammar of Scicnce*, Second edition, 1900, London, p. 12。

反同列为科学，是何故欤？盖科学必有所以为科学之特性在，然后能不以取材分。此特性为何？即在科学之方法。

披耳生曰[1]：

> 苟科学方法能成习惯，则凡事皆可成科学，此为科学方法之特点。科学之范围无限，取材无穷，举凡自然之现象，与社会之生活，文化发展之过去未来，皆为科学之资材。科学之主体在其特异之方法，而不在其资材之为何种，有搜集事变而分析类别之以察其关联通理者，无论其事之为何物，概为应用科学方法，而以科学家名之。然此事变，可为人类历史之过去，可为通都大邑之统计，可为极远星球上之大气，可为蠕虫腹内之消化器，亦可为微生物之生活史。非所论之资材有以定其为科学与否，而其方法实为之。

然则科学方法特异之处何在？为演绎乎？抑为归纳乎？先请一辨演绎、归纳二法之性质。

演绎者，自一事或一理推及他事或他理，故其为根据之事理为已知，或假设为已知，而其推得之事理为已知事理之变体或属类。归纳则反是。先观察事变，审其同违，比较而审察之，分析而类别之，求其变之常理之通，然后综合会通而成律，反以释明事变之真理。故归纳之法，其首据之事理为实事，而其归纳之结果则为通理，即实事运行之常则也。自此性质上之区别观之，科学之方法当然为归纳的。科学取材于外界，故纯粹演绎不能成科学，此理至明。盖演绎必有所本。今所究为外界，则所本必不可为人造。是以演绎之先，必有归纳为之基。

虽然，纯粹归纳亦不能成科学。夫科学之原理必始于归纳，固矣。然归纳有极点乎？严格言之，事变不尽，则归纳之理不立。日月东升西落，此人所习知，而归纳之结果也，然安知明日不西升东落乎？故虽日月东升西落之常理，亦不得谓为绝对之归纳，其理之永远确实与否，终在不可知之列。然则宇宙之变无已时，而人世有限，归纳之理其永不立矣乎？是以科学上之归纳，犹常事上之归纳，皆有其限制，盖仅能征集多数之事变而观其通则，非能尽宇宙中之事变也。以其归纳非绝对，故其归纳所成之理仍含有假设之性质，犹谓苟此归

---

[1] Pearson，《科学》，p. 12。

纳之理确为真理，则此理为真。易词言之，归纳之理仍不啻为假设之理，第其假设根据于事实，非凭空意造之类耳。

科学之方法，乃兼合归纳与演绎二者。先作观测，微有所得，乃设想一理以推演之，然后复作实验，以视其合否。不合，则重创一新理，合而不尽精切，则修补之，然后更试以实验，再演绎之，如是往返于归纳、演绎之间。归纳与演绎既相间而进，故归纳之性不失，而演绎之功可收，斯为科学方法之特点。

然余所欲特别着重者，为其归纳之性。不有此性，科学已失其为科学，遑顾其他。此所以科学之发达，不在中古以前而在文化再兴（Renaissance）以后也，此理至明。科学之目的，在求自然界之真。自然既无求人，则人必就之，欲解释事变，则不能不根据于事变，然后实事与理解乃能契合。归纳之性，盖使理论与事实常相接触也。

科学方法之大概，约如上述。其于科学自身上之重要，人所尽知，无庸作者赘述。然科学方法之影响，尚远出于科学自身发达以外。科学知识于人类思潮、道德、文化之影响，视其有功人类，犹远过之。于此遂不得不合科学之方法与精神二者为一谈。精神为方法之髓，而方法则精神之郛也。是以科学之精神，即科学方法之精神。

科学方法之唯一精神，曰"求真"。取广义言之，凡方法之可以致真者，皆得谓之科学的方法，凡理说之合于事变者，皆得谓之科学的理说。凡理论之不根据于事实者，或根据于事实而未尽精切者，皆科学所欲去，概言之，曰"立真去伪"。故习于科学而通其精义者，仅知有真理而不肯苟从，非真则不信焉。此种精神，直接影响于人类之思想者，曰排除迷信与妄从。考诸西国科学发达史，盖自科学发展以来，几无日不与旧迷信、旧习尚、旧宗教、旧道德相搏战，然其结果则不特科学自身之发展而已也，即风俗、道德与宗教亦因之日进于纯粹，而愈趋于真境。怀忒（Andrew D. White）[1] 谓，自历史上观察之，凡科学与宗教之搏战，其结果无不为两利。赫胥黎论自有科学以后思想之变异，谓[2]：

> 中古之时，咸信地为宇宙之中心，而世界则为人类而设造。然今则谓自然为天然有规则之运行，非有外物之可为指使，故人类之职务在察求其运行之规则，利用之以自治其身。且古今崇信之端亦大异矣。

---

[1] A. D. White, *A History of the Warfare of Science with Theology in Christendom*, 1914, Introduction。

[2] Huxley, *Science and Culture*, New York, 1890, p. 21。

古者泥于陈言古训，寻章摘句，今则以自然之真为唯一标准，且自知人类知识之残缺不完，而求真之诚益坚。立言而不以实事为之根，由今视之，非特伪诞，且罪孽也。

即此数事，其影响于吾人处世之态度，遇事之方术者至大，虽谓近世文明出于是焉，非过言也。返顾吾国，则独如西国之中世纪，斤斤焉于古人之一言数语，而不察于实事，似以为宇宙中之大道至理，皆可由此一言数语中得之。今日"复古"之潮流，犹是此心理之流毒。而此种寻章摘句之又一大恶果，则为其重于章句而忽于真义，是以往往言不由衷，言行相违，宛如两人。廉耻道丧，而文化亦日即衰落。学问、道德、政治，社会，皆存其形仪而失其实际，可慨也已。然则有补救之方策乎？曰有。提倡科学，以养"求真"之精神。知"真"，则事理明，是非彰，而廉耻生。知"真"，则不复妄从而逆行。此为中国应究科学之最大原因。若夫科学之可以富国强兵，则民智、民德发育以后自然之结果，不求而自得者也。

且夫社会、国家之康健稳固，全系于社会、国家中个人之责任心。人类无群，无以自存，故有社会，有国家。故国家，社会为民有、为民造、为民主，而国民对于国家、社会遂有其应尽之责。科学审于事理，不取意断，而惟真理是从，故最适于教养国民之资格。审于事理，则国家、社会与个人之利害关系明。不从意断，则遇事无私。惟真理是从，故人知其责之所在。自反面言之，国民对于社会、国家心切，故监察綦严，虽有败类金壬，而社会、国家不为所倾覆。此科学精神之直接影响于社会、国家之安宁与稳固者也。

且夫社会之事变，亦自然之现象也，何独不可以科学之方法解决社会上之问题。近世西国每数年必为一统计，每有一事则为调查，于是于社会上之倾向、之习好、之弊端、之优点，皆了然无遗，乃复依情设救，防患于未然，其成绩盖已昭著矣。复试举地方卫生、劳动、生活诸事，孰非与社会全体有密切之关系，而皆可以科学之方法解决者也。更进而言之，试论外斯门性传之说[1]。其说谓：吾人习成之习惯，而本非天授者，不能遗传。今姑不论其说之为完满与否，假令此说而实，则人之生性为善而习于为恶者，其子其孙不必即生性为恶。故苟以善良之教育与其子孙，而不令与恶社会相接触，则其子孙多能为善。反之，生性为恶者，虽偶习于善，其子其孙亦必不良，即可以直接或间接之方法阻滞

---

[1] Weissmann, *Essays on Heredity and Kindred Biological Problems*, Oxfoxd, 1889。

其繁殖。此于无形之中增加社会之善良分子也。诚令外斯门之说不尽然，此理仍不因之少弱。盖吾人之行为，系于生性者半，系于教育者半，去其恶性而授以良教育，此不易之至理也。

今之论科学救国者，又每以物质文明工商发达立说矣，余亦欲为是说。虽然，科学不以实用始，故亦不以实用终。夫科学之最初，何尝以其有实用而致力焉。在"求真"而已。真理既明，实用自随，此自然之势，无庸勉强者也。是以"求真"为主体，而实用为自然之产物，此不可不辨者。自科学发达以后，凡阅三世纪而后其实用乃大见，科学之先祖固未尝梦想有今日也。夫科学之最初，莫不始于至微，其最初皆无关紧要，而其结果则往往为科学界立新纪元，于社会上造一新思潮、新文化。如牛顿之万有引力，以石落与月转相合于一理；伽尔伐尼（Galvani）以死蛙与铁铜相接，其足乃自伸缩；达尔文之观察动、植种子随境变宜之现象；又如巴斯德与他人之研究种种微生物。若此者，其始皆至微，绝无实用之可言，而其结果则不特科学界上辟新纪元，宇宙全体之观念为之大变，而凡吾人平日之生活态度、交通方法、社会行为、道德思想，俱受其直接与间接之极大影响。当其发现之初，无非出于研究者"求真"之一念，并未计及其有实用否也，故其精力智虑能集于至微，不以其无实用之价值而弃之，而其功乃不朽。苟令研究者孳孳以实用为主，诚恐其终无所获也。谁复预知伽尔伐尼之蛙足为今日海底电线之伏根哉。科学史上尤不乏其例也。

夫未知其有用而终竭终身之力求之者，其间殆有一种不可思议之精神在。朴完卡雷（Poincaré）曰①：

> 彼乐之，故从事焉，彼乐之，以其为至美。苟自然而非至美者，则不值一知，此生亦复何趣。余为此言，非谓自然之能悦我耳目也，亦非谓其能致用于我也。是二者，我亦不谓恶，第非我所重耳。我所谓至美者，为自然界中事物纲理之合一，而此则惟纯智能察之。此为主体，其所为吾人所觉视而应用者为其霞光。苟此主体不存，则吾人习见之丽之美，皆将如梦魅而非永久。且纯智中之至美，为自存，为无待，为无上至珍。为科学，故科学家乐为捐生，虽人生之乐利犹为其次焉。

---

① Poincaré, *Science and Method* (English translation), p. 22。

自然之美，在其简而通。人智可思之，可窥之，而不可尽之。简而通，故宜于知识，宜于知识，故最宜于实用。是则自科学之实用，亦可略见自然之为至美矣。马赫（Mach）则谓科学之倾向取捷径，取其费力最少而收效最多，故最简捷而通彻者，则得认以为真律。然非自然之为至美，又焉能有此。论者慎勿以为今日欧、美之文化为其有科学之实用也，此特为其近因近果而非其主因。其主因则在其民族之爱自然之至美。爱自然之至美，故乐于求真理，朴完卡雷以希腊文化之能独盛于古代，今日欧人之能优胜于世界，悉归功于希腊与欧民之爱纯智中之至美①，岂过言哉？吾人可以知所重矣。

吾标题为科学方法，而遂纵论及科学之精神与其实用者，盖方法与精神本为一体，不有其精神而求通其方法，未由也。

---

① Poincaré，同书，p. 24。

科学方法讲义

——在北京大学理论科讲演词

《科学》，第 4 卷第 12 期，1919 年；收入：
《科学通论》，上海：中国科学社，1934 年

任鸿隽

一、引言

科学是欧洲近三百年以来发明的一件新东西。这件东西发明以后，不但世界学术上添了许多新科目，社会上添了许多新事业，而且就是从前所有的学术事业也都脱胎换骨，迥非从前的旧态。总而言之，自科学发明以来，世界上人的思想、习惯、行为、动作，皆起了一个大革命，生了一个大进步。因为这个东西如此重要，所以我们要去研究。就是不能研究的，也须要懂得他的意思。但是要懂得他，须用什么方法呢？

设如现在有一件机器，就说一个发电机罢，要懂得他，须用什么法子呢？第一就是把这机器拆开，看他的构造，第二再要看他构造的方法。把这两件事弄的清楚了，才晓得这件机器的运用。现在我们要懂得科学，先讲科学的方法，也是这个意思。因为要懂得科学，须懂得科学的构造，要懂得科学的构造，须懂得科学构浩的方法。

二、科学的起源

科学的定义，既已言人人殊，科学的范围，也是各国不同。德国的 Wissenschaft，包括得有自然人为各种学问，如天算、物理、化学、心理、生理，以至政治、哲学、语言，各种在内。英文的 Science，却偏重于自然科学一方面，如政治学、哲学、语言等，平常是不算在科学以内的。我们现在为讲演上的便利

起见，暂且说科学是有组织的知识。从这个定义，大家可晓得科学是纯粹关于知识上的事，所以我们讲科学的起源，不能不讲知识的起源。

诸君晓得在哲学上有个极大的问题，就是知识起源论。因为古来的哲学家，对于这个问题意见不一，所以哲学的派别也就指不胜屈。现在取他们两个极端的学派作为代表，一个是理性派（Rationalist），一个是实验家（Empiricist）。那理性派说，世间一切现象的真际，是不易懂得的，我们要是靠了五官感觉去求真知识，最容易为他们所骗。譬如看电影中的人物风景，活动如生，其实还是一张一张的相片在那里调换。又如山前放一大炮，耳里就听了一阵雷声，其实还是一个炮仗。反而言之，我们要是用心中的推想去求真理，倒还靠得住一点。譬如我们下一个定义，说凡由一点引至周边之半径相等者为圆。这等定义，无论何时何地，皆可定其为真，这不是真知识吗？那实验派说，世间的知识原有两种，一种是理想的知识，如几何、算术等是。一种是物观的知识，如物质世界的现象，我们不能不认其有客观的存在。要研究这客观的现象，除了用五官感觉，实在没有他法。譬如但凭心中的理想和先天的知觉，我们断断乎没有理由去断定水会就下，或是水热到百度是个什么情形，冷到零度以下又是一个什么情形的。属于第一派的哲学家，就是柏拉图（Plato）、来宇聂兹（Leibniz）、石宾洛渣（Spinoza）、笛卡尔（Descartes）、黑格尔（Hegel）、康德（Kant）一流人。属于第二派的，就是培根（Bacon）、洛克（Locke）、休姆（Hume）一流人。现在不过略讲知识起源论，以见科学的起源，实由实验派的主张，为正确知识的哲理上的根据。至于两派的优劣得失，那是哲学上的问题，我们现在无暇讲及了。

三、科学与逻辑

哲学家讲知识起源，是要想得正确的知识。这逻辑的用处，就是为求正确知识的一个法则。理性派与实验派对于知识起源的意见不同，他们所用的方法自然也不同。换言之，就是他们的逻辑不同。那理性派所用的是演绎逻辑（deductive logic），又谓之形式逻辑（formal logic），那实验派所用的是归纳逻辑（inductive logic）。我们现在讲逻辑的，都晓得亚里士多德是演绎逻辑的初祖，培根是归纳逻辑的初祖。说也奇怪，那亚里士多德不是很反对柏拉图的哲学，自己又很研究实验科学的吗？但是他做起逻辑方法，却只得演绎的一半，可见当时逻辑与思想，原来不甚联络，无怪中世纪的时代，这逻辑就成了一种形式了。形式逻辑何以不中用呢？（一）因为形式与实质是绝然两物，形式虽是对了，实质错不错，逻辑还是不能担保。譬如说：

> 凡当先生的是学者，
> 某君是先生，
> 故某君是学者。

这个演绎的形式，可谓不错了，但是其理是否确实，还是一个问题。（二）就算实质形式皆不错了，但是应用这种逻辑来解释事理，仍旧靠不住。譬如我们通常说"气之轻清上浮者为天，气之重浊下凝者为地"。古希腊人也说"物质的自然位置，重的居下，物有反其本位的倾向，故下坠"。用逻辑的形式讲起来，就是：

> 凡物皆有归其本位的倾向，
> 重的本位在下，
> 故重物下坠。

这个说法，本来和引力说有些相像，但是"物有归其本位的倾向"同"重物的本位在下"两句话，请问是否先天的理想可以定其为正确。若其不然，就是全篇的论理无有是处。

上面所引的两个例证，非常简单，但是所有的演绎逻辑，总离不了这个法门。这个法门为何？就是先立一个通论，然后由通论以推到特件。只要把通论立定，这逻辑的方法就成了一种机械作用。譬如车在轨道上，自然照着一方向进行，至于方向的对不对，逻辑是不管的了。现在要挽救这个弊病，自然唯有反其道而行之。一方面是暂时不下通论，而从特件人手，由特件以推到通论。一方面是用观察及试验，先求特件的正确。这从特件以归到通论的办法，就是归纳逻辑。归纳逻辑虽不能包括科学方法，但总是科学方法根本所在，我们须得详细研究归纳逻辑的真义。

四、归纳的逻辑

讲到归纳的逻辑，我们自然不能不先讲培根，因为培根是主张用归纳方法最早而最力的。培根说："推理之为用，不当限于审察结论，及结论与前提之关系，并当审察前提之当否"。此已视演绎的逻辑进一步了。第二，培根的主义，是要为自然界的仆人或解释者，而不愿为前人的仆人或解释者。所以他的 *Novum Organum*，开篇就说要去四蔽（four idols）①。四蔽为何？（一）是族蔽（Idols of Tribe），（二）是身蔽（Idols of Den），（三）是众蔽（Idols of Market Place），（四）是学蔽（Idols of the Treatre）。去了四蔽，然后可去观察自然界的现象。培根说："我们第一个目的，是预备研究现象的历史"，这预备的方法，就是观察与试验。培根看得这种预备的工夫，非常重要。他说："若无这种自然界事实的历史，就是把从古至今的圣人聚在一堂，也没什么事好做。……但是只要把这种历史预备好了，自然的研究及各种科学的发达，总不出几年的工夫"。

培根的归纳方法，有所谓三研究表，即（一）然类表、（二）否类表、（三）比较表；又有消除法、辅助法。但方法虽多，却不适用，所以培根自己于科学上并无发明，他的方法也没人去过问了。但是他的功劳，就在主张实验，搜集事实。这两件事究竟是科学方法的基础。我们现在讲科学方法，还得要把创造始祖的名誉归他。

归纳逻辑，在培根的时代，虽然是草创，没有什么实用的价值，到了后来弥勒（Mill）、黑且儿（Herschel）、柏音（Bain）、惠韦而（Whewell）、觉芬（Jevons），一般人出来专讲方法，一方面有加里雷倭（Galileo）、恺柏勒（Kepler）、牛顿（Newton）、拉瓦谢（Lavoisier）、拉勃拉斯（Laplace）、兑维（Davy）、法勒弟（Faraday）。一般人由各科学方面实地应用，这归纳的方法，才渐渐有轨道可寻，详细可讲了。如弥勒的五法（five canons），无论什么逻辑，书上皆有的。现在也无暇讨论，我们且说这归纳逻辑，究竟是一个什么意思。

1. 据惠韦而的说法，归纳逻辑，是由许多事实上，加上心中的意思，使众多的事实成了一个有条贯的知识。譬如我们何以知道地是圆的呢？就事实上说，设如从相离很远的两点，同时直向北走，走到近北的地方，他们两个人的距离，比较在南边的时候，一定近了许多。有了这两个事实，再加一个地球呈圆形的意思，就使兹两个事实联结起来，成了一种知识。这以心中的意思联结许多事实的作用，就是惠韦而的归纳逻辑。

---

① 近见《新潮》有译作"偶像"者，但培根此字托始于柏拉图之 Idols，盖谓心中之幻想或假象耳。

2. 弥勒的说法，归纳逻辑是由实验以得通则，由特殊以推到普通，由现在的情形推到未来。因为现在的事实，是因为有现在的境缘而后出现，将来若有同样的境缘，我们可以决定同样的事实仍旧出现，可见弥勒的意思，和惠韦而的意思不同。惠韦而重在以自己的意思，加入事实，弥勒重在就现在事实，去推测未来的事实。所以能推测将来，因为现在事实，正是普通规则之偶现故。

3. 觉芬说，归纳法是自然现象之意思的发现。如凡欲研究之现象或事实皆经考察过，谓之完全归纳。如未经完全考察的，其归纳则为不完全。譬如言鸦是黑的，此为不完全归纳。因为鸦之必黑，无先天之理论可为判断，设如明日见一白鸦，则我们的论理立破。故不完全归纳，只有数学上或然之价值，而无逻辑上必然之根据。

4. 近人魏而教（Welton）说，归纳逻辑是方法的分析。此方法起点于各个特例，由此分析的结果，可得自然现象实际的通则。因为搜集事实，易生错误，所以实验之数，以多为贵。但使周围情形能确然自定，就是一次试验，亦可据为判断。有时因为他种困难，其现象的周围情形极难确定。在这个时候，不能不多行实验，但是这种实验的结果，仍旧不能算为归纳。不过是算学上的或然数罢了。

照上面所说的看来，就是科学方法的专家，对于归纳逻辑的意义也是人持一说。但是他们有个共同的论点，是要从特殊事件中间发现一个通则。世间上事实既不能一一考察，而又新发现通则不至于错误，这其中必定有个方法，现在我且把这方法的大概写出来。以下再详细解说。

归纳法的大概：

1. 由事实的观察而定一假说。
2. 由此假说演绎其结果。
3. 以实验考查其结果之现象，是否合于所预期者。
4. 假说既经试验，合于事实，乃可定其为代表天然事实之科学律。

五、科学方法之分析

科学的方法，既是从搜集事实入手，我们讲科学方法，自然须先讲搜集事实的方法。搜集事实的方法有二：一曰观察，二曰试验。

观察。凡一切目之所接，耳之所听，鼻之所嗅，口之所尝，手之所触皆是。

我们对于外界事物，能有正确的观念，皆由五官感觉，所以观察为搜集事实第一种利器。但是人人虽有五官感觉，能用这种观察以得正确事实的却不容易。上面所引看电影、听炮声诸例，有的是生理上的缺点，有的是物理上的现象，在科学上虽是不可，在常理上尚不能怪人。还有一种单为官觉未经训练，致观察不得正确的。相传化学大家徐塔儿（Stahl），一天到课室去，一手托了一杯碱水，把中指放在水内瞧了一瞧，却把食指放在口内，与学生看，叫学生照着他做。学生个个把食指放在碱水内，复又放在口中，自然都疾首蹙额起来。徐塔儿先生才说，我说你们观察不仔细，你们不服，你们不见我放在碱水内的是中指，放在口内的是食指吗？这观察事实，是科学方法的第一步。要是观察不正确，不得正确的事实，以后的科学方法就成了筑室沙上，也靠不住了。

试验。试验是观察的一种预备。我们试验的意思，还是要看他生出的结果，不过这种观察，在人为的情形之下施行罢了。试验有两种特别的地方：（一）试验可以于天然现象之外，增广观察的范围。（二）试验可以人力节制周围之情形，以求所须结果。以第（二）目的而行试验时，我们有一个规则，道一次只变动一个因子。譬如要试验氧素是否为生命之必要，我们就把一个玻璃钟装满氧气，又用一枝蜡烛，把钟内的氧气燃尽，然后把一个老鼠放进去。但是这个法子不对，因为钟内虽没有氧气，却还有他种气体，老鼠要是死了，我们何以知其非因他气的存在而死，不是因为氧气之不在而死呢？

试验这事不是容易的。大凡学科学的，平生大半的精力，都是消耗在这试验上。学科学的不会行试验，就同学文学的不讲字一样，我们可以说他不是真学者。

有了观察与试验，我们可以假定有正确的事实了。照上面所讲归纳法的大概，有了事实，不是就可以定一假说以求天然现象的通律么？但是事情没有那样快，中间还有许多步骤要经过的。

分类。有了事实之后，我们须得找出这事实中同异之点，然后就其同处把些事实分类起来。这分类的一属在科学方法上也极重要，因为要不分类，所有的事实便成了一盘散沙，不相联属。科学是有统系的知识，这有统系的性质，就是由分类得来。有些科学，如动物、植物等，其重要部分，全在分类。即以化学而论，各种原素的分类，也是化学上一个重要的研究。化学中最重要的周期律，也是先有分类而后能发现者。

分析。分类之后，若在简单的事实，我们就可以加以归纳（generalization）。若是现象复杂一点，还要经过分析的一个手续。分析的意思，是要把一个复杂的现象，分为比较的一个简单的观念。譬如声音是个复杂的现象。我们若是分析起来，就有：

1. 发音体之颤动。

2. 颤动之传导于介质。

3. 耳官之受动与音觉之成立。

所以这音的现象，可以分析成"动"与"感"的两个观念。这两个观念，在现在可算最简单不能分析的了，我们分析的工夫，可以暂止于此。后来科学进步，或者还可分析，也不定的。

归纳。归纳的作用，不是概括所有的事实，作一个简写的公式，是要由特殊以推到普通，由已知以推到未知。譬如我们看见水热则成气，冷则成冰，有气液固三体的现象。又看见水银也有这三种现象。又看许多旁的物件，原来是固体的，加热就成了液体，再热就成了气体（如蜡、糖等皆是）。我们就简直可说，凡世间上的物质，皆可成气、液、固之体，不过是温度和压力的关系罢了。

照这样的归纳，先有事实然后有通则，这通则就是事实里面寻出来的，比那演绎法中间所说，因为重物的位置在下，所以向下坠的说法，迥然不同了。但是科学上这种明了的事体却很少，每每事实的意思还未大明白，我们就要去归纳他。在这个时候，不能说归纳所得的道理就是正确的，所以把所得的结论，不叫做确论，叫它做假设。这假设的意思就是心中构成的一个图样，用以解释事实的。

假设。假设的作用，虽然不出一种猜度，但猜度也要有点边际，方才不是瞎猜，所以好假设必要具下三个条件：

1. 必须能发生演绎的推理，并且由推理所得结果，可与观察的结果相比较。

2. 必须与所已知为正确的自然律不相抵触。

3. 由假设所推得之结果，必须与观察的事实相合。

何以须有上三条的特性，方为好假设呢？也有几个缘故。

（一）要定假设的对不对，仍须事实上证明。所以有了假设，必须由假设中可以生出许多问题来。这由假设生出的问题，就是演绎的推理。解决这些问题，仍旧要用实验，仍旧还是归纳的方法。譬如化学上的元子说，是由定比例之定律及倍数比例之定律两件定律得来的一个假设，有了这个假设，我们就可断定许多的化学变化。又据试验上所得的化学变化，果然相符，我们才说这种假设有可存的价值。要是试验多了，只有相符，没有相牾的时候，我们简直可把这假设的地位提高起来，叫他做学说（Theory）。要有假设不能演绎出特别的问题来，岂不成了永久的假设。这种永久的假设，有没有是不关紧要的。

（二）因为我们的假设，不过是一种猜度，讲到他的价值，自然不能比得已经证确的自然律，所以我们只可拿正确的自然律来做我们的向导，却不能牺牲自然律来就我们的范围。譬如现今有人说鬼可以照相，这个说法，非把物理上一切定律推翻，是不通的。

（三）假设原是因为证明或解释事实而设的。若其结果与事实不合，便失其为假设的理由了。

讲到此处，我们可以评论培根的科学方法何以不能成功。因为他过于主张实验，得了事实之后，只去列表分类，求他们的异同，要在异同之中发明一个通则，却不知用假设，由演绎一方面去寻一条捷路，正如运算的，只知加减，不知乘除，遇着 25×25，他便要去加二十五次，方得结果。况且有许多通则，并不是仅仅分类比较，所求得出的。再说上面讲归纳逻辑的时候，曾列举惠韦而、弥勒、觉芬、魏而教几个人的意见，一个说归纳是把所有的事实概括拢来得一个通则，一个说归纳只是据特例以推到通则，要是特例是靠得住的，就是一个也不为少，特例要是靠不住的，就得多找几个。我们现在晓得研究科学，不是仅把那明白简单的事实搜集拢来，做一个简写的公式，可以了事的。有时现象的意思既不甚明白，事实的搜罗还不甚完备，我们也不能不下一个解释，求一个通则。这种办法，难道就不是归纳，不算科学方法吗？所以我说他们所说，皆各有所当。就现在的科学的情形看起来，他们的话正是各得一端呢。

可是诸君要问，既是现象的意思还不甚明白，事实的搜罗还不甚完备，我们何不留等一等，到那明白完全的时候再去归纳，何必急急忙忙的瞎猜呢？这话我说不对。因为假设的职分，还是科学方法的里面，并不在科学方法之外。何以故呢？因为有了假设，然后能生出更多的试验，然后能使现象的意思越发明白，事实的搜集越发完备。所以假设这一个步骤，倒是科学上最紧要的。现在科学的方法，所以略于极端的实验主义的地方，也就因为有假设这一步，可以用点演绎逻辑。

学说与定律。假设经若干证明后，可认为学说，上已说了。学说是经过证明的，所以可引来证明他种现象，假设则只能用为解释，不能为证据。如电解说为现在物理及化学上的重要学说，其所以成为学说，正因化学上的电气当量等实验把个电解说鞏固得颠扑不破。原子说虽然没有什么例外，但总觉得虚渺难测一点，还不算学说的。至定律乃是由事实中老老实实归纳来的，并不加以丝毫人为的意思。譬如质量不灭之定律、能量下灭之定律、引力之律、定比例之律、倍比例之律，皆是直切简明说一个事实，并且是说一个"什么"，并不说是"怎么"。所以论理学上尝说，如问物何以下落，答云因为引力之律，不算答解，就是因为未说"怎么"的缘故。但是定律虽未说"怎么"，他在科学上却是根本观念，大家不要看轻了他。

假设与学说，既是为研究方便起见，拿来解释现象的，所以没有什么一成不变的理由。大天文家恺柏勒研究火星运行，因发明椭圆轨道的学说。但他未得最后的学说以前，已经起了十九个假设，都因与事实不合弃去了。法勒第也说过"书中所有的学说，不过科学家想到的百分之一，其余的许多，都因不合事实，随生随灭了"。这种说话，最可以表科学家的真精神及方法。

科学方法讲到此处，可以略略作一个结束，我们现在且把归纳逻辑和演绎逻辑来比较比较。

1. 归纳逻辑是由事实的研究，演绎逻辑是形式的敷衍。
2. 归纳逻辑是由特例以发现通则，演绎逻辑是由通则以判断特例。
3. 归纳逻辑是步步脚踏实地，演绎逻辑是一面凭虚构造。
4. 归纳逻辑是随时改良进步的，演绎逻辑是一误到底的。

六、科学方法之应用

今世所以有科学，因为有科学方法，但是学科学的，却不大觉科学方法的所在。庄子说："鱼相忘于江湖，人相忘于道义"。试看古今有名方法学家，大半皆不是专门科学家。他们何以要这样不惮烦的讲来，大约他们的意思，倒不是为科学家说法，他们的意思，是要把这科学的方法灌输到他种思想学问里去。就实际上讲来，现在的学问，那一种不带几分科学的色彩。如心理学，本来是个空空洞洞的学问，现在也变成了一种实验的科学。至如生计学，自从马尔秀斯（Malthus）《人口论》说明食物生殖以算术级数，人口生殖以几何级数，供求相因的定律也由一种想当然的议论变成一种事实的数量的学问。社会学处处以统计为根本，以求社会上利病祸福的原则。譬如研究犯罪者之多少，与不识字者之多少成比例，还不是科学的方法的应用吗？至于教育学，现在更是趋于实验一方面。譬如我们不晓得两点钟接连讲下去，学生得益多些，或是把两点钟分成三门讲义，学生得益多些，我们很可以拣两班，资质年岁同等的学生，用一个先生，分两样教法。一个星期以后，试验他们成绩，就可以知道那个方法好些。这种方法，是美国教育界研究教育的始终在那里进行的。就是现在写实的文学派，实用主义的哲学派，那一件不是与科学方法有关系的，所以我说，科学方法在一般学者，比较在科学家还紧要些。

七、结论

从前读哈佛大学校长爱理阿（Eliot）君的演说，有一段讲归纳逻辑的用处，讲得甚好，等我把他引来作我的结论罢：

> 归纳哲学的特性，在什么地方，何以能有那样大的变化力，把实行他的人类的习惯、行为、风俗、政治、宗教，及一切人生观皆改变了呢？

归纳哲学，从观察具体的及实际的事物入手。所重的是事实，既不想那种虚理乱测，也不靠上天的启迪。所研究的是实在的事物，可以是植物，或动物、矿物，也可以是固体、液体、气体，或以太，总要实有其物，可以眼见、耳听，或手触，或实有其事，可以称衡，或权量所求的是空理，即是事实。既以眼或手或他官觉观察即得事实，更以事实与事实相比较，或一群事实与一群事实相比较。比较之后，于是乎有分类，分类之后，于是乎有概括，是为第一进步。但此概括亦极有限制，既不是上极青天，下入原子，不知纪极的推测，也不是完全自是的学说，不过观察事实以后的最近的一步罢了。于是谨慎小心，把观察分类概括之所得，记录起来。这方法上的用心，也与观察同其锐敏，与记录同其正确，这就是归纳的方法。现在我们就说现今世界行事，一切新方法、一切新实业、一切新自由、一切团体的能力，及社会的平等，皆是由归纳方法生出来的，也不为过。近世经济学，就是用归纳方法而成功的第一个好例。

你们要说这是把物质的或机械的眼光来看人类的进步么？不然不然。因为经过这许多观察、记录、概括的法则，那人类思想上发明的及先知的力量，才能够发生。你们以为爱迪生（Edison）平生的事业，单单的是由手或眼作成的，或是由不出可见可捉的事实的推想造出的么？其实皆不然。爱迪生君的最高的本领，及其最宝贵的特质，就是他的发明及创造的想象力。此不独于爱迪生为然，大凡于纯粹或应用的科学的进步上有所贡献的，亦莫不然。有许多人只会做那刻板一定的事，但要的确做点有进步的事体，其人必定要有很亲切、自由、活泼的想象力，并且要有确实逻辑的与有秩序的思想，及笃实应用的本然。所以我们在这里赞赏归纳哲学的美果，歉异归纳方法于物质世界的非常成功的时候，不要想我们就把那智理及精神的一方面抛弃了。我们正要从这最大而最有益的地方的门口，找人类的理性及想象呢。

说"合理的意思"

《科学》，第5卷第1期，1919年；收入：
《科学通论》，上海：中国科学社，1934年

任鸿隽

"合理的"三个字，是现今新发明的形容词，我们看书阅报和有点学问的人讲话的时候，常常遇见的。因为他的字面，没有什么新奇出色的地方，所以注意的人很少。但是他的意思，却很重要，要是大家果然明白了他的真意，处处去求一个"合理的"，也就是思想的进步了。

和"合理的"相当的英文，是 rational 一个字。这"合理的"三个字，是否英文 rational 的确译，我们暂且不管，不过使用起来，总是和英文的 rational 同意的。英文的 rational，是从 reason（理性）这个字孳乳出来的，意思是说凡是经过人生的"理性"考验一番，见为合宜的，都可称为"合理的"。所以"合理的"的"理"字，简直可以作"理性"的"理"字解。我们中国人说："人为万物之灵"，外国人说："人是有理性的动物"。这"理性"既是人类异于禽兽的所在，我们就把来作一个鉴别好恶的标准，想来也没有什么不可以的。

但是理性又是个什么东西？就哲学方面说，那理性派的人，简直把理性当作一切世间知识的根源。他们既不认神的存在，又不认官感可以得一切事物的真象，所以他们主张，凡经过理性推理出来的，方才合乎真理。这种理性的说法，对与不对，是哲学上的问题，我们可以不管。就是他们的意思，也似乎精微奥渺一点，平常"合理的"三个字的意思，当然不是说合的这个理。就心理学一方面说，推理就是反感（reflection）和判断（judgment）的一种连续作用。这反感和判断，都含有前识在内，所以推理结果的善恶，也就不能一定。譬如孟子说："孩提之童，无不知爱其亲也，及其长也，无不知敬其兄也"。这爱亲敬长的观念，孟子说是良知，其实还是推理的结果。有人驳孟子的话，说"孩提之童，所以爱其亲者，爱其乳也"。我们就不说爱亲的观念，是由爱乳生出，

但是孩提之童知道爱亲的时候，必定先有一个和我最亲的人的反感，加上种种原因，生出一个可爱的判断。总而言之，这爱亲敬长的观念，决不是简单的。既然不是简单的，我们竟可以说是推理的结果，不过这种推理的结果，是归于善的一方面罢了。也有推理的结果，是归于恶的方面的，如庄子述盗跖的话说："妄意室中之藏，圣也。入先，勇也。出后，义也。知可否，知也。分均，仁也"。这种圣勇义知仁的美行，那一件不是由推理得来的。不过这些美行，在盗跖手中，都变了恶德，所以单就推理，来决定行为思想的合不合，也是靠不住的。

推理的结果，虽然不能拿来作善恶的判断，但是推理这个机能，到底是人类特有的。有了这个机能，造出来的东西，是好是坏，那全看他所用的原料，和运用的方法罢了。所以我说"合理的"未必就是合于推理的意思。"合理的"意思，是说合于推理所得的一定方式。换一句话说，"合理的"并不是合于推理的主观观念，乃是合于推理的客观的结果。这客观的结果，又是个什么东西呢？

客观的结果，为推理所寻求，最重要而且有价值的，只有一件，就是天地间事物的关系。或这件事有时为那件事的原因，那件事有时为这件事的结果，我们也可以说是原因和结果的关系。明白事物的关系，何以就是"合理的"。等我举几个例来讲一讲。比如现在东北几省在闹疫症。一般的人，不去从清洁卫生和防止传染的方法讲求，却成日的拜佛求神，打醮驱鬼，要想防止疫症的流行，这个事情，我叫它不合理。又如信风水的，把他家祖先的骸骨，当作小菜种子一样，想找一块好土栽下，以求后嗣的发达，这个事情，我们也说是不合理。又如信风水的人，有一天去找一个瞎人，摸一摸他的骨头，说道你这块骨头生得好，将来可望做总统，那块骨头差一点，后日只有督军、省长的希望，这个事情，我们也说它是不合理的。我们说这些不合理，有什么理由？要说它是迷信吗？这个话不足以服迷信的人。因为我们说它是迷信，它们却有许多理由，许多不正确的理由。若是我们拿事物关系的话来说，他们可就无言可答了。世间上有一个普通的定理，无论什么人都得承认的，就是凡事皆有一个历史的关系，断不是突如其来的。既承认了这种关系，我们就可以考验前举诸例的合理不合理所在了。疫症是由霉菌发生的，和鬼神的关系在那里？祖宗的骸骨，又不会生根发芽，怎么会和后嗣的荣枯有关？你身上的骨头，大一点，小一点，除了于你身体的重量，略有关系之外，和你后日的行事还有什么影响？总而言之，这几件事情的结果，和那根据的原因，是没有关系的。既是没有关系，我们就叫它不合理。

我们再掉转来，举几个正面的例，这"合理的"就是明白关系的意思，越容易领会了。比如作农夫的，要想他种植的繁盛、五谷的丰收，他们第一要晓得植物所须的养料是些什么物质。第二要考察他的田地土壤，所含的是些什么物质，所缺的又是些什么物质。第三方才决定种何种谷类，须加何种肥料。这种办法，我们叫他做合理的农业。为什么呢？因为我们明明的晓得，这下在土中的肥料，经过空中的养化或土中的霉菌作用，就变成一种可溶性的盐类。这种物质溶在水中，被植物吸收，加以他的生理作用，就渐渐变成枝叶果实了。我们明白了这种关系，才去用那个方法，故所以叫做"合理的"。又如讲教育的，他们先研究了儿童的心理，晓得人类智慧的发达，要经过许多阶段，又审察社会的大势，知道以后的趋势，应该走个什么方面。又还要研究教育的方法，以何种为最有效。方才起了一个教育的统系，定一个学校的课程表。这种办法，我们叫做合理的教育。因为这样的教育，是把教育与社会的关系，以及教者和受教者与社会的关系，弄清楚了，才去着手进行，与那些莫知其然而然的教育，是不同的。再说我们的饮食，平常人只是喜欢吃什么就吃什么。那"合理的"食谱，是把人身的生理作用，考察得清清楚楚，知道一人一天须若干蛋白质去变血化肉，若干脂肪、淀粉、糖类去发热生力，几多水，几多盐，都是一个人营养上所不可缺的。倘若有人说辟谷食肉，用酒代饭，可以长生不老，我们简直可以骂他"不合理"，因为他们于食物和生理的关系，完全是糊涂的。

　　上面说了许多话，我希望这"合理的"就是明白关系的意思，可以大略了然了。但是这"合理的"意思，还有几个紧要的界限，等我提出来，请大家注意。

　　一、"合理的"和迷信反对。迷信就是不合理的信仰，这话我在前已经说过了。再进一步说，迷信的事，就是不明原因结果的关系生出来的。比如我前面说的鬼神、风水、相命种种迷信，都是于本来没有关系的事物，由心中想象成一种关系，至于这种关系，在事实上成立与否，他们就不深问了。这"合理的"意思，却要事实上明明白白寻出一个关系所在，所以"合理的"态度，和迷信是不并立的。

　　二、"合理的"不盲从古说。有许多人对于古人传下来的言语思想，都奉为天经地义，从来不敢起一点疑问，这也是和"合理的"意思相背的。这个道理很容易明白，因为人心进化，时势变迁，古人所见为"合理的"，未必现今还是合理。我们若是凡事仰承古人的遗传，不自己打量一番，何以见得古人所说，一定不错呢？所以"合理的"态度，对于古说是不盲从的。

三、"合理的"不任用感情。人类的感情和理性，本来是两种机能，各不相蒙的。有时感情激烈的时候，遂不免将理性抹煞。所以任用感情的人，每每看不清事情的前因后果，他的所行所为，便都成了不合理的了。这个毛病，号称为文人的最易犯着，所以我们和人家辩论的时候，最当提防，不要为感情所动，犯了不合理的弊病。

　　照这样看来，这"合理的"字源，虽然和理性有些关系，"合理的"意思，却完全属于客观的结果，明白事物的关系。哲学家的理性说，固然不算真诠；文学家的感情论，也当退避三舍。果然事事求一个"合理的"，那种侥幸糊涂、盲从妄冀的意念，都可一扫而空，岂非思想的进步吗？至于这事物的关系，要如何才能明白，则有科学方法在。

科学的真实是客观的不是？

《新潮》，第 2 卷第 2 号，1919 年 12 月

王星拱

近来欧、美各国，科学发达，真有一日千里之势。多数的人，都承认科学是有益于人生的了。然而还有少数的人——像托尔斯泰一流人——对于这个意见，却有怀疑的态度，或者竟直有攻击的论调。他们所以怀疑和攻击科学的缘故，是因为有两个要点，他们没有懂得清楚：（一）他们以为科学是增加人类罪恶的机械，这种论调的公式，就是"科学是奴隶"（Science is Slavery）。（二）他们以为科学的真实，完全是客观的，于人类的生活，没有什么相干。对于第一点，我现在姑且不讲，等到将来得便的时候，再来详细讨论一番。现在我们单独讨论第二点。

科学这件东西，不是天生成的，乃是由我们造出来的。简括一句说，科学乃是人类智慧的出产品。在心的方面，它和思想律相符；在物的方面，它又适宜于外界。内界思想之动作，有思想律可以管理它；外界宇宙之进行，有天然律可以管理它。这两界的现象都是有定的，然后我们可以构造科学。

我们在内界观察自己，例如思惟记忆都是的。我们在外界观察外物，例如官支之感触都是的。我们的思想，不能离开思想之本身，无论如何驰骋往返，永远呈现一个和一（Unity）的性质。宇宙的各方面，和我们的官支，有联续不同的接触；由我们的智慧，把这些材料，构成多和异的印象（Representation），再从这些多和异的印像里，求出他们的同点，综合起来，才能成有系统的知识——就是科学。所以我们的自己，乃是外物变迁之认识所靠作标准的。简括一句说，"我"就是参考的中心点。

思想律是普遍的；凡我们的思想的动作，都受这个思想律所管理。譬如当我发给一个界说给一个长方或一个圆的时候，我心里必定记载着这长方和圆的表德——就是长方和圆的概念。如果别人所发给的界说，和我的界说相同，但

是这个人心里所记载的长方和圆的表德，和我心里所记载的表德不同，那么，这个人的思想，就不能为我所懂；那就是说，我和这个人没有互相的了解。如果我的思想是合理的，这个人不是愚就是诬了；因为人类的审度，在同一的情境之中，必定得同一的结论，换一句话说，从同一的张本，Data 必定得同一的得数。然而我们寻常辩论，每有意见不同，这又是什么道理呢？难道各人思想之进行，不是经历同一的途径吗？这都是因为事实繁复，或张本不完备的缘故。如果张本是同的，张本里各物对象的界说都是确定的——各物的概念都是确定的（赫胥黎把这种概念叫做物理的概念〔Physical Concept〕），那么，彼此同意，彼此互解，不但是可能的，并且是一定的，不但是一定的，并且是非如此不可的。

思想律既是普遍的，所以凡人的审度，不能为"我"所了解的，都是无意义的审度。凡人的行为，为这种审度所引导的，都是无脑筋的行为。譬如我们依经验而审度，冬天将来了，必定要冷的。如果有人说，冬天将来了，必定要热的，这不是无意义的审度吗？如果这人还要依他的审度去急急忙忙的安电扇，置热衣，这不是无脑筋的行为吗？

就是人类以下动物的审度，也是和人类一样的，不过他们审度的权能，不如人类的大罢了。现在就直线的审度而说，猫扑耗子，跳的途径，是个半圆形，然而它知道它跳的结果，是个直线；鹰打兔子，盘旋而下的途径，是个螺纹形，然而它知道它盘旋而下的结果，是个直线；蚕的行走，每环节里有各种进退左右的行动，但是它知道它行走的总结果，是个直线；蛇的行走，左右成丨字形，然而它知道它行走的总结果是个直线；足见下等动物的简单思想，也和人类的思想，同受一样思想律的管理。

我们在宇宙中间生活着，必定要和外界的环境相适应，不但是肢体的生活是这样的，就是精神的（智慧的）生活也是这样的。我们的肢体，若是和外界的环境不相适应，绝不能发达到现在的地步。我们的审度的权能，若是不能和"用我们的审度去应付"的外界环境相适应，也绝不能发达到现在的地步。如果我们根据于观察的事实，去预测将来，而屡次受了欺骗（譬如我们看见每日太阳出来，预测明日太阳也要出来，但是到了明日，太阳不出来，这就是天然界欺骗我们了），那么，我们审度的权能，就无从发达了。赫胥黎说天然界是永不冲突的；朋加烈说天然界是和一（Unity），设若天然界不是和一，天然界的各部，就不能互相影响，互相反应，但是彼此不相理会，不相干涉了。从我们的经验，知道外界（天然界）的进行，有一定的定律管理他，我们的智慧，若是遵循思想律，一步一步的前进，可以渐渐地寻出这些天然定律。外界的物，为天然律所管理；我们的审度，为思想律所管理。科学的真实，乃是把"我"和外界的物同抓在一个不可分离的圈儿里；换一句话说，"真实"乃是由我们的智慧，把外界的资料制造出来，并不是完全的客观的（参观 Bouty's *La Verité Scientifique*）。由观察所得的定律去审度将来，若是审度的现象，确是在这个定律管理范围之内，将来发现的结果，决不欺骗我们。如果欺骗，必定因为观察有错误，或不完备，否则因为审度不合逻辑。如果我们能免除这两个弊病（科学方法就是免除这两个弊病的器具），那预测和结果，必定是符合的。但是如果预测的现象。和定律所根据的现象，不能完全皆同，那预测的功用，只能指示我们一定的途径，究竟将来的结果，是否和他符合，还得要试验的证明。赫耳姆浩司（Helmholtz）说："我们对于外界的印象，怎样才算得真实呢？我的答案就是：凡我们对于外界的动作，这个印象可以明白告诉我们一个结果，而且在情境改换的时候，这个印象又允许我们由他推出一个一定的结论，那印象就可以算得真实的了"。这就是"最适用的就是真实"的意思。

再深一层说：当我们和外界的一部分相接触的时候，我们看出有些性质依我而定的，有些性质不依我而定的。前一类的性质，叫做主观的原素，例如我和物的距离，和我所用以观察外物的角度，都是的。后一类的性质，叫做客观的原素，例如密度、坚度、颜色，都是的。这主观、客观的原素，竟直可说是无限的多，我们的脑子只能从这些原素之中，选择若干，保存起来。这是我们经验外界的时候，一个重要的手续。这个手续，引导我们到概念之构造。由此可见，概念之构造有强订的色彩，我们为何选择一定的原素，抛置一定的原素呢？因为凡是被我们选择的原素，都是能引起我们的兴趣的。概念之构造，既有强订的色彩，所以我们遇着新事实之发生，或是寻出主观原素和客观原素的关系格外确切详明，都可以修正概念。这样看来，概念并不是永定而不可移的。科学的知识，都倚靠概念作工具而得来；概念既是由主观的我选择原素而定的，足见对于科学之发生我们的智慧在经验的基础上，对于科学之发生有很大的功劳了。我们从这里又可以寻出一个要点：我们既用概念去表现外界的实在，又把这些概念和定律或事实合在一处再用假定作帮助（参观下节），经过逻辑的变换（Logical Transformation），而成为科学的理论（我们就拿气动说作个例子；我们对于气体、压力、温度、体积，有确定的概念，又知道他们互相关系的事实，把这些概念事实合在一处，再假定气体有分子，分子自动，再把第一层的经验，和第二层的假定，合拢推度下去，温度愈高，分子速率愈快，所以要占据的体积愈大；体积愈小，分子碰撞愈多，所以压力愈大，这气动的理论就告成了）。这些理论所呈献的结论，就是科学的真实，概念既是可以修正的，科学的真实，当然也是可以修正的了（参观 Picard's *De La Metlrode dans lesscience*）。我们心里所有对于外界的概念，和已知的定律和事实，是很多而异的；这些东西，可以叫做最初的"原子"。依联合换合之理论（Theory of Combination and Permutation）讲起来，这些"原子"，可以成各种不同的结合式，这些结合式，绝不能个个都是有意义的。然而我们何以能有创造的能力，从许多的原子之中，选择分出一定的适宜的"原子"，组织成一个有意义的结合式呢？到了这个地方，逻辑是不中用的，逻辑只能变换，不能创造。这创造的功劳，当归于我们的志愿！这些"原子"，在思想没有动作以前，可以说是悬在墙上不动的；到我们要发明理论的时候，由我们的志愿，选择一定的"原子"，并驱策这些"原子"出去，纵横驰骋，彼此互相撞碰——也许和悬在墙上的"原子"相碰相撞，并且把他们碰撞下来——就同气动说里的气分子一般，就便到了无意识的境界（Unconscious State），这些"原子"仍是活动不止（这个无意识的境界，和对于这个理论思想尚未动作的时候不同。儿童夜里读书，往往有当夜不能背诵，到第二天清早，反能背诵的，也是这个道理）。一直到了这些"原子"摆在适宜的地位，联合而成有意义的结合式，从此循逻辑而前进，可达发明理论的目的（再拿气动说来作个例子，鲍以耳格罗撒克等等定律，和物有原子，原子自动的理论，好像是不相干涉的"原子"，然而把他们联合起来，并不是无意义的结合式，从这个结合式推度下去，就得上节所说的理论）。这样看来，我们创造理论，至少有一部分的"原子"，是为我们的志愿所选择的，所驱策的，然而我们的志愿，何以能选择适宜的"原子"呢？这是因为我们有智慧的美感。从许多纷纭复杂的"原子"之中，我们的直觉，可以告诉我们，那些"原子"是我们的智慧可以抓笼得住，而可以供我们使用，不至于发生紊乱冲突的弊病的，这就是说，我们的直觉，可以看得出，那些"原子"是彼此互相关系，恰如其分，有和一的美的（见 Poincaré's *Science and Method*）。

据此看来，科学的真实，是用我们的智慧，把可以引起我们的兴趣的材料，由我们的志愿使用这些材料构造起来的。这还是完全的客观的吗？

什么是科学方法?

《新青年》，第 7 卷第 5 号，1920 年 4 月 1 日

王星拱

自孔德提倡实证主义，穆勒实行逻辑革命以来，科学方法之重要，渐渐为公众所承认了。科学方法是什么呢？换一个名字说，就是实质的逻辑。这实质的逻辑，就是制造知识的正当方法。

知识源何而来，本是一个屡经辩论的问题。讨论这个问题的，大约可以分为两派。第一派说：知识是由经验得来的，是后天的；第二派说：知识是由理性得来的，是先天的。这两派所用的逻辑不同，第一派的逻辑是归纳，第二派的逻辑是演绎。我们且先看这两派的意见如何，再看科学家的意见，和这两派有什么不同的地方。

第一派的人说：宇宙之间，每件东西有每件东西的特点，绝没有两个相同的东西。宇宙的全体，就是无数不同的团体集合起来的，并没有什么类，什么定律，可以管理他们。一万个人，有一万个不同的面孔；一万个人，有一万个不同的性质，谁也不能反对谁，因为各有各的道理，各有各的主观，没有两个人真正可以互相了解。所以我们彼此相待遇，应该要持互相容纳的态度，不能强迫人家同自己一样。而且依进化论讲起来，宇宙一层一层的接续不断，往前进行，每层所发现的，都是新的，绝不会和已经过去的那一层相同。况且宇宙之进行，既是接续不断的，那已经无层之可分了，不过我们智慧的习惯，把他分成层数，以期便于了解，便于研究罢了。这样看来，宇宙之行为，是没有秩序的，所以我们不能预测将来，即最近的将来，也是不能预测的。这是从异的方面着想，自然有充分的理由。然而宇宙间每个东西，把它分析起来，有无限的性质或表德，可以做我们的参考点。

选择这些参考点之若干保存起来，就是概念；把这些参考点记录下来，就是界说。无论如何相同的两个东西，他俩的参考点，绝不能完全都是同的，然

而无论如何不同的两个东西，他俩的参考点，绝不能完全都是不同的。如果我们所经验的东西，每个都是完全不同的，那就无从搆【构】造科学了。但是我们这儿实在是有个科学呀！个体的事实，当然不能抹煞，然而类和定律，是弃其异点，取其同点，构造起来的，是个最经济的方法。不过类和定律，只能做推测的指导，没有能够强纳事实入其范围的道理。科学是能预测的，但是我们不能预先断定：这个预测准到什么地步，罢了。这是科学家和这一派不同的地方。

第二派的人说：宇宙间各件东西，都是有系统相贯串的，宇宙的全体，是一个和一，倘若宇宙的全体，不是和一，则宇宙之各部分，不能互相影响，互相反应了。然而宇宙之各部分，是能互相影响，互相反应的。换一句话说，宇宙是有秩序的，是有系统。我们只须得了这个秩序系统，就可以推论未知——预测将来，和"割牛得其纹理"一般。这就是因果律的道理。宇宙之间，有一定的因，就有一定的果，万众森罗，形形色色，都有迭相接续的因果关系。所以宇宙之进行，是有定的，是可以为我们所预测的。然而我们有时不能预测将来，又是什么道理呢？这是因为我们所凭借的张本不能完备的缘故。若是有一个超人，能够观察无限，记忆无限，思想无限，他一定可以广知四海，远知万世，丝毫都不差错的。

科学最注重因果律——科学之成立，全靠因果律做脊椎，所以科学家承认宇宙是有定的。但是我们观察，是用我们自己的器官，不是用超人的器官（天眼通、天耳通），我们推论，是用我们的智慧，不是用超人的智慧。所以我们推论所得的结果，不过是或然的。这样讲法，和意志自由论并不冲突。意志自由论家恐怕：如果因果律是普遍的真实，则我们的意志，将有"为外境的因所强逼，去愿意我们所不愿意的"的时候，岂不是人类的大苦恼吗？殊不知因果律不过表明一种关系，因不能强逼果，和果不能强迫因一般，不过有个时间的先后罢了。我们的意志，究竟倾向何方，谁能说不受历史和环境的影响？只须我们智慧发达，能够把外界的情境分析得明明白白，让我们自由的权衡轻重，自由的选择途径，就不至于有愿意我们所不愿意的苦恼了。总而言之，宇宙虽是有定的，然而我们预测将来，不能完全是必然的，必得要有试验来证明他。这是科学家和这一派不同的地方。

科学家和这两派既有不同的地方，所以科学所用的制造知识的方法，也不是纯粹归纳法，也不是纯粹演绎法，它所用的是科学方法。科学方法有什么特点呢？概括起来说，它有五个特点：

一、张本之确切。知识最初的起源，都由于器官的感触，但是在这些感触的时候，有一个智慧的我在里边认识他。这些感触所得的结果，叫做器官的张本。要造好房子须用好砖瓦好材木，要造真实的知识，也须用真实的张本。我们好多不真实的知识，如神异的知识，玄想的知识，都是由于没有真实的感触张本。科学中的观察，是极其小心的，用各种方法去防备错误，去减少错误，所以科学中的张本是真实的。而且科学中所用的各种仪器，不但可以得真实的张本，而且可以观察得到我们裸体的器官观察所不能到的地方。自望远镜发明，天空里不知添了几多星辰，自显微镜发明，世界上不知添了几多小的东西啊！

二、事实之分析。当我们研究问题的时候，各方面的情境，呈具于我们面前的，淆杂混乱，棼如乱丝。我们必须把它分析到最小的部分，因为从最小的部分里边，易于看得出它的性质。而且如次分析之后，纵有错误，也易于寻觅出来。譬如电学家研究磁力，把它分成力线，力学家研究速率，把它分成微分。宇宙本是个毫无间断的连续，但是我们有认识的需要，所以我们必定把它分析出来，分析是智慧——理性的能事，科学中智慧发达最强，所以科学是擅长于分析的。必定如此分析，我们才能除却神秘的态度，而得个明白的态度。

三、事实之选择。当我们比较繁复的事实而综合，或搜集过去的经验而构造假造的时候，这些事实经验，是无限的。若要从这些事实经验之中，取其有同点的综合起来，成一个定律或理论，不能完全凭借智慧——理性去决定，是要凭借我们的直觉去选择。即如科学家做试验去寻因果的关系，也只能首先凭借直觉去构造几个选择的假定，然后作试验去证明它。但是既是凭借直觉，就不是方法所能范围的了。不过这个直觉可以培养得来的。我们无论遇着什么问题，都让我们自身有比较事实创造假定的机会，那就可以增加这个直觉能力了。这就是自动教育之原理。

四、推论之合法。经院学派遗传下来的逻辑，都是研究推论如何合法，科学方法还能比他好吗？然而科学方法和那普通逻辑有大不同的地方。科学方法和普通逻辑，都注重界说之清晰，都注重概念之确定。但是普通逻辑把这个概念当作具体的，把所推论的对象，和所用以推论的概念，看做同一的东西。科学方法却不然；它把这个概念当作抽象的，凡我们所推论的对象，并不是界说里纯净的假定（把概念用言辞记录下来，就是界说），不过是这个概念的影子，也许有大同小异的地方。例如"人是要死的"，是人的略说；"要死"的观念，是人的概念；我们用这个概念推论某甲，某甲的"人"，和界说里的"人"，并不是同一的东西。所以推论所得的结果，如果能满足一个界说，都是一个新真实。

五、试验之证实。科学的知识，不是纯粹经验的记录所能了事的，所以必定有事实之选择，和方法之推论。选择是一种简约的方法，简约必有牺牲之连带，由简约的得来的，并不是真实之本身，如何靠得住是真实呢？而不推论的时候，所推论的东西，和所用以推论的概念，并且是同一的，那么，这推论所得的结果，又如何靠得住是真实呢？所以最后的判断，还靠试验之证实。如果没有试验一层，这个知识制造法并没有完事，没有"告成"的资格。试问制造半途中止，如何能有良美的出产品呢？

这样看来，知而不行，并不能算做真知。这就是实验派"以实行为思想之一部"之理由。

科学与近世文化[1]

《科学》，第 7 卷第 7 期，1922 年；收入：
《科学通论》，上海：中国科学社，1934 年

任鸿隽

"科学与近世文化"，这个题目是近人时常讲的[2]。我今天开讲之前，先有两个声明。第一、这个讲演，是本年科学社讲演的总目，所以不免普通一些。第二，我所讲的近世文化，并不包括东方文化在内，因为我们承认东方文化，发生甚古，不属于近代的。那么我们所讲的是西方文艺复兴以后发生的文化了。近人对于这种文化，至少有几个普通观念。一说近世文化是物质的。譬如从前人乘骡车、马车，今人乘火车、电车；从前人点菜油灯，今人点电灯之类。一说近世文化是权力的。例如征服天然，驱水使电，列强相争，弱肉强食之类皆是。一说近世文化是进步的。例如机械发明日新月异，学术思想变动不居，从前几千年的进步，比不上近世几十年的多。这几种意思，我们承认他都可以代表近世文化的一部分，但是不能说可以总括近世文化的全体。要一个总括全体的话说，我们不如说近世的文化是科学的。诸君注意，我说近世的文化是科学的，和近人所说近世文化的特采是科学发明、科学方法，等等，有点不同。因为前者是说近代人的生活，无论是思想、行动、社会组织，都含有一个科学在内，后者是说科学的存在和科学的结果，足以影响近代人生活的一部分罢了。

我们现在要说什么是文化。文化和文明少许有点不同。我很喜欢梁漱溟先生说的："文化是人类生活的样子，文明是人类生活的成绩"[3]。不过吾想单说

---

[1] 本文收入《科学通论》时，有编者案语："民国十一年中国科学社春季讲演。第一讲，在南京科学社讲演，见民国十一年《科学》第七卷第七期"。——编注。

[2] 看《科学》第四卷第三期梅加夫教授（Prof. Mercalf）在欧柏林大学讲演（见前），及黄昌谷君近出之《科学概说》。

[3] 见梁漱溟著的《东西文化及其哲学》。

人类生活的样子，还不能尽文化两个字的含义，我的意思，要加入"人类生活的态度"的几个字，来包举思想一方面的情形，文化两个字的意思才得完备。照这样说来，文化有种类和程度的差别，但是没有绝对的标准。我们可以说某种人的文化是什么样，程度是什么样，但是不能说某种是文明人，某种是野蛮人，因为照我们上面所说的文化的定义，是讲不通的。但是我们提出近世文化，我们的意思却很明白的确，因为近世人生活的样子和对事物的态度，是很明白的确的。近世的文化和近世以前的文化，是极有分别，极容易看得出来的。所以我想把一切文明野蛮的话头打扫净尽，再来观察近世的文化。

说到近世与前代分界的所在，我们晓得欧洲史上有一个极重要的时代，就是文艺复兴时代。文艺复兴这个字，英文是 Renaissance，本来是"复生"的意思。欧洲的文化，在中古时代，简单没有什么可言，所以历史家又叫中古时代是黑暗时代。到了十三世纪的时候，为了种种的原因，那黑暗沉沉的中古人心，忽然苏醒过来，文学、美术、宗教、政治，都先后起了一个大改革，开了一个新面目。科学的复兴，也就是文艺复兴的一个结果。但是别的改革和开创，自然也影响近世人的生活，并且为生活的一部分，可是终没有科学的影响和关系于近世人生的那么大。这有个缘故，这个缘故，就是科学的影响，完全在思想上，科学的根据，完全在事实上，科学的方法，可以应用到无穷无尽上。有了这几层原因，我们说近世文化都是科学的，都是科学造成的，大约也不是过甚之言。

近世的文化，可谓复杂极了，要举出几件来，证明科学和他们的关系，可不容易，并且不免有挂一漏万之讥。但我们可以把中世纪的思想和研究学问的方法，举一两件和近世的比较，科学和近世文化的关系，就愈加显明了。

第一，中世纪的人，相信上帝创造宇宙事物，都有一定的计划，人在宇宙间，也是计划的一部分，所以有的生而为王公，也有的生而为奴仆，都是天命有定，人对于己身的地位，是不负责任的。因为这样，当时的人心，都归向宗教，只想求死后天堂的快乐，生前的痛苦，他们略不在意。打破这样的宇宙观，最有力量的，柯波尼克（Copernicus）的地动说。柯波尼克的地动说在当时出现，有两种意思：第一，表示当时的人心，对于宗教上地为中心的说法，已敢于起怀疑的念头。第二，地动说的最后胜利，是科学战胜宗教的起点。那已经动摇的人心，得了这种自信力，自然愈趋于开放与自由方面了。

第二，中世纪的时候，学术界所崇奉为宗主的，只有两部书，一是《圣经》，一是亚里士多德的哲学。亚里士多德的书，未经文艺复兴以前，还是从阿拉伯文翻到拉丁，残缺不完，和晦乱庞杂的弊病，是不可免的。当时的学者，正要利用他的残缺晦乱，来造成一种纠绕诡辩的学问。后来文艺复兴，学者都讲究读希腊原文，又竭力去搜求遗稿，亚里士多德及许多希腊，罗马的学术，才渐渐彰明起来。还有一层尤为重要的，中世纪的学者，凡研究什么学问，都是根据书本，绝不去研究实物。比如说到一个动物，他们只说《圣经》上是怎样怎样，却不想《圣经》上说的在千百年前的帕勒斯坦（Palestine），他们所说的在当时的欧洲，时间和地域都不同，何以见得可以引证的。当时有个首出的科学大家，叫洛纡·培根（Roger Bacon，1214～1294），最反对这种研究法。他说："研究一天的天然物，胜读十年的希腊书"，又说："我们不可尽信所闻所读的。反之，我们的义务，在以最仔细的心思，来考察古人的意见，庶几于其缺者补之，误者正之，但不必粗心傲慢就好了"。洛纡·培根虽然这样的主张和实行，但当时的人还不肯听信他。后来柯波尼克的地动说，也是用这种方法的结果。柯波尼克写信给他的朋友，说他的地动说成立的经过，历了五个阶段。这五个阶段是：

一、对于陀伦密（Ptolemy）旧说的不满意。

二、搜索所有的书籍，看有没比他更好的学说。

三、自己研究的结果，成立了一个地动的假说。

四、用种种观察来证明这假说的对不对，对了才承认他成一个学说。

五、用这新学说，把从前晓得的许多事实都联贯起来，成有条理、有统系的知识。

这个方法，就是现在所说的科学方法。但当时的人，如像洛纡·培根、柯波尼克、加里雷倭（Galileo）等，虽是用了这种方法，研究天然界的现象，已经有了许多贡献，他们不过是自辟蹊径，各行其是，到了弗兰西斯·培根（Francis Bacon，1561～1626）才大声疾呼，主张两个根本的重要观念，一个是征服天然，一个是归纳方法。他说："知识即权力"，又说："人类的责任，是要把他的权力推广扩大到天然界上去，在天然界上建一个新国家"，又说："要征服天然必须先服从天然，就是用科学的方法，发明天然的律令"。他又把当时的学问分成三类，一是奇术（Fantastic learning），二是辩论（Contentious learning），三是文采（Delicate learning）。他说这三类都不是学问的正当方法，都不能得真知识。要得真知识，只有一个方法，就是用归纳方法。归纳的方法，简言之，是用事实作根据，推出一个通则，再用观察和试验证明那通则的不错，这就是科学方法的大概。现在科学的门类虽多，研究的方法总不出这个范围。

培根这种主张，算是给科学一个很好的基础。所以培根自己虽然不是科学家，我们说到科学的创造者，总要数他呢。

上面所说的，是科学的一点起源，就是对于文艺复兴这个时代，我们觉得有两个意思。一个是科学的发生，或者说是复兴，一个是近代和古代的分界。这两件事情并不是偶然遇合的，是有第一件才有第二件的。我们现在要看科学与近世文化的关系是怎么样。

前面已经说过，文化这两个字是空洞的，就是我们说什么物质的文化、精神的文化，也是空洞的。所以我们要谈近世文化，最好拿几件具体的事体来说。玛尔芬（Marvin）说得好：有三件东西最足以表示人类的进步。一是知识，二是权力，三是组织①。我们现在就拿这三样来看科学有什么关系。

第一讲到知识，我们晓得现代的知识，不但是范围比较的广，就是它的性质，也比较的精确些。现在很平常的事理，如像蒸气的应用、电力的制造、生物的演进、疾病的传染，都非中世纪以前的人所能梦见，固不消说了。就是古时圣哲所发明，历代学者所传达，如希腊人的物质起源论，中国人的五行生克说等，虽是沿习多年，并且用作说用一切事理的根据，但是照现在看来，还是不算知识。我们拿现在的化学上所发现的八十余元素，和希腊人的水、火、气、土四元质相比较，自然看出它的笼统不精。拿现在化学上物质的变化分合，和物理学上因果相生的定律，和中国人的五行旧说相比较，才晓得它的糊涂无理。这是因为什么？因为有了科学，而后我们的知识得了两个试金石，要经得这试验的，我们才承认他是知识，所以那些不够成色的，都立不住脚了。我所说的试金石，一个是根据事实，一个是明白关系。希腊人说什么东西都是由水、或火、或气、或土变成的，但是我们晓得它并非事实。在炼金化学（Alchemy）的时代，大家都信水可变土，但是我们晓得并非事实。我们晓得它不是事实，也是从实验得来的。讲到关系一方面，我想许多迷信都是由不明白关系发生。比如我们说"础润而雨"，我们晓得础润并不是雨的原因，不过因为雨还未降以前，温气先在础石上凝聚了，所以有润的现象。照这样说来，础润虽不是雨的原因，却也可做一个雨的先兆，因为他中间是有共同的关系的。但是信那风水五行的说法，说祖坟葬得好，后人就会发迹，京城多开一个城门，天下就有兵乱，请问那关系在什么地方呢？科学的贡献，就是把事实来代替理想，把理性来代替迷信，那知识的进步，也正是从这点得来的。

---

① Marvin，*The Lliving*【*Living*】*Past*。

第二、讲到权力，自然是就我们所能驾驭的力量和那力量所及的远近而言。历史家说石器时代的人能掷石子在几丈外的地方去击杀野兽，他的文化已经比石器时代以前的人高了许多，因为他的权力，已经远到几丈外了。照这样看来，近代人的权力，比从前的人大的地方，至少有几处。一为征服天然，最显著的例就是距离的缩短。我们古人看了长江，就说"固天所以限南北"，现在轮船火车到处通行，就是重海连山，也不能隔人类的往来了。再则物产的增加，因为机器的应用和天然障害的战胜，也是近世的一种特别现象。如1810年到1862年，五十年间，世界上煤的产额，由每年九百万吨增到一万四千万吨。由1850年到1882年，三十二年间，世界上铁的产额，由每年四百万吨增到两千万吨。又由1830年到1880年，五十年间，欧、美的商务，增加了八百倍①。这都是前四、五十年的统计，到近年来，增加的数目必定更要大了。再次则各种病菌的发明，人类生命的延长，也是征服天然的一个好例。由1851年到1900年，英国人的平均寿数由二十六岁零五六增到二十八岁零九，美国人的寿数由二十三岁零一增到二十六岁零三三，我们战胜天然的权力，不是可惊吗？又不但战胜天然，我们并且能补天然的不足。再举两件事为例。我们平常所希望不到的，不是插翅而飞和长生不老的两件事吗？不晓得到了1896年，美国的蓝格列（Langley）竟在华盛顿颇陀玛克（Potomac）河上，用机械的力量，把一个比空气重一千倍的飞机，飞升起来，从此空中的飞行就逐渐进步，现在竟成了普通的交通事业了。返老还童的问题，据最近奥国医士斯坦那黑（Steinlach）的报告，也从生理学上，寻出了可能的方法，并且屡试有效。我们这种权力，岂不是自有人类以来所未曾有的吗？但是这些权力，都是由知识的组织和应用得来，自然又是科学的产物。

第三，要说社会组织。我们晓得近代的社会，除了组织复杂，远非从前所可比拟之外，还有几个特采，是我们不能不注意的。一是平民的特采，就是所谓德谟克拉西。这平民的倾向，有两个意思：一是政治上独裁政制的推倒，与参政权的普及；二是社会上机会的均等，和阶级制度的打消。这两个意思的发生，一方面因为机器的发明，生了工业革命，又因工业革命过后，物产增加，一般的人有了产业和劳力，自然发生了权利的要求，一方面也因近代的人心，趋于合理的，对于天然的势力，尚且不肯贸然服从，要求一个征服的方法，对于人为的组织，自然也有一个合理的解决，那些"天赋君权"的说话，自然不

---

① Soignobos，*History of Contemperary*【*Contemporary*】*Civilization*。

能管束他们了。弗（富）兰克林（Franklin）的墓志说他一只手由自然界抢来了电力，一只手由君主抢来了威权，最能表明这一种意思。可见平民主义和科学是直接间接都有关系的。第二个特采，是他范围的广大。从前的社会组织，仅限一地一域或少数人的，现在的组织，不但非一地一域，就是国界种界，也不能限制了。如像近来各种团体的国际组织，各种主义的世界同盟，都是大组织的表示。这有几个原因。一是交通进步，空间时间的距离比从前缩小了好些。二因各处的生活有趋于一致的倾向，因此他们的问题也有些大同小异。三因学术经验的证明，知大组织的利便与可能。这三种原因，又是大半和科学有关系的。第三个特采，是效率的讲求。我们晓得近世工业的组织和机器的应用，是要用力少而成功多。以少量的用力，得多量的结果，就是高的效率，反之，效率就低了。这种讲求效率的意思，不但用在工业上，就是社会上一切组织，也都是这个意思所贯注。大概做到这一步的，我们说它是新组织，不然，事业虽新，组织还是旧的罢了。但是一件事业效率的高低，非从那件事业极小的部分加以研究，不会明白。这种分析研究的方法，也就是科学方法。所以现在有所谓科学的工厂管理法，就是这种特采结晶了。

我们现在把上面所讲的总结起来，在知识、权力、组织这三方面，近代的进步，都比较从前最为显著，最为特别，那么，我们就说这三种进步是近世文化的表现，可不可呢？又因为这三种进步都是科学直接的产物或间接的影响，我们若是拿他们来代表近世文化，我们要说明的科学和近世文化的关系，是不是可算做到了呢？我对于这些问题的答案是：我们上面所说的知识、权力、组织，都是生活的样子，我们还有一个生活的态度。生活的态度，是我们对物的主要观念和做事的动机。我们晓得科学的精神，是求真理。真理的作用，是要引导人类向美、善方面行去，我们的人生态度，果然能做到这一步吗？我们现在不必替科学邀过情之誉，也不必对于人类前途过抱悲观，我们可以说科学在人生态度的影响，是事事要求一个合理的。这用理性来发明自然的秘奥，来领导人生的行为，来规定人类的关系，是近世文化的特采，也是科学的最大的贡献与价值。

再有一些人说近代的文化是权力的文化、竞争的文化，所以弄到前几年的世界大战争。科学既是近世文化的根源，也应该负这个责任。对于这个非难，我们可以引法国大医学家巴斯德（Pasteur）在他的巴斯德学社开幕时候的一段演说来解释，也就作我这次讲演的结论。他说：

眼前有两个律令在那里争为雄长，一个是血和死的律令，他的破坏方法，层出不穷，使多少国家常常预备着在战场上相见，其他一个是和平、工作、健康的律令，他那救苦去病的方法，也层出不穷。

　　一个所求的是强力的征服，一个所求的是人类的拯救。后者看见一个人的生命，比什么战胜还重大，前者牺牲了千万人的性命，去满足一个人的野心。我们奉行律令，是后一个，就在这杀人如麻的时代，还希望对于那前一个律令的罪恶，略加补救。我们用了防腐的药，不晓得救活了多少受伤的人。这两个律令中那一个能得最后胜利，除了上帝无人知道，但是我们可以说，法国的科学是服从人道的律令，要推广生命的领域的。

　　"服从人道的法律令，推广生命的领域"，不只法国的科学是这样，世界真正的科学无不是这样的。

西方哲学

大战与哲学（节录）

蔡元培

现在世界的大战争，是法国革命后世界上最大的事。考法国革命很受卢梭伏尔得孟得斯鸠诸氏学说的影响，但这等学说都是主张自由平等，替平民争气的；在贵族一方面，全仗向来占据的地盘，并没有何等学理替他们辩护。现今世界大战是国与国的战争。每一国有它特别的政策，便有它特别相关的学说。我今举三种学说，作代表；并且用三方面的政策来证明它。

第一，是尼采（Niotsch）的"强权主义"，用德国的政策证明它。

第二，是托尔斯泰（Tolstoy）的"无抵抗主义"，用俄国过激派政策证明它。

第三，是克鲁泡特金（Kropodkin）的"互助主义"，用协商国的政策证明它。

考尼氏、托氏、克氏的学说，都是"无政府主义"，现在却为各国政府所利用，这是过渡时代的现象呵！

……

到十九世纪的后半纪，尼采始渐渐地发布他"个性的强权论"，有《察拉都斯遗语》（Alson Sprach Zarathustra）、《善恶的那一面》（Jonseits vou out und Bose）、《意志向着威权》（Der Wille zur Macht）等著作。他把人类行为分作两类，凡阴柔的——如谦让、怜爱等——都叫作"奴隶的道德"；凡阳刚的——如勇敢、矜贵、活泼等——都叫作"主人的道德"。彼所最反对的是怜爱小弱，所以说"怜爱是大愚"。"上帝死了！因为他怜爱人，所以死了"。他的理论，以为进化的例，在乎"汰弱留强"。强的中间，有更强的，也被淘汰；逐层淘汰，便能进步。若强的要保护弱的，弱的就分了强的生活力，强的便变了弱的。弱的愈多，强的愈少，便渐渐地退化了！所以他提出"超人"的名目。……他的主义是贵族的，不是平民的，所以被德国贵族的政府利用他来做军国主义。

又大唱"德意志超越一切"Deutschland uder alles，就是"超人的主义"。侵略比利时勒索巨款杀戮妇女，防她生育；断男儿的左手，防他执军器；于退兵时拔尽地力，焚毁村落，叫它不易恢复，就是"不怜爱的主义"。条约就是废纸，便是"没有法律的主义"。统观战争时代的德国政策，几没有不与尼氏学说相应的。……

与尼氏极端相反对的学说，便是托氏。托氏是笃信基督教的，但是基督教的仪式完全不要，单提倡那"精神不灭的主义"，他编有《福音简说》十二章，把基督所说五戒，反复说明，尤注重第一第四第五三条。第一、是绝对的不许杀人；第四、是受人侮时，不许效尤报复；第五、是博爱人类，没有国界与种界。……托氏抱定这个主义，所以极端地反对战争；不但反对侵略的战，并且反对防御的战。所以他绝对地劝人不要当兵。他曾与中国一个保守派学者通讯，大意说中国人忍耐得许久了，忽然要学欧洲人的暴行，实在可惜云云。所以照托氏的眼光看来，此次大战争不但德国人不是，便是比法俄英等国人也都没有是处。托氏的主义，在欧洲流行颇广，俄境犹甚。过激派首领列宁 Lenin 等本来是抱共产主义，与托氏相同，自然也抱无抵抗主义。所以与德人单独讲和，不愿与协商国共同作战了！在协商国方面的人恨他背约；在俄国他党的人恨他不爱国，所以诋他为德探。但列宁意中没有国界，本不能责他不爱国，至于他受德国人的利用，他也知道。他曾说："军事上虽为德人所胜，主义上终胜德人。"就说是他的主义既在俄国实演，德国人必不能不受影响。这是他的真心话！但我想托氏的主义，专为个人自由行动而设，若一国的人信仰不同，有权的人把国家当作个人去试他主义，这与托氏的本义冲突。过激派实是误用托氏主义，后来又用兵来压制异党，乃更犯了托氏所反复说明的第一第四两戒了。

现在误用托氏主义的俄人失败了；专用尼氏主义的德人不久也要失败了；最后的胜利就在协商国。协商国所用的就是克氏的"互助主义"。"互助主义"是"进化论"的一条公例。在达尔文的"进化论"中本兼有"竞存"与"互助"两条假定，但他所列的证据是"竞存"一方面较多，继达氏的学者，遂多说"互竞"的必要。如前举尼氏的学说、就是专以"互竞"为进化条件的。千八百八十年俄国圣彼得堡著名动物学教授开勒氏 Kester 于俄国自然科学论讨会提出"互助法"，以为"自然法"中"久存""与进步"，并不在"互竞"而实在"互助"。从此以后爱斯彼奈 Espinas、赖耐桑 L. L Lanessan、布斯耐 Buchner、沙克尔 Iuxloy、德普蒙 Henry Deummond、苏退隆 Suthorland 诸氏都有著作可以证明"互助"的公例。克氏集众说的大成，又加以自己历史的研究，于千八百九十年公布"动物的互助";于九十一年公布"野蛮人的互助";九十二年公布"未开化人的互助";九十四年公布"中古时代自治都市之互助";于千九百〇二年成书,于动物中列举昆虫鸟兽等互助的证据。此后各章从野蛮人到文明人,列举各种互助的证据,于最后一章列举同盟罢工,公社慈善事业,种种实例较之其他进化学家所举之"互竞"的最后实例更密了。在克氏本是无政府党,于国家主义本非绝对赞同;但互助的公例,并非不可应用于国际。世界大战开始,法比等国平日抱反对军备主义的,都愿服兵役以御德人。克氏亦尝宣言主张以群力打破德国的军国主义。后来德国运动俄法等国单独议和,克氏又与他的同志发一个开明无政府党的联合宣言,主张非打破德国的军国主义,不可和媾。可见克氏的"互助主义",主张联合众弱抵抗强权,叫强的永不能凌弱的,不但人与人如是,即国与国也如是了!现今世界大战的结果,就给"互助主义"增了最重大证据。……现在德人已经承认美总统所提议的十四条,又允撤退法比境内的军队。"互助"主义的成效已经彰明较著了。此次和平以后各国必能减杀军备、自由贸易,把一切"互竞"的准备撤消,将合全世界实行"互助"的主义,克氏当尚能目睹的。……

《新潮》一卷一号,一九一九年一月一日

杜威哲学的根本观念

胡 适

杜威（生于 1859）是现在实验主义的领袖。他的著作很多，最重要的是 The School and Society，1899；Studies in Logical Theory，1903；Influence of Darwin on Philosophy，and other Essays，1910；How We Think，1910；Ethics（with Tufts），1909；Essays in Experimental Logic，1916；Democracy and Education，1916；Creative Intelligence（with others）1917。他做的书都不很容易读，不像詹姆士的书有通俗的能力。但是在思想界里面，杜威的影响实在比詹姆士还大。有许多反对詹姆士的实验主义的哲学家，对于杜威都不能不表敬意。他的教育学说影响更大，所以有人称他做"教师的教师"（The Teacher of Teachers）。

杜威在哲学史上是一个大革命家。为什么呢？因为他把欧洲近世哲学从休谟（Hume）和康德（Kant）以来的哲学根本问题一齐抹煞，一齐认为没有讨论的价值。一切理性派与经验派的争论，一切唯心论和唯物论的争论，一切从康德以来的知识论，在杜威的眼里，都是不成问题的争论，都可"以不了了之"。杜威说，"知识上的进步有两条道路。有的时候，旧的观念范围扩大了，研究得更精密了，更细腻了，知识因此就增加了。有的时候，人心觉得有些老问题实在不值得讨论了，从前火一般热的意思现在变冷了，从前很关切的现在觉得不关紧要了。在这种时候，知识的进步不在于增添，在于减少；不在分量的增加，在于性质的变换。那些老问题未必就解决了，但是它们可以不用解决了"。（Creative Intelligence P. 3）这就是我们中国人所讲的"以不了了之"。

杜威说近代哲学的根本大错误就是不曾懂得"经验"（Experience）究竟是个什么东西。一切理性派和经验派的争论，唯心唯实的争论，都只是由于不曾懂得什么叫做经验。他说旧派哲学对于"经验"的见解有五种错误：

一、旧派人说经验完全是知识。其实依现在的眼光看来，经验确是一个活人对于自然的环境和社会的环境所起的一切交涉。

二、旧说以为经验是心境的，里面全是"主观性"。其实经验只是一个物观的世界，走进人类的行为遭遇里面，受了人类的反动发生种种变迁。

三、旧说于现状之外只是承认一个过去，以为经验的元素只是记着经过了的事。其实活的经验是试验的，是要变换现有的物事；它的特性在于一种"投影"的作用，伸向那不知道的前途；它的主要性质在于联络未来。

四、旧式的经验是专向个体的分子的。一切联络的关系都当作从经验外面侵入的，究竟可靠不可靠还不可知。但是我们若把经验当作应付环境和约束环境的事，那么经验里面便含有无数联络，无数贯串的关系。

五、旧派的人把经验和思想看作绝相反的东西。他们以为一切推理的作用都是跳出经验以外的事。但是我们所谓经验里面含有无数推论。没有一种有意识的经验没有推论的作用。(P.7-8)

这五种区别，很是重要，因为这就是杜威的哲学革命的根本理由。既不承认经验就是知识，那么三百多年以来把哲学几乎完全变成认识论，便是大错了；那么哲学的性质、范围、方法，都要改变过了。既不承认经验是主观的，反过来既承认经验是人应付环境的事业，那么一切唯心唯实的争论都不成问题了。既不承认经验完全是细碎不联络的分子（如印象、意象、感情之类），反过来既承认联络贯串是经验本分内的事。那么一切经验派和理性派的纷争，连带休谟的怀疑哲学和康德那些支离繁碎的心法范畴，都可以丢在脑背后了。

最要紧的是第三第五两种区别。杜威把经验看作对付未来，预料未来，联络未来的事，又把经验和思想看作一件事。这是极重要的观念。照这种说法，经验是向前的，不是回想的；是推理的，不是完全堆积的；是主动的，不是静止的，也不是被动的；是创造的思想活动，不是细碎的记忆账簿。

杜威受了近世生物进化论的影响最大，所以他的哲学完全带着生物进化学说的意义。他说"经验就是生活；生活不是在虚空里面的，乃是在一个环境里面的，乃是由于这个环境的"。(P.8)"我们人手里的大问题，是：怎样对付外面的变迁才可使这些变迁朝着能于我们将来的活动有益的一个方向走。外境的势力虽然也有帮助我们的地方，但是人的生活决不是笼着手太太平平地坐享环境的供养。人不能不奋斗，不能不利用环境直接供给我们的助力，把来间接造成别种变迁。生活的进行全在能管理环境。生活的活动必须把周围的变迁一一变换过；必须使有害的势力变成无害的势力；必须使无害的势力变成帮助我们的势力。"(P.9)

这就是杜威所说的"经验"。经验不是一本老账簿，经验乃是一个有孕的妇人；经验乃是现在的里面怀着将来的活动。简单一句话，"经验不光是知识，经验乃我对付物，物对付我的法子"。（P. 37）知识自然是重要的，因为知识乃是应付将来的工具。因为知识是重要的，所以古人竟把经验完全看作知识的事，还有更荒谬的人竟把知识当作看戏一样，把知识的心当作一个看戏的人对着戏台上穿红的进去穿绿的出来，毫没有关系，完全处于旁观的地位。这就错了。要知道知识所以重要，正因为它是一种应用的工具，是用来推测将来的经验的。人类的经验全是一种"应付的行为"（Responsive behavior）。凡是有意识的应付的行为都有一种特别性质与旁的应付不同，这种特性就是先见和推测的作用。这种先见之明引起选择去取的动作，这便是知识的意义。这种动作的成绩便可拿来评定那种先见的高下。

如此看来，可见思想的重要。杜威常引弥儿的话道，"推论乃是人生一大事。……只有这件事是人的心思无时无刻不做的"。他常说思想能使经验脱离无意识的性欲行为；能使人用已知的事物推测未知的事物；能使人利用现在预料将来；能使人悬想新鲜的目的，繁复丰富的效果；能使经验永远增加意义，扩张范围，开辟新天地。所以杜威一系的人把思想尊为"创造的智慧"（Creative Intelligence）。思想是人类应付环境的唯一工具，是人类创造未来新天地的工具，所以当得起"创造的智慧"这个尊号。

杜威说，"知识乃是一件人的事业，人人都该做的，并不是几个上流人或几个专门哲学家科学家所能独享的美术赏鉴力"。（P. 64）从前哲学的大病就是把知识思想当作了一种上等人的美术赏鉴力，与人生行为毫无关系；所以从前的哲学钻来钻去总跳不出"本体"、"现象"、"主观"、"外物"等等不成问题的争论。现在我们受了生物学的教训，就该老实承认经验就是生活，生活就是人与环境的交互行为，就是思想的作用指挥一切能力，利用环境，征服它，约束它，支配它，使生活的内容外域永远增加，使生活的能力格外自由，使生活的意味格外浓厚。因此，我们就该承认哲学的范围、方法、性质，都该有一场根本的大改革。这种改革，杜威不叫做哲学革命，他说这是"哲学的光复"（A Recovery of Philosophy）。他说，"哲学如果不弄那些'哲学家的问题'了，如果变成对付《人的问题》的哲学方法了，那时候便是哲学光复的日子到了"。（P. 65）

以上所说是杜威的哲学的根本观念。这些根本观念，总括起来，是：（1）经验就是生活，生活就是对付人类周围的环境；（2）在这种应付环境的行为之中，思想的作用最为重要；一切有意识的行为都含有思想的作用；思想乃是应付环境的工具；（3）真正的哲学必须抛弃从前种种玩意儿的"哲学家的问题"，必须变成解决"人的问题"的方法。

这个"解决人的问题的哲学方法"又是什么呢？这个不消说得，自然是怎样使人能有那种"创造的智慧"，自然是怎样使人能根据现有的需要，悬想一个新鲜的将来，还要能创造方法工具，好使那个悬想的将来真能实现。

对于中国今日谈哲学者之感念（节录）

傅斯年

......

中国现在的思想界到了哲学发达的地步了吗？不客气说来，现在以哲学自负的诸公，究竟已入哲学的正经轨道了吗？这话好像大不敬！然而也有不可讳言的所在。所谓哲学的正经轨道，决不会指初民的国民思想，决不会指往古的不能成全备系统的哲学，定是指近代的哲学；更严格地说起来，应当指最近三四十年中的新哲学；因为旧哲学的各种系统，经过一番科学大进步以后，很少可以存在的，只有应时而起的新系统，可以希望发展。一各哲学时期每每跟在一个科学时期以后，近代的欧洲是个好例。五六十年前的哲学，虽然离开中世纪已经很远了，还是受中世纪思想的支配，还未受科学的洗礼，所以虽然迷阵很深，思辨很费神力，终解不脱常言说的，"一个瞎子在一个暗屋子里，说有一个黑帽子在那里哩，其实并没有"。最近半世纪里，哲学的唯一彩色是受科学的洗礼。其先是受自然科学的洗礼，后来是受人事科学（Social Science）的洗礼。机械学发达了，哲学受了个大影响；生物学发达了，它又受个大影响；从生物学里跳出心理学来，它又受个大影响；从心理学里跳出社会学来，它又受个大影响。现代的哲学是被科学陶铸过的，想研究它，必须不和现代的科学立于反背的地位；不特不立于反背的地位，并且必须应用现代的科学中所得作为根据。哲学是一时代学术的会通的总积。若果并没有受当代各类学问的深培养，或者竟不知道当代学问的门径，或者迳以为毫不相干，甚者以为可以相反，专凭自己一孔的幻觉，也只好在三家村里自豪，或者在黑人群里上哲学家的雅号，不便在北京某大学里以阴阳乾坤的浑沌话著《太极图》说，或者在著名报纸上谈道体，循环，气数了。

......

现在我写出几条最浅近的说话，其实我并不配谈哲学，不过对这一般误以阴阳道体当做哲学的，无妨进此一解了。

第一：哲学不是离开科学而存在的哲学，是一切科学的总积。几种科学相通的道理（思想）共守的规则，就是哲学。若干科学，所研究的范围不同，因而表面上好像没甚关系，然而骨子里面有一个会通的所在，就是哲学。哲学可以说是一种思想，一普通的思想。又可以说是一种知识，一基本的知识。它的目的是集合世界和人生的理论，调和成一个儿的，所以它在学问界中包括最大范围，而同时自占最小范围。这道理可就哲学的进化史上看来。最初所谓哲学家的，都是兼容并包，通晓各样学问的贤者，就训诂讲起来，诚然可以当得起"爱智者"的称号，请看希腊古代的学者，各德黎（？）、阿纳次满都【今译阿纳克西曼德】、皮塔高拉史【今译毕达哥拉斯】、黑拉哥来都【今译赫拉克利特】、帕门尼得斯【今译巴门尼德】、安纳差戈拉【今译阿纳克萨哥拉】、恩培德刻勒【今译恩培多克勒】、登莫戈里都【今译德谟克利特】、齐纳等等，在当时都是无所不学的人。柏拉图、亚里士多德又是这般。到了中世纪，成了神道的哲学，又有圣阿昆纳斯【今译托马斯·阿奎那】等无所不学，无所不讲。笛卡尔把博学学派推翻，他自己却是位最博的学者；至于培根的博学更不必说了。后来的来勃尼次【今译莱布尼茨】、弗尔夫【今译沃尔夫】又是最能包容的学者。从休谟起，才有"批评哲学"的意味，康德是个完全此派的。这派在近代哲学里很占大部分势力，但是到了现在，已经应时势的要求，站不住脚；最后的胜利，是斯宾塞式的哲学，把康德式的哲学压倒了。我们要知道，比较的更完全的是比较的更好的。那类抽象的知识固然不能说完全要不得，然而总须要知道实体的真确组织，要合于实体的真确组织，仅仅据著几个抽象名词，辩论下去，实在无谓。最近的趋向很有点复古的意味，要把一把学问包括在内。其所以与古代不同的，古代所谓哲学，只能在当时所谓学问界中，包括最大范围，最近的哲学趋向，在包括最大范围之外，同时自占最小范围。古代一切学问，十之七八不能独立，所以哲学的名称包括学问界中最大范围。近代以来，许多学问从哲学的本枝上分出，如物理学，机械学，天文学，生物学，心理学，伦理学，社会学等，一无心识的心理学（Psychology of the Unconscious），最近亦从哲学里分出，独立成科学，只剩了形而上学不独立，这是和古代不同的，这所谓自占小范围。但是每一种科学向深处研究去，向与别种科学会通的地方研究去，便成一种哲学：例如规范的伦理学上有人生哲学，法律学上有法理学，生物学上有生物哲学等；又如冯德【今译冯特】研究心理学深了而成哲学家，黑克尔研究生物深了而成哲学家，奥斯渥【今译奥斯特瓦尔德】研究化学深了而成哲学家等，这是和古代兼容并包的意味同的，这所谓包括最大范围。我们可以称它做哲学上进化的复古观念，因为它虽然复古，却又与古不同。我以为我们对于哲学应有的观念，最好用斯宾塞的毕生著作证明。把《第一义》放在上面，其下有《生物学原理》、《心理学原理》、《社会学原理》、《伦理学原理》等，综合起来，称做《会通哲学》。哲学原有一个会通的系统呵！然而不在近代科学上植一个好根基，专恁一己的观察，无论不聪明的人没有是处，就是聪明人也是枉然！

第二：我们须要认定"科学有限"一句话是再要不通没有的。我们只能说现日科学的所得有限，不能说科学在性质上是有限的；只能说现日的科学还不很发达，不能说科学的方法有限。我们固不能说科学的方法是唯一的方法，然而离开科学的方法以外，还不会得更好的方法；我们固不能说现在所有的科学方法是尽善尽美了，然而将来新添的，或者改良的方法也必须是"科学的"，决不会是"非科学的"。绝对的实体不是人所能知，人的精神界的力量只能用实事求是的科学方法，过此而往，就是超人，也就是非人了。启示、默思、顿悟、超脱经验等等见神见鬼的说话不过利用人类心理上的弱点，加上个诡辩的手段。经验固不能得全体，然而集合各方面的经验，使得一个全体的概念。经验固不可尽凭，然而离经验还有什么可凭呢？凡言科学有限的人，大约可分两类：一是迷信家，一是妄自尊大家。迷信家不必说了，他和科学有根性上的仇气；至于妄自尊大家的不安分，忘了人性，已极可笑了。哲学家要站在巴黎铁塔上看巴黎，不要因在伦敦楼里想伦敦。就事实的经验归纳起来成科学，就科学所得演绎上去成哲学；哲学只能用科学的方法，哲学没有特殊的方法。经验以外加上想象，兴致，意念等等，原是哲学的本务，但是断断乎不可不凭经验，专凭想象、兴致、意念等等。哲学诚然有在科学外的东西，但是科学确须包括在内，以科学的方法做根据，不能独立成根据。我们想要有个可以信得过的 Weltanschauung（世界观），自然要晓得世界人生的组织；想用"匠心"去制造我们的 Weltanschauung，自然要把世界人生的真组织做材料。哲学即科学用一样的方法，那么，不知道科学的方法的，未便谈哲学了。

第三：我们要晓得哲学也不是抽象的学问，它的性质也是具体的。这个毛病诚然是历来哲学家所常犯的，但是抱住一堆蹈空的概念，辨析综合去，建设出先天的知识，组织成空中的楼阁，其实满不是那么一回事，是哲学切戒的啊！总而言之，哲学只可集象不可离象。

第四：哲学是一个大假定（Hypothesis）——一群假定的集合。因为哲学是个余数（Residuum），这余数包含着许多未经科学解释的问题，所以哲学里边的事务都是假定。既然哲学是个大假定，因而用专断主义（Dogmatism）驾驭哲学，并且把"究竟""绝对""永久"的根究当做哲学的本职的人，实在是大错了。更有一层，哲学里面既然包含著无数假定了，这些假定有时可以加上一番证明，便成科学。大家对于这些假定每每很有趣味的，因而常把这些假定浸入科学里，去受证明（Verification）的洗礼，——这是哲学影响科学的所在。认清楚这个！我们切不要专断！

第五：历来的哲学家大概有两种趋向：一以智识为前提，二以人生为前提。后一类要是讲的极狭隘了，也有非常的危险，然而确不如前一类的危险大。前一项最明显的危险有二：第一，于实用丝毫无补，第二，可以随意说去，一点也不着实际。况且我们是人，我们有人性，用人性去观察世界，所见的所得的自然免不了一层人性的彩色，犹之乎戴上蓝眼镜看东西，没有一件不是蓝的。纯粹的客观是不可能的，因而"唯一的客体""唯一的真理""绝对"等等名词，不成话说了。智识是一种人的反应，实体是一种生物学上的概念。超过人性的理解是做梦来的。一切的科学都是应生物学上的自然要求而出；一切的智识都是满足人生的手段（Means）；一切的行为，都是发挥人生的动机。意机主义战胜智慧主义了，人性主义战胜自然主义了。哲学上业已得了个最后的决战，世上一切设施，极受这决战的影响。我们要度德量力，不要做哲学上的复辟。

……

《新潮》一卷五号，一九一九年五月一日

唯识家与柏格森

梁漱溟 口说／罗常培 笔记

《民铎》杂志的李石岑君前些日子给我一封信。他说《民铎》的第二卷第五期想出一本"柏格森号"，要我作一篇文章。李君并且对我讲：据柏格森自己说，他的学问有得于佛法；还有章太炎先生最近给李君的信，也说柏格森据说"生命"已竟见到唯识家所谓"藏识"。在李君的意思也看着柏格森对于唯识家或佛家——广义的唯识家——多少总是有点关系的。我接到李君的信之后，就回答他就着他所说的两家——唯识家与柏格森——比较着说一说。大约这个题目也是大家很想讨论的，因为我们看见，大家将柏格森与唯识家比较而论的很多，还不只李君所说的而已，可见这个题目是大家很想讨论的。

大凡我们要去比较观察两家学问的关系，我以为应当有一个方法，不能没头没脑的去比较。第一层，我们应当晓得凡是一家的学问都在整体的上边，不在部分片段的上边；第二层，我们应当晓得一切的学问都在其方法上边，而不在其理论上边。由此两层我们就可以知道我们观察时所应持的方法，就是应当拿两家的整体去看，拿两家的方法去看。这个意思本来是很简单明了的，大家也都能看得出来，但是每逢观察两家，比较的时候，对于这种地方总是忽略。所以他们比较所得的结果是全然无当的。

譬如以现在这个题目而论：观察唯识家与柏格森的时候，我恐怕大家就不甚注意我们方才所说的两个要点。因为不甚注意这两个要点，所以大家去观察这两家时，多半总以他们两家如何如何的相同，如何如何的彼此相契合。但是我现在要提醒大家的就是他们两家的方法实在截然不同。我现在这篇文章，只以说明两家方法之不同为限。两家方法不同之点究竟在什么地方呢？就是柏格森的方法排理智而用"直觉"，而唯识家却排直觉而用理智。柏氏主张具见他的《形而上学引论创造进化》诸书，不待叙。唯识家虽没说出他的主张，然而印度论理学——即因明——独发达于唯识家之手。谈唯识者必精因明，难道大家不曾看见吗？现在且照唯识家的眼光来看柏格森的主张实在不承认的。因为唯识家讲到知识的时候只承认两种东西：就是他所谓"现量"和"比量"。所谓"直觉"这个东西与唯识家这两样东西都不合的。

我们现在先说"直觉"怎样与"现量"不合：有人以为"直觉"与"现量"就是一物，如陈独秀黎锦熙二君都有过这个话，其实甚不然。照唯识家所说的"现量"，一种非寻常所有的不去说他，一种是寻常人的"现量"，他的代表即所谓"前五识的现量"就是心理学上所说的感觉——我们确定他是感觉（罗素在他《心的分析》中把感觉说得颇好，因为他区别很严）。关系这一点大家可参看我所作的《唯识述义》和《印度哲学概论》的第三篇。而柏格森他自己讲直觉有两种：一种是"附于感觉的直觉"；一种是"超乎理智的直觉"。他所说的直觉是指后一种说。这样看来所谓直觉的即或指前一种的说，同感觉似乎很难分别，然而已竟就不是感觉，不是现量了，至于"超乎理智的直觉"更远乎感觉，不是现量了。我们再去详细考究唯识家的说法，唯识家说"现量得体不得义"，而所谓直觉的却明明的不得"体"。他所得的很像唯识家所说的"义"，所以我们可以知道直觉决非"现量"。唯识家所说的"体"和"义"又是什么东西呢？他所说的"体"就是 Sense data（感觉材料），他所说的"义"——唯识家亦谓之"共相"——就是抽象的概念。在得"体"的时候是全没有一点意思的，唯识家叫作"无分别"或亦谓之"自性分别"，因为他感觉红的时候灼然有这一个感觉，所以他叫作"自性分别"，但是这个时候却全然没有红的意思，所以他又叫作"无分别"。而在直觉这个东西，大家都晓得它并不单单是这样没有意思的一个感觉而已，而实在是能够使我们得到一点意思的，所以直觉与现量是不同的。Sense data 即是唯识家所谓"性境"或亦谓之"实色境"；而所谓直觉所得那一点意思，照唯实家看去，非"性境"或"实色境"而应属于"带质境"——我确定他属于带质境。这个分别很大，容我们有暇慢慢地说。还有一层要注意的，就是唯识家的现量，是要作"瑜伽"工夫，使我们的情意沉下寂无，然后才能得到，是极"静观的"。虽然寻常人的眼等感觉也说为现量，但是必要指他那全不搀情意的极微细那一境而说。而所谓直觉却是大家都晓得的，都承认是一个半情半知的东西——一边是情感一边是知识作用。这岂不是恰恰与现量相反了吗？所以现量和直觉决非一物是可以断言的。

我们再以直觉同"比量"来比较着看：直觉既非现量，那么是不是比量呢？我们可以简捷地回答，也不是的。唯识家所说的"比量智"就是现在我们所说的"理智"——我们确定它就是理智，关于这一点也要参看《印度哲学概论》

的第三篇可以晓得一点。虽然"比量智"所得的概念很像直觉所得的意思，然而实在不同。直觉所得的意思是一种"本能的得到"。初度一次不得到如此的意思，圆满具足无少无缺。"比量智"去得概念，却要多次，逐渐分明，这全非本能的。所以直觉同比量是不能看成一样。不单它作用的时候有如此的不同，而作用后所得的，我们看去也全不一样，"比量智"所得的是"干燥的概念"，例如"三角形"的概念是也；而直觉所得的是"含情的意味"，例如"壮美"是也。即同是一个"花"，在理智概念中的"花"与直觉意味中的"花"，也全然两样了。所以就这一点看去，比量同直觉这两样东西也是决不会相同的。

直觉既非"现量"又非"比量"大略如上所述，所以直觉这个东西是唯识家所不承认的。因此我们看：像柏格森——直觉派——所说的种种如"流动"，"真我"……都是唯识家所不承认的，都是指为"非量"的，所极力反对的，差不多两家正是仇敌了，怎好认成一家人呢！但这还近于就着只词片语来观察，非我们着意所在。我们着意所在，不在这一些道理的相冲突，而在由方法上的主张不同而见之于方法之实施的。譬如唯识家的主张是只承认现比二量，因此所有的唯识学是现比二量所经营成的。因为"比量智"，就是"理智"，所以唯识学除掉某部分外，通是与柏格森所极力排斥之用理智的方法，或科学家所用的方法一般无二。这于何见出来呢？我们观于唯识家所用的"名"或"端"（Term）都是明切呆定的概念，正是柏格森在他的《形而上学引论》里面所非常攻击的，我们记得柏格森常说：形而上学不应当用科学的方法；乃至某种科学如心理学生物学也有不能同于他科学方法之势。换一句话说，柏格森的意见，别的科学还能用科学的方法，唯独此三者不适当。而现在唯识家所讲的唯识学，其间差不多都是关于形而上学心理学生物学的，偏偏的用理智的方法，用科学的方法，这实在与柏格森氏大大的相左了！照我个人的意见，关于此点虽然唯识家于他所用的方法的缺憾有一种救济，然而毕竟是陷于柏格森所指斥的科学家的缺憾而不能免。此话很长，不是现在所应当论及的。凡是柏格森的书里面之重要的观念如"创造"……之类都不合乎唯识家之眼光的，这种观念在唯识学里面是放不进去的。因为凡是一种学问都是从"名""端"或观念概念去联缀成功的许多话，所以去看他观念概念性质的不同，最足以看出他全副学问所用的方法是不同的。又如柏格森要人作整个的看法，不要拆散碎来看，说整个东西非即散碎部分之合。这是他警告科学家顶重要的话，然你看唯识家用的方法纯乎是静观的，与罗素冷酷的静观态度绝相似，难道大家看不出吗？其于理性派为近，而与直觉派适乖，不是明白的吗？这只要大家留心自然看出他们两家是两种精神，处处不同的，我的话就暂止于此。

我觉得这两家根本的乖反大家都没有留意，所以我来说这几句话使大家注意。至于我所怀抱的话还很多，例如：去详细剖证两家方法的不同和柏格森所说的直觉在唯识家看去究竟是什么东西；并且两家虽然根本乖反而毕竟有非常契合之处，同他所以契合之故……俱待将来有暇再说。

还有几句话附于此文之后，就是李君所说的柏氏自己讲他的学问有得于佛家，这话我并没有听见过。在李君必然是有来历，但是就我的眼光去看，柏氏是很难于佛家去有所得的。因为大乘唯识教等都没有传到西方，而小乘教的方法也是唯识家一路，不会对于柏氏于方法上有什么启发。至于理论呢，小乘是不谈形而上学的，与柏氏也没有什么接触的地方。因此我想不出柏氏得力于佛家的在哪里！我很愿柏氏自己来说明，或者也许有很大的提醒于我！

李君要我作文，既承诺，旋以精神不好，不能属草。特口说大意，请罗君常培为我纪录。罗君北大毕业，夙擅速记。右即所录原文，未假修饬，特志于此，声谢罗君！

余说此既竟，罗君以旧日《时事新报学灯》李君与章太炎先生黎锦熙吕澂诸君关于此题之讨论见示。余初不知有此，可谓疏忽，余于诸先生所论不欲更有申论，但简单表示，吕君之言于佛家一面确是内行而已。

一九二一年三月二十六日

马克思学说（节录）

顾兆熊

……

马克思的历史哲学，是受黑格尔 Hegel、费巴赫【今译费尔巴哈】Feuer-bach 和法国社会主义家的影响的。马克思把黑格尔的哲学作以下的解释：凡在世界上会实现的，一定可以证明它是势所必然无可逃避的。因为是势所必然无可逃避的，所以也是合于情理无可非难的。然而历史上一切现象，都是与时间的条件相称。若是这种时间的条件变更，那与此条件相称的一切现象，一定消灭。按照黑格尔的哲学学说，世界上没有甚么经常不变的，没有甚么千古不易的，没有绝对的，没有神圣的。宇宙间一切的现象，永远在那里变化，旧者消灭，新者代兴，没有间断的时候。并且变化的趋势，永远是由较低的变为较高的。马克思以为这就是黑格尔哲学的革命的性质。黑格尔哲学，自然也有保守的一面。黑格尔哲学说，在某时代之某种见解和某种社会制度，因与那时代的情形符合，所以就应当承认这种见解与这种社会制度是合理。这就是黑格尔哲学的保守的一面。但是马氏却以为黑格尔哲学里这种保守主义是相对的，黑格尔哲学里革命性质是绝对的。所以马氏的根本意见，以为历史是一个永久不停的变化轮机，并且是一个永久不停的进步轮机。黑格尔哲学把历史变化的公例，由那所谓"绝对的理解之自然发展"引出来。马克思却在此处受了费巴赫哲学的影响，说一切理想，全是由人创造，人的历史，并不是被理想所支配的。即使那宗教里头的超于人的神灵，也全是人的想象所造成，全是人的本性的影子。人既然是可以于不知不觉间造成那最高尚的宗教，为什么不能造成政治法律科学美术的生活呢？但是人的这种行动，究竟有什么公例没有？这个问题的答案，马氏是从法国历史家与社会主义家得了指导的。那个时候法国历史家如狄丽【今译梯耶尔】Thierry、祁则【今译基佐】Guizot 等，都说要了解法国自中古以来的政治史，必要把它当作一个封建制度与平民间的决斗看才可。并且由一千八百二十几年以后，做工的也渐渐地起来与那有特权的阶级开始竞斗，这是有目皆见的事实。因此当时的法国社会主义家，如福烈【今译傅立叶】Fourier、柏郎【今译布朗基】Blanc 等，都把近世史当作一个阶级战争看，当作经济进化看。以上所称的各种材料，原来不相统属。马克思把它结成了一个大统系，化成了一个完全的理论，这个统系，这个理论，就是"唯物的历史观"。

"唯物历史观"的大意

"唯物的历史观"说，凡社会秩序的基础，全在这社会里的"出产"Production（日人译作"生产"）和那出产品的交易形式。至于那出产品如何分配于社会内各阶级，这各阶级如何成立，全看社会里出产何物，如何出产，与出产品如何交易而定。所以欲观察人类社会，那最根本最原始的物件就是经济。一切社会生活的基础，只是共同出产，社会里一切变动的最终的原因，须在一时代的经济里寻找。

一国的法律，也全看那一国的社会经济而定。社会经济，是社会生活的物质，是社会生活的实体。社会经济是基础，法律与政治，是这基础上头的建筑。社会经济的特性如有重大的变化，那节制这社会经济的形式，也必须随着转移。

所以社会生活里头有一种规律，这种规律，是可以天然科学的方法赢得的。社会经济现象是一种天然物。它的成立，变化，消灭，都是可以天然科学方法探讨的。这社会经济现象的全部，就是社会生活的"物质"。这社会经济现象的生存，消灭，就是"物质的运动"。

"唯物的历史观"并不否认"理想"的作用。无论是以前还是将来，人的社会理想，是可以为改变法律改变社会秩序的近因的。但是人对于善恶的想象，决不是在这物质世界以后独立存在的。换一句话说，人对于善恶的想象，决不是另有一个因果行列的。"唯物历史观"的意思，以为就历史上的社会变迁细看起来，那些理想，并不是社会变迁的最终的原因，乃是一种社会经济的影子。因为有了这种社会经济，所以那些理想才发生出来。

……

"唯物历史观"出现之后，那拿它应用在史学及社会科学的人是非常之多的。初民文明、家庭、国家、私有财产制度、欧洲中古史法国革命等等，都拿这"唯物历史观"去解释它。然而这全是以前历史上的应用。此外还有一个极重要的应用，就是"唯物历史观，在现世及将来社会上的应用，这个应用便是那所谓'科学'的社会主义。"

"科学的社会主义"就是德国式的社会主义，他的社会主义哲学的根据就是"唯物历史观"。他并且自命是"科学的"，因为他说他的论断是采用天然科学方法的。

……

……马克思的经济理论，再简单的总括起来：马克思学说的根据，就是"唯物历史观"与"价值论"赢余价值理论。马氏用这两个基础学说，去批评现代资本式的出产法，推论它发展的趋势与将来社会秩序的改革。分别层次说：现代资本式的出产，使社会的出产集中在大企业里头，并且使社会的资财与"所得"聚集在少数的人手里，这就是"出产集中论"与"财富聚集论"。现代资本式的的出产法，是利用工人的工作力，攫取他们工作的结果，所以使大多数的人贫乏困苦，这是"攫夺论"与"贫乏论"。但是工人既然不免贫困，那企业的人，却也是拚命的角逐，所以出产事业，不能安稳，时时发生经济恐慌。再加上大多数贫困无告的人，嗷嗷待哺，图谋反抗，这种情形，一定有崩溃的一天，万不能持久的。这就是"经济恐慌论"与"颠覆论"。这种的经济发展，把全社会分为有财产与无财产的两个阶级。这无财产的阶级，一面因为共同工作，一面因为觉悟他们的共同利害，于是联结起来在政治上奋斗，争取国家的权力。等取得国家权力之后，再运用这国家权力，实行社会式的出产组织。此时实行社会式的出产组织，并不困难，因为以前的经济发展专向"出产集中"一面去走，已经把这新社会组织预备好了。这就是"阶级竞斗论"与"革命论"。

……

修正派

马克思学说出现之后，惹起各国社会主义家和经济学者的详核的批评，这批评的著作是非常宏富的。经过这种批评，马克思学说的真意义固然显明，他的缺点却也昭著了。就是德国的社会主义家，从前本来专以马克思学说为根据的，到了现在，也不全认马氏的学说为不刊之论了。德国社会党如卞斯天【今译伯恩斯坦】Bernstein、达维德【今译爱德华·大卫】David、师培尔【今译麦克斯·席佩尔】Schippel 都对于马氏学说有驳拒的批评。并且他们这批评是对于马氏学说的基础而发，是对于马氏学说全体而发。他们虽然说，他们只求"修正"马氏的学说，自称"修正学说"Revisionisms，却是这种"修正"，竟无异把马氏学说的一大部分推翻了。

修正派既全属社会党人，他们的批评，自然有特别价值。以下先述他们的批评。

卞斯天是这派的领袖。他对于唯物历史观说：以历史的事实而论，除经济之外，那地方的民族的特性，政治的宗教的道德的事实，都在历史的演进上有绝大的影响。

凡历史的唯物主义都忽略了一个重要的事实。这事实是什么呢？就是人的历史是人造的。人都有头脑，这头脑的状态，决不是一件机械的东西，专看经济的境遇而变迁的。唯物历史观一类的思想，总迫人假定人的一切事变志向行为，都是物质的出产情形的影子。然而就事实看起来，人对于经济发展的支配能力，却是时时在那里增长。经济的束缚力，一天减杀一天。无论个人还是民族，文明程度高了，便可把拂意的经济羁绊渐渐脱除。

马克思的"价值论"与"赢余价值论"不与事实的真象相符，这是卞斯天所承认的。卞斯天说，马氏这种理论，不过一种"纯粹思想的抽象"，马氏的原意，不过举一个理想中的经济社会以明出产事业的原则罢了。至于社会的分配问题，工作结果如何分配方为公允，如何分配便为不公允的问题，决不是仅靠着价值论可以解决的。现代被佣的工人不能取得出产品的全值，这是一件事实。但是若专依据这一件事实，便主张社会主义与共产主义，这是不可能的。所以马氏共产主义的要求，也确不是依据这件事实而主张的。他不过认定资本式的出产法必要颠覆，所以才说共产主义的出产是必至的结果罢了。

马氏预测资本式的出产不久必要颠覆。这个预测是根据他的"出产集中论""贫乏论""经济恐慌论"而成立的。然而这些理论，并不与事实相符，这也是修正派所承认的。先就"出产集中"而论，有许多种工业，固然是由小规模的经营变成大规模的工厂，非工厂组织不能存在，然而此外还有许多工业、经营的规模，可大可小的。还有许多制造业，因为种种原因，只宜于小经营不宜于大经营的。况且大企业成立之后，往往又唤起许多附属的小企业，这都是看那工艺的特性而异，不可一概而论的，这还是专就工业立论。若是讲到农业，按照各国近十年的统计看起来，只有与"集中"相反的趋势。大段的田地，或是不加多，或是竟减少了。再就社会的财富分配看起来，文明各国家里有资财的人和所得丰富的人只有相对的绝对的增多，并无减少。马氏的"贫乏论"与

"财富聚集论"是不能成立的。至于现代的社会经济往往发生恐慌，这固然是事实，然而这经济恐慌的循环性并非如马氏所云，是现代的经济制度所固有，不能避免的。现在的问题，只是研究这经济恐慌的强度和影响，与救济的方法罢了。以今日世界市场之广大，交通之利便，信用机关之灵敏，企业同盟会组织之完备，巨烈的经济恐慌，颇不容易各地同时发生。即便发生经济恐慌，这恐慌的剧烈程度，也决不至把现代经济制度推翻。

现代的技术条件与经济条件既是不能促共产制度的实行，而现代政治的与心理的条件，也与社会式的出产制度相去甚远。马氏所称的"无资产阶级" proletariat 包含极复杂的群众。他们与"有资产阶级"相对，并不能自成一个团体。换一句话说，社会里阶级分析的情形，很是复杂，决不像马氏理论中所称的那样简单。现在阶级的竞斗固然是事实，然而在文明各国里这竞斗的形式，却渐渐地缓和了，因有彼此谅解社会全体的利害，所以总可以寻得着调和的方法。至于"无产阶级"因为经济的逼迫大举革命，这是出乎臆想以外的事。马克思与恩格斯晚年也把这层放松了。此外还有社会心理的问题和组织的问题最关重要，现时社会主义不能实行，也是多半受这两个问题的牵制。所以即便今日社会党取得了政治权力，也决不能实行社会式的经济制度。社会主义的共有财产决不能因把资本主义的私有财产一旦推翻便可成立，必要等到社会主义的共有财产发达之后，资本主义的私有财产才能消灭。

修正派虽然这样批评马克思的学说，他们却仍然认现代的经济发展是趋向社会主义一面去的。修正派与修正派以外的社会主义家之间，争论颇烈，但是他们都承认这种争论是马克思主义范围以内的讨论，并没有摇动社会主义的基础学说。

批　评

马克思的学说虽然包含许多的错误，他在历史上的大意义，却是终古不能磨灭的。他的功效，就是对于现代经济制度的批评。自经他的批评，然后现代社会制度里的弊病才暴露出来。社会科学与社会运动受了他的教训，然后才考量现代社会制度的调剂方法。社会科学自马氏著作出现，得了许多新的探讨途径；社会里有许多重要的事实和关系，为前人所未注意的，经马氏的著作才发现无遗。

但是马克思学说的严酷的格式，始终没有经科学界的赞许。他对于现代经济的消极的批评与精细的解析固是非常可贵，但是他的积极的抽象的构造与偏狭的推测，却是不与事实真象相符。

马克思价值论里所用的论理很属勉强，并且有根本矛盾的地方。他说两件互易的货物，一定有一个相同的性质。这相同的性质，就是制造这货物的工作，这就是它们相同的价值。然而他论"赢余价值"的时候，又说，赢余价值所以能够取得的原故，就是因为按照普通情形，一切货物售卖的价格，或是超于它的价值，或是低于它的价值。由此而论，按照普通情形，两件互易的货物，并不是有相同的价值了。这就是马克思价值论的矛盾。

马克思说，货物的交换价值，恒有以货物里所用的工作为标准之趋向。这话却不与事实相符。货物的交换价值，也受制造时所投资本之大小久暂的影响。

马克思分资本为"变的"与"不变的"两部分。他说，资本家的行为，是专图那变的资本所产生的赢余价值，所以他的一切设施，都可以拿这个动机去解释的。这种抽象的设想，固然可以为探讨真理之一助，然而到了应用的时候，却不能把这理论中所有的断案，都一一严格推究出来作为社会经济的真象。因为实在的资本家，并非图谋"变的资本"的赢余，乃求全部资本的赢余。所以若把马氏的设想严格地推论下去，把一切实在与私有资本相反的趋势置之不问，那就不免流于偏狭过甚，与事实相去太远。马氏的"贫乏论"与"财富聚集论""颠覆论"都是由这个误谬来的。

我们对于这些问题的意见，大致是与修正派相同的：现代文明各国的经济发展，是趋向社会主义一面去的。但是这社会主义的目的，并不是一个具体的社会计划，乃是一个社会原则，这原则就是联合互助。至于这社会主义的实行，也只能预测它的大概趋势和条件，却不能用模型的严格的理论预写它进行的详细程序。而国家社会的渐渐演进，和教育等公正事业的积极建设，都可以促进社会理想的实现。

《新青年》六卷五号、一九一九年五月

马克思学说的批评

黄凌霜

马克思的学说大约可分为三大要点：（一）经济论。（二）唯物史观。（三）政策论。世人对于这些学说的批评多得很。那攻击社会主义的人，不必说了（例如 W. H. Mallock 所著的 A Critical Examination of Socialism 第十八页说：马氏的经济学"在现在的科学界"正如古人分元素为四种。或如 Thales【今译泰勒斯】万物皆出于水的理论之在现今的化学）。社会党不满意于这种学说的人，也是不少。无政府党对于他的政策论，绝对的不赞成，早已成为历史上有名的争论，更不必说了。作者批评马氏的学说，对于他的经济论和唯物史观，以德人 E. B. Crnstein 的批评为根据。对于政策论的批评，以俄人 Z. Xropotkin 的批评为根据。现在且把马氏学说的缺点和他的好处写出来：

（一）经济论

马氏的经济论大约见他所著的《资本论》Das Kapital，他的演绎的经济学以余值说 Theory of suplus value 为根据。他所发明最重要的社会学原理，就是唯物的历史观。Materialist Conseption of History 这本书第二三两卷，是他的遗稿。后来他的朋友 Enges 才将它印出来。有许多人说马氏始初的观念：一个时代的社会组织，必与生产方法相应；不然社会革命就不免了。自从古代的共产或半共产的部落解散，国家制度成立之后，新旧战争最烈的，就是阶级战争；所以社会阶级一日没消灭，这种战争一日不能停止。到了资本家的社会，就是无产或是劳动的平民，和资本主义决战，而最后的胜利，却在劳动家——不对，我以为不然。为什么呢？这种现象，征诸历史事实，是的确无可疑的。马氏经济论最缺点的地方，还在他的记载，有不尽正确的地方。他所根据来做演绎的统计，有许多没有证明他所要证明的东西。他的价值说，与唯物历史观，在经济学上，最为重要，他的学说，所以卓然成一家言的，也不外乎这两要点。不知这两种观念，在他前头的社会党和社会学者，早已说过了。马氏不过说得较明白罢了。（即如强夺说令人信以为创自马氏。其实蒲鲁东在他所著的《什么是产业？》第一章已屡言"财产是赃物"，"财产所有主是盗贼"。）又马氏所引以为演绎根据的统计证明，有许多地方不特不够，也有不着边际的。此外有一极危险的论调，就是他屡次指出关于某问题的现象，后来却忘记了这些现象的存在，而犹申论不已。却不自知他后来的论点，和先前的，已有不对呢。例如《资本论》第一卷记载资本家增加的历史的趋势，到了最后的一部分，却说资本家减少，是一种已经成立的事实，而他的统计，又证明资本家没有减少，但有增加。至在他处，还要极力说这种事实的确当！

马氏所用的方法，还不出黑格尔 Hegel 的辩证法之外。他虽然说过若是要这个方法合于理性，必要将它转过来，搁在一个唯物的根据之上，但是他自己却不能处处依着这个范围立论。难道马氏不知严格的唯物方法的断案，不能离事实太远的么？他的著作，本来要以科学为根据，不从预存的观念，和从表面观察所谓现实社会的进化律，推演下来，以为断案；然而他最后的断案，却是一个预存的观念！简单说：马氏不过把辩证的事业，代了前人辩证的观念罢了。空想社会弄坏了科学，马氏恐怕不能自辞其咎罢。

以上将马氏《资本论》的经济学不当的地方，说出来。但是他的"余值说""工值说"，就现在看起来，他的价值，是不可磨灭的。那些劳动家所生产的东西，他们自己所得些少之外，还有许多盈余，为他人所掠夺，这是无论何人不能否认的。他的工值说，是社会主义的根据。他的信徒 Gronlund（格兰隆德）以此为他的"思想之母"。说得倒是不错。那反对马氏主义最烈的无政府党，对于马氏这些重要的证明，也无异辞，他的价值，就可想而知了。

（二）唯物史观

马氏历史哲学的方法和原理的发明，可算是他最大的创造。为学问界开一新纪元。他所说的生产者在历史进化上的重要，可谓发前人之所没发。况且他能证明他们在社会机体的形式和意义的影响，所以姑无论他有时出自假托，到底可算是他著作中最重要的一部分。有人将马氏这种发明，和达尔文的发明相比较。马氏的《政治经济学的批评》出世，恰和达氏的《种源论》同时。马氏在他的《历史的哲学》序中，说明社会机体进化的原理，和达氏所发明的生物机体进化的论据，很是相近。

（三）政策论

马氏的政策论详见他和 Engels 合著的《共产党宣言书》（马氏所谓共产主义即今日的集产主义，和他同时在万国劳动会相对抗的无政府党巴枯宁自称为集产主义，实即今日的共产主义）。这宣言书中有十条件，可算是社会民主主义的政策。这些政策，是什么样呢？其大意如左：

（一）废除产业。

（二）一切交通机关，收归国家管理。

（三）一切工厂及生产的机器，并为国有。

（四）设立工兵，而犹注重农兵。

批评这种主张的人，以无政府党为最多。这是因为他们的共产方法，与马氏的集产方法，有根本不同的缘故。无政府党人以为国家的组织，从历史上观之，无非建立私权，保护少数特殊幸福的机关。现在教育，国教，和保护领土种种大权，都在政府掌握之中。若更举土地、矿山、铁道、银行、保险等等给了他，谁保国家的专制，不较现在还要厉害（这是克鲁泡特金的话，见《英国百科全书》他所著的 Anarchisln 一条）。我们的首领，谁保他们不变了拿破仑袁世凯呢？且社会主义，不应当压制个人的自由。社会民主党的政府，又要设立什么工兵农兵，这不是压制个人的表征吗？此外还有他们所主张的分配问题，也有可批评之点。社会是对个人而言。既称为社会主义，那么，社会的物，概当属诸公有，不要为个人所私有，这才对的。马氏的集产说，以衣食房屋之类，可以私有，是表明尚有个人财产，根本上已和社会主义的定义不对。况且同一房屋，牛马圈厩，既为公有，人居的房舍，则为私有，在理论上也说不过去。还有一层，他们主张按各人劳动的多寡，来给酬报。那么强有力的，将享最高的幸福，能力微弱的，将至不能生活；能力微弱的缘故，或关乎生理，非其人懒惰的罪，而结果如此，还说什么幸福呢？无政府共产党想将国家的组织改变，由平民自己建立各种团体会社，如办教育就有教育会，办农业就有农业会等等，由单纯以趋于复杂，以办理社会所应需的事，去除一切强权，而以各个人能享平等幸福为主。他们所主张的劳动原则，就是"各尽所能"四个大字，他们所主张的分配原则，就是"各取所需"四个大字。无政府党和马克思派争论的焦点，就在这个了。

马氏的学说，在今日科学界上，占重要的位置。我这种批评，究竟对不对，我可不敢武断。今更引马氏致友人书数语，做这篇的结论。他说："我们决不学那些空论家，想以自己的主义，征服世界。说道：'这就是真理，跪下来罢！'我们由世界自己原理中，抽出新的原理来，我们不叫人：'你的奋斗，是不好的你，离了他罢。你听我的话，跟着我来战斗就够了。'我们不过说明奋斗的真目的，就使他不赞成，也要自己找出一个必要达到的目的来。"作者很愿传播新思想新学说的人，都有这种态度。

《新青年》六卷五号，一九一九年五月

问题与主义

多谈些问题少谈些主义

胡　适

"现在舆论界大危险，就是偏向纸上的学说，不去实地考察中国今日的社会需要究竟是什么东西。那些提倡尊孔祀天的人，固然是不懂得现时社会的需要。那些迷信军国民主义或无政府主义的人，就可算是懂得现时社会的需要么？"

"要知道舆论家的第一天职，就是细心考察社会的实在情形。一切学理，一切'主义'，都是这种考察的工具。有了学理作参考材料，便可使我们容易懂得所考察的情形，容易明白某些情形有什么意义，应该用什么救济的方法。"

我这种议论，有许多人一定不愿意听。但前几天北京《公言报》、《新民国报》、《新民报》（皆安福部的报）和日本文的《新支那报》，都极力恭维安福部首领王揖唐，并且恭维安福部设立"民生主义的研究会"的办法。有许多人自然嘲笑这种假充时髦的行为。但是我看了这种消息，发生一种感想。这种感想是："安福部也来高谈民生主义了，这不够给我们这班新舆论家一个教训吗？"什么教训呢？这可分三层说：

第一，空谈好听的"主义"是极容易的事，是阿猫阿狗都能做到的事，是鹦鹉和留声机器都能做的事。

第二，空谈外来进口的"主义"，是没有什么用处的。一切主义都是某时某地的有心人，对于那时那地的社会需要的救济方法。我们不去实地研究我们现在的社会需要，单会高谈某某主义，好比医生单记得许多汤头歌诀、不去研究病人的症候，如何能有用呢？

第三，偏向纸上的"主义"，是很危险的。这种口头禅很容易被无耻政客利用来做种种害人的事。欧洲政客和资本家利用国家主义的流毒，都是人所共知的。现在中国的政客，又要利用某某主义来欺人。罗兰夫人说："自由自由，天下多少罪恶，都是借你的名做出的！"一切好听的主义，都有这种危险。

这三条合起来看，可以看出"主义"的性质。凡"主义"都是应时势而起的。某种社会，到了某时代，受了某种的影响，呈现某种不满意的现状。于是有一些有心人，观察这种现象，想出某种救济的法子。这是"主义"的原起。主义初起时，大都是一种救时的具体主张。后来这种主张传播出去，传播的人要图简便，使用一两个字来代表这种具体的主张，所以叫它做"某某主义"。主张成了主义，便由具体计划，变成一个抽象的名词，"主义"的弱点和危险，就在这里。因为世间没有一个抽象名词能把某派的具体主张都包括在里面。比如"社会主义"一个名词，马克思的社会主义和王揖唐的社会主义不同；你的社会主义和我的社会主义不同，决不是这一个抽象名词所能包括。你谈你的社会主义，我谈我的社会主义，王揖唐又谈他的社会主义，同用一个名词，中间也许隔开七八个世纪，也许隔开两三万里路。然而你和我和王揖唐都可自称社会主义家，都可用这一个抽象名词来骗人。这不是"主义"的大缺点和大危险吗？

我再举现在人人嘴里挂着的"过激主义"做一个例：现在中国有几个人知道这一名词做何意义？但是大家都痛恨痛骂"过激主义"，内务部下令严防"过激主义"，曹锟也行文严禁"过激主义"，卢永祥也出示查禁"过激主义"。前两个月，北京有几个老官僚在酒席上叹气，说："不好了，过激派到了中国了。"前两天有一个小官僚，看见我写的一把扇子，大诧异道："这个是过激党胡适吗？"哈哈，这就是"主义"的用处。

我因为深觉得高谈主义的危险，所以我现在奉劝新舆论界的同志道："请你们多提出一些问题，少谈一些纸上的主义。"

更进一步说："请你们多多研究这个问题如何解决，那个问题如何解决，不要高谈这种主义如何新奇，那种主义如何奥妙。"

现在中国应该赶紧解决的问题，真多得很。从人力车夫的生计问题，到大总统的权限问题；从卖淫问题到卖官卖国问题；从解散安福部问题到加入国际联盟问题；从女子解放问题到男子解放问题……哪一个不是火烧眉毛紧急问题？

我们不去研究人力车夫的生计，却去高谈社会主义；不去研究女子如何解放，家庭制度如何救正，却去高谈公妻主义和自由恋爱；不去研究安福部如何解散，不去研究南北问题如何解决，却高谈无政府主义；我们还要得意扬扬夸口道，"我们所谈的是根本解决。"老实说罢，这是自欺欺人的梦话，这是中国思想界破产的铁证，这是中国社会改良的死刑宣告！

为什么谈主义的那么多，为什么研究问题的人那么少呢？这都由于一个懒字。懒的定义是避难就易。研究问题是极困难的事，高谈主义是极容易的事。

比如研究安福部如何解散，研究南北和议如何解决，这都要费工夫，挖心血，收集材料，征求意见，考察情形。还要冒险吃苦，方才可以得一种解决的意见。又没有成例可援，又没有黄梨洲、柏拉图的话可引，又没有《大英百科全书》可查，全凭研究考察的工夫，这岂不是难事吗？高谈"无政府主义"便不同了。买一两本实社《自由录》，看一两本西文无政府主义的小册子，再翻一翻《大英百科全书》，便可以高谈无忌：这岂不是极容易的事吗？高谈主义，不研究问题的人，只是畏难求易，只是懒。

凡是有价值的思想，都是从这个那个具体的问题下手的。先研究了问题的种种方面的种种的事实，看看究竟病在何处，这是思想的第一步工夫。然后根据于一生经验学问，提出种种解决的方法，提出种种医病的丹方，这是思想的第二步工夫。然后用一生的经验学问，加上想象的能力，推想每一种假定的解决法，该有甚么样的结果，推想这种效果是否真能解决眼前这个困难问题。推想的结果，拣定一种假定的解决，认为我的主张，这是思想的第三步工夫。凡是有价值的主张，都是先经过这三步工夫来的。不如此，不算舆论家，只可算是抄书手。

读者不要误会我的意思。我并不是劝人不研究一切学说和一切"主义"。学理是我们研究问题的一种工具。没有学理做工具，就如同王阳明对着竹子痴坐，妄想"格物"，那是做不到的事。种种学说和主义，我们都应该研究。有了许多学理做材料，见了具体的问题，方才能寻出一个解决的方法。但是我希望中国的舆论家，把一切"主义"摆在脑背后，做参考资料，不要挂在嘴上做招牌，不要叫一知半解的人拾了这些半生不熟的主义，去做口头禅。

"主义"的大危险，就是能使人心满意足，自以为寻着包医百病的"根本解决"，从此用不着费心力去研究这个那个具体问题的解决法子了。

民国八年七月

原载一九一九年七月二十日《每周评论》第三十一号

后收入《胡适文存》卷二主张民生主义的演说

再论问题与主义

1919 年 8 月 17 日

李大钊

适之先生：

我出京的时候，读了先生在本报 31 号发表的那篇论文，题目是《多研究些问题少谈些主义》，就发生了一些感想。其中有的或可与先生的主张互相发明，有的是我们对社会的告白。现在把它一一写出，请先生指正！

一、"主义"与"问题"。我觉得"问题"与"主义"，有不能十分分离的关系。因为一个社会问题的解决，必须靠着社会上多数人共同的运动。那么我们要想解决一个问题，应该设法使它成了社会上多数人共同的问题。要想使一个社会问题，成了社会上多数人共同的问题，应该使这社会上可以共同解决这个那个社会问题的多数人，先有一个共同趋向的理想、主义，作他们实验自己生活上满意不满意的尺度（即是一种工具）。那共同感觉生活上不满意的事实，才能一个一个的成了社会问题，才有解决的希望。不然，你尽管研究你的社会问题，社会上多数人，却一点不生关系。那个社会问题，是仍然永没有解决的希望；那个社会问题的研究，也仍然是不能影响于实际。所以我们的社会运动，一方面固然要研究实际的问题，一方面也要宣传理想的主义。这是交相为用的，这是并行不悖的。不过谈主义的人，高谈却没有甚么不可，也须求一个实验。这个实验，无论失败与成功，在人类的精神里，终能留下个很大的痕影，永久不能消减。从前信奉英国的 Owen（欧文）的主义的人，和信奉法国 Fourier（傅立叶）的主义的人，在美洲新大陆上都组织过一种新村落、新团体。最近日本武者笃小路氏等，在那日向地方，也组织了一个"新村"。这都是世人指为空想家的实验，都是他们的实际运动中最有兴味的事实，都是他们同志中的有志者或继承者集合起来组织一个团体，在那里实现他们所理想的社会组织，作一个关于理想社会的标本，使一般人由此知道这新社会的生活可以希望，以求实现世界的改造的计划。Owen 派与 Fourier 派在美洲的运动，虽然因为离开了多数人民去传播他们的理想，就像在那没有深厚土壤的地方撒布种子的一样，归于失败了。而 Noyes 作《美国社会主义史》却批评他们说，Owen 主义的新村落，Fourier 主义的新团体，差不多生下来就死掉了。现在人都把他们忘了。可是社会主义的精神，永远存留在国民生命之中。如今在那几百万不曾参加他们的实验生活，又不是 Owen 主义者，又不是 Fourier 主义者，只是没有理论的社会主义者，只信社会有科学的及道德的改造的可能的人人中，还有方在待晓的一个希望，犹尚俨存。这日向的"新村"，有许多点像那在美洲新大陆上已成旧梦的新村。而日本的学者及社会，却很注意。河上肇博士说："他们的企图中所含的社会改造的精神，也可以作方在待晓的一个希望，永存在人人心中。"最近本社仲密先生自日本来信也说："此次东行在日向颇觉愉快。"可见就是这种高谈的理想，只要能寻一个地方去实验，不把它作了纸上的空谈，也能发生些工具的效用，也会在人类社会中有相当的价值。不论高揭什么主义，只要你肯竭力向实际运动的方面努力去作，都是对的，都是有效果的。这一点我的意见稍与先生不同，但也承认我们最近发表的言论，偏于纸上空谈的多，涉及实际问题的少，以后誓向实际的方面去作。这是读先生那篇论文后发生的觉悟。

大凡一个主义，都有理想与实用两面。例如民主主义的理想，不论在哪一国，大致都很相同。把这个理想适用到实际的政治上去，那就因时、因所、因事的性质情形，有些不同。社会主义，亦复如是。它那互助友谊的精神，不论是科学派、空想派，都拿它来作基础。把这个精神适用到实际的方法上去，又都不同。我们只要把这个那个的主义，拿来作工具，用以为实际的运动，它会因时、因所、因事的性质情形生一种适应环境的变化。在清朝时，我们可用民主主义作工具去推翻爱新觉罗家的皇统。在今日，我们也可以用它作工具，去推翻那军阀的势力。在别的资本主义盛行的国家，他们可以用社会主义作工具去打倒资本阶级。在我们这不事生产的官僚强盗横行的国家，我们也可以用它作工具，去驱除这一班不劳而生的官僚强盗。一个社会主义者，为使他的主义在世界上发生一些影响，必须要研究怎么可以把他的理想尽量应用于环绕着他的实境。所以现代的社会主义，包含着许多把他的精神变作实际的形式使合于现在需要的企图。这可以证明主义的本性，原有适应实际的可能性，不过被专事空谈的人用了，就变成空的罢了。那么，先生所说主义的危险，只怕不是主义的本身带来的，是空谈它的人给它的。

二、假冒牌号的危险。一个学者一旦成名，他的著作恒至不为人读，而其学说却如通货一样，因为不断的流通传播，渐渐磨灭，乃至发行人的形象、印章，都难分清。亚丹斯密史留下了一部书，人人都称赞他，却没有人读他。马查士留下了一部书，没有一个人读他，大家却都来滥用他。英人邦纳（Bonar）氏早已发过这种感慨。况在今日群众运动的时代，这个主义，那个主义多半是群众运动的隐语、旗帜，多半带着些招牌的性质。既然带着招牌的性质，就难免招假冒牌号的危险。王麻子的刀剪，得了群众的赞许，就有旺麻子等来混他的招牌；王正大的茶叶得了群众的照顾，就有汪正大等来混他的招牌。今日社会主义的名辞，很在社会上流行，就有安福派的社会主义，跟着发现。这种假冒招牌的现象，讨厌诚然讨厌，危险诚然危险，淆乱真实也诚然淆乱真实。可是这种现象，正如中山先生所云新开荒的时候，有些杂草毒草，夹杂在善良的谷物花草里长出，也是当然应有的现象。王麻子不能因为旺麻子等也来卖刀剪，就闭了他的剪铺。王正大不能因为汪正大等也来贩茶叶，就歇了他的茶庄。开荒的人，不能因为长了杂草毒草，就并善良的谷物花草一齐都收拾了。我们又何能因为安福派也来讲社会主义，就停止了我们正义的宣传！因为有了假冒牌号的人，我们愈发应该一面宣传我们的主义，一面就种种问题研究实用的方法，好去本着主义作实际的运动，免得阿猫、阿狗、鹦鹉、留声机来混我骗大家。

三、所谓过激主义。《新青年》和《每周评论》的同人，谈俄国的布尔扎维主义的议论很少。仲甫先生和先生等的思想运动、文学运动，据日本《日日新闻》的批评，且说是支那民主主义的正统思想。一方要与旧式的顽迷思想奋战，一方要防遏俄国布尔扎维主义的潮流。我可以自白，我是喜欢谈谈布尔扎维主义的。当那举世若狂庆祝协约国战胜的时候，我就作了一篇《Bolshevism（布尔什维主义）的胜利》的论文，登在《新青年》上。当时听说孟和先生因为对于布尔扎维克不满意，对于我的对于布尔扎维克的态度也很不满意（孟和先生欧游归来，思想有无变动，此时不敢断定）。或者因为我这篇论文，给《新青年》的同人惹出了麻烦，仲甫先生今犹幽闭狱中，而先生又横被过激党的诬名，这真是我的罪过了。不过我总觉得布尔扎维主义的流行，实在是世界文化上的一大变动。我们应该研究它，介绍它，把它的实象昭布在人类社会，不可一味听信人家为他们造的谣言，就拿凶暴残忍的话抹煞他们的一切。所以一听人说他们实行"妇女国有"，就按情理断定是人家给他们造的谣言。后来看见美国《New Republic》（新共和）登出此事的原委，知道这话果然是种谣言，原是布尔扎维克政府给俄国某城的无政府党人造的。以后展转传讹，人又给他们加上了。最近有了慰慈先生在本报发表的俄国的新宪法、土地法、婚姻法等几篇论文，很可以供我们研究俄事的参考，更可以证明妇女国有的话全然无根了。后来又听人说他们把克鲁泡特金氏枪毙了，又疑这话也是谣言。据近来欧美各报的消息，克氏在莫斯科附近安然无恙。在我们这盲目的社会，他们哪里知道 Bolshevism 是什么东西，这个名辞怎么解释！不过因为迷信资本主义、军国主义的日本人把它译作过激主义，他们看"过激"这两个字很带着些危险，所以顺手拿来，乱给人戴。看见先生们的文学改革论，激烈一点，他们就说先生是过激党。看见章太炎、孙伯兰的政治论，激烈一点，他们又说这两位先生是过激党。这个口吻是根据我们四千年先圣先贤道统的薪传。那"杨子为我，是无君也。墨子兼爱，是无父也。无父无君，是禽兽也"的逻辑，就是他们唯一的经典。现在就没有"过激党"这个新名辞，他们也不难把那旧武器拿出来攻击我们。什么"邪说异端"哪，"洪水猛兽"哪，也都可以给我们随便戴上。若说这是谈主义的不是，我们就谈贞操问题，他们又来说我们主张处女应该与人私通。我们译了一篇社会问题的小说，他们又来说我们提倡私生子可以杀他父母。在这种浅薄无知的社会里，发言论事，简直的是万难，东也不是，西也不是。我们唯有一面认定我们的主义，用它作材料，作工具，以为实际的运动；一面宣传我们的主义，使社会上多数人都能用它作材料，作工具，以解决具体的社会问题。那些猫、狗、鹦鹉、留声机，尽管任他们在旁边乱响，过激主义哪，洪水猛兽哪，邪说异端哪，尽管任他们乱给我们作头衔，那有闲工夫去理他！

四、根本解决。"根本解决"这个话，很容易使人闲却了现在不去努力，这实在是一个危险。但这也不可一概而论。若在有组织有生机的社会，一切机能都很敏活，只要你有一个工具，就有你使用它的机会，马上就可以用这工具做起工来。若在没有组织没有生机的社会，一切机能，都已闭止，任你有什么工具，都没有你使用它做工的机会。这个时候，恐怕必须有一个根本解决，才有把一个一个的具体问题都解决了的希望。就以俄国而论，罗曼诺夫家没有颠覆，经济组织没有改造以前，一切问题，丝毫不能解决。今则全部解决了。依马克思的唯物史观，社会上法律、政治、伦理等精神的构造，都是表面的构造。它的下面，有经济的构造作它们一切的基础。经济组织一有变动，它们都跟着变动。换一句话说，就是经济问题的解决，是根本解决。经济问题一旦解决，什么政治问题、法律问题、家族制度问题、女子解放问题、工人解放问题，都可以解决。可是专取这唯物史观（又称历史的唯物主义）的第一说，只信这经济的变动是必然的，是不能免的，而于他的第二说，就是阶级竞争说了，不注意，丝毫不去用这个学理作工具，为了人联合的实际运动，那经济的革命，恐怕永远不能实现，就是能实现，也不知迟了多少时期。有许多马克思派的社会主义者，很吃了这个观念的亏。天天只是在群众里传布那集产制必然的降临的福音，结果除去等着集产制必然的成熟以外，一点的预备也没有做，这实在是现在各国社会党遭了很大危机的主要原因。我们应该承认遇着时机，因着情形，或须取一个根本解决的方法，而在根本解决以前，还须有相当的准备活动才是。

以上拉杂写来，有的和先生的意见完全相同，有的稍相差异，已经占了很多的篇幅了。如有未当，请赐指教。以后再谈吧。

李大钊寄自昌黎五峰

《每周评论》第三十五号

问题与主义

蓝知非

　　近日《每周评论》上，有一篇胡君适之的文章，劝人少讲主义，多研究问题，说得非常痛辟。吾们舆论界，从这篇文章里，得的益处一定不少。但是中国今日的思想界，混沌已极，是个"扶得东来西又倒"的东西。胡君这篇议论，恐怕会得一个意想外的结果。况且他的议论里头，太注重了实际的问题，把主义学理那一面的效果抹杀了一大半，也有些因噎废食的毛病。现在记者且把自己的意见，分几层写出来，就正胡君，并质之一般舆论界。

　　现在请先一论问题的性质。

　　一、凡是构成一个问题，必定是社会生活上遇着了一种困难。这困难是从三种情形来的：（一）旧存的制度，和新有的理想冲突；（二）新变化的生活（外来的或自发的原因），和旧事物的冲突；（三）社会中有扰乱迫害的事实发生。因有这三种情形，问题的性质，便有理想和现实的区别。其解决的方法，也就不能一律并论了。

　　二、问题本因实际利害而起。但是在这不等质的社会，各部分的利害，常不一致。甲部分的问题，未必不是乙部分的问题，甚或互相冲突，各自构成相反的问题。故问题的范围常不相同，有世界的问题，有一民族的问题，有一地方的或一阶级的问题。问题愈广，理想的分子亦愈多；问题愈狭，现实的色彩亦愈甚。决不可以一概而论的。

　　三、问题之发生，固起于困难；但构成一种问题，非必由于客观的事实，而全赖主观的反省。有主观的反省，虽小事亦可成为问题；无主观的反省，即遇着极不合理的，或是极困难的事实，也未必能成为问题。譬如专制君主的毒害，在中国行了几千年，并没有人觉它不合理，拿来成一问题。及至最近数十年，西方的思想输入，人民有了比较，起了反省，即便成了极大的问题，产生出辛亥革命的大事件。又如东方的家族制度，奴隶劳动，在今日思想已经进步的时候，尚不能成为问题，若移到西方去，立刻便成了一种不可终日的问题了。可见构成问题的要素，全在这主观的反省。

问题的性质既是这样的复杂，那解决的方法当然不能简单一样。遇着局部的现实的经过反省，成了问题的时候，自然用不着主义学说来鼓吹，只要求具体的解决方法，便有结果。若是一种广泛的含有无数理想的分子的——即为尚未试验实行的方法，——问题，并且一般人民，对于它全无反省，尚不能成为问题的时候，恐怕具体的方法，也不过等于空谈，决没有什么效果可言的么！况且解决一种问题，全靠与这问题有关系的人自动地起来解决，方有效果可言。若是有关系的人无丝毫感觉这问题重要，即使人起来代劳，其效果不是零便是恶，是可断定的。故所以吾们要提出一种具体的方法来解决问题，必定先要鼓吹这问题的意义，以及理论上根据，引起了一般人的反省，使成了问题，才能采纳吾们的方法。否则问题尚不成，有什么方法可言呢？

通常提到问题两个字，一定把它当作具体的性质看，其实不尽然。哲学科学上的且不提，即如与吾们实际生活有关系的问题，抽象性质也很多。……从它根本的方面着眼，即成了抽象性的问题，从它实行的方面着眼，便成了具体性的问题。……

像吾上文第一项所举的旧制度和新理想的冲突问题：这种问题，大概通常称为革命的问题（广义的）。初起的时候，一定是在那是非善恶的方面争，即标示的改革方法，也决不是什么具体方法，一定是一种趋向的标准（这种标示，与其说是方法，毋宁说是目标）。譬如法国大革命时候所标示的自由，平等，和中国辛亥革命所标示排满，算是具体的方法呢，还是理想的目标呢？这可以不言而知的。故凡是革命的问题，一定从许多要求中，抽出几点共通性，加上理想的色彩，成一种抽象性的问题，才能发生效力。若是罗列许多具体方法，即就变成一种条陈，连问题都不成，如何能做一般的进行方针呢？于此可见问题不限于具体性，而抽象性的问题更重要的了。

像吾上文第二项所举的例，凡是一阶级一地方的实际利害，自然是具体问题居多。但是涉于事物制度起源的问题，那就变成抽象了。譬如选举权及自治权的问题，在起初的时候，决不是它内容如何的问题，一定是正当不正当及权利义务的理论问题。何况是一阶级以及他阶级，一地方以及他地方？若不是抽出共同点来做进行的标准，那人力车夫的利害问题，如何能算小学教员的问题；小学教员的问题，又如何能算是女工的问题。其中能一致的地方，自然是抽象的结果了。"去其特别点而取其共同点"。若如民族的世界的问题，因它范围之广，那抽象性是自然越发增大的了。故问题的范围愈大，那抽象性亦愈增加。于此更可见抽象性问题的重要了。

像吾上文所举第三项的例，人类主观的反省，固多起于实际苦痛的压迫。但是人有一种习惯性，它的性质异常固定，可以使人麻木不仁。任你如何活动的物事，一成习惯，便如生铁铸成，决不能动它秋毫。古今无量数的人，为苦痛压迫的牺牲，因为这习惯的桎梏，宛转就死，尚不知其所以然，并没有人把它提出来做个问题。必定等到有少数天才有识的人，把它提作问题，加以种种理论上的鼓吹，然后才成一个共同的问题。故抽象问题，常在具体问题之先，到了第二步才变成具体的性质的。

从这三点看起来，问题不限于具体，抽象性的更为重要；而当问题初起之时，一定先为抽象性，后才变成具体性的。照此讲法，主义学说，如何可以说是不重要，而一笔抹杀呢？吾且再把主义学说的性质论一论。

主义是什么呢？胡君说，从一种救时的具体主张，因为传播的缘故，才变成一种抽象的主义（简略胡君原语）。这话果然不错。但是有许多主义，它的重要部分，并不在从具体主张变成抽象名词，却在那未来的理想，世间有许多极有力量的主义，在它发生的时候，即为一种理想，并不是什么具体方法，信仰这主义的，也只是信仰它的理想，并不考究它的实行方法。即如从具体方法变成主义的，也决不是单依着抽象方法便能构成，尚须经过理想的洗炼泡制，改造成的。故理想乃主义的最要部分。一种主张能成主义与否，也全靠这点。

主义是多数人共同行动的标准，或是对于某种问题的进行趋向或是态度。一种主张能成为标准趋向态度，与具体的方法却成反比例（因为愈具体，各部分利害愈不一致），全看它所含抱的理想的强弱。设个比方：主义好像航海的罗盘针，或是灯台上的照海灯。航海的人，照着它进行罢了。至于航海的方法，以及器具，却是另一件事，与它无必然的关系。故主义是一件事，实行的方法又是一件事，其间虽有联属的关系，却不是必然不可分离的。一个主义，可以有种种的实行方法，甚至可以互相冲突，绝不相容。各种的实行方法，也都是按着各部分人的利害必要，各各不同。因为方法与主义，不过是目标与路径的关系；向着这目标走，果然是一定不变；至于从哪一条路走，路中所遇事物何如，行路中间所起的事变何如，与这目标并无必然的关系。换一句话讲，主义并不一定含着实行的方法。那实行的方法，也并不是一定要从主义中推演出来的。故所以同一主义，在甲地成了某种现象，在乙地又成一种现象。乃同在一地，信奉同一主义的人，因实行方法的不同，变成种种极不相容的党派。这种例证，古今不知多少，亦不用再举的了。

胡君说，主义的弱点和危险，都在这抽象一点上。这话也不尽然。吾上文已经说过，范围愈广，它的抽象性亦愈大。因为抽象性大，涵盖力可以增大。涵盖力大，归依的人数自然愈增多。

自来宗教上、道德上、政治上，主义能鼓动一世，发生极大效力，都因为它能涵盖一切，做各部分人的共同趋向的缘故。若愈近具体，则必切合一部分的利害。它的发动的力量，顶大也只限于一部分的，如何能鼓动各部分的人呢？故往往有一种主义，在主义进行的时候，效力非常之大，各部分的团结也非常坚强；一到具体问题的时候，主张纷歧，立刻成一种扰攘的现象。像那法国大革命，中国辛亥的革命，以及今日的俄、德革命，都是极好的一个例。他们当初所以能成功，都因为共同奉着一个抽象主义。若是起初就拿具体的方法来进行，恐怕在革命前，便已互相冲突纷乱扰攘，早为旧势力所扑灭，还能等到革命后来纷扰么？

胡君说主义有危险。依吾的意见，主义的自身并没有什么危险。所谓危险，都在贯彻主义的实行方法。何以故呢？因为凡是主义，必定含着一种未来的理想。在尚未实现的时候，如何能判定它危险不危险呢？若指它试验中间所发生的种种恶现象而言，则凡属试验的事物，必须经过种种错误，才能成功——所谓错误，也只方法上的错误——不独主义为然。况且主义不过是一种标准趋向态度，并非实行方法。在同一主义之下，可以有种种不同或相反的方法。危险不危险，全看选择的精确不精确。择术不精，才有危险。如何能怪及主义呢？譬如罗盘针虽是航海的趋向标准，但同一方向的海路，本不只一条，海中间所有的危险，也不只一途。你自测量不精，走错了路，如何能怪及罗盘针指示的方向不对呢？故说主义危险，实是因果倒置。……

照吾以上说法，问题与主义，并不是相反而不能并立的东西。现在且把问题主义方法三种相连的关系，归结到下列五点。

（一）一种问题的实行方法，本有种种条款，有重要的，有不重要的，有联属的，有矛盾的。若无一贯的精神把它整齐贯串，如何能实行有效呢？这种一贯的精神，就是主义。故说主义是方法的标准趋向和态度。

（二）问题愈大，性质愈复杂。一个问题，往往含有无数相反的可能性。其中自有最重要而为问题的中心一点。这最重要而为中心一点，在问题自身，原为解决方法的标准，抽象出来，推行到他部分或是他种问题去，即是主义。

（三）问题的抽象性，涵盖性，很有与主义相类的地方。往往同一事件，从受动这方面去看，是个问题，从能动这方面去看，就是主义。换一句话讲，问题有一贯的中心，是问题之中有主义；主义常待研究解决，是主义之中有问题。二者自不能截然区别的。

（四）社会的环境不同，主义和问题的关系，也就不能一样。在文化运动进步不息的社会，主义常由问题而产生。因为在这种社会，一切事物，都属能动性，常跟时代前进。偶有那不进的事物，立刻便引起一般人的注意，成为问题。有问题，便发生各种运动。从这运动中，便产生了若干主义，拿来做解决方法的实行标准。若是在那文化不进步的社会，一切事物，都成了固定性的习惯，则新问题的发生，须待主义的鼓吹成功，才能引人注意。因为这种社会，问题的发生，极不容易。非有一种强有力的主义鼓吹成熟，征服了旧习惯，则无论何种事物，都有一个天经地义的因袭势力支配在那里。有敢挟丝毫疑义的人，便是大逆不道。如何能拿来当一个问题，去讲求解决方法呢？故在不进步的社会，问题是全靠主义造成的。

（五）不论何种社会，凡是进到何种程度，文化必定渐渐化为固定性，发生停滞的现象。故必常常有少数天才有识的人，起来鼓吹新理想，促进社会的文化。这种新理想，在一般人渐渐首肯之时，即成为主义。由此主义，发生种种问题，试验又试验，常悬为未来的进行方针。而在旧习惯所支配的社会，自身不能发生新理想，则往往由他国输入富于新理想的主义，开拓出一个改革的基础来。

以上五点，即是吾上文所说的结论。胡君对于主义，于吾上文所说外，尚抱有几个疑点。现请就这几点上讨论。

（一）空谈主义是很容易的事，解决问题是很难的事。难易本来是比较的话，没有绝对的标准。……譬如主义，读一二小册子，便可乱谈，看起来似乎很易。但是要把一种主义的内容和意义，明白得十分透彻，鼓吹到社会上去，使社会的若干部分，成为信徒，发生主义的运动，这事恐怕就很难。又如解决实际问题，往往费尽力量，不得一个圆满的结果，看起来似乎很难。但若不问结果，只要糊里糊涂了结，那了结的方法，正容易呢！可见主义的易，不易在主义本身，而易在随便乱谈；问题的难，不难在解决方法，而难在解决后的好结果。再进一步言：解决的结果何以有好坏，好结果何以很难，这不可不有一判别的标准。这个标准，就是一种主义……胡君说不应当从主义上做工夫，却教吾们去想实际解决的方法，那自然是难极的了。

（二）胡君说空谈外来进口的主义，是没有什么用处的。胡君的意思，以为一切主义，都不过是某时某地一种具体的方法转变来的，和吾们实际的需要未必能符；各有各的需要，各有各的方法；故说外来的主义是无用的。这话果然也很有道理。但是在今日世界，文化交通的时代，各社会的需要，渐渐日即日近，一地有效的主义，在他地也未必无效。吾们只能问主义之有效与否，不必问它是外来的或是自生的。况且所谓实际需要，也得有个解说。在因袭势力支配的旧社会，它的需要和那文化进步的社会，都是大不相同的。……中国今日所有的新需要，新问题，哪一件不是外来的思想主义所产生出来的么？如果胡君的话是专指不合现时用的那些极端主义而言，命题果然正确得多；但是亦有未尽然的地方。因为一切主义，都含有几种理想，其中有现时可适用的，有现时不可适用的；甲地可适用的，乙地不可适用的；极端的如是，温和的亦复如是：这是选择应用上的问题，和输入外来的主义无关。即如过激主义，和无政府主义等等，其中不适合的地方，果然很多。有益处的地方也并非绝无。取长去短，以补他种主义之不足，亦未尝无效力可言。要在能否运行。研究它亦正不妨。若是概括以空谈外来主义为无用，未免有几分独断。

（三）胡君说偏向纸上的主义，有为无耻政客用来做害人的危险。胡君这种忧虑，是大可不必的。因为主义进于鼓吹，已不限于纸上的了。人家受他的鼓吹，信奉他的主义，必定要问这种主义的内容和它的影响结果。无耻政客，决不能用来欺人的。……王揖唐讲社会主义，依然还是一个王揖唐主义，绝没有人去上他当的。至于假借名目，用来作陷害人的器具，那真是欲加之罪，何患无词？在没有这些主义的时候，他们何尝少害了人呢？横竖吾们是他们眼中钉，有主义也罢，无主义也罢，总有一天拔去了他们才痛快。倒是吾们现时在研究商酌之中，不能自己确立一种最信奉的主义，标明旗帜，和他们短兵相接，是一件最抱憾的事罢。

吾现在再简单总括几句话：吾们因为要解决从人力车夫的生计，到大总统的权限；从卖淫到卖官卖国；从解散安福部到加入国际联盟；从女子解放到男子解放等等问题，所以要研究种种主义。主义的研究和鼓吹，是解决问题的最重要最切实的第一步。……

三论问题与主义

《每周评论》，第 36 号，1919 年 8 月 24 日；收入：
《胡适文存》，上海：亚东图书馆，1928 年

胡 适

我那篇《多研究些问题，少谈些主义》，承蓝知非、李守常两先生，做长篇的文章，同我讨论，把我的一点意思，发挥的更透彻明了，还有许多匡正的地方，我很感激他们两位。

蓝君和李君的意思，有很相同的一点，他们都说主义是一个"共同趋向的理想"（李君的话），是"多数人共同行动的标准，或是对于某种问题的进行趋向或态度"（蓝君的话）。这种界说，和我原文所说的话，并没有冲突。我说：

> 主义初起时，大都是一种救时的具体主张。后来这种主张，传播出去，传播的人，要图简便，便用一两个字来代表这种具体的主张，所以叫它做某某主义。主张成了主义，便由具体的计划，变成一个抽象的名词。

我所说的是主义的历史，他们所说的是主义的现在的作用。试看一切主义的历史，从老子的无为主义，到现在的布尔什维主义，那一个主义起初不是一种"救时的具体主张"？

蓝、李两君的误会，由于他们错解我所用的"具体"两个字。凡是可以指为这个或那个的，凡是关于个体的及特别的事物的，都是具体的。譬如俄国新宪法，主张把私人所有的土地、森林、矿产、水力、银行，收归国有；把制造和运输等事，归工人自己管理；无论何人，必须工作：一切遗产制度，完全废止；一切秘密的国际条约，完全无效……。这都是个体的政策，这都是这个、那个政治或社会问题的解决法——这都是"具体的主张"。现在世界各国，有一

班"把耳朵当眼睛"的妄人，耳朵里听见一个"布尔什维主义"的名词，或只是记得一个"过激主义"的名词，全不懂得这一个抽象名词所代表的是什么具体的主张，便大起恐慌，便出告示捉拿"过激党"，便硬把"过激党"三个字套在某人某人的头上。这种妄人，脑筋里的主义，便是我所攻击的"抽象名词"的主义。我所说的"主义的危险"，便是指这种危险。

蓝君的第二个大误会，是把我所用的"抽象"两个字解错了。我所攻击的"抽象的主义"，乃是指那些空空荡荡，没有具体的内容的全称名词。如现在官场所用的"过激主义"，便是一例；如现在许多盲目文人心里的"文学革命"大恐慌，便是二例。蓝君误会我的意思，把"抽象"两个字，解作"理想"，这便是大错了。理想不是抽象的，是想象的。譬如一个科学家，遇着一个困难的问题，他脑子里推想出几种解决方法，又把每种假设的解决所涵的结果，一一想象出来，这都是理想的。但这些理想的内容，都是一个个具体的想象，并不是抽象的。我那篇原文自始至终，不但不曾反对理想，并且极力恭维理想。我说：

> 凡是有价值的思想，都是从这个那个具体的问题下手的。先研究了问题的种种方面的种种事实，看看究竟病在何处，这是思想的第一步工夫。然后根据于一生的经验学问，提出种种解决的方法，提出种种医病的丹方，这是思想的第二步工夫。然后用一生的经验学问，加上想象的能力，推想每一种假定的解决法，该有什么样的效果，推想这种效果，是否真能解决眼前这个困难问题。推想的结果，拣定一种假定的解决，认为我的主张，这是思想的第三步工夫。凡是有价值的主张，都是先经过这三步工夫来的。不如此，算不得舆论家，只可算是抄书手。

这不是极力恭维理想的作用吗？

但是我所说的理想的作用，乃是这一种根据于具体事实和学问的创造的想象力，并不是那些抄袭现成的抽象的口头禅的主义。我所攻击的，也是这种不根据事实的，不从研究问题下手的抄袭成文的主义。

蓝、李两君所辩护的主义，其实乃是些抽象名词所代表的种种具体的主张（这个分别，请两君及一切读者，不要忘记了）。如此所说的主义，我并不曾轻视。我屡次说过："一切学理，一切主义，都只是我们研究问题的工具"。我又屡次说过："有了学理做参考的材料，便可使我们容易懂得所考察的情形，看什么意义，应该用什么救济方法"。我这种议题，和李君所说的"应该使社会上多数人，先有一个共同趋向的理想主义，作他们实验自己生活上满意不满意的态度"，并没有什么冲突的地方。和蓝君所说的"我们要提出一种具体的方法来解决问题，必定先要鼓吹这问题的意义，以及理论上的根据，引起一般人的反省"，也没有什么冲突的地方。因为蓝、李两君这两段话，所含的意思，都是要用主义、学理作解决问题的工具，和参考材料，所以同我的意见相合。如果蓝、李两君认定主义、学理的用处，不过是能供给"这问题"的意义，以及理论上的根据——如果两君认定这观点，我绝没有话可以驳回了。

但是蓝君把"抽象"和理想混作一事，故把我所反对的和我所恭维的，也混作一事。如他说"问题愈广，理想的分子亦愈多；问题愈狭，现实的色彩亦愈甚"，这是我所承认的。但是此处所谓"理想的分子"，乃是上文我所说的"推想"、"假设"、"想象"几步工夫，并不是说问题的本身是"抽象的"。凡是能成问题的问题，都是具体的，都只是这个问题或那个问题。绝没有空空荡荡，不能指定这个、那个的问题，而可以成为问题的。

蓝君说："问题的范围愈大，那抽象性亦愈加"。这里他把"抽象性"三字，代替上文的"理想的分子"五字，便容易使人误解了。试看他所举的例，如法国大革命所标的自由平等，如中国辛亥革命所标示的排满，都不是问题本身，都是具体问题的解决。为什么要排满呢？因为满清末年的种种具体的腐败情形，种种具体的民生痛苦，和政治黑暗，刺激一般有思想的志士，成了具体的问题，所以他们提出排满的目标，作为解决当时的问题的计划。这问题是具体的，这解决也是具体的。法国革命以前的情形，社会不平等，人民不自由，痛苦的刺激，引起一般学者的研究。一般学者的答案说：人类本生来自由、平等的，一切不平等、不自由，都只是不自然的政治、社会的结果。故法国大革命所标示的自由、平等，乃是对于法国当日情形的具体解决。法国大革命所要解决的问题，都是具体的。大革命所提出的自由、平等，在我们眼里，自然很抽象了，在当日都是具体的主张，因为这些抽象名词，在当日所代表的政策，如废王室，废贵族制度，行民主政体，人人互称"同胞"……那一件不是具体的主张？

所以我要说：蓝君说的"问题的范围愈大，那抽象性亦愈增加"是错了。他应该说："问题的范围愈大，我们研究这种问题时所需要的思想作用格外繁难，格外复杂，思想的方法，应该格外小心，格外精密"。更进一步，他应该说："问题的范围愈大，里面的具体小问题愈多。我们研究时，决不可单靠几个好听的抽象名词，就可敷衍过去；我应该把那太大的范围缩小下来，把那复杂的分子分析出来，使他们都成一个一个的具体的简单问题，如此然后可以做研究的工夫"。

我且举几个例：譬如手指割破了，牙齿虫蛀了，这都是很简单的病，可以随手解决。假如你生了肠热症（Typhoid），病状一时不容易明了，因为里面的分子太复杂了。你的医生，必须用种种精密的试验方法，每时记载你的热度，每日画成曲线表，表示热度的升降，诊察你的脉，看你的舌苔，化验你的大小便，取出你的血来，化验血里的微菌……如此方才可以断定你的病是否肠热症。断定之后，方才可以用疗治的方法。一切大问题，一切复杂的问题，并不是"抽象性增加"；乃是里面所含的具体分子太多了，所以研究的时候，所需要的思想作用，也更复杂繁难了。补救这种繁难，没有别法子，只有用"分析"，把具体的大问题，分作许多更具体的小问题。

分析之后，然后把各分子的现象，综合起来，看他们有什么共同的意义。譬如医生把病人的脉、血、小便、热度等现象综合起来，寻出肠热症的意义，这便是"综合"。但是这种综合的结果，仍旧是一个具体的问题（肠热病），仍旧要用一种具体的解决法（肠热病的疗法）。并不是如蓝君所说"从许多要求中，抽出几种共同性，加上理想的色彩，成一种抽象性的问题"。

以上所说，泛论"问题与主义"，大旨只有几句话："凡是能成问题的问题，无论范围大小，都是具体的，绝不是抽象的；凡是一种主义的起初，都是一些具体的主张，绝不是空空荡荡，没有具体的内容的。问题本身并没有什么抽象性；但是研究问题的时候，往往必须经过一番理想的作用；这一层理想的作用，不可错认作问题本身抽象性。主义本来都是具体问题的具体解决法。但是一种问题的解决法，在大同小异的别国别时代，往往可以借来作参考材料。所以我们可以说主义的原起，虽是个体的，主义的应用，有时带着几分普遍性。但不可因为这或有或无的几分普遍性，就说主义本来只是一种抽象的理想"。

蓝君和我有一个根本不同的地方。我认定主义起初都是一些具体的主张。蓝君便不然。他说：

> 一种主张，能成为标准趋向态度，与具体的方法恰成反比例。因为愈具体，各部分的利害愈不一致。……故主义是一件事，实行的方法又是一件事。……主义并不一定含着实行的方法，那实行的方法也

并不是一定要从主义中推演出来的。……故往往有一种主义，在主义进行的时候，效力非常之大，各部分的团结也非常坚强。一到具体问题的时候，主张分歧，立刻成一纷扰的现象。

蓝君这几段话，简直是自己证明主义决不可和具体的方法分开。因为有些人，用了几个抽象名词，来号召大众；因为他们的"主义"里面，不幸不曾含有"实行的方法"和"具体的主张"；所以当鼓吹的时候，未尝不能轰轰烈烈的哄动了无数信徒，一到了实行解决具体问题的时候，便闹糟了，便闹出"主张分歧，立刻扰乱"的笑柄来了。所以后来扰乱的原因，正为当初所"鼓吹"的，只不过是几个糊涂的抽象名词，里面并不曾含有具体的主张。最大最明的例，就是这一次威尔逊先生在巴黎和会的大失败。威总统提出了许多好听的抽象名词——人道、民族自决、永久和平、公道正谊等等——受了全世界人的崇拜，他的信徒，比释迦、耶稣在日多了无数倍，总算"效力非常之大"了。但是他一到了巴黎，遇着了克里蒙梭、鲁意乔治、牧野、奥兰多等，一班大奸雄，他们袖子里抽出无数现成的具体的方法，贴上"人道"、"民族自决"，"永久和平"的签条——于是威总统大失败了，连口都开不得。这就可证明主义决不可不含具体的主张。没有具体主张的"主义"，必致闹到扰乱失败的地位。所以我说蓝君的"主义是一件事，实行的方法又是一件事"，只是人类一桩大毛病，只是世界一个大祸根，并不是主义应该如此的。

请问我们为什么要提倡一个主义呢？难道单是为了"号召党徒"吗？还是要想收一点实际的效果，做一点实际的改良呢？如果是为了实际的改革，那就应该使主义和实行的方法，合为一件事，决不可分为两件不相关的事。我常说中国人（其实不单是中国人）有一个大毛病，这病有两种病征：一方面是"目的热"，一方面是"方法盲"。蓝君所说的"主义并不一定含着实行的方法"，便是犯了这两种病。只管提出"涵盖力大"的主义，便是目的热；不管实行的方法如何，便是方法盲。

李君的话，也带着这个毛病。他说：

大凡一个主义，都有理想与实用两方面。例如民主主义的理想，不论在那一国，大致都很相同。把这个理想实用到实际的政治上去，那就因时、因地、因事的性质情形，有些不同。……我们只要把这个那个主义拿来做工具，用以为实际的运动，他会因时因地因事的性质情形，生一种适用环境的变化。

这是一种不负责任的主义论。前次杜威先生在教育部讲演，也曾说民治主义在法国便偏重平等；在英国便偏重自由，不认平等；在美国并重自由与平等，但美国所谓自由，又不是英国的消极自由，所谓平等，也不是法国的天然平等。但是我们要知道这并不是民治主义的自然适应环境，这都是因为英国、法国、美国的先哲，当初都能针对当日本国的时势需要，提出具体的主张，故三国的民治各有特别的性质（试看法国革命的第一、二次宪法，和英国边沁等人的驳议，便可见两国本来主张不同）。这一个例，应该给我们一个很明显的教训：我们应该先从研究中国社会上、政治上种种具体问题下手；有什么病，下什么药；诊察的时候，可以参用西洋先进国的历史和学说，用作一种"临症须知"；开药方的时候，可以参考西洋先进国的历史和学说，用作一种"验方新编"。不然，我们只记得几首汤头歌诀，便要开方下药，妄想所用的药进了病人肚里，自然"会"起一种适用环境的变化，那就要犯一种"庸医杀人"的大罪了。

蓝君对于主义抽象性，极力推崇，认他为最合于人类的一种神秘性；又说："抽象性大，涵盖力可以增大。涵盖力大，归依的人数愈增多"。这种议论，自然有一部分真理。但是我们同时也该承认人类的这种"神秘性"，实在是人类的一点大缺陷。蓝君所谓"神秘性"，老实说来，只是人类的愚昧性。因为愚昧不明，故容易被人用几个抽象名词骗去赴汤蹈火，牵去为牛为马，为鱼为肉。历史上许多奸雄政客，懂得人类有这一种劣根性，故往往用一些好听的抽象名词，来哄骗大多数的人民，去替他们争权夺利，去做他们的牺牲。不要说别的，试看一个"忠"字，一个"节"字，害死了多少中国人？试看现今世界上多少黑暗无人道的制度，那一件不是全靠几个抽象名词，在那里替他做护法门神的？人类受这种劣根性的遗毒，也尽够了。我们做学者事业的，做舆论家的生活的，正应该可怜人类的弱点，打破他们对于抽象名词的迷信，使他们以后不容易受这种抽象的名词的欺骗。所以我对于蓝君的推崇抽象性和人类的"神秘性"，实在很不满意。蓝君是很有学者态度的人，他将来也许承认我这种不满意是不错的。

但是我们对于人类迷信抽象名词的弱点，该用什么方法去补救他呢？我的答案是：

多研究些具体的问题，少谈些抽象的主义。一切主义，一切学理，都该研究，但是只可认作一些假设的见解，不可认作天经地义的信条；只可认作参考印证的材料，不可奉为金科玉律的宗教；只可用作启发心思的工具，切不可用作蒙蔽聪明，停止思想的绝对真理。如此方才可以渐渐养成人类的创造的思想力，方才可以渐渐使人类有解决具体问题的能力，方才可以渐渐解放人类对于抽象名词的迷信。

民国八年七月

四论问题与主义

——论输入学理的方法

《每周评论》，第 37 号，1919 年 8 月 31 日

胡　适

上一期里，我已做了五千多字的《三论问题与主义》一篇文章。后来我觉得还有几点小意思，不曾发挥明白，故再说几句。

我虽不赞成现在的人空谈抽象的主义，但是我对于输入学说和思潮的事业，是极赞成的。我曾说过：

> 我们应该先从研究中国社会上、政治上，种种具体问题下手，有什么病，下什么药，诊察的时候，可以参考西洋先进国的历史和学说，用作一种"临症须知"，开药方的时候，也可以参考西洋先进国的历史和学说，用作一种"验方新编"。

若要用这种参考的材料，我们自然不能不做一些输入的事业。但是输入学理，不是一件容易做到的事。做的不好，不但无益，反有大害。我对于输入学理的方法，颇有一点意见，写出来请大家研究是否可用。

（1）输入学说时应该注意那发生这种学说的时势情形：凡是有生命的学说，都是时代的产儿，都是当时的某种不满意的情形所发生的。这种时势情形，乃是那学说所以出世的一个重要原因。若不懂得这种原因，便不能明白某人为什么要提倡某种主义。当时不满意的时势情形便是病症，当时发生的各种学说便是各位医生拟的脉案和药方。每种主义初起时，无论理想如何高超，无论是何种高远的乌托邦（例如柏拉的《共和国》），都只是一种对症下药的药方。这些药方，有些是后来试验过的，有些是从来不曾试验过的。那些试验过的（或是大试，或是小试）药方，遇着别时别国大同小异的症状，也许可以适用，至少

可以供一种参考。那些没有试验过的药方，功用还不能决定，至多只可以在大同小异的地方与时代，做一种参考的材料。但是若要知道一种主义，在何国、何时是适用的，在何国何时是不适用的，我们须先知道那种主义发生的时势、情形和社会、政治状态是个什么样子，然后可以有比较，然后可以下判断。譬如药方，若要知道某方是否可适用于某病，总得先知道当初开这方时的病状，究竟是个什么样子。当初诊察时的情形，写的越详细完备，那个药方的参考作用便越大。单有一个药方，或仅仅加上一个病名，是没有什么大用的，是有时或致误事的。一切学理、主义，也是如此。一种主义发生时的社会、政治情形越记的明白详细，那种主义的意义越容易懂得完全，那种主义的参考作用也就越大。所以我说输入学说时，应该注意那发生这种学说的时势情形。

（2）输入学说时应该注意"论主"的生平事实和他所受的学术影响："论主"两个字，是从佛书上借来的，论主就是主张某种学说的人。例如"马克思主义"的论主，便是马克思。学说是时代的产儿，但是学说又还代表某人某人的心思见解。一样的病状，张医生说是肺炎，李医生说是肺痨。为什么呢？因张先生和李先生的经验不同，学力不齐，所受的教育不同，故见解不同。诊察时的判断不同，故药方也不同了。一样的时代，老聃的主张和孔丘不同。为什么呢？因为老聃和孔丘的个人才性不同，家世不同，所受教育经验不同，故他们的见解也不同。见解不同，故解决的方法也不同了。即如马克思一个人的事迹，就是一个明显的例。我们研究马克思主义的人，知道马克思的学说，不但和当时的实业界情形，政治现状，法国的社会主义运动等等，有密切关系，并且和他一生的家世（如他是一个叛犹太教的犹太人等事实），所受的教育影响（如他少时研究历史、法律，后来受海智儿一派的历史哲学影响等），都有绝大的关系。还有马克思以前一百年中的哲学思想，如十八世纪的进化论及唯物论等，都是马克思主义的无形元素，我们也不能不研究。我们须要知道凡是一种主义，一种学说，里面有一部分是当日时势的产儿，一部分是论主个人的特别性情家世的自然表现，一部分是论主所受古代或同时的学说影响的结果。我们若不能仔细分别，必致把许多不相干的偶然的个人怪僻的分子，当作有永久价值的真理，那就上了古人的当了。我们对于论主的时势固然应该注意，但是对于论主个人的事实与教育，也不可不注意。我们雇一个厨子，尚且要问他的家世经验，讨一个媳妇，尚且要打听他的性情家教；何况现在介绍关于人生、社会的重要主张，岂可不仔细研究论主的一生性情事实吗？

（3）输入学说时应该注意每种学说所已经发生的效果：上面所说的两种条

件，都只是要我们注意所以发生某种学说的因缘。懂得这两层因缘，便懂得论主何以要提倡这种学说。但是这样还算不得真懂得这种主义的价值和功用。凡是主义，都是想应用的，无论是老聃的无为，或是佛家的四大皆空都是想世间人信仰奉行的。那些已经充分实行，或是局部实行的主义，他们的价值功用，都可在他们实行时所发生的效果上分别出来。那些不曾实行的主义虽然表面上没有效果可说，其实也有了许多效果，也发生了许多影响，不过我们不容易看出来罢了。因为一种主张，到了成为主义的地步，自然在思想界、学术界，发生一种无形的影响，范围许多人的心思，变化许多人的言论、行为，改换许多制度、风俗的性质。这都是效果，并且是很重要的效果。即如老聃的学说未通行的时候，已能使孔丘不知不觉的承认"无为之治"的理想；墨家的学说虽然衰灭了，无形之中已替民间的鬼神迷信，添了一种学理上的辩护，又把儒家提倡"乐教"的势力减了许多；又如法家的势力，虽然被儒家征服了，但以后的儒家，便不能不承认刑法的功用。这种效果，无论是好是坏的，都极重要，都是各种主义的意义之真实表现。我们观察这种效果，便可格外明白各种学说所涵的意义，奇格外明白各种学说的功用价值。即如马克思主义的两个重要部分：一是唯物的历史观，一是阶级竞争说（他的"赢余价值说"，是经济学的专门问题，此处不易讨论）。唯物的历史观，指出物质文明与经济组织在人类进化社会史上的重要，在史学上开一个新纪元，替社会学开无数门径，替政治学说开许多生路：这都是这种学说所涵意义的表现，不单是这学说本身在社会主义运动史上的关系了。这种唯物的历史观，能否证明社会主义的必然实现，现在已不成问题，因为现在社会主义的根据地，已不靠这种带着海智儿臭味的历史哲学了。但是这种历史观的附带影响——真意义——是不可埋没的。又如阶级战争说指出有产阶级与无产阶级不能并立的理由，在社会主义运动史与工党发展史上固然极重要。但是这种学说，太偏向申明"阶级的自觉心"一方面，无形之中养成一种阶级的仇视心，不但使劳动者认定资本家为不能并立的仇敌，并且使许多资本家也觉劳动者真是一种敌人。这种仇视心的结果，使社会上本来应该互助而且可以互助的两种大势力，成为两座对垒的敌营，使许多建设的救济方法成为不可能，使历史上演出许多本不须有的惨剧。这种种效果固然是阶级竞争说本来的涵义，但是这些涵义实际表现的效果，都应该有公平的研究和评判，然后能把原来的主义的价值与功用——的表示出来。

以上所说的三种方法，总括起来，可叫做"历史的态度"。凡对于每一种事物制度，总想寻出他的前因与后果，不把他当作一种来无踪去无影的孤立东西，这种态度就是历史的态度。我希望中国的学者，对于一切学理，一切主义，都能用这种历史的态度去研究他们。

我且把上文所说三条做一个表：

这样输入的主义一个个都是活人对于活问题的解释与解决，一个个都有来历可考，都有效果可寻。我们可拿每种主义的前因来说明那主义性质，再拿那主义所发生的种种效果来评判它的价值与功用。不明前因，便不能知道那主义本来是作什么用的；不明后果，便不能知道那主义是究竟能不能作什么用的。

输入学说的人，若能如此存心，也许可以免去现在许多一知半解、半生不熟、生吞活剥的主义的弊害。

民国八年七月